suhrkamp taschenbuch
wissenschaft 793

Die Wiederbesinnung der soziologischen Analyse auf den Erklärungsfaktor Kultur Ende der siebziger Jahre gründete nicht auf der Unterstellung der Dominanz der Kultur. Zwar legte sie besonderes Gewicht auf die Untersuchung der kulturellen Bedingtheit sozialen Geschehens, bestritt aber keineswegs den Einfluß von Sozialstruktur auf Kultur, mit anderen Worten: die soziale Bedingtheit der Kultur. Der Band *Sozialstruktur und Kultur*, in dem namhafte Vertreter verschiedener europäischer Theoriesektionen als Autoren vertreten sind, greift die Verknüpfung beider Analysestränge explizit auf. Ausgehend von der Frage nach dem Sinn und der Tragfähigkeit der analytischen Unterscheidung von Struktur und Kultur und der Darlegung der interkulturellen Besonderheiten in der Konzeptualisierung, erhalten wir Einblick sowohl in die grundlegende Theoriediskussion in Europa als auch in empirisch faßbare Materialisationen von Struktur und Kultur in einzelnen Ländern.

Sozialstruktur und Kultur

Herausgegeben von
Hans Haferkamp

Suhrkamp

Die in diesem Band enthaltenen Beiträge sind aus den Vorträgen zur »Europäischen Theoriekonferenz« zum Thema »Sozialstruktur und Kultur« hervorgegangen, die vom 18.-26. Juni 1987 in Bremen unter der Leitung von Hans Haferkamp stattgefunden hat. Kurz vor seinem Tod hat er noch die Edition der Beiträge initiieren können. Die Arbeit an dem Buchprojekt konnte dann mit der Unterstützung der Kollegen des Verstorbenen an der Universität Bremen sowie durch das Zusammenwirken von Cengiz Ahrazoğlu, Anne Dreyer, Angelika Schade und Gitta Stender fortgeführt werden.

CIP-Titelaufnahme der Deutschen Bibliothek
Sozialstruktur und Kultur:
[die Beiträge sind aus den Vorträgen zur
»Europäischen Theoriekonferenz« zum Thema
»Sozialstruktur und Kultur« hervorgegangen,
die vom 18.-26. Juni 1987 in Bremen stattgefunden hat] /
hrsg. von Hans Haferkamp. –
1. Aufl. – Frankfurt am Main :
Suhrkamp, 1990
(Suhrkamp-Taschenbuch Wissenschaft ; 793)
ISBN 3-518-28393-6
NE: Haferkamp, Hans [Hrsg.]; Europäische Theoriekonferenz zum
Thema Sozialstruktur und Kultur <1987, Bremen>; GT

suhrkamp taschenbuch wissenschaft 793
Erste Auflage 1990

Satz und Druck: Wagner GmbH, Nördlingen
Printed in Germany
Umschlag nach Entwürfen von
Willy Fleckhaus und Rolf Staudt

1 2 3 4 5 6 – 95 94 93 92 91 90

Inhalt

Kultur und soziales Handeln

Kultur, Ideologie und Wissenschaft

Shmuel N. Eisenstadt
Kultur und Sozialstruktur in der neueren soziologischen Analyse[1]

I

Das vorliegende Buch ist ein wichtiger Indikator für die allgemeine Unzufriedenheit in der Sozialwissenschaft mit der Art und Weise, in der die Beziehungen zwischen Kultur und Sozialstruktur ungefähr in den letzten beiden Jahrzehnten analysiert worden sind.

Diese Entwicklungen – die wir später etwas detaillierter untersuchen werden – machen einen Teil der sogenannten Krise der Sozialwissenschaft aus, die seit den späten sechziger oder frühen siebziger Jahren in der Sozialwissenschaft und dem weiteren intellektuellen Diskurs proklamiert worden ist.

Die Wurzeln dieser Krise liegen in der wachsenden Kritik an der strukturell-funktionalen Schule, die sich von den frühen sechziger Jahren an entwickelte, und den Kontroversen, die daraus entstanden. Diese Kritik – die seit den späten fünfziger Jahren durch die sechziger Jahre hindurch allmählich an Gewicht gewann und einige der zentralsten Probleme der soziologischen Analyse berührte – verallgemeinerte sich, Hand in Hand mit den weitreichenden Veränderungen im gesamten intellektuellen Klima der späten sechziger Jahre, besonders durch das Dahinschwinden der optimistischen Vision von Geschichte, Modernität und Modernisierung und des Glaubens an den Fortschritt der Wissenschaft, der die ersten beiden Jahrzehnte nach dem Zweiten Weltkrieg gekennzeichnet hatte. Unter anderem zeigte sich diese Desillusionierung in der wachsenden Enttäuschung über den Wohlfahrtsstaat, in der Verschärfung der Krise der »spätkapitalistischen« oder postindustriellen Gesellschaft sowie in dem, was als der Zusammenbruch der Modernisierung in der Dritten Welt angesehen wird. Wahrscheinlich am deutlichsten kam dieser Prozeß – zumindest in den USA – in der Studentenrebellion der späten sechziger Jahre und dem damit eng verbundenen Protest gegen den Vietnamkrieg zum Ausdruck – und in Europa in der wachsenden

Desillusionierung über das Zeitalter des »Endes der Ideologie«, das viele Sozialwissenschaftler in den fünfziger Jahren proklamiert hatten.[2]

II

Bei diesen Diskussionen ging es sowohl um wichtige Sachprobleme der Sozialwissenschaften, wie z. B. die Natur der modernen Gesellschaft oder Gesellschaften, als auch um einige der Metaprobleme der sozialwissenschaftlichen Analyse, wie z. B. das Bild von Mensch und Geschichte oder die verschiedenen Analyse- und Erklärungsmethoden in den Sozialwissenschaften. Schließlich ging es um den Platz der Sozialwissenschaften innerhalb der modernen und postmodernen intellektuellen Traditionen beziehungsweise über die Grenzen der verschiedenen wissenschaftlichen Disziplinen hinweg.

In Verbindung damit fanden weitreichende Wandlungen statt in der Definition der Grundbegriffe der sozialwissenschaftlichen Analyse, der Beziehungen zwischen den Haupterklärungsmodellen, die in den Sozialwissenschaften angewendet werden, und den daraus folgenden Forschungsrichtungen.

Die wesentliche Veränderung in den Grundbegriffen der sozialwissenschaftlichen Analyse – Kultur sowie Religion und Wissen, Sozialstruktur und Sozialverhalten –, die weitreichende Folgen für verschiedene zentrale Aspekte der soziologischen Analyse hatte, bestand darin, daß sie als voneinander getrennte und »wirkliche« ontologische Entitäten konzipiert wurden und nicht – wie in früheren Perioden der soziologischen und anthropologischen Analyse – als analytische Konstrukte, die sich auf verschiedene Aspekte oder Dimensionen menschlichen Handelns und sozialer Interaktion beziehen, d. h. als Konstrukte, die sich gegenseitig und die Partner der sozialen Interaktion konstituieren.

Gleichzeitig fand eine Akzentverlagerung zwischen den verschiedenen Dimensionen von Kultur und Sozialstruktur statt, insbesondere eine Veränderung in der Gewichtung der Werte und Normen, wie sie für die strukturell-funktionale Schule kennzeichnend gewesen war. Eine Version dieser Neubewertung – am deutlichsten bei den Strukturalisten und weniger explizit bei den Ethnomethodologen – verstand unter »Kultur« die programmati-

schen Prinzipien oder Codes menschlichen Verhaltens und vertrat das Menschenbild des »zerebralen Wilden« (um den treffenden, wenn auch ironischen Ausdruck von Geertz zu benutzen). Aus dieser Sicht ist Kultur nach klaren Prinzipien durchstrukturiert und in die Natur des menschlichen Geistes selbst eingebettet, der, durch das Medium einer Reihe von Codes, das menschliche Verhalten reguliert. Die symbolischen Anthropologen – wie z. B. Clifford Geertz, Victor W. Turner und David M. Schneider[3] (sowie bis zu einem gewissen Grad die symbolischen Interaktionisten in der Soziologie) und viele Trends in den Geisteswissenschaften – vollzogen im Gegensatz dazu in ihrer Konzeption von Kultur eine Verschiebung weg von Werten und Normen hin zu einem Set expressiver Symbole eines Ethos – eines »Weltbildes«, das durch aktive menschliche Interaktion entworfen wird.
Oder mit den Worten von R. Peterson:

»Die Konzentration auf Drama, Mythos, Code und die Pläne von Menschen zeigt einen Wandel im Bild von Kultur an. Während sie einst als Modell *von* Verhalten gesehen wurde, wird sie jetzt als Modell *für* Verhalten gesehen. Nach dieser Sicht benutzen Menschen Kultur in der Weise, wie Wissenschaftler Paradigmen benutzen ..., um ihre Aktivität zu organisieren und zu normalisieren. Wie wissenschaftliche Paradigmen werden Elemente von Kultur benutzt, modifiziert oder verworfen, je nachdem, wie nützlich sie bei der Organisation von Realität sind ... als fast äquivalent zu dem Begriff Ideologie, allerdings ohne die abwertenden Konnotationen des letzteren ... Soziologen erkennen jetzt an, daß Menschen fortwährend aus einer großen Anzahl von Situationsdefinitionen auswählen oder neue Situationsdefinitionen produzieren, die ihren Bedürfnissen angepaßt sind«.[4]

Schließlich gab es Untersuchungen, die von individualistischen (oder »Rational-choice«-) Analysemethoden ausgingen, die Kultur als das Ergebnis der Aggregierung individueller Entscheidungen ansahen, die Machtunterschiede oder Unterschiede hinsichtlich individueller Entscheidungen widerspiegeln.[5]

III

Die »symbolischen« Anthropologen und symbolischen Interaktionisten teilten die Konzeption von Kultur als Ergebnis eines Verhandlungsprozesses mit jenen Schulen, die sich auf die Analyse von Verhaltensmustern und Mustern sozialer Organisation konzentrierten, und zwar aus der Sichtweise des »Rational-choice«-Ansatzes. Welcher Art solche Aushandlungsprozesse jedoch sein mögen, wurde von diesen beiden Ansätzen jedoch völlig unterschiedlich konzipiert.

Die Vertreter des »Rational-choice«-Ansatzes, die Kultur als das Ergebnis der Aggregierung individueller Entscheidungen ansehen, die Machtunterschiede oder Unterschiede hinsichtlich rationaler Entscheidungen widerspiegeln, standen hier oftmals der marxistischen Auffassung nahe, die die Manipulation von Symbolen im Interesse engstirniger Klassenziele untersucht, oder der Sicht, die Prozesse der Symbolherstellung erforscht.

Das Konzept von Kultur, für das »symbolische Anthropologen« – vor allem Geertz – eintraten und das in den meisten hermeneutischen Arbeiten unterstellt ist, beinhaltet eine völlig andere Sichtweise, die vor kurzem von J. B. Bruner treffend skizziert wurde.[6] Er schreibt:

» ... Es wäre keine Übertreibung zu sagen, daß im letzten Jahrzehnt eine Revolution in der Definition von menschlicher Kultur stattgefunden hat. Sie setzt sich vom strengen Strukturalismus ab, der behauptete, daß Kultur eine Reihe von miteinander verbundenen Regeln sei, aus denen die Menschen bestimmte Verhaltensmuster ableiten, die bestimmten Situationen angepaßt sind, und nähert sich der Idee von Kultur als implizitem und nur locker koordiniertem Wissen von der Welt, von dem aus die Menschen durch Verhandlungen zu zufriedenstellenden Handlungsweisen in bestimmten vorgegebenen Kontexten gelangen. Der Anthropologe Clifford Geertz vergleicht den Prozeß des Handelns in einer Kultur mit dem des Interpretierens eines mehrdeutigen Textes. Lassen Sie mich einen Absatz zitieren, der von einem seiner Studenten, Michelle Rosaldo, geschrieben wurde: In der Anthropologie, so möchte ich behaupten, ist die entscheidende Neuerung ... eine Auffassung von Kultur ..., die ›Sinn‹ zu einer öffentlichen Tatsache erklärt – oder, noch besser, Kultur und Sinn als Prozesse interpretativen Verstehens von symbolischen Modellen durch Individuen beschreibt. Diese Modelle sind sowohl ›von‹ der Welt, in der wir leben, als auch ›für‹ die Organisation von Aktivitäten, Reaktionen, Wahrnehmungen und Erfahrungen durch das bewußte Selbst. Für unsere gegenwärtigen Zwecke ist hier vor allen Dingen die Behauptung wichtig, daß Sinn eine Tatsache des öffentlichen Lebens ist, und zweitens, daß kulturelle Muster – soziale Tatsachen – die Schablone für das ganze menschliche Handeln, für menschliche Entwicklung und menschliches Verstehen liefern. Kultur, so verstanden, ist weniger eine Sache von Artefakten und Behauptungen, Regeln, schematischen Programmen oder Überzeugungen als von zusammenhängenden Ketten und Bildern, die erzählen, was auf vernünftige Weise mit allem Möglichen verbunden werden kann; wir erfahren es durch kollektive Geschichten ...«

IV

Parallele Veränderungen fanden seit Mitte der sechziger Jahre auch in bezug auf den Begriff der Sozialstruktur statt. Hier setzte eine zunehmende Reifizierung ein, die sich darin äußerte, daß Sozialstruktur und Institutionen, insbesondere der »Staat« und die verschiedenen Interessengruppen, als »reale« und »autonome« Kräfte oder Akteure definiert wurden.[7]

Am anderen Ende des Spektrums soziologischer Analysen, eng verwandt mit dem »Rational-choice«-Ansatz, wurde Sozialstruktur als Netzwerk oder Geflecht von Organisationen angesehen, das durch die Aggregierung von Interaktionsmustern entsteht und kaum über eigenständige Merkmale verfügt, außer einigen emergenten Eigenschaften solcher Strukturen, die oft als primitive Wirkungen beschrieben wurden. In vielen dieser Forschungen wurde die Tradition der Strukturanalyse, wie sie im Werk von Simmel, Merton, Blau oder Boudon[8] repräsentiert ist, oftmals vernachlässigt.

Diese Veränderungen in der Definition von Kultur und Sozialstruktur und in ihrem analytischen oder logischen Status gingen mit einer Präferenz für ausschließlich deterministische, reduktionistische, »idealistische« oder »materialistische« Interpretationen sozialen Handelns oder kultureller Kreativität einher.

Die Konzeptualisierung von Kultur, Persönlichkeit und Sozialstruktur als unterscheidbare ontologische Wesenheiten und die gleichzeitige Entwicklung einander wechselseitig ausschließender deterministischer, materialistischer oder idealistischer Ansätze waren ihrerseits eng mit der Art der Beziehungen zwischen den in den Sozialwissenschaften vorherrschenden Haupterklärungsmodellen verbunden. Die wichtigsten dieser Modelle waren, gemäß d'Andrades[9] Unterscheidung, die von den Naturwissenschaften übernommenen »positivistischen« Modelle, wie sie von den behavioristischen Ansätzen vertreten werden, die universelle kausale Beziehungen zwischen verschiedenen sozialen oder Verhaltensphänomenen suchen; von den Naturwissenschaften übernommene Modelle, die soziale Wesenheiten als lebende Systeme ansehen; und semiotische Modelle, die die Muster sozialen Lebens und kultureller Kreativität in den Begriffen von Zeichensystemen und ihrer Bedeutung analysieren. Jeder dieser Erklärungsversuche wurde wirkungsvoll in immer ausgedehnteren Forschungsprozessen eingesetzt, aber es gab, mit wenigen Ausnahmen, kaum Versuche, sie miteinander zu verbinden.

Gleichzeitig wuchs die Bedeutung hermeneutischer Interpretationen – einer Analysemethode, die als eine der überzeugendsten Varianten des semiotischen Ansatzes angesehen werden kann, als die angemessenste Analysemethode in den Sozial- und Verhaltenswissenschaften sowie den Humanwissenschaften.

Die neue Methode, Kultur, Sozialstruktur und Verhalten zu konzeptualisieren, vernachlässigte freilich jene Aspekte des sozialen Lebens, die, in den klassischen wie in den strukturell-funktionalen Ansätzen in der Soziologie und Anthropologie, die Hauptverbindungen zwischen Persönlichkeit, Sozialstruktur und Kultur als den analytischen Dimensionen menschlichen Handelns herstellen. Die wichtigsten dieser vernachlässigten Aspekte waren Regeln und Normen sowie die Frage, in welchem Ausmaß Muster sozialer Interaktion Systemeigenschaften oder -tendenzen zeigen – und ob diese Eigenschaften oder Tendenzen mit den neuen Ansätzen angemessener analysiert werden können als mit den Methoden der Strukturalisten bzw. Funktionalisten.

Sowohl Strukturalisten (wie Lévi-Strauss) als auch Marxisten (soweit sie sich mit diesen Problemen beschäftigt haben) nahmen an, daß sich solche Regeln beziehungsweise Systemtendenzen von der Struktur des menschlichen Geistes (oder von den »Produktivkräften«) herleiten lassen und daß diese Strukturen oder Kräfte imstande sind, die einer sozialen Formation angemessenen Regeln zu spezifizieren und sich ihrer organisatorischen Systemprobleme anzunehmen.

Beide Ansätze haben jedoch die Prozesse, durch die solche allgemeine, möglicherweise universelle Strukturen in – notwendigerweise veränderliche – konkrete Muster sozialer Interaktion und spezifizierte Systemeigenschaften oder Funktionen sozialer Formationen übersetzt werden können, weder dargestellt noch analysiert.

Auf der anderen Seite haben jene Ansätze, die die Möglichkeit des Aushandelns bei der Konstruktion sozialer Interaktion betont haben, im großen und ganzen (teils mit Ausnahme der Ethnomethodologen) es versäumt, die Regeln, nach denen solche Verhandlungen geführt werden, oder die Prozesse, durch die solche Regeln aufgestellt werden, zu erforschen.

V

Diese Änderungen in der Definition der Grundbegriffe der soziologischen Analyse hatten auch sehr weitreichende Auswirkungen auf die Forschungstendenzen, die sich in dieser Periode in den Sozialwissenschaften entwickelt haben. Eine dieser Tendenzen, die sich über die gesamten Sozialwissenschaften – Soziologie, Anthropologie, politische Wissenschaft – erstreckte, läßt sich als zunehmende Dissoziation zwischen der Untersuchung der Kultur und der Untersuchung der Sozialstruktur beschreiben. Gemeint sind damit auf der einen Seite Untersuchungen, die ihr Augenmerk auf »Kultur« im weitesten Sinne gerichtet haben, d. h. verschiedene Typen von Symbolen, ihre Konstruktion und Bedeutung, bis zu einem gewissen Grade auch ihre Beziehung zu sozialen Interaktions- und Verhaltensmustern – und auf der anderen Seite Untersuchungen, die sich auf die Analyse der Sozialstruktur und deren Organisation, institutioneller oder organisatorischer Formationen sowie von Mustern sozialen Verhaltens konzentrieren, und Systemanalysen, wie sie auf die Sozialwissenschaften angewandt wurden.

Diese Dissoziation setzte sich fort zwischen jenen Untersuchungen der Sozialstruktur, die die Wirkung von formalen Merkmalen sozialer Interaktion und ihres Einflusses auf soziales Verhalten betonen oder die Verteilung der Bevölkerung auf verschiedene soziale Positionen erforschen (z. B. Untersuchungen über berufliche Mobilität), und jenen Untersuchungen, in deren Mittelpunkt die Analyse institutioneller Formationen steht.

Ein anderer, damit eng verbundener Trend im Panorama sozialwissenschaftlicher Forschung äußerte sich darin, daß die Hauptgebiete der Kultursoziologie – nämlich Religionssoziologie, Wis-

senssoziologie und Kunstsoziologie – zunehmend an den Rand gedrängt wurden.
In der Folge dieser Entwicklungen wurde die sozialwissenschaftliche Forschung in zunehmendem Maße unfähig zu analysieren, wie sich Verhalten, Struktur und Sinn gegenseitig konstituieren und durch die Formationen sozialen Handelns konstituiert werden.

VI

Die Kombination all dieser Entwicklungen – die Konzeptualisierung von Kultur, Sozialstruktur und Persönlichkeit als »reale« ontologische Entitäten, die sich wechselseitig ausschließenden deterministischen Ansätze, die Vernachlässigung der Analyse von Regeln, Normen oder der emergenten Systemeigenschaften der Sozialstruktur – signalisiert die Unfähigkeit der meisten Analysen, die in dieser Periode entwickelt wurden, sich den zentralen Fragen der soziologischen Analyse zu stellen. Dabei handelt es sich hauptsächlich um die Frage nach den Beziehungen zwischen den verschiedenen Komponenten sozialer Ordnung, besonders danach, inwiefern Kultur als eine solche Komponente der sozialen Ordnung für diese grundlegend (wenn auch nicht konstitutiv) ist beziehungsweise bis zu welchem Grad die Sozialstruktur umgekehrt Kultur konstituiert.
Demgemäß waren all diese Entwicklungen auch nicht in der Lage, das klassische Problem der ordnungserhaltenden Funktionen der Kultur gegenüber den ordnungsverändernden Funktionen zu lösen, unklar blieb, ob, wie Renato Rosaldo formulierte, Kultur ein kybernetischer Rückkopplungsmechanismus ist, der Verhalten und Sozialstruktur kontrolliert, oder ob eine Möglichkeit der Auswahl und Kreativität bei der Anwendung von kulturellen Ressourcen besteht.
Die verschiedenen Ansätze, die hier betrachtet wurden, und die Untersuchungen, die sich in Verbindung mit ihnen entwickelt haben, blieben stets unentschlossen zwischen der Vorstellung einer statischen und homogenen Beziehung zwischen »Kultur« und Sozialstruktur in einer gegebenen Gesellschaft einerseits und dem Bild einer völlig offenen Beziehung andererseits.
Die erste Auffassung, die für einige Strukturalisten und extreme

Marxisten typisch ist, beschreibt die grundlegenden kulturellen Orientierungen und die Regeln, die in einer Gesellschaft vorherrschen, als relativ statisch und unverändert während der gesamten Epoche der Gesellschafts- und Zivilisationsgeschichte, in der sie institutionalisiert wurden, und als relativ einheitlich und homogen innerhalb der Gesellschaft (mit allenfalls regionalen Variationen). Ein solches Bild läßt über die anfängliche Institutionalisierung der verschiedenen »Kulturen«, Codes oder Vorstellungen hinaus offenbar nicht viel Raum für Rekonstruktionen und Wandlungen in den Beziehungen zwischen »Kultur« und »Sozialstruktur«. Es kann die verschiedenen Aspekte der Praxis und der Herausbildung veränderlicher Mentalitäten, wie sie in der neueren anthropologischen, historischen und soziologischen Literatur hervorgehoben worden sind, weder berücksichtigen noch erklären. Es erklärt auch nicht die Entwicklung von verschiedenen Strategien der Auswahl und Maximierung möglicher Innovationen, wie sie in den verschiedenen »Rational-choice«-Ansätzen beschrieben wurden.

Nach der zweiten Auffassung ist Kultur dagegen bloß ein Spiegel oder eine Ansammlung der sich beständig verändernden – rationalen oder expressiven – Wahlmöglichkeiten von Individuen und Gruppen. In diesem Ansatz gilt Kultur oft als Ergebnis der Aggregierung von Verhaltensmustern, Strukturen, Macht oder – wie Ann Swidler[10] formuliert – als Handwerkszeug verschiedener Handlungsstrategien, die in verschiedenen Situationen gemäß den »materiellen« und »ideellen« Interessen verschiedener sozialer Akteure aktiviert werden können, offenbar ohne selbst eigenen Einfluß auszuüben.

VII

Von Anfang an war die Beschäftigung mit der Kultursoziologie natürlich von grundlegendem Interesse in der deutschen Soziologie gewesen. Das Problem des Stellenwerts von »Kultur« in der Konstruktion von sozialer Ordnung war in der klassischen Periode der deutschen Soziologie zentral, und es wurde am gründlichsten in den gegenstandsbezogenen und methodologischen Schriften Max Webers ausgearbeitet.

Wie allgemein bekannt, richtete er in seinen soziologischen

Schriften sein Interesse auf die Kontroverse über die in den Sozialwissenschaften angemessene Erklärungsmethode, wie sie sich in dem berühmten Methodenstreit zwischen Geisteswissenschaften und Naturwissenschaften entwickelt hatte. In seiner gegenstandsbezogenen Analyse konzentrierte er sich auf das Problem der relativen Bedeutung beziehungsweise des Stellenwertes von kulturellen Komponenten im Aufbau institutioneller Formationen und Dynamiken. Im Hinblick auf beide Probleme bestritt Max Weber mit Nachdruck die Legitimität eines dichotomen Ansatzes – sei es auf methodologischer oder auf sachlicher Ebene. Seine verstehende Soziologie versuchte, die methodologische Rolle vermeintlich »kultureller« Kategorien im sozialen Handeln nachzuweisen. In seinen gegenstandsbezogenen Analysen – vor allem in den *Gesammelten Aufsätzen zur Religionssoziologie* – zeigte er, wie grundlegende religiöse Orientierungen nur dann, wenn sie in »Wirtschaftsethik« umgewandelt und von bestimmten sozialen »Trägergruppen« artikuliert werden, zu wesentlichen Komponenten eines Musters sozialer Interaktion oder institutioneller Formationen werden.

Später, in den Jahren zwischen den Kriegen, behielt Kultursoziologie in Deutschland ihre zentrale Stellung. Alfred Weber veröffentlichte seinen bekannten Versuch, zwischen Kultur, Zivilisation und Gesellschaft zu unterscheiden und die Entwicklung dieser verschiedenen Faktoren durch die Weltgeschichte hindurch zu verfolgen. Die herausragendste Entwicklung auf diesem Gebiet war jedoch die Entwicklung der Wissenssoziologie in ihren beiden Hauptrichtungen – der von Max Scheler und der von Karl Mannheim.

Max Scheler betonte die relative Autonomie kultureller Formen gegenüber sozialen Kräften und versuchte, einige Möglichkeiten ihrer gegenseitigen Verflechtung aufzuzeigen. Demgegenüber hob die Wissenssoziologie Karl Mannheims die Reduktion von Wissensformen auf Realfaktoren hervor, ohne allerdings die Mechanismen oder Prozesse spezifizieren zu können, durch welche die beiden zueinander in Beziehung gebracht werden, und ohne das prinzipielle Problem des Stellenwerts der symbolischen Dimension bei der Konstruktion des sozialen Lebens aufzuwerfen. Allerdings führte sie zu vielen interessanten historischen Analysen, z. B. denjenigen von Alfred V. Martin, Arnold Hirsch, Bernhard Groethuysen und anderen.[11]

Diese mannigfaltigen Forschungen kamen, ebenso wie Mannheims eigenes Werk, durch die Machtergreifung der Nationalsozialisten zu einem abrupten Ende. Erst nach dem Zweiten Weltkrieg veröffentlichte Alexander von Schelting, der berühmteste Schüler Max Webers und ein früher Kritiker der Wissenssoziologie, sein Monumentalwerk *Rußland und Europa im russischen geschichtlichen Denken*[12] – einen der eindrucksvollsten Versuche einer Weberschen Wissenssoziologie. Weil es kurz nach dem Krieg in der Schweiz veröffentlicht wurde, hatte das Buch nicht den großen Einfluß, den man hätte erwarten können.

VIII

Während der ersten drei Jahrzehnte nach dem Zweiten Weltkrieg ähnelte die Situation der deutschen Soziologie, was Kulturstudien anbetrifft, weitgehend der Lage in anderen Ländern. Es entwikkelte sich die gleiche klare Dissoziation zwischen Untersuchungen über Kulturphänomene und der Erforschung der Sozialstruktur, wie sie in den Vereinigten Staaten, England und Frankreich stattfand. Zwar weist die deutsche Situation einige Besonderheiten auf – hier ist vor allem die Konzentration »kultureller« Untersuchungen im Umkreis der kritischen Soziologie der Frankfurter Schule zu erwähnen –, doch war der Haupttrend dem in anderen Ländern ziemlich ähnlich. Nur in einigen Bereichen der Religionssoziologie, z. B. im Werk von J. Matthias, entwickelten sich einzelne neue Richtungen.

Wenn man allerdings die starke Tradition der Kulturforschung und die Wiederbelebung des Interesses an Max Weber bedenkt, ist es nicht überraschend, daß in Deutschland mehrere wichtige Entwicklungen – vielleicht mehr als in anderen Ländern – darauf abzielten, die Erforschung von Kultur und Sozialstruktur wieder stärker zu verbinden.

So hat das Sonderheft über »Kultur und Gesellschaft« der *Kölner Zeitschrift für Soziologie und Sozialpsychologie*[13] eine reiche Ernte zusammengetragen, die viele Hinweise darauf enthält, wie man die Verbindung zwischen der Analyse von Kultur und Sozialstruktur wiederherstellen könnte.

Friedhelm Neidhardt hat in seinem Beitrag[14] die Hauptrichtungen einer solchen Rekonstruktion aufgezeigt. Er nennt in diesem

Zusammenhang »Kultur« und »Kultur« – d. h. den Unterschied zwischen Kultur als Komponente sozialer Interaktion beziehungsweise als allumfassende Dimension sozialen Lebens einerseits und einer Reihe von spezialisierten Bereichen der Kreativität (Wissenschaft, Philosophie, Religion usw.) andererseits –, »Kultur als System«, »Eigendynamik des Kulturellen«, »Bedingung und Wirkungsformen«, »soziale Vermittlungsstrukturen« und »Projekte und Verfahren«. Diese Themen werden in den verschiedenen Beiträgen zu dem erwähnten Sonderheft ausführlich beleuchtet.

Eine weitere Richtung sind die zahlreichen Untersuchungen über die postmoderne Gesellschaft, die eine Neubewertung vieler Annahmen über die Beziehungen zwischen Kultur und Sozialstruktur notwendig gemacht haben und von denen einige in dem Sonderband der Zeitschrift *Soziale Welt* (»Die Moderne – Kontinuitäten und Zäsuren«[15]) zusammengetragen worden sind.

Vor dem Hintergrund all dieser Entwicklungen sind bedeutende Versuche entstanden, diese unterschiedlichen Forschungsstränge wieder miteinander zu verbinden und die Analyse der Beziehung zwischen Kultur und Sozialstruktur neu zu konstruieren. Der vorliegende Band, der Beiträge aus verschiedenen europäischen Ländern enthält, stellt einen wichtigen Vorstoß in dieser Richtung dar.

Anmerkungen

1 Autorisierte Übersetzung von Geoff Hunter und Angelika Schade.

2 Siehe S. N. Eisenstadt/M. Curelaru, *The Form of Sociology. Paradigms and Crises*, New York 1976.

3 C. Geertz, *The Interpretation of Culture*, New York 1973, dt. *Dichte Beschreibung*, Frankfurt 1983; ders., *Social Knowledge*, New York 1983; V. W. Turner, *Dramas, Fields and Metaphors*, Ithaca 1974; ders., *The Forest of Symbols*, Ithaca 1947; ders., *The Drums of Affliction*, Oxford 1968; D. M. Schneider, *Class Differences and Sex Roles in American Kinship and Family Structure*, Englewood Cliffs, N. J. 1973; ders., *American Kinship*, Chicago 1980; ders. (Hg.), *Symbolic Anthropology*, New York 1977.

4 R. Peterson, »Revitalizing the Culture Concept«, in: *Annual Review of Sociology* 5 (1979), S. 137-166, hier S. 159 f.

5 L. A. Hirshfeld/S. Atran/A. Yen-goan, »Theories of Knowledge and Culture«, in: *Social Science Information* 21 (1982) 1, S. 161-198.

6 J. B. Bruner, *Actual Minds, Possible Worlds*, Cambridge, Mass. 1986, S. 65 f.

7 Siehe etwa I. Wallerstein, *Das moderne Weltsystem. Kapitalistische Landwirtschaft und die Entstehung der europäischen Weltwirtschaft im 16. Jahrhundert*, Frankfurt 1986; T. Skocpol, *States and Social Revolutions*, Cambridge 1979.

8 K. H. Wolff, *The Sociology of Georg Simmel*, Glencoe 1950, 1957; P. M. Blau, *Exchange and Power in Social Life*, New York 1964; ders., »Justice and Social Exchange«, in: *Social Inquiry* 34, S. 193-206; R. Boudon, *The Logic of Social Action*, London 1981; R. K. Merton, *Social Theory and Social Structure*, New York 1963.

9 R. d'Andrade, »Three Scientific World Views and the Covering Lae Model«, in: D. W. Wiske/R. A. Schweder (Hg.), *Methodology in Social Science*, Chicago 1986.

10 A. Swidler, »Culture in Action: Symbols and Strategies«, in: *American Sociological Review* 51 (1986), S. 273-288.

11 Zu diesen Entwicklungen siehe S. N. Eisenstadt, »The Classical Sociology of Knowledge and Beyond«, in: *Minerva* 26 (1987) 1, S. 77-92.

12 A. v. Schelting, *Rußland und Europa im russischen geschichtlichen Denken*, Bern 1948.

13 F. Neidhardt/M. R. Lepsius/J. Weiß (Hg.), *Kultur und Gesellschaft*, Sonderheft 27 der *Kölner Zeitschrift für Soziologie und Sozialpsychologie*, Opladen 1986.

14 F. Neidhardt, »Kultur und Gesellschaft«, in: ders./M. R. Lepsius/J. Weiß (Hg.), *Kultur und Gesellschaft*, a. a. O., S. 10-18.

15 J. Berger (Hg.), *Die Moderne – Kontinuitäten und Zäsuren*, Sonderband 4 der *Sozialen Welt*, Göttingen 1986.

Friedrich H. Tenbruck
Repräsentative Kultur

Der Begriff der sozialen Struktur darf hier als bekannt vorausgesetzt werden, nachdem die Soziologie ihn seit langem benutzt, erläutert und verbreitet hat. Dabei kommt es weniger auf das Wort als auf die Annahme an, jede Gesellschaft sei durch ihre soziale Gliederung bestimmt, die in äußeren Verhältnissen objektiv gegeben sei. In diesem Sinne befaßte sich die Soziologie in Ost und West trotz sonstiger Gegensätze mit der Struktur und setzte sie praktisch mit der Gesellschaft gleich, so daß eine eigene Befassung mit der Kultur überflüssig erschien.

Die Frage nach dem Verhältnis von Struktur und Kultur problematisiert diese bisherige Grundannahme. In ihr spiegelt sich eine neue Lage des Faches, das auf vielen Wegen über die üblichen Strukturanalysen hinausdrängt und auf dieser Suche nach der gesellschaftlichen Wirklichkeit auch wieder auf die lange vergessene Kultur stößt, wie zumal das Interesse für die Alltagskultur zeigt.

Doch solche Entdeckungen reichen nicht aus, um die gesellschaftliche Bedeutung der Kultur zu ermitteln. Überhaupt leidet die Diskussion an einem Ungleichgewicht, weil »Struktur« ein umrissener und international gebräuchlicher Fachbegriff ist, während »Kultur« im Fach, wenn überhaupt, vieldeutig und unbestimmt benutzt wird. Das verleitet oft zu dem Fehlschluß, die Struktur sei eine feste objektive Gegebenheit, die Kultur hingegen eine subjektiv beliebige Vorstellung. Doch liegt der Unterschied zunächst nur in der unterschiedlichen begrifflichen Ausarbeitung. Denn »Struktur« blieb sehr lange ein ganz diffuser Begriff, der Kontur erst spät und allmählich dadurch gewann, daß er mittels weiterer Begriffe wie Institution, Status, Rolle, Klasse usw. entfaltet wurde. Wenn der Begriff der Kultur heute vage und diffus wirkt, so besagt das zunächst nur, daß ihm eine solche Elaboration nicht zuteil geworden ist. Hier fehlen deshalb der Soziologie, weil sie sich ganz an die Struktur gehalten hat, verläßliche Begriffe. Denn diese ergeben sich nur aus der kontinuierlichen Arbeit an der Sache und können, wo diese einmal fehlt, nicht durch eilige Definitionen ersetzt werden.

Im heutigen Sprachgebrauch ist der Begriff der Kultur vielsinnig, fast beliebig und überdies in Bewegung. Eben deshalb ist es nötig, ihn in derjenigen spezifischen Bedeutung zu präzisieren, die er für die Soziologie besitzt. Ich werde deshalb zuerst mit einem Blick in die Begriffs- und Wissenschaftsgeschichte daran erinnern, was eigentlich über Kultur bekannt ist. Daraus ergibt sich, daß die scheinbar beliebigen Bedeutungen dieses Begriffes nach einer inneren Architektonik aus einem Grundtatbestand hervorgehen, der für die Soziologie auf den Begriff der repräsentativen Kultur führt. Denn dies war der ursprüngliche Sinn des Ausdrucks, auf den die Sozialwissenschaften auch heute nicht verzichten können.

1. Kultur und Gesellschaft: Zur Begriffsgeschichte

Als Teil des klassischen Erbes überlebten die römischen Wörter *cultura* und *societas* im Latein, der gemeinsamen Bildungssprache Europas, fast 2000 Jahre ohne nennenswerte Änderungen. Doch um 1800 erwarben diese Wörter recht plötzlich ganz andere und wichtige Bedeutungen, mit denen sie sogleich in die europäischen Volkssprachen eingingen. Seither gehören diese Begriffe überall zu den Schlüsselwörtern, ohne die der öffentliche Austausch, das private Gespräch und die Wissenschaft gar nicht auskommen könnten.

Der plötzliche Aufstieg dieser alten Wörter zu neuen Schlüsselbegriffen im allgemeinen Gebrauch ist nicht irgendein sprachgeschichtlicher Vorgang. Er markiert vielmehr einen entscheidenden Vorgang der modernen Gesellschaftsgeschichte.[1] Ihre plötzliche Verbreitung in den Volkssprachen zeigt an, daß die älteren Vorstellungen über Mensch, Gesellschaft und Geschichte außer Kurs gekommen waren. In diesem Sinne standen »Kultur« und »Gesellschaft« für radikal neue Umorientierungen, die allerdings eher auf Probleme verwiesen als auf Lösungen. Es ist nicht möglich, hier die vielschichtigen Momente auszubreiten, welche man mit den neuen Schlüsselwörtern auf den Begriff zu bringen versuchte. Ich muß mich deshalb auf das Nötige beschränken.

Zum einen waren die neuen Begriffe eine Antwort auf tatsächliche Veränderungen der sozialen Verhältnisse, aber nicht einfach deren Spiegelung. Es gehört zu den Schwächen der Struktursoziologie, den gesellschaftlichen Wandel kurzweg aus objektiven Strukturveränderungen abzuleiten, deren Wirkung jedoch davon abhängt, wann und wie sie wahrgenommen werden. Umgekehrt kann ein gesellschaftlicher Wandel eintreten, wenn die Menschen, aus welchen Gründen immer, ihre objektiv unveränderte Lage in einem neuen Licht sehen. Es sind erst die subjektiven Definitionen der Situation, die die gegebenen Lagen, wie ein Beobachter sie ermittelt, in Handeln übersetzen.

Für die Wahrnehmung ihrer Lage sind die Handelnden stets auf ein soziales Vokabular angewiesen und finden es in der Regel auch in ihrer Gesellschaft vor. Dieses »Vokabular« besteht aus einer Reihe von zusammenhängenden Begriffen, Ideen und Bildern, die es den Handelnden ermöglichen, die Vielheit ihrer sozialen Wahrnehmungen nach allgemeinen Kategorien zu ordnen und zu klassifizieren und ihr Handeln entsprechend zu orientieren. Im Zentrum dieses Vokabulars figurieren einige Schlüsselbegriffe, die das allgemeine Selbstverständnis einer Gesellschaft ausdrücken und meist mit grundlegenden Vorstellungen von der Wirklichkeit – mit Weltbildern – verbunden sind. Ändern sich die tatsächlichen Verhältnisse radikal, dann kann das herkömmliche soziale Vokabular sie nicht mehr fassen und kommt außer Kurs. Andererseits kann ein neues soziales Vokabular – also neue Vorstellungen über die Gesellschaft – die Verhältnisse verändern, weil es die Situation neu definiert. In diesem Sinne sind die Schlüsselwörter des sozialen Vokabulars selbst stets konstitutive Bestandteile einer Gesellschaft.

Von hier aus versteht man, welche grundlegende gesellschaftliche Bedeutung dem plötzlichen Aufstieg von »Kultur« und »Gesellschaft« zu bleibenden Schlüsselbegriffen der modernen Gesellschaft zukommt.[2] Ihre Aufnahme in die Volkssprachen spiegelt die Erkenntnis, daß soziale Veränderungen ein neues Gebilde, einen neuen Typ von Gesellschaft hervorgebracht hatten. »Kultur« und »Gesellschaft« verdrängten ein älteres Vokabular, weil sie die zwei wichtigsten Veränderungen bezeichneten, in die die Menschen sich hineingerissen fühlten. Das war zum einen die autonome und dynamische Verselbständigung der Kultur und zum anderen die Formierung der Gesellschaft durch willkürliche Assoziationen. Gleichzeitig und unvermeidlich schlugen sich in diesen Begriffen neue subjektive Einstellungen, Erwartungen und

Orientierungen nieder. Die neuen Begriffe schufen einen neuen Typ des sozialen Vokabulars, das bisher stets überall eine bleibende normative Ordnung enthalten hatte und mit essentiellen religiösen oder sonstigen Vorstellungen verbunden war. Demgegenüber bezeichneten »Kultur« wie »Gesellschaft« offene Situationen, deren konstitutive Kräfte und Prozesse sie deshalb kaum mehr als andeuten konnten. Die Begriffe, ohne die man nun nicht mehr auskommen konnte, stellten die Zukunft der unvorhersehbaren Entwicklung von Kultur und Gesellschaft anheim und verlangten deshalb alsbald soziale und intellektuelle Klärung. So wurden sie Anlaß zur Entstehung neuer und bedeutender Wissensformen, eben der Kultur- und Sozialwissenschaften, von denen man Auskunft über die neuen Gebilde erwartete, die sich durch normative Aussagen nicht mehr feststellen ließen.

Des näheren weist die Geschichte dieser Schlüsselbegriffe nationale Varianten auf. Einige Länder, wie Frankreich, wählten statt Kultur »Zivilisation«, aber beide galten lange als gleichbedeutend. Tatsächlich wurden sogar »Kultur« und »Gesellschaft« überall lange fast zufällig und synonym benutzt, bevor sie sich als zwei distinkte Aspekte der Wirklichkeit trennten. Beide gerieten dabei in den politischen Streit und gaben Anlaß zu charakteristischen Ideologien und Weltbildern. Im Sozialismus und Liberalismus wurde »Gesellschaft« zum politischen Kampfbegriff, der den Staat den Wünschen und Anweisungen der Gruppen und Parteien unterwerfen sollte. Im übrigen entwickelte sich das neue Vokabular in den einzelnen Ländern aufgrund ihrer geschichtlichen Lagen, sozialen Kräfte und öffentlichen Diskussion unterschiedlich, so daß »Kultur« und »Gesellschaft« noch heute in jeder Sprache eine durch ihre nationale Geschichte geprägte Eigenbedeutung haben. Während die Sozialwissenschaften inzwischen mittels des Strukturbegriffes einen gewissen einheitlichen Ausgangspunkt für den Gesellschaftsbegriff geschaffen haben, besitzt der Kulturbegriff noch überall seine kräftige nationale Färbung. Es wäre töricht zu meinen, daß man sich den damit gegebenen tiefen Verständigungsschwierigkeiten dadurch entziehen könnte, daß man sich einer gemeinsamen Sprache, also wie heute üblich des Englischen bediente.

An der Entstehung der beiden Begriffe war die Wissenschaft nicht sonderlich beteiligt. Gewiß trugen Gelehrte zu ihrer Erfindung und Verbreitung bei, aber sie taten es nicht als Vertreter von

Disziplinen, sondern als gebildete Menschen zusammen mit Dichtern, Philosophen, Künstlern und Schriftstellern. Desgleichen nahmen Personen in öffentlicher Stellung oder Bürger mit öffentlichen Interessen Gelegenheit, die Begriffe im Gespräch zu benutzen, um gemeinsame Orientierungen zu suchen. Auch hier zeigt sich, daß diese Begriffe zwar recht unbestimmte, aber auch unentbehrliche Ideen waren und deshalb zu Schlüsselwörtern der modernen Sprachen wurden, zum sozialen Vokabular.

Nun ist das soziale Vokabular in jeder Gesellschaft stets bestimmten Personen anvertraut, von denen man erwartet, daß sie die Schlüsselbegriffe richtig zu benutzen und zu erläutern vermögen. So waren in Europa vor allem Theologen und Juristen für die Schlüsselbegriffe des alten Vokabulars verantwortlich gewesen. Als nun die neuen Begriffe zum Rang von Schlüsselwörtern aufstiegen, erlangten sie eine öffentliche Bedeutung, die im Streit um die Ordnung der Gesellschaft dringend nach Klärung rief. Aus solchen Zwängen und Bedürfnissen entwickelten sich die Kultur- und Sozialwissenschaften als ein Versuch, die Wahrheit über Mensch, Gesellschaft, Kultur und Geschichte, die nicht mehr normativ feststellbar war, mittels empirischer Erforschung herauszufinden.

Zuerst entstanden die Disziplinen, die später Kulturwissenschaften, Geisteswissenschaften, *humanities* oder *sciences humaines* genannt wurden. Fasziniert von der menschlichen Fähigkeit, Kultur zu schaffen, untersuchten sie alle Kulturen in ihrer historischen Vielfalt, Genese und Verbindung. Obschon sie teils dazu neigten, die Rolle der »Ideen« zu überschätzen, haben sie Kenntnis und Verständnis der Kulturen als geschichtlicher und gesellschaftlicher Tatsachen durch ihre eindringlichen Bestandsaufnahmen stetig gefördert und ungeheure Räume und Zeiten vermessen. Nicht zuletzt auf die gesicherten Erträge dieser Wissenschaften griffen Georg Simmel, Max Weber u. a. später in ihrer soziologischen Arbeit zurück. All dem lag ein sicheres Einverständnis über den Kulturbegriff zugrunde, das für die immer genauere und vollständigere Bestandsaufnahme aller Kulturbestände genügte, ohne einer näheren konzeptuellen oder systematischen Elaboration zu bedürfen.[3]

Auch die späteren Sozialwissenschaften bauten auf diesen Grundlagen. Sowieso begann die Ethnologie als Erforschung der Kulturen. Niemand zweifelte, daß die Kultur eine gegebene Realität sei, während die »Gesellschaft«, obschon in aller Munde, den meisten ein höchst dubioser und diffuser Begriff zu sein schien. Noch Max Weber hat das notiert, als er schrieb, die Allgemeinheit des Sozialen beruhe »in nichts anderem als eben in seiner Unbestimmtheit«.[4] Aus dieser Tradition scherte jedoch eine Soziologie aus, die von ganz anderen Voraussetzungen ausging. Sie setzte sich das Ziel, nach dem Vorbild der Naturwissenschaften eine streng generalisierende Wissenschaft zu sein, welche am Ende eine endgültige »Theorie der Gesellschaft« liefern werde. Dieses rein formale Konzept beruhte auf einer Reihe von verschwiegenen Voranahmen über die ontologische Realität der Gesellschaft. Dabei handelt es sich, kurz angedeutet, um die Voranahmen, daß (a) Gesellschaften tatsächlich als Einheiten oder Systeme des sozialen Handelns existierten, (b) Fälle und Variationen eines generellen Tatbestandes »Gesellschaft« und deshalb durch generische Eigenschaften konstituiert seien, (c) diese generischen Bestimmungen die entscheidenden Determinanten aller übrigen Zustände seien und (d) eine allgemeine »Theorie der Gesellschaft« durch die Identifizierung dieser generischen Komponenten zu erreichen sei. Eben diese Voranahmen drängten zur Bestimmung der »Gesellschaft« durch generelle Strukturmerkmale.

Keine dieser Annahmen war durch empirische Bestandsaufnahmen verbürgt. Sie waren vielmehr alle nötige Momente des Konzepts einer allgemeinen »Theorie der Gesellschaft«. Die Faszination dieses Konzepts beruhte teils auf der – nicht nur intellektuellen – Attraktivität einer generalisierenden Wissenschaft, teils und wesentlich auf der Hoffnung, mittels einer solchen Wissenschaft eine technische Kontrolle über den Gang der Dinge zu erreichen. Deshalb setzte sich dieses Konzept der Sozialwissenschaften am ehesten in den Ländern durch, in denen die öffentliche Meinung, die politischen Institutionen und die nationalen Traditionen mit den Befunden der Kulturwissenschaften wenig vertraut waren und desto lauter nach einer technischen Wissenschaft von der Gesellschaft rufen konnten.

In dieser Weise geriet die Kultur im Gang der Soziologie aufgrund gewisser Voranahmen über die Gesellschaft in Vergessenheit. Wenn wir heute wieder nach ihrer gesellschaftlichen Bedeutung fragen, dann müssen wir vorab diese stillschweigenden Voranahmen beiseite setzen. Unsere naturalistische Annahme, Gesellschaften seien klar umrissene und vorfindbare Gebilde, ist das Ergebnis unseres Eingewöhntseins in einen Begriff, der erst durch lange konzeptuelle Bearbeitung und vor allem: deren öffentliche Verbreitung seine heutige Bedeutung erhalten hat. Lange galt Kultur als der klare und sichere, Gesellschaft als der vage und diffuse Begriff. In unserer eigenen Erfahrung finden wir beide Gegenstände nicht. Alles, was wir beobachten können, sind zahllose konkrete und individuelle Handlungen und deren Produkte, die als solche weder »sozial« noch »kulturell« sind. Erst indem wir die Erscheinungen unter gewissen Gesichtspunkten auswählen und ordnen, bilden wir uns die beiden Begriffe, die keine erfahrbaren Gegenstände benennen, sondern vermutete Zusammenhänge konstruieren. So die logische Bildung, anders der faktische Gebrauch der Begriffe. Sind sie erst im Umlauf, steuern sie alsdann unsere Wahrnehmung der Erscheinungen. Das soziologische Mißtrauen gegenüber der Kultur beruht also erst einmal einfach darauf, daß dieser Begriff mangels Interesse nicht weiter ausgearbeitet wurde. Aus dieser Lage kommen wir nicht durch eilige Definitionen und Kommentare heraus. Wir müssen uns wieder zurückbesinnen auf jene Tatsachen, denen der Kulturbegriff Rechnung tragen sollte.

2. Der Kulturbegriff: Seine Wurzel und Gliederung

Die vielerlei Bedeutungen des Wortes Kultur ergeben sich aus einer gemeinsamen Wurzel, nämlich aus der Eigenart des Menschen als Kulturwesen. Leider haben die Sozialwissenschaften es vorgezogen, den Menschen als »soziales Wesen« einzustufen, obschon er diese Eigenschaft mit den meisten Tieren teilt, von denen sich der Mensch unterscheidet, weil er mit seinem Verhalten einen subjektiven Sinn verbindet.[5] Tiere reagieren auf interne oder externe Reize, während Menschen aufgrund ihrer einzigartigen Fähigkeit (und Notwendigkeit), der Wirklichkeit mit sinnhaftem Tun gegenüberzutreten, handeln. Für den Menschen ist die Wirklichkeit statt einer Ansammlung von Sinnesdaten eine Welt von Objekten mit Sinn und Bedeutung. Die Variabilität des menschlichen Handelns beruht auf der Fähigkeit, über die Sinneseindrücke hinaus eine Welt von Bedeutungen zu schaffen. Deshalb ist unser Handeln nicht wie bei den Tieren artspezifisch, sondern kulturell bedingt. Die Wirklichkeit bliebe für uns ein Chaos von Sinneswahrnehmungen, wenn wir diesen nicht Sinn und Bedeutung zu geben vermöchten, so daß die Tatsachen, mit denen wir umgehen, immer schon Deutungen enthalten. Auf dieser unerklärlichen Fähigkeit beruht die Eigenart des Menschen als Kulturwesen. Denn Kultur – das ist die Grundbedeutung – umfaßt alles, was durch menschliches Handeln entsteht und deshalb Bedeutungen enthält. Alle unsere Handlungen und deren Produkte – die materielle Kultur wie die sozialen Erscheinungen und die geistigen und künstlerischen – sind Kulturerscheinungen, weil sie mit Bedeutungen behaftet sind, wie umgekehrt alles, was Bedeutung enthält, zur Kultur rechnet. Anders als das Sozialverhalten der Tiere sind demnach auch die menschlichen Gesellschaften Kulturerscheinungen. Unsere Soziabilität verwirklicht sich erst mittels sinnhafter Bedeutungen und deshalb in der historischen Vielfältigkeit verschiedenartiger Gesellschaften und Kulturen.

Mit diesem umfassenden Grundbegriff von Kultur, der bloß die reine Natur ausschließt, hat auch das soziale Denken des 19. Jahrhunderts gearbeitet, wie die berühmte Definition zeigt, mit der E. B. Tylor seine einflußreiche Schrift *Primitive Culture* (1871) eröffnete. Er stand nicht allein mit seinem Vorschlag, für alle einzelnen Kulturen Bestandsverzeichnisse aller ihrer »Elemente« anzufertigen, was sich schon wegen der schieren Zahl solcher »Elemente« als praktisch unmöglich erwies. Auch spätere Versuche, wenigstens die charakteristischen »Züge«, »Muster« und »Konfigurationen« einer Kultur anzugeben, erwiesen sich allenfalls bei einfachen Gesellschaften als nützlich. Es ist eben sinnlos und unmöglich, die Kultur in der umfassenden Bedeutung des Wortes zum Gegenstand empirischer Untersuchung zu machen, weshalb die Kulturwissenschaften sich diese Aufgabe aufteilen. In seiner umfassenden Bedeutung liefert der Begriff also der Soziologie kein faßliches Instrument, bleibt aber doch eine nötige Voraussetzung für das richtige Verständnis der gesellschaftlichen Erscheinungen und darf nicht ersetzt werden durch die seichte Formel vom Menschen als sozialem Wesen oder durch die irreführende Vorstellung, daß Gesellschaften wie eigenständige Objekte vor oder außerhalb der Kultur existierten. Ein klares Verständnis der Kultur als Ergebnis der Eigenart des Menschen als Kulturwesen schützt vor der Versuchung, die gesellschaftlichen Erscheinungen mit naturalistischen Annahmen des Behaviorismus, der Biologie, der Grundbedürfnisse, der natürlichen Interessen oder der Anpassung zu erklären. Deshalb bleibt der Kulturbegriff in seiner umfassenden Grundbedeutung eine nötige Voraussetzung für alle sinnvolle soziologische Arbeit.[6]

Aus der Grundbedeutung des Begriffes ergeben sich dann höchst konsequent die verschiedenen Sonderfälle. Zuerst einmal existiert alle Kultur nur in einer Gesellschaft, so daß der Mensch zwar generell der Schöpfer aller Kultur, aber konkret das Geschöpf einer spezifischen Kultur ist, die von Generation zu Generation weitergegeben wird. Doch so wenig eine Kultur ohne Gesellschaft existiert, so wenig eine Gesellschaft ohne Kultur. Mit den beiden Begriffen beziehen wir uns eher auf verschiedene Aspekte der gleichen Erscheinungen als auf real getrennte Bereiche. Wenn wir gewisse Phänomene »soziale«, andere »kulturelle« nennen, dann haftet unser Interesse an denjenigen Zügen, die wir jeweils hervorheben wollen. Im Prinzip sind die gegebenen Erscheinungen selbst nahtlos und können von uns nach ihrer kulturellen wie nach ihrer gesellschaftlichen Seite klassifiziert und begriffen werden.[7]

Eben deshalb konnten beide Begriffe einander vertreten, ja man sprach lange lieber von »Kulturen« als von »Gesellschaften«. Das mochte den Nachteil haben, die sozialen Aspekte der Wirklichkeit zu unterschätzen, machte aber darauf aufmerksam, daß alle Gesellschaften eine Kultur besitzen und deshalb nicht als Exemplare eines Genus behandelt werden können. Erst mit der Ausschaltung des Kulturbegriffs konnte sich die irrige Meinung durchsetzen, Gesellschaften seien selbstgenügsame soziale Systeme. Schon um diesem Glauben an die deterministische Kraft der sozialen Momente zu entgehen, müssen wir den Kulturbegriff im Spiel halten, der uns an die kulturelle Bedingtheit aller sozialen Erscheinungen und damit an ihre historische Einmaligkeit erinnert. Solange wir Gesellschaften auch als Kulturen bezeichnen können, bleibt es deutlich, daß wir dabei mit unseren Konstrukten und nicht mit eigenen Wesenheiten der Wirklichkeit befaßt sind. »Kultur« meint dann eine Gesellschaft in der Totalität ihrer individuellen Kultur. Aber so wenig wir eine Gesellschaft in ihrer Totalität erfassen können und deshalb den Begriff auf gewisse, als wichtig erachtete soziale Erscheinungen eingrenzen müssen, so wenig können wir die individuellen Kulturen in ihrer Totalität erfassen und müssen deshalb auch diesen Begriff in seine wesentlichen Bestandteile aufzugliedern trachten. Dieses tun die Kulturwissenschaften auf ihre Weise, und das muß auch die Soziologie tun.

Das kann je nach Fragestellung unter verschiedenen Gesichtspunkten geschehen. Zeitweilig hielt man sich an die Unterscheidung von materieller und immaterieller Kultur, obschon beide durchgängig miteinander verhakt sind. Aber der Grundgedanke, der dem modernen Kulturbegriff zugrunde lag, zielte doch von Anfang an auf die Ermittlung derjenigen Ideen, Bedeutungen und Werte, die als charakteristische Hauptmuster den Erscheinungen einer Gesellschaft zugrunde lagen, weil sie von den Angehörigen dieser Gesellschaft geteilt wurden. Dem modernen Kulturbegriff lag von vornherein die Vorstellung einer »repräsentativen Kultur« so selbstverständlich zugrunde, daß man sich das Adjektiv sparen konnte. Um die Kultur in ihrer gesellschaftlichen Bedeutung wieder zu verstehen, müssen wir uns heute des Adjektivs bedienen. Mögen die übrigen Kulturwissenschaften die Kulturerscheinungen unter anderen Gesichtspunkten behandeln, so kann es der Sozialwissenschaft nur um die repräsentative Kultur gehen, also um jene Bestandteile, die unmittelbare gesellschaftliche Bedeutung besitzen.

3. Repräsentative Kultur

Denn die Kultur ist eine gesellschaftliche Tatsache, insofern sie repräsentative Kultur ist, also Ideen, Bedeutungen und Werte erzeugt, die kraft faktischer Anerkennung wirksam werden. Sie umfaßt dann jene Überzeugungen, Verständnisse, Weltbilder, Ideen und Ideologien, die das soziale Handeln beeinflussen, weil sie entweder aktiv geteilt oder passiv respektiert werden.

Es bleibt anderen Kulturwissenschaften überlassen, unter ihren Gesichtspunkten die Kulturerscheinungen um ihrer selbst willen zu erforschen, ohne weiter viel nach deren gesellschaftlicher Bedeutung und Wirkung zu fragen. Doch den Sozialwissenschaften muß es darauf ankommen, die Kultur in ihrer gesellschaftlichen Bedeutung und deshalb in ihren repräsentativen Beständen zu ermitteln. Sieht man vom strikten Naturalismus ab, dann hat die Soziologie auch stets mit der repräsentativen Kultur gerechnet. Noch Durkheim versuchte, dem mit den »représentations collec-

tives« Rechnung zu tragen, Parsons mit dem Konstrukt einer normativen Sphäre oberhalb von Rollen und Positionen. Aber beide bemühten sich schon, die repräsentative Kultur als anonymes Produkt gesellschaftlicher Verhältnisse zu erklären und hierdurch als eine eigene gesellschaftliche Größe auszuschalten. Um die volle Selbständigkeit – oder jedenfalls den durchgängigen Primat – »der Gesellschaft« zu sichern, durfte die Kultur nicht eine unberechenbare Macht sein, die aus eigener Logik repräsentative Bedeutungen erzeugt und gesellschaftlichen Einfluß ausübt. Auch die Strukturtheorie war nicht zuletzt ein Versuch, die Kultur zu domestizieren, indem man die Sozialisation auf das Lernen gesellschaftlicher Rollen, Normen und Werte nebst einigen Abweichungen zurückschnitt. Selbst die wenigen Standardformeln für Kultur, die Soziologen gelegentlich noch verwenden, klingen hohl. Wer die Kultur nur als »Tradition«, als Weitergabe, versteht, verkürzt sie um ihre Produktivität und Imagination. Auch die Formel »gemeinsame Kultur« verhindert nur die Frage, wie diese Gemeinsamkeit zustandekommt, und das gilt auch für den »symbolischen Code«. In all diesen Formeln hängt die Kultur anonym über der Gesellschaft wie ein statischer, unfaßlicher Nebel, nach dessen Eigenkraft und Entstehung man nicht fragt. In dieser Weise ist den Sozialwissenschaften die alte Idee der repräsentativen Kultur als einer potentiell schaffenden und unberechenbaren gesellschaftlichen Kraft abhanden gekommen.[8] Es ist deshalb zuvor nötig, wieder an diese Vorstellung und die ihr zugrundeliegenden Tatsachen zu erinnern. Ich halte mich dabei vorerst an die vormodernen Kulturen.
Da ist mit dem Hinweis zu beginnen, daß eine Wissenschaft von den »gesellschaftlichen Tatsachen« fragwürdig bleibt, wenn sie vergißt, daß das menschliche Handeln nicht identisch mit sichtbarem Verhalten und folglich die Gesellschaft auch nicht identisch ist mit »objektiven« bedeutungsfreien »gesellschaftlichen Tatsachen«. Diese Einsicht der »verstehenden Soziologie« führt auf die Frage, wie die Bedeutungen entstehen, welche das soziale Handeln konstituieren. Nun orientiert sich zwar alles Handeln, wie Max Weber immer wieder einschärft, an den Objekten und Situationen, wie sie der Handelnde sieht. Dabei geht es jedoch selbst im einfachsten Fall nicht um die uferlose Mannigfaltigkeit der sinnlichen Tatsachen, sondern immer schon um eine Deutung derselben. Denn diese Deutung ist keine müßige Laune spekulati-

ver Köpfe, sondern ein Grunderfordernis allen Handelns, weil die Grundverfassung des Menschen als Kulturwesen.[9] Das verlangt eine Erläuterung.

Denn man muß sich hier allerdings von der natürlichen Alltagsmeinung befreien, die Wirklichkeit sei uns wie eine Ansammlung einzelner Tatsachen gegeben, die wir in der Erkenntnis bloß abbilden. Hingegen ist die Wirklichkeit für uns immer schon ein Zusammenhang von Objekten und Situationen, den wir bereits unvermerkt durch die Auswahl und Verarbeitung von Wahrnehmungen zu unseren Vorstellungen von der Wirklichkeit formiert haben, an denen sich unser Handeln orientieren kann. Erst als solche Vorstellungen gewinnen die Sinnesdaten, die sonst ein Chaos sinnloser Eindrücke blieben, eine Bedeutung für das Handeln. Deshalb beruht alles Handeln auf einer Deutung der Wirklichkeit, welche die inneren und äußeren Eindrücke in einem Verweisungszusammenhang ordnet und ihnen dadurch Bedeutungen zuweist. In diesem Sinne haben wir es stets mit einer gedeuteten Wirklichkeit zu tun. Aus dem praktischen Zwang des Handelns erwächst das Bedürfnis, die inneren und äußeren Wahrnehmungen in einen Zusammenhang zu bringen, also durchgängig zu ordnen. Denn selbst der einfache Umgang mit einzelnen Objekten muß sich, statt an momentanen Eindrücken, an deren bleibenden Ordnungen orientieren. Deshalb bilden alle Kulturen Ideen von den Ordnungen der Natur und der Gesellschaft, vom Wesen des Menschen und der Götter aus. Dabei müssen in die Deutung der Wirklichkeit auch die affektiven, emotionalen, wertenden und symbolischen Bezüge der Handelnden zu den Objekten und Situationen eingehen.

Aus diesen Gründen haben die Menschen seit Urzeiten eine Kultur geschaffen, die über die praktischen Daseinstechniken und dienlichen Institutionen hinausging. Diese – wie man oft sagt – »immaterielle Kultur« trat nicht als später Erwerb zu einer schon früher bestehenden »materiellen« Kultur hinzu; sie war von Anfang an ein so elementares praktisches Erfordernis für den Menschen als handelndes Wesen wie die materielle Kultur. Mythos, Religion, Dichtung, Musik, Kunst und Philosophie in ihren einfachsten Formen sind universale Kulturbestände, weil sie praktischen Erfordernissen – und nicht erst der müßigen Spekulation – entsprechen. Entgegen der heutigen Meinung, daß die »materielle Kultur« für sich bestehen könnte und den gesellschaftlichen Bedürfnissen genügte, beweist uns die Geschichte, daß keine Gesellschaft existieren könnte ohne eine »immaterielle« Kultur oder, wie man besser sagen sollte, ohne »Ideen« in sprachlicher oder symbolischer Form.[10] Denn man sollte diesen Ausdruck nicht scheuen, obschon er heute unbeliebt und auch mißverständlich ist. Solange es keinen besseren Ersatz gibt – hier fehlt die Arbeit am Begriff der Kultur –, verweist dieser Ausdruck am ehesten auf die charakteristische Eigenart der gemeinten Erscheinungen. Die universale Existenz und die Rolle solcher »Ideen« stehen jedenfalls so außer Zweifel, daß die Sozialwissenschaft sie nicht länger übergehen darf. Sie werfen die Zentralfrage auf, warum Menschen überall solche Vorstellungen entwickelt haben, die über die praktischen Daseinstechniken und lebensdienlichen Institutionen ganz hinausgehen. Die Antwort liegt eben in der Eigenart des Menschen als eines auf Handeln angewiesenen Kulturwesens, das seine praktischen Bedürfnisse erst durch eine umfassende Deutung der Wirklichkeit festmachen kann.

Von hier aus ergibt sich ein Verständnis der repräsentativen Kultur. Dieser Gedanke, der dem Kulturbegriff ursprünglich zugrunde lag, bezieht sich auf jene grundlegenden »Ideen«, die in einer Gesellschaft jeweils als richtig, wahr, gültig angesehen oder so respektiert werden. In der Vergangenheit stellten sie sich vor allem in Mythos, Religion, Weltbild, Moral und ähnlichem dar, die die Handelnden über die grundlegenden Ordnungen der Wirklichkeit unterrichteten. In diesem Sinne war die repräsentative Kultur ein praktisches Erfordernis des Handelns. Denn die Handelnden sind auf die Deutung der Wirklichkeit angewiesen, die ihre Kultur bereithält. Wie immer ihre materiellen oder immateriellen Interessen einerseits und die sozialen Institutionen und Kontrollen andererseits liegen mögen, werden ihre Handlungen durch die grundlegende Deutung der Wirklichkeit bedingt sein. Schon wegen der begrenzten Lebenszeit und Erfahrung können sich die einzelnen niemals selbst eine Vorstellung von der bleibenden und umfassenden Ordnung der Wirklichkeit bilden, so daß sie für ihr Handeln auf die Deutung der Wirklichkeit angewiesen sind, die ihre Kultur bereitstellt. Erst wo eine repräsentative Kultur für eine gemeinsame Deutung der Wirklichkeit sorgt, kann das soziale Handeln Kraft und Bestand gewinnen. Die Geschichte zeigt denn auch, daß Gesellschaften erst Dauer gewinnen, wenn sie eine repräsentative Kultur entwickeln.

All das war früher wohl bekannt, wurde aber beiseite geschoben, als die Soziologie die »Gesellschaften« zu selbständigen Objekten erhob und deshalb die repräsentativen Kulturbestände als anonyme Produkte von sozialen Kräften und Prozessen behandelte. Nicht nur Durkheim und Parsons ließen für die aktive Rolle der Ideen, für deren eigene Logik und Dynamik, keinen Raum und eliminierten so die charakteristischen Eigenheiten der Kultur, wie sie die Geschichte überall zeigt. Auf die wesentlichen Punkte sei hier wenigstens hingewiesen.

Zuerst einmal verweist die Universalität von repräsentativen »Ideen«, die über alle praktischen Daseinszwecke hinausgehen, auf eine ursprüngliche kulturelle Arbeitsteilung, wie sie sich bereits in den einfachsten Gesellschaften vorfindet. Stets waren die Menschen mit ihren unterschiedlichen Begabungen und Neigungen auf Personen angewiesen, welche den Tatsachen eine zusammenhängende Deutung – und damit eine handlungsmäßige Bedeutung – zu geben vermochten. Die durchgängige kulturelle Arbeitsteilung verweist damit auf die soziale Rolle der »Intellektuellen«, auf die schon die einfachsten Gesellschaften angewiesen waren. Intellektuellen ist überall die gesellschaftliche Aufgabe anvertraut, die Ordnungen der Wirklichkeit zu deuten, einschließlich der Ordnung der Gesellschaft, die nur währen kann, wenn es darüber gemeinsame Verständnisse gibt. Dafür sorgen »Intellektuelle«, die effektiv beanspruchen können, ein überlegenes Wissen zu besitzen. Ihre Autorität mag bei den Ältesten, den Weisen, bei Gottkönigen, Magiern oder Priestern liegen, die sich dabei ganz auf ihr eigenes Prestige oder auf politische Unterstützung verlassen mögen.

Noch wichtiger ist es, daß die repräsentativen Kulturbestände durch individuelle Schöpfungen entstehen, wenngleich oft durch eine Reihe von kleinen Beiträgen. Wo wir schriftliche Zeugnisse besitzen, ist das überall zu belegen. Aber auch einfache Gesellschaften bezeugen die Bedeutung der individuellen Beiträge von »Intellektuellen«. Nirgends bestehen solche Gesellschaften bloß aus strukturellen Beziehungen, sozialer Interaktion und gemeinsamen Werten. Stets legen sie sich in komplizierten Weltbildern Rechenschaft ab über den Ursprung und die Ordnung des Kosmos, der Gesellschaft, der Kultur und der Moral, über die Kräfte der Natur und die Natur des Menschen. Kulte und Riten verbinden die Lebenden mit den Toten, führen den Sinn des Daseins symbolisch vor und geben den unfaßlichen Gefühlen und Emotionen Ausdruck. Nur wenige Elemente dieser repräsentativen Kultur können ein anonymes Erzeugnis sozialer Interaktion sein, wie sorgfältige Betrachtung lehrt. Sogar gemeinsame Sitten und Werte, die so entstehen könnten, stehen nirgends allein, sondern sind mit den kognitiven, religiösen, moralischen, expressiven und emotionalen Ideen der repräsentativen Kultur verbunden, die nur von Intellektuellen erhalten werden können und allererst erzeugt werden müssen. Selbst die Fälle, in denen repräsentative Kulturmuster über lange Zeit scheinbar unverändert dauern, führen nicht an der Frage vorbei, wie sie denn einmal entstanden sind. Da es sich dabei stets um Deutungen der Wirklichkeit handelt, können sie weder durch die gegebenen Strukturen noch durch Machtspruch entstanden sein. Mögen diese dabei eine wichtige Rolle spielen, so können sie doch eines nicht: Ideen erzeugen, ohne die eine Deutung der Wirklichkeit nicht zustandekommen kann.

Das alles hat eine höchst wichtige Kehrseite. Denn weil die repräsentative Kultur sich in Ideen sprachlich oder symbolisch ausdrückt, welche die stets vielsinnigen Tatsachen deuten, besitzt sie eine potentielle Freiheit gegenüber realen Verhältnissen. Da die Ideen zu den Verhältnissen hinzutreten müssen, um deren Sinn und Bedeutung festzumachen, beruhen sie auf der Kraft des Einfalls in der intellektuellen oder künstlerischen Deutung der Tatsachen, die von unscheinbaren Beiträgen bis zu umfassenden Anstrengungen reichen kann. Deshalb besitzt die repräsentative Kultur, so zäh sie in vielen Fällen dauern mag, im Prinzip eine größere Labilität als die realen Verhältnisse, die an die harten Gegebenheiten gebunden bleiben. Eben weil die Ideen auf intellektuelle, individuelle Leistungen zurückgehen, die als Deutungen über die Tatsachen hinausreichen, können sie grundsätzlich jederzeit durch neue Deutungen in Frage gestellt werden. Deshalb ist die repräsentative Kultur, um zu bestehen, überall auf die fortdauernde Arbeit von Intellektuellen angewiesen, die als kulturelle Autorität einer Gesellschaft für ihre repräsentativen Kulturbestände verantwortlich sind, aber diese teils selbst umdeuten können, teils mit solchen Umdeutungen von anderer Seite rechnen müssen. Selbst bei jenen Kulturen, die sich bei großer Abgeschlossenheit und harten Daseinszwängen über lange Zeiträume unverändert erhalten haben – oder das jedenfalls von sich behaupten –, haben wir doch damit zu rechnen, daß über die Zeit neue Deutungen auftraten, selbst wenn sie sich bei gegebenen Umständen nicht nachhaltig auf die realen Lebensformen auswirken konnten. Eine ähnliche Fortdauer erreicht die repräsentative Kultur in abgeschlossenen Reichen wie China oder Ägypten, wo es der Herrschaft gelang, ihre Intellektuellen erfolgreich für eine stetige Sicherung der repräsentativen Kultur zu motivieren. Ansonsten jedoch ist davon auszugehen, daß die repräsentative Kultur, weil sie die Wirklichkeit durch Ideen deutet, trotz Sicherung durch kulturelle Autorität ein potentiell labiles Gebilde bleibt, weil Ideen nach ihrer Natur nicht die zähe Beharrlichkeit – und deshalb oft mächtige Wirkung – von praktischen Daseinstechniken besitzen können. Andererseits können »Ideen«, weil sie weniger an den realen Daseinsverhältnissen kleben, auch leichter ausgewechselt werden und dann unter Umständen sogar die Daseinsverhältnisse umgestalten.

All das war den Kulturwissenschaften, wie sie sich im vorigen Jahrhundert herausbildeten, mehr oder weniger geläufig. Obschon sie sich auf eine begriffliche Klärung kaum einließen, erforschten sie gründlich die Rolle der repräsentativen Kultur und der Kulturintelligenz in den Schriftkulturen und verfolgten sie (mit Hilfe der Archäologie und Ethnologie) sogar bis in die schriftlosen Kulturen zurück. So haben etwa Eduard Meyer in seiner berühmten *Geschichte des Altertums* und Max Weber in seinen einschlägigen Studien die Rolle der Ideen und der Kulturintelligenz bis in die Vorzeiten zurückverfolgt.[11] Sie kannten die Macht der Tradition, aber sie wußten auch um den Rang, die Labilität und die Dynamik der repräsentativen Kultur, die Jacob Burckhardt auf die Formel brachte: »Der Geist ist ein Wühler«.[12] All das wurzelte letztlich in dem Verständnis des Menschen als Kulturwesen, dessen Handeln durch seine Vorstellungen von der Wirklichkeit bedingt und deshalb schon im einfachen Umgang mit den Realitäten auf eine Deutung ihrer Ordnungen angewiesen ist, die im Prinzip nur von »Intellektuellen« mittels individueller Beiträge geleistet werden kann. Dazu rechnen nicht bloß große, überraschende Denkleistungen, die die Ausnahme bleiben. In der Regel handelt es sich eher um unmerkliche Leistungen und spontane Einfälle, die oft nur schon vorhandenen Bereitschaften durch Formulierung Kraft und Richtung geben. Und es geht dabei nicht nur – und oft am wenigsten – um die in Sprache gefaßten Bedeutungen, sondern auch um die in Bildern und Symbolen verschlüsselten Ideen. Stets aber kommen die Bestände der repräsentativen Kultur, wie unmerklich und unübersichtlich auch immer, kraft individueller Einfälle zustande, deren Urheber summarisch als »Intellektuelle« im Sinne Max Webers und in ihrer sozialen Rolle als »Kulturintelligenz« bezeichnet werden.

In diesem Sinne erinnert der Kulturbegriff die Soziologie generell an die Rolle der »Ideen« und »Intellektuellen«. Obschon der heute verschlissene Begriff dringend der konzeptuellen Entfaltung bedarf, wie sie dem Gesellschaftsbegriff beharrlich zuteil geworden ist, hat er eine noch immer faßliche und wichtige Grundbedeutung, wenn er nach seiner ursprünglichen Intention als repräsentative Kultur verstanden wird. Selbstverständlich bleibt es eine empirische Frage, inwieweit eine Gesellschaft jeweils eine repräsentative Kultur entwickelt hat, so wie es auch stets eine empirische Frage bleibt, inwieweit soziale Erscheinungen eine »Gesellschaft« im Sinne der Soziologie bilden. So gesehen handelt es sich in beiden Fällen – wie bei allen charakteristischen Begriffen der Sozialwissenschaften – um idealtypische Begriffe. Aber jedenfalls bewahrt der Begriff der repräsentativen Kultur die Soziologie vor dem Irrtum, die Kultur sei ein statisches, anonymes System, das aus den gesellschaftlichen Gegebenheiten deduziert werden könne. Er hält die empirischen Befunde der Kulturwissenschaften im Spiel, die zeigen, daß zur Kultur die Dynamik und der Streit der »Ideen« gehören, und weist hierdurch der Soziologie den Weg für ihre eigene Befassung mit der Kultur, wo es auf folgende Aufgaben ankommt: (a) die Erhebung der repräsentativen Bestände einer Kultur, (b) die Identifizierung ihrer Erzeuger und Erhalter, (c) die Aufdeckung der Mittel und Wege ihrer Verbreitung und (d) die Abschätzung ihres Einflusses auf das soziale Handeln.

Die Soziologie kann und muß also von dem Konzept der repräsentativen Kultur als dem tradierten Bestand an grundlegenden Deutungen der Ordnungen der Wirklichkeit ausgehen, die von allen geteilt oder respektiert werden, darf aber dabei nicht stehenbleiben. Denn diese Bestände wachsen nicht von selbst aus dem sozialen Leben heraus, werden nicht automatisch mit diesem wie ein festes Gut weitergegeben und sind deshalb auch nicht das anonyme Erzeugnis eines symbolischen Codes oder Systems. Sie sind vielmehr durch die von »Intellektuellen« oft unmerklich geschaffenen »Ideen« entstanden, welche sich effektiv durchgesetzt haben. Weil sie so als Deutungen der Wirklichkeit entstanden sind, können sie auch durch neue Ideen unmerklich verändert oder sogar revolutioniert werden. Das mag – schematisch gesprochen – das Werk der je bestehenden Kulturautoritäten selbst sein, kann aber auch eintreten, weil von anderer Seite neue Ideen vertreten und erfolgreich durchgesetzt werden. Repräsentative Bestände bilden sich eben dann heraus, wenn irgendwelche »Ideen« (im weitesten Sinne dieses Begriffs) Anklang und Anhang finden, bis sie zu allgemeiner Gültigkeit gelangen. Es geht eben bei der repräsentativen Kultur um eminent gesellschaftliche Vorgänge. »Ideen« zählen für die Sozialwissenschaften als Vorlagen, die neue Verhaltensmuster ins Leben rufen oder gar Anhänger zu Gruppen und Bekenner zu Gemeinden zusammenbinden können. Die repräsentative Kultur ist deshalb nicht ein statischer, stets von allen geteilter oder bloß sozial differenzierter, im übrigen in sich selbst gegliederter Gesamtbesitz, der bloß noch weitergegeben zu werden braucht. Sie ist vielmehr stets durch neue Ideen gefährdet, die, wenn sie sich durchsetzen, selbst zur repräsentativen Kultur werden.

Mit all dem sichert der Kulturbegriff die Sozialwissenschaften gegen den Irrtum, daß »Gesellschaften« durch »objektive soziale Tatsachen« konstituiert seien, weil er daran erinnert, daß alles Handeln auf der Vorstellung und Deutung von Tatsachen beruht. Er macht klar, daß sogar die jeweiligen Interessen sich nicht aus den stets verworrenen Tatsachen, sondern aus deren Deutung ergeben, weshalb ja auch politische Parteien ihren Wählern vor allem einschärfen müssen, was deren Interessen sein sollten. Er schützt vor dem Irrtum, daß »Ideen« anonym und zwingend aus der sozialen Interaktion oder den sozialen Verhältnissen resultieren. Er bewahrt vor dem Glauben, die gesellschaftliche Wirklichkeit ließe sich auf soziale Regelmäßigkeiten reduzieren, und wehrt dem Mißverständnis, die Soziologie könne eine technische Wissenschaft werden.

Soweit das Nötige über den Begriff der Kultur und dessen Bedeutung für die Sozialwissenschaft.

4. Parsons und Weber: Zur Geschichte des Kulturbegriffs in den Sozialwissenschaften

Dieser Begriff der Kultur war dem 19. Jahrhundert geläufig, seine Fruchtbarkeit durch die erfolgreiche Arbeit der historischen Kulturwissenschaften bekannt, die sich allerdings um die begriffliche Schärfung ihres Konzepts wenig kümmerten. Um so mehr fällt es auf, daß die Kultur in der Entwicklung der Sozialwissenschaften eine, meist je nach Land verschiedene, Rolle gespielt hat. Hier ist zuerst daran zu erinnern, daß »Kultur« und »Gesellschaft« als Schlüsselbegriffe des sozialen Vokabulars entstanden und deshalb eine, jeweils durch geschichtliche und gesellschaftliche Verhältnisse bedingte, unterschiedliche Zustimmung fanden, die sich in einer unterschiedlichen Stellung und Entwicklung der beiden Fächergruppen niederschlug. Es hing zumal von nationalen und akademischen Traditionen und Institutionen ab, ob sich die Soziologie hier auf der Grundlage etablierter Wissenschaften mit einem erprobten empirischen Wissensfundus entwickelte oder dort als luftiges Programm eines erst noch zu schaffenden Faches begann.

Aus diesen Gründen erklärt es sich, daß die amerikanische Soziologie nicht auf dem reichen empirischen Material der Kulturwissenschaften aufbaute. Das gilt noch für Talcott Parsons, der den Kulturbegriff nicht von den Kulturwissenschaften übernahm. Sein Verständnis von Kultur ist um so interessanter, als er in Absage an einen Behaviorismus durchaus an der Existenz der Kultur festhielt und sich ausdrücklich selbst als »a cultural determinist, rather than a social determinist« sah.[13] Freilich, »determinist« wollte er sein, weil er an das »soziale System« glaubte und deshalb die Kultur auf einen sozialen Mechanismus zur Erzeugung von Werten reduzierte. Herausgelöst aus dem Ganzen der Kultur wurden die Normen und Werte zu verläßlichen Bausteinen für das soziale System, in dem für die Kultur als eigene produktive Kraft kein Platz mehr sein konnte.

Parsons hat diesen domestizierten Kulturbegriff, statt aus den historischen Befunden der Kulturwissenschaften, aus der Kulturanthropologie übernommen, die seinerzeit in den USA mehr Einfluß und Kredit besaß als die noch kaum ernstgenommene Soziologie. Auf primitive Gesellschaften zugeschnitten, die ein festes System von Bedeutungen unverbrüchlich weiterzugeben schienen, war das Konzept ahistorisch, wie es auch Parsons' Kulturbegriff ist. Man war mit der Existenz von »culture patterns« zufrieden, ohne je nach ihrer Entstehung zu fragen, welche somit zum anonymen Produkt der sozialen Interaktion wurden, so wie auch Parsons am Funktionieren, aber nicht an der Entstehung »des sozialen Systems« interessiert war, dessen Existenz ihm als selbstverständlich galt. Pate gestanden haben dabei die seinerzeit bedeutenden und einflußreichen Kulturanthropologen, zu denen Ruth Benedict und Margaret Mead gehörten, welche die »Patterns of Culture« als Wertsysteme erklärten. 1952 begannen A. L. Kroeber und Clyde Kluckhohn, die führenden Kulturanthropologen, ihr Buch über Kultur mit der Feststellung: »The idea of culture, in the technical anthropological sense, is one of the key notions of contemporary American thought«.[14] Kluckhohn gehörte zu jener Gruppe, deren Diskussionen in Harvard 1952 zur Veröffentlichung von *Toward a General Theory of Action* führte, wozu er selbst das Kapitel »Values and Value-Orientation in the Theory of Action« beitrug. Von dort borgte Parsons für sein Buch *The Social System* (1951) das ahistorische und statische Konzept der Kultur, das auf primitive Gesellschaften zugeschnitten war. Für den enormen Erfolg seines Buches hatte das Harvard-Seminar den Weg geebnet, weil sich dort eine Gruppe angesehener Gelehrter – von denen einige mit Großforschungen zu nationalen Problemen befaßt waren – gemeinsam öffentlich dafür verbürgten, daß die bislang kaum ernstgenommene Soziologie nun endlich zur reifen Wissenschaft geworden und jetzt in der Lage sei, der Weltmacht das technische Instrument für die weltweite Planung der Gesellschaften zu liefern. Erst durch die vereinigte Bürgschaft der Sozialwissenschaften gewann damals die Soziologie in den USA spät und plötzlich ihre öffentliche Anerkennung und Stellung als unentbehrliche Schlüsselwissenschaft, die alsbald selbst weltweit exportiert werden mußte. Zukünftige Historiker werden feststellen, wie stark diese Entwicklung der amerikanischen Soziologie von den inneren und äußeren politischen Lagen der Weltmacht beeinflußt war. Eine Kette von Zufällen, Umständen und Lagen hatte dazu geführt, daß die Soziologie die Reste ihres Verständnisses der Kultur dem Konzept einer generellen Wissenschaft von der Gesellschaft opferte.[15]

Parsons baute seine Soziologie nach einem vorgängigen Konzept, das zugleich die objektive Berechenbarkeit der Gesellschaft wie die technische Brauchbarkeit der Soziologie als selbstverständlich voraussetzte, ohne dabei mit der Kultur zu rechnen. Aber auch sonst zeigt sich immer wieder, wie tief die Arbeit der Soziologie bestimmt wird durch die jeweiligen Grundannahmen – und folglich: von den Grundkenntnissen – über »Kultur« und »Gesellschaft«, von denen sie ausging. Es ist kein Zufall, daß die mit den historischen Befunden der Kulturwissenschaften vertrauten Soziologen auch mit der Kultur rechneten und deshalb nicht auf eine technisch brauchbare Soziologie zielten, ja sogar den Begriff »Gesellschaft« tunlichst vermieden, weil er die konkrete Wirklichkeit in die Fälle eines generischen Objektes umdenkt. Max Weber nahm von den Bedingungen, Zwängen und Interessen des Handelns höchst realistisch Notiz und wußte, daß aus dem sozialen Handeln anonym neue soziale Vorgänge und Einstellungen hervorgehen können. Aber nirgends verlor er die Rolle der »Ideen« und »Intellektuellen« aus dem Auge, weil er mit den Befunden der Kulturwissenschaften vertraut war. Seine großen Arbeiten zur Religionssoziologie begannen mit der Veranschlagung der revolutionären Deutung von neuen Ideen, die Luther oder Calvin geschaffen hatten. Als Lujo Brentano solche »Ideen« für eine belanglose Begleitmusik zu den realen Daseinsverhältnissen hielt, antwortete ihm Max Weber so kurz wie aufschlußreich: »um so erstaunlicher ist es, daß einzelne Forscher glauben, eine solche Neuschöpfung könne am Handeln des Menschen spurlos vorübergehen. Ich gestehe, das nicht zu verstehen«.[16] Sieht man genauer hin, lebt auch Webers politische Soziologie, obschon sie sich an der Entwicklung der realen Verhältnisse entfaltet, stets von der Frage, durch welche »Ideen« und von welchen »Intellektuellen« diese Verhältnisse gedeutet werden, ja welche »Weltbilder« dabei ins Spiel kommen.
Für all das fehlte Parsons das Ohr. Sein höchst gründliches Studium der Schriften Max Webers endete, wie inzwischen bekannt ist, in Mißdeutungen, die nicht aus zufälligen Irrtümern, sondern aus den vorgängigen Grundannahmen resultierten, mit denen Parsons ans Werk ging. Nicht vertraut mit den Realbefunden der Kulturwissenschaften, begann er mit einem Konzept, das die Gesellschaft als ein System verstand, um eine Soziologie als eine technische Wissenschaft von dessen Lenkung zu entwerfen. Den-

noch darf man Parsons seine Fehldeutungen nur bedingt anlasten, weil er, wie gezeigt, seine Vorannahmen aus den Beständen der amerikanischen Sozialwissenschaften übernommen hatte. Sein Wissenschaftskonzept entfaltete im Kern nur die dort gängige Überzeugung; seinen Kulturbegriff übernahm er von der amerikanischen Ethnologie. Parsons' Mißdeutungen waren durch die Traditionen und Vorannahmen der amerikanischen Sozialwissenschaften gedeckt und wurden deshalb dort jahrzehntelang nicht entdeckt.

Die Fälle lehren, daß die Arbeit der Soziologie, anstatt bloß durch die jeweiligen Tatsachen und Argumente, zutiefst bedingt ist durch vorgängige Grundannahmen über »Gesellschaft« und »Kultur«. Das Verständnis der Kultur als einer wichtigen gesellschaftlichen Tatsache kam der Soziologie in dem Maße abhanden, wie sie sich verselbständigte und von den Befunden der historischen Kulturwissenschaften keine Kenntnis mehr nahm. Die nötige konzeptuelle Präzisierung eines soziologischen Kulturbegriffes im Sinne der repräsentativen Kultur wird ohne Rekurs auf die historischen Befunde der Kulturwissenschaften in bloßen Terminologien steckenbleiben.

5. Die moderne Kultur. Ein neuer Typus

Die Brauchbarkeit des Konzepts der repräsentativen Kultur ist für die vormodernen Gesellschaften durch die Arbeiten der Kulturwissenschaften und der Ethnologie überzeugend belegt, scheint aber auf die moderne Gesellschaft nicht anwendbar zu sein, deren säkularer Pluralismus jede kulturelle Autorität verwirft.

Hier muß man allerdings vorweg bedenken, daß »kulturelle Autorität« eine Kategorie des Beobachters, aber nicht unbedingt auch der Handelnden ist. Oft genug beruhte solche Autorität auf der subjektiven Überzeugung der Handelnden, auf der einen Seite die objektive Wahrheit zu verbreiten, auf der anderen, sie zu empfangen, so daß die Autorität zwar da ist, aber nicht empfunden wird. Die subjektive Meinung, keiner Autorität untertan zu sein, schließt deshalb auch heute die Existenz einer Autorität nicht unbedingt aus.

Fraglos jedoch ist die moderne Kultur durch die radikalen Transformationen entstanden, die im 18. Jahrhundert die früheren Autoritäten beiseite zu schieben begannen. Als eine grundsätzlich säkulare Kultur kennt sie kein letztes Zentrum intellektueller Autorität und überläßt die letzten Entscheidungen, wo es um Tatsachen geht, der Wissenschaft, und wo es um Moral und Religion geht, dem individuellen Gewissen oder Belieben. Damit ist die moderne Kultur ein völlig neuer Typus von Kultur. Sie hat sich von religiösen und politischen Autoritäten gelöst und entfaltet in dieser Autonomie eine wachsende Produktivität und Dynamik, weil sie ständig neue Deutungen der Wirklichkeit, wenn auch meist bestimmter Teile und Bereiche, anbietet. Die wachsende Zahl ihrer »Intellektuellen« besagt, daß wachsende Teile der Wirklichkeit in dieser oder jener Weise kulturell gedeutet und damit laufend von der kulturellen Arbeit abhängig werden. Die erfahrene Wirklichkeit wird durch immer neue Deutungsangebote und durch immer neuen Deutungsbedarf überlagert. Dabei ist die Dynamik in die autonome Kultur eingebaut, weil alle ihre Erzeugnisse wiederum zum Gegenstand neuerlicher Deutung werden, so daß der Wandel ihr Gesetz zu sein scheint. Zugleich entwickelt sie eine wachsende Vielfalt, teils durch die eigene Differenzierung und Spezialisierung, teils durch die Vielheit ihrer konkurrierenden Angebote, die den Publika freie Wahl lassen, ja eine Vielzahl besonderer Publika erzeugen. All das verstärkt sich noch mit den modernen Massenmedien, die jedem die beliebige Auswahl aus einem grenzenlosen Angebot überlassen, ja oft aufzwingen, wobei die Vielfalt der Meinungen und Überzeugungen mit der Vielfalt der Lebensstile und -verhältnisse zu jenem durchdringenden Pluralismus zusammenschießt, der jeden Gedanken an eine repräsentative Kultur ausschließt.

Man darf dabei nicht übersehen, daß es sich um einen neuen Typus der Kultur handelt, der sich im 18. Jahrhundert Bahn brach, wie das geistesgeschichtlich oft genug beschrieben worden ist. So nachhaltig dabei die Ideen der Aufklärung und der Französischen Revolution gewirkt haben, muß die Soziologie darüber hinaus nach dem Baugesetz der modernen Kultur fragen und kann sich nicht auf die Genese einer »bürgerlichen Gesellschaft« beschränken, weil diese nicht erst, wie man meint, ihre eigene »bürgerliche Kultur« geschaffen hat, sondern selbst erst durch die bürgerliche Kultur und mit ihr entstehen konnte. Der bürgerlichen Gesellschaft liegt, wie ich an anderer Stelle gezeigt habe, eine kulturelle Vergesellschaftung zugrunde, d. h. eine freie Verständigung der Menschen nicht bloß über ihre praktischen Angelegenheiten, sondern auch über die tragenden Verständnisse des Lebens und Zusammenlebens.[17] Man sieht, wie den »Ideen« nun in der kulturellen Vergesellschaftung eine neue Aktualität zuwächst, weil sie nun Erfordernisse der freien Verständigung und Vergesellschaftung geworden sind. Hierauf beruht die neue Bedeutung der autonomen Kultur für die Gesellschaft und führt – nur soviel sie hier gesagt – eben dazu, daß die Deutung der Wirklichkeit nun dem freien Spiel der »Angebote« der »Intellektuellen« und der »Nachfrage« der Publika überlassen bleibt, mit einer gewissen Sonderstellung der »Tatsachenwissenschaften«. Daraus ist jener Pluralismus hervorgegangen, der, wie es scheint, keine repräsentative Kultur mehr kennt. Doch auch hier trügt der Augenschein. Die autonome, säkulare, moderne Kultur hat ihre eigene Art der Repräsentativität geschaffen und kann ihre kulturellen Autoritäten so schwer durchschauen wie die vormodernen Kulturen.

So ist schon der Ausdruck »Pluralismus« vordergründig, weil er den unbestreitbaren Tatsachen eine Bedeutung beizugeben pflegt. Er suggeriert nämlich, daß die beobachtete Vielheit der Meinungen und Überzeugungen die Selbständigkeit der individuellen Auffassungen und damit das Fehlen jeder kulturellen Autorität und repräsentativen Kultur belegt. Darin steckt die grundsätzliche Annahme, daß der Pluralismus der normale Zustand ist, der einstmals durch soziale Zwänge notdürftig unterdrückt wurde. Als solch natürlicher Zustand bedürfe der Pluralismus keiner weiteren Erklärung; er zeige sich offen, sobald die Zwänge fallen.

Demgegenüber lehrt nähere Betrachtung, daß dieser Pluralismus weniger eine ursprüngliche Disposition der Akteure als vielmehr ihre ständige Konfrontation mit einer Pluralität von Wirklichkeitsdeutungen bekundet, die von den Nachrichten über Tatsachen bis zu den Welt- und Lebensdeutungen reichen. Das läßt sich weder durch anonyme soziale Prozesse noch durch natürliche soziale Gruppeninteressen erklären. Wie alle Geschichte zeigt, kommt der Pluralismus nicht schon in Gang, wenn sich die sozialen Lagen wandeln, sondern erst dann, wenn »Ideen« einschießen. Bei aller Unzufriedenheit im einzelnen entwickeln sich grundsätzliche Verschiedenheiten erst dann, wenn »Intellektuelle« ihnen Ausdruck geben, und erfassen deshalb auch zuerst die jeweiligen Bildungsschichten und deren Publika. So erklärt sich die bekannte »Bürgerlichkeit« der Arbeiter oder allgemein der konservative Traditionalismus der Unterschichten. Auch die Freiheitsforderungen der Aufklärung waren kein anonymes Ergebnis realer Lagen und Interessen; sie mußten erst von »Intellektuellen« formuliert, legitimiert und propagiert werden und wurden erst dadurch möglich, daß die Deutung der Reallagen ganz über die Vertretung konkreter Interessen hinausgriff. Selbst der gleichzeitige Abbau sozialer Zwänge entfaltete seine Kraft erst, als Intellektuelle die Ideen der individuellen Freiheit und das Versprechen einer neuen Gesellschaft verkündeten. Ohne ihre »Ideen« hätten die konkreten Lagen und Interessen nirgends die Vision einer neuen Gemeinschaft erzeugen können, die sich aus der freien Verständigung der Akteure ergeben sollte. Alsbald verlangten die neuen Ideen der Freiheit nähere Instruktionen über den möglichen und richtigen Gebrauch der Freiheit, also wiederum die Arbeit der »Intellektuellen«.

In der ganzen Geschichte zeigt sich immer wieder, wie anonyme Ansätze und Bereitschaften zu neuem Verhalten beschränkt und flüchtig bleiben, solange sie nicht von »Intellektuellen« zu »Ideen« formiert werden. Erst recht entwickelt sich – im kleinen wie im großen – eine Pluralität der Meinungen, Überzeugungen und Lebensstile erst in dem Maße, wie plurale Deutungen der Wirklichkeit angeboten werden. Speziell der heutige »Pluralismus« wäre gar nicht möglich ohne die besondere Autonomie, Produktivität und Dynamik der modernen Kultur, die unablässig neue Daseinsdeutungen und Daseinsmöglichkeiten erfindet, aufspürt, anbietet und propagiert. Insofern ist dieser Pluralismus vor allem ein Ergebnis der stetigen Ausweitung der Produktion und Distribution von »Ideen« und würde bei Einschränkung dieser Angebote auf einen normalen Umfang schrumpfen. Als charakteristische Erscheinung der modernen Gesellschaft ist er das spezifische Produkt der modernen Kultur und belegt einerseits, wie die Intellektuellen das Wirklichkeitsverständnis der Handelnden (und somit: deren Handeln) beeinflussen, weil andererseits die Handelnden auf die Wirklichkeitsdeutung durch Intellektuelle angewiesen sind. Kurzum, der heutige Pluralismus ist nicht, wie gewöhnlich gemeint wird, das Ergebnis einer natürlichen, früher nur durch soziale Zwänge und aufgezwungene Dogmen unterdrückten Vielheit individueller Verhaltensweisen. Noch ist er einfach das Ergebnis der sozialen Differenzierung. Er ist vielmehr mit dem Dauerbetrieb der modernen Bildungs- und Kulturindustrie, mit der berufsmäßigen Vermehrung der Kulturintelligenz und deren Allgegenwart in den Massenmedien und dazu durch die ständige »Ideenarbeit« der politischen Parteien und sonstigen Gruppen entstanden und hat sich deshalb mit der internationalen Verflechtung noch gesteigert. Er muß ständig durch die Arbeit von »Intellektuellen« erzeugt werden, die mit den verschiedensten Mitteln für alle Lebensbereiche Daseinsdeutungen und Daseinsmöglichkeiten vorgeben.[18] Insoweit ist der Pluralismus selbst eine vermittelte Erscheinung, in der sich die Abhängigkeit des sozialen Handelns von der Wirklichkeitsdeutung der »Intellektuellen« bestätigt, von den Wort-, Bild- und Tonführern.

Hat man das begriffen, wird der Blick dafür frei, daß dieser Pluralismus, statt bloß eine Tatsache zu sein, selbst eine mit sozialem Zwang versehene Ideologie enthält. Weil er generell als Beweis für die Verwirklichung individueller Freiheit gilt, wird er zum legitimen Gebot der modernen Gesellschaft und damit zur Aufforderung an alle. Von jedem wird außer dem grundsätzlichen Bekenntnis zum Pluralismus eine eigene Teilnahme daran erwartet, die sich im praktischen Eintreten für neue Daseinsdeutungen und Daseinsmöglichkeiten zu beweisen hat. Dabei pflegen gerade neue Meinungen, Überzeugungen und Lebensstile nicht nur ihr Existenzrecht, sondern dazu die öffentliche Anerkennung ihres eigenen Wertes zu fordern.

Jedenfalls muß jeder, um seine eigene Haltung zu vertreten, auf irgendwelche Muster und Angebote zurückgreifen, die durch die Arbeit der Kultur ins öffentliche Spiel gebracht wurden. Da ist die Vielfalt der Meinungen, Überzeugungen und Lebensstile, die angeboten, ermöglicht und benutzt werden, scheinbar grenzenlos, aber tatsächlich mit Tabus und Sanktionen umstellt, an denen der Pluralismus endet. Wie eh und je gibt es auch im Pluralismus Dinge, die bloß deshalb nicht gesagt, nicht getan und kaum gedacht werden dürfen, weil sie an Ideen rühren, die die Zeit als ihren heiligen Glauben hütet. Dazu gehört der unablässige Kult der Massen- und Parteiendemokratie, an dessen einäugigen Parolen von Freiheit und Menschenrechten man ebensowenig zweifeln darf wie an den Geschichtsbildern der Vergangenheit und Zukunft, die er dekretiert. Auch heute tun die Denk- und Mahnmale, wie sie abgerissen oder erbaut werden, sinnfällig kund, welche Ideen der Zeit heilig sind und wo jeder Zeitgenosse, wenn ihn nicht der öffentliche Fluch treffen soll, mindestens schweigen, knien, verehren, wenn nicht auch bekennen muß und meist auch will. In solchem öffentlichen Verhalten aber kommen nicht ursprüngliche Überzeugungen und Erfahrungen zum Tragen, sondern Ideen, die als gültige und höchste Daseinsdeutungen an die Menschen herangetragen wurden und deshalb mit unverletzlichen Tabus umgeben sind. Wie verworren auch die Dinge im herrschenden Pluralismus liegen, er zeugt gerade von der Macht und Verbreitung von Ideen, von denen er selbst überall lebt. Bei näherer Betrachtung zeigt auch dieser Pluralismus die normativen Züge einer repräsentativen Kultur, die bindende Wirklichkeitsdeutungen erzeugt. Form und Inhalt haben sich in der Moderne verändert. Die repräsentativen Vorstellungen werden, statt von angebbaren Urhebern, meist in einem kaum durchschaubaren Netzwerk der kulturellen Arbeit wie anonym produziert, gerinnen kaum zu festen Lehren und Dogmen, erlauben Varianten, sind aber dennoch bindend. Die kulturelle Autorität läßt sich im Zeitalter der Massenmedien und der sozialen Mobilisierung nicht mehr leicht erkennen. Dennoch erzeugt auch die moderne Gesellschaft ihre eigene Art der repräsentativen Kultur, die auf der Arbeit von Intellektuellen beruht. Deshalb benötigt die Soziologie auch heute für die Analyse der Gegenwartsgesellschaft den Gedanken der repräsentativen Kultur.

6. Kultur und Alltagskultur

Seit geraumer Zeit drängen verschiedene Strömungen bei wachsender Zustimmung auf die Befassung mit der »Alltagskultur«. Das ist eine verstehbare und berechtigte Reaktion auf eine objektivistische Soziologie, welche die gesellschaftliche Wirklichkeit auf künstliche Konstrukte, komplizierte Abstraktionen, aggregierte Daten reduzierte, ohne weiter von der gelebten und erlebten sozialen Wirklichkeit Notiz zu nehmen. Ähnlich hilfreich hat sich das Konzept der »Lebenswelt« erwiesen, das uns wieder handelnde Menschen statt bloß Rollenträger vorstellt und damit an den Menschen als Kulturwesen anknüpft.
Allerdings sind die Grenzen dieser neuen Konzepte nicht zu übersehen, die sich schlecht für die Erfassung der Institutionen eignen. Hier soll aber nur gezeigt werden, daß die »Alltagskul-

tur« – bleibt man bei ihr stehen – doch wieder die Fehler des sozialen Determinismus wiederholt, weil sie die Rolle der »Intellektuellen« übersieht. So wie bei Parsons die Interaktionsstruktur die gemeinsamen Werte produziert, so soll nun die Alltagskultur neue Lebensformen und Daseinsverständnisse generieren. Man braucht solche anonymen Vorgänge nicht ganz in Abrede zu stellen, um behaupten zu dürfen, daß sie erst dort Kraft gewinnen, wo die kulturelle Arbeit ins Spiel kommt. Lebenswelt und Alltagskultur konstituieren sich nicht frei in unseren sozialen Beziehungen. Was wir als unsere Lebenswelt erfahren, ist schon immer durchsetzt mit den repräsentativen Wirklichkeitsdeutungen, die den Rahmen liefern, in dem wir unsere Ziele und Bedürfnisse, unsere Begriffe und Bilder, unsere Meinungen und Überzeugungen bestimmen. Wie eh und je baut die Lebenswelt auf den repräsentativen Kulturbeständen auf. Durch die realen Daseinsverhältnisse können neue Bedürfnisse und Orientierungen langsam und anonym wachsen. Doch solche kollektiven Dispositionen gewinnen erst Kraft, Richtung und Festigkeit, wenn sie explizit artikuliert, das heißt von »Intellektuellen« in Worte, Bilder oder Töne gefaßt werden. Oft sind sogar die neuen Bedürfnisse und Orientierungen ursprünglich durch Intellektuelle propagiert worden und sind nur scheinbar anonyme Produkte der sozialen Interaktion. Die neuen Konzepte laufen Gefahr, auf ihre Weise die bisherige Vorannahme der Soziologie zu wiederholen, daß der Wertewandel und ähnliche Veränderungen sich aus der durchschnittlichen Reaktion der Handelnden auf ihre Daseinslagen und aus ihrem sozialen Austausch ergeben. Demgegenüber zeigt sich immer wieder, daß markante und wirksame Veränderungen auf Bewegungen zurückgehen, die die neuen Vergesellschaftungen im Namen von irgendwelchen »Ideen« erfolgreich ins Leben rufen. Wir übersehen, daß neue Lebensformen, Orientierungen und Werte meist von sozialen Gruppen getragen werden, die sich aufgrund von Ideen formiert haben, welche von der repräsentativen Kultur erzeugt oder auch gegen diese von anderen »Intellektuellen« propagiert wurden und, wenn sie Anhang finden, selbst zur repräsentativen Kultur aufrücken. Die Gegenkultur der Protest-, Kommunen- und Aussteigerbewegungen, die sich in den sechziger Jahren bildete, war ein Gewebe von Gruppen und Vereinigungen, die sich im Namen von neuen Ideen gebildet hatten, welche von Intellektuellen erfunden und verbreitet worden wa-

ren. Das gleiche gilt für die alternativen und postmodernen Bewegungen, die ihnen gefolgt sind. Überall schaffen nicht schon die realen Lagen und latenten Bereitschaften von sich aus die neuen Lebensformen, Orientierungen und Werte, die sich vielmehr erst in neuen Gruppen und Bewegungen durchsetzen, welche neue Vergesellschaftungen im Namen neuer Ideen darstellen.
In all dem beweist sich die schöpferische Fähigkeit der Kultur und insbesondere deren moderne Dynamik. Immer wieder entstehen Veränderungen und Bewegungen dadurch, daß einzelne außerhalb der bislang geltenden repräsentativen Kultur neue Ideen erfinden, verbreiten und übernehmen. Oft allerdings sind diese Neuerungen doch wieder direkte oder indirekte Folgen von früheren Wirklichkeitsdeutungen der repräsentativen Kultur. In hohem Maße zogen jedenfalls die Protestbewegungen nur die Konsequenzen aus einer politischen Bildung, die dieser Generation durch das Erziehungssystem aufgeprägt und durch die Massenmedien verbreitet worden war. Hier zeigt sich denn auch, daß wir ohne ein Verständnis der Kultur stets die Folgen unterschätzen, welche die Kultur- und Bildungspolitik als Produzent von Lage- und Daseinsdeutungen immer noch hat. Die Vorstellung des anonymen, kollektiven und unausweichlichen Wertewandels ist insofern auch ein Konzept, das die Politik von vornherein von jeder Mitschuld entlastet.
So rächt es sich, wenn die Sozialwissenschaft an der Vorstellung festhält, daß soziale Tatsachen aus sozialen Tatsachen erklärt werden müssen. Schiebt man die Kultur einmal beiseite, kann man nicht mehr erkennen, welche Rolle »Intellektuelle« und »Ideen« bei der Entstehung sozialer Bewegungen, Werte und Veränderungen spielen. Deshalb gilt es zu unterscheiden zwischen dem, was tatsächlich rein durch kollektive Interaktion entsteht, und dem, was erst durch die kulturelle Arbeit von Intellektuellen und Ideen entsteht. Anstatt bloß auf die beobachtbare Interaktion und Kollektivphänomene zu achten, müssen wir deren Ursachen vielmehr in der dynamischen Konstitution und Rekonstitution der repräsentativen Kultur suchen und den Ursprung der tragenden Ideen und die Wege ihrer Verbreitung ermitteln. Demgegenüber leisten die Konzepte der Lebenswelt und der Alltagskultur eher dem alten Glauben Vorschub, daß Meinungen, Überzeugungen, Werte und Lebensstile sich anonym und selbstverständlich aus der sozialen Interaktion ergäben. Inso-

fern bilden diese Begriffe keinen Ersatz für ein soziologisches Verständnis der Kultur, das ohne den Gedanken der repräsentativen Kultur nicht auskommen kann.

7. Die Bedeutung des Kulturbegriffs für die Soziologie

»Kultur« und »Gesellschaft« waren die neuen Begriffe, mit denen die Moderne versuchte, eine realistische Vorstellung vom menschlichen Zusammenleben und folglich die nötigen empirischen Wissenschaften zu entwickeln, wobei eine strenge Trennung der »Bereiche« und der zuständigen Wissenschaften lange fehlte. Die Sozialwissenschaften haben sich denn auch lange als Kulturwissenschaften verstanden und einschlägige Ergebnisse dieser Fächer benutzt. Sie profitierten dabei von den beiden Hauptleistungen, die der Kulturbegriff ihnen zur Verfügung stellt, indem er (1) die Eigenart des menschlichen, also auch des sozialen Handelns und des menschlichen Wirklichkeitsverständnisses klarstellt und (2) auf die Eigenart und Bedeutung der (repräsentativen) Kultur als gesellschaftlicher Erscheinung aufmerksam macht.

Dieser Kulturbegriff kam den Sozialwissenschaften aus mehreren Gründen abhanden. Zum einen entwickelte sich das naturalistische Konzept einer Soziologie, die die »Gesellschaft« wie eine eigene »Sache« verdinglichte und eine abgeschlossene »Theorie« davon anstrebte. Dabei wurde der Gesellschaftsbegriff konzeptuell ausgebaut, während der Kulturbegriff in seinem rohen Zustand vieldeutig blieb und ohne Vertrautheit mit den Befunden der Kulturwissenschaften zu einer leeren Hülse wurde. Zugleich veränderte sich die Aggregation der modernen Kultur, so daß das Konzept der (repräsentativen) Kultur wie eine vormoderne Besonderheit »primitiver« Gesellschaften und früherer »Hochkulturen« wirkt. Hinzu kommt, daß die Globalisierungsprozesse, indem sie »multikulturelle« Lagen fördern, die sichtbare Identifizierbarkeit eigener Kulturen ebenso in Frage stellen wie der in ihnen selbst sichtbare »Pluralismus«.

In dieser Lage würde man den Kulturbegriff gern preisgeben, wenn es einen unbelasteten Ersatz dafür gäbe. Das ist jedoch nicht der Fall, wie die Blässe und Kurzatmigkeit der Angebote von »symbolischen Codes«, »Mentalitäten« oder »Alltag« lehren. Ebenso deutlich ist es aber, daß die soziologische Theorie die Phänomene der »Globalisierung« und des »Pluralismus« zwar registriert, aber nicht im Sinne vorhersehbarer Entwicklungen verarbeiten kann. So führen gerade diese Tatsachen den Traum einer abschließenden »Theorie der Gesellschaft« *ad absurdum* und bestätigen insofern ungewollt die gesellschaftliche Bedeutung der Kultur. Da liegen ja auch die Gründe, welche hier das neue Interesse der Sozialwissenschaften an der »Kultur« wie dort das gesellschaftliche Interesse an ihr und die politische Begeisterung für sie erklären. Die rein gesellschaftliche Deutung und Bewältigung dieser Reallagen hat sich praktisch und theoretisch überlebt. Mit der Wiederbelebung eines vagen Kulturbegriffs wird man jedoch diesen gesellschaftlichen Lagen und politischen Erfordernissen so wenig beikommen wie die Soziologie als Struktur-Funktions-Theorie am Leben erhalten.

Die Aufgabe einer empirischen Sozialwissenschaft besteht vielmehr darin, dem Begriff der Kultur die lange versäumte und eben deshalb fällige konzeptuelle Elaboration zuteil werden zu lassen, um ihn für gehaltvolle empirische Forschung herzurichten. Insbesondere geht es dabei darum, dem Konzept der »repräsentativen« Kultur Kontur zu geben, d. h. die wenig glücklichen Begriffe von »Ideen« und »Intellektuellen« soziologisch und begrifflich zu verflüssigen, womit sich schon Max Weber schwer tat, weil diese Wörter die repräsentative Kultur zu einer Angelegenheit der »gebildeten« Wortführer und Ausleger einer speziellen Schriftkulturelite zu machen und zu verengen scheinen. Zentrum eines soziologischen Kulturbegriffs ist jedoch, die tatsächliche Kraft irgendwelcher »symbolischen« Gehalte, Vergemeinschaftungen und Vergesellschaftungen ins Leben zu rufen. Wenn die Soziologie sich wieder auf die Kultur einläßt, darf sie sich weder auf den Alltag subjektiv erlebter Wirklichkeit noch auf die »Geistes-« oder »Ideengeschichte« reduzieren. Sie hat sich an den Grundgedanken zu erinnern, der dem Kulturbegriff seine soziologische Bedeutung gibt: daß alle »gesellschaftlichen« Reallagen »offen« sind, d. h. »gedeutet« werden können und müssen.

Hier muß es bei diesen summarischen Hinweisen bleiben, denen nur noch eine Bemerkung anzufügen ist: Manche »Theorie der Gesellschaft« zielt auf eine abschließende Erklärung und Vorhersage der »gesellschaftlichen« Vorgänge und deshalb auf eine

»technische« Wissenschaft. Dies ist das unvermeidliche Schicksal einer Soziologie, die für den Kulturbegriff keinen Raum läßt und deshalb die Gesellschaft für ein berechenbares »System« hält. Im Gegensatz dazu wird die Soziologie, die sich auf die Kultur als gesellschaftliche Tatsache einläßt, die Indeterminiertheit der »Strukturen« beachten und deshalb auch – wie bei Max Weber nachzulesen –, statt eine technische Disziplin für Entscheidungsträger zu werden, die Aufgabe der Soziologie betonen, zur Selbstbesinnung über die Kulturbedeutung des jeweils Gewollten anzuleiten. Gerade auch deshalb bleibt die »Kultur« die zentrale Frage, an der sich das Selbstverständnis der Soziologie und folglich ihre gesellschaftliche Wirkung entscheiden.

Anmerkungen

1 Für die meisten europäischen Sprachen sind das plötzliche Auftauchen und das nachfolgende Schicksal der Konzepte ausführlich dokumentiert. Die vielfältigen Materialien sind gelegentlich dazu benutzt worden, Studien der Ideengeschichte zu fördern, wohingegen die Sozialwissenschaften in ihrer Konzentration auf soziale Lagen kein Interesse an den Schlüsselbegriffen des modernen sozialen Vokabulars gezeigt haben. *Culture & Society, 1780-1950*, Harmondsworth 1962, von Raymond Williams ist eine seltene Ausnahme.

2 Eine vollständige Darstellung der sozialen Bedeutung der zwei Schlüsselbegriffe findet der Leser in meinem Buch *Die kulturellen Grundlagen der Gesellschaft. Der Fall der Moderne*, Opladen/Wiesbaden 1989; insbesondere in der Einleitung und Kapitel 4.

3 Wilhelm Diltheys *Einleitung in die Geisteswissenschaften* (1883), Leipzig 1922 war ein Versuch, ein systematisches Verständnis von Kultur zu entwickeln, ohne der Versuchung, eine Theorie der Kultur auszuarbeiten, zu erliegen. Dieses Buch, das einen andauernden Einfluß auf die deutsche Soziologie hatte, litt jedoch unter anderem unter seiner vorrangigen Beschäftigung mit den Kulturwissenschaften anstatt mit der Kultur.

4 Max Weber, *Gesammelte Aufsätze zur Wissenschaftslehre*, 4. Aufl., Tübingen 1973, S. 166.

5 Dies ist natürlich die Perspektive, aus der Max Weber seine verstehende Soziologie im Gegensatz zu einer Wissenschaft der »objektiven« sozialen Tatsachen entwickelte. Siehe *Economy and Society*, hg. von G. Roth und G. Wittich, New York 1968, S. 4.

6 All diese Ansätze lassen die fundamentale Tatsache außer acht, daß Gesellschaften ein komplexes Netz sinnvoller Handlungen sind. Selbst von der Tatsache, daß menschliche Handlungen teilweise durch natürliche Ursachen determiniert sind, müssen die Akteure ihre eigenen sinnhaften Schlußfolgerungen für ihre eigenen Handlungen ziehen. Das gleiche gilt für die unvorhersehbaren Konsequenzen sozialer Handlungen, in die die Akteure regelmäßig involviert werden. Hier müssen sie wieder entscheiden, wie sie auf die Konsequenzen reagieren.

7 Es ist das legitime Vorrecht – und sogar die konstitutive Bedingung – jeder Wissenschaft, die Fakten von ihrem vorherrschenden Interesse, unter einem bestimmten Aspekt kritisch zu prüfen. Aber jede Wissenschaft muß sich der Grenzen ihrer besonderen Perspektive bewußt sein. Die Sozialwissenschaft muß auf die sozialen Aspekte der Tatsachen näher eingehen. Aber sie darf nicht übergehen zu der Apriori-Behauptung, daß die Fakten durch ihre sozialen Aspekte erklärt werden können. Daher muß jede Sozialwissenschaft sich prinzipiell über die Rolle der Kultur Rechenschaft ablegen.

8 Dies geschah in der Ethnologie, als die Sozialanthropologie die kulturelle Anthropologie verdrängte. Mit Ausnahme der deutschen Tradition und insbesondere von G. Simmel und M. Weber befaßte sich die Soziologie (als eine »Wissenschaft der Gesellschaft«) niemals damit, Kultur irgendwie zu verstehen und zu erforschen. Es erforderte Forscher mit einem europäischen Hintergrund, die sich auf dieses Feld wagten, wie P. Sorokin (*Social and Cultural Dynamics*, Bd. 4, New York 1937-1941, und *Society, Culture and Personality*, New York/London 1947) und F. Znaniecki (*Cultural Sciences* [1952], New Brunswick 1980). Aber sie blieben seltene Ausnahmen und hatten keine Wirkung auf die akademische Soziologie, noch hatte eine solche Alwin Gouldners *Enter Plato*, New York 1965, obgleich es Robert K. Merton gewidmet war. Ähnlich sind Versuche von Anthropologen, den Begriff der Kultur zu benutzen – beispielsweise *The Interpretation of Culture* von Clifford Geertz, New York 1973, dt. *Dichte Beschreibung*, Frankfurt 1983 –, von der Soziologie kaum beachtet worden.

9 Dafür muß ich die Leser auf die nachfolgende Charakterisierung des Menschen als ein kulturelles Wesen und generell auf die reiche Literatur zu diesem Thema in der deutschen Tradition der Anthropologie verweisen, die im Ausland kaum bekannt ist. Hier möchte ich nur festhalten, daß »Wirklichkeit« für uns nicht eine Sammlung von Tatsachen ist, sondern immer eine Summe von Interpretationen von Tatsachen, wie die Entwicklung von Kindern beweist. Aus Gründen der Vereinfachung benutze ich den Begriff »Interpretation der Wirklichkeit«, obwohl er mißverständlich sein kann.

10 »Ideen« ist das traditionelle Konzept, das sich allgemein auf symbolische Sinnrepräsentationen bezieht und nicht auf verbalisierte Lehren beschränkt ist.

11 Eduard Meyer, *Geschichte des Altertums*, Bd. 1, 8. Auflage, Darmstadt 1978, S. 18. Siehe meinen Artikel »Max Weber e Eduard Meyer«, in: *Comunità 39*, 1985, S. 150ff., die englische Version »Max Weber and Eduard Meyer«, in: W. J. Mommsen und J. Osterhammel (Hg.), *Max Weber and his Contemporaries*, London/Boston/Sidney 1987, S. 234ff.; in Deutsch ist die 3. Auflage im Druck.

12 Jacob Burckhardt, *Weltgeschichtliche Betrachtungen* (ca. 1870), Stuttgart 1978, S. 8. Für eine angemessene Würdigung von Burckhardts Diktum vgl. seine allgemeinen Bemerkungen zur Kultur »[Die Kultur] wirkt unaufhörlich modifizierend und zersetzend auf die beiden stabilen Lebenseinrichtungen ein, – ausgenommen insofern dieselben sie völlig dienstbar gemacht und zu ihren Zwecken eingegrenzt haben. Sonst ist die Kritik der beiden, die Uhr, welche die Stunde verrät, da in jenen Form und Sache sich nicht mehr decken« (S. 57).

13 Talcott Parsons, *Societies. Evolutionary and Comparative Perspectives*, Englewood Cliffs, N.J. 1966; dt. *Gesellschaften. Evolutionäre und komparative Perspektiven*, Frankfurt 1975.

14 A. L. Kroeber und Clyde Kluckhohn, *Patterns of Culture*, 1952, S. 3.

15 Einer der seltenen Kommentare über den Einfluß politischer Konstellationen auf die Transformation der amerikanischen Soziologie von einer parochialen Perspektive zu globalen Erwägungen ist ein Artikel von Jose Casanova, »Legitimacy and the Sociology of Modernization«, in: *Conflict and Control. Challenge to Legitimacy of Modern Governments*, hg. von A. J. Vidich und L. N. Glassmann, Beverly Hills/London 1979.

16 Max Weber, *Gesammelte Aufsätze zur Religionssoziologie*, 6. Aufl., Tübingen 1972, I, S. 72.

17 Siehe mein Buch *Die kulturellen Grundlagen der Gesellschaft. Der Fall der Moderne*, Opladen/Wiesbaden 1989, insbesondere die Einleitung und Kapitel 4. Eine kurze Darstellung findet sich in meinem Artikel »Bürgerliche Kultur«, in: *Kölner Zeitschrift für Soziologie und Sozialpsychologie*, Sonderheft 27, 1986, S. 263 ff.

18 Siehe ausführlich dazu mein Buch *Die kulturellen Grundlagen der Gesellschaft. Der Fall der Moderne*, Opladen/Wiesbaden 1989, Kapitel 2.

Richard Münch

Code, Struktur und Handeln: Soziale Milieus der Wissensproduktion

Einleitung

Diese Untersuchung beginnt mit der Annahme, daß symbolische Codes des menschlichen Wissens in fortlaufenden Prozessen des Handelns produziert und reproduziert werden, die in strukturierten sozialen Milieus stattfinden. Etablierte symbolische Codes des Wissens bilden den Ausgangspunkt für die Produktion weiterer symbolischer Codes und werden auf diesem Wege reproduziert. Diese Produktion und Reproduktion verläuft in Prozessen des Handelns innerhalb strukturierter sozialer Milieus, die spezifische Wirkungen auf die Art symbolischer Codes entfalten, die aus diesem fortlaufenden Prozeß hervorgehen.
In diesem theoretischen Bezugsrahmen wird im folgenden die Entwicklung von Formen des Wissens im interkulturellen und im intrakulturellen Vergleich betrachtet. Die Herausbildung des modernen wissenschaftlichen Wissens kann man in einem dialektischen Dreischritt rekonstruieren. Solange das menschliche Handeln die engen Gemeinschaftsgrenzen nicht überschreitet, herrscht das traditionelle Wissen vor. In den alten Gesellschaften Chinas und Indiens und in der griechischen Antike differenzieren sich spezialisierte Wissensformen vom traditionellen Wissen: Erfahrungswissen, praktische Technik und abstrakte Sinnkonstruktion. Das Zusammenwirken von wissenschaftlichen Gemeinschaften als sozialem Milieu und wissenschaftlicher Abhandlung als Medium der Wissensformulierung zieht in der italienischen Renaissance im 15. und 16. Jahrhundert die differenzierten Wissensformen im modernen wissenschaftlichen Wissen zusammen. Es ist durch die Verbindung von Theorie, Methodik, Technik und Erfahrungswissen gekennzeichnet. In den folgenden Jahrhunderten verlagert sich das Zentrum der Wissensentwicklung nacheinander nach England, Frankreich, Deutschland und in die Vereinigten Staaten von Amerika. Im Vergleich betrachtet, verleihen in diesen Ländern jeweils besonders herausragende soziale

Milieus und Medien der Wissensformulierung dem Wissen besondere Eigenschaften. In England vermitteln die wissenschaftlichen Gemeinschaften und die methodische Untersuchung dem Wissen vor allem normative Geltung. In Frankreich vermitteln der Salon, das Café und der Essay dem Wissen vor allem Expressivität. In Deutschland vermitteln die Studierstube, das Universitätsseminar und das Werk dem Wissen vor allem Abstraktion. In den Vereinigten Staaten vermitteln das Meeting und der Zeitschriftenaufsatz dem Wissen vor allem eine hohe Wandlungsgeschwindigkeit.

Die Formulierung unseres Wissens geschieht nicht in einem luftleeren Raum. Sie ist ein in bestimmter Weise organisiertes soziales Unternehmen, und sie findet in einem bestimmten gesellschaftlichen und kulturellen Kontext statt. Es ist deshalb naheliegend zu untersuchen, welche Effekte unterschiedliche soziale Milieus und kulturelle Kontexte, das sind besondere Lebensformen und Handlungsformen, besondere Formen der Praxis in der Wissensformulierung, auf die Entwicklung besonderer Eigenschaften des Wissens ausüben. Das ist der Gegenstand eines Teiles einer vergleichenden kultursoziologischen Studie, über den ich hier berichten möchte (Münch 1986). Ich will aufzeigen, daß unterschiedliche soziale Milieus im Zusammenwirken mit bestimmten kulturellen Formen (Medien der Wissensformulierung und -mitteilung) dem Wissen entsprechend unterschiedliche Eigenschaften verleihen. Das soll im kulturellen Vergleich herausgearbeitet werden (Diagramm 1).

In einem ersten Schritt werde ich skizzieren, welches soziale Milieu und welche Form der Formulierung des Wissens die besonderen Eigenschaften des von der modernen westlichen Wissenschaft hervorgebrachten Wissens im Unterschied zu den Eigenschaften des Wissens in vormodernen und nicht-westlichen Kulturen erklären. Ich will dabei aufzeigen, worin sich der Kontext der Wissensformulierung in der entscheidenden Phase in der italienischen Renaissance im 15. und 16. Jahrhundert von den anderen Kulturen unterscheidet.

Nach diesem ersten vergleichenden Schritt will ich in einem zweiten Schritt untersuchen, wie in den Gesellschaften, die in den folgenden Jahrhunderten zu Zentren der Wissensentwicklung geworden sind, ihrerseits besondere soziale Milieus und Medien der Wissensformulierung dem Wissen ihren besonderen Stempel auf-

Diagramm 1: Die Eigenschaften des Wissens zwischen Eigenlogik der Wissensformulierung und variierenden Kontexten des Handelns

Eigenlogik der Wissensformulierung:

Konstruktion von Sinn

Medien der Wissensformulierung

Wissenschaftliche Abhandlung

Untersuchung Essay Werk Zeitschriftenartikel

Eigenschaften des Wissens

Methodik | Technische Problemlösung | Wiss. Theorie | Erfahrungswissen

Normative Geltung | Expressivität | Abstraktion | Rapider Wandel

Soziale Milieus

Wissenschaftliche Gemeinschaften | Salon Café | Studierstube Seminar | Meeting

Kontexte des Handelns

gedrückt und besondere Eigenschaften des Wissens geformt haben: Großbritannien im 17., Frankreich im 18., Deutschland im 19. und die Vereinigten Staaten im 20. Jahrhundert. Es soll nicht behauptet werden, daß die genannten sozialen Milieus und Medien der Wissensformulierung in den genannten Ländern ausschließlich wirksam geworden sind. Im Vergleich betrachtet, nehmen sie in diesen Ländern jedoch eine herausragende Stellung ein, die es erlaubt, an ihnen die besonderen Effekte der sozialen Milieus und der Medien der Wissensformulierung idealtypisch zu studieren.

1. Die Entwicklung des modernen wissenschaftlichen Wissens im interkulturellen Vergleich

Max Weber hat sich die Frage gestellt, warum nur im westlichen Kulturraum eine rationale, auf Kalkulation, methodisch geordnetem Handeln und Zuverlässigkeit in Vertragsbeziehungen beruhende Wirtschaft entstanden ist. Der Beantwortung dieser Frage ist er in seiner berühmten Studie über den Zusammenhang zwischen der innerweltlichen Askese des Protestantismus und dem Geist dieses rationalen Wirtschaftshandelns nachgegangen (Weber 1920, S. 17-206). Weber hat aber auch gesagt, daß nur im westlichen Kulturraum das entstanden ist, was wir als moderne Wissenschaft bezeichnen. Für die Beantwortung dieser Frage hat Weber keine eigene Studie hinterlassen, aber wir können an eine Reihe von Bemerkungen Webers anknüpfen, die in seinem Werk verstreut sind, und diese zu einem Verstehen der Eigenart der modernen Wissenschaft und zu einem Erklären ihres Entstehens zusammenfügen.

Im alten China ist eine außerordentlich hoch entwickelte Technik vorzufinden. Hier ist China dem Westen bis zur Wende in der Renaissance weit überlegen. Die begriffliche und theoretische Abstraktion ist dagegen nur schwach entwickelt (vgl. Weber 1920, S. 412-416, 435-443; Needham 1969; Münch 1984, S. 212-216). Im alten Indien begegnen wir abstraktem Denken, Beweisverfahren und einer Mathematik in einem sehr hohen Grad der Entwicklung. Auch außerordentliche technische Leistungen gibt es. Kennzeichnend ist eine starke Spezialisierung von Fachdisziplinen (vgl. Weber 1921, S. 146-147, 166-167; Münch 1984,

S. 216-219). Keine Kultur hat die begriffliche und theoretische Abstraktion so weit vorangetrieben wie die griechische Antike. Hier entsteht die für uns noch heute gültige Beweislogik (vgl. Weber 1922a, S. 596; Ben-David 1971, S. 40-44; Münch 1984, S. 219-223).

Die Frage ist also, warum sich in diesen Kulturen, die bis zum 15. Jahrhundert auf vielen Gebieten des Denkens größere Leistungen erreicht haben als der Westen, keine Wissenschaft im modernen Sinne entwickelt hat. Bei einer vergleichenden Betrachtung fällt zur Beantwortung dieser Frage vor allem eines auf: Es fehlt diesen Kulturen das rationale Experiment, in dem abstrakte Theorie, logisches Beweisverfahren, Erfahrungswissen und technische Problemlösung eine Verbindung eingehen. Diese verschiedenen Formen des Wissens blieben voneinander getrennt (Weber 1921, S. 439, 1922a, S. 596-597; Münch 1984, S. 224-226).

Das rationale Experiment ist die besondere Erfindung der italienischen Renaissance des 15. und 16. Jahrhunderts. Und diese Erfindung hatte ihre besonderen gesellschaftlichen Voraussetzungen, die in den anderen Kulturen nicht gegeben waren.

Als entscheidende Ursache können wir die Tatsache werten, daß sich in der italienischen Renaissance zum ersten Mal, zunächst aus losen Kontakten, dann in zunehmender Intensität, wissenschaftliche Gemeinschaften bilden, welche die Repräsentanten verschiedener Wissensformen zur Zusammenarbeit zusammenbringen: Künstler, Architekten, Ingenieure, Handwerker und Gelehrte. Hier können sich handwerksmäßig empirisches Können und rationale Abstraktion gegenseitig durchdringen (vgl. Zilsel 1947; Ben-David 1971, S. 55-59; Münch 1984, S. 224-226). Eine wesentliche Voraussetzung dafür war der Abbau der Grenzen zwischen den Ständen in der mittelalterlichen Stadt und die Herausbildung eines allgemeinen Bürgerstandes, an denen der religiöse Universalismus des Christentums auch seinen Anteil hatte (vgl. Weber 1922b, S. 741-757). Hier konnten sich überhaupt erst verschiedene gesellschaftliche Gruppen frei vereinigen und gleichberechtigt miteinander zusammenarbeiten. Das ist der nur im westlichen Kulturraum gegebene soziale Kontext für das Entstehen der modernen Wissenschaft, die ihre Eigenart also nicht in der Trennung verschiedener Wissensformen hat, sondern in ihrer Verknüpfung auf einer neuen Ebene.

Theorie, Technik, logisches Beweisverfahren und Erfahrung gehen in der modernen Wissenschaft eine besondere Verbindung ein. Die wissenschaftliche Abhandlung ist das entsprechende Medium der Formulierung des wissenschaftlichen Wissens, das rationale Experiment und die wissenschaftliche Gemeinschaft bilden das entsprechende soziale Milieu (Münch 1984, S. 233).

2. Die Entwicklung des modernen wissenschaftlichen Wissens: Eine theoretische Erklärung

Wir können die soweit dargestellte Eigenart der modernen westlichen Wissenschaft im Vergleich zu den vormodernen und nichtwestlichen Formen des Wissens systematisch erfassen, indem wir die Wissenschaft in einem bestimmten Feld eines Handlungsraumes lokalisieren und ihre Beziehungen zu den anderen Feldern dieses Raumes aufzeigen. Dazu muß ich zunächst diesen Handlungsraum einführen: Wir können uns das Handeln als eine Bewegung in einem Raum vorstellen, der vier Extrempunkte aufweist. Das Handeln variiert demnach zwischen den Extrempunkten der Schließung, Öffnung, Generalisierung und Spezifikation des Handlungsspielraumes (vgl. z. B. Münch 1982, S. 59-280, 1984, S. 11-71) (Diagramm 2).

Schließung bedeutet, daß das Handeln vollkommen geordnet, regelhaft und voraussagbar ist. Auf der Ebene des Handelns im allgemeinen ist es das soziale Handeln in sozialen Rollen, das an sozialen Normen orientierte, durch sozialen Einfluß motivierte Handeln, das die Eigenschaft der Geordnetheit aufweist und auf die anderen Handlungsfelder überträgt. Die Akteure können sich nur eine lebensweltlich begrenzte Zahl gemeinsamer Normen vorstellen, die der Interpretation enge Grenzen setzen und das Handeln genau vorschreiben. Für den Wissenschaftler, der Mitglied einer wissenschaftlichen Gemeinschaft ist, gelten bestimmte, von der Gemeinschaft getragene methodologische Regeln verbindlich. Es gibt zu ihnen keine Alternativen, und sie machen sein Handeln vorhersagbar. Niedrige symbolische Komplexität ist mit einer niedrigen Kontingenz des Handelns verknüpft.

Öffnung bedeutet, daß das Handeln eine hohe Flexibilität und Variationsbreite besitzt und deshalb kaum voraussagbar ist. Auf der Ebene des Handelns im allgemeinen ist es das Lernen unter

Diagramm 2: Der allgemeine Handlungsraum

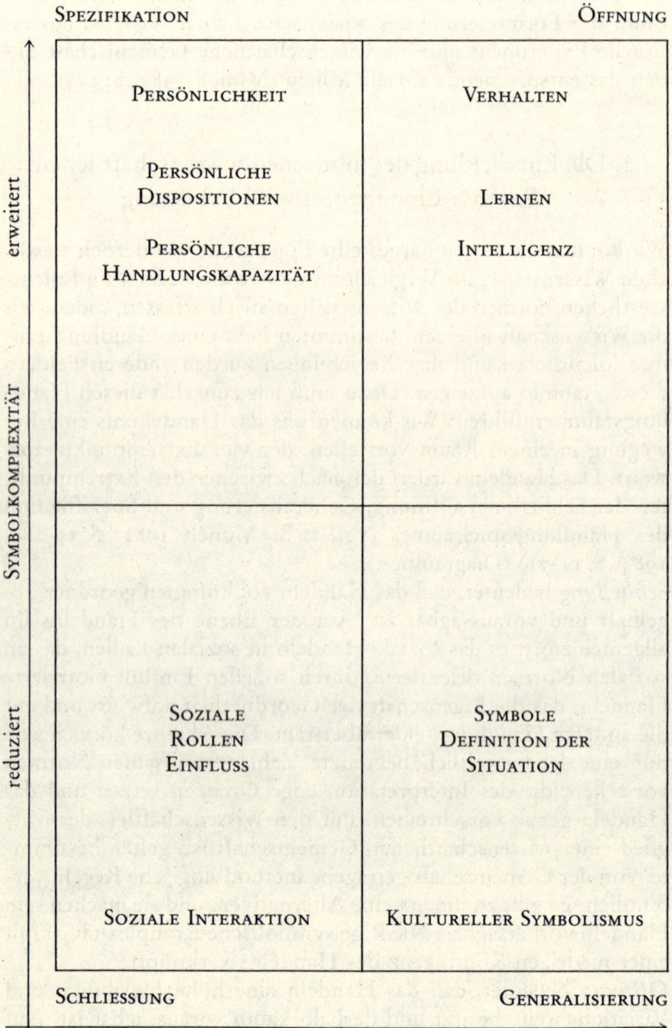

Einsatz von Intelligenz, das dem Handeln diese Eigenschaft verleiht und sie auf die anderen Handlungsfelder überträgt. Die Akteure können sich eine unbegrenzte Zahl von Mitteln vorstellen, die zu beliebigen Handlungen eingesetzt werden können. Der Wissenschaftler kann beliebige Hypothesen erfinden und sie zu beliebigen Erklärungen von Vorgängen der Realität einsetzen. Hohe symbolische Komplexität ist mit einer hohen Kontingenz des Handelns verknüpft.

Generalisierung bedeutet, daß das Handeln eine generelle Identität bei gleichzeitig großer Variationsbreite bewahrt. Auf der Ebene des Handelns im allgemeinen erfüllt die Orientierung des Handelns an Symbolen, an allgemeinen Ideen mittels einer generellen Definition der Situation diese Funktion. Die Wahrheitssuche ist die allgemeinste Idee des Wissenschaftlers, zu der es keine Alternative gibt, die aber ein weites Spektrum unterschiedlicher Vorgehensweisen zuläßt. Niedrige symbolische Komplexität ist mit einer hohen Kontingenz des Handelns verknüpft.

Spezifikation bedeutet, daß das Handeln auf ein bestimmtes Ziel gerichtet wird, obwohl eine Vielzahl alternativer Ziele präsent ist. Auf der Ebene des Handelns im allgemeinen ermöglicht die Bestimmung des Handelns durch persönliche Dispositionen und die Aufwendung von persönlicher Entscheidungsfähigkeit diese Ausrichtung des Handelns auf Ziele. Jeder Wissenschaftler muß aufgrund seiner eigenen Dispositionen und seiner Entscheidungsfähigkeit sein konkretes Forschungsziel unter einer Vielzahl von Alternativen auswählen. Hohe symbolische Komplexität ist mit einer niedrigen Kontingenz des Handelns verknüpft.

Wir können eine feinere Differenzierung des Handlungsraumes vornehmen, indem wir innerhalb der genannten vier Felder des Handelns – soziales Handeln, Lernen, kulturelle Symbole, persönliche Dispositionen – erneut die genannten Funktionen unterscheiden (Diagramm 3).

Das *soziale Handeln* wird durch Vergemeinschaftung und Commitments zu Normen geschlossen, durch Märkte und Geldgebrauch geöffnet, durch Kommunikation und Sprache generalisiert und durch politische Herrschaft und politische Macht spezifiziert.

Das *Lernen* wird durch situatives Lernen geöffnet, durch geregeltes Lernen geschlossen, durch Denken generalisiert und durch zweckgerichtetes Lernen spezifiziert.

Diagramm 3: Das kulturelle Wissen im Kontext des Handlungsraums: innere Logik und äußere Verflechtung

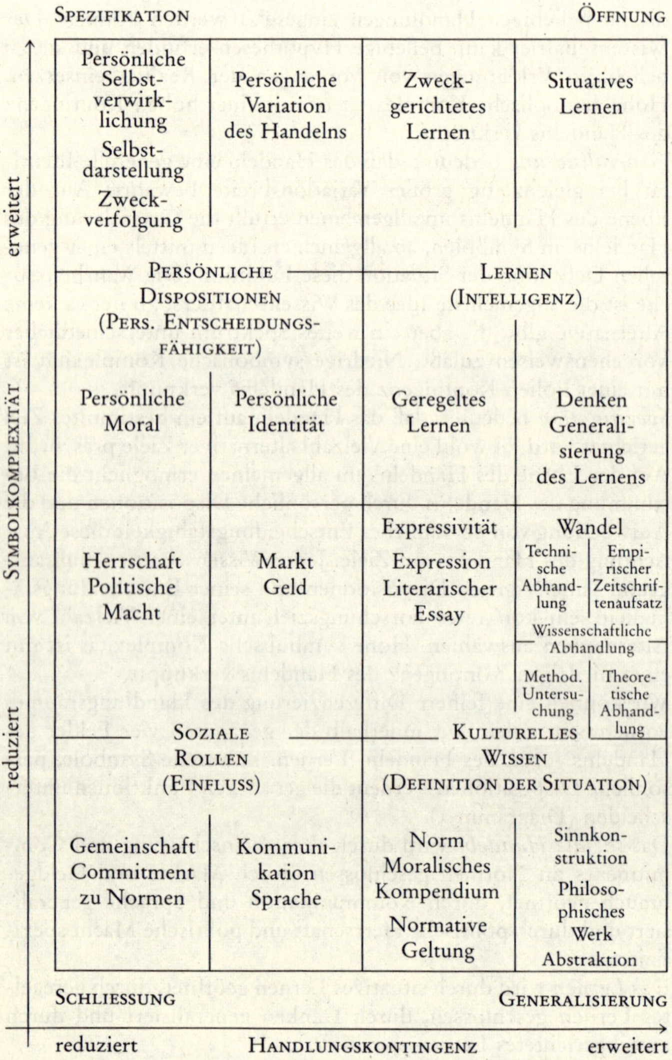

Das *kulturelle Wissen* wird durch Sinnkonstruktionen in philosophischen Werken generalisiert, durch Expressionen in literarischen Essays spezifiziert, durch Normen in moralischen Kompendien geschlossen und durch Kognitionen in wissenschaftlichen Abhandlungen geöffnet. Die wissenschaftliche Abhandlung wird in der theoretischen Abhandlung generalisiert, in der technischen Abhandlung spezifiziert, in der methodischen Untersuchung geschlossen und in dem empirischen Zeitschriftenaufsatz geöffnet.
Die *persönlichen Dispositionen* werden durch persönliche Zwecksetzungen spezifiziert, durch persönliche Identität generalisiert, durch persönliche Moral geschlossen und durch die persönliche Variation des Handelns geöffnet.
Der Vorteil, von einem solchen allgemeinen Bezugsrahmen auszugehen, besteht darin, daß wir an unseren speziellen Untersuchungsgegenstand mit allgemeinen soziologischen Aussagen herangehen können, die aus den angegebenen Grundannahmen hervorgehen und sich auch in anderen Gegenstandsbereichen bewährt haben. Wir müssen also nicht alles erst anhand unseres speziellen Gegenstandes herausfinden.
Wenn wir in diesem Bezugsrahmen die Herausbildung der modernen Wissenschaft erklären wollen, dann können wir drei Stufen der Entwicklung unterscheiden:
Auf der ersten Stufe (Diagramm 4) ist das Wissen noch völlig eingebunden in die Grenzen der Tradition und der Lebenswelt von Gemeinschaften. Die Mitglieder einfacher Gesellschaften sind eng miteinander verbunden, haben nur wenig Kontakte nach außen. Sie alle teilen das *traditionelle Wissen* der Väter und Vorväter. Im Handlungsraum bleibt das Wissen auf die Sphäre der Geschlossenheit beschränkt: Es ist normiert und ändert sich nicht.
Die zweite Stufe (Diagramm 5) wird um so mehr erreicht, je mehr die Gemeinschaftsmitglieder Kontakte nach außen aufnehmen: ökonomische Tauschbeziehungen mit Fremden, politische Konflikte um die Besetzung bestimmter Gebiete, die Konfrontation mit dem Wissen anderer Gemeinschaften. Es differenzieren sich dadurch eigene Sphären der sozialen Interaktion und des Handelns im allgemeinen heraus, die scharf vom Gemeinschaftshandeln getrennt werden und das Handeln in andere Felder des Handlungsraumes hineintragen. In diesen aus dem Gemeinschaftshandeln ausdifferenzierten Sphären bilden sich auch neue, den entsprechenden Anforderungen des Handelns angepaßte

Diagramm 4: Das traditionelle Wissen

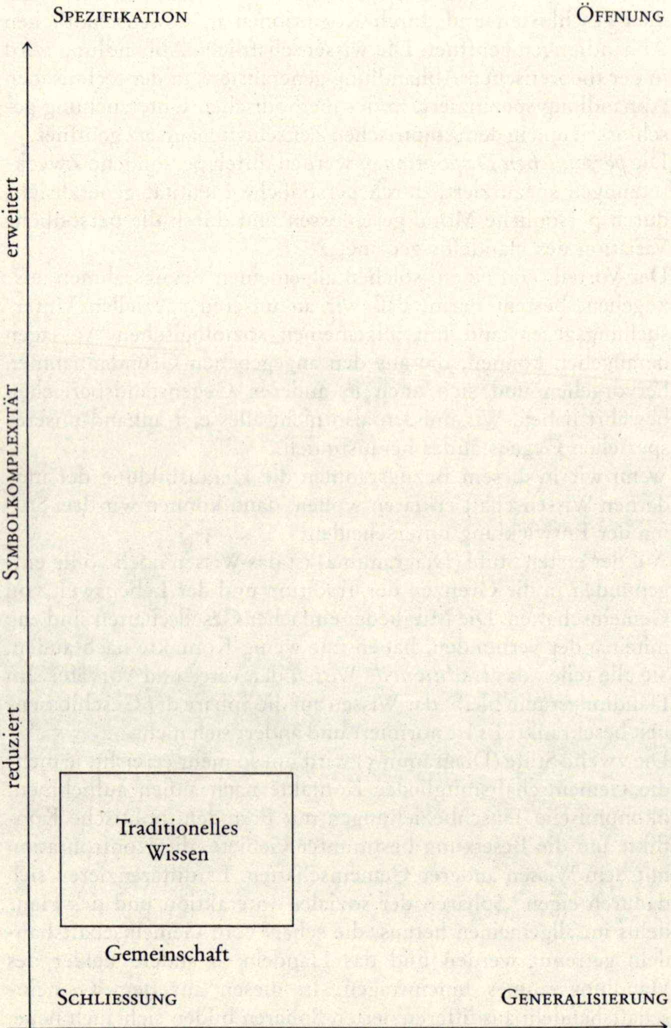

Diagramm 5: Die Differenzierung der Wissensformen

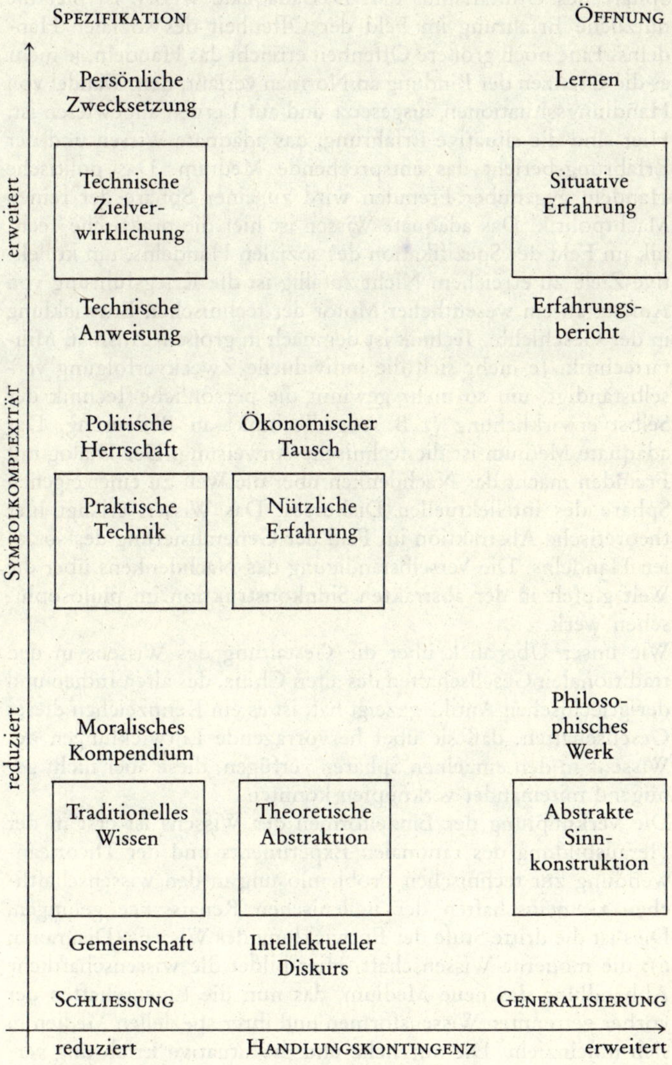

Formen des Wissens. Der ökonomische Tausch mit Fremden stellt eine der gemeinschaftlichen Brüderlichkeit entgegengesetzte Sphäre des Utilitarismus dar. Das adäquate Wissen ist hier die nützliche Erfahrung im Feld der Offenheit des sozialen Handelns. Eine noch größere Offenheit erreicht das Handeln, je mehr es die Grenzen der Bindung an Normen verläßt, dem Wandel von Handlungssituationen ausgesetzt und auf Lernen angewiesen ist. Hier sind die situative Erfahrung, das adäquate Wissen und der Erfahrungsbericht das entsprechende Medium. Das politische Handeln gegenüber Fremden wird zu einer Sphäre der reinen Machtpolitik. Das adäquate Wissen ist hier die praktische Technik im Feld der Spezifikation des sozialen Handelns, um kollektive Ziele zu erreichen. Nicht zufällig ist die Kriegsführung von Anfang an ein wesentlicher Motor der technischen Entwicklung in der Geschichte. Technik ist demnach in großem Ausmaß Militärtechnik. Je mehr sich die individuelle Zweckverfolgung verselbständigt, um so mehr gewinnt die persönliche Technik der Selbstverwirklichung (z. B. Yoga-Technik) an Bedeutung. Das adäquate Medium ist die technische Anweisung. Der Dialog mit Fremden macht das Nachdenken über die Welt zu einer eigenen Sphäre des intellektuellen Diskurses. Das Wissen erlangt hier theoretische Abstraktion im Feld der Generalisierung des sozialen Handelns. Die Verselbständigung des Nachdenkens über die Welt gipfelt in der abstrakten Sinnkonstruktion im philosophischen Werk.

Wie unser Überblick über die Gestaltung des Wissens in den traditionalen Gesellschaften des alten China, des alten Indien und der griechischen Antike gezeigt hat, ist es ein Kennzeichen dieser Gesellschaften, daß sie über hervorragende Entwicklungen des Wissens in den einzelnen Sphären verfügen, diese aber nicht genügend miteinander verknüpfen konnten.

Die Verknüpfung der Einzelformen des Wissens ist erst in der Herausbildung des rationalen Experiments und der Theorieanwendung zur technischen Problemlösung in den wissenschaftlichen Gemeinschaften der italienischen Renaissance gelungen. Dies ist die dritte Stufe der Entwicklung des Wissens (Diagramm 6): die moderne Wissenschaft. Hier bildet die wissenschaftliche Abhandlung das neue Medium, das nun die Eigenschaften der vorher getrennten Wissensformen und ihrer speziellen Medien in sich hineinzieht. Die nützliche und die situative Erfahrung ver-

Diagramm 6: Die Interpenetration der Wissensformen im modernen wissenschaftlichen Wissen

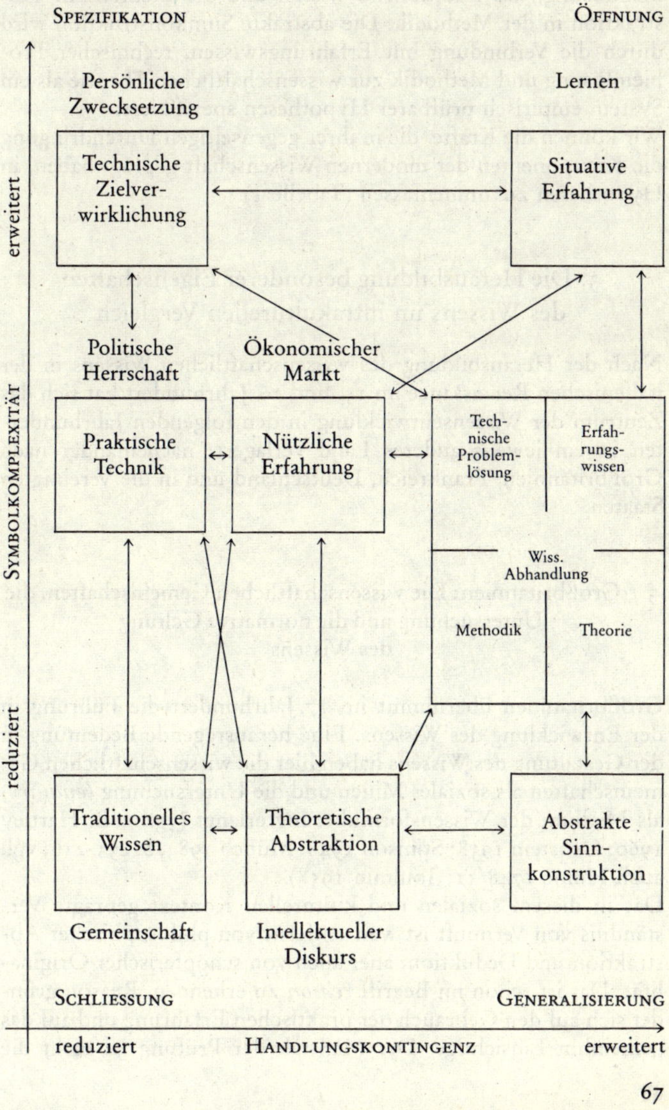

binden sich hier mit der Sinnkonstruktion im Erfahrungswissen, die praktische und persönliche Technik in der technischen Problemlösung, das traditionelle Wissen und die theoretische Abstraktion in der Methodik. Die abstrakte Sinnkonstruktion wird durch die Verbindung mit Erfahrungswissen, technischer Problemlösung und Methodik zur wissenschaftlichen Theorie als ein System empirisch prüfbarer Hypothesen spezifiziert.
Wir können die Kräfte, die in ihrer gegenseitigen Durchdringung die Komponenten der modernen Wissenschaft geprägt haben, in Hypothesen zusammenfassen (Tabelle 1).

3. Die Herausbildung besonderer Eigenschaften des Wissens im intrakulturellen Vergleich

Nach der Herausbildung des wissenschaftlichen Wissens in der italienischen Renaissance im 15. und 16. Jahrhundert hat sich das Zentrum der Wissensentwicklung in den folgenden Jahrhunderten in ein jeweils anderes Land verlagert: nacheinander nach Großbritannien, Frankreich, Deutschland und in die Vereinigten Staaten.

3.1 Großbritannien: Die wissenschaftlichen Gemeinschaften, die Untersuchung und die normative Geltung des Wissens

Großbritannien übernimmt im 17. Jahrhundert die Führung in der Entwicklung des Wissens. Eine herausragende Bedeutung in der Gestaltung des Wissens haben hier die wissenschaftlichen Gemeinschaften als soziales Milieu und die Untersuchung *(enquiry)* als Medium der Wissensformulierung erlangt (vgl. z. B. Hartley 1960; Ornstein 1938; Stimson 1948; Münch 1984, S. 233-236; vgl. auch Hume 1748/51; Toulmin 1958).
Das in diesem sozialen und kulturellen Kontext geprägte Verständnis von Vernunft ist weit entfernt von philosophischer Abstraktion und Deduktion, aber auch von schöpferischer Originalität. Das ist schon im Begriff *reason* zu erkennen. Reason gründet sich auf den Gebrauch der praktischen Erfahrung und auf das gemeinhin Einsichtige. Der Maßstab der Prüfung ist nicht die

Tabelle 1: Hypothesen zur Formung des modernen wissenschaftlichen Wissens

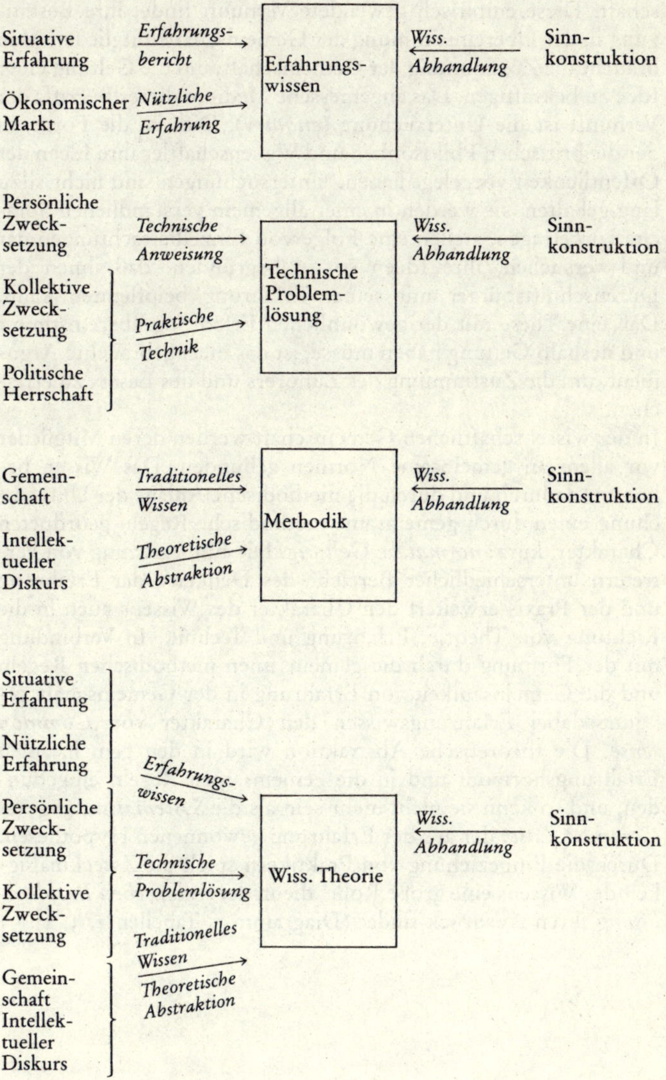

logische Beweisbarkeit einer These und ihre Verallgemeinerbarkeit, sondern die gemeinsame Erfahrung innerhalb einer Gemeinschaft. Diese empirisch gewendete Vernunft findet ihre Bestätigung in der Übereinstimmung der Gemeinschaftsmitglieder. Man braucht die Zustimmung der Gemeinschaft, um die Geltung einer Idee zu bekräftigen. Das angemessene Medium dieses Begriffs der Vernunft ist die Untersuchung (*enquiry*). Dies ist die Form, in der die britischen Philosophen und Wissenschaftler ihre Ideen der Öffentlichkeit vorgelegt haben. Untersuchungen sind nicht allzu lang gehalten, sie werden in einer allgemein verständlichen Sprache vorgetragen, stellen eine Folge von Einzelbetrachtungen dar und versuchen, ihre Ideen so zu begründen, daß ihnen der Durchschnittsbürger mit seiner Erfahrung beipflichten kann. Daß eine These mit der gewöhnlichen Erfahrung übereinstimmt und deshalb Geltung haben müsse, ist das meistgebrauchte Argument, um die Zustimmung des Zuhörers und des Lesers zu erreichen.

In der wissenschaftlichen Gemeinschaft werden deren Mitglieder vor allem an gemeinsame Normen gebunden. Das Wissen bekommt dadurch und durch die methodische Anlage der Untersuchung einen durch gemeinsame methodische Regeln geordneten Charakter, kurz: *normative Geltung*. Die Einbeziehung von Vertretern unterschiedlicher Bereiche des Denkens, der Erfahrung und der Praxis erweitert den Charakter des Wissens auch in die Richtung von Theorie, Erfahrung und Technik. In Verbindung mit der Formung durch die gemeinsamen methodischen Regeln und die Gemeinsamkeit von Erfahrung in der Gemeinschaft gewinnt dabei Erfahrungswissen den Charakter von *Common sense*. Die theoretische Abstraktion wird in den gemeinsamen Erfahrungshorizont und in die gemeinsamen Regeln eingebunden, und so kann sie nicht mehr sein als die *Systematisierung des Common sense*, der aus der Erfahrung gewonnenen Hypothesen. Durch die Einbeziehung von Praktikern spielt die Zweckmäßigkeit des Wissens eine große Rolle, die in der *technischen Problemlösung* ihren Ausdruck findet (Diagramm 7, Tabellen 2, 3, 4).

Diagramm 7: Die wissenschaftliche Gemeinschaft und die Untersuchung im Kontext des Handlungsraums

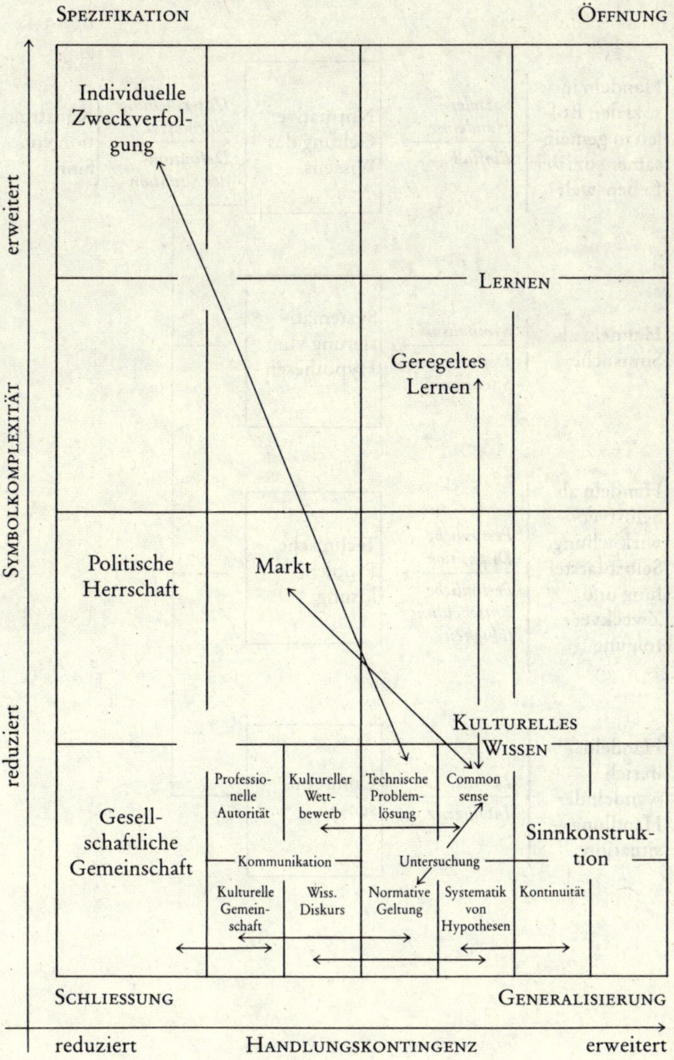

Tabelle 2: Hypothesen zu normativer Geltung, Systematisierung von Hypothesen, technischer Problemlösung und Common sense als Eigenschaften des Wissens im Kontext des Handelns

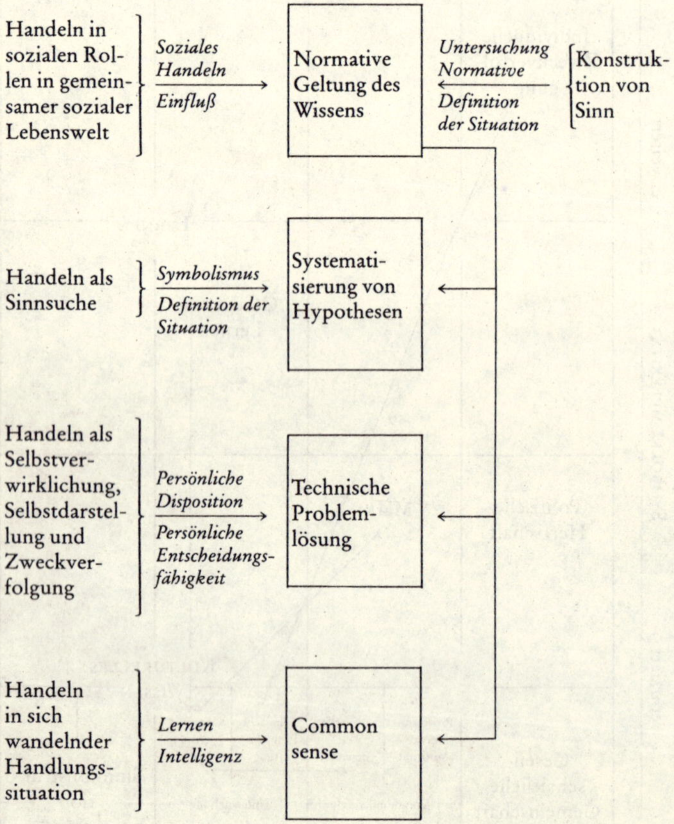

Tabelle 3: Hypothesen zu normativer Geltung, Systematisierung von Hypothesen, technischer Problemlösung und Common sense als Eigenschaften des Wissens im Kontext des sozialen Handelns

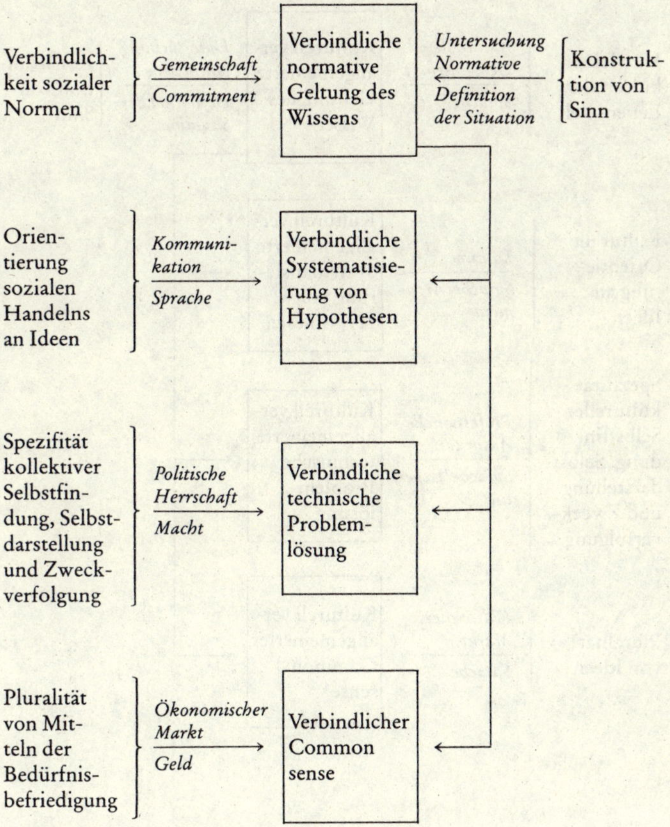

Tabelle 4: Hypothesen zu normativer Geltung, Systematisierung von Hypothesen, technischer Problemlösung und Common sense als Eigenschaften des Wissens im Kontext der Kommunikation

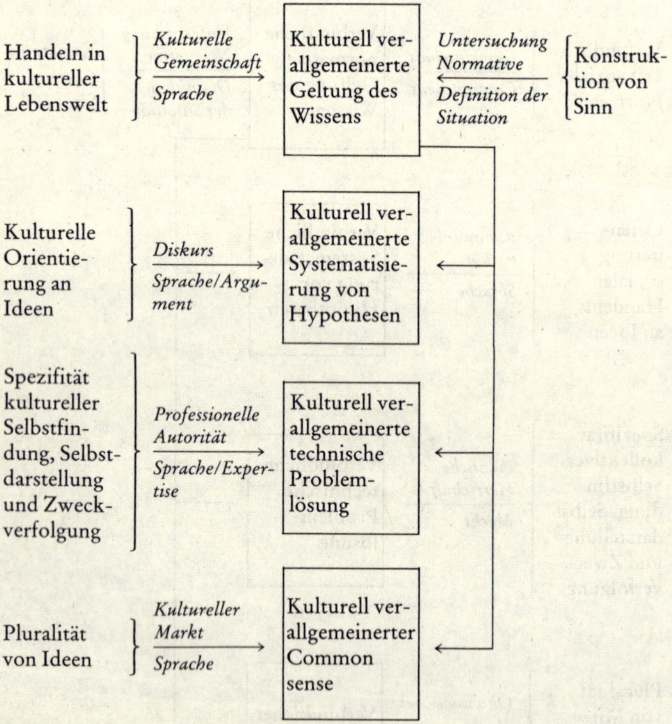

3.2 Frankreich: Der Salon, das Café, der Essay und die Expressivität des Wissens

Im 18. Jahrhundert verlagert sich das Zentrum der Wissensentwicklung nach Frankreich. Hier ragen vor allem der Salon und das Café als soziale Milieus und der Essay als Medium der Wissensformulierung in der Gestaltung der Eigenschaften des Wissens heraus (siehe z. B. Back/Polisar 1983; Cunow 1925; v. Falke 1977; Grana 1964; Jan 1967, S. 101 ff.; Kreuzer 1971, S. 202-216; Picard 1943; Münch 1984, S. 245-248).

Der Ort, an dem der französische Begriff der Rationalität zur Zeit der Aufklärung eine ganz besondere Prägung erhalten hat, ist der Salon. Hier finden sich Gelehrte, Schriftsteller, Männer von Welt im Salon einer Dame der Gesellschaft zusammen. Der einzelne Teilnehmer stellt mit seinen Beiträgen vor allem seine Persönlichkeit in dem Gespräch dar. Seine Selbstdarstellung und der expressive, auf die Darstellung selbst und auf Schönheit bezogene Charakter seiner Aussagen stehen oft mehr im Mittelpunkt als ihr sachlicher Gehalt. »Schön hat er das gesagt!«, »Wie umwerfend er das gesagt hat!«, »Was für eine herrliche Formulierung!«, »Wie wunderbar gesprochen!« sind die typischen Reaktionen, die von den glänzenden Gesprächsbeiträgen ausgelöst werden.

Der Salon hat nach der großen Zeit der Aufklärung seine zentrale Stellung als Ort des Räsonierens aufgeben müssen. Andere Orte haben dafür Bedeutung erlangt. Im Café wurde die Tradition des Salons unter veränderten Bedingungen fortgeführt. Hier findet man nicht mehr eine feine Gesellschaft bei einer vornehmen Dame versammelt, sondern eine Gruppe von Intellektuellen und Künstlern, die ihr Leben selbst als Kunstwerk gestalten, einen der bürgerlichen Norm entgegengesetzten Lebensstil pflegen wollen. Expressive, nach Selbstdarstellung suchende Bedürfnisse spielen also auch in diesem Kreis eine große Rolle. Wer hier Anerkennung gewinnen will, muß unter veränderten Bedingungen ähnliche Qualitäten beweisen wie die Vorväter im Salon. Witz, Originalität, Kreativität, Gewandtheit der Sprache, Formulierungskunst, geistreiche Einfälle und Scharfsinnigkeit werden hier ähnlich mit Beifall bedacht wie im Salon.

Die Wirkungen des Salons und später des Cafés blieben nicht auf die Konversation selbst begrenzt. Die Konversation drängte den Stil der Literatur in die im Salon vorgegebene Richtung. Das wurde auch von den Schriftstellern selbst festgestellt. Marmontel und Diderot meinten, die Damen würden sie lehren, trockene Dinge charmant und klar darzulegen, flexibel, leicht verständlich und witzig zu formulieren, um keine Ermüdung und Langeweile aufkommen zu lassen. Die Philosophen und Wissenschaftler vermitteln ihre Erkenntnisse in einem leicht lesbaren literarischen Stil. Philosophische Erzählungen und Essays sind das richtige Medium für diese »leichte« Form des Philosophierens. Der Autor des Essays beteiligt sich an aktuellen Diskussionen, nimmt zu aktuellen Auseinandersetzungen Stellung. Er orientiert sich also an einem Markt der Ideen, tritt zu anderen Autoren in Konkurrenz.

Die marktförmige Gestaltung der intellektuellen Szene entfaltet natürlich auch ihre Wirkung auf den Charakter des produzierten Wissens. Märkte beschleunigen den sozialen Wandel. Es ist deshalb kein Zufall, daß die Entwicklung des Denkens in Frankreich wie nirgendwo sonst von der Abfolge intellektueller Moden bestimmt wird.

Im Salon und im Café spielt die Selbstdarstellung der Persönlichkeit eine herausragende Rolle. Dadurch wird die Formulierung des Wissens ein Mittel der Selbstdarstellung. *Expressivität*, d.h. Darstellungs- und Formulierungskunst, wird dabei zum hervorstechenden Merkmal des Wissens. Der Essay als Form der Wissensformulierung unterstützt diese Tendenz. Die Anpassung an den Wandel von Situationen verlangt hier *Aktualität* als weiteres Merkmal des Wissens. Die Sprecher müssen sich auf den raschen Wechsel von Interessen und Aufmerksamkeiten einstellen. Die Verallgemeinerung des Wissens gelingt hier nur, wem in dem raschen Wechsel der Gesprächsthemen zündende und überraschende Ideen einfallen, die eine Sache in einem neuen Licht erscheinen lassen: das ist der *Esprit* als besondere Eigenschaft des Wissens. Soweit das Denken durch Normen geordnet wird, ist es der *Stil* der Darstellung, es sind also Regeln der schönen Formulierung, die hier gefragt sind und von der intellektuellen Subkultur getragen werden (Diagramm 8, Tabellen 5, 6, 7).

Diagramm 8: Salon, Café und Essay im Kontext des Handlungsraums

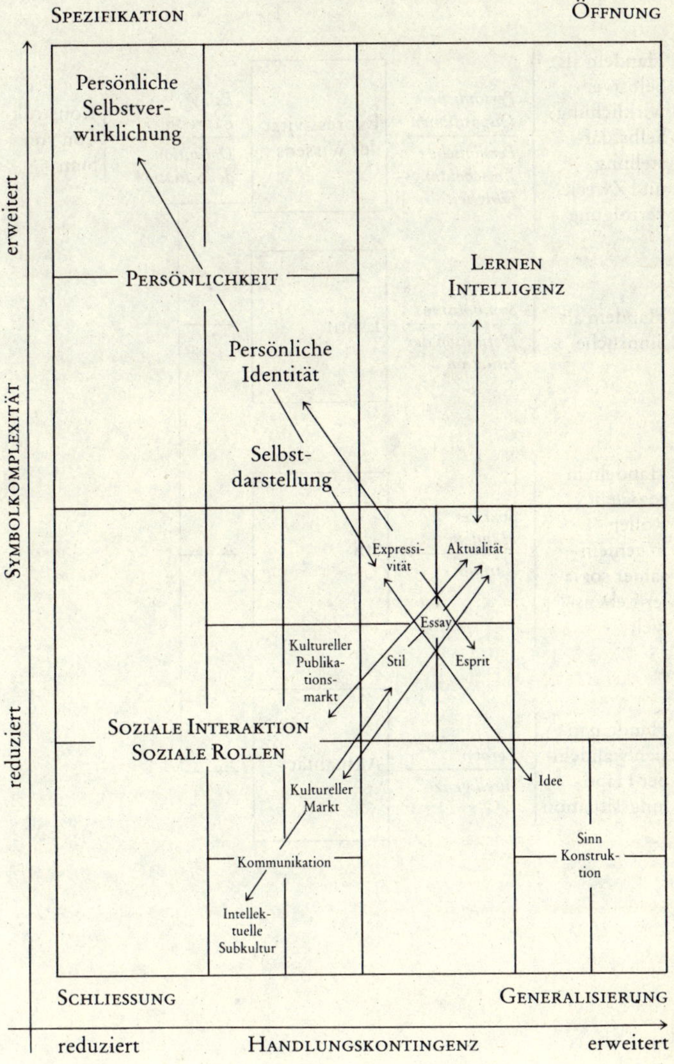

Tabelle 5: Hypothesen zu Expressivität, Esprit, Stil und Aktualität als Eigenschaften des Wissens im Kontext des Handelns

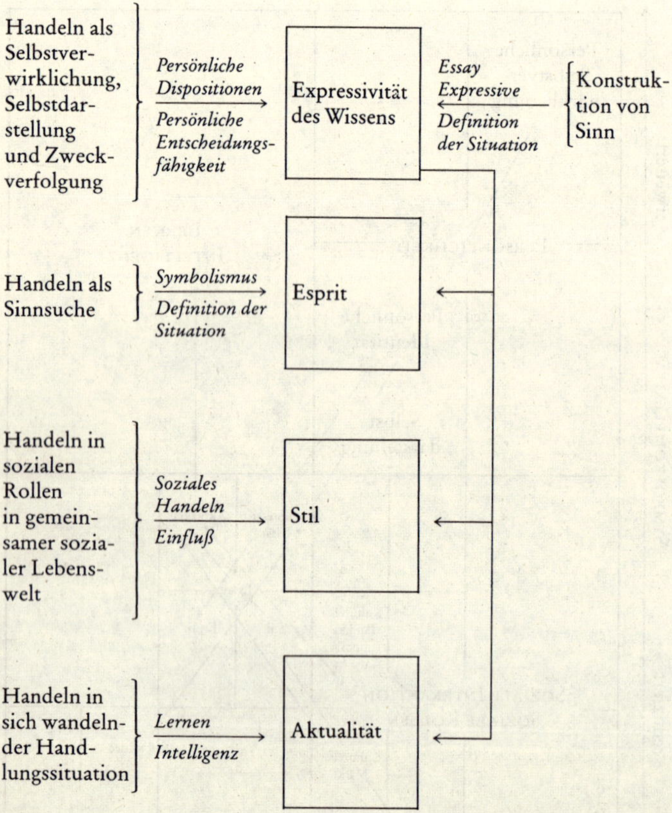

Tabelle 6: Hypothesen zu Expressivität, Esprit, Stil und Aktualität als Eigenschaften des Wissens im Kontext des sozialen Handelns

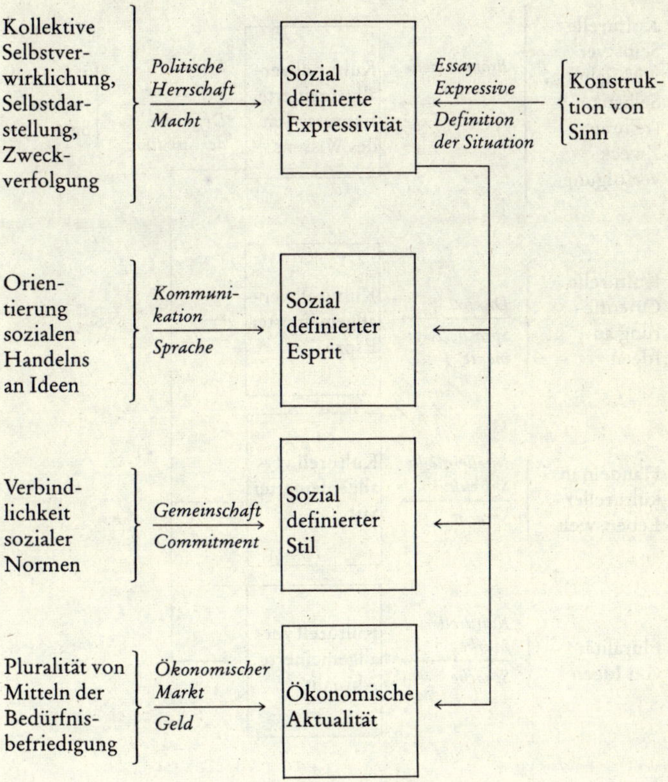

Tabelle 7: Hypothesen zu Expressivität, Esprit, Stil und Aktualität als Eigenschaften des Wissens im Kontext der Kommunikation

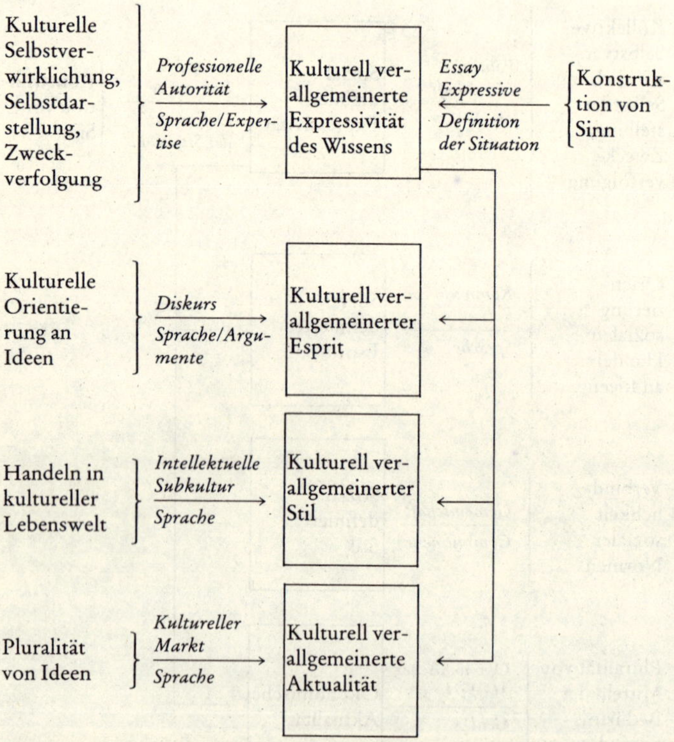

3.3 Deutschland: Die Studierstube, das Universitätsseminar, das Werk und die Abstraktion des Wissens

Im 19. Jahrhundert verschiebt sich das Zentrum der Wissensentwicklung nach Deutschland. Die Studierstube und das Universitätsseminar bilden hier das herausragende soziale Milieu, das große Werk ist das hervorstechende Medium der Wissensformulierung. Sie üben einen besonderen Effekt auf die Eigenschaften des Wissens aus (vgl. z. B. Fichte 1794; vgl. auch Dahrendorf 1965, S. 175-191; König 1935; Ringer 1969; Schelsky 1970; Münch 1984, S. 248-255).

Der Begriff der Rationalität als umfassende Vernunft ist in diesem Kontext eng an die Einsamkeit des Gelehrten geknüpft. Das große Werk verkörpert den entsprechenden Begriff der Rationalität. Das Werk muß eine genügende Tiefe und Breite aufweisen, um sich in einer von Riesen bestimmten Kulturlandschaft überhaupt behaupten zu können. Um die Wahrheit zu finden, zieht sich der Gelehrte von der Gesellschaft zurück und befreit sich von allen interessengeleiteten Bestrebungen. Der Wahrheitssuche und nichts als der Wahrheitssuche ist er verpflichtet. Jede andere Tätigkeit würde ihn nur von dem richtigen Weg zur Wahrheit wegführen. Dem Gelehrten wird die Wahrheit nicht in der äußeren Teilnahme am gesellschaftlichen Handeln offenbar, sondern nur in der Freiheit von dessen Verstrickungen, in der völligen Einsamkeit der Studierstube und im Universitätsseminar, das von der Gesellschaft isoliert ist. Wenn der Gelehrte sich in eine Diskussion begibt, dann tut er dies weniger mit zeitgenössischen Mitstreitern als mit den großen intellektuellen Figuren der Jahrtausende. In jedem heute vorgetragenen Argument erkennt er das in der Geschichte immer schon Vorgedachte. Es bietet sich nur die Möglichkeit, das schon einmal Vorgedachte immer weiterer Verfeinerung und Vertiefung zu unterwerfen.

In der Studierstube und im von der Gesellschaft und ihren praktischen Lebenszusammenhängen isolierten Universitätsseminar wird vor allem das reine Denken an sich, die Durchdringung einer Sache bis zur letzten Konsequenz, die Tiefe und die *Abstraktion* von allen Zufälligkeiten, das Vorstoßen zum »Wesen« der Dinge gefördert. Das in Einsamkeit und Freiheit entstehende Werk unterstützt diese Richtung des Denkens. Die soziale Verankerung dieses Denkens ist nicht gegenwärtig, sondern überzeitlich, nicht die jeweils bestehende Wissenschaftsgemeinschaft und Gesellschaft regulieren das Denken, sondern die sich über Jahrtausende erstreckende Gemeinschaft der Gelehrten. Das verleiht dem Denken vor allem *Kontinuität*, eine über lange Zeiträume hinweg bestehende Konstanz der wesentlichen Ideen, Probleme und Problemlösungen. Seine Geordnetheit erhält das Denken viel mehr durch die allgemeinsten Regeln der Logik als durch speziellere methodische Verfahren. Den Bezug zur Wirklichkeit durch Prozesse des Lernens gewinnt das Denken weniger durch die Sammlung von Erfahrungswissen als durch theoretische Konstruktionen, welche die ganze *Wahrheit* über die Welt erfassen und nicht nur bruchstückhafte Erfahrungen sammeln wollen. Eine Zielrichtung bekommt das Wissen nicht durch praktische Zwecksetzungen – es soll nicht zweckmäßig sein –, sondern dadurch, daß der Gelehrte in der Formulierung und im Ausdenken einer *spezifischen Idee* bis zur letzten Konsequenz die Einzigartigkeit seines Denkens unter Beweis stellt (Diagramm 9, Tabellen 8, 9, 10).

3.4 Die Vereinigten Staaten: Das Meeting, der Zeitschriftenartikel und der rapide Wandel des Wissens

Im 20. Jahrhundert wandert das Zentrum der Wissensentwicklung in die Vereinigten Staaten von Amerika. Hier sind es vor allem die öffentliche Versammlung (das Meeting) und der Wettbewerb als soziale Milieus und der Zeitschriftenartikel als Medium der Wissensformulierung, die einen besonderen Einfluß auf die Gestaltung des Wissens ausüben (vgl. dazu z. B. Ben-David 1972, S. 25-47; Hirsch 1968; Hofstadter 1963; James 1907; Kadushin 1975; Lipset 1963, S. 332-371; McGee 1958; Smith 1963; de Tocqueville 1976; Webster 1945; Wilson 1976; Münch 1984, S. 255-259).
Wettbewerb ist eine herausragende Eigenschaft der amerikanischen Gesellschaft. Er bestimmt auch die Organisation der *Wissenschaft*. Das ist schon im Wettstreit der Universitäten um das höchste akademische Ansehen zu sehen. Sie konkurrieren um finanzielle Zuwendungen für Forschungsprojekte und für den Ausbau ihrer wissenschaftlichen Abteilungen, um wissenschaftliche Entdeckungen, fähige Studenten, Mitarbeiter und Professo-

Diagramm 9: Studierstube, Universitätsseminar und Werk im Kontext des Handlungsraums

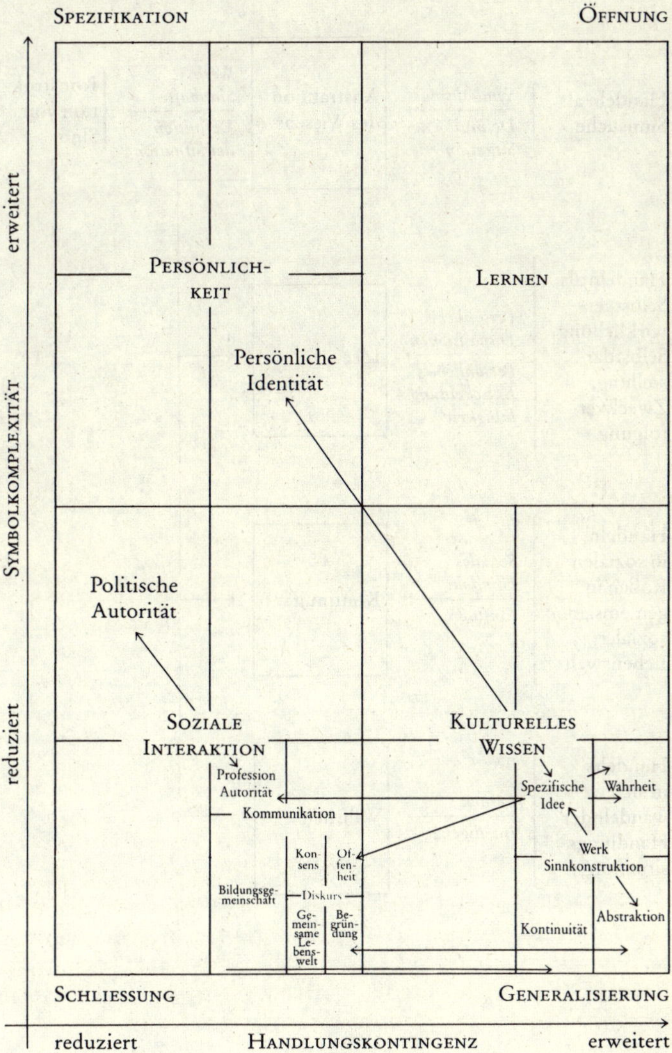

Tabelle 8: Hypothesen zu Abstraktion, Idee, Kontinuität und Wahrheit als Eigenschaften des Wissens im Kontext des Handelns

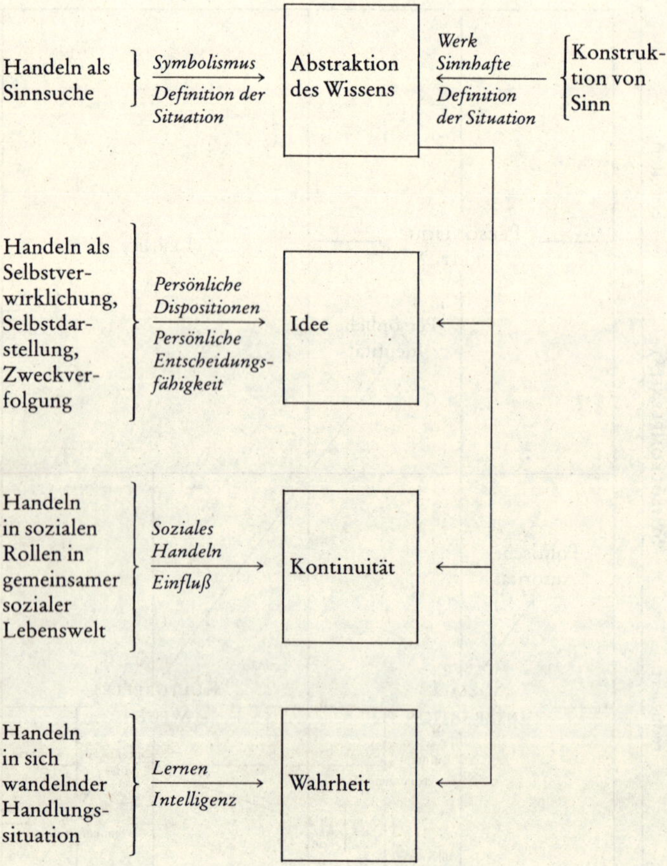

Tabelle 9: Hypothesen zu Abstraktion, Idee, Kontinuität und Wahrheit als Eigenschaften des Wissens im Kontext des sozialen Handelns

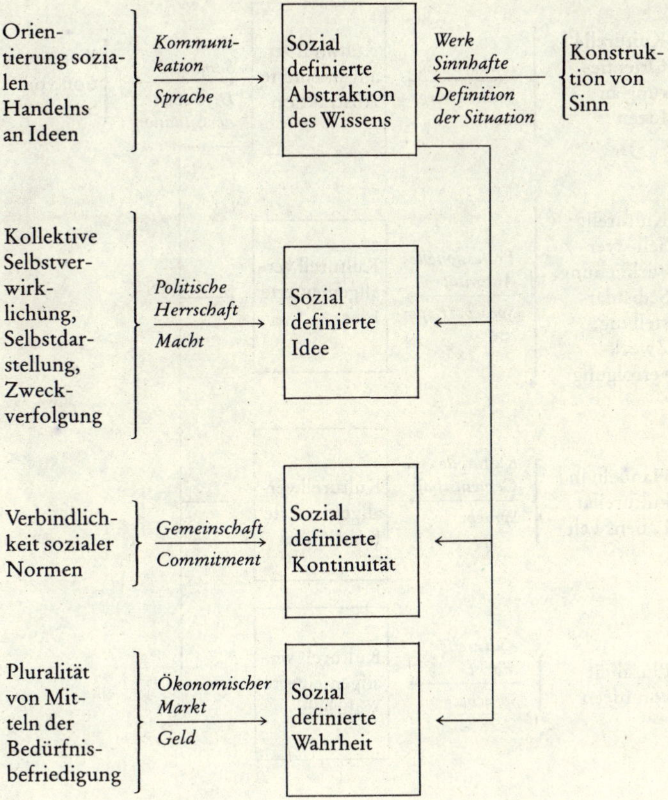

Tabelle 10: Hypothesen zu Abstraktion, Idee, Kontinuität und Wahrheit als Eigenschaften des Wissens im Kontext der Kommunikation

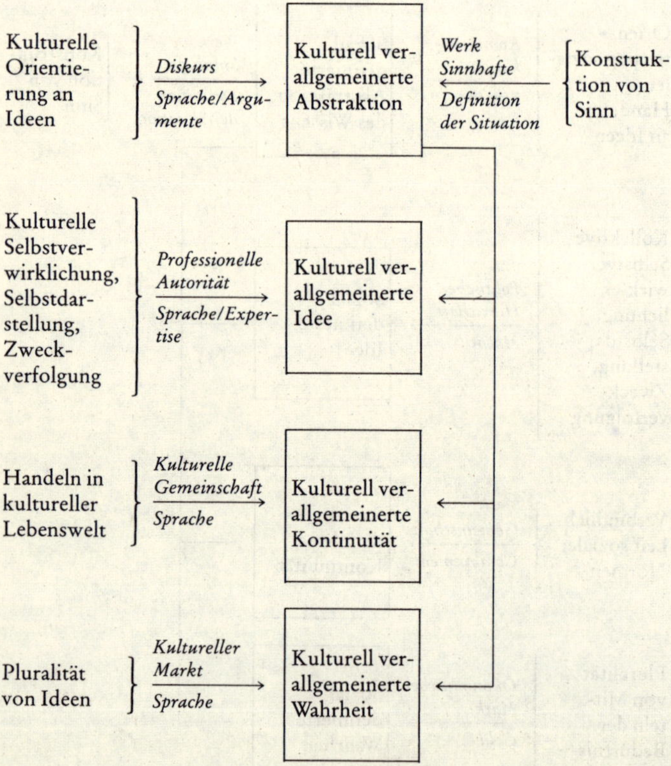

ren. Je mehr sie von diesen Ressourcen und Leistungen an sich ziehen können, um so größer ist ihre Reputation und um so anziehender wirken sie wiederum auf Geldgeber, Wissenschaftler und Studenten.

Das Wettbewerbssystem prämiert die schnelle Veröffentlichung wissenschaftlicher Ergebnisse in kleinen Aufsätzen mehr als ihre langsame Ausreifung zu großer Tiefe mit schließlicher Publikation in einem großen Werk. Man kann an der Veröffentlichungspraxis der führenden Zeitschriften auch beobachten, wie das System der möglichst kurzfristigen Veröffentlichung von wissenschaftlichen Ergebnissen in Aufsatzform einem besonderen Typus der Rationalität den Vorzug gibt. Das Untersuchungsgebiet muß klar abgesteckt sein. Ein zu breites Feld läßt sich in einem Aufsatz keiner sorgfältigen Bearbeitung unterwerfen. Die Fragestellung verlangt eine klare Formulierung und Umgrenzung. Ausufern ist da nicht möglich. Die Formulierung spezieller Hypothesen und ihr Test an klar definiertem empirischen Material entspricht diesen Anforderungen eher als die Darlegung theoretischer Entwicklungen, die häufig entweder zu breit geraten ist und den Rahmen eines Aufsatzes sprengt oder sich den Vorwurf einhandelt, die Vielfältigkeit der Wirklichkeit recht willkürlich auf nur wenige Aspekte zurückgestutzt zu haben.

Der harte Wettbewerb und der Zwang, kurzfristige Erfolge auf dem Wissenschaftsmarkt zu erzielen, haben natürlich ihre positiven und negativen Folgen. Es werden Innovationen veranlaßt. Das Wissen verändert sich mit großer Geschwindigkeit, aber nicht immer in klar ermittelbaren Fortschritten, weil das Wissen über keine theoretische Geordnetheit verfügt. Die Wissenschaftler werden zu außerordentlicher Produktivität angereizt. Der Wettbewerbsdruck kann ehrgeizige Wissenschaftler aber auch zu Manipulationen und Fälschungen von Daten verleiten, um zu stimmigen oder originellen Ergebnissen zu gelangen.

Die öffentliche Auseinandersetzung und der Wettbewerb setzen das Wissen einem hohen Leistungsdruck aus. Es muß sich ständig gegen neue Kritik bewähren. Der Wissenschaftler muß sich auf dem Markt mit immer neuen Angeboten behaupten. Das fördert den *raschen Wandel* als Hauptmerkmal des Wissens. Der Aufsatz ist die Form, in die dieses Wissen am besten gepackt wird. Die Anpassung an äußere Gegebenheiten prägt das Wissen außerdem in diesem Kontext. Es muß sich durch raschen Wandel an die wechselnde Erfahrung und an neue Daten anpassen, durch Zweckmäßigkeit muß es sich an die *Ziele der Praxis anpassen*. Es darf nicht aus dem Rahmen fallen, es muß sich nämlich auch an den Geschmack und den Vorstellungshorizont des *Publikums anpassen*, wodurch es eine besondere, von Konjunkturen abhängige normative Regulierung durch die Gemeinsamkeiten des Publikums erfährt. Die ständige Anpassung an neue Daten, an Zwecksetzungen der Praxis und an den Geschmack des Publikums hält die theoretische Abstraktion in Grenzen. Sie kann nicht weiter gehen als zur *Verallgemeinerung der konkreten Erfahrung*. Theorie ist nicht mehr als eine Sammlung von sich stets ändernden Erfahrungssätzen (Diagramm 10, Tabellen 11, 12, 13).

Schlußbemerkungen

Ich möchte zum Abschluß noch einmal betonen, daß die untersuchten sozialen Milieus und Medien der Wissensformulierung in den einzelnen Ländern nicht allein die Entwicklung des Wissens bestimmt haben und bestimmen. Im Vergleich betrachtet, ist ihre Bedeutung jedoch so herausragend, daß man in den einzelnen Ländern die Wirkung besonderer sozialer Milieus und Medien der Wissensformulierung auf die Eigenschaften des Wissens idealtypisch herausarbeiten kann. Die unterschiedliche Ausprägung der sozialen Milieus und der Medien der Wissensformulierung in den einzelnen Ländern bildet ein Experimentierfeld für allgemeine soziologische Hypothesen. Und es ist das Herausfinden und Überprüfen solcher allgemeingültiger Aussagen, das den Soziologen interessiert. Das Eindringen in die konkrete Vielfalt der Wissensentwicklung in einem besonderen Land und zu einer besonderen Zeit muß er dem Historiker überlassen.

Literatur

Back, K. W./D. Polisar, »Salons und Kaffeehäuser«, in: F. Neidhardt (Hg.), Gruppensoziologie, Sonderheft 25 der *Kölner Zeitschrift für Soziologie und Sozialpsychologie*, Opladen 1983, S. 276-286.

Ben-David, J., *The Scientists Role in Society*, Englewood Cliffs 1971.

Diagramm 10: Das Meeting und der Zeitschriftenartikel im Kontext des Handlungsraums

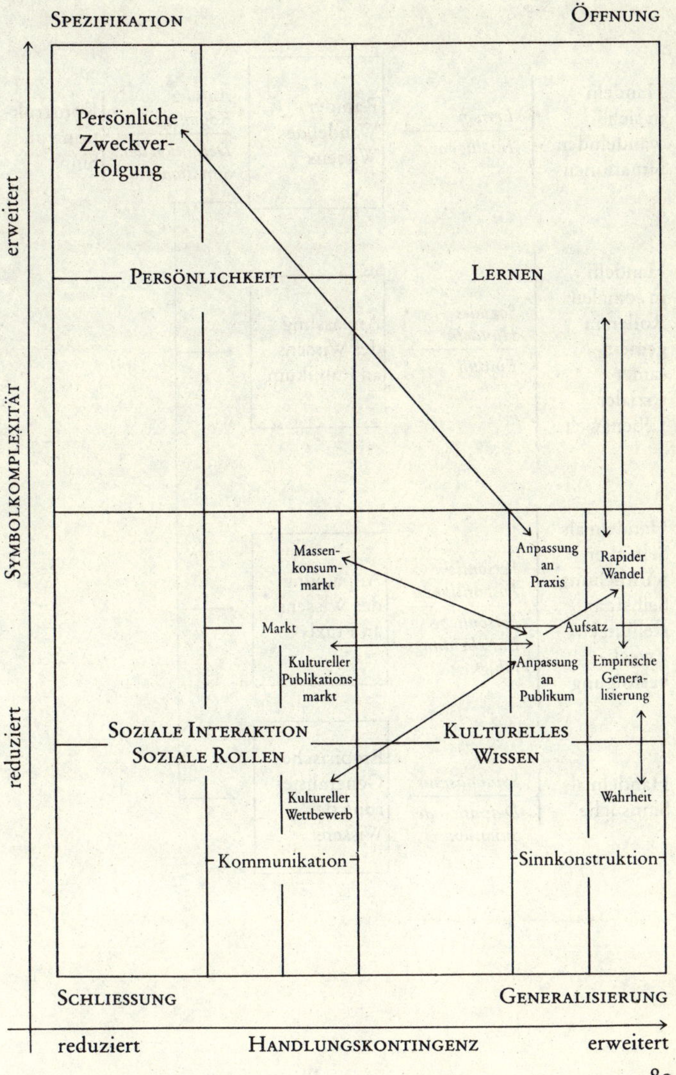

Tabelle 11: Hypothesen zu rapidem Wandel, Anpassung an das Publikum, Anpassung an die Praxis und zu empirischer Generalisierung als Eigenschaften des Wissens im Kontext des Handelns

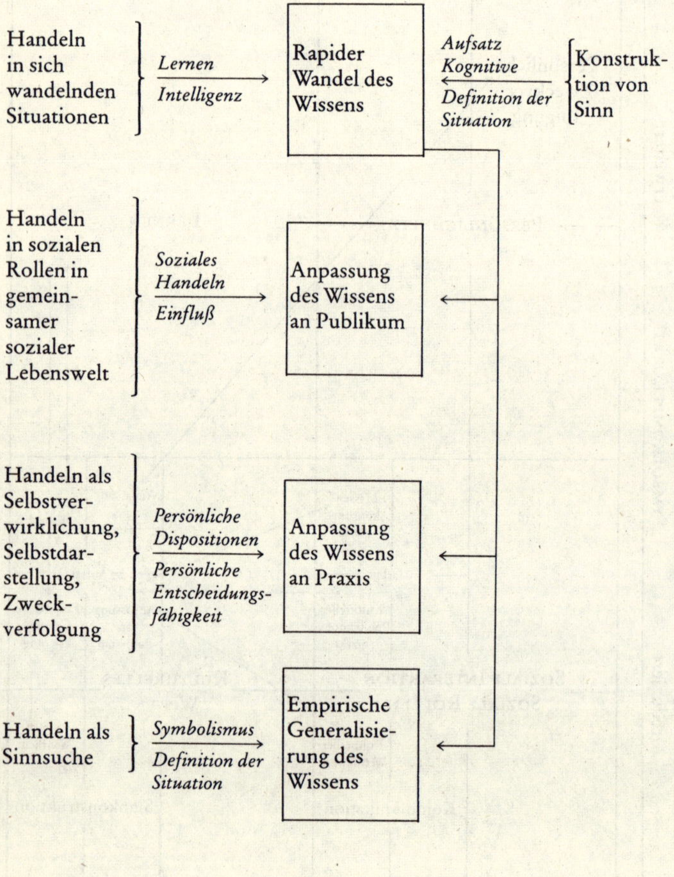

Tabelle 12: Hypothesen zu rapidem Wandel, Anpassung an das Publikum, Anpassung an die Praxis und zu empirischer Generalisierung als Eigenschaften des Wissens im Kontext des sozialen Handelns

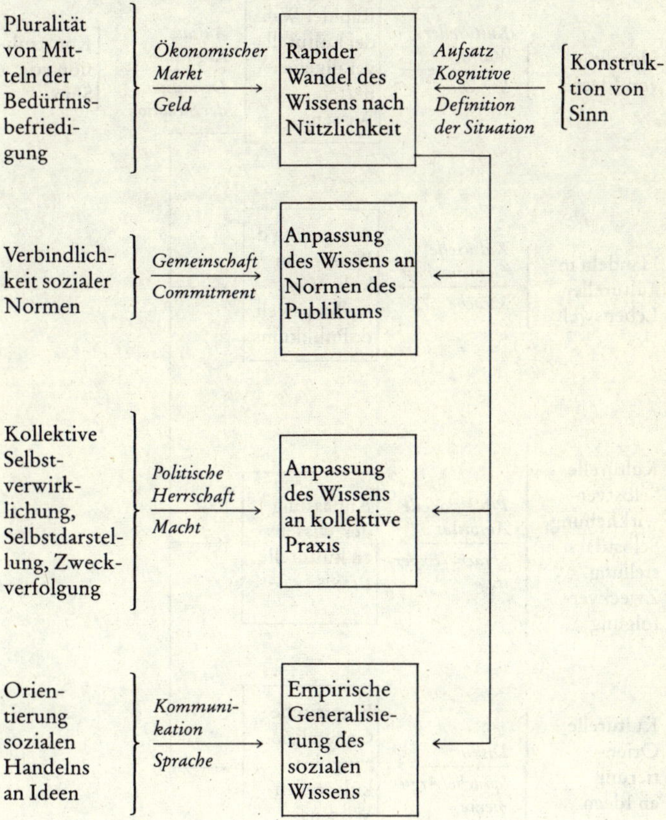

Tabelle 13: Hypothesen zu rapidem Wandel, Anpassung an das Publikum, Anpassung an die Praxis und zu empirischer Generalisierung als Eigenschaften des Wissens im Kontext der Kommunikation

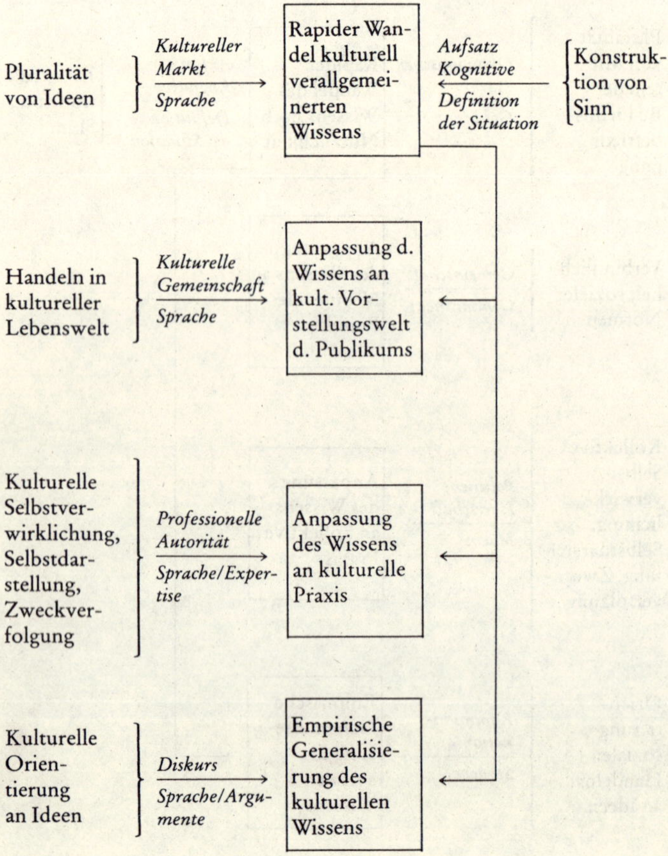

Ben-David, J., *American Higher Education: Directions Old and New*, New York 1972.
Cunow, H., *Politische Kaffeehäuser. Pariser Silhouetten aus der großen französischen Revolution*, Berlin 1925.
Dahrendorf, R., *Gesellschaft und Demokratie in Deutschland*, München 1965.
Falke, J. v., *Der französische Salon*, Bonn 1977.
Fichte, J. G., »Einige Vorlesungen über die Bestimmung des Gelehrten« (1794), in: *Fichtes Werke*, Bd. 6, hg. von J. H. Fichte, Berlin 1971 (1845/46), S. 291-346.
Grana, C., *Bohemian versus Bourgeois. French Society and the French Men of Letters in the Nineteenth Century*, New York 1964.
Hartley, H. (Hg.), *The Royal Society. Its Origins and Founders*, London 1960.
Hirsch, W., *Scientists in American Society*, New York 1968.
Hofstadter, R., *Anti-Intellectualism in American Life*, New York 1963.
Hume, D., *Enquiries Concerning the Human Understanding and Concerning the Principles of Morals*, hg. von L. A. Selby-Bigge, Oxford 1966 (1748/51).
James, W., *Pragmatism: A New Name for Some Old Ways of Thinking*, New York 1907.
Jan, E. v., *Französische Literaturgeschichte in Grundzügen*, 6. Auflage, Heidelberg 1967.
Kadushin, C., *The American Intellectual Elite*, Boston 1975.
König, R., *Vom Wesen der deutschen Universität*, Darmstadt 1970 (1935).
Kreuzer, H., *Die Boheme. Analyse und Dokumentation der intellektuellen Subkultur vom 19. Jahrhundert bis zur Gegenwart*, Stuttgart 1971.
Lipset, S. M., *Political Man*, Garden City 1963.
McGee, R., *The Academic Marketplace*, New York 1958.
Münch, R., *Theorie des Handelns. Zur Rekonstruktion der Beiträge von Talcott Parsons, Emile Durkheim und Max Weber*, Frankfurt 1982.
Münch, R., *Die Struktur der Moderne. Grundmuster und differentielle Gestaltung des institutionellen Aufbaus der modernen Gesellschaften*, Frankfurt 1984.
Münch, R., *Die Kultur der Moderne. Ihre Entwicklung in England, Amerika, Frankreich und Deutschland*, Frankfurt 1986.
Needham, J., *The Grand Titration. Science and Society in East and West*, London 1969.
Neidhardt, F. (Hg.), *Gruppensoziologie*, Sonderheft 25 der *Kölner Zeitschrift für Soziologie und Sozialpsychologie*, Opladen 1983.
Ornstein, M., *The Role of Scientific Societies in the Seventeenth Century*, Chicago 1938.
Picard, R., *Les Salons littéraires et la société française 1610-1789*, New York 1943.

Ringer, F. K., *The Decline of the German Mandarins. The German Academic Community 1890-1933*, Cambridge, Mass. 1969.
Schelsky, H., *Einsamkeit und Freiheit. Idee und Gestalt der deutschen Universität und ihrer Reformen*, 2. erweiterte Auflage, Düsseldorf 1970.
Smith, J. E., *The Spirit of American Philosophy*, New York 1963.
Stimson, D., *Scientists and Amateurs. A History of the Royal Society*, New York 1948.
Tocqueville, A. de, *Über die Demokratie in Amerika*, München 1976 (1835/40).
Toulmin, S., *The Uses of Argument*, Cambridge 1958.
Weber, M., *Gesammelte Aufsätze zur Religionssoziologie*, Bd. 1, Tübingen 1972 (1920).
Weber, M., *Gesammelte Aufsätze zur Religionssoziologie*, Bd. 2, Tübingen 1972 (1921).
Weber, M., *Gesammelte Aufsätze zur Wissenschaftslehre*, Tübingen 1973 (1922a).
Weber, M., *Wirtschaft und Gesellschaft*, Tübingen 1976 (1922b).
Webster, C. M., *Town Meeting Country*, New York 1945.
Wilson, L., *The Academic Man. A Study in the Sociology of a Profession*, New York 1976 (1942).
Zilsel, E., *Die sozialen Ursprünge der neuzeitlichen Wissenschaft*, Frankfurt 1976 (1947).

Bernhard Giesen/Michael Schmid

Symbolische, institutionelle und sozialstrukturelle Differenzierung

Eine selektionstheoretische Betrachtung

1. Einleitung

Wenn Soziologen nach dem Verhältnis von Kultur und Sozialstruktur fragen, so bewegt sich die Antwort zumeist innerhalb eines Rahmens, der durch Marx und Durkheim gesetzt wurde. Kultur wird dabei als Funktion von sozialstrukturellen Verhältnissen gesehen, als Ausdruck von partikularen Interessen gesellschaftlicher Gruppen oder als notwendige Sicherung gesamtgesellschaftlicher Integration. In der ideologiekritisch-marxistischen Tradition bildet die Kultur einer Gesellschaft die sozialstrukturelle Differenzierung ab und stellt nur durch Trug und Täuschung eine einheitliche Deutung der Welt zur Verfügung. Aus der »integrationstheoretischen« Perspektive Durkheims hingegen wird gerade durch die Vielfalt sozialstruktureller Differenzierung eine die Gruppengrenzen übergreifende Deutung der Welt notwendig, um die Integration der Handelnden in einem gemeinsamen Bezugsrahmen zu ermöglichen.[1]

Hiervon läßt sich eine weitere Tradition der Kulturtheorie unterscheiden, die kulturell-symbolischen Strukturen eine eigenständige Dynamik und eine spezifische »Entwicklungslogik« unterstellt; nicht die Bedingung der Kultur durch die Sozialstruktur, sondern die kategoriale Voraussetzung von kulturell-symbolischen Strukturen für soziale Strukturen und soziales Handeln ist hier von Interesse: Handeln erscheint nicht als kulturfreier Prozeß, sondern als zutiefst kulturell-symbolisch imprägniert – die eigentümliche Logik des Wandels kulturell-symbolischer Systeme rückt in den Mittelpunkt.[2]

Die folgenden Überlegungen versuchen diese gegensätzlichen Paradigmen des Verhältnisses von Kultur und Sozialstruktur als Sonderfälle einer allgemeinen Theorie zu beschreiben, die Institutionen und Regeln praktischen Handelns als vermittelnde Ebene zwischen kulturell-symbolischen Strukturen einerseits und empirischen Sozialstrukturen andererseits begreift und die den Prozeß der Differenzierung zwischen diesen drei Ebenen in den Mittelpunkt stellt.

These ist dabei, daß a) erst in dem Maße, in dem zwischen den Ebenen der symbolischen Deutung, der normativen Geltung und der sozialstrukturellen Gliederung differenziert wird, eine eigenständige Evolution von Kultur möglich wird und daß b) selektive Faktoren der institutionellen und sozialstrukturellen Situation diese Evolution ermöglichen.

Um diese zweifache These zu verdeutlichen, sollen zunächst drei Modelle von Kultur in vereinfachter Form unterschieden werden (Abschnitt 2); daran schließt sich der Versuch zur Analyse der situativen Bedingungen an, denen diese Modelle angemessen sind (Abschnitt 3).

2. Drei Modelle von Kultur

2.1 Kultur als Sprache und Konstitution[3]

In der Tradition strukturalistischer Analysen kann man Kultur als symbolische Struktur auffassen, die soziales Handeln in der gleichen Weise ermöglicht und bestimmt wie die grammatischen und semantischen Strukturen einer Sprache die Sprechhandlungen. Ebensosehr wie Sprache und Sprechhandlung aufeinander verweisen und aufeinander bezogen sind, sind auch symbolische Kultur und soziales Handeln nicht voneinander zu trennen und nicht in Gegensatz zu bringen: Soziales Handeln ist nur insoweit sozial und hat nur insoweit Sinn, als es im kategorialen Rahmen von gemeinsamen symbolischen Strukturen geschieht, und symbolische Strukturen haben nur insoweit Bedeutung und Wirklichkeit, als sie sich in Handlungen verwirklichen. Kultur und Handlungspraxis können hier nicht getrennt voneinander gedacht und folglich auch nicht als Gegensatz begriffen werden. Beide bilden eine Einheit, die weder aus der Perspektive des symbolischen Systems noch aus der Sicht der Handlungspraxis aufgetrennt werden kann: symbolische Strukturen enthalten keine Differenzierung zwischen Sprache und Sprechhandlung, und die Handelnden kennen die Regeln, nach denen sie sprechen, nicht und können sie nicht zum Thema machen.[4]

In ähnlicher Weise eng aneinander gekoppelt sind auch *Handlungspraxis* und *soziale Beziehung*. Wie Sprechhandlungen immer einen propositionalen Gehalt, eine Welt, voraussetzen, auf die sie Bezug nehmen, so setzen soziale Handlungen immer auch eine soziale Beziehung zwischen mehreren Akteuren, eine rudimentäre soziale Struktur also, voraus: Handeln ist nicht ohne persönlichen Bezug der Handelnden aufeinander möglich. Dabei zeigt sich, daß die soziale Handlungspraxis ebenso eng an die soziale Beziehung gekoppelt ist wie einfache Sprechhandlungen an die Situation, auf die sie sich beziehen. Einfache Sprechhandlungen beziehen sich auf den vorhandenen konkreten Weltausschnitt, auf die Situation, in der sie geäußert werden. Ihre Bedeutung ist völlig indexikal, und die Sprechhandlung selbst kann die Differenz zwischen sich und der Welt nicht zum Thema machen. Anlaß von sozialem Handeln ist im Rahmen dieses Modells nicht eine allgemein vorgestellte Situation und die Wirkung der Handlung auf zeitlich langfristige und sozial übergreifende Zusammenhänge, sondern ein konkretes Gegenüber, eine anwesende Person, mit der sich eine spezifische Beziehungsgeschichte verbindet. Der Handlungs»sinn« kann nur aus der konkreten Interaktionsbeziehung erschlossen werden[5] und nicht in Gegensatz zu der Beziehung treten.

Bewegt sich auch das Verhältnis zwischen Kultur und der Sozialstruktur einer ganzen Gesellschaft im Rahmen dieses Modells, so ergibt sich eine Situation, die sich annäherungsweise in primitiven Gesellschaften[6] findet. Hier sind die Handlungsregeln weitgehend durch die sozialstrukturellen Differenzen zwischen verschiedenen Gruppen bestimmt. Normen sind hier vor allem positional gebundene, selbstverständliche Regeln, deren Veränderung nicht im Rahmen spezifischer institutioneller Regeln oder als Ziel bewußten Handelns geschieht, sondern als Ergebnis eines sozialstrukturellen Wandels oder wechselnder empirischer Situationen. Da symbolische Struktur, Handlungspraxis und Sozialstruktur hier einander wechselseitig voraussetzen und bestimmen, ist die Analyse der Kultur folglich immer auch Analyse der Sozialstrukturen und umgekehrt: beide sind nur verschiedene Seiten derselben Sache. Die Bedeutung symbolischer Äußerungen bleibt aus dieser Sicht noch völlig indexikal und läßt sich nicht von der sozialen Situation trennen, in der die Äußerungen gemacht wurden; normative Erwartungen gelten noch nicht »ohne Ansehen der Person« als abstrakte universelle »Vorschriften«, sondern bleiben eng an Erwartungen geknüpft, die sich aus den konkreten sozialen Beziehungen der Handelnden ergeben. Sie sind deshalb nicht minder verpflichtend, weil sie selbstverständlich, ohne Möglichkeit, sie durch Anrufung einer höheren Instanz in Frage zu stellen, gelten und weil der Blick der anderen sie kontrolliert.

2.2 Kultur als Wertorientierung und Tradition[7]

Sobald diese selbstverständliche Verbindung zwischen sozialen Beziehungen, sozialen Erwartungen und sprachlichen Regeln aufgelöst wird, ändert sich auch das Verhältnis von Kultur und Sozialstruktur. Ein solches spannungsreiches und labiles Verhältnis zwischen Sozialstruktur und normativen Erwartungen entsteht dann, wenn die *Geltungsansprüche* von *Normen* nicht mehr an bestimmte soziale Gruppen oder die Beziehungen zwischen Personen geknüpft sind, sondern die Grenzen zwischen sozialen Gruppen übergreifen, ohne Ansehen der Person gestellt werden und in universale Richtung ausgeweitet werden können. Normen sind nicht mehr die Rechte bestimmter Personen oder sozialstruktureller Positionen, sondern *allgemeine Regeln*, die grundsätzlich für jedermann gelten, deren Differenzierung unabhängig von sozialstruktureller Position aufgrund einer eigenen Dynamik erfolgt. Sie erscheinen dann als abstrakte, d. h. von konkret persönlichen Erwartungen und vom praktischen Handlungsvollzug abgelöste Regeln, die den von ihnen Betroffenen als von außen, von oben oder von alters her gestellte Zumutungen entgegentreten. Solche normativen Zumutungen können Widerstand auf der Seite der Betroffenen hervorrufen, ihre Berücksichtigung und Verwirklichung ist nicht so selbstverständlich wie die Beachtung sprachlicher Regeln, sondern bedarf spezifischer Vorkehrungen und Anstrengungen, bedarf Sanktionen, Begründungen, Überzeugungen und Entscheidungen darüber, welche Regeln gültig sein sollen und welche nicht.

Auf der *sozialstrukturellen* Ebene muß diese Abkoppelung der normativen Struktur durch spezifische Differenzierungen vorbereitet und begleitet werden: die Differenz zwischen denjenigen, die über die Einsetzung und Beachtung von Normen entscheiden und diese Beachtung zu erzwingen vermögen, und denjenigen, die keinen Zugang zu Entscheidungs- und Kontrollgewalt haben, sondern ihr unterworfen sind. Die Abkoppelung eines unpersönlichen Rechts als Klammer, die verschiedene Gruppen zusammenhält und die Einheit des Gesamtsystems herstellt, wird also nicht nur durch eine hierarchische Sozialstruktur erforderlich, sondern sie hat auch wieder sozialstrukturelle Hierarchie zur Folge.[8]

Auf der Ebene *normativer Strukturen* muß eine Prinzipialisierung und Hierarchisierung von Geltung einsetzen: nicht die Person des Normsetzers und seine konkrete Gewaltdrohung, sondern die allgemeine Notwendigkeit und Begründbarkeit der Norm, ihre Übereinstimmung mit anderen Normen und ihre Herleitung aus der Tradition sollen dem allgemeinen Geltungsanspruch, mit dem sie auftritt, Gehör verschaffen. Begründungen von Regeln lassen sich im Rahmen dieses Modells nur durch Ableitung aus ranghöheren Prinzipien oder aus der Tradition gewinnen: der Hierarchisierung von Sozialstruktur entspricht eine Hierarchisierung von normativen Strukturen, und die Traditionalisierung von Herrschaft findet in der traditionalen Rechtfertigung ihr Gegenstück.

Als Abbruch dieser Begründungspflicht »nach oben« bieten sich oberste Prinzipien richtigen Handelns, Werte und Ideale guten Lebens an, die fraglos unterstellt werden, weil sie »schon immer« beachtet wurden. Kultur tritt hier als *Tradition* und *Wertorientierung* auf, als Prinzipien und Leitbilder, die unbedingt und gewaltlos Geltung beanspruchen und deren Anspruch in Übereinstimmung und Kontinuität mit den Geltungsansprüchen der Vergangenheit steht. Wenn Kultur hier die Einheit des normativen Systems zu sichern hat, dann kann sie intern wenig Raum für funktionale Differenzierung auf symbolischer Ebene eröffnen: die Gesichtspunkte des moralisch Guten, des deskriptiv Wahren, des existentiell Tröstlichen und des ästhetisch Schönen treten noch nicht auseinander, sondern bleiben eng aneinander gekoppelt. Das Gute ist auch wahr, schön und tröstlich, und jeder Versuch, einen dieser Geltungsmodi abzuspalten und für sich allein zu betrachten, gefährdet die labile Einheit der Gesellschaft. Auch können nicht widersprüchliche Begründungen von Normen gleichzeitig Geltung beanspruchen. Durch die enge Anbindung der symbolischen Deutung an die normative Geltung erscheint Kultur hier als *Dogma* und trägt stark moralische Züge.[9] Der Geltungsmodus von Normen durchdringt auch die Kultur.

Während Kultur und Normen eng aneinander gekoppelt sind, erweist sich die Beziehung zwischen Kultur und Sozialstruktur als labil und spannungsgeladen.[10] Zwar sollen Wertorientierungen gewaltlos von den Individuen übernommen werden, aber sie können auch nicht ins Belieben des einzelnen gestellt oder der Selbstverständlichkeit überlassen werden. Statt dessen werden sie als *traditional begründete Verpflichtung* aufgefaßt, die den Individuen von außen auferlegt und anerzogen wird. Zeitliche Kontinuität sichert dann die Einheit der Gesellschaft, und die Übernahme von Kultur geschieht als ein besonderer Akt der Überzeugung, des Bekenntnisses und des Glaubens.

Spezifische Institutionen regeln diese problematische Verbindung zwischen Kultur und Person[11]: Rituale des Bekenntnisses und der Affirmation einerseits und entwickelte Verfahren der Erziehung und Bildung, der Auslegung und der Spezifikation der Tradition im Hinblick auf Handlungs- und Entscheidungssituationen der Gegenwart andererseits. Selbst der offensichtliche Ungehorsam, der Verstoß gegen das moralische Gebot wird institutionell reparierbar: durch Rituale der Buße und Sühne. Institutionalisierte methodische Verfahren nehmen auch eine zentrale Stelle ein, wenn es um die Ermittlung der *Bedeutung* von Symbolen geht.[12] Im Rahmen dieses Kulturmodells ergibt sich Bedeutung nicht mehr voraussetzungslos und selbstverständlich aus dem Bezug auf das Vorhandene, aus der sozialen Situation, aus der Beziehung zwischen den Anwesenden, sondern sie setzt spezifische Regeln und Methoden der Zuordnung und Vermittlung zwischen Symbolen und der Welt voraus. Die Bedeutung von Texten wird erst durch Regeln der Interpretation und Exegese ermittelt und läßt sich ohne Beachtung dieser festen methodischen Regeln nicht entschlüsseln. Wahrheit ist an Methode gebunden, das gleiche gilt für Kunst und ein moralisch gutes Leben. Die jeweilige Regel erst stiftet Bedeutung und Sinn.

Die Abkoppelung der Regelstrukturen von dem sozialstrukturellen Substrat hat auch Folgen für die Teilhabe der einzelnen Gesellschaftsmitglieder an der Verwirklichung des moralisch Guten, des Wahren und des Schönen.[13] Nicht alle haben gleichermaßen Zugang zu Moral, Kunst und Wissen, sondern dieser Zugang bleibt wenigen vorbehalten, bleibt Privileg bestimmter Positionen oder sozialstruktureller Gruppen: Wissen ist hier kein öffentliches, jedermann zugängliches Wissen, sondern Geheimnis; Kunst ist dem Genuß nur weniger vorbehalten; Bildung ist Vorrecht einer kleinen sozialstrukturellen Gruppe; das moralisch gute Leben bleibt ein erstrebenswertes, aber entferntes Ziel; religiöses Heil ist unzugänglich und unanschaulich, ein Geheimnis, das sich nur wenigen offenbart und komplizierter Verfahren der Vermittlung bedarf.

2.3 Kultur als Produkt und Verbrauch

Ein drittes Modell von Kultur setzt voraus, daß auf der normativen Ebene bestimmte Regeln institutionalisiert werden (etwa die Institutionalisierung von Wissenschaftsfreiheit und Kritik)[14], die die *Abkoppelung symbolischer Prozesse* vom *normativen Substrat* in Gang setzen und verstärken. Unterstützt wird dies auf der sozialstrukturellen Ebene durch die Ausdifferenzierung von Positionen und Gruppen, die sich vordringlich mit der Erzeugung kultureller Variation beschäftigen. Kultur erscheint dann nicht mehr als die jedem Handeln innewohnende *Voraussetzung* symbolischer Strukturen, auch nicht mehr als ein verpflichtender *Bezugspunkt* für die Stabilisierung von Regeln, Rechten und Normen, sondern als das sich ständig verändernde Ergebnis der *gesellschaftlichen Produktion* von Kultur.[15]
Wenn nicht nur die Produktion von Kultur bei einer sozialstrukturell und institutionell ausdifferenzierten Gruppe liegt (was schon in traditionalen Hochkulturen der Fall war), sondern auch sozialstrukturell unterschiedliche Gruppen unterschiedliche kulturelle Deutungen übernehmen und verbrauchen, obwohl sie einer Gesellschaft zugehören und problemlos untereinander interagieren können, dann hat Kultur nicht nur ihre »Selbstverständlichkeit«, sondern auch ihre absolute Geltung verloren. Statt dessen ist ihre Geltung zeitlich variabel und sozial differenziert: nicht nur, daß mehrere Kulturen, Subkulturen oder Weltbilder gleichzeitig in verschiedenen Institutionen und Gruppen einer Gesellschaft verankert werden können, ohne die Integration der Gesellschaft selbst zu gefährden, sondern auch die Dauerhaftigkeit der sozial differenzierten Kulturen, die jede für sich in einer pluralistisch verfaßten und dezentrierten Gesellschaft stabile Orientierung bieten könnten, wird allmählich zugunsten eines schnellen Umschlags von Weltbildern, Theorien, Themen und Stilen aufgegeben. Moderne Kultur ist Orientierung nur mehr für

den Augenblick, in dem sie neu ist, und verliert Faszination und orientierende Kraft, sobald sie als veraltet gilt und ein neues Thema, eine neue Idee und eine neue symbolische Orientierung auf den Plan treten.[16]

Mehr noch als andere Bereiche moderner Gesellschaften scheint sich in der Kultur jene Tendenz zur Temporalisierung und Dynamisierung von Strukturen[17] durchgesetzt zu haben, die im 18. Jahrhundert als Erbe des heilsgeschichtlichen Gedankens und als Idee des Fortschritts begann und im Laufe des 19. Jahrhunderts auch auf andere Bereiche der Gesellschaft übergriff[18]: So wird das Paradigma der modernen Wissenschaft nicht mehr in der wiederholten Auslegung eines kanonischen Textes auf wechselnde Weltausschnitte gesehen, sondern in einer Theoriedynamik, die durch die Institutionalisierung von Kritik und die Belohnung von Entdeckungen systematisch gefördert und gesteigert wird. In der modernen Kunst gilt nicht mehr der Anschluß an klassische Formen und Motive, sondern die Enthüllung des bisher Unsichtbaren, Ungewohnten und Unbekannten, ja Unheimlichen als belohnenswert; der Kontrast zwischen dem Neuen und der bestehenden Sichtweise macht künstlerische Leistung aus, während die noch so vollkommene Wiederholung des »Vor«bildes als »akademisch« oder als bloßes Handwerk gilt.[19] Im Bereich der Mode und der sogenannten Alltagskultur ist der schnelle Umschlag von Stilen und Bildern sprichwörtlich geworden: das Bedürfnis nach Differenzerfahrung, das hier nicht mehr durch soziales Privileg oder ökonomischen Vorteil befriedigt werden kann, weicht auf die zeitliche Differenz zwischen dem Neuen, Avantgardistischen und dem Veralteten und Konventionellen aus. Im Bereich der modernen Religiosität, soweit sie nicht auf das Niveau eines bescheidenen Tröstungs- und Besinnungsbetriebes nach Art des »Wortes zum Sonntag« heruntergekommen ist, ist die Bestimmung des Sakralen und des Dämonischen auf immer neue Definitionen von drohenden Katastrophen und Glücks- und Erfüllungsversprechen angewiesen. (Unter den Überschriften »Erosion von kulturellen Traditionsbeständen« oder »Sinnkrise« oder »wachsender Deutungsbedarf« wird die rasche Aufeinanderfolge von symbolischen Strukturen mit modernitätskritischer Stoßrichtung abgehandelt.[20])

Die Öffnung der Kultur für zeitliche Variation und soziale Differenzierung ist nicht nur gefordert, sondern die so entstandenen

Foren kultureller Prozesse werden auch durch spezifische Normen vor fremden Eingriffen geschützt: Kunst, Wissenschaft und Religion sind autonom und in ihrer Argumentation allein ihren eigenen Standards verpflichtet.[21] Nicht die hierarchische Anordnung, sondern die Unterscheidung verschiedener Zwecke und Bezüge bestimmt hier das Verhältnis zwischen institutionellen Strukturen oder zwischen symbolischen Strukturen. An die Stelle von hierarchisch-stratifikatorischer Differenzierung tritt *funktionale Differenzierung* als Prinzip der Strukturierung von Kultur.

Funktionale Differenzierung kann sich auf sozialstruktureller Ebene auch in einfachen Vergesellschaftungsformen ausbilden: als Arbeitsteilung bezieht sie sich auf unterschiedliche Aufgaben von handelnden *Personen*.[22] Hiervon unterschieden werden muß funktionale Differenzierung als Differenzierung von Normen, die sich nicht auf Personen, sondern auf *Handlungen* oder Handlungsbereiche bezieht.[23] Ein Handlungsbereich wird dann etwa ökonomischen Normen, ein anderer Solidarnormen und ein dritter methodisch-wissenschaftlichen Normen unterstellt. Dabei gilt freilich, daß nicht zwei unverträgliche oder widersprüchliche Normen gleichzeitig und gleichgewichtig für eine Handlung Geltungsansprüche stellen dürfen; die Einheit und Wirksamkeit der normativen Verpflichtung wäre dadurch gefährdet. Dies ändert sich jedoch, sobald funktionale Differenzierung als Differenzierung symbolischer Strukturen, als Differenzierung von Kultur, begriffen wird.[24] Funktionale Differenzierung setzt hier voraus, daß ein Sachverhalt oder ein sozialer Prozeß *gleichzeitig* unter verschiedenen Gesichtspunkten betrachtet werden kann; Funktionsbezüge sind variabel, und es ist keineswegs im vorhinein ausgemacht, ob ein bestimmter Handlungszusammenhang allein unter dem ökonomischen Gesichtspunkt knapper Mittel, unter dem politischen Gesichtspunkt bindender Entscheidungen oder unter dem sozialen Gesichtspunkt der Sicherung von Gemeinschaftlichkeit und Solidarität betrachtet werden soll. Im Rahmen der modernen Kultur kann Technik unter ästhetischen, Politik unter wissenschaftlichen und Wissenschaft unter ökonomischen Gesichtspunkten *betrachtet* werden, ohne daß damit gleich krisenhafte Konsequenzen für Technik, Politik und Wissenschaft verbunden wären. Eine solche Variation möglicher Bezüge und möglicher Bedeutungen kann auf der Ebene normativer Geltung nicht *gleichzeitig* im Hinblick auf *einen* Sachverhalt durchgehalten werden: dies wird erst dann möglich, wenn die Bedeutung symbolischer Strukturen nicht mehr an bestimmte Institutionen oder sozialstrukturelle Gruppen gebunden ist. Erst dann lassen sich räumlich, zeitlich und sozial entfernte Sachverhalte in erstaunlichen Vergleich bringen und die konkrete Vielfalt der Welt in Zahlen verdünnen und vergleichbar halten. Gleichzeitig bleiben moralische, wissenschaftliche, religiöse und ästhetische Fragen voneinander unterscheidbar. Die Einheit von Tradition und Wertorientierung wird zugunsten eines Pluralismus von Gesichtspunkten und Logiken aufgegeben, die so unterschiedlich sind, daß *sie einander nicht widersprechen können*.[25] Funktionale Differenzierung von Kultur steht so in einem engen Zusammenhang mit der Differenzierung zwischen der Ebene symbolischer Bedeutung, der Ebene normativer Geltung und der Ebene sozialer Gruppenzugehörigkeit.

Kultur als Produkt zeichnet sich jedoch nicht nur durch die funktionale Differenzierung und die Steigerung des Wandlungstempos, sondern auch durch den Bezug zum *sozialen Vorgang der Produktion* von Kultur aus.[26] Während im traditionellen Verständnis von Kultur als Wertorientierung die soziale Genese von Kultur und die damit verbundenen partikularen Interessen verdeckt gehalten werden mußten, um die Vorstellung von Kultur als übergreifender Tradition und allgemeinverbindlicher Wertorientierung nicht zu gefährden, kann die moderne Perspektive auf Kultur ohne Risiko die soziale Bindung und Genese kulturell-symbolischer Strukturen sichtbar machen: Moderne Kultur differenziert zwischen *Genese* und *Geltung*, zwischen Produktion und Verbrauch von symbolischen Strukturen.[27] Soziale Bewegungen schaffen neue kulturelle Projekte, Wissenschaftler neue Theorien, Regisseure neue Inszenierungen und Feuilletonisten neue Essays zur Lage der Zeit nicht deshalb, weil sie moralische Prinzipien in die Tat umsetzen wollen, sondern aus ganz profanen Interessen heraus, und niemand kann sie vernünftigerweise und mit guten Argumenten dafür tadeln. Kultur ist in modernen Kontexten das Produkt einer spezifischen »Industrie«. Ob neue Leitideen, Theorien, Inszenierungen und Zeitdiagnosen jedoch Gehör finden und sich innerhalb der Kultur der Moderne durchsetzen werden, wird nicht durch die individuellen Motive und Interessen der Produzenten, sondern durch selektive Faktoren

entschieden, die zum einen in der Situation liegen, auf die sie sich beziehen, zum anderen aber auch in der spezifischen Beziehung der neuen symbolischen Struktur zu ihren Konkurrenten.
Diese Beziehung einer Theorie zu anderen Theorien, einer Zeitdiagnose zu alternativen Deutungen, einer Neuorientierung zu den vorherrschenden Leitbildern, einer Stilinnovation zu ihren Vorgängern und Konkurrenten entscheidet über die *Bedeutung* eines symbolischen Elements innerhalb des kulturellen Systems. Die Abkoppelung kulturell-symbolischer Prozesse von der Ebene der Institutionen und geltenden Normen hat damit auch Folgen für die Bedeutung symbolischer Äußerungen. Diese ergibt sich nicht mehr aus der selbstverständlichen und unbezweifelbaren Beziehung eines Zeichens zu den Dingen der Welt oder aus dem Versuch, unter Voraussetzung und mit Hilfe fester Regeln oder Methoden Symbole und Tatbestände der Welt einander zuzuordnen, sondern aus dem Verhältnis verschiedener symbolischer Strukturen zueinander.[28] Die Welt, auf die sich symbolische Äußerungen beziehen, gilt folglich nicht mehr als materiell-empirisch gegeben oder durch methodische Verfahren ermittelbar, sondern selbst als symbolisch verfaßt.[29] Damit erhält die Entwicklung symbolischer Strukturen eine besondere Autonomie gegenüber den normativ-institutionellen Strukturen und deren sozialstrukturellem Fundament. Symbolische Strukturen können sich dann weitaus schneller wandeln und verändern als bei einer Koppelung an das vergleichsweise langsame Wandlungstempo von Rechtsnormen oder sozialstrukturellen Gruppenzugehörigkeiten. Diese bleiben vergleichsweise stabil, auch wenn der Umschlag symbolischer Strukturen ein beängstigendes Ausmaß annimmt: ein Theater produziert immer neue Stücke, ein Forschungsinstitut immer neue Hypothesen, eine Fernsehanstalt immer neue Programme, obwohl die personelle Zusammensetzung und normative Strukturierung der Organisation die gleichen bleiben.

3. Institutionen und Sozialstruktur

3.1 Selektive Bedingungen der Reproduktion von Kulturmodellen

Ob Kultur als Sprache, als Moral und Wertorientierung oder als Produkt gesehen und behandelt wird, hängt nicht oder nicht allein von der Wahl einer bestimmten theoretischen Perspektive ab, sondern – dies ist unsere These – von bestimmten situativen Bedingungen, die jeweils ein bestimmtes Modell als angemessen erscheinen lassen und selektiv begünstigen. Solche situativen Bedingungen erfaßt die traditionelle sozialwissenschaftliche Evolutionstheorie vornehmlich über entwicklungsgeschichtliche Periodisierungen und Stufenmodelle.[30] »Kultur als Wertorientierung« könnte demnach als spezifische Erscheinungsform traditionaler Hochkulturen eingeordnet werden, wohingegen »Kultur als Produkt« als typisch für moderne Gesellschaften dargestellt wird. Derartige entwicklungsgeschichtliche Zuordnungen können jedoch nur einen ersten Schritt darstellen; sie bleiben ungenau und schematisch und können dem Umstand nicht Rechnung tragen, daß auch in modernen Gesellschaften offensichtlich Situationen zu finden sind, in denen Kultur als Sprache oder als Wertorientierung auftritt. Ziel einer selektionstheoretisch orientierten Evolutionstheorie der Kultur muß daher die Untersuchung jener allgemeinen empirischen Bedingungen sein, die bestimmte Formen der Kultur begünstigen und erhalten. Obwohl die selektiven Bedingungen für die Reproduktion eines bestimmten Kulturmodells sicherlich vielfältig und komplex sind, lassen sich doch in idealtypischer Annäherung und Verdichtung drei Situationstypen unterscheiden, die jeweils einem der drei Kulturmodelle zugeordnet werden können: Alltag, Organisation und Öffentlichkeit.

3.2 Alltag: Lebenswelt und Gemeinschaft[31]

Wir verstehen unter »Alltag« im folgenden die Situation nichtreflexiver Interaktion unter räumlich anwesenden Personen. Jede dieser Personen begegnet den anderen anwesenden unter Reziprozitäts- und Authentizitätsannahmen; die Austauschbarkeit der Perspektiven und die gleiche Verfügung über das relevante

Handlungswissen werden unterstellt, auch wenn die Personen sich tatsächlich unterscheiden – nach Alter, Geschlecht und Biographie ebenso wie nach sozialer Achtung und individuellen Fähigkeiten. In dieser Hinsicht setzt alltägliche Interaktion eine kontrafaktische Annahme *sozialer Gleichheit* voraus: die natürlichen und zufälligen Unterschiede zwischen den handelnden Personen haben keine Folgen auf sozialer Ebene und werden nicht durch eine Ungleichheit *sozialer* Positionen abgebildet.[32]

Da die Teilnehmer an alltäglicher Interaktion einander nur als anwesende Personen gegenübertreten und da die konstitutive Bedingung der *räumlichen Anwesenheit* auch die bei weitem wichtigste Abgrenzung darstellt, orientieren sich auch die Sozialstruktur und die handlungsleitenden Regeln zunächst an dieser Binnen-Außendifferenz zwischen der Gemeinschaft der Anwesenden und den ausgeschlossenen Nichtanwesenden. Sozialstrukturelle Differenzen, die über diese »räumliche« Unterscheidung hinausgehen und innerhalb der Gruppe der Anwesenden *sozial* differenzieren, sind kaum ausgeprägt; soweit Differenzen vorliegen, gelten diese als persönlich, als natürlich und jedenfalls als nicht im Rahmen der alltäglichen Interaktion veränderbar. Die Verallgemeinerung der entsprechenden Sozialstruktur erscheint uns als *soziale Gemeinschaft*, die der entsprechenden praktischen Regeln als *Solidarnormen*.[33] Gemeinschaftlichkeit und Solidaritätserwartung gelten dabei sozial undifferenziert, für alle Angehörigen der Gemeinschaft in gleicher Weise. Auch hierin zeigt sich wieder das Fehlen einer eigenständigen sozialstrukturellen und normativen Differenzierung in gemeinschaftlichen und alltäglichen Situationen. Normen treten den Handelnden noch nicht als äußere und von den persönlichen Erwartungen getrennte Handlungszumutungen gegenüber, und handlungsrelevante Differenzen zwischen den Akteuren sind vor allem Unterschiede zwischen individuellen Personen und nicht jene zwischen sozialen Positionen, die von den Positionsinhabern getrennt werden können.

So gewichtig die »räumliche« Differenz zwischen Innen und Außen ist und so wenig ausgeprägt eine eigenständige soziale Differenzierung erscheint, so notwendig ist jedoch die *zeitliche* Differenzierung: es können nicht alle gleichzeitig sprechen. Regeln der Übernahme der Sprecherrolle sind daher von großer Bedeutung für die Organisation alltäglicher Interaktion.[34]

In dieser Situation fehlender oder nur akzidenteller (Sprecher/ Zuhörer) sozialer Differenzierung übernimmt die symbolische Kultur eine *konstitutive* Funktion für den Interaktionsprozeß: alle Anwesenden können und müssen ihrer in gleicher Weise teilhaftig sein, um miteinander interagieren zu können. Gleichzeitig grenzt der kompetente Gebrauch der Symbole nach außen ab: Zugang zum Alltag läßt sich nicht einfach durch abstrakte Übernahme eines symbolischen Systems gewinnen, sondern nur durch den allmählichen Erwerb von Praxis, durch Teilnahme am Interaktionsprozeß, durch Verständnis der Geschichte der Interaktion, durch den Gebrauch der Sprache. Nur aus der externen Perspektive des Beobachters läßt sich die Lebenswelt des Alltags überhaupt als Sprache einerseits und als Gruppe und Interaktionspraxis andererseits analysieren. Aus der Sicht der Alltagshandelnden bilden Sprache und kultureller Symbolismus einerseits und Handlungspraxis andererseits eine schwer auftrennbare Einheit; obwohl sie die Anwendung der sprachlichen Regeln beherrschen, können sie die Regeln zumeist nicht benennen. Auch die Überschreitung der Grenzen von einer alltäglichen Lebenswelt zu einer anderen, die Gleichzeitigkeit mehrerer Lebenswelten oder gar das Verlassen der Lebenswelt sind aus der Sicht des Alltagshandelns kaum denkbar: nur *Horizonte*, nicht aber Grenzen sind vorstellbar; gleichzeitig mehrere Perspektiven in bezug auf die Welt einzunehmen, erscheint als unmöglich.
In einer solchen Situation fehlender Differenzierung zwischen dem Handlungsvollzug, den praktischen Regeln und der symbolischen Interpretation oder – anders formuliert – zwischen Gemeinschaft, Normen und Kultur, kann Kultur nur als »Sprache« auftreten, als selbstverständliche Voraussetzung von Handeln, die grundsätzlich nicht in Gegensatz gebracht werden kann zur Handlungspraxis. Das Modell der Wertorientierung hingegen setzt mehrere sozialstrukturelle Gruppen voraus, die *gleichzeitig* auf dieselben Normen verpflichtet sind. Gerade diese Differenz zwischen sozialstrukturellen Gruppen einerseits und der Verpflichtung auf die gleichen Normen andererseits fehlt jedoch in alltäglichen Interaktionssituationen und sozialen Gemeinschaften.

3.3 Organisation: soziale Ungleichheit und soziale Kontrolle[35]

Von der Situation alltäglichen und gemeinschaftlichen Handelns unterscheidet sich das Handeln in organisatorischen Situationen vor allem und gerade dadurch, daß 1. die Differenz zwischen verschiedenen sozialen Positionen oder sozialstrukturellen Gruppen und 2. die Differenz zwischen sozialen Normen einerseits und sozialen Positionen andererseits in den Mittelpunkt rückt. Organisationen sichern soziales Handeln auch über die Grenzen zwischen sozialen Gemeinschaften und stellen soziale Beziehungen über die Flüchtigkeit des Alltagshandelns hinweg auf Dauer. Zentrale Bedeutung für eine solche soziale und zeitliche Ausdehnung von Handlungszusammenhängen hat dabei die Ausdifferenzierung einer normativen Struktur, die getrennt von Personen und deren Handeln gedacht und durchgesetzt werden kann: des *Rechtes*.

»Sozial« werden Handlungszusammenhänge insofern erweitert und ausgedehnt, als mehrere Gemeinschafts- und Lebenswelten gleichzeitig in Organisationen zusammengefaßt werden können und auch über die lebensweltlichen Horizonte hinweg miteinander interagieren können: Der König erläßt Gesetze, die auch für die Lebenswelt der Bauern Geltung haben, und die Tributleistungen der Bauern begrenzen das Ausmaß höfischen Glanzes.

Diese organisatorische Zusammenfassung mehrerer Gemeinschaften nimmt in der Regel eine vertikal gegliederte Gestalt an: sozialstrukturelle Differenzierung und Ungleichheit spannen die Gemeinschaften der untereinander Gleichen zusammen. Die Zugehörigkeit zu einer bestimmten Gruppe kann dann allerdings nicht mehr auf persönlichen Leistungen und individuellen Eigenschaften beruhen, sondern wird »im vorhinein« durch Geburt, durch Privilegierung oder andere Vorgänge, die außerhalb der Kontrolle organisatorischen Handelns liegen, festgelegt. Grundlegender Bestandteil der Situation organisatorischen Handelns ist folglich eine Ungleichheit sozialer Positionen, die eingangs der Situation vorgegeben ist und im Rahmen der Handlungssituation nicht mehr verändert werden kann. Vorgegebene und sozial relevante Ungleichheit an Macht und Herrschaft, Reichtum und Ansehen zwischen sozialen Positionen kennzeichnen die »organisatorische« Situation. In dieser Vorgegebenheit von sozialstruktureller Ungleichheit findet die Ablösung der normativen Ebene von der Handlungs- und Personenebene ihren Niederschlag. Was für die sozialstrukturelle Differenzierung gilt, trifft auch für die Geltung von Normen zu: Normen sind nicht mehr bloß praktische Regelmäßigkeiten und Erwartungen, die im Handlungsvollzug entstehen, sondern eingangs der Handlungssituation festliegende Vorschriften und Erwartungen, die unabhängig von den konkreten Erwartungen der Akteure Geltung für deren Handeln beanspruchen, nicht an Personen, sondern an soziale Positionen geknüpft sind und *durch Dritte kontrolliert* werden.[36] Solche vom praktischen Handlungsvollzug und der Zustimmung der Akteure abgelöste Normen lassen sich als »Recht« bezeichnen. Sobald die Handlungssituation in diesem Sinne »verrechtlicht« ist, werden jedoch Rechtsgarantien erforderlich, die unabhängig von der Zustimmung der anwesenden Akteure sind. Solche Rechtsgarantien können einerseits in den Sanktionsdrohungen durch Dritte, durch eine sozialstrukturell ausdifferenzierte Kontrolle, durch Nichtanwesende also, geschehen, andererseits aber durch die Ableitung des Rechts aus allgemeinen Wertüberzeugungen, durch Kultur also, hergestellt werden.

Auch diese zweite Form der Rechtsgarantie setzt sozialstrukturelle Spezialisierungen voraus: die Auslegung der Wertorientierungen im Hinblick auf Rechtsnormen, die Ableitung von richtigem Handeln und die Systematisierung von Recht wird zur Aufgabe von religiösen und rechtlichen Spezialisten. Ohne diese Gruppe der nichtanwesenden Dritten ist eine Verrechtlichung von Handlungssituationen und die Entwicklung von Kultur als Wertorientierung nicht möglich.

Zeitlich werden Handlungszusammenhänge durch Organisation insofern erweitert, als die Flüchtigkeit von Interaktionssituationen nicht mehr die Dauer von sozialen Beziehungen bestimmt. Zugehörigkeit zu Organisationen ist von *Mitgliedschaft* und nicht von Anwesenheit abhängig.[37] Mitgliedschaft wird durch *Rechtsregeln* in Kraft und außer Kraft gesetzt und baut auf *sozialen Positionen*, nicht auf Personen auf. Auch wenn die Personen wechseln und die Interaktionssituationen aufeinanderfolgen, können die Positionsstruktur der Organisation und die Rechtsbestimmungen der Mitgliedschaft davon gänzlich unberührt bleiben. Der organisatorische Zusammenschluß von mehreren Gemeinschaften oder Lebenswelten und die durch Dritte sanktionierte normative Kontrolle stellen damit Handlungszusammenhänge über die Grenzen von Interaktionssituationen hinweg auf Dauer. Mehrere aufeinanderfolgende oder auch zeitlich unverbundene Interaktionssituationen werden durch eine gleichbleibende normative Struktur verbunden und zusammengehalten. Soweit eine Möglichkeit zur *schriftlichen Speicherung* von normativen Erwartungen und kulturellen Wertorientierungen verfügbar ist, kann eine Tradition entstehen, die die Vielzahl erinnerter und erzählter Interaktionsgeschichten zeitlich übergreift und zusammenhält. Das Ausschalten der zeitlichen Differenzierung wird durch die soziale Differenzierung von Positionen aufgefangen, an die Stelle der »räumlichen« Grenzziehung durch Anwesenheit tritt die soziale Grenzziehung durch Mitgliedschaftsnormen.

Anders als im Falle des lebensweltlichen Horizonts können individuelle Personen diese Grenze grundsätzlich überschreiten; man kann in eine Organisation freiwillig eintreten und sie wieder verlassen, oder man wird zur Mitgliedschaft gezwungen und aus ihr entlassen. Umfassende Organisationen, wie Staaten oder Kirchen, stellen diese Möglichkeit des Eintritts oder Austritts jedoch nicht zur Verfügung. Von Ausnahmefällen abgesehen, ist die Mitgliedschaft hier nicht wählbar und zumeist lebenslang.

Um so kritischer wird in diesen *Zwangsverbänden* die Spannung zwischen Rechtsvorschrift und Handlungspraxis, zwischen der Integration übergreifender Normen und sozialstruktureller Differenzierung: das Problem der *Legitimation* von Herrschaft und der Begründung von Normen stellt sich.[38] Soll die Bewältigung dieser Spannung nicht von der Sanktionsdrohung allein abhängen, werden in der Tat gemeinsame Wertorientierungen erforderlich, die Recht begründen und die Einheit der Organisation durch Ausrichtung auf letzte gemeinsame Zwecke herstellen. Diese Funktion der Begründung von gesellschaftlicher Ordnung erfüllen kulturelle Wertorientierungen. Kultur als Sprache, d. h. als selbstverständliche Struktur einer Lebenswelt, kann ex definitione nicht in *Gegensatz* zu dieser Lebenswelt treten und den Anspruch von Normen gegen die Handlungspraxis weder begründen noch bekräftigen. Kultur als wandelbares soziales Produkt hingegen kann normativen Strukturen keine zusätzliche Stabilität verleihen, sondern hat eher Verflüssigung als Stabilisierung von Rechtsstrukturen zur Folge. Darüber hinaus wäre auch die Vorstellung der interessegesteuerten Erzeugung von Kultur dem

Absolutheitsanspruch abträglich, der mit kulturellen Wertorientierungen in gesellschaftlichen Organisationen verbunden ist. Situationen organisatorischer Interaktion, in denen Mitgliedschaft nicht gewählt und gewechselt werden kann, benötigen daher die Begründungskraft gemeinsamer kultureller Wertorientierungen der Mitglieder, wenn sie nicht in die grundsätzlich instabile Integration durch Zwang und Gewalt abrutschen wollen. Diese Wertorientierungen dürfen jedoch keineswegs ins Belieben der einzelnen Mitglieder gestellt werden, wenn die Einheit, Absolutheit und Verbindlichkeit dieser Orientierungen nicht in Gefahr geraten sollen. Eine enge Koppelung von symbolischer und normativer Struktur erweist sich in dieser Situation als selektiv überlegen. Kultur nimmt hier die Gestalt eines *kirchlichen* Dogmas an, das eng an Rechtsstrukturen angebunden ist und gegenüber der sündigen Vielfalt der Handlungspraxis die übergreifende Einheit begründet.[39] Die Spannung zwischen Dogma und Handeln ist in diesem Modell grundlegend und nur als Erlösung in einer zeitlosen Zukunft (in der eigentlich nicht mehr gehandelt wird) aufhebbar. Institutionen zur Überbrückung dieser Spannung, wie Strafe und Buße einerseits und Erziehung und Bildung andererseits, werden daher für Organisationen ungewöhnlich gewichtig.

3.4 Öffentlichkeit: Inklusion und Massenkommunikation[40]

Von diesem Situationstyp, der durch eine vorgängig festgelegte Struktur sozialer Differenzierung und durch Zwangsmitgliedschaft gekennzeichnet ist, unterscheidet sich die Situation der Öffentlichkeit in folgenden Punkten: 1. Die vertikale soziale Ungleichheit zwischen verschiedenen Gruppen, Klassen oder sozialen Positionen tritt zurück zugunsten der Annahme sozialer Gleichheit und individueller Ungleichheit. 2. Die Teilnahme an öffentlicher Interaktion ist freiwillig und für alle offen. 3. Die Differenzierung und die Variation symbolischer Gehalte werden durch Institutionen und Sozialstruktur gefördert und gesteigert.

Öffentliche Interaktionsprozesse wie politische Debatten, Kunstausstellungen, Fernsehsendungen oder wissenschaftliche Diskussionen zeichnen sich grundsätzlich dadurch aus, daß niemand aufgrund von Privileg, Klasse, Macht oder sozialem Rang *beanspruchen* darf, mehr gehört, gesehen und beachtet zu werden als andere. Alle Teilnehmer haben a priori und zu Beginn der öffentlichen Interaktion gleiche Zugangsrechte und können sich erst im Verlaufe der Interaktion selbst durch entsprechende Leistungen mehr Aufmerksamkeit als andere verschaffen. Begründungen für Ungleichheit nehmen dabei Bezug auf die Qualität der *Leistungen*, nicht auf den Rang oder die Macht der Leistungsproduzenten. In wissenschaftlichen Diskussionen sind dies Argumente und nicht der Respekt vor der Person des Argumentierenden; bei Fernsehprogrammen und Zeitungen die journalistische Qualität und die Interessen der Zuschauer und nicht die Vorlieben der Herausgeber und Programmdirektoren; bei Kunstausstellungen und Filmproduktionen wird das Urteil von Kritiken und Publikum durch Maßstäbe künstlerischer oder cineastischer Qualität, nicht aber durch das Renommee der Künstler und Regisseure begründet.[41]

Auch wenn tatsächlich diese Annahme gleichen Zugangs zu öffentlicher Interaktion in vielen Fällen nur unvollkommen erfüllt ist, so gilt sie doch als konstitutive Voraussetzung öffentlicher Interaktion: Jeder kann auftreten, jeder hat die gleiche Chance, gehört zu werden. Freilich: Auftritte sind riskant, denn der Beifall des Publikums ist unsicher. Öffnung des Zugangs und Gleichheit der Chancen finden ihr Gegenstück darin, daß im Verlaufe der öffentlichen Interaktion sozial differenziert wird – nach Beifall, Zuschauerzahlen, Publikationsziffern und Zitationshäufigkeiten.

Diese Ungleichheit, die nicht als Voraussetzung, sondern als *Resultat* von Interaktionsprozessen auftritt, darf jedoch nicht verfestigt, auf Dauer gestellt und sozial übertragen werden, wenn die Gleichheitsannahme der öffentlichen Interaktion nicht verletzt werden soll. Ungleichheit bezieht sich daher weniger auf soziale Positionen als auf individuelle Personen, genauer noch: auf deren Handlungsergebnisse. Der Regisseur wird nach seinen Filmen, der Wissenschaftler nach seinen Theorien, der Fernsehjournalist nach seinen Sendungen beurteilt, und sie müssen sich mit jeder neuen Arbeit einem neuen Urteil stellen. Öffentliche Interaktion produziert zwar ständig Ungleichheit, wirkt aber deren sozialer und zeitlicher Stabilisierung entgegen. Differenzierung bedeutet hier nicht unveränderliche, lebenslange Klassenzugehörigkeit, sondern individuelle Unterschiede für den Augenblick und in gewisser Hinsicht und kann morgen schon ganz anders ausfallen. Auf der Ebene der Sozialstruktur setzt öffentliche Interaktion daher eine Individualisierung und Temporalisierung von vertikaler Ungleichheit voraus.

Die Gleichheitsannahme gilt nicht nur für die Produktion von Kultur, sondern auch für den Zugang der Konsumenten zur Kultur. Fernsehen und Film, wissenschaftliche Bildung, ja selbst Kunst sind kein esoterisches Vergnügen einer privilegierten Gruppe mehr, sondern grundsätzlich öffentlich und für alle gleich. Kritisch ist nicht mehr die Exklusivität von Kultur, sondern die Inklusion immer breiterer Schichten in das Publikum, die Öffnung und Einladung zur Interaktion, nicht die Ausschließung und Abschließung. Öffentlichkeit ist ebenso auf Inklusion, Wachstum und Expansion angewiesen wie der Markttausch. Sobald Grenzen der Inklusion sichtbar werden, sobald keine Aussicht auf Ausweitung des Teilnehmerkreises mehr besteht, wird der öffentlichen Interaktion die Grundlage entzogen. Hierin unterscheidet sich die öffentliche Interaktion deutlich von der alltäglichen Interaktion, die ja ebenfalls von Gleichheitsannahmen ausgeht, aber die Ausschließung betont.

Grundlegende Bedeutung hat hingegen die Differenz zwischen den *Produzenten* und den *Konsumenten*. War auch in Organisationen eine Ausdifferenzierung von kulturellen Spezialisten schon angelegt, so erhält diese Differenz in Öffentlichkeiten doch ein ganz neues Gewicht: Bei öffentlichen Situationen entscheidet das Publikum darüber, ob ein kulturelles Produkt sich durchsetzt, verbreitet und belohnt wird. Öffentlichkeit lebt nicht nur von der Gleichheitsannahme und dem Inklusionsgebot, sondern auch von der *permanenten Konfrontation* von Beiträgen und Publikum.

In einer solchen Entscheidungssituation sind zwei Linien des Wachstums und der Steigerung angelegt. Einerseits kann das *Angebot* immer neuer kultureller Produkte gesteigert werden, um ständig neuen Anlaß zur Entscheidung zu geben. Andererseits können immer mehr soziale Gruppen in das Publikum einbezogen und vor Entscheidungen gestellt werden. Beide Entwicklungslinien – Steigerung von Variation und Wandel und Ausdehnung des Publikums – sind konstitutiv für die Situation der Öffentlichkeit. Beide werden durch institutionalisierte Werte gesichert: Chancengleichheit und Universalismus einerseits und Toleranz und Liberalismus andererseits. Die Verpflichtung aller auf eine dogmatisierte Tradition läßt sich unter diesen Bedingungen kaum durchsetzen. Im Gegenteil: Die Auflösung von Traditionen und die Kritik an Dogmen zugunsten einer Pluralisierung von Wertorientierungen machen die spezifische Dynamik der Öffentlichkeit aus.

Freilich stellen sich damit auch neue Probleme auf der institutionell-normativen Ebene. Wenn die Situation der Öffentlichkeit eine Steigerung von Variation, Wandel und Differenzierung verlangt, so kann dies nur in beschränktem Maße auf der Ebene von Normen und Rechtsregeln selbst geschehen. Die besondere Leistung von Recht und Normen liegt ja gerade darin, daß Erwartungen sozial und zeitlich stabilisiert und von wechselnden Interaktionssituationen abgekoppelt werden können.[42]

Diese Stabilisierungsfunktion institutionell-normativer Strukturen gewinnt in dem Maße an Gewicht, in dem sozialstrukturelle Differenzen verflüssigt, temporalisiert und individualisiert werden. Wenn einerseits die Klassen- und Schichtstrukturen in Fluß geraten und soziale Gemeinschaften keine stabile Orientierung für individuelles Handeln mehr bieten können, andererseits aber auch Kultur ständigem Wandel und Wechsel unterworfen ist, dann bleibt nur mehr die Orientierung an den Institutionen übrig: ganz gleich, welche Turbulenzen die eigene Lebenswelt aufweist und welche neuen Kulturprodukte en vogue sind, die Banken müssen vertrauenswürdig sein und die Gehälter gezahlt werden. Hinzu kommt das vergleichsweise langsame Variations- und Reproduktionstempo von Sozialstruktur und Institutionen: der Wechsel von Gruppenzugehörigkeiten, der Übergang von einem Status in einen anderen oder die Neueinsetzung einer Rechtsnorm vollziehen sich weitaus aufwendiger und mühsamer als die Erfindung eines neuen Arguments, die Neudefinition eines Problems oder die Umdeutung eines Bildes. Der Variationsbedarf von Öffentlichkeit läßt sich daher am leichtesten auf der Ebene symbolischer Deutung befriedigen. Dies setzt freilich voraus, daß die Ebene der symbolischen Deutung von der der normativen Geltung abgekoppelt wird, was heißen wird, daß Regeln der Toleranz und der Freiheit institutionalisiert werden müssen.[43] In diesem Falle kann die Differenzierung und Variation von Kultur auf einem gleichbleibenden institutionellen Fundament geschehen, das einerseits symbolische Innovation fördert, andererseits aber stabile Handlungsorientierungen bietet. Genau dies geschieht im Kulturbetrieb der Moderne: institutionell prämiert werden neue Ideen, neue Sichtweisen, neue Katastrophendefinitionen und neue Heilsversprechen. Nicht der Rückblick auf die kontinuitätssichernden Traditionen oder die Kontemplation der einheitssichernden Dogmen, sondern die schnelle Produktion des Neuen verschafft Gehör und sichert Aufmerksamkeit. Die vertikale soziale Differenzierung des Zugangs zu Kultur und Tradition wird dabei durch die zeitliche Differenzierung zwischen dem Neuen und dem Veralteten ersetzt, ohne daß diese Differenz sich noch sozialstrukturell als Unterscheidung zwischen Avantgarde und Masse oder Metropole und Provinz abbildet: zu schnell geschieht inzwischen die Verbreitung des Neuen, als daß sich damit noch sozialer Status auf Dauer stellen ließe. Die Institutionalisierung des kulturell-symbolischen Wandels bleibt jedoch wirkungslos (und d.h. in Öffentlichkeiten: publikumslos), wenn nicht zwei weitere Bedingungen erfüllt sind: 1. Neue symbolische Deutungen müssen einem nichtanwesenden Publikum schnell präsentiert werden können. 2. Das Publikum muß über allgemeine Bewertungsstandards verfügen, mit denen Entscheidungen über kulturelle Angebote schnell und ohne diskursiven Aufwand gefällt oder zumindest abgekürzt werden können.

Die erste Bedingung wird durch die technischen Medien der Massenkommunikation erfüllt. Die zweite Bedingung zielt auf institutionalisierte soziale Medien, die – ähnlich wie Geld den Markttausch ermöglicht – die Kommunikation in der Öffentlichkeit erleichtern und beschleunigen. Ein erster notwendiger Schritt in diese Richtung wird mit der Institutionalisierung von funktionalspezifischen Bedeutungsbezügen getan: Im modernen Kunstbetrieb spielen deskriptive Wahrheit, moralische Richtigkeit oder existentielle Tröstung keine Rolle mehr. Der Maßstab ist allein ein ästhetischer, und jede Einmischung von moralischen oder deskriptiven Kriterien wird abgelehnt. In der modernen Wissenschaft gelten nicht mehr ästhetisch-literarische Maßstäbe, sondern einzig und allein die methodischen Kriterien der Wahrheit.[44]

Die Institutionalisierung dieser Kriterien für bestimmte Öffentlichkeiten nimmt dabei jene Perspektivenvielfalt wieder zurück, die funktionale Differenzierung auf der symbolischen Ebene grundsätzlich eingeführt hatte. Zwar kann man wissenschaftliche Theorien auch unter moralischen, ästhetischen oder existentiell-tröstlichen Gesichtspunkten betrachten, aber im Wissenschaftsbetrieb selbst belohnt werden in erster Linie die deskriptiv-empirischen Leistungen; niemand kann etwas dagegen einwenden, wenn materielle Güter aus moralischer oder ästhetischer Perspektive beurteilt werden, aber auf dem Markt zählt nur der erzielbare Preis im Verhältnis zu den Kosten. Durch die Institutionalisierung funktionsspezifischer Standards wird auch jenseits der Interaktion unter Anwesenden oder der Sanktionsdrohung durch nichtanwesende Dritte eine Koordination und Koorientierung von Kulturproduzenten und Kulturkonsumenten erzeugt; sie verkürzen die Entscheidung des Publikums über eine neue Theorie, ein neues Kunstwerk, eine neue Zeitdiagnose, eine neue Fernsehsendung, und sie leiten die Kulturproduzenten bei ihren Bemühungen.

Die Institutionalisierung von Eigenlogiken oder funktionsspezifischen Standards ist freilich nicht in allen Öffentlichkeiten gleichermaßen gelungen und ausgeprägt. Darüber hinaus ist Funktionsorientierung noch keineswegs ausreichend, um *geldanaloge Medien* zu institutionalisieren.[45] Öffentlichkeiten sind keine Märkte, und symbolische Deutungen lassen sich nicht deponieren und zirkulieren wie materielle Güter oder Eigentumsrechte. Ihr Wert steigt nicht mit ihrer Knappheit, sondern mit ihrer Verbreitung: je mehr Individuen eine symbolische Deutung übernehmen, desto höher steigt ihre Bedeutung, ihr Rang, ihr Wert. Die Logik öffentlicher Interaktion ist nicht von sozialen Relationen, wie Knappheit und Tausch, sondern von *zeitlichen* Relationen, wie Innovation, Aktualität und Themenwechsel, bestimmt.

Auch wenn das Marktmodell den Besonderheiten symbolischer Deutungen nicht angemessen ist, so gleichen sich Märkte und Öffentlichkeiten doch in der strengen Trennung zwischen zwei sozialen Positionen: Anbieter und Nachfrager einerseits, Kulturproduzenten und Publikum andererseits. Kultur kann hier nicht als Sprache oder als Wertorientierung auftreten. Zwar kommt öffentliche Interaktion nicht ohne Sprache aus und vollzieht sich nur im Schutze bestimmter allgemeiner Wertorientierungen, aber die Beziehung zwischen den handelnden Individuen und der Kultur ist gänzlich anders als im Falle der Wertorientierung oder der Sprache: Kultur ist nicht mehr Voraussetzung und Leitlinie von

Handeln, sondern Gegenstand und Thema, ist nicht mehr stabiler Bezugspunkt von gesellschaftlicher Ordnung, sondern bewußt erzeugte Variation und Wandel.
Die eingangs geschilderte Differenzierung zwischen symbolischen, normativen und sozialen Strukturen wird durch Öffentlichkeiten besonders gesteigert und prämiert. Dies hat Folgen für den Prozeß der soziokulturellen Evolution. In dem Maße, in dem symbolische Deutung, normative Geltung und Sozialstruktur voneinander getrennt werden, treten auch die Mechanismen der Variation, der Selektion und der Reproduktion auseinander. Die Evolution von Evolution tritt in ein neues Stadium.

Anmerkungen

1 Vgl. Barth 1961, S. 61 ff.; Durkheim 1964, 1971; Parsons 1951.
2 Vgl. Habermas 1976.
3 Bezüglich dieses Modells vgl. Blumer 1969; Brittan 1973; Charon 1979; Garfinkel 1967; Gebauer 1981; Geertz 1973; Hampshire 1969; Searle 1969; Shibutani 1986; Winch 1958.
4 Vgl. Cicourel 1973; Garfinkel 1967; Leiter 1980.
5 Vgl. Luhmann 1975, S. 21-38; Winch 1958.
6 Vgl. Lee/De Vore 1968; Lenski 1966, Kap. 5-7; Lévi-Strauss 1958; Radcliffe-Brown 1952; Redfield 1960; Service 1962, 1966.
7 Vgl. Eder 1976; Fried 1967; Lenski 1966, Kap. 8-9; Parsons 1951; Roberts 1979.
8 Vgl. Dahrendorf 1961.
9 Vgl. Durkheim 1964.
10 Vgl. Eder 1973.
11 Bezüglich des nachdrücklichen Einflusses von Ritualen in modernen Gesellschaften vgl. Douglas 1973 und Turner 1969.
12 Vgl. Durkheim 1969, 1971, 1973.
13 Vgl. Weber 1920, S. 181 ff.
14 Vgl. Merton 1973, Kap. 3-4; Popper 1959.
15 Kultur wird somit zur Industrie, vgl. Adorno 1981; Benjamin 1963.
16 Vgl. Giesen (im Druck).
17 Vgl. Giesen (im Druck); Koselleck 1978; Lepenies 1982.
18 Vgl. Löwith 1961.
19 Vgl. Becker 1963, Kap. 6; Berendt 1959, S. 228; Jost 1982.
20 Vgl. Beck 1986; Spengler 1963.
21 Vgl. Simmel 1912, 1923, 1984, S. 94-99.

22 In diesem Sinn wird der Begriff ursprünglich bei Adam Smith 1789, Kap. 1-3 und Schmoller 1890 benutzt.

23 Vgl. Parsons/Smelser 1956.

24 Dies ist die zentrale These der funktionalistischen Modernisierungstheorie.

25 Vgl. Simmel 1922, S. 79-86.

26 Vgl. Benjamin 1963, S. 7-63; Enzensberger 1962.

27 Für den Bereich kognitiven Wissens vgl. Reichenbach 1968, S. 260-261.

28 Dies scheint der Brennpunkt der Feyerabendschen und Kuhnschen Empirizismuskritik zu sein.

29 Vgl. O'Malley o. J., S. 110-187.

30 Vgl. Boudon 1986; Schmid 1982; Smith 1973.

31 Vgl. Berger/Luckmann 1969; Douglas 1971; Goffman 1969a; Schütz/Luckmann 1975.

32 Habermas betont diese Voraussetzung in seinem Buch von 1981, Bd. 2.

33 Vgl. Münch 1982.

34 Vgl. Goffman 1969b; Sachs/Schegloff/Jefferson 1974.

35 Vgl. Aldrich 1979; Blau 1977; Lenski 1966; Luhmann 1964; Pfeffer 1981, 1982.

36 Vgl. Weber 1985, S. 124-130, 387-513.

37 Vgl. Luhmann 1964.

38 Vgl. Habermas 1973.

39 Vgl. Flasch 1987, S. 129-131, 145.

40 Vgl. Giesen 1987; Habermas 1971; Hauser 1967, S. 574-575, 862-863; Luhmann 1986; Parsons 1951, S. 408-418, 1980.

41 Was wissenschaftliche Debatten angeht, vgl. Ben-David 1971; Merton 1973, S. 254-278.

42 Vgl. Ullmann-Margalit 1977.

43 Vgl. Hauser 1967, S. 714-717.

44 Vgl. Popper 1959.

45 Vgl. Giesen 1987, S. 183-194.

Literatur

Adorno, Th. W., »Kulturindustrie. Aufklärung als Massenbetrug«, in: *Gesammelte Schriften*, Bd. 3, 2. Auflage, Frankfurt 1981, S. 141-191.

Aldrich, H. A., *Organizations and Environments*, Englewood Cliffs 1979.

Barth, H., *Wahrheit und Ideologie*, 2. Auflage, Erlenbach/Zürich/Stuttgart 1961.

Beck, U., *Risikogesellschaft. Auf dem Weg in eine andere Moderne*, Frankfurt 1986.

Becker, H. S., *Outsiders. Studies in the Sociology of Deviance*, New York 1963.

Ben-David, J., *The Scientists' Role in Society*, Englewood Cliffs 1971.

Benjamin, W., *Das Kunstwerk im Zeitalter seiner technischen Reproduzierbarkeit*, Frankfurt 1963.

Berendt, J. E., *Das neue Jazzbuch*, Frankfurt 1959.

Berger, P./T. Luckmann, *Die gesellschaftliche Konstruktion der Wirklichkeit*, Frankfurt 1969.

Blau, P. M., *Heterogeneity and Inequality. A Primitive Theory of Social Structure*, New York/London 1977.

Blumer, H., *Symbolic Interactionism. Perspective and Methods*, Englewood Cliffs 1969.

Boudon, R., *Theories of Social Change. A Critical Appraisal*, Cambridge/Oxford 1986.

Brittan, A., *Meanings and Situations*, London/Boston 1973.

Charon, J. M., *Symbolic Interactionism*, Englewood Cliffs 1979.

Cicourel, A. V., *Cognitive Sociology. Language and Meaning in Social Interaction*, Harmondsworth 1973.

Dahrendorf, R., *Über den Ursprung der Ungleichheit unter den Menschen*, Tübingen 1961.

Douglas, J. D. (Hg.), *Understanding Everyday Life. Towards the Reconstruction of Sociological Knowledge*, London 1971.

Douglas, M., *Natural Symbols*, London 1973.

Durkheim, E., *The Division of Labor in Society*, New York 1964; dt. *Über soziale Arbeitsteilung*, Frankfurt 1988.

Durkheim, E., *L'évolution de la pédagogique en France*, 2. Auflage, Paris 1969.

Durkheim, E., *The Elementary Forms of Religious Life*, 7. Auflage, New York 1971; dt. *Die elementaren Formen des religiösen Lebens*, Frankfurt 1981.

Durkheim, E., *Moral Education*, New York 1973; dt. *Erziehung, Moral und Gesellschaft*, Frankfurt 1984.

Eder, K., »Die Reorganisation der Legitimationsformen in Klassengesellschaften«, in: K. Eder (Hg.), *Seminar: Entstehung von Klassengesellschaften*, Frankfurt 1973, S. 288–299.

Eder, K., *Die Entstehung staatlich organisierter Gesellschaften*, Frankfurt 1976.

Enzensberger, H. M., *Einzelheiten*, Bd. 1: *Bewußtseins-Industrie*, Frankfurt 1964.

Flasch, K., *Das philosophische Denken im Mittelalter. Von Augustinus zu Machiavelli*, Stuttgart 1987.

Fried, M. H., *The Evolution of Political Society*, New York 1967.

Garfinkel, H., *Studies in Ethnomethodology*, Englewood Cliffs/New York 1967.
Gebauer, G., *Der Einzelne und sein gesellschaftliches Wissen*, Berlin/New York 1981.
Geertz, C., *The Interpretation of Cultures. Selected Essays*, New York 1973; dt. *Dichte Beschreibung*, Frankfurt 1983.
Giesen, B., »Media and Markets«, in: M. Schmid/F. M. Wuketits (Hg.), *Evolutionary Theory in Social Science*, Dordrecht/Boston/Lancaster/Tokyo 1987, S. 171-194.
Giesen, B., »The Change of Change«, in: H. Haferkamp/N. J. Smelser (Hg.), *Social Change and Modernity*, Berkeley (im Druck).
Goffman, E., *Wir alle spielen Theater. Die Selbstdarstellung im Alltag*, München 1969a.
Goffman, E., *Behavior in Public Places. Notes on the Social Organizations of Gatherings*, 4. Auflage, New York 1969b.
Habermas, J., *Strukturwandel der Öffentlichkeit*, 5. Auflage, Neuwied/Berlin 1971.
Habermas, J., *Legitimationsprobleme im Spätkapitalismus*, Frankfurt 1973.
Habermas, J., *Zur Rekonstruktion des Historischen Materialismus*, Frankfurt 1976.
Habermas, J., *Theorie des kommunikativen Handelns*, 2 Bde., Frankfurt 1981.
Hampshire, S., *Thought and Action*, London 1969.
Hauser, A., *Sozialgeschichte der Kunst und Literatur*, München 1967.
Jost, E., *Sozialgeschichte des Jazz in den USA*, Frankfurt 1982.
Koselleck, R., »›Neuzeit‹. Zur Semantik moderner Bewegungsbegriffe«, in: R. Koselleck (Hg.), *Studien zum Beginn der modernen Welt*, Stuttgart 1978, S. 264-299.
Lee, R. B./J. De Vore (Hg.), *Man the Hunter*, Chicago 1968.
Leiter, K., *A Primer on Ethnomethodology*, New York/Oxford 1980.
Lenski, G., *Power and Privilege. A Theory of Social Stratification*, New York 1966; dt. *Macht und Privileg. Eine Theorie der sozialen Schichtung*, Frankfurt 1973.
Lepenies, W., »Die Dynamisierung des Naturbegriffs an der Wende zur Neuzeit«, in: J. Zimmermann (Hg.), *Das Naturbild des Menschen*, München 1982, S. 285-300.
Lévi-Strauss, C., *Anthropologie structurale*, Paris 1958; dt. *Strukturale Anthropologie*, Frankfurt 1967.
Löwith, K., *Weltgeschichte als Heilsgeschehen*, Stuttgart 1961.
Luhmann, N., *Funktion und Folgen formaler Organisation*, Berlin 1964.
Luhmann, N., *Soziologische Aufklärung*, Opladen 1975.
Luhmann, N., *Ökologische Kommunikation*, Opladen 1986.

Merton, R.K., The Sociology of Science. Theoretical and Empirical Investigations, Chicago/London 1973.
Münch, R., *Theorie des Handelns. Zur Rekonstruktion der Beiträge von Talcott Parsons, Emile Durkheim und Max Weber*, Frankfurt 1982.
O'Malley, J. B., *Sociology of Meaning*, London o. J.
Parsons, T., *The Social System*, Glencoe 1951.
Parsons, T., *Zur Theorie der sozialen Interaktionsmedien*, Opladen 1980.
Parsons, T./N. J. Smelser, *Economy and Society*, London 1956.
Pfeffer, J., *Power in Organization*, Marshfield 1981.
Pfeffer, J., *Organizations and Organization Theory*, Boston 1982.
Popper, K. R., *The Logic of Scientific Discovery*, New York 1959; dt. *Logik der Forschung*, 2. Auflage, Tübingen 1966.
Radcliffe-Brown, A. R., *Structure and Function in Primitive Society*, London 1952.
Redfield, R., *The Little Community. Peasant Society and Culture*, Chicago/London 1960.
Reichenbach, H., *Der Aufstieg der wissenschaftlichen Philosophie*, 3. Auflage, Braunschweig 1968.
Roberts, S., *Order and Dispute. An Introduction to Legal Anthropology*, Harmondsworth 1979.
Sachs, H./E. A. Schegloff/G. Jefferson, »A Simplest Systematics for the Organization of Turn-Taking for Conversation«, in: *Language* 50 (1974), S. 696-735.
Schmid, M., *Theorie sozialen Wandels*, Opladen 1982.
Schmoller, G., »Das Wesen der Arbeitsteilung und der sozialen Klassenbildung«, in: *Jahrbuch für Gesetzgebung, Verwaltung und Volkswirtschaft im Deutschen Reich* 14 (1890), S. 45-105.
Schütz, A./T. Luckmann, *Strukturen der Lebenswelt*, Neuwied/Darmstadt 1975.
Searle, J. R., *Speech Acts*, Cambridge 1969; dt. *Sprechakte*, Frankfurt 1971.
Service, E. R., *Primitive Social Organization*, New York 1962.
Service, E. R., *The Hunters*, Englewood Cliffs 1966.
Service, E. R., *Origins of State and Civilization. The Process of Cultural Evolution*, New York 1975.
Shibutani, T., *Social Processes*, Berkeley/Los Angeles/London 1986.
Simmel, G., *Die Religion*, 2. Auflage, Frankfurt 1912.
Simmel, G., *Zur Philosophie der Kunst*, Potsdam 1922.
Simmel, G., *Philosophische Kultur*, 2. Auflage, Potsdam 1923.
Simmel, G., *Das Individuum und die Freiheit*, Berlin 1984.
Smith, A., *Inquiry Into the Nature and Causes of the Wealth of Nations*, 5. Auflage, London 1789.

Smith, A., *The Concept of Social Change. A Critique of the Functionalist Theory of Social Change*, London/Boston 1973.
Spengler, O., *Der Untergang des Abendlandes*, München 1963.
Turner, V., *The Ritual Process. Structure and Anti-Structure*, Ithaca 1969.
Ullmann-Margalit, E., *The Emergence of Norms*, Oxford 1977.
Weber, M., *Gesammelte Aufsätze zur Religionssoziologie*, Bd. 3, Tübingen 1920.
Weber, M., *Wirtschaft und Gesellschaft*, Tübingen 1985.
Winch, P., *The Idea of a Social Science*, London 1958; dt. *Die Idee der Sozialwissenschaft und ihr Verhältnis zur Philosophie*, Frankfurt 1974.

Johannes Weiß
Die Soziologie und die Krise der westlichen Kultur

I

Die Feststellung, daß die moderne Soziologie als »Krisenwissenschaft« (René König) entstanden sei, kann wohl als *opinio communis* des kollektiven Bewußtseins und Gedächtnisses unserer Disziplin gelten. Nun sind *opiniones communes* nicht immer bloße Vorurteile oder nützliche Fiktionen, und nicht immer führt eine genauere und voraussetzungslose Untersuchung zu ihrer Destruktion und zu ungeahnten neuen Einsichten. Im gegebenen Falle glaube ich tatsächlich, daß die überkommene Auffassung sehr viel Wahrheit enthält, und zwar nicht nur im Hinblick auf den Entstehungskontext der Soziologie, sondern auch hinsichtlich ihres Rechtfertigungskontexts: Die Soziologie ist nicht nur als faktische Folge und Funktion einer tiefreichenden Krisenerfahrung aufzufassen, sie hat ihre Notwendigkeit und ihre spezifischen Aufgaben vielmehr nur durch einen expliziten und sehr betonten Bezug auf jene Krisenerfahrung aufweisen und rechtfertigen können. Nur als Krisenwissenschaft konnte sich die Soziologie durchsetzen, und dies gilt ganz unabhängig von der Frage, ob und in welchem Maße die behauptete Krise tatsächlich existierte oder aber – völlig oder zumindest in ihrer radikalisierten und dramatisierten Auffassung – als Artefakt der Sozialtheoretiker verstanden werden muß. Keineswegs nur in der Frühgeschichte der Soziologie, sondern auch in ihrer weiteren Entwicklung bis in die Gegenwart hinein läßt sich beobachten, daß sowohl das Selbstbewußtsein und das Selbstvertrauen als auch die öffentliche Resonanz und Wirksamkeit der Soziologie an die Annahme gebunden sind, diese Wissenschaft werde für die kompetente Erforschung und vor allem die wirksame Überwindung einer umfassenden »Krise der Gesellschaft« gebraucht. Auf diese große Aufgabe bezieht sich die Deutung der Soziologie als Schlüssel- und Führungswissenschaft des ausgehenden 19. und des 20. Jahrhunderts, und offenbar ist es sehr schwierig, die Soziologie auf der Basis bescheidenerer und weniger dramatischer Ansprüche und Erwartungen zuverlässig und dauerhaft als Wissenschaft eigenen Rechts zu erhalten. Die vielgenannte neueste »Krise« der Soziologie hat ganz offensichtlich damit zu tun, daß sich die Soziologie nicht mehr überzeugend als »Krisenwissenschaft« in diesem Sinne interpretieren läßt, weil ihr die Kompetenz oder aber die Krise selbst abhanden gekommen ist.

Der Begriff »Krisenwissenschaft« bezeichnet so einen »dialektischen« Tatbestand, und zwar nicht nur in dem Sinne, daß sich die Soziologie, so verstanden, in dem Maße überflüssig macht, in dem sie die ihr zugewiesene Aufgabe erfüllt. Eine nähere Betrachtung zeigt vielmehr, daß nicht erst die Überwindung, sondern bereits die eingehende Analyse jener unterstellten »Krise« und der darauf bezogenen Stellung und Funktion der Soziologie eine sehr prinzipielle Irritation und Gefährdung der Soziologie erzeugt. In den folgenden Überlegungen geht es in der Hauptsache darum, diese Behauptung zu erläutern und zu begründen.

II

Die Vorstellung, daß die europäische, okzidentale Gesellschaft sich in einer tiefen Krise befinde oder unaufhaltsam auf eine solche zutreibe, ist bekanntlich nicht erst von den Soziologen ausgebildet und in die Welt gesetzt worden. Zum zentralen Thema wird diese Krise vielmehr bei den politischen und Geschichtsphilosophen des 18. und beginnenden 19. Jahrhunderts. »Nous touchons à une crise qui aboutira à l'esclavage ou à la liberté«, bemerkt Diderot[1], und der Abbé Raynal meint, ohne das Wort zu verwenden, denselben Sachverhalt, wenn er seine *Histoire philosophique et politique* von 1770 mit der Feststellung beginnt: »Tout est changé et doit changer encore«.[2] Thomas Paine schließlich, »der der Rolle eines anglo-amerikanischen Rousseau ... am nächsten kam«[3], nannte sein politisches Kampfblatt kurz und bündig *The Crisis*.

Diese knappen Hinweise[4] machen deutlich, daß sich die Rede von der Krise ursprünglich auf den fortschreitenden Macht- und Legitimitätsverlust der traditionellen politischen Autoritäten und, in enger Verbindung damit, auf die Auflösung des ehemals dominanten, wesentlich von religiösen Prämissen getragenen Wert-

und Glaubenssystems bezog. Das System der gesellschaftlichen Arbeitsteilung respektive der sozialen Ungleichheit, also die Sozialstruktur im engeren Sinne, stand anfänglich nicht im Zentrum der Aufmerksamkeit und der Kontroversen; so richtete sich auch die Agitation von Thomas Paine in erster Linie gegen die Unterscheidung der Menschen in »kings and subjects«, weil diese sich weder mit natürlichen oder empirischen noch mit religiösen Gründen rechtfertigen lasse.[5] Darüber hinaus aber wird der politische Kampf von diesen Theoretikern durchgehend nicht in Begriffen von Macht und Interesse, sondern als *moralischer* Kampf gedeutet. Auf diese Weise, so bemerkt Reinhard Koselleck[6], »wurde die Krise moralisch verschärft, blieb aber als politische Krise verdeckt«.
Die moralische Perspektive dominiert auch das historische und politische Denken von Jean-Jacques Rousseau. Bei ihm jedoch verbindet sie sich mit einem scharfen, unverstellten Blick für die politische Natur der Krise und für den Tatbestand, daß diese politische Krise aufs engste mit der Gesellschaft, und das heißt: mit dem System der gesellschaftlichen Ungleichheit und den daraus entspringenden Interessenkämpfen, verbunden ist. Eben daraus leitet sich bei ihm die Überzeugung ab, daß es sich bei dieser Krise nicht nur um einen »grand changement« (Voltaire), einen – allerdings schmerzhaften – Übergang zu den »beaux temps« einer besseren Zukunft handele, sondern um ein strukturelles Merkmal der kommenden sozio-politischen Zustände: »Nous approchons de l'état de crise et du siècle des révolutions.«[7]
Der »Geist der Gesellschaft und die Ungleichheit, die sie mit sich führt«, haben, so sagt Rousseau in seiner Abhandlung *Über den Ursprung der Ungleichheit unter den Menschen* von 1755[8], Zustände herbeigeführt, die den »Gesetzen der Natur« widersprechen, indem sie es u. a. zulassen, »daß ein Idiot einen Weisen führt und daß eine Handvoll Leute im Überfluß schwelgt, während die ausgehungerte Masse des Notwendigen entbehrt«. Nicht nur der »Handel und das Geld«, sondern auch die »Wissenschaft« gehören für Rousseau zur Gesellschaft, und zwar in deren am meisten entwickelten, völlig auf Privategoismus und Konkurrenz begründeten Form. Auch und gerade von der Wissenschaft ist daher nichts anderes zu erwarten als eine fortschreitende Zerstörung der »Sitten und der Tugend«, eine vollständige Zersetzung der Moral und der volonté générale.[9]

Mit dieser radikalisierten und generalisierten Auffassung der »Krise« hat Rousseau, wie bekannt, außerordentlich stark auf die nachfolgende Philosophie, insbesondere in Deutschland, und dann auf die Soziologie, insbesondere in Frankreich, gewirkt. Keiner seiner Zeitgenossen (vielleicht mit der einen Ausnahme von Johann Georg Hamann, der aber unvergleichlich weniger wirksam war) hat so nachdrücklich auf die Ambivalenzen und die Kosten des kulturellen und gesellschaftlichen Fortschritts hingewiesen, auf die Problematik also, die dann, mit Kant beginnend, vor allem in Deutschland als Antinomie von Kultur und Zivilisation (oder auch von Gemeinschaft und Gesellschaft) thematisiert wurde.

Für den vorliegenden Zusammenhang ist besonders hervorzuheben, daß der fortschreitende Zerfall der »Sitten und der Tugend« Rousseau zur Untersuchung der Gesellschaft und ihrer Dynamik führt; die Kulturkritik geht über in Gesellschaftskritik. Dieser Rekurs auf die Gesellschaft eröffnet ihm aber keineswegs einen Ausweg aus der diagnostizierten Krise der Moral oder der Kultur. Ganz im Gegenteil: Die »Logik« der Gesellschaft, so zeigt es sich, zielt, indem sie die Prestigesucht auf Kosten der Tugend, die Rationalität auf Kosten der Weisheit und das Streben nach Vergnügen statt nach Glück[10] fördert, am Ende auf eine völlige Auflösung der *volonté générale* und damit nicht nur auf einen Zustand fortschreitender Dissoziation, sondern auch, da Kultivierung allein im Medium der *volonté générale* möglich ist, auf eine kulturelle und moralische Regression.

III

Die Bemühungen um eine wissenschaftliche Theorie der Gesellschaft, die im weiteren Verlauf der Entwicklung, jedenfalls unter anderem, zur Etablierung der Soziologie führen, scheinen von ganz anderen Erwartungen geleitet zu sein. Dies ist gerade deshalb so bemerkenswert und auffallend, weil die fraglichen Theoretiker von einer Krisenerfahrung bestimmt sind, die derjenigen Rousseaus sehr verwandt und oft direkt oder indirekt auch von Rousseau beeinflußt ist. Insbesondere kann man behaupten, daß die frühe Soziologie von Rousseau (und nicht, wie oft gesagt wird, von Thomas Hobbes) ihre zentrale Problemstellung übernommen hat. Es geht darum, die Möglichkeit einer neuen *volonté générale*, also einer zugleich umfassenden und moralisch verbindlichen gesellschaftlichen Ordnung, herauszufinden, und zwar unter Voraussetzung einer fortgeschrittenen und weiter fortschreitenden Differenzierung und Rationalisierung der Gesellschaft. Wie Rousseau gehen also diese Sozialtheoretiker von einer Krise der Moral oder der Kultur aus. Anders als er wollen sie jedoch zeigen, daß sich diese Krise auf der Ebene der »Gesellschaft«, und zwar nur auf dieser Ebene, angemessen thematisieren und auch überwinden läßt.

Auf klassische und höchst folgenreiche Weise ist diese Auffassung von Claude Henri de Saint-Simon formuliert worden. Der »gesellschaftlichen Krise«, die Frankreich und ganz Europa ergriffen habe, so bemerkt er in *Du système industriel* (1824), liege als »fundamentale Ursache der vollständige Wandel des gesellschaftlichen Systems«[11] zugrunde. Nur aus einer genauen Kenntnis der Entwicklungs- und Organisationsgesetze der Gesellschaft könne deshalb die Überwindung dieser Krise, der Übergang von einer Gesellschaft des »kritischen« zu einer des »organischen« Typs[12], entspringen. Daher ist nach Saint-Simon den Gelehrten, die allein die erforderlichen »forces intellectuelles« besäßen, die »spirituelle Macht« zu übertragen (während die Vertreter der Industrie, die über die »forces materielles« verfügen, die administrativen Funktionen auszuführen haben); nur so werde sich die Gesellschaft in der notwendigen Weise, nämlich im Sinne des »Fortschritts der Wissenschaften« und der »Prosperität der Industrie«, organisieren lassen.[13]

Es ist Auguste Comte (und dann vor allem Emile Durkheim), der das für diese große Aufgabe erforderliche Wissen (von den Ursachen der Krise und den Bedingungen der Reorganisation der Gesellschaft) einer neuen Wissenschaft, der Soziologie eben, zuordnet. »La réorganisation totale, qui peut seule terminer la grande crise moderne, consiste, en effet ... à constituer une théorie sociologique propre à expliquer convenablement l'ensemble du passé humain«.[14] Bei Comte kommt, deutlicher noch als bei Saint-Simon, heraus, daß die wissenschaftliche Theorie der Gesellschaft jene »große Krise« überwinden soll, indem sie sich als gesellschaftlich dominante Form des *Wissens* durchsetzt. Die geforderte »Reorganisation der Gesellschaft«, die Einrichtung der »société positive«[15], wird nicht als ein *social engineering* großen

Stils, sondern, jedenfalls in erster Linie, als ein umfassender Prozeß des Lernens und der Erziehung, der »mentalen und moralischen« Transformation, verstanden, in dem die »positivité moderne«[16] die überkommene »culture spéculative« vollständig verdrängt.
Tatsächlich ist die »große Krise« auch für Comte letzten Endes geistiger und moralischer Natur. Rousseau hatte allerdings, wie bemerkt, die Wissenschaften dem »désastreux système de l'égoisme si usité aujourd'hui«[17] zugerechnet und als wesentliche Ursache der Auflösung der »Sitten und der Tugend« aufgefaßt. Comte dagegen behauptet, der »esprit positif« sei »directement social«; wegen seines schlechthin universalistischen Charakters werde seine Verbreitung einen gesellschaftlichen Konsensus von höchster Verbindlichkeit erzeugen. Die Soziologie aber gilt ihm deshalb als »le seul but essentiel de toute philosophie positive«[18], weil durch sie das Individuum als Abstraktum, die Gesellschaft als eigentliche Realität erwiesen[19] und die unwiderstehliche Überzeugungskraft des *esprit positif* auf alle Fragen der sozialen Organisation ausgedehnt werde. Die größte Bereitschaft zur mentalen und moralischen Transformation im Sinne des *esprit positif* aber erwartet Comte auf seiten des Proletariats, weil diese Klasse am wenigsten von der überkommenen culture spéculative berührt und verdorben sei: »Si la célèbre *table rase* de Bacon et de Descartes était jamais pleinement réalisable, ce serait assurément chez les prolétaires actuels, qui, principalement en France, sont bien plus rapprochés qu'aucune classe quelconque du type idéal de cette disposition préparatoire à la positivité rationnelle«.[20]
Gerade diese Vorstellung von der spezifischen Rolle des Proletariats bei der Überwindung der »großen Krise der Moderne« würde es nahelegen, auf Karl Marx als denjenigen Theoretiker einzugehen, der allen »kulturalistischen« oder idealistischen Auffassungen gegenüber ganz eindeutig und mit größter Entschiedenheit das gesellschaftliche, ja »materielle« Wesen jener Krise hervorgehoben hat. Diese sehr verbreitete Auffassung, die natürlich auch der Selbstinterpretation von Marx entspricht, kann an dieser Stelle nicht des näheren diskutiert werden. Ihr gegenüber wäre aber darauf hinzuweisen, daß die Sonderrolle, die das Proletariat in der Revolutionstheorie von Marx besitzt, ebenfalls sehr wesentlich mit der – vermeintlichen – Prädisposition dieser Klasse für ein revolutionäres Bewußtsein (und des näheren: für

die Marxsche Theorie) zu tun hat. Noch bedeutsamer aber ist der Umstand, daß Marx der Religion einerseits und der Wissenschaft andererseits eine durchaus konstitutive Funktion in den Klassengesellschaften der Vergangenheit und der Gegenwart resp. in der kommunistischen Gesellschaft der Zukunft zuschreibt. Ohne Zweifel ist Marx der Meinung, daß nur vermittels der ideologischen Leistungen der Religion (in ihrer jeweiligen Ausprägung) Klassengesellschaften auf Dauer bestehen können.[21] Noch interessanter für unsere Zwecke ist jedoch, daß nach seiner Meinung die Wissenschaft, insbesondere die Wissenschaft von der Geschichte und der Gesellschaft, eine entscheidende Funktion bei der Integration der zukünftigen Gesellschaft besitzen wird. Die »durchsichtig vernünftigen Beziehungen (der Menschen) zueinander und zur Natur«[22] und die »bewußte planmäßige Kontrolle« des »gesellschaftlichen Lebensprozesses«, die für jene Gesellschaft charakteristisch sein sollen, entspringen offenkundig einer durchgreifenden wissenschaftlichen Rationalisierung. In diesem Sinne hatte Marx auch in »Zur Judenfrage« festgestellt, daß die Menschen, wenn sie sich endlich von der Religion emanzipiert hätten, »in einem kritischen, *wissenschaftlichen*, in einem menschlichen Verhältnisse« zueinander stehen würden: »Die *Wissenschaft* ist dann ihre Einheit«.[23] Es ist keine Frage, daß Marx über alle Umbildungen und Entwicklungen seiner »Wissenschaft« hinweg an dieser Auffassung festgehalten hat.

IV

Diese Hinweise und Interpretationen zur Geschichte und Vorgeschichte soziologischen Denkens ließen sich geradezu ad infinitum fortsetzen. Dabei wären diejenigen Theoretiker besonders ergiebige Objekte der Erörterung, die, wie etwa Durkheim oder Karl Mannheim, sehr nachdrücklich darauf bestehen, daß die Krise oder die »Pathologie« der modernen Gesellschaften als genuin *gesellschaftlicher* Tatbestand nur mit den Mitteln der Soziologie begriffen und bewältigt werden können. Je entschiedener diese Auffassung vertreten wird, desto klarer tritt das systematische und zugleich höchst aktuelle Problem zutage, um das es mir geht und das im folgenden in einigen wichtigen Hinsichten erörtert werden soll.

Der Begriff der Krise bezeichnet in den hier zur Frage stehenden Konzeptionen durchgehend einen fundamentalen und allgemeinen Tatbestand. Eine soziologische Interpretation dieser so verstandenen Krise bedeutet deshalb mit Notwendigkeit, sie als prinzipielle Bedrohung der Ordnung und Stabilität *der* Gesellschaft bzw. als Ausdruck eines fortgeschrittenen Zustandes der Desintegration von Gesellschaft (oder der Auflösung von Gesellschaftlichkeit überhaupt) aufzufassen. Die dauerfähige Ordnung und Einheit von ganzen Gesellschaften aber gründet in einem gemeinsamen »Wissen«, durch das die höchsten, für alle Mitglieder dieser Gesellschaft geltenden Verbindlichkeiten in kognitiver und in moralischer Hinsicht bestimmt und vorgegeben werden. Dies gilt unabhängig davon, wie die Realität der Gesellschaft im übrigen inhaltlich bestimmt wird, also auch im Rahmen einer materialistischen Konzeption der Gesellschaft als »Produktionsorganismus« (Marx) oder etwa bei Saint-Simon, der die Gesellschaft als »une véritable machine organisée« kennzeichnet und zugleich feststellt: »Il n'y a point de société possible sans idées morales communes«.[24]

Auch für die Sozialtheoretiker und Soziologen also ist jene Krise im Kern eine Krise der gesellschaftlichen Kultur und Moral, nicht des Gesellschaftssystems oder der Sozialstruktur *als solcher*, und zwar deswegen, weil sich die gesuchte Einheit oder Integrität der Gesellschaft nur als Einheit einer »conscience collective« oder eines »consensus« identifizieren läßt. Gesellschaftliche Ungleichheiten, auch größten Ausmaßes, führen nur dann zur Krise, wenn sie über keine überzeugenden theoretischen und moralischen Legitimationen mehr verfügen; auf der anderen Seite können Gesellschaften in schwerste Krisen geraten, ohne daß Tatsachen oder Veränderungen der Sozialstruktur irgendeine bestimmte Rolle spielten. In diesen Zusammenhang gehört auch der Umstand, daß, wie Marx gelegentlich bemerkt[25], nicht nur die jeweils herrschende, sondern auch die aufsteigende oder revolutionäre Klasse mit der – ideologischen – Behauptung operiert, sie repräsentiere das gesellschaftliche Ganze. (Erst das Proletariat bedient sich nach Marx dieser Annahme zu Recht, weil es als erste und einzige Klasse seine Machtansprüche eben *wissenschaftlich* begründen kann; die Wissenschaft nämlich vermag nach seiner Auffassung ein wahres Wissen vom Ganzen zu erzeugen.)

Es ist also zumindest sehr schief und irreführend, wenn gesagt wird, die mit der Krise der Moderne beschäftigten Philosophen – von Rousseau bis Friedrich Nietzsche und darüber hinaus – bezögen sich bestenfalls auf die Krise der Kultur, und erst im Rahmen der sich entwickelnden Theorie der Gesellschaft sei man auf die wirkliche, nämlich gesellschaftliche, Natur und Ursache dieser Krise gestoßen. In Wahrheit handelt es sich auch für die Gesellschaftstheoretiker im wesentlichen um eine Kulturkrise. Diese gewinnt allerdings bei ihnen in gewisser Weise schärfere Konturen und ein höheres Maß an Notwendigkeit, weil die in Frage stehenden ideellen und politisch-moralischen Konflikte stärker und expliziter mit ökonomischen und Macht*interessen* verbunden werden. Hier liegt jedoch, wie mir scheint, allenfalls ein gradueller Unterschied. Rousseau z. B. nahm, wie bemerkt, die mit der Kulturkrise verbundenen sozialstrukturellen Veränderungen durchaus in den Blick, und bei vielen der übrigen philosophischen Theoretikern der Kulturkrise, etwa bei Nietzsche, finden sich sehr bemerkenswerte »soziologische« Überlegungen in diesem Zusammenhang.

Die entscheidende Differenz zwischen Denkern wie Rousseau und Nietzsche auf der einen Seite und Saint-Simon, Comte, Marx und Durkheim auf der anderen besteht darin, welche Bedeutung und Rolle man der »Gesellschaft« und – vor allem – der Theorie der Gesellschaft im Hinblick auf die Erklärung und die Bewältigung der Kulturkrise zuschreibt.

Die Theoretiker, die die Theorie der Gesellschaft im allgemeinen und die Soziologie im besonderen als »Krisenwissenschaft« interpretieren und beanspruchen, bedienen sich nicht selten einer ausgesprochen sozialtechnologischen Rhetorik, und zwar insbesondere dann, wenn ihre praktischen Ambitionen nicht (wie etwa bei Louis de Bonald[26]) auf eine Stabilisierung oder Restauration der alten Ordnung, sondern (wie bei Saint-Simon, Comte, Marx oder Durkheim) auf die Schaffung einer ganz neuen, rationalen Gesellschaft gerichtet sind. Eine nähere Betrachtung zeigt jedoch, wie schon angemerkt wurde, daß auch in diesem Falle nicht daran gedacht ist, die gesellschaftlichen und kulturellen Verhältnisse auf dem Wege eines großangelegten »social engineering« umzugestalten. Die neue Gesellschaft soll nicht über die Köpfe der Menschen hinweg, ohne deren Wissen und Wollen, sondern durch die Verbreitung der von der Wissenschaft erkannten Wahrheit auf die Bahn gebracht und verwirklicht werden; eben darum schreiben alle diese Theoretiker dem Um- und Ausbau des öffentlichen Bildungswesens entscheidende Bedeutung zu. Die Wissenschaft von der Gesellschaft sollte also nicht mittelbar von außen, durch eine aus ihr abgeleitete Sozial- und Psychotechnik, sondern, jedenfalls in erster Linie, durch die wissenschaftliche Rationalisierung des Bewußtseins, der Zwecksetzungen und der Motive der einzelnen Akteure die von ihr erhofften Wirkungen entfalten. Dabei wurde unterstellt, daß die *rationalité positive* der Wissenschaft sich nicht nur als intellektuell unwiderstehlich erweisen, sondern auch ihre überlegene Produktivität und Verbindlichkeit in normativer oder moralischer Hinsicht demonstrieren werde. Aus der Soziologie selbst sollte also die neue »conscience collective« hervorgehen, die die kommende gesellschaftliche Ordnung begründen und auf Dauer sichern werde. Diese Erwartung findet sich keineswegs nur bei den im engeren Sinne »positivistischen« Theoretikern; sie bildet vielmehr ein durchgehendes und konstitutives Denkmotiv bei allen Theoretikern (so, außer bei Marx und Durkheim, z. B. auch bei Mannheim, Leopold von Wiese und Charles A. Ellwood[27]), die der Soziologie überhaupt eine wesentliche und vor allem konstruktive Aufgabe angesichts der diagnostizierten »großen Krise« zumessen.

V

Derartige Hoffnungen auf eine Rettung oder gar Revolution der Kultur aus dem Geist der Soziologie dürften heute den meisten Soziologen nicht nur ganz uneinlösbar, sondern geradezu abstrus erscheinen, und dies, obwohl es, jedenfalls in der Bundesrepublik, noch vor wenigen Jahren eine Renaissance solcher Vorstellungen gegeben hat. Tatsächlich herrscht gegenwärtig auch innerhalb der *scientific community*, sofern man sich überhaupt noch mit der Krise der Kultur resp. mit der Kultivierung der Krise (der Soziologie) beschäftigt, eine Auffassung vor, wie sie von den philosophischen Theoretikern der Krise der westlichen Kultur vorgeprägt worden ist.

Der klarsichtigste und radikalste dieser Philosophen ist Nietzsche, und dessen Denken spielt, oft vermittelt über die »klassische« deutsche Kultursoziologie (bei Max Weber und Georg Simmel), eine sehr bestimmende Rolle in den zeitgenössischen soziologischen Analysen zur Krise der westlichen Kultur. »Unsere ganze europäische Kultur«, so heißt es in Nietzsches nachgelassenen Fragmenten aus den letzten Jahren[28], »bewegt sich seit langem schon ... wie auf eine Katastrophe los«; diese Katastrophe aber heiße »der europäische Nihilismus«. Ganz widersinnig erscheint es Nietzsche, die drohende Katastrophe mit Hilfe der modernen Wissenschaft abwehren oder überwinden zu wollen. In der ersten »Unzeitgemäßen Betrachtung« hatte er zwar gefragt, »wozu alle Wissenschaft, wenn sie nicht zur Kultur führen soll«[29], zugleich aber, in seiner Kritik der Wissenschaftsgläubigkeit von David Friedrich Strauss und der von diesem verkündeten und verkörperten »Philister-Cultur«, den »höchst relativen Sinn aller Wissenschaft und Vernunft« festgestellt.[30] Von daher kommt er, in den erwähnten späten Reflexionen, zu der Ansicht, daß sich in der modernen Wissenschaft der »europäische Nihilismus« vollende und, wenn auch zunächst unbewußt und widerstrebend, offenbare: »Seit Kopernikus rollt der Mensch aus dem Zentrum ins x«.[31] Die überkommenen, den Sinn der Welt im ganzen verbürgenden Kategorien wie »Zweck«, »Einheit«, »Sein« und natürlich »Wahrheit« erweisen sich am Ende als ganz unbegründet und unbrauchbar, »und nun sieht die Welt wertlos aus«.[32] Diese »nihilistischen Konsequenzen« treten nach Nietzsche in allen Wissenschaften (und auch in der Kunst) immer deutlicher zutage. Auch die Soziologie (die für ihn vor allem durch Comte und Herbert Spencer repräsentiert wurde) wird ihnen nicht entgehen können, und dies um so weniger, je entschiedener sie nicht nur die Fragen der Herrschaft, sondern auch die Probleme der Kultur als Probleme der »Gesellschaft« definiert. Die moderne Gesellschaft nämlich mit ihrer Auflösung aller verbindlichen »Rangordnungen«, ihrer Logik der Gleichmacherei und der Mittelmäßigkeit, gilt Nietzsche nur als real existierender Nihilismus, der in der »Wissenschaft von der Gesellschaft« seinen adäquaten Ausdruck und theoretische Überhöhung, keinesfalls aber das Mittel zur Kritik und Überwindung gefunden habe.

Diese kurzen Bemerkungen genügen, um die aporetische Situation zu verdeutlichen, in die die Soziologie geraten muß, wenn sie die Krise der westlichen Kultur aus einer Nietzscheschen Perspektive betrachtet. Sowenig die Formulierung und die Lösung des Problems im Stile von Comte, Durkheim oder Mannheim noch zu überzeugen vermögen, so unbezweifelbar ist doch, daß sich in ihnen nicht nur ein starkes Selbstbewußtsein der Sozialwissenschaft, sondern auch ein hohes Maß an gedanklicher Konsequenz ausgedrückt hatte. Konsequent war es vor allem, die neuen Kulturideale aus dem Geist der modernen Gesellschaft und damit aus der Wissenschaft von eben dieser Gesellschaft gewinnen zu wollen.

Eine postnietzscheanische Soziologie steht demgegenüber nicht nur, bildlich gesprochen, mit leeren Händen da. Sie ist vielmehr, da sie sich selbst als konstitutives Element der »großen Krise« interpretieren muß, aufs stärkste in ihrem Selbstbewußtsein und ihrer Selbstzufriedenheit, ja in ihrer intellektuellen und sozialen Identität gefährdet: In dem Maße, in dem sie auf ihrem Gebiete den kognitiven und technischen Fortschritt (und in diesem Sinne den Prozeß der Modernisierung oder der Zivilisation) fördert, erweist sie sich im Hinblick auf die Probleme der Kultur (und zwar so, wie diese Probleme auch bei den genannten Soziologen verstanden wurden) nicht nur als unproduktiv, sondern, jedenfalls sofern ihre Erkenntnisse sich im »Kollektivbewußtsein« durchsetzen, als destruktiv.[33] Es ist daher kein Zufall und auch nicht mit politisch-ideologischen oder psychoanalytischen Deutungen abzutun, wenn in der Gegenwart viele, und zwar besonders verdiente und angesehene Soziologen – in der Bundesrepublik vor allem, aber keineswegs ausschließlich, Helmut Schelsky und Friedrich H. Tenbruck – zu einer sehr kritischen Einschätzung der Kulturbedeutung der Soziologie kommen. Allerdings ist diese Selbstkritik eher geeignet, die bestehende Aporie zu vertiefen als zu überwinden. In aller Regel führt sie nicht zu einem völligen Bruch mit dem Durkheimschen »god who failed« und der zugehörigen Gemeinde, und eine ganz andere, kulturell gleichsam positive oder gar produktive Soziologie ist nicht erkennbar und im übrigen auch schwer vorstellbar. Entsprechende Bemühungen, wie etwa die »wilde Soziologie« von John O'Neill[34] oder die durchaus postmoderne Soziologie der Imagination von Dietmar Kamper[35], mögen im Kreise der Eingeweihten im Sinne der Erhebung, Erbauung und womöglich auch Moralisierung wirken; ohne Zweifel entfernen sie sich aber in demselben Maße von den noch so permissiv definierten Standards wissenschaftlicher Rationalität.

Natürlich kann man auch versuchen, mit der aporetischen Stellung der Soziologie zur Krise der westlichen Kultur so fertig zu werden, daß man entweder die Existenz einer solchen Krise prinzipiell bestreitet (und sie als, wenn auch notwendige Fiktion oder Ideologie der frühen, prä-szientifischen Soziologie deutet) oder aber darauf besteht, daß es sich hier im wesentlichen jedenfalls *nicht* um ein Problem der Kultur handele.[36] Ein besonders elegantes Verfahren (der Nichtanerkennung) besteht natürlich darin, durch zweckmäßige begrifflich-theoretische oder methodologische Vorrichtungen dafür zu sorgen, daß die ganze Problematik aus der Perspektive der akademischen Soziologie ausgeblendet wird.

Derartige Ausgrenzungs- oder Immunisierungsstrategien erscheinen mir nicht überzeugend und auf die Dauer auch nicht erfolgversprechend. Ein wesentlicher Grund für die Wiederentdeckung solcher soziologischer Theoretiker wie Georg Simmel und Max Weber liegt genau darin, daß sie exemplarisch und auf hohem Niveau demonstriert haben, wie die Soziologie sich in dieser Situation verhalten, erhalten und – last but not least – nützlich machen kann. Für Simmel und Weber ist die Soziologie ebensowenig wie irgendeine andere Wissenschaft, die Philosophie eingeschlossen, befähigt und aufgerufen, die Konflikte und Aporien der modernen Kultur aufzulösen. Wohl aber vermag sie, indem sie sich auf ihre Weise und mit ihren Mitteln auf die Probleme einläßt, Entscheidendes nicht nur zu ihrer Erklärung, sondern auch zu ihrer Relativierung und Differenzierung, das aber heißt: zu ihrer Entdramatisierung, beizutragen. Daß dies mit einer beständigen Selbstthematisierung und, vor allem, Selbstrelativierung der Soziologie (im Zusammenhang der modernen Kultur) zu »bezahlen« ist, läßt sich weder vermeiden noch beklagen.

Anmerkungen

1 Zitiert nach R. Koselleck, *Kritik und Krise. Eine Studie zur Pathogenese der bürgerlichen Welt*, Frankfurt 1973, S. 144.

2 Ebd., S. 148.

3 W. P. Adams, *Republikanische Verfassung und bürgerliche Freiheit*, Darmstadt/Neuwied 1973, S. 171.

4 Vgl. im übrigen Koselleck, a.a.O., sowie von demselben den Artikel »Krise«, in: *Geschichtliche Grundbegriffe*, Bd. 3, Stuttgart 1982, S. 617-650.
5 Adams, a.a.O., S. 172.
6 Ebd., S. 133.
7 Zitiert nach Koselleck, a.a.O.
8 *Schriften zur Kulturkritik*, 2. Auflage, Hamburg 1971, S. 266 f.
9 Ebd., S. 34, 38, 52; vgl. I. Fetscher, »Kulturbegriff und Fortschrittskritik bei Jean-Jacques Rousseau«, in: H. Brackert/F. Wefelmeyer (Hg.), *Naturplan und Verfallskritik. Zu Begriff und Geschichte der Kultur*, Frankfurt 1984, S. 46-68.
10 Rousseau, a.a.O.
11 *Œuvres*, Bd. 3, Paris 1966, S. 3 (zitiert nach Koselleck 1982, S. 631); vgl. *Œuvres choisis*, Bd. 3, Hildesheim/New York 1973, S. 12.
12 Diese Terminologie findet sich in der »Doctrine de Saint-Simon« (Exposé premier 1829), neue Ausgabe Paris 1924, S. 127; vgl. A. Salomon, *Fortschritt als Schicksal und Verhängnis. Betrachtungen zum Ursprung der Soziologie*, Stuttgart 1957, S. 34.
13 *Œuvres choisis*, a.a.O., S. 33.
14 A. Comte, *Discours sur l'esprit positif*, Paris 1963, S. 92; vgl. S. 82.
15 Ebd., S. 119.
16 Ebd., S. 140.
17 Ebd., S. 104.
18 Ebd., S. 133.
19 Ebd., S. 106.
20 Ebd., S. 117 f.
21 Vgl. insbesondere die bekannten Sätze aus der Einleitung zur »Kritik der Hegelschen Rechtsphilosophie«: »Der Mensch, das ist die *Welt des Menschen*, Staat, Sozietät. Dieser Staat, diese Sozietät produzieren die Religion, ein *verkehrtes Weltbewußtsein*, weil sie eine *verkehrte Welt* sind. Die Religion ist die allgemeine Theorie dieser Welt, ihr enzyklopädisches Kompendium, ihre Logik in populärer Form, ihr spiritualistischer point-d'honneur, ihr Enthusiasmus, ihre moralische Sanktion, ihre feierliche Ergänzung, ihr allgemeiner Trost- und Rechtfertigungsgrund«: K. Marx/F. Engels, *Über Religion*, Berlin (DDR) 1958, S. 30.
22 Ebd., S. 108 (aus: *Das Kapital*, Bd. 1).
23 *Frühe Schriften*, Bd. 1, Stuttgart 1962, S. 453 (Hervorhebungen von Marx).
24 *Œuvres*, Bd. 2, Paris 1966, S. 32.
25 K. Marx/F. Engels, *Werke*, Bd. 3 (*Deutsche Ideologie*), Berlin (DDR) 1956, S. 47.
26 Vgl. dazu R. Spaemann, *Der Ursprung der Soziologie aus dem Geist der Restauration. Studien über L. E. A. de Bonald*, München 1959.

27 Vgl. Ch. A. Ellwood, *Unsere Kulturkrise, ihre Ursachen und Heilmittel*, Stuttgart 1926, insbesondere S. 201.

28 F. Nietzsche, *Der Wille zur Macht*, Stuttgart 1964, S. 3.

29 *Sämtliche Werke. Kritische Studienausgabe*, Bd. 1, München 1980, S. 203. In dieser Schrift definiert Nietzsche Kultur als »Einheit des künstlerischen Stils in allen Lebensäußerungen eines Volkes« (S. 163); vermittels dieses Kulturbegriffs kritisiert er die »Jahrmarkts-Buntheit« des zeitgenössischen, insbesondere deutschen Kulturlebens, die von den Gelehrten als das »Moderne an sich« aufgefaßt und gepriesen werde; es ist diese »Moderne an sich«, die heute, erstaunlich genug, als »Postmoderne« ausgegeben wird.

30 Ebd., S. 191, 197.

31 *Der Wille zur Macht*, a.a.O., S. 8.

32 Ebd., S. 15.

33 Die Behauptung von der destruktiven Wirkung der Soziologie auf die Ideen von der »unverlierbaren Würde und der schöpferischen Kraft des Menschen« sowie von der »sozialen und politischen Freiheit« findet sich, in der Form eines gegen Saint-Simon und Comte gerichteten Vorwurfs, bei Salomon (a.a.O., S. 12 f.); das hier liegende prinzipielle Problem wird aber nicht in den Blick genommen.

34 O'Neill, *Revolution oder Subversion?*, Reinbek 1978; O'Neill definiert die Soziologie als »symbiotische Wissenschaft«, deren Zweck darin besteht, »dem Volk das zurückzugeben, was man ihm [scil. im ›Prozeß der Rationalisierung‹, Verwissenschaftlichung und Bürokratisierung] genommen hat« (S. 81 ff.).

35 D. Kamper, *Zur Soziologie der Imagination*, München/Wien 1986. Der Soziologie der Imagination wird hier die Aufgabe zugewiesen, »durch eine entschiedene Darstellung der Macht der Bilder die Ohnmacht des Denkens zu überwinden« (S. 12); dazu aber bedarf es gerade nicht einer um Klarheit und Präzision bemühten Begriffssprache, sondern einer »optativen, experimentellen Sprachform« und einer »Rehabilitierung der Metapher« (S. 20). Die Erzeugung gefühls- und motivstarker »Bilder«, mit deren Hilfe die »repressiven Tendenzen« des Prozesses der Entzauberung der Welt und der Rationalisierung und Differenzierung der gesellschaftlichen Verhältnisse gebrochen werden können, darf und soll also von der Soziologie erwartet werden; von einer »Remythisierung der Erfahrung«, die als naiv – soll sagen: prä- statt postmodern – bezeichnet wird, setzt man sich allerdings ab.

36 So sieht N. Luhmann die eigentliche »Katastrophe der Neuzeit« in der Umbildung des »Formtyps der gesellschaftlichen Differenzierung von vertikaler Stratifikation in horizontale funktionale Differenzierung« (»›Distinctions directrices‹. Über Codierung von Semantiken und Systemen«, in: F. Neidhardt/M. R. Lepsius/J. Weiß (Hg.), *Kultur und*

Gesellschaft, Sonderheft 27 der *Kölner Zeitschrift für Soziologie und Sozialpsychologie*, Opladen 1986, S. 149). Luhmanns Werk liefert im übrigen das – auf seine Art – eindrucksvolle Beispiel für eine soziologische Begriffs- und Theoriekonstruktion, die sich ganz ausdrücklich und prinzipiell von den jeweiligen kulturellen »Selbstbeschreibungen« von Gesellschaften distanziert; vgl. dazu vor allem: »Die Soziologie und der Mensch«, in: *Neue Sammlung* 25 (1985), S. 33–41, insbesondere S. 40.

Hans Haferkamp
Differenzierung und Kultur
Soziologischer Optimismus auf dem Prüfstand

Theorien können der Wirklichkeit vorausgehen; die Thesen, die sie enthalten, können zur Zeit ihrer Formulierung falsch gewesen sein. Sie können richtiger werden, weil die gesellschaftliche Wirklichkeit sich ändert und der Theorie entgegenkommt. Da Theorien aus mehreren Thesen bestehen, kann sich diese nachträgliche Verifikation nur für einen Teil von ihnen einstellen, während andere Thesen falsch waren und es auch bleiben. Zu diesem Thesen bestätigenden Prozeß der Änderung der Wirklichkeit brauchen die Theorien selbst nichts beigetragen zu haben. Es ist nicht immer sich selbst erfüllende Prophetie im Spiel. Bedeutende Teile von Talcott Parsons' Theorie der Kultur, die von ihm von 1937 bis 1975 formuliert wurden, waren lange Zeit falsch, und einige von ihnen sind es bis heute geblieben. Andere Teile sind aber in Gegenwartsgesellschaften richtig, oder sie werden dies zur Zeit. Vielleicht haben Parsons' Thesen überhaupt den Höhepunkt ihres Bestätigungsgrades im ganzen noch nicht erreicht, so daß man sich in Zukunft noch auf einige Überraschungen gefaßt machen sollte.

Der *Wandel des Bestätigungsgrades* seiner Theorie braucht vom Autor nicht erkannt oder erwartet zu werden. Talcott Parsons war selbstverständlich der Meinung, seine Theorie beschreibe Vergangenheit und Gegenwart von gesellschaftlicher und kultureller Entwicklung richtig. Hier wird die These vertreten, daß Parsons sich in diesem Urteil ganz offensichtlich irrte. Die europäische Entwicklung von 1933 bis 1945 kann er ebensowenig zufriedenstellend erklären wie die sich anschließende in den USA und in Westeuropa bis etwa 1960. Das sind immerhin die Zeiträume, in denen er die wesentlichen Teile seiner Theorie formulierte.

Diese Beobachtungen führen zu interessanten Überlegungen zum Verhältnis von *Theorie und Wirklichkeit.* Karl R. Popper hat von der Zukunft nur Falsifikation ausformulierter Theorien erwartet. Aber in seiner Wissenschaftstheorie ist Widerlegung bekanntlich nichts Negatives, sondern das, was man als Theoretiker erwarten darf – bestenfalls. Wenn es schlimmer kommt, stellen die Konkurrenten des Theoretikers oder die Methodologen fest, seine Theorie sei gar nicht falsifikationsfähig. Damit ist dann der Ruf des Theoretikers erledigt, und jener darf sich fortan zu den spekulativen Philosophen oder Dichtern zählen. Die Ausschließlichkeit dieser beiden Alternativen für den Theoretiker – Sicherheit seines Irrtums einerseits, Bestreitung seiner Irrtumsfähigkeit andererseits – soll hier in Frage gestellt werden. Heute falsche Theorien können morgen, und zwar ohne jeden besonderen eigenen Einfluß auf die Entwicklung der Fakten, verifiziert werden; immer mehr Bestätigungen sind zu finden. In diese günstige Lage geraten nun einige wichtige Thesen aus Talcott Parsons' Theorie der Differenzierung und des kulturellen Wandels.

1. Doppelte Kontingenz, gemeinsame Orientierung und Kultur

Talcott Parsons hat das Gelingen sozialen Handelns stets für problematisch gehalten, denn die beiden Hauptfiguren seiner frühen soziologischen Handlungstheorie – ego und alter ego – können gemäß ihren Orientierungen auf je eigene Weise handeln und daher auch aneinander »vorbei« handeln. Beide Akteure wissen das, und deshalb beziehen sich ihre Orientierungen in sozialen Situationen stets auch auf die möglichen Handlungen der anderen Akteure, die für sie wesentliche Elemente der Situation bilden. Ob die Orientierungen eines *ego* richtig sind, hängt daher von dem Handeln des *alter ego* ab. Auch das weiß jeder der beiden: Der andere kann die Orientierungen des ersteren bestätigen oder widerlegen; jeder kann den anderen gratifizieren oder deprivieren. Es besteht *doppelte Kontingenz*, doppelte Unsicherheit. Sie ist nur auflösbar – so Parsons –, wenn es gemeinsame Orientierungen gibt. Dann kann für beide Handelnden soziales Handeln befriedigend sein und Interaktion gelingen.

Daß Parsons anschließend aus dem langen Bestehen von gelingenden Interaktionen und dem Bestand von Gesellschaften schließt, daß diese Voraussetzung – *gemeinsame Orientierungen* – in allen bekannten sozialen Zusammenhängen schon immer bestanden hat und daß sie das Gelingen von Interaktionen garantiert, ist bücherweise kritisiert worden. Immer wieder wurde festgestellt: Parsons klärt den Aufbau von gemeinsamen Orientierungen nicht. Er zeigt nicht, wie die Akteure zu Orientierungen gelangen, er beschreibt nicht den intersubjektiven Prozeß, in dem Motiv- und Wertorientierungen allererst begründet werden. Es fehlen daher in seiner Theorie überzeugende Begründungen für das Gelingen elementarer sozialer Handlungen. Er präsentiert eben nur nützliche Begriffe zur Beschreibung der Ausgangslage und des Endzustandes. Der kurze Schluß von Handlungsproblemen auf notwendige Lösungen ist unsicher. Ob die beiden Zustände überhaupt in einem Ursache-Wirkungs- oder Grund-Folge-Verhältnis stehen, ist demnach eine völlig offene Frage. So weist er auch nicht nach, daß es gemeinsame Orientierungen sind – und nicht etwa Herrschaft, zweckrationales Handeln, Tradition oder pure Koexistenz –, die zu koordinierter Interaktion führen. Da aber Parsons in allen Ausarbeitungen der Handlungstheorie in derselben Weise verfährt, sind die Wirkungen und Folgen der Situation doppelter Kontingenz ebensowenig aufgeklärt wie die Ursachen und Gründe gemeinsamer Orientierungen und ihre soziale Relevanz.

Von der Kritik wird häufig übersehen, daß es eine *Theorie der Entstehung und Wirkung gemeinsamer Orientierungen* gibt, an deren Ausarbeitung Parsons selbst beteiligt war, und zwar als Ergebnis seiner Zusammenarbeit mit Robert F. Bales. Parsons und Bales entwickelten ein Modell, das mit Problemen von *ego* und *alter* einsetzt. Sie analysierten dann in mikrosoziologischer Präzision, wie eines *ego* Handlungsansätze für ein *alter ego* Problemlösungen, wie eines *alter ego* Reaktionen für ein *ego* zu Problemlösungen werden. Sie zeigten, daß die Akteure sich gegenseitig darin bestärken, die Interaktion fortzusetzen, und wie sie auf diesem Wege zu gemeinsamen Orientierungen gelangen. An dieser relativ fruchtbaren Behandlung der Situation der doppelten Kontingenz hat Parsons aber in späteren Arbeiten nicht festgehalten, sondern statt dessen erneut die Situation doppelter Kontingenz und den Bestand gemeinsamer Orientierungen unvermittelt einander gegenübergestellt. Damit ging Parsons auf seine unvollständige und wahrscheinlich fehlerhafte Erklärung gelingenden sozialen Handelns zurück. Darin läßt sich in aller Kürze die Kritik an Parsons' Interaktionstheorie zusammenfassen.

Die *Einwände gegen die teleologische »Lösung«* des Kontingenzproblems schöpfen ihr Recht eher aus gut begründeten theoretischen Überlegungen – nämlich der Gewißheit, daß alle sozialen Sachverhalte (also auch gemeinsame Orientierungen, ob diese nun von den Akteuren oder ihren Vorfahren gehalten werden) einen Vorlauf haben – als aus empirischen Gründen. Empirisch ist nämlich Parsons' Voraussetzung der gemeinsamen Orientierungen auf der Ebene der Akteure nicht unsinnig. Das ist meistens so. Daß Akteure gemeinsame Orientierungen erst entwickeln müssen, ist auch heute nicht die Alltagssituation. Normalerweise werden Orientierungen angewandt, die zur Verfügung stehen.

Anwenden heißt dann: Aus einem Vorrat an gemeinsamen Orientierungen werden bestimmte ausgewählt und auf die Situation hin spezifiziert. Dabei kommen auch individuelle Besonderheiten zum Zuge. Aber die allgemeinen gemeinsamen Orientierungen sind bestimmt genug, um Interaktionen meistens gelingen zu lassen.

Seltener ist daher die Schaffung von *neuen* gemeinsamen Orientierungen in dem Sinne, daß eine bestimmte entstandene gemeinsame Orientierung keinem der beteiligten Akteure vorher bekannt war. Das sind echte soziale Erfindungen, die lokal (in der Interaktionssituation) erzeugt werden. Dabei ist an nichts Großartiges zu denken. Albert K. Cohen hat diesen Prozeß für *Delinquent Boys* (1955) mustergültig beschrieben, Niklas Luhmann hat ihn als Institutionalisierungsmechanismus vorgestellt (1972). Hier spielen auch »Unfälle, Fiktionen, Irrtümer und Oberflächlichkeit« (Knorr-Cetina 1986, S. 12) eine Rolle. Kreative Prozesse gibt es – ohne Zweifel –, aber eben doch selten im Verhältnis zur Routine. Auch die Abschwächung des Neuheitskriteriums – neu für die beteiligten Akteure, ungewöhnlich für die umgebende Gesellschaft (vgl. Sackmann 1987) – ist immer noch sehr streng. Kurzum: Das Entstehen gemeinsamer, insbesondere neuer Orientierungen ist relativ selten, so daß Parsons diese Prozesse für eine Analyse des sozialen Handelns in Gegenwartsgesellschaften zurückstellen konnte.

Allerdings wird Parsons' Entscheidung dadurch nicht richtiger, sondern im Gegenteil: sie wird problematischer. Denn er hat die – wenn auch nur langsam – *zunehmende Bedeutung*, die *neue gemeinsame Orientierungen* in Gegenwartsgesellschaften gewinnen, nicht vorausgesehen. Man muß heute anerkennen, daß in elementaren Interaktionen neue Meinungen und Ansichten, Handlungs- und Lebensformen zunehmen, auch wenn ihr Anteil im Verhältnis zur Routine immer noch klein bleibt. Hier ereignet sich etwas, das im Alltagsleben zur Ausprägung einer bestimmten Bedeutung des Begriffs »alternativ« Anlaß gab und auch die Verwendung des Begriffs »neu« stark ansteigen ließ.

Das führt zu dem ersten Ergebnis, daß Parsons' Handlungserklärung theoretisch immer unbefriedigend war und nun auch einen Teil ihrer bisherigen empirischen Überzeugungskraft zu verlieren beginnt. Niklas Luhmann hat genau diese Schwäche der Parsonsschen Handlungstheorie gegenüber neuen Entwicklungen gesehen, und er versucht, diese Schwachstelle mit seiner Theorie der autopoietischen Systeme und ihrer Autokatalyse zu beseitigen. Zwar will Luhmann vom Akteur nicht viel wissen, und er traut der Interaktion nur bis zur Französischen Revolution viel zu, aber vertiefte Analysen von Luhmanns »neuer« Systemtheorie zeigen, daß Autokatalyse auch auf den Aufbau gemeinsamer Orientierungen durch soziales Handeln von Akteuren hinausläuft (vgl. Berger 1987; Haferkamp 1987). Zumindest kann daher gesagt werden, daß gerade zu dem Zeitpunkt, an dem Geneseprozesse an Bedeutung gewinnen, auch Theorieansätze zur Hand sind, die, mit Parsons' Konzepten der doppelten Kontingenz und der gemeinsamen Orientierungen verbunden, neue Entwicklungen zu analysieren und interpretieren vermögen, auch wenn Parsons zu diesen Ansätzen nicht mehr Stellung nehmen konnte. Das kann zumindest als Stärke von Parsons' Grundbegriffen angesehen werden.

Gesteht man Parsons' Verzicht auf Analyse der Genese gemeinsamer Orientierungen in Anbetracht des überwiegend repetitiven sozialen Handelns eine gewisse, wenn auch abnehmende empirische Berechtigung zu, so ist der folgende Punkt für seine Theorie von Anfang an bedeutend problematischer gewesen. Parsons selbst hat die Lösung des Problems der doppelten Kontingenz an anderer Stelle gesucht: in der Übernahme bzw. Weitergabe gemeinsamer Orientierungen in Prozessen der *Verinnerlichung bzw. Sozialisation*. Das Gelingen dieser Prozesse führt danach zu harmonischer Interaktion. Damit wird aber die Genese gemeinsamer Orientierungen zunächst in die Vergangenheit, d.h. in die Interaktion der Elterngenerationen und anderer Erzieher und Lehrer verschoben, und sie ist dort zu klären. Parsons' Weg über die Weitergabe des jeweils bestehenden Vorrats an gemeinsamen Orientierungen führt letzten Endes zur Kultur der Gesellschaft, in der die einzelnen Interaktionen stattfinden. Diese Theorietechnik der Verschiebung, der Lösung des Geneseproblems auf der jeweils höheren Systemebene ist bzw. war so lange mit empirischen Argumenten nicht zu beanstanden, als Neuheiten auf der Ebene elementarer Interaktion vernachlässigt werden konnten. In dem Maße, in dem dies heute nicht mehr möglich ist, verliert Parsons' Lösung an Überzeugungskraft.

Mit dem Verweis auf die *umgebende Kultur* dreht Parsons die ganze Untersuchungsrichtung herum. Er fängt zwar mit der Situation doppelter Kontingenz an, er schließt aber an diese Situation keine Interaktion an. Er fügt vielmehr Kultur und ihre Gestaltung von gemeinsamen Orientierungen in die Situation ein und fragt nach den Folgen des Bestehens dieser Orientierungen. Ungeklärt bleibt so die Genese kultureller Vorstellungen, die in gemeinsamen Orientierungen spezifiziert werden.

Thematisch stellen wir die offenen Fragen im folgenden Modell dar:

Modell: Doppelte Kontingenz, Kultur und die Folgen gemeinsamer Orientierungen

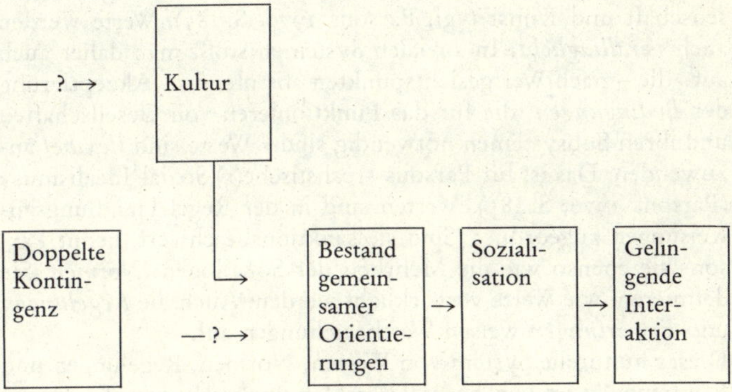

Eine Bilanz auf der Ebene des sozialen Handelns weist folgendes aus: Es besteht bei Parsons eine *Lücke* zwischen der Situation der doppelten Kontingenz und den gemeinsamen Orientierungen.

Die Produktion von gemeinsamen Orientierungen wird nicht analysiert, allein die Weitergabe bestehender Orientierungen als Teil der Kultur wird untersucht. Dieser Zugang hat *noch immer* empirisch viel – aber nicht mehr alles – für sich, da wirklich neue Orientierungen auch heute selten produziert werden, aber schon auf ihre Zunahme kann mit Parsons' Theorie nicht flexibel reagiert werden. Ein endgültiges Urteil über Parsons' Erklärung des sozialen Handelns kann aber erst nach einer Untersuchung von Parsons' Kulturtheorie gefällt werden.

2. Differenzierung und Strukturerhaltung durch Kultur

Für Parsons sind gemeinsame Orientierungen von Akteuren letzte, d. h. am weitesten vorangetriebene Spezifizierungen von Kultur, denn Kultur umfaßt mit abnehmender Allgemeinheit Werte, Normen, Regelungen und Erwartungen. Gemeinsame Orientierungen spezifizieren die Kulturelemente für die einzelnen Situationen.

Werte sind für Parsons Prinzipien, die im sozialen Handeln mit Leben erfüllt werden sollen. Sie werden *spezifiziert* im sozialen System, sie werden internalisiert in die Persönlichkeit und den Verhaltensorganismus. Sie werden verbunden mit Religion, Wissenschaft und Kunst (vgl. Parsons 1976, S. 285). Werte werden auch *veralltäglicht*. In sozialen Systemen stößt man daher auch auf »die – nach Wertgesichtspunkten abstufende – Akzeptierung der *Bedingungen*, die für das Funktionieren von Gesellschaften und ihren Subsystemen notwendig sind.« Werte sind *flexibel* anzuwenden. Das ist für Parsons »realistische(r) Sozial-Idealismus« (Parsons 1976, S. 285). Werten sind in der Regel Handlungsanweisungen zugeordnet. Sind sie sanktionsbeschwert, nennt Parsons sie ebenso wie die Mehrheit der Soziologen: *Normen*. Sie definieren, wie Werte verwirklicht werden. Auch die *Regelungen* und *Erwartungen* weisen Wertbeziehungen auf.

Dieses kulturelle System von Werten, Normen, Regelungen und Erwartungen ist von besonderer Handlungsrelevanz. Es sichert die Strukturerhaltung (»pattern maintenance«, vgl. Parsons 1971, S. 98 f.). Behält man in Erinnerung, daß am Anfang von Parsons' Handlungstheorie die Situation der doppelten Kontingenz, d. h.

der doppelten Unwahrscheinlichkeit von aufeinander abgestimmtem sozialen Handeln, steht, dann wird man Strukturerhaltung nicht niedrig bewerten, denn Kultur, d. h. Werte, Normen, Regelungen und Erwartungen, sorgt aufgrund ihrer Spezifizierung in gemeinsamen Orientierungen dafür, daß alle Interaktionen aufeinander abgestimmt ablaufen. Daher überrascht Parsons' Bestimmung des Verhältnisses von Kultur zu anderen Systemen nicht. Die *Rolle der Kultur* wird von ihm nicht anders als von Weber beurteilt: Hatte Weber den Ideen die Weichenstellung für die Interessenverwirklichung zugeschrieben, so heißt es bei Parsons:

»In diesem Sinne, und *nur* in diesem Sinn der überwiegenden Bedeutung der kybernetisch höchstrangigen Elemente für die Strukturierung von Systemen des Handelns will ich mich als *Kulturdeterministen*, nicht als Sozialdeterministen bezeichnen. Ähnlich bin ich davon überzeugt, daß innerhalb eines Sozialsystems die normativen Elemente für die soziale Veränderung wichtiger sind als die ›materiellen Interessen‹ der es konstituierenden Einheiten« (1975, S. 174f.; zweite Hervorhebung von H. H.).

An dieser Einschätzung der Rolle von Kultur – von Werten, Normen, Regelungen und Erwartungen – hat Parsons auch in späteren Arbeiten festgehalten, wenn er z. B. unterstrich, daß auch Wirtschaftshandeln nicht einfach interessengeleitet ist, sondern *legitime* und d. h. kulturell begründete Interessenverfolgung beinhaltet (1975a). Immer wieder findet man, daß Parsons zwar auch andere Aspekte sozialen Handelns sieht, aber sie entfalten nicht die handlungsbestimmende Kraft, die insbesondere Werten und Normen zuzuschreiben ist. Haben Werte- und Normensysteme sich durchgesetzt, bekommt Handeln in einem gesellschaftlichen Bereich seine typische Struktur, und zugleich ist das Hobbessche Problem gelöst. Dabei geben die niederen Systeme des Organismus, der Person und des sozialen Systems der steuernden Kultur die Energie.

Kultur interessiert uns hier in ihrem Beitrag zur Erklärung gelingender Interaktion. Ihre Existenz wird von Parsons nicht einfach vorausgesetzt. Daß Kultur andere Teilsysteme steuert, anderes Handeln bestimmt, schließt nicht aus, daß sie selbst zurückführbar ist auf ein anderes System oder einen anderen Prozeß. Der Prozeß, auf den Parsons' Kultur zurückführt, ist die *Differenzierung*. Allerdings behandelt Parsons das Verhältnis von Differenzierung und Kultur – Werten, Normen, Regelungen und Erwartungen – auf gesamtgesellschaftlicher Ebene nicht wesentlich anders als die Relation von doppelter Kontingenz und gemeinsamen Orientierungen. Soziale Einheiten differenzieren sich, d. h. es entstehen zwei verschiedene Einheiten (auf mikrosozialer Ebene entspricht dem: ego und alter handeln verschieden und möglicherweise unkoordiniert bzw. die Akteure befürchten dies voneinander). Integration muß geleistet und durch Strukturerhaltung auf Dauer gestellt werden, wenn Gesellschaft weiter bestehen soll. Und da Parsons immer wieder beobachtet, daß Gesellschaften fortbestehen, schließt er daraus, daß sie auch über eine strukturerhaltende Kultur verfügen. Strukturerhaltung stellt sich ein, wenn bestimmte Voraussetzungen erfüllt sind, d. h. wenn die Elemente von Kultur bestimmte, von Parsons definierte Operationen leisten: Differenzierte Teile werden durch *Inklusion von Rollen*, *Abstimmung von Kollektiven*, *Differenzierung von Normen* und *Generalisierung von Werten* integriert und in ihrer Struktur erhalten.

Parsons' antimaterialistische These von der Kultur als oberster steuernder Instanz und von der Unterordnung der Systeme der Anpassung und der anderen Subsysteme ist umstritten, auch wenn sie nicht das Maß an Aufmerksamkeit fand wie die Kontingenzproblematik. Kritiker setzen mit anderen Thesen ein. Fruchtbarer, als These gegen These zu setzen, dürfte es sein, die Bedingungen zu spezifizieren, unter denen einzelne Ansätze empirisch triftig sind, denn empirische Plausibilität und ein beschränktes Maß an empirischer Bestätigung können für sehr verschiedene Thesen reklamiert werden. Parsons' Kulturtheorie ist wahrscheinlich in einer Konstellation richtig, in der für eine Gesellschaft das physische *Überleben und Leben gesichert* ist und in der es für das weitere reine Überleben und Leben gleichgültig ist, ob die Akteure und Gruppen in einer bestimmten oder einer ganz anderen Weise sich verhalten. »Gesellschaftliche Optionen« für sehr unterschiedliche Handlungsmuster sind möglich. In derartigen gesellschaftlichen Lagen haben Werte und Normen hohen Rang, obwohl auch dann beispielsweise die materiellen Interessen oder Zwang ebenfalls eine Rolle spielen. Das wird von Parsons durchaus gesehen, nicht aber, daß seine Zuschreibung hoher Relevanz zu Werten eben nicht in allen gesellschaftlichen Lagen Bestand hat. Wenn das Überleben und Leben prekär ist, dann verschaffen sich bestimmte überlebenssichernde Handlungen –

unabhängig von Wertbeziehungen – Geltung (anders Parsons 1975, S. 22 ff.), und sie veranlassen die Akteure, sich über bestehende Werte, Normen, Regelungen und Erwartungen hinwegzusetzen. Das Verhalten von Akteuren bei Unfällen, in Notsituationen, während eines Krieges und in Nachkriegszeiten liefert dafür ausreichend Belege. Parsons hat derartige Situationen selten im Blick, und seine Analysen sind dann auch nicht sehr überzeugend. Er geht von Gesellschaften aus, in denen das Überleben und Leben sicher ist. In diesen Gesellschaften verschaffen sich Werte Geltung, und sie bestimmen, in welcher Weise das Anpassungssystem organisiert ist, zum Beispiel kapitalistisch oder sozialistisch. Wiederum kann für Parsons' Theorie geltend gemacht werden, daß in den Gesellschaften, für die er diese starke Geltung von Werten unterstellt, die Situation relativer Sicherheit des Überlebens und Lebens seit Jahrzehnten gegeben ist. In diesen Gesellschaften ist Parsons' These von der Kultur als bedeutender Determinante nicht falsch; aber sie war lange Zeit auch dort nicht richtig: Sie kann in Westeuropa kaum das Geschehen des Zweiten Weltkrieges und die Nachkriegsentwicklungen erklären. Gegenüber den Ereignissen des Völkermordes und der massenhaften Emigration wirkt die These des relativen kulturellen Determinismus merkwürdig weltfremd. Seit den sechziger Jahren hat sie jedoch für westliche moderne Gesellschaften viele empirische Beobachtungen für sich.

Auch Parsons' Zurückführung von Strukturerhaltung durch Kultur, d. h. durch Werte, Normen, Regelungen und Erwartungen, auf Prozesse der Differenzierung ist als *Ergebnis einer Kovariationsanalyse* oft richtig. Fraglich bleibt aber, ob Differenzierung der Ausgangspunkt ist und ob Differenzierung immer, wenn sie auftritt, von den nötigen allgemeinen Werten begleitet wird.

Parsons kann seine These, daß sich allgemein an Differenzierung, Integration und Strukturerhaltung anschließen müssen, nur unter der Voraussetzung des von ihm beobachteten gesellschaftlichen Fortbestands formulieren. Noch bestehende Systeme müssen in der Tat die Differenzierungsfolgen bewältigt haben. Aber das ist eine Ex-post-Betrachtung und kein Ex-ante-Entwurf. Dazu wäre zunächst einmal die Ausgangslage solcher Entwicklungen sorgfältig zu bestimmen. Differenzierung ist aber nicht die allgemeinste soziale Tatsache, mit der eine allgemeine Theorie einzusetzen hätte. Sie ist nur ein Sonderfall von Mannigfaltigkeit, der Übermacht von Fakten, mit denen die Akteure, Gruppen und Gesellschaften *ohne weiteres* nicht umgehen können. Die Handelnden reduzieren sie durch Auswahlen und Deutungen. Für den Ablauf dieser Prozesse der Selektion und Interpretation gibt es aber offensichtlich *mehrere Möglichkeiten*, die nicht vorab auf eine reduziert werden können:

1. hierarchische Steuerung der Auswahl und Deutung der Fakten durch besondere Akteure oder Gruppen,
2. Konflikte der Akteure oder Gruppen angesichts unterschiedlicher Deutungen,
3. unverbundene Koexistenz verschiedener Auswahlen und Deutungen,
4. Zurücknahme von Auswahlen und Deutungen,
5. »friedliche und reibungslose Integration und Strukturerhaltung« durch verbreitetes Akzeptieren von Auswahlen und Deutungen (Parsons' Lösung).

Bekanntlich sind auch die ersten vier Möglichkeiten in unterschiedlichen Theorieangeboten ausgearbeitet worden. Max Weber und an ihn anschließend z.B. Gerhard Lenski (1973) und Helmut Schelsky (1965) haben Herrschaft als die Basis der Kulturentwicklung angesehen. Erst kürzlich hat Dieter Claessens (1987) das »Heraustreten als profilierenden Akt im Kulturraum« als den Startmechanismus der »Motoren gesellschaftlicher Entwicklung« vorgestellt (zu 1). Die konflikttheoretische Behandlung des Zusammenhangs von Differenzierung und Kultur ist ebenso klassisch wie Parsons' Vorgehen. An Karl Marx anschließend ist sie von Ralf Dahrendorf (1955, 1957), David Lockwood (1956) und zuletzt von Jeffrey Alexander (1986) ausgearbeitet worden (zu 2). In der Theorie nur lose verkoppelter Systemteile wird unverbundene Koexistenz von vielen Einheiten ohne gemeinsame Kultur für möglich gehalten (vgl. Weick 1976 zu 3). Bestimmte Auswahlen und Deutungen können schließlich auch zu früh erfolgen. Michael Schmid (1982) zeigt sehr instruktiv, daß beispielsweise in Griechenland Demokratie »zu früh« ausdifferenziert und daher zurückgenommen wurde. Das ist De-Differenzierung (zu 4).

Es kann dann allerdings nicht darum gehen, eine der fünf Möglichkeiten gegen alle anderen auszuspielen. An derartigen Vorstellungen hat sich eine Standardkritik an Parsons festgebissen. Sie lautet in einer Version: In Parsons' Theorie müssen Machtdifferenzen als *strukturelle Voraussetzungen* und *permanente Determinanten* von kulturellem Wandel eingebaut werden, da man nicht implizit von einer Machtgleichheit aller Akteure ausgehen kann. Soweit Parsons aber mit dieser stillen Annahme weiterhin arbeitet, ist seine Theorie auf der Ebene von gesamtgesellschaftlicher Kultur zu stark vereinfacht. Ebenso viele Fürsprecher findet ein radikaler Konfliktansatz. Er wird zum zentralen Punkt der neuen Parsons-Kritik von Jeffrey Alexander (1986), der zwar anerkennt, daß es auch friedliche Differenzierung und kulturellen Wandel gibt, ebenso bedeutend oder sogar wichtiger seien jedoch Konflikt, Kampf und Krieg, deren im Vergleich zu friedlichen Mitteln weitaus häufigeres Auftreten zu beobachten sei. Diese Kritik kann zahlreiche Argumente von Dahrendorf, Lockwood und Marx für sich mobilisieren.

Gegen diese macht- und konfliktsoziologischen Einwände ist zunächst einmal festzustellen, daß Parsons durchaus mehrfach Machtdifferenzen in Betracht gezogen hat. Schon 1937, als Parsons Durkheim mit Weber dynamisieren wollte, analysierte er die Rolle von Führung und Macht in Prozessen der Differenzierung und der nachfolgenden Strukturerhaltung. Macht bekommt aber nicht den *bestimmenden Rang*, den Parsons der Integrationsfähigkeit von kulturellen Werten und Normen, Verhandlung und Konsensbildung zuschreibt.

Parsons' Behauptung, Kultur werde nicht einfach von oben durchgesetzt, ist nicht unplausibel. Jedenfalls heute dürfte Kulturdurchsetzung immer weniger zu beobachten sein, da auch der Stärkere mit dem Schwächeren verhandeln muß, wenn er mit dem Schwachen noch irgend etwas erreichen will. Jener muß letzten Endes Kultur zumindest akzeptieren. Für die Absicht des Stärkeren, die Zustimmung des Schwächeren zu suchen, sprechen die Vorteile, die der Stärkere von der Übernahme der Kultur durch den Schwachen hat (in dieser Aussage steckt natürlich die empirische These, daß Akteure Vorteile suchen). Nur wenn der starke Akteur diese Absicht nicht verfolgt, dann wird er auch mit dem unterlegenen nicht verhandeln, überhaupt keine Einigung suchen. Die Schaffung von Kultur schließt auch vorausgehende oder fortbestehende Konflikte nicht aus. Selbst Klassensubkulturen werden oft noch von einer Nationalkultur überwölbt, die gegensätzliche Klassen einschließt.

Untersuchungen vom Leben in Gefängnissen und ähnlichen totalen Institutionen weisen nach, daß selbst dort zur Erreichung einer Minimalintegration eine Subkultur ausgehandelt wird. Daraus ist dann ein wesentlich stärkerer Verhandlungsanteil bei anderer Interessenlage des Machthabers zu folgern: Mit freien Akteuren wird in bedeutenderem Maße verhandelt. Empirische Beispiele für Gewaltverzicht und Konfliktstillegung trotz Gewaltpotential und Konfliktfähigkeit zugunsten von Verhandlungseffekten finden sich in großer Zahl in der Geschichte. Natürlich ist auf der anderen Seite die Liste überlegener Herrschaftsausübung und lang andauernder Konflikte im Innern wie zwischen Gesellschaften, die der Durchsetzung von Kultur vorausgehen, ebenfalls lang. Es kommt darauf an, das Verhältnis dieser verschiedenen Differenzierungsfolgen empirisch zu bestimmen. Nach unserem Eindruck nimmt der Anteil an friedlicher und reibungsloser Kulturverhandlung zu Lasten von Machtdurchsetzung oder Konflikt zu. Die ganze Breite des empirischen Materials, das Symbolische Interaktionisten unter dem Etikett »Verhandlungen« ausbreiten (Strauss 1978; im Überblick: Fine 1984), ist ein starkes empirisches Argument für Parsons' Vorstellung von friedlicher Kulturentstehung. Insoweit wird Parsons' Theorie, die auf Einsicht, Konsens, Integration und Strukturerhaltung setzt, dann auch immer richtiger.

Dieses Urteil wäre sicherer, wenn Parsons Prozeß- und Sequenzanalysen anbieten würde, in denen er zeigt, wie auf der Ebene von Gesellschaften die Lücke zwischen Differenzierung und Strukturerhaltung durch Kultur geschlossen wird. Mustert man daraufhin die am stärksten von der Evolutionstheorie beeinflußten Werke Parsons' (1966, 1971), so findet man durchaus eine *prozeßtheoretische Sicht*.

»Ein Prozeß der Differenzierung geht in einer zeitlichen Sequenz von ›von bis‹ vor sich. In dem Prozeß bewirkt er *Differenzen* zwischen Teilen des Systems, die zuvor nicht existierten ... daß die differenzierten Teile in dem Sinne vergleichbar sind, daß sie *systematisch* aufeinander bezogen sind ... Der Begriff ›systematisch aufeinander bezogen‹, wie er oben verwendet wird, muß natürlich definiert werden. Hier ist meine Annahme, daß *Funktion* das Hauptkonzept für die Analyse der Organisation lebender Systeme ist. Als solches ist es sowohl ›Struktur‹ als auch ›Prozeß‹ übergeordnet« (1971, S. 100).

Kritisch ist zu diesem Bezugsrahmen einer Prozeßanalyse anzumerken:

1. Parsons hat zwar programmatisch Prozesse im Blick, aber auch schon programmatisch stuft er diese Prozesse herunter an die zweite Stelle. Er interessiert sich für Differenzierung nicht als offenen Prozeß, sondern ihn interessiert das Ergebnis und dessen Funktionsbezug, der dann auch Vergleiche von Ausgangs- und Endzuständen oder von Differenzierung und Strukturerhaltung von *verschiedenen Gesellschaften* ermöglicht. Würde er sich nur für den ablaufenden Prozeß – ohne Vergleichsabsicht – interessieren, dann müßte er mit der These arbeiten: Jedes Element kann sich in besonderer Weise entwickeln, und dieses Entwicklungsprinzip braucht nicht Differenzierung zu sein. Es kann z. B. das glatte Gegenteil, nämlich De-Differenzierung, sein, und die Ergebnisse brauchen keine Funktionalität aufzuweisen. Sie können auch dysfunktional oder non-funktional sein, und es ist weiter eine offene Frage, was am Ende herauskommt: Strukturerhaltung, ihre Auflösung, »lose Verbindung« (»loose coupling«) oder ihre Verdichtung? Nach einem solchen Ansatz kann jede Kultur sich einmalig entwickeln, ist jede Kultur etwas Besonderes. Man stößt dann auf kulturelle Relativität.
Diese Sicht lehnt Parsons aber ab (vgl. 1971, S. 102). Für ihn hat alles einen Stammbaum, und man vergleicht die Produkte an den Gabelungen. Zygmunt Bauman präsentiert in seinem Beitrag zu diesem Band eine Erklärung für das Aufkommen vergleichender Kultursoziologie aus der Erfahrung am Beginn der Neuzeit, daß bestimmte Kulturstile von einzelnen Klassen aus der Sicht anderer Klassen problematisch sein können und Änderungsversuche hervorrufen. Parsons' Kulturtheorie wäre – folgt man Bauman – damit ein substantieller Beitrag zur weiteren Modernisierung, insoweit Parsons' Vergleichspunkt die Funktionalität einzelner Kulturen und Kulturelemente für die Entwicklung der modernen Gesellschaft ist. Er würde damit noch heute bei der Feststellung jener Kultur helfen, die für die modernste der Gegenwartsgesellschaften den höchsten Funktionswert hat.

2. Häufig ist bemängelt worden (vgl. Dahrendorf 1955, 1957; Lockwood 1956; Alexander 1986), daß Parsons selbst die heruntergestufte *Prozeßanalyse nur unzureichend durchführte*. Alles wird weiterhin nach dem nun schon bekannten Muster komparativ-statischer oder von Kovariations-Analysen durchgeführt. Es werden keine Sequenzbeschreibungen vorgenommen. Auch der

Prozeß der Wertverallgemeinerung, der sich an Differenzierungsprozesse anschließt, wird von Parsons so behandelt:

»Die grundlegende Behauptung ist folgende: Je differenzierter das System, desto höher der Grad der Allgemeingültigkeit, in dem das Wertmuster ›abgefaßt‹ werden muß, wenn es die spezifizierteren Werte *all* der differenzierten Teile des sozialen Systems legitimieren soll« (Parsons 1971, S. 126).

Schließlich werden die weiteren strukturellen Erfordernisse von Systementwicklung von Parsons auch untersucht, nämlich Rolleninklusion, Kollektiv-Abstimmung, Normdifferenzierung und Wertverallgemeinerung, aber wiederum werden diese nicht durch Prozeßanalysen mit der Differenzierung verbunden. All diese Prozesse werden sehr akteursfern beschrieben, und es bleibt durchgehend die Teleologie, die schon die Behandlung der Situation der doppelten Kontingenz kennzeichnete. Alexander meint, daß die gleichzeitige Verwendung der positiven Wirkungen und Folgen von Differenzierung als Ursachen Parsons' Theorie mit einer »ideologischen Patina« (1986, S. 23) überziehe.

Daß Parsons' Werk sich nicht per se gegen eine Prozeßanalyse sperrt, zeigen verschiedene *Versuche, seine Theorie zu dynamisieren*, indem man Strukturmerkmale in prozessualer Perspektive sieht (vgl. Devereux 1961; Damm 1976; Willke 1976). Michael Schmid (1982, S. 149 ff.) springt Parsons bei, indem er »funktionale Voraussetzungen« gesellschaftlicher Evolution als Selektionsprozesse konzipiert. In einer Arbeit von Neil J. Smelser (1959) wurden die nötigen Prozeßkategorien präsentiert und auf umfangreiches Material angewandt. Eine genaue Betrachtung der Smelserschen Analyse des folgenreichen Umbruchs im Handels- und Produktionssystem in England am Ende des 18. und Beginn des 19. Jahrhunderts, der die ganze Lebenssituation einer bedeutenden Berufsgruppe – der Weber – veränderte, macht aber auch klar: Umfassende Prozesse der Kulturentstehung treten nicht so häufig auf wie die Weitergabe von Kultur. Es hat daher – wie schon auf der Ebene der Situation doppelter Kontingenz – durchaus seine Plausibilität, wenn Parsons der Frage der Genese von Kultur nicht das gleiche Maß an Aufmerksamkeit widmet wie ihrer Weitergabe. Damit wird die Kritik an einer fehlenden Prozeß- und Sequenzanalyse relativiert. Dennoch bleibt als Problem von Parsons' Kulturtheorie bestehen:

Kultur als große, umfassende symbolische Einheit hat viele *mar-*

kante Einzelheiten, deren Genese durchaus analysierbar ist. Man denke an eine neue Kunstform, einen neuen Ansatz in der Wissenschaft oder an einen neuen Lebensstil (vgl. Cohen 1955; Fine 1979, 1983; Haferkamp 1985). Ein pauschaler Verzicht auf die Untersuchung der Entstehung derartiger Einzelheiten erscheint kaum akzeptabel. Es hieße, die Verschiebungstechnik Parsons' in toto hinzunehmen, würde man dies auf sich beruhen lassen. Das ist um so mehr zu monieren, als Parsons' makrosoziologisches Werk spätestens seit 1966 explizit als evolutionstheoretisches angelegt wird, und in Evolutionstheorien wird traditionell die Entstehung und Verbreitung einzelner Kulturelemente ebenso behandelt wie die ganzer kultureller Komplexe.

Wir gelangen daher zu folgender weiterer *Bilanz*: Parsons' Betonung friedlicher und reibungsloser Strukturerhaltung hat empirisch einiges für sich. Auch sein relativer Kulturdeterminismus ist unter eingeschränkten Bedingungen akzeptabel. Defizitär ist dagegen seine Erklärung der Kulturentstehung – jenes Prozesses, der allerdings selten zu beobachten ist. Da aber nicht nur neue Orientierungen, die interaktionsrelevant sind, sondern auch folgenreiche neue Kulturelemente und ganze Teilkulturen auftreten, ist dieses Defizit von Parsons' Kulturtheorie festzuhalten.

Die bisherigen Bilanzen sind nicht eindeutig. Den Aktivposten Parsonsscher Kulturtheorie:

- Erfassung der Tatsache des Bestandes gemeinsamer Orientierungen,
- zutreffende Betonung friedlicher, ausgehandelter Strukturerhaltung und
- beschränkte Gültigkeit der kulturdeterministischen These
  stehen die Negativa:
- fehlende Prozeß- und Sequenzanalysen und
- mangelhafter Zugriff auf neue mikro- wie makrosoziale Entwicklungen

gegenüber. Was von diesen Bewertungen zu halten ist, kann erst eine Anwendung der Parsonsschen Theorie auf Prozesse des Wandels zur und in der modernen Kultur zeigen. Die dazu bisher gegebenen Andeutungen sollen daher im folgenden ausgearbeitet werden.

3. Wandel zur und in der modernen Kultur

Parsons' Beschreibungen der Prozesse des Wandels zur und in der Moderne, von ihren Wurzeln in der christlichen römisch-katholischen Kirche, der griechischen *polis* und der römischen Republik, von ihrem Beginn in Renaissance und Reformation, von ihrem Durchbruch in der industriellen Revolution in England und der politischen Revolution in Frankreich, sind stets von *äußerster Kürze*. Die Reformation, das ist nach Parsons z. B. »die Inklusion der ›germanischen‹ Welt« (1971, S. 114). Bei dieser und anderen »Prozeßbeschreibungen« werden keine, manchmal eine, zwei oder drei Einzelheiten angeführt, aber nie mehr. Parsons geht an keiner Stelle wirklich in Details (wie dies im Gegensatz zu Parsons Smelser [1959] vorexerziert), obwohl Parsons allein über das System der Moderne ein ganzes Buch (1972) vorgelegt hat.
Dies ist z. T. seinem *umfangreichen Analyseprogramm* geschuldet. Parsons untersucht nicht nur eine moderne Gesellschaft, er hat auch nicht nur die verschiedenen europäischen oder nordamerikanischen Gesellschaften jeweils für sich oder im Vergleich im Blick, sondern er untersucht das ganze System der modernen Gesellschaften. Er ordnet die verschiedenen Gesellschaften den unterschiedlichen Funktionsbereichen zu (vgl. Parsons 1971, S. 108 f.).
Konzentrieren wir uns auf moderne Kultur und damit auf moderne Werte und Normen, so ist Ausgangspunkt für die Entwicklung der Kultur der Moderne für Parsons *»eine Spannung im sozialen System«*, die zur Differenzierung führt. Derartige Spannungen entstehen nach Parsons selten aufgrund offenbarer Gegensätze. Sie entwickeln sich aufgrund der Existenz von miteinander schwer verträglichen Einzelheiten. So steht neben einigen anderen Einzelheiten z. B. das Zinsverbot am Anfang der Moderne, und die meisten Akteure dieser Zeit hielten es für vereinbar mit allen anderen Werten, Normen, Regelungen und Erwartungen. Tatsächlich barg seine Verbindung mit anderen Elementen aber so viel Sprengkraft, daß die Ökonomie und die religiöse Gemeinschaft nicht mehr in ihrer bis dahin bestehenden Fassung erhalten bleiben konnten.
Heute ist es für Parsons neben anderen Einzelheiten der Zölibat der katholischen Kirche, der Schwierigkeiten und Spannungen produziert, die, von den Akteuren völlig ungeplant, weitreichen-

den kulturellen Wandel auslösen. (Der Verfasser gesteht gern seine Überraschung über Parsons' Auswahl dieses Elementes. Er wird nun aufmerksam Wirkungen und Folgen des Zölibats verfolgen, für die er bisher wenig alltagsweltliches oder wissenschaftliches Interesse aufzubringen vermochte.) Die Spannungen werden gelöst durch Wertverallgemeinerung, als deren Ergebnis an allgemeinen Werten immer neue und weitere Dimensionen entdeckt werden, die es gestatten, immer mehr gesellschaftliche Handlungen als vereinbar mit den Werten zu bestimmen. Parsons versucht, auch die Wertgeneralisierung zu überhöhen und die Wertentwicklung in der Moderne im ganzen auf der Linie der »Säkularisierung« schlüssig zu interpretieren. Diese Verallgemeinerung erfolgte in drei Stufen: 1. Ein Wertgehalt wird nur einem bestimmten religiösen Bekenntnis zugesprochen, 2. Bekenntnispluralismus setzt sich durch, 3. es kommt zur Entfaltung der moralischen Autonomie des Individuums. Gegenwärtig läuft in der 4. Stufe der Wertentwicklung alles in Richtung auf »Freiheit *von* gesellschaftlichen Verpflichtungen« (1971, S. 128). Unterhalb dieses allgemeinen Prozesses findet in den unterschiedlichen gesellschaftlichen Funktionsbereichen Wertverallgemeinerung statt; nicht nur im Integrationsbereich, in dem die Werte und Normen der ökumenischen Christenheit Vorstellungen von Katholiken und Protestanten einschließen, sondern auch im politischen und im ökonomischen Bereich. Im ersteren sind die Werte der liberalen Demokratie so gestaltet, daß sie politisches Zusammenwirken der »Elite«-Klassen und des Wahlvolkes umfassen. Im zweiten Bereich bindet der Wohlfahrtsstaat wesentliche Wertvorstellungen des Kapitalismus und des Sozialismus in ein Wertmuster ein.

Bei einer Würdigung und Kritik von Parsons' Theorie des Wandels zur und in der Moderne ist zuerst die Gesamtschau des Systems moderner Gesellschaften beeindruckend. Es ist faszinierend zu sehen, wie Parsons *Zusammenhänge* zwischen den sehr unterschiedlichen Entwicklungen in Europa herstellt – wenn sie denn richtig sind. So ist Parsons' Einordnung verschiedener Gesellschaften in verschiedene Funktionssysteme schwer nachvollziehbar. Was soll es heißen, wenn er kurz feststellt, die Sowjetunion übe heute im System der modernen Gesellschaften die Adaptionsfunktion aus (vgl. Parsons 1971, S. 108 f.). Das sieht sehr nach oberflächlicher Analyse aus und grenzt an

Unfug. Überhaupt ist diese Art der Analyse zu sehr »von oben« angelegt, zu weit von den Prozessen und Strukturen entfernt. Bei Parsons wird im großen Stil verallgemeinert und nicht präzisiert.

Zu fragen ist auch, ob gerade in Gegenwartsgesellschaften die *moderne Kultur* noch den *handlungsbestimmenden Rang* hat, den Parsons ihr weiterhin gibt. Zygmunt Bauman meint in seinem Beitrag zu diesem Band wie viele andere Kritiker, heute brauche der Staat Legitimation durch Kultur nicht mehr, wenn er nur über eine ausreichende politische Technologie zur Überwachung, Korrektion, wohlfahrtsstaatlichen Regulierung, Medikamentalisierung und Psychiatrisierung verfüge. Mit Parsons ist gegen diese Stoßrichtung der Kritik festzustellen, daß auch heute Herrschaftsträger danach streben, Intellektuelle zur Stützung einer mit den Staatszwecken zu vereinbarenden Kultur zu motivieren. Friedrich Tenbrucks Beleg für die Handlungsrelevanz von Kultur, nämlich die Tatsache, daß »dem Nationalsozialismus die kulturelle Herrschaft mindestens ebenso wichtig war, und auch sein mußte, wie die soziale und politische« (1979, S. 411), und zahlreiche Fakten, mit denen Helmut Schelsky seine These von der Priesterherrschaft der Intellektuellen stützt, finden ihre Verlängerung in aktuellen Beispielen nationaler Kulturpolitik. Sie sprechen für das Andauern der der Kultur zugeschriebenen Handlungsrelevanz.

Auch viele *interaktionstheoretische Kritiken* an Parsons' relativem Kulturdeterminismus haben offenbare empirische Schwächen. Die Idee der Moderne – so wie sie von Weber bis Parsons ernstgenommen wurde – wird als ein »ständig fehlschlagendes Projekt« (Knorr-Cetina 1986) angesehen. Daß ein Subsystem der Strukturerhaltung die anderen Systeme, darunter die Lebenswelt, steuert, wird als unhaltbare Behauptung behandelt. Interaktionisten machen geltend, daß die Akteure »unten« dafür sorgen, daß »divergierende Arbeitsperspektiven, Montage, Fiktion, Mißverständnisse, Verwirrung, Fehler und Konflikte« (Knorr-Cetina 1986, S. 8) die Lebenswelt in einer Form erzeugen, wie sie von keinem Strukturerhaltungssystem vorgeschrieben wird. Karin Knorr-Cetina meint daher, daß das »versagende Projekt« der Moderne »auf umfassende und durchgreifende Routinemerkmale gelebter Realität verweist« (1986, S. 10). Es gibt eine »doppelte Artikulation sozialer Formen«, nämlich – so könnte man in Par-

sons' Worten sagen – der Strukturerhaltung von oben und der Routinisierung der gesellschaftlichen Gemeinschaft von unten. Zwischen beiden besteht – so Knorr-Cetina – eine Verkennungsbeziehung. In dieser und anderen interaktionstheoretischen Kritiken wird jedoch einmal übersehen, daß gerade Parsons die Lebenswelt schon in seiner Theorie hoch einschätzt. Das Subsystem der gesellschaftlichen Gemeinschaft (sein Begriff der Lebenswelt) ist eines der vier Systeme des Handelns. Es wird zwar von Kultur gesteuert, aber es steuert seinerseits die Systeme der Zielverwirklichung und Anpassung, und es gibt der Kultur überhaupt erst die Energie. Man interpretiert Parsons wohl nicht zu wohlwollend, wenn man festhält, daß ein Energiespender auf die Einheit, die er versorgt, auch Einfluß hat und diese mitgestaltet. – Empirisch berücksichtigen viele Interaktionstheoretiker auch nicht, daß – bezogen auf ihr Urteil – sehr viel »funktioniert« und gemäß den kulturellen Mustern abläuft, daß also Werte sehr verbreitet verwirklicht werden, Normkonformität immer noch *das* Handlungsmuster ist, Kollektive so abgestimmt handeln, daß man sich im Alltagsleben relativ gut auf sie verlassen kann, und daß auch Rolleninklusion weit verbreitet ist. Viele Interaktionisten stehen daher in der Gefahr, die Abweichungen, Verzierungen und Verzerrungen von sozialen Prozessen für das Wesentliche zu halten.
Im übrigen ist es auch aus interaktionstheoretischer Perspektive nicht zwingend, Interaktion, Lebenswelt, mundane Struktur *nur* mit Eigensinn gleichzusetzen, der dann kulturelle Großprojekte in Chaos, Fehlschlag und Würdelosigkeit enden läßt. Die Akteure können durchaus *Handlungszusammenhänge* aushandeln, die *geordnet* sind, die *gelingen* (und die ab und zu auch großartig sind). Die Bearbeitung von sozialen und technischen Projekten, wie die Mondlandung oder der Bau von riesigen Schiffen, die Produktion von sozialen und kulturellen Projekten, wie die Schaffung der Demokratie oder die Gründung von Unternehmen oder Vereinen, die ihre Zwecke erfüllen, legen es näher, der von den Akteuren geschaffenen Kultur als Teil des Projekts der Moderne mehr zuzutrauen (vgl. Haferkamp 1987, S. 79 ff.).
Als problematisch wird auch Parsons' Konzentration auf Europa angesehen. Mehrfach ist ihm »Eurozentrismus« vorgeworfen worden. Allerdings ist dies kein stichhaltiger Einwand. Alle späteren Forschungen zu dieser Frage haben immer wieder zu

dem wenig überraschenden Ergebnis der *besonderen Bedeutung Europas* für die Moderne geführt und ihre Ausbreitung über die Welt belegt – ob Shmuel N. Eisenstadt (1986) nun zeigt, daß die europäischen Gesellschaften mehrere europäische Zivilisationen über die Welt ausbreiteten, oder ob Edward A. Tiryakian (1985) meint, die Moderne ziehe unaufhaltsam westwärts, so wie sie von Israel nach Europa gewandert sei und von dort den Atlantik übersprang, so bewege sie sich nun noch einmal nach Westen, nach Japan, Korea und China, oder ob Dieter Senghaas *Von Europa* [zu] *lernen* (1982) empfiehlt. Sachlich lassen diese und andere Forscher keinen Zweifel daran aufkommen, daß »Eurozentrismus« nicht als ernstzunehmende Kritik zu verstehen ist, sondern eine unzulässige Verkürzung mit kritischem Überschuß von absolut richtigen Beobachtungen Parsons' darstellt.

Kritisch ist auch Parsons' pauschale Erklärung der Entstehung der Moderne aus Differenzierung, friedlicher Integration und störungsfreier Strukturerhaltung beurteilt worden. Betrachten wir die beiden Fälle kultureller Entwicklung, die Parsons für die Ausbildung der Moderne anführt, nämlich die Renaissance und die Reformation. Sie sind *nicht nach dem Muster harmonischer Differenzierungsfolgen* entstanden. Die Emanzipation von Wissenschaft und Kunst, überhaupt von weltlicher Kultur, von kirchlichen Bindungen (ein Differenzierungsprozeß, der sowohl Konflikte wie hierarchische Steuerung im Verhältnis der Träger von Auswahlen und Deutungen der Fakten umfaßte) vollzog sich über Bergen von Opfern, von denen Giordano Bruno und Galileo Galilei nur die prominentesten sind. Martin Luthers Vorläufer und ihre Anhänger wurden (schon kurz nach Präsentation ihrer eigenwilligen Auswahlen und Deutungen) verbrannt. Erst zu Luthers Zeit hatte sich das kulturelle Klima in Mitteleuropa so stark verändert, daß Luther »unten« eine eigene soziale Bewegung abzuspalten und zu mobilisieren vermochte, deren rein quantitative Verbreitung die Anwendung der alten Mittel Verbrennen und Töten zunächst nicht zuließ, sondern zu offenen, jahrhundertelang dauernden Konflikten führte. Um seine Ideen von einer Veränderung der katholischen Kirche (eine weitere Variation also und nicht eine Differenzierung) durchzusetzen, bedurfte Luther »oben« der Stützung durch Mächtige, Fürsten, deren eigene Interessen dann wahrscheinlich stärker zur Differenzierung der Kirche und ihrer Vertiefung führten, als es Luthers Anliegen war.

Dem Bild friedlicher Differenzierung und harmonischer Folgen widerspricht erst recht die Gegenreformation, die einerseits mit Feuer, andererseits mit Barockpracht durchgesetzt wurde, wenn auch nur in Teilen Europas. Jeffrey Alexander (1986) hat erst kürzlich auf dieses in der Soziologie häufig unterbelichtete Ereignis aufmerksam gemacht, das Kriege und neue Unterdrückung auslöste. Betrachtet man weiter die von Parsons immer wieder hervorgehobene industrielle und politische Revolution in England bzw. Frankreich, dann ist daran zu erinnern, daß beide Revolutionen nicht gewaltfrei verliefen. Auch der Höhepunkt der Modernisierung, die Bildungsrevolution, war und ist keineswegs eine macht- und störungsfreie Differenzierung. Die Durchsetzung gleicher Bildungsrechte in den Vereinigten Staaten zugunsten der schwarzen Bevölkerung war ohne den gleichzeitigen Einsatz von Polizei und Nationalgarde undenkbar. In der Bundesrepublik Deutschland sind noch heute Rahmenrichtlinien, Gesamtschulkonzepte oder Förderungsstufen Kampfgegenstände, die zu Konflikten führen. Aber, und das ist nicht zu übersehen, der Anteil an friedlichen Differenzierungsfolgen nimmt erheblich zu, und schon die Übernahme der Ergebnisse der industriellen Revolution durch Frankreich und Preußen forderte in den übernehmenden Ländern nur wenige Opfer. Das gilt erst recht für die Verbreitung der Ergebnisse der Französischen Revolution, wenn man die Zahlen der Opfer in ein Verhältnis zu den Zahlen im Ursprungsland dieses Ereignisses setzt. Und diese Beobachtung trifft um so mehr für die Bildungsrevolution zu. Verglichen mit dem Blutzoll, den Reformation und Gegenreformation forderten, den Blutspuren, die die beiden großen Revolutionen in ihren Gesellschaften hinter sich herzogen, ist die Zahl der zu beklagenden Opfer der amerikanischen Unruhen äußerst gering, und in der Bundesrepublik Deutschland ist sie eine fast zu vernachlässigende Größe. Diese Linie zunehmender friedlicher Differenzierung weckt auch Zweifel an der These Alexanders, die Gegenreformation beeinflusse noch heute die Kriege im 20. Jahrhundert. Vielmehr kann gegen Alexanders Kritik mit Parsons festgehalten werden, daß trotz der Bedeutung von Macht und Konflikt im Prozeß der Modernisierung diese nicht überschätzt, d. h. als *»auf Dauer gestellt«* angesehen werden dürfen. Parsons hat ohnehin Herrschaft und Konflikt auch im Prozeß der Modernisierung gesehen, aber er ging von der These aus, daß die Strukturierung von Gesellschaft durch Macht und Herrschaft, Konflikt und Zerstörung zu ineffizient und zu teuer für die strukturierenden Kräfte ist. In diesen Fällen bleiben Gesellschaften unter ihren Möglichkeiten, und die Akteure zeigen Protest und Rückzugsverhalten mit dem Ergebnis, daß an und für sich mögliche Leistungen nicht erbracht werden. Daher kann die Strukturierung von Gesellschaften normalerweise wesentlich effizienter über »positive Prozesse« erfolgen, wie dies z. B. Verhandlungen und Kompromisse als Folge von Differenzierung sind. Und diese Mechanismen gewinnen an Bedeutung, wie man im Fall moderner Gesellschaften sieht (Strauss 1978; Fine 1984; Haferkamp 1987a). Dies ist einmal mehr der Grund, warum man sich auf derartige »positive Prozesse« konzentrieren sollte, wie Parsons es tat, mit dem Ergebnis, daß dann Theorien der Macht und Herrschaft, des Konflikts und der Zerstörung tatsächlich an Bedeutung verlieren.

In diesem Sinne kann man heute empirisch feststellen, daß in den Gegenwartsgesellschaften Nordamerikas und Westeuropas seit 30 Jahren immer noch die differenzierten Einheiten integriert und Strukturen erhalten werden. Das allein ist ein starkes Argument für Parsons' Theorie der Kultur. Die anderen Möglichkeiten sind nicht realisiert worden. Es gab zwar in der Geschichte der Entwicklung der Moderne Rückentwicklungen, wie den Faschismus und den Stalinismus, und derartige Rückentwicklungen drohen stets aufs neue, aber solange sie nicht auftreten, geschweige denn dauerhaft sind, so lange bleibt Parsons' Theorie, zumindest eine daraus abgeleitete Gegenwartsdiagnose, überlegen.

Unbestritten gibt es weiterhin Risiken. So finden wir, daß die modernen Gesellschaften des Westens wie des Ostens sich waffenstarrend gegenüberstehen. Die Gefahren eines mit Atomwaffen geführten Krieges sind kaum übersehbar. Parsons hat mehrfach – was von Kritikern gern übersehen wird, weil es nicht in ihr Parsons-Bild paßt – auf diese Gefährdung der Moderne hingewiesen (vgl. z. B. Parsons 1972, S. 178 f.). Das Risiko eines Atomkrieges wird oft als zentraler Beweis für das Andauern von Konflikten begriffen. Norbert Elias – jahrzehntelang Analytiker des abgelaufenen Zivilisationsprozesses und der Prophet seines Andauerns in der Zukunft – widmet sich seit 1980 verstärkt der »Doppelbinder«-Situation der beiden Supermächte, der USA und der Sowjetunion, und er hält es für denkbar, daß dieser Konflikt

das Ende der Bahn der Menschheitsentwicklung bezeichnen könnte (vgl. Elias 1985, S. 68). Die Zahl der Skeptiker, die mit Elias übereinstimmen, ist groß. Wiederum hat aber Parsons in der bisherigen Bilanz die Empirie für sich: Trotz aller Drohungen – am Ende verzichteten seit Hiroshima und Nagasaki die Staatsführer in West und Ost auf die Anwendung atomarer Gewalt. Das soll nun keineswegs als sichere Entwicklung der nächsten 40 Jahre und darüber hinaus angesehen werden, aber detaillierte Beschreibungen von Entscheidungsprozessen in der Spitze der einen der beiden derzeit existierenden Supermächte zeigen, daß sich angesichts von Konfliktsituationen bisher stets die Ansicht durchsetzte, der Einsatz von Massenvernichtungswaffen mit seinen absehbaren Folgen sei vor dem eigenen Gewissen und vor der Menschheit nicht zu verantworten, und er unterblieb auch (vgl. Kennedy 1968; Ball 1982/83). Bezogen auf das System moderner Gesellschaften heißt das: Die Differenzierung der beiden Supermächte ist seit mehr als 40 Jahren von genügend Integration und Strukturerhaltung begleitet worden. Der *Prozeß der Wertgeneralisierung* sollte daher im Zusammenhang mit dem Frieden zwischen den Supermächten von Kritikern nicht einfach als völlig abwegig weggeschoben werden. Liest man z. B. Robert F. Kennedys Beschreibung des Kuba-Konflikts sorgfältig, findet man genügend Indikatoren für eine Wertverallgemeinerung. Der Schutz des menschlichen Lebens wird auf immer mehr Akteure ausgedehnt. Auch das Leben des Gegners wird von den Werten geschützt. In diesem Sinne dürften Analysen von Reden mächtiger Politiker beider Supermächte auch zu dem Ergebnis führen, daß das Wertgewicht des Lebens des Gegners zunimmt.
Wenden wir uns systematisch den Voraussetzungen der Strukturerhaltung zu, d. h. dem Stand der Wertgeneralisierung, Normspezifizierung, Kollektivabstimmung und Rolleninklusion.
Parsons behauptet mit der These der *Wertgeneralisierung*, daß die Werte immer allgemeiner werden und dadurch immer mehr besondere Handlungen legitimieren. Das ist rein definitorisch so. Generalisierung heißt einmal: eine Definition, die Einzelheiten erfaßt, wird weiter. Die Begriffe, die Vorstellungen umfassen immer mehr Eigenschaften oder Zustände von Akteuren und Situationen, die als erstrebenswert angesehen werden. Zum anderen kann der Kreis der Wertanhänger vergrößert werden. Kollektive oder Gesellschaften, die bisher bestimmte Werte nicht verfolgten,

übernehmen diese, und sie lassen sie – wie zuletzt gezeigt – auch für Gegner gelten.

Wertverallgemeinerung kann schließlich auch heißen, daß die Rangfolge von verschiedenen Werten von immer mehr Handelnden, Kollektiven und Gesellschaften akzeptiert wird. Aber Strukturerhaltung und Wertgeneralisierung sind keineswegs die einzigen theoretischen Möglichkeiten. Parsons macht selbst darauf aufmerksam, daß neben Wertverallgemeinerung auch *Werteklektizismus* und *Wertgegensätze* zum Zuge kommen können. Darüber hinaus ist auch an *Wertewandel* zu denken.

Parsons schließt die ersten beiden anderen Möglichkeiten vorschnell aus, da er meint, schon der *Werteklektizismus* sei mit dem Fortbestand einer Gesellschaft unvereinbar, und Unverträglichkeit gelte insbesondere für Wertgegensätze. Parsons steht damit in einem Gegensatz zu Max Weber, der bekanntlich vom tödlichen Kampf zwischen verschiedenen Werten wie zwischen Gott und Teufel sprach (1964, S. 272). Allerdings meinte Weber, dieser Konflikt bestehe ohnehin in jedem Handelnden (1964, S. 188) und auch in jedem Kollektiv. In der Lebenspraxis müssen aber die einzelnen Akteure, Kollektive, Gesellschaften Wertkompromisse schließen. In diesem Sinne können Akteure die Vereinbarkeit verschiedener Wertbeziehungen herstellen. Das klassische Beispiel ist das Ausbalancieren der unterschiedlichen Konsequenzen der Befolgung der Werte »Sicherheit der Familie, Sorge um Angehörige« und »Freiheit, Unabhängigkeit«. So wie Weber zeigte, daß religiöse Wertvorstellungen veralltäglicht werden müssen, so sind diese beiden Werte auch zu veralltäglichen, um ihre Befolgung vereinbar zu machen. In der Bilanz wird dann ein umfassender Wertkompromiß hergestellt. In diesem Sinne kann man dann das Wertsystem, das von Milton Rokeach (1973) für die USA ermittelt wurde, als Kompromiß interpretieren. Wertkompromisse im Anschluß an Wertgegensätze stehen daher mit Parsons' These von der Wertverallgemeinerung nicht im Widerspruch.

Es gibt andere *Wertgegensätze*, die so nicht aufhebbar sind. Der Differenzierungsprozeß birgt das Risiko in sich, daß Subkollektive nicht aktiv oder passiv an der Wertgeneralisierung beteiligt werden, d. h., daß immer mehr Subkulturen mit eigenen kontroversen Werten entstehen. Webers These vom Kampf der Werte spricht dann einen folgenreichen Unterschied an: *Ein* Mensch muß »irgendwie« die verschiedenen Werte in seiner Person und seinem Handeln vereinbar machen, *mehrere Subgruppen* müssen das nicht unbedingt. Sie können auch koexistieren und ihre Interaktion stark einschränken. In der amerikanischen Gesellschaft findet man z. B. ethnisch bestimmte Subkollektive mit geringen Kontakten zur umgebenden Gesellschaft. In der nordamerikanischen Soziologie stößt man demgemäß auf viele Theorien mittlerer Reichweite über Kontrakulturen mit Gegenwerten (vgl. schon Yinger 1960). Auch in der Bundesrepublik Deutschland werden hin und wieder Gegenwerte festgestellt. So teilt die türkische Minderheit schon aufgrund religiöser Überzeugungen das Wertsystem der westdeutschen Gesellschaft nicht. Auch soziale Bewegungen sind teilweise Träger anderer Werte. Die Auseinandersetzung zwischen etablierten Parteien und neuen sozialen Bewegungen geht so weit, daß es von den neuen sozialen Bewegungen heißt, sie wollen eine »andere Republik« – und damit sind nicht nur andere Politikformen gemeint. Auffallend ist aber, daß manche »Gegenwerte« nicht Selbstzuschreibungen, sondern Fremdzuschreibungen sind. Offenkundig ist auch, daß seit Jahrzehnten nahezu alle Gruppen mit »Gegenwerten« wieder integriert wurden, und die Strukturen blieben erhalten. Das kann auch daran liegen, daß – wie Richard Münch bemerkte – z. B. die von den neuen sozialen Bewegungen vertretenen »Gegenwerte« »auch in erheblichem Maße Neuinterpretationen des modernen Wertmusters bieten, das als kultureller Code der Moderne über die gegenwärtige Gesellschaft hinausweist« (Münch 1985, S. 459). Demnach verallgemeinern die neuen sozialen Bewegungen durch Erweiterung der Interpretation alte Werte nur in neuer Weise, und ihr Handeln ist dann auch konform. Folgt man Münchs Analyse, so ist Parsons' Aussage über Wertverallgemeinerung sachlich, auf neue soziale Bewegungen bezogen, richtig. Dazu paßt als besonders eindrucksvoller Beleg die bis in das Lager der neuen sozialen Bewegungen hineinreichende »Bereitschaft zur *repressiven Universalisierung* (Parsons würde Universalisierung durch Generalisierung ersetzt haben; H. H.) der postmateriellen Werthierarchie insbesondere auf dem Gebiet des Rechts, und dort vor allem auf dem Spezialgebiet des Strafrechts« (Scheerer 1986, S. 135; wir kommen darauf bei der Behandlung der Normspezifizierung zurück). So hat bisher die Moderne der Bundesrepublik Deutschland ihren Wertebaldachin noch über fast alle »devianten« oder »gegensätzlichen« Werte sozialer Bewegungen ausgebreitet.

Daß weiterhin *Werte sich wandeln*, lag schon für Max Weber offen zutage. Wertsysteme ändern sich mit der Kultur, der sie angehören, mit den »die Menschen beherrschenden Gedanken selbst« (Weber 1964, S. 226). Derartige Wandlungsprozesse sind

- das Auftreten neuer Werte (bei zum Teil gleichzeitigem Fortbestand alter Werte),
- die Rückkehr totgeglaubter alter Werte,
- die Vernachlässigung und Nichtbeachtung einzelner bestehender Werte und
- das Verschwinden von Werten (vgl. dazu Bollnow 1958).

Das sind Prozesse, die man nicht mit Wertgeneralisierung erfassen kann. Prüft man aber die Gegenwartsgesellschaften auf das hin, was sich hinter dem empirisch beobachteten Wertewandel verbirgt, so stößt man selten auf einen der vier hier angeführten Tatbestände, sondern auf eine *Veränderung der relativen Wertgewichte*. In der Bundesrepublik Deutschland hatte der Wertewandel z. B. die folgende Richtung: Die Werte der Individualisierung und Partizipation gewannen an Bedeutung, Pflicht- und Akzeptanzwerte wurden dagegen weniger wichtig (vgl. Klages 1984). Das ist aber in der Tat eine Höherbewertung jener allgemeinen Werte, die am Anfang der Moderne standen, die in der Zeit der Reformation ihre erste Ausprägung erfuhren. Derartige Prozesse sind – bezogen auf kurzfristige Abläufe – echter Wandel. Mit dem »langen Blick« von Parsons sind sie durchaus noch mit dem Konzept der Wertverallgemeinerung zu erfassen.
Allerdings sollte nicht übersehen werden, daß Wertverallgemeinerung weder im Verhältnis zu allen ethnischen Minoritäten noch zu allen Randgruppen zu finden ist. Echte Gegenwerte und eindeutiger Wertewandel in einzelnen Gruppen sind durchaus zu beobachten, in Westeuropa z. B. in kriminellen Randgruppen, terroristischen und separatistischen Bewegungen. Hier bestehen keinerlei Anzeichen für eine Wertverallgemeinerung. Was aber für den Kriminalsoziologen von großer Bedeutung ist, da er zunächst einmal diese besonderen Handlungen thematisiert und diese speziellen Gruppen im Auge hat, was also für die Kriminalsoziologie Anlaß zu einem neuen Erklärungsprogramm geben könnte, das ist allgemeinsoziologisch weniger erheblich. Hier dominiert immer noch die Beobachtung der Wertverallgemeinerung.

Eine zweite Voraussetzung von Strukturerhaltung ist die *Normspezifizierung*. Normen schreiben entweder bestimmte Handlungen vor, oder sie verbieten, insbesondere als Strafrechtsnormen, spezifische Handlungen. Sie präzisieren die gebotenen und verbotenen Wege der Wertverwirklichung. Werden Werte verallgemeinert, so gibt es anschließend mehr Möglichkeiten der Wertverwirklichung. Um dieses Handlungspotential auszunutzen, sind mehr spezifische Normen erforderlich, die teils gebietend, teils verbietend sind. Daß ein derartiger Prozeß tatsächlich abläuft, wird gelegentlich bestritten. Statt dessen wird der Zwang zur Anpassung an *allgemeine* Normen registriert. Waren früher Priester, Adelige und lange Zeit noch Soldaten Sondernormen unterworfen, so gilt für sie heute überall die Allgemeinheit des Gesetzes. In ähnlicher Weise wirkt Entrechtlichung als Gegentrend zur Verrechtlichung (vgl. Voigt 1983). Die verbleibenden Rechte sind dann die allgemein geltenden. Überwiegend werden aber empirische Einwände zur Normspezifizierung eher zurückhaltend vorgebracht. Zu offenkundig ist der vorherrschende Trend: Berufsgruppen, Organisationen und Institutionen erfahren normative Regelungen, Verrechtlichung läuft ab. Sie wird häufig mit der Reduzierung von Handlungsfreiheiten gleichgesetzt. Ordnet man sie jedoch in den Zusammenhang von Prozessen der Wertverallgemeinerung ein, so ist zusätzliche Normierung mehr oder weniger eine sozial notwendige Folge der Wertgeneralisierung und ihrer Steigerung von Handlungsmöglichkeiten; *Verrechtlichung schwächt* dann lediglich diese *Steigerung von Handlungsmöglichkeiten ab*.

Es ist keineswegs sicher, daß die sozial notwendige Spezifizierung erfolgt und gelingt. Werte können »allgemein im Raum« stehen, und die präzisierenden Normen können fehlen. Anomie nannte Durkheim diesen Tatbestand. Normspezifizierung ist auch nicht immer notwendig für die einzelnen Akteure. Sicherlich ist ein gewisses Maß an Normen zur Verhaltensstabilisierung der einzelnen Akteure erforderlich – wie die anthropologische Soziologie gezeigt hat –, aber jenseits einer bestimmten Grenze sind die Akteure nicht mehr auf Normen angewiesen. Es sind vielmehr der Handlungszusammenhang, die Gruppe, die Organisation oder Gesellschaft, die zum Gelingen von Interaktion einen erhöhten Regelungsbedarf haben. Damit rücken wieder Fragen von Normverinnerlichung und Normsetzung in den Blick.

Es kommt also weiterhin darauf an, daß die spezifizierten Normen tradiert und verinnerlicht werden. Auch dafür ist nicht ohne weiteres Gewähr geboten. Familien, Schulen oder Freundesgruppen können versagen. Dann ist es den handelnden Subjekten nicht möglich, auf normkonformem Weg die Werte zu realisieren. Alle empirischen Untersuchungen zeigen jedoch, daß diese Funktionen bisher in den westlichen Gesellschaften in ausreichendem Maße erbracht werden.
Für die Prozesse der Setzung spezifischer Normen war eine *Bedeutungssteigerung* des Wertes der Selbstentfaltung und der Selbstverwirklichung in westlichen Gegenwartsgesellschaften wichtig (vgl. z. B. Klages 1984). Bedeutungssteigerung kann man auch so verstehen, daß der Wert nicht nur für einzelne Akteure gewichtiger wurde, sondern daß seine Realisierung in abgeschwächter Form nun auch jenen Akteuren zugestanden wird, denen das Recht auf Selbstverwirklichung bisher versagt wurde, z. B. Strafgefangenen. In diesem Sinne kann man dann aus der festgestellten Bedeutungssteigerung des Wertes der Selbstverwirklichung die Normen zur Humanisierung des Strafvollzuges, insbesondere zur Verbesserung des Rechtsschutzes von Strafgefangenen, sowie den Ausbau der Strafaussetzung zur Bewährung erklären. Auch die Bedeutungssteigerung des Wertes der »schönen Natur«, »einer Welt des Schönen« (Rokeach 1973) hat wahrscheinlich direkt zur Schaffung von verbietenden Normen im Umweltstrafrecht beigetragen. Viele Setzungen von spezifizierenden Strafrechtsnormen erfolgen mit breiter Zustimmung, die auch soziale Bewegungen eines neuen Lebensstils erfaßt. Selbst »Antiautoritäre«, »Gewaltfreie« verstehen sich gern dazu, die Verallgemeinerung bestimmter Werte der Moderne mit dem »Knüppel des Strafrechts« voranzutreiben.
Das Verhältnis von Wertverallgemeinerung und Normspezifizierung ist oft komplex. So erfuhr auch der Wert der Gleichheit eine Bedeutungssteigerung. Dieser Prozeß förderte Normen zur Sicherstellung von Gleichheit im Bildungsbereich sowie der Gleichstellung von Mann und Frau. Es erfolgten dann aber auch zusätzliche und absichtsvolle Spezifizierungen (der Spezifikation), um gleichwohl gesellschaftliche Schichtung weiter zu legitimieren: Das Personal der Führung des politischen Systems legt Wert auf den Bestand von »Leistungselite«, auf »Spitzenleistungen« in Wirtschaft, Wissenschaft und Sport. Anne Dreyer (1985)

hat in einer Redeanalyse gezeigt, daß z.B. Bundeskanzler Kohl den Gleichheits- und den Leistungswert und Wege ihrer Verwirklichung durch Gesetze zusammenzieht: »Chancengleichheit für alle und Zulassung zum Studium für viele dient aber dem Allgemeinwohl ganz gewiß am besten, wenn gleichzeitig nicht die Pflicht aus den Augen verloren wird, Hochbegabte besonders zu fördern« (*Reden 1982-1984*, Bonn 1984, S. 481).

Verallgemeinerte Werte und spezifizierte Normen führen zu mehr erlaubten Handlungen. Daraus ergeben sich dann wieder Probleme der Handlungskoordination, des Gelingens von Interaktion. Spezifizierende Normen, die in verschiedenen *Kollektiven* gelten, sind nicht per se *aufeinander abgestimmt*. Die sich ergebenden Unangepaßtheiten von normgeleiteten Handlungen verschiedener Norm- und Regelungskomplexe können nebeneinander stehenbleiben, und ein gewisses Maß an Desintegration und Strukturauflösung kann resultieren – im Gegensatz zu Parsons' Sicht. In diesem Sinne behaupten viele Symbolische Interaktionisten, daß die Verknüpfung von Kollektiven ganz anders als von Parsons gedacht verlaufe. Moderne Organisationen (Kliniken, Behörden, Industrieorganisationen) entwickeln eigene Perspektiven für die Produktion ihrer Ergebnisse und die Handhabung ihrer Kunden (vgl. Strauss 1978; Fine 1984; Knorr-Cetina 1986). So bleiben noch heute die Anforderungen der beruflichen Arbeit, familialer Pflichterfüllung und die Ansprüche an die Freizeit oft unintegriert. Je nach Handlungszusammenhang werden zum Teil Arbeitspflichten vernachlässigt oder Familienmitglieder enttäuscht oder an und für sich gewünschte Freizeitaktivitäten aufgegeben. Aber im großen und ganzen scheinen die normativen und nicht-normativen Regelungen der Kollektive ausreichend koordiniert zu sein.

Auch für die vierte Strukturvoraussetzung kann man zeigen, daß sie empirisch meist erfüllt ist. *Inklusion von Rollen* bedeutet, daß die ausdifferenzierten Rollenerwartungen und die Träger dieser Rollenerwartungen einbezogen werden. Das ist erneut keineswegs selbstverständlich, und wenn Parsons behauptet, dies sei immer der Fall, dann urteilt er ex post von der Lage leistungsfähiger und integrierter Gesellschaften her. Denn neben Inklusion ist stets auch Ausgrenzung denkbar, und gerade Ausschließungsprozesse werden von vielen Kritikern als typisch für die moderne Gesellschaft angesehen. In den Arbeiten zum *labeling approach* über Stigmatisierungsprozesse in den USA und in der Bundesrepublik Deutschland werden nicht nur »Kriminelle« behandelt (deren Rolleneigenschaft fraglich ist, da sie illegale und illegitime Rollenerwartungen enthalten), sondern auch Psychiatriekranke, Arme oder auch Prostituierte, deren Handeln durchaus mit dem Rollenbegriff zu analysieren ist. Es wird dabei häufig Ausgrenzung dieser Rollen behauptet. Zu ähnlichen Befunden gelangen in der Bundesrepublik Deutschland Analytiker, die hier eine »Zwei-Drittel-Gesellschaft« feststellen, in der Dauerarbeitslose und Sozialhilfeempfänger ausgegrenzt werden. Arbeiten über »soziale Schließung« (Parkin 1983) gehen seit Weber davon aus, daß soziale Kreise den Zugang zu Privilegien und Erfolgschancen begrenzen. Konkurrenten werden ausgeschlossen (vgl. Weber 1964a, S. 260). Im einen wie im anderen Falle wird im Anschluß an Differenzierungsprozesse Rollenexklusion und nicht -inklusion behauptet. Empirisch hat Parsons erneut die Beobachtung für sich, daß Inklusion verbreitet ist. Diese erfolgt auch nicht nur – von »oben« gesehen – freiwillig, sondern zum Teil auf Verlangen und Druck der Ausgeschlossenen, die auf Inklusion oder Integration bestehen (und häufig nicht nur ihrerseits Schließungsstrategien verfolgen, wie Parkin [1983] meint).[1] Mit extremen Randgruppen wird eine Einigung angestrebt, auch sie sollen eingebunden werden. Man kann geradezu vom Triumph des Wohlfahrtsstaates sprechen, der die verschiedensten Gruppen, selbst seine Gegner, zu binden versucht. Dabei sind sehr unterschiedliche Strategien im Gebrauch. Devianten wird, auch wenn ihr Handeln mit keinem Rollenbegriff erfaßbar ist, Rechtsschutz und Resozialisation, Armen und Arbeitslosen ein angemessenes Existenzminimum, politischen Gegnern Gedankenfreiheit, Anhörung und die Überlassung von Bereichen zur autonomen Gestaltung angeboten. Dies ist keineswegs nur in Westeuropa der Fall, auch in den USA ist Einbindung im großen Stil zu beobachten, und sie wird dort auch von konservativen Regierungen – gegen deren erklärte Absichten – betrieben.

4. Soziologischer Optimismus

Betrachten wir die Prozesse des kulturellen Wandels im ganzen, dann spricht viel dafür, daß die von Talcott Parsons unterstellten Prozesse des kulturellen Wandels in der Moderne tatsächlich weiterhin im Gange sind: Wertgeneralisierung, Normspezifizierung, Kollektivabstimmung und Rolleninklusion finden statt. Bekanntlich stützt Parsons auch auf sie seine »relativ optimistische« Prognose (Parsons 1972, S. 179) über die Zukunft moderner westlicher Gesellschaften.

Man könnte mit dieser Feststellung die Analyse beenden und Parsons' Theorie des kulturellen Wandels zur und in der Moderne wegen der stets fehlenden Prozeßanalysen als theoretisch zwar unbefriedigend, empirisch aber in vielen Teilen gestützt, und dies zunehmend, betrachten, womit auch Parsons' Optimismus geteilt würde. Man gelangt dann zu einer Sicht, die im Gegensatz zur »typisch« deutschen und französischen Gesellschaftsanalyse steht. Die deutsche Theorie der Kultur moderner Gesellschaften ist durchgehend, zumindest überwiegend, pessimistisch. Nur Georg Simmel wäre einer der wichtigen Träger einer anderen, Parsons' Perspektive ähnlichen Sicht. Weber dagegen sah die Akteure als Kulturmenschen in der Gefahr, in ein »ehernes Gehäuse« einzuziehen. Arnold Gehlen erkannte im aufkommenden Subjektivismus die Wurzel des Niedergangs der Institutionen. Helmut Schelsky witterte in seinem letzten großen Werk neuen Priestertrug. Niklas Luhmann nimmt in ähnlicher Weise die Wirklichkeit wahr, wenn er vom verbreiteten »Nein« zur Gesellschaft spricht. Auch die französische Gesellschaftsanalyse ist zu einem großen Teil pessimistisch. Durkheim sah die Gefahr der Anomie, Pierre Bourdieu schreibt über den Bestand von alles zementierenden Klassenkulturen. Michel Crozier führt gerade auf die französische Kultur die Unbeweglichkeit und geschlossene Zukunft der französischen Gesellschaft zurück. In beiden Traditionen der Gesellschaftsanalyse wird die Zukunft der modernen Gesellschaft und ihrer Kultur sehr skeptisch beurteilt.

Mit Parsons im Rücken kann man sich diesen Befürchtungen nicht anschließen. Die moderne Gesellschaft, die mit fortschreitender Differenzierung zur Gesellschaft der Masse der Individuen wird, kommt bisher mit den Folgen weitgetriebener Differenzierung zurecht. Neue Berufe, neue Tätigkeiten, neue politische Aktivitäten, auch neue Subkulturen und neue Wertgewichte entstehen. Dies sind Differenzierungsprozesse, die sich zunächst – wie alle Differenzierungsprozesse – als Freisetzungsprozesse erweisen. Sie setzen frei den Arbeiter in der Schattenwirtschaft, den Protestbürger, die Mitglieder der neuen Sekten und »alternativer« Gemeinschaften. Akteure treten aus bisher bestehenden Einheiten aus, und sie gründen Handlungszusammenhänge, die ihnen mehr konkrete Handlungsfreiheiten eröffnen. Diese Freisetzungsprozesse sind zweifelsohne immer riskant. Differenzierte Subsysteme können Nachbarsysteme stören, können die eigenen Voraussetzungen vernichten. Dagegen wirken aber bisher Wertgeneralisierung, Normspezifizierung, Kollektivabstimmung und Rolleninklusion. Diese Prozesse darf man sich jedoch nicht mehr, wie Parsons es immer getan hat, als zu fest vorstellen. Es reicht z. B. oft lose Integration, weiche Strukturerhaltung. Es reicht, wenn die Akteure sich zu einem ausreichenden Maß an Verbindung der verschiedenen Subgruppen und -kulturen zusammenfinden. Die Schattenwirtschaftler, die es nicht ablehnen, auch jene Einheiten zu bedienen, die in die Nationalökonomie wohlintegriert sind, und die andererseits ein Mindestmaß an Steuern und Abgaben erbringen, geben ein Beispiel für die nur lose Verknüpfung von Kollektiven. Das Verhältnis vieler Akteure zu den christlichen Kirchen ist von allgemeiner diffuser Zustimmung zum Wert der Ökumene ohne inneres Engagement gekennzeichnet. Man betrachtet Fernsehbilder von einer Papstmesse mit Interesse – ohne deshalb am nächsten Sonntag an den eigenen Kirchgang auch nur zu denken. Gleichwohl unterbleiben Kirchensteuerzahlung, kirchliche Taufen, Eheschließungen und Begräbnisse nach christlichem Ritual nicht. Die hinter den Institutionen stehenden Werte werden nicht so ernstgenommen, obwohl das Handeln immer noch wertorientiert ist. In der politischen Kultur ist das Verhältnis von Parteien mit langer Tradition zu den neuen sozialen Bewegungen Ausdruck geringer, aber noch funktionierender Integration. Ausgrenzung und Einbindung halten sich die Waage. Und so verhält es sich auch mit Werten, Normen, Regelungen und Rollenerwartungen der Lebenswelt. Diese wird selbst immer mehr diversifiziert, und Vielfalt und Koexistenz sind zu beobachten. Weil früher abhängige Akteure stark genug geworden sind, darum entwickeln sie ihre eigenen Teilkulturen, haben sie Stadtteilkulturen und alternative Szenen,

und das bisher konforme Publikum beginnt sich zunehmend für sie zu interessieren, fängt damit an, diese Kulturen mit zu konsumieren. Lose Integration ist daher in der Gesellschaft der Masse von Individuen bisher immer noch erreicht worden.
Parsons hatte den modernen Gesellschaften des Westens einen optimistischen Blick in die Zukunft eröffnet. Wir haben hier versucht zu zeigen, daß diese Perspektive sich erst in Gegenwartsgesellschaften als begründet erweist. Daß dies keine willkürliche Aussage ist, belegt auch die um sich greifende Parsons-Renaissance. Theoretiker spüren, daß in Parsons' Analyse mehr enthalten ist, als man zu Parsons' Lebzeiten annahm. Das ändert nichts daran, daß gleichwohl bedeutende Revisionen an seiner Theorie erforderlich sind, von denen einige hier nur skizziert werden konnten. Sie wären in der Perspektive der Interaktionstheorie vorzunehmen, die wohl häufig in der Gefahr steht, die Prägekraft von Werten, Normen, Kollektiven und Rollen zu unterschätzen, die aber deren Entstehung um so treffender beschreibt.

Anmerkung

1 Für Hinweise zum Zusammenhang der Inklusions- und Schließungsthematik danke ich Angelika Schade.

Literatur

Alexander, Jeffrey, »Durkheim's Problem and Differentiation Theory Today«, Beitrag zur Konferenz »Social Change and Modernity« der Theoriesektionen der ASA und der DGS, Berkeley 21.-23. 8. 1986, erscheint in: Hans Haferkamp/Neil J. Smelser (Hg.), *Social Change and Modernity* (im Druck).

Ball, Desmond, »U.S. Strategic Forces. How would they be used?«, in: *International Security* 7 (1982/83), S. 31-60.

Berger, Johannes, »Autopoiesis: Wie ›systemisch‹ ist die Theorie sozialer Systeme?«, in: Hans Haferkamp/Michael Schmid (Hg.), *Sinn, Kommunikation und soziale Differenzierung. Beiträge zu Luhmanns Theorie sozialer Systeme*, Frankfurt 1987, S. 129-152.

Bollnow, Otto Friedrich, *Wesen und Wandel der Tugenden*, Frankfurt 1958.

Claessens, Dieter, »Gesellschaftliche Organisation und Repräsentation als Verstärker von Ungleichheit: Die Problematik des ›Heraustretens‹«, Referat zur Tagung der Sektion »Soziologische Theorien« in der DGS, Düsseldorf 12.-14.2.1987.

Cohen, Albert K., *Delinquent Boys. The Culture of the Gang*, Glencoe 1955.

Dahrendorf, Ralf, »Struktur und Funktion. Talcott Parsons und die Entwicklung der soziologischen Theorie«, in: *Kölner Zeitschrift für Soziologie und Sozialpsychologie* 7 (1955), S. 491-519.

Dahrendorf, Ralf, *Soziale Klassen und Klassenkonflikt in der industriellen Gesellschaft*, Stuttgart 1957.

Damm, Reinhard, *Systemtheorie und Recht. Zur Normentheorie Talcott Parsons'*, Berlin 1976.

Devereux, Edward C. Jr., »Parsons' Sociological Theory«, in: Max Black (Hg.), *The Social Theories of Talcott Parsons. A Critical Examination*, Englewood Cliffs 1961, S. 1-63.

Dreyer, Anne, »Parsons' These der abnehmenden Ungleichheit in der Moderne, die Entwicklung von Belohnungs-, Ressourcen- und Machtverteilungen in der Bundesrepublik oder den USA und ihre Reflexion in Reden von Makroakteuren«, Manuskript, Bremen 1985.

Eisenstadt, Shmuel N., »A Reappraisal of Theories of Social Change and Modernization«. Beitrag zur Konferenz »Social Change and Modernity« der Theoriesektionen der ASA und der DGS, Berkeley 21.-23.8.1986, erscheint in: Hans Haferkamp/Neil J. Smelser (Hg.), *Social Change and Modernity* (im Druck).

Elias, Norbert, *Humana conditio. Beobachtungen zur Entwicklung der Menschheit am 40. Jahrestag eines Kriegsendes (8. Mai 1985)*, Frankfurt 1985.

Fine, Gary Alan, »Small Groups and Culture Creation: The Idioculture of Little League Baseball Teams«, in: *American Sociological Review* 44 (1979), S. 733-745.

Fine, Gary Alan, *Shared Fantasy. Role-Playing Games as Social Worlds*, Chicago/London 1983.

Fine, Gary Alan, »Negotiated Orders and Organizational Cultures«, in: *Annual Review of Sociology* 10 (1984), S. 239-262.

Haferkamp, Hans, »Mead und das Problem des gemeinsamen Wissens«, in: *Zeitschrift für Soziologie* 14 (1985), S. 175-187.

Haferkamp, Hans, »Autopoietisches soziales System oder konstruktives soziales Handeln?«, in: Hans Haferkamp/Michael Schmid (Hg.), *Sinn, Kommunikation und soziale Differenzierung. Beiträge zu Luhmanns Theorie sozialer Systeme*, Frankfurt 1987, S. 51-88.

Haferkamp, Hans, »Beyond the Iron Cage of Modernity? Achievement, Negotiation and Changes in the Power Structure«, in: *Theory, Culture & Society* 4 (1987a), S. 31-54.

Kennedy, Robert F., »Thirteen Days. The Story about how the World almost ended«, in: *McCalls' Magazine* 46/2 (1968).
Klages, Helmut, *Wertorientierungen im Wandel. Rückblick, Gegenwartsanalyse, Prognosen*, Frankfurt 1984.
Knorr-Cetina, Karin, »Zur Doppelproduktion sozialer Realität: Der konstruktivistische Ansatz und seine Konsequenzen«. Vortrag beim Symposion »Mikrosoziologische Revolution?« der Sektion »Soziologische Theorien« in der DGS, 23. Deutscher Soziologentag, Hamburg 30. 9.-2. 10. 1986.
Lenski, Gerhard, *Macht und Privileg. Eine Theorie der sozialen Schichtung*, Frankfurt 1973.
Lockwood, David, »Some Remarks on ›The Social System‹«, in: *British Journal of Sociology* 7 (1956), S. 134-146.
Luhmann, Niklas, *Rechtssoziologie*, 2 Bde., Reinbek 1972.
Münch, Richard, »Wege der Moderne. Zwischen Tradition und Modernität, Partikularismus und Universalismus, Routine und Revolution, Konformität und Entfremdung«, in: Burkart Lutz (Hg.), *Soziologie und gesellschaftliche Entwicklung. Verhandlungen des 22. Deutschen Soziologentages in Dortmund 1984*, Frankfurt 1985, S. 453-462.
Parkin, Frank, »Strategien sozialer Schließung und Klassenbildung«, in: Reinhard Kreckel (Hg.), *Soziale Ungleichheiten*, Sonderband 2 der *Sozialen Welt*, Göttingen 1983, S. 121-135.
Parsons, Talcott, *The Structure of Social Action*, 2 Bde., New York/London 1968 (zuerst 1937).
Parsons, Talcott, »Comparative Studies and Evolutionary Change«, in: Ivan Vallier (Hg.), *Comparative Methods in Sociology: Essays on Trends and Application*, Berkeley 1971, S. 97-139.
Parsons, Talcott, *Das System moderner Gesellschaften*, München 1972.
Parsons, Talcott, *Gesellschaften. Evolutionäre und komparative Perspektiven*, Frankfurt 1975.
Parsons, Talcott, »Comment on ›Parsons' Interpretation of Durkheim‹ and on ›Moral Freedom through Understanding in Durkheim‹«, in: *American Sociological Review* 40 (1975a), S. 106-111.
Parsons, Talcott, »Sozialsysteme«, in: *Talcott Parsons. Zur Theorie sozialer Systeme*, hg. von Stefan Jensen, Opladen 1976, S. 275-318.
Rokeach, Milton, *The Nature of Human Values*, New York/London 1973.
Sackmann, Reinhold, »Entstehung neuen Wissens«, Manuskript, Bremen 1987.
Scheerer, Sebastian, »Atypische Moralunternehmer«, in: *Kriminologisches Journal*, 1. Beiheft 1986, S. 133-156.
Schelsky, Helmut, *Auf der Suche nach Wirklichkeit*, Düsseldorf/Köln 1965.
Schmid, Michael, *Theorie sozialen Wandels*, Opladen 1982.

Senghaas, Dieter, *Von Europa lernen. Entwicklungsgeschichtliche Betrachtungen*, Frankfurt 1982.

Smelser, Neil J., *Social Change in the Industrial Revolution. An Application of Theory to the British Cotton Industry*, Chicago 1959.

Strauss, Anselm, *Negotiations. Varieties, Contexts, Processes, and Social Order*, San Francisco/Washington/London 1978.

Tenbruck, Friedrich H., »Die Aufgaben der Kultursoziologie«, in: *Kölner Zeitschrift für Soziologie und Sozialpsychologie* 31 (1979), S. 399-421.

Tiryakian, Edward A., »The Changing Centers of Modernity«, in: Erik Cohen/Moshe Lissak/Uri Almagor (Hg.), *Comparative Social Dynamics*, Boulder/London 1985.

Voigt, Rüdiger (Hg.), *Gegentendenzen zur Verrechtlichung. Jahrbuch für Rechtssoziologie und Rechtstheorie*, Bd. 9, Opladen 1983.

Weber, Max, *Soziologie. Weltgeschichtliche Analysen, Politik*, Stuttgart 1964.

Weber, Max, *Wirtschaft und Gesellschaft. Grundriß der verstehenden Soziologie*, Köln/Berlin 1964a.

Weick, Karl E., »Educational Organizations as Loosely Coupled Systems«, in: *Administrative Science Quarterly* 21 (1976), S. 1-19.

Willke, Helmut, »Funktionen und Konstitutionsbedingungen des normativen Systems der Gruppe«, in: *Kölner Zeitschrift für Soziologie und Sozialpsychologie* 28 (1976), S. 426-450.

Yinger, Milton J., »Contraculture and Subculture«, in: *American Sociological Review* 25 (1960), S. 625-635.

Klaus Eder

Gleichheitsdiskurs und soziale Ungleichheit

Zur Frage nach den kulturellen Grundlagen sozialer Ungleichheit in der modernen Klassengesellschaft

1. Der Diskurs über soziale Ungleichheit

1.1 Ungleichheit: Soziales Faktum oder Deutungsmuster?

Soziale Ungleichheit ist eines jener Phänomene, die zugleich moralische Entrüstung, politisches Engagement und soziale Analyse mobilisieren. Der Diskurs über Ungleichheit bietet verständlicherweise ein Forum dafür, soziale Benachteiligungen und Unterdrückungen zu thematisieren. Das soziologische Theoretisieren über soziale Ungleichheit fügt diesem Ungleichheitsdiskurs nur mehr eines hinzu: nämlich im Rückgriff auf empirische Daten der einen oder anderen Thematisierung wissenschaftliche Legitimation zu verleihen. Auch der soziologische Diskurs über Ungleichheit entkommt somit nicht der sozialen Funktion des Ungleichheitsdiskurses: nämlich an der Erzeugung kognitiver Repräsentationen sozialer Ungleichheit mitzuarbeiten. Eine soziologische Analyse, die diese Implikation nicht verdrängen will, muß soziale Ungleichheit als ein Deutungsmuster sozialer Realität begreifen und nach seiner Funktion in der sozialen Realität fragen.
Eine solche soziologische »Objektivierung« des Ungleichheitsbegriffs setzt eine theoretische Perspektive voraus, die den Diskurs über soziale Ungleichheit in der sozialen Realität, die ihn produziert, lokalisiert. Ich möchte die These verteidigen, daß der moderne Ungleichheitsdiskurs von kollektiven Erfahrungs- und Wahrnehmungsweisen der sozialen Welt geprägt ist, die mit dem Aufstieg der bürgerlichen Klasse im 18. Jahrhundert entstanden sind und heute von den Mittelklassen dominiert werden. Die aktuelle Konjunktur der Ungleichheitsforschung in der Soziologie (Kreckel 1983) läßt sich so – provokativ formuliert – als Effekt einer »Verkleinbürgerlichung« der Soziologie erklären.[1]

1.2 Die Universalität vertikaler Klassifikation

Der Versuch einer soziologischen »Objektivierung« des Ungleichheitsbegriffs wird in zwei Schritten unternommen. Zunächst wird die Existenz sozialer Klassen als jene objektive Basis identifiziert, die dem Reden über soziale Ungleichheit zugrunde liegt. In einem zweiten Schritt werden dann die subjektiven Bedingungen der Reproduktion sozialer Klassen behandelt. Dabei wird gezeigt, daß mit der Durchsetzung des bürgerlichen Gleichheitsdiskurses der Ungleichheitsdiskurs eine zentrale Rolle in der Reproduktion dieser Klassenstruktur zu spielen beginnt.

Soziale Ungleichheit ist – so will es die herrschende Vorstellung – ein universelles soziales Phänomen (Tumin 1967), das gleichermaßen in einfachen, traditionalen und modernen Gesellschaften existiere. Doch welche Realität wird im Begriff »soziale Ungleichheit« repräsentiert? Was ist das *signifié*, das diesem *signifiant* entspricht?[2] Die sozialen Tatsachen, auf die sich die Rede von sozialer Ungleichheit bezieht, sind Unterschiede zwischen den Menschen, Unterschiede im Hinblick auf Einkommen, Haarfarbe, Geschlecht, Attraktivität, Aggressivität, Geschmack usw. Das erklärungsbedürftige Phänomen ist, warum einige dieser Differenzen von den sozialen Akteuren (einschließlich derer, die über diese Akteure forschen!) dazu benutzt werden, Klassen von Menschen zu unterscheiden. Dann müssen wir erklären, warum solche Klassenunterschiede von diesen Akteuren als Ungleichheit erfahren und gedeutet werden.

Um von sozialer Ungleichheit zu reden, müssen also zwei kognitive Operationen vorgenommen werden. Die erste besteht darin, die soziale Welt vertikal zu klassifizieren. Die zweite ist, diese vertikale Klassifikation der sozialen Welt als Abweichung von einem Ideal der Gleichheit zu beschreiben. *Vertikale Klassifikation* als solche ist ein kulturelles Universale (Schwartz 1981).[3] In einfachen Gesellschaften wird vertikale Klassifikation auf Geschlecht, Alter und Verwandtschaft gegründet. Traditionale Gesellschaften fügen Stände und Kasten als Kriterien hinzu. Moderne Gesellschaften fügen dem schließlich noch individuelle Leistung hinzu. Was letztere von traditionalen Gesellschaften weiterhin unterscheidet, ist, daß sie sich als erste explizit als »Klassengesellschaften« beschrieben haben. Sie bezeichnen sich als Gesellschaften, die »soziale Ungleichheit« aufweisen. Das zeigt, daß »Ungleichheit« ein evolutionär spezifisches Deutungsmuster darstellt (Giesen 1987), ein Deutungsmuster, das den für moderne Gesellschaften konstitutiven Gleichheitsdiskurs voraussetzt.

In *einfachen Gesellschaften* werden die sozial bedeutungsvollen Unterschiede in die Unterscheidung von Verwandtschaftsgruppen, Geschlechts- und Altersgruppen transformiert. Das dieser Klassenbildung zugrundeliegende Organisationsprinzip sind askriptive Kriterien. Ein extremes Beispiel wäre jener australische Stamm, in dem die Alten das Recht haben, so viele junge Frauen zu heiraten, wie sie es sich leisten können. Die jüngeren Männer müssen warten, bis die alten Männer gestorben sind, um in die vorteilhaften Positionen im Frauenverteilungssystem zu gelangen. In der Praxis führt dieses System dazu, daß die Männer warten müssen, bis sie mindestens vierzig Jahre (oder älter) sind. Die Zugehörigkeit zu Altersgruppen ist also die Grundlage sozialer Klassenbildung.[4] Wir als externe Beobachter könnten die oben beschriebene Heiratspraxis als eine Praxis empfinden, die die Idee einer sozialen »Ungleichheit« zwischen den Alten und den Jungen hervorbringen müßte (unabhängig davon, daß man in diesen Praktiken auch ein Erzeugungsprinzip sozialer Ungleichheit zwischen Männern und Frauen sehen könnte). Die Mitglieder dieser Gesellschaften aber interpretieren diese »Ungleichheit« als einen Teil der natürlichen Ordnung der Welt. Die Schlußfolgerung, die deshalb Theoretiker einfacher Gesellschaften gezogen haben, nämlich daß es dort keine Ungleichheit gäbe, ist allerdings falsch. Das paradoxe Resultat dieser Überlegungen ist: Es gibt hier zwar soziale Klassen von Menschen, also objektive Ungleichheit. Sie wird aber nicht als soziale Ungleichheit, sondern als eine der Natur inhärente Ordnung gedeutet.

In *traditionalen Gesellschaften* nimmt die Quantität der Unterscheidungsmerkmale, die eine vertikale Klassifikation der Menschen ermöglichen, zu. Klassenbildung setzt nicht mehr nur an natürlichen Indikatoren (Alter und Geschlecht) an, sondern an Merkmalen, die das Ergebnis fortschreitender Arbeitsteilung sind. Zusätzliche Differenzen wie die zwischen Bauern und Handwerkern, zwischen Handwerkern und dem Adel werden relevant. Doch auch hier ist soziale Ungleichheit noch kein Thema. In solchen Gesellschaften wird Ungleichheit als Teil einer »heiligen Ordnung« wahrgenommen. Die Prinzipien vertikaler Klassifikation werden in einer spezifischen Theorie der Ordnung der Welt repräsentiert: in der Theorie einer »Hierarchie« der Stände oder Kasten. Ein extremes Beispiel für diese Deutung ist das indische Kastensystem, das wohl am radikalsten soziale Differenzen in soziale Klassenunterschiede übersetzt hat (Dumont 1967). Und gerade die Literatur zur Modernisierung des indischen Kastensystems zeigt, in welchem Maße das Hierarchiemodell dazu beigetragen hat, die Thematisierung dieser Realität als Ausdruck sozialer Ungleichheit zu verhindern (Béteille 1965; Meillassoux 1973).

Die *modernen Gesellschaften* erhöhen noch mehr die Quantität der Unterscheidungsmerkmale zwischen den Menschen (wie jede Umfrage oder die amtliche Berufsklassifikation zeigen). In dem Maße, wie diese modernen Gesellschaften die »Individualisierung« von Lebenslagen forcieren, werden die Menschen verschiedener (Beck 1983; Berger 1986, 1987). Lebenslagen können als das Ergebnis vielfältiger, sich überkreuzender Klassifikationsstrategien gedeutet werden. Statistische Analysen zeigen allerdings, daß diese individualisierenden Merkmale »clustern«, daß es empirische Merkmalshäufungen gibt; sie zeigen, daß die Vorstellung einer individualisierenden Gesellschaft nur eine Klassenstruktur verdeckt (Bourdieu 1982). Diese Vorstellung ist dem Gleichheitsmodell geschuldet, das seit dem Beginn der modernen Gesellschaft die Wahrnehmung und Deutung gesellschaftlicher Verhältnisse bestimmt. Klassendifferenzen werden nicht mehr im Rahmen des Hierarchiemodells, wie das die traditionalen Gesellschaften getan haben, sondern im Rahmen eines Gleichheitsmodells gedeutet. Das Bürgertum, das diesen Gleichheitsdiskurs initiiert hat, hat dann zuweilen Mühe, die Klassenteilung der Gesellschaft mit diesem Diskurs in Einklang zu bringen. Diese Schwierigkeiten sind schließlich der Auslöser dafür, die Formen sozialer Ungleichheit, die aus der modernen Klassenteilung resultieren, als legitime Formen sozialer Ungleichheit zu beschreiben. Sobald solche Theorien etabliert sind, erhalten sie eine paradoxe Funktion: Sie legitimieren soziale Ungleichheit und erhalten zugleich die Idee der Gleichheit aufrecht. Dieses Paradox ist dadurch aufgelöst worden, daß man soziale Ungleichheit als das Ergebnis individueller Leistung und Kompetenz erklärt hat. Diese Erklärungen sozialer Ungleichheit in modernen Gesellschaften repräsentieren *und* rechtfertigen die Klassenstruktur dieser Gesellschaften. Es bleibt nur mehr das Problem zu klären, ob wir zeitlich begrenzte Privilegierungen zugunsten jener, die im Kampf um die Anerkennung ihrer Leistung und Kompetenz verlieren, in das Gesellschaftssystem einbauen wollen oder nicht. Das transformiert dann soziale Ungleichheit in eine politische Frage.

Je weiter sich die moderne Gesellschaft entwickelt, um so mehr gewinnt die Repräsentation moderner Klassenstrukturen in Form von Theorien sozialer Ungleichheit an Bedeutung. Zugleich bleibt die implizite Idee einer Gleichheit der Menschen eine latente Quelle der Kritik dieser Theorien. Der *Diskurs* über soziale Ungleichheit wird damit zu einem zentralen dynamisierenden Element in der modernen Gesellschaft. Diese Kritik kann sich in der Frage nach der Gerechtigkeit bestehender sozialer Ungleichheit und in Forderungen nach Umverteilung manifestieren, die zum Ziel haben, dem Ideal und der Gleichheit näher zu kommen. Diese Deutung behandelt soziale Ungleichheit als ein temporäres Phänomen im Prozeß der Modernisierung der Gesellschaft. Eine andere Form der Kritik akzeptiert die funktionale Notwendigkeit von Ungleichheit, plädiert aber für Chancengleichheit innerhalb dieses Systems sozialer Ungleichheit. Eine dritte Form der Kritik nimmt mit Bedauern zur Kenntnis, daß die Welt nicht so ist, wie sie sein soll, und erklärt soziale Ungleichheit als Ergebnis der Natur des Menschen.

Die soziologischen Theorien sozialer Ungleichheit verteilen sich – je nach Erkenntnisinteresse – auf diese Varianten. Soziale Ungleichheit ist – mit einem Wort – eine »Theorie«, die die kulturelle Reproduktion von Klassenlagen in der modernen Gesellschaft in ähnlicher Weise sicherstellt, wie die Vorstellung von Ständen oder Kasten, also die Vorstellung einer Hierarchie, die kulturelle Reproduktion traditionaler Klassenstrukturen sichergestellt hat. Welche Theorien von welchen Gruppen oder Klassen herangezogen und verwendet werden, ist eine empirische Frage, die später diskutiert werden soll.

Um zusammenzufassen: Soziale Ungleichheit kann – so die Ausgangsthese – als ein *Deutungsmuster* verstanden werden, das für die Beschreibung der modernen Gesellschaft erzeugt und dann auf andere Gesellschaften projiziert worden ist.[5] Der Ungleichheitsdiskurs ist eine spezifisch moderne Form der symbolischen Repräsentation der Klassenteilung der Gesellschaft; er ist eine spezifisch moderne Thematisierung der Klassifikationsarbeit an den Unterschieden in der Gesellschaft. Er ist Rhetorik, Apologie und Rationalisierung zugleich. Eine soziologische Theorie, die diesen Ungleichheitsdiskurs nur fortsetzt, nimmt »objektiv« am Legitimationsdiskurs sozialer Ungleichheit in der modernen Gesellschaft teil, statt die Genese und Funktion dieser Thematisierung gesellschaftlicher Klassifikationsarbeit zu analysieren.

2. Klassen und soziale Ungleichheit

2.1 Vier Formen von Klassifikationskämpfen

Um die kognitiven Repräsentationen sozialer Differenzen (und sozialer Klassen von Differenzen) in der modernen Gesellschaft analysieren zu können, müssen zunächst Form und Funktion moderner gesellschaftlicher Klassifikationsarbeit bestimmt werden. Jedem kritischen Verständnis von Theorien sozialer Ungleichheit muß deshalb die Analyse der realen sozialen Differenzen vorausgehen, auf die sich diese Theorien beziehen. Deshalb wird im folgenden der Begriff der »Klasse« gerade nicht verabschiedet (Luhmann 1985), sondern erst einmal theoretisch in einer angemesseneren Weise konstruiert.

In der Evolution fortgeschrittener moderner Gesellschaften zeigt sich eine Verschiebung in den zentralen Dimensionen sozialer Klassifikation: nämlich eine Verschiebung weg vom Einkommen als dem Standard moderner Klassenbildung. Das Erklärungsproblem, das daraus resultiert, kann wie folgt benannt werden: Wie wirken klassifikatorische Praktiken auf die Klassenstruktur ein, wenn sich diese Praktiken nicht mehr am Einkommen orientieren? Der Schlüssel zur Erklärung sozialer Klassenlagen ist – und vor allem Bourdieu (1982, 1985) hat diese theoretische Sichtweise propagiert – die dauernde Klassifikationsarbeit, die Arbeit der Klassifizierung und Deklassifizierung, der Kampf der Klassifikateure um die vorteilhafte Klassifikation der sozialen Realität.[6] Ausgangspunkt der folgenden Überlegungen ist deshalb zunächst, eine Typologisierung von modernen »Klassifikationskämpfen« und den damit verbundenen Prozessen der Zuerkennung bzw. Aberkennung von sozialem Status vorzuschlagen.

Einkommenskämpfe gehören zum klassischen Typus von Auseinandersetzungen, die mit der Institutionalisierung des Klassenkampfs zwischen Kapital und Arbeit verbunden gewesen sind. Diese Kämpfe haben die Differenzen zwischen den alten Klassen bis zu einem gewissen Grade aneinander angeglichen, aber nicht aufgehoben (Bellmann/Gerlach/Hübler 1984; Schmid 1987). Von größerer Bedeutung ist eher, daß sich ein Teil der zu Klassifizierenden aus diesen Kämpfen zurückgezogen hat und auf andere Formen der Auseinandersetzung und Positionssicherung in der Gesellschaft setzt. Hier sind Gruppen, insbesondere jene Gruppen, die »Alternativen« zu etablierten Formen gesellschaftlicher Arbeit erproben (Benseler/Heinze/Klönne 1982; Niessen/Ollmann 1986), angesprochen, die sich aus den konventionellen Klassifikationskämpfen herauszuhalten suchen und ihre Klassifikationskämpfe nun auf nichtökonomischen Feldern führen. Diese Gruppen sind dadurch gekennzeichnet, daß ihr kultureller Status zwar hoch, ihr Einkommen aber eher niedrig ist. Man hat in den modernen Klassifikationskämpfen deshalb (nicht ohne Grund!) von einer »Selbstausbeutung« gesprochen, was darauf hinweist, daß auch diese Gruppen ökonomischen Klassifikationskämpfen nicht entkommen.

Dennoch ist nicht zu übersehen, daß in modernen Gesellschaften zu diesem Typus von Klassifikationskämpfen neue Typen hinzutreten, in denen das »Habenkönnen« geregelt wird. Folgende drei Typen lassen sich unterscheiden:

- Qualifikationskämpfe
- Geschmackskämpfe
- Moralische Kämpfe.

Diese Kämpfe verändern die Klassenstruktur moderner Gesellschaften in einer fundamentalen Weise. Sie stehen im Zentrum dessen, was man die »neuen sozialen Ungleichheiten« (Franz/Kruse/Rolff 1986) genannt hat.[7]

Qualifikationskämpfe um formale Ausbildungstitel haben die Differenz und die Distanz zu den unteren Klassen am weitestgehenden verändert. Der Facharbeiter ist der Schlüsseltypus in den Statuskämpfen, insofern er die Distanz zum Arbeiter hergestellt und den Anschluß an das Kleinbürgertum gesucht hat. Seine Qualifikationskämpfe, die mit der Expansion des Bildungssystems befördert worden sind, rücken in den Mittelpunkt gesellschaftlicher Auseinandersetzungen (Blossfeld 1985). Qualifizierung trennt zwischen Kernarbeiter und Randarbeiter. Höherqualifizierung und Dequalifizierung gehören zu den Effekten einer

neuartigen Berufsschneidung, die die Klassengrenzen quer zu den klassischen Klassengrenzen verschiebt (Kern/Schumann 1984).
Geschmackskämpfe, das zentrale Thema von Bourdieus Untersuchungen der »feinen Unterschiede« (Bourdieu 1982), hängen eng mit den Qualifikationskämpfen zusammen. Sie werden oft als informelle Qualifikationen bezeichnet, als symbolisches Kapital, das mobilisiert wird, um die eigene Position in der Klassenstruktur der Gesellschaft zu sichern oder zu verbessern (Wippler 1987). Auch sie schneiden quer zu den klassischen Einkommensauseinandersetzungen.
Moralische Kämpfe schließlich sind Versuche, das moralische Gewicht einzelner Gruppen relativ zu dem anderer zu mobilisieren und zu erhöhen. Das alte und das neue Kleinbürgertum sind die Gruppen, die diese Form der Klassifikation der sozialen Welt am weitesten getrieben haben (Gusfield 1966, 1981; Eder 1986). Diese Gruppen haben große öffentliche Aufmerksamkeit für sich mobilisieren und ihre moralischen Forderungen in den »neuen sozialen Bewegungen« organisieren können. Moralische Kämpfe sind – jenseits ihrer Mobilisierung in sozialen Bewegungen – Teil eines Systems moralischer Klassifikation und Deklassifikation. Eine Moral zu haben bedeutet dann, einer klassenspezifischen moralischen Lebenswelt zuzugehören. Gegen die Moral der kleinbürgerlichen Lebenswelt richten sich andere Lebenswelten: jene, die auf eine utilitarische Moral rekurriert (der neoliberale Lebensstil), jene, die auf Gehorsam, Pflichtgefühl und Ordnungsliebe rekurriert (der traditionale Lebensstil), und jene, die auf einen moralischen Prinzipalismus rekurriert (der liberal-intellektuelle Lebensstil). Diese Klassifikation moralisch-politischer Lebensstile scheint insbesondere für das Haben einer (politischen) Meinung (die Wahlentscheidungen bestimmt) zunehmend von Bedeutung zu sein.
Das Resultat dieser Kämpfe sind vertikale Klassifikationssysteme, die die Klassenstruktur der modernen Gesellschaft nach Maßgabe des Volumens ihrer materiellen und symbolischen Ressourcen, das sie besitzen, bestimmen. Die herrschenden Klassen können von den mittleren Klassen und den abhängigen Klassen durch Abgrenzungen unterschieden werden, die auf höherer Moral, besserem Geschmack und höherer formaler Qualifikation[8] gründen. Der Zusammenhang von Einkommen und formaler Qualifikation sowie der enge Zusammenhang von Geschmack und Mo-

ralurteil erlauben es, die soziale Verteilung des »Kompetenzvolumens« zu identifizieren, das die Klassenstruktur moderner Gesellschaften zunehmend restrukturiert.
In diese theoretische Rekonstruktion der Klassenstruktur gehen die Veränderungen ein, die sich aus der zunehmenden Bedeutung von formalen Qualifikationen für die Verteilung der gesellschaftlichen Arbeit auf die Arbeitskraft ergeben haben. In diesem Prozeß gibt es Gewinner und Verlierer (Kern/Schumann 1984). Das Haben eines Berufs (= nicht arbeitslos sein) und die soziale Definition eines Berufs sind die Indikatoren dafür, daß soziale Klassen neu zusammengesetzt werden. Es ist also keinesfalls mehr die einseitige Verfügung über Produktionsmittel, sondern die von Berufsgruppen akkumulierte Macht (Beck/Brater/Daheim 1980), die soziale Klassenbildung in fortgeschrittenen modernen Gesellschaften indiziert.
Aber man muß nicht nur einen Beruf haben. Man muß auch Kultur haben. Doch die Indikatoren von Kultur, die als sekundäre Merkmale Klassengrenzen definieren und zu den primären Merkmalen der Berufspositionen hinzutreten, verändern sich ebenfalls. Kultur hat man vor allem dann, wenn man eine Meinung über Kultur hat. Es sind Meinungen zu Politik und Moral, zu Kunst und Technik, die an die Stelle der klassischen Indikatoren der sozialen Nähe und Ferne zur Hochkultur treten. Eine Meinung zu haben ermöglicht vertikale Klassifikation auch nach Maßgabe kultureller Kompetenz.[9] Sie ermöglicht die Unterscheidung derer, die eine Meinung haben, von denen, die keine Meinung haben. Und sie erlaubt die Unterscheidung derer, die wissen, welche Meinung man haben muß (was notwendig immer nur ein Teil sein kann), von denen, die dies nicht wissen. Und man kann diejenigen, die definieren, was die richtige Meinung ist, von denen unterscheiden, die dazu nicht in der Lage sind.

2.2 Zur theoretischen Konstruktion des Klassenbegriffs

Es gibt also zwei Kategorien, die sich für die theoretische Konstruktion sozialer Klassen in »durchmodernisierten« Gesellschaften objektiv eignen: der *Beruf* und die *Meinung*.[10] Beides sind »Errungenschaften« der Moderne, die auf einer elementaren

Ebene die soziale Existenz bestimmen. Die These, Berufe und Meinungen als die zentralen Indikatoren für die Existenz sozialer Klassen zu sehen, zielt auf keine universell gültige Beschreibung von sozialen Klassen, sondern auf eine historisch spezifische theoretische Konstruktion einer sozialen Klasse. Der Klassenbegriff, den wir heute konstruieren können, setzt an Merkmalen an, die ihrerseits bereits ein Effekt des modernen Gleichheitsdiskurses sind. Die berufliche Organisation der Arbeit, die unter dem Begriff Verberuflichung und Professionalisierung gefaßt wird, kann als der Effekt eines unter demokratischen Prämissen organisierten und sich reproduzierenden Bildungssystems verstanden werden. Die meinungsförmige Differenzierung der Gesellschaft kann ihrerseits als der Effekt und die Reproduktionsbedingung einer demokratischen Kultur, als Verkörperung des Modells egalitärer Ordnung gesehen werden. Selbst der Effekt einer »egalitären« Kultur, sind Beruf und Meinung zugleich die konstitutiven Elemente der Klassenstruktur dieser Gesellschaften. Sie sind das privilegierte Objekt vertikaler Klassifikation geworden.

Die Klassenstruktur von Gesellschaften wird allerdings um so abstrakter, je mehr soziale Klassen durch individuelle Differenzen bestimmt werden. Ihr geht die Gegenständlichkeit verloren. Klar sichtbare Differenzen, die sich etwa in Einkommenshöhen und Konsumstilen manifestieren, verlieren an Bedeutung. Die Klassenstruktur kann zunehmend nur mehr durch Meßinstrumente sichtbar gemacht werden. Das privilegierte Instrument ist die statistische Analyse, die Beschreibung sozialer Klassen als statistische Merkmalshäufungen. Diese statistische »Existenz« sozialer Klassen (Bourdieu 1985) zwingt dazu, die Kategorie der Klasse theoretisch als differentielles Haben beruflicher und kultureller Kompetenzen zu konstruieren.

Doch was konstituiert das Maß sozialer Ungleichheit im Hinblick auf Beruf und Meinung? Wer definiert, was hoch und was niedrig ist? Es gibt keinen Standard, der nicht selbst bereits das Ergebnis einer klassenspezifischen Perspektive ist. Es gibt keine Ungleichheit diesseits der Klassenteilung. Kein Ungleichheitsdiskurs entkommt dem sozialen Feld, in dem er und für das er geführt wird. Und selbst die komplexesten Indizes, die uns die empirische Sozialforschung anbietet, können nicht das Problem neutralisieren, daß sie normative Festlegungen treffen müssen, ab wann eine soziale Differenz als ungleich betrachtet werden soll.

Das Problem lautet also: Nach welchen Gesichtspunkten lassen sich Berufe und Meinungen vertikal klassifizieren? Was sind die Kriterien, die der vertikalen Klassifikation von Berufen und Meinungen zugrunde liegen? Die traditionale Klassentheorie hat ein Kriterium, das dann angemessen ist, wenn es um Einkommen geht: den Grad der Ausbeutung. Dieses Kriterium reicht nicht mehr aus. Der Vorschlag zur Lösung dieses Problems lautet: Der Standard vertikaler Klassifikation läßt sich aus der Logik ableiten, die der Idee einer *»Kompetenz«* innewohnt. »Kompetenz« ist ein Kriterium, das die Transformation von Qualität (also kognitive, ästhetische oder moralische Qualität) in Quantität (also in Grade der Verfügung über stufenspezifische Kompetenzen) ermöglicht.

Das Maß vertikaler Klassifikation ist die »Kompetenzmenge«. Einen Beruf zu haben bedeutet, über eine kognitiv-instrumentelle Kompetenz zu verfügen (Beck/Brater 1978; DiMaggio/Mohr 1985; Bourdieu 1982). Eine Meinung zu haben bedeutet, über eine moralisch-ästhetische Kompetenz zu verfügen (Wippler 1987; Bourdieu et al. 1981). Was Menschen unterscheidet, ist eine differentielle Verfügung über Kompetenz. Es reicht nicht aus, das Haben eines Berufs und das Haben einer Meinung als »Kapital« zu konzeptualisieren. Dieses Haben ist nicht nur durch seinen Marktwert, wie Bourdieu (1982) es vorschlägt, sondern auch durch einen spezifischen Gebrauchswert bestimmt. Dieser Gebrauchswert läßt sich – wegen der zunehmenden Bedeutung von Qualifikation für das Haben eines Berufs und das Haben einer Meinung – als Maß der Kompetenz bestimmen, die in ein solches »Haben« eingeht. Der Begriff des *Kompetenzvolumens* tritt also an die Stelle des Begriffs des *Kapitalvolumens* (Bourdieu 1982). Um die Dimensionen angemessen zu konzeptualisieren, die Klassenlagen bestimmen, brauchen wir einen Begriff von Kultur, der sich weder auf das reduziert, was die Menschen kaufen wollen, noch auf das, was Philosophen über die Welt denken.

Das Eigentümliche solcher Kompetenzzuschreibungen liegt darin begründet, daß sie ein implizites vertikales Bewertungskriterium besitzen: das Kriterium des besser bzw. schlechter. Man kann mehr oder weniger über eine solche Kompetenz verfügen und dann als besser oder schlechter klassifiziert werden. In dem Maße, wie man Stufen der Kompetenzverfügung theoretisch konstruiert, kann man Klassen von Menschen legitimerweise unterscheiden. Und je mehr die Gesellschaft die Menschen nach ihrer Kompetenzausstattung unterscheidet, um so mehr ist dieses implizite Klassifikationskriterium (das selbst noch durch wissenschaftliche Stufentheorien legitimiert wird!) Konstruktionsprinzip sozialer Klassen.

Um zusammenzufassen: Ich möchte zwei Kompetenzdimensionen unterscheiden, die miteinander kombiniert und ineinander transformiert werden können und das Kompetenzvolumen als den genuin modernen Klassifikationsparameter bestimmen. Die Relevanz der kognitiv-instrumentellen Kompetenz für die Strukturierung der Gesellschaft ist offensichtlich. Die Idee einer meritokratischen Gesellschaftsordnung als der Realisierung des modernen Egalitätsprinzips trennt Klassen nach Graden kognitiv-instrumenteller Kompetenz. Die zweite Dimension des Kompetenzvolumens, die moralisch-ästhetische Kompetenz, hat mit Orientierungen zu tun, die die moderne Gesellschaft von Anfang an begleitet haben und heute eine neue Relevanz durch den moralischen und ästhetischen Protest der »neuen Mittelschichten« und der in ihnen mobilisierten »neuen sozialen Bewegungen« erhalten haben (Eder 1986).

Aus diesen beiden Faktoren läßt sich ein System vertikaler Klassifikation konstruieren. Die Kompetenzmenge ist das Ergebnis einer je spezifischen Kombination dieser beiden Dimensionen. Ein solches Modell, das die Klassenstruktur fortgeschrittener moderner Gesellschaften zu repräsentieren behauptet, modifiziert das von Bourdieu (1982) konzipierte Strukturmodell. Wie weit die in diesem Modell repräsentierte Klassenstruktur sich in Richtung auf eine Dominanz des kulturellen Elements als dem Medium der Reproduktion moderner Klassenstrukturen weiterentwickelt, wird dabei offen gelassen. Diese Frage muß als eine empirische Frage behandelt werden. Der entscheidende Punkt ist, daß, um moderne Klassenstrukturen zu erklären, der Rekurs auf materielle Produktion unzureichend wird. Wir müssen mehr und mehr den Faktor kultureller Produktion als Mechanismus vertikaler Klassifikation berücksichtigen. Nur eine solche theoretische Perspektive liefert die theoretischen Mittel, die verhindern können, in modernen Gesellschaften nichts als Individualisierung zu sehen. Es gibt kein »jenseits von Klasse und Stand« in der modernen Gesellschaft.

Vertikale Klassifikation nach Maßgabe des »Kompetenzvolumens«, das eine Klasse besitzt, kennzeichnet eine neue evolutionäre Stufe der Realisierung einer Klassengesellschaft. Die Mechanismen zu analysieren, die Kompetenz zuerkennen bzw. aberkennen, wird damit der Ausgangspunkt einer empirischen Analyse sozialer Klassen in fortgeschrittenen modernen Gesellschaften. Die Annahme einer auf Kompetenzunterschiede gegründeten Klassenstruktur in fortgeschrittenen modernen Gesellschaften läßt allerdings die Frage offen, ob und inwieweit diese Klassen zu einer »realen« Klasse werden können. Solange wir es nur mit theoretisch konstruierten und statistisch identifizierten Klassen zu tun haben (mit »Klassen an sich«), bleibt die Frage offen, ob diese Klassen reale Klassen (»Klassen für sich«) werden können. Das führt zur alten Frage nach den »subjektiven« Bedingungen der Existenz einer sozialen Klasse, ein Problem, das im folgenden auf dem Hintergrund der genannten objektiven Veränderungen diskutiert werden soll.

3. Jenseits klassenspezifischer Milieus

3.1 Zur Kritik des »Klassendiskurses«

Das klassische Beispiel einer Klassentheorie, die eine »reale« Klasse in der modernen Gesellschaft zu identifizieren suchte, ist die Marxsche Klassentheorie. Sie hat sich in verschiedenen Varianten tradiert (Bischoff u. a. 1982; Touraine 1985; Wright 1985). Doch diese Theorie ist an gesellschaftliche Voraussetzungen gebunden, die heute nicht mehr gegeben sind und die es vielleicht auch nie gegeben hat. Das Marxsche Konzept einer »realen« Klasse (»Klasse für sich«) geht von zwei Annahmen aus, die als für moderne Gesellschaften konstitutiv gesehen worden sind: einmal von der Loslösung der Arbeitskraft aus traditionellen Bezügen und ihrer Transformation in Lohnarbeit und dann von der sozialen und kulturellen Homogenisierung der Lohnarbeit, die ihrerseits eine proletarische Lebenswelt begründet. Doch die weiteren Modernisierungsschübe haben diesen Übergang vom abstrakten individuellen Lohnarbeiter zur Klasseneinheit, die auf einer gemeinsamen Lebenswelt (gar auf Klassensolidarität oder Klassenbewußtsein) beruht, nicht hervorgebracht. Sie haben eher das Gegenteil produziert. Sie haben die kulturelle Reproduktion sozialer Klassen von ihrer sozialstrukturellen Basis abgekoppelt.[11]

Der Klassenbegriff läßt sich in modernen Gesellschaften nicht mehr auf Milieus, auf traditional eingelebte Lebenswelten, projizieren, noch läßt sich seine angebliche Einheit im Rekurs auf eine solche Lebenswelt erklären. Klassen sind kulturell aufgelöst worden. Und dies nicht zuletzt unter dem Druck der modernen Kultur, die solche Milieus als vormodern gebrandmarkt und damit illegitimiert hat. Mit den alten »Milieus« löst sich, und nicht nur in der Arbeiterklasse (Mooser 1983, 1984), die unmittelbare Erfahrung der Klassenlage auf. Dieser Verlust der kulturellen Sichtbarkeit von Klassenlagen und die damit verbundene Auflösung der Selbstverständlichkeit, die das Reden über soziale Klassen in der modernen Gesellschaft bestimmt hat, zerstört auch die Illusionen, die mit dem Klassenbegriff verbunden worden sind. Die Klasse als ein homogener und solidarischer Kommunikationszusammenhang, die »Klasse für sich«, hat sich als ein Mythos erwiesen. Die folgenreichste theoretische Illusion lag darin begründet, die Arbeiterklasse als eine reale Klasse zu behandeln. Die Desillusionierung besteht darin, sie als eine konstruierte soziale Klasse zu behandeln (Bourdieu 1985).

Aber das Scheitern dieses Versuchs hat nur dazu geführt, diese Illusionierung durch eine andere zu ersetzen. An die Stelle der Klassentheorie wurde die Schichtungstheorie gesetzt. Es wurde die Illusion erzeugt, daß es keine Klassen mehr gäbe. An die Stelle des am Problem realer Klassen scheiternden Klassendiskurses (Bourdieu 1985) trat der Ungleichheitsdiskurs und mit ihm die Vorstellung von »Schichten«, von ungleichen Statuslagen. Doch die sekundäre Substantialisierung des Klassenbegriffs als Schichtbegriff hat das alte Problem nur reproduziert (Haller 1983).

Eine notwendige Voraussetzung für die Lösung des Problems des Verhältnisses theoretisch konstruierter und realer Klassen, von Klassenlage und Klassenexistenz, besteht darin, den Begriff der sozialen Klasse aus der Theorie sozialer Ungleichheit (und sozialer Schichtung) herauszunehmen und unabhängig davon zu begründen. Aussagen über die Zu- bzw. Abnahme sozialer Ungleichheit in welcher Hinsicht auch immer (Haferkamp 1987) haben nur »indirekt« (d.h. in einer theoretisch zu klärenden Weise) mit der Klassenstruktur zu tun. Sie sind selber der Effekt einer Klassenstruktur. Sie sind symbolische Strategien sozialer

Gruppen mit dem Ziel, die Klassenexistenz zu verändern und damit Veränderungen in der gegebenen Klassenstruktur zu bewirken. Die Beschreibung einer Klassenstruktur als »ungleich« ist also das Ergebnis einer *symbolischen* Klassifikationsarbeit, die konkurrierende soziale Gruppen in der modernen Gesellschaft vornehmen, um ihre Position in Relation zur Position anderer Gruppen zu festigen. In solchen Beschreibungen sind die Mechanismen der Transformation objektiver Klassenlagen in reale Klassen (was nicht heißen muß: in Klassen mit Klassen*bewußtsein*!)[12] zu suchen.

Eine zureichende Voraussetzung für die Lösung des Problems des Verhältnisses von theoretischer und realer Klasse in Gesellschaften, in denen sich die traditionalen Klassenkulturen (etwa die »moral economy« der englischen Arbeiterklasse, wie sie Thompson beschrieben hat) aufgelöst haben, ist die soziologische Analyse von subkulturellen Differenzen. An die Stelle der kulturellen Selbstverständlichkeit einer Lebenswelt treten – und das ist eine Implikation der These vom Kompetenzvolumen als dem Parameter vertikaler Klassifikation – *Geltungsansprüche*, die in die Vorstellung einer Kompetenz eingebaut sind. Wer sich auf dieses Kriterium eingelassen hat (und die Modernisierung der Gesellschaft zwingt zunehmend alle dazu), der akzeptiert uno actu die Idee einer höchsten Stufe der Moral, einer höchsten Stufe des Geschmacks, einer höchsten Stufe der Intelligenz. Die oberste Klasse ist dann die Klasse mit der höchsten Kompetenz. Nicht Einkommen, sondern Kompetenz indiziert Klassengrenzen. Der Kampf um die angemessene Klassifikation wird an die Fähigkeit gekoppelt, die Legitimität der je eigenen Kultur zu begründen. Wer besser begründet, hat die besseren Karten in einer kulturell entzauberten sozialen Welt.

Diese Formulierung deutet schließlich auch die Veränderung der Logik von Klassenauseinandersetzungen an. Klassenkampf wird zum Kampf, der sich des Mediums kultureller Geltungsansprüche bedienen kann. Klassenkämpfe werden als Kampf um die bessere Begründung geführt. Und dabei sind alle Mittel legitim, wenn sie nur die Überlegenheit der eigenen Kultur zu rechtfertigen erlauben.

Diese strukturelle Transformation von Klassenkulturen in der modernen Gesellschaft entzaubert die traditionalen Bestandteile, die soziale Klassen bislang zu »realen« Klassen gemacht haben.

Die Verteidigungsversuche einer bildungsbürgerlichen Klassenkultur (Conze/Kocka 1985) wie die Verteidigung einer proletarischen Kultur (Mooser 1984) scheinen nur mehr Abgesänge an eine vergangene Kultur zu sein. Sie werden ersetzt. Die Frage ist: wodurch?

3.2 Die kulturelle Reproduktion sozialer Klassen

Welches sind die klassenspezifischen Subkulturen jenseits der traditionalen Klassenkulturen, die die Transformation einer potentiellen Klasse in eine reale Klasse in den fortgeschrittenen modernen Gesellschaften ermöglichen? Welches sind die Mechanismen, die genuin moderne Klassenkulturen erzeugen?

Eine Antwort auf diese Fragen – und diese Antwort ist typisch für die gängige empirische Sozialforschung – besteht darin, »subjektive« Variablen, die kulturelle Orientierungen indizieren, zu benennen und mit »objektiven« Variablen zu korrelieren. Solche subjektiven Variablen sind Einstellungen zu Gesellschaft und Politik, Einstellungen zu sich selbst als Individuum oder Gruppe (also Selbsteinstufungen), Variablen somit, die aus Meinungsumfragen genommen werden können. Damit verbunden ist die theoretische Unterstellung, daß erst das Zusammenfallen von objektiver und subjektiver Klassenlage die Entstehung einer realen Klasse ermöglichen würde. Eine reale Klasse wäre also durch eine Homogenität von objektiver und subjektiver Lage definiert und würde empirisch durch deren statistisch zu messende Kovarianz überprüft. Nachdem diese Homogenitätsüberprüfungen zeigen, daß es gemäß dieser Operationalisierungslogik die traditionalen Klassenlagen nicht mehr gibt, wird daraus in der Regel der Schluß gezogen, daß es keine Klassen mehr gibt. Wenn es dennoch zu signifikanten Zusammenhängen kommt, dann werden solche »homogenen« Lagen statt dessen als »Milieus« bezeichnet, die an die Stelle traditionaler Klassenlagen treten (Bolte/Hradil 1984; Hradil 1987).

Diese Homogenitätsüberprüfungen sind jedoch falsch angesetzt.[13] Denn was hier als subjektive Klassenlage bestimmt wird, ist selbst ein theoretisches Konstrukt. Was also geprüft wird, ist die Kovarianz von zwei theoretischen Konstrukten. Eine Einstellung zu äußern oder sich selbst zu klassifizieren liefert nichts anderes als ein »sekundäres« Kriterium für die objektive Klassenlage. Um die »subjektive« Klassenlage zu erfassen, zählt nicht das Bekenntnis zu Regeln und Normen, die legitime Anerkennung erheischen. Der Beweis, der in der Interviewsituation erbracht wird, daß man um die richtige Erziehung Bescheid weiß (die von Eheberatern als die legitime eingetrichtert wird), ist nur ein weiterer Indikator für die objektive Klassenlage (Hurrelmann 1985). Es geht nicht um das, was die professionellen Diskursproduzenten als Ausdrucksform für das richtige Bewußtsein auf dem Markt der Meinungen durchgesetzt haben und von dem man weiß, daß es zählt. Es geht um das, was davon in einer klassenspezifischen Kultur »hängenbleibt«.

Aber wie kann man dann reale Klassen analysieren? Eine alternative Antwort auf diese Frage besteht darin, Klassenkulturen strukturell als Resultat *klassenspezifischer Erfahrungs- und Wahrnehmungsschemata der sozialen Welt* zu beschreiben. Solche Schematisierungen der Welt entstehen nicht zufällig; sie werden vielmehr in einer logischen Weise aus der Kultur abgeleitet, die eine Gesellschaft kennzeichnet. Zwei Beispiele mögen dies verdeutlichen.

Wenn man im Mittelalter Bauern und Adlige nach religiösen Verhaltensweisen wie Kirchgangshäufigkeit oder religiösen Einstellungen gefragt hätte, dann hätte man Antworten erhalten, die die Annahme einer klassenübergreifenden religiösen Kultur nahegelegt hätten. Und doch weiß man aus der sozialanthropologischen und historischen Forschung (Leach 1968; Schindler 1984), daß es (mindestens) zwei religiöse Kulturen gab: die der Bauern, die religiöse Volkskultur, und die der herrschenden Gruppen, die religiöse Hochkultur. Die religiöse Volkskultur teilte zwar mit der religiösen Hochkultur die offiziellen Praktiken und Einstellungen. Doch sie lebte diese offiziellen Praktiken und Einstellungen in einer verschiedenen Weise; sie machte einen – ihrer sozialen Lage entsprechenden – *Gebrauch* von dieser Kultur. Erst die Analyse des *Gebrauchs* der religiösen Kultur rückt religiöse Subkulturen in traditionalen Gesellschaften ins Blickfeld.

Das zweite Beispiel bezieht sich auf die moderne Gesellschaft. Eine aktuelle Bevölkerungsumfrage, die die Lesehäufigkeit von Zeitschriften oder Büchern erheben möchte, würde vermutlich die Annahme einer allgemeinen Lesekultur stützen. Alle lesen eine Zeitung pro Tag, ein Buch pro Jahr (man kauft sich zumindest ein Buch). Doch ein Blick in einen Zeitungskiosk oder in eine Buchhandlung würde genügen, um zu sehen, daß die Zeitungs- und Buchkultur eine nach sozialen Klassen geteilte Kultur ist: geteilt zwischen *Kickers* und *Bilder aus der Wissenschaft*, zwischen *Quick* und *Freibeuter*, zwischen *Bild* und *Süddeutsche Zeitung*. In der Buchhandlung tut sich ähnliches. Der Griff nach dem neuesten Konsalik und der Griff nach Marcel Proust signalisieren Abgründe zwischen kulturellen Welten. Was zählt, ist nicht, daß man liest, sondern was man liest. Die literarische Kultur ist im Hinblick auf den *Gebrauch*, den man von ihr macht, bereits objektiv klassifiziert. Erst die Analyse des *Gebrauchs* dieser literarischen Kultur erlaubt es, literarische Subkulturen in modernen Gesellschaften zu identifizieren.

Um subkulturelle Differenzen in einer Gesellschaft zu identifizieren, muß man die Erfahrungs- und Wahrnehmungsschemata, die »Deutungsmuster« sozialer Realität kennen, die die kulturellen Praktiken in einer Gesellschaft bestimmen. Um *klassenspezifische* Subkulturen zu identifizieren, kann folgende Hypothese formuliert werden: Klassenspezifische Subkulturen sind definiert als differentielle Erfahrungs- und Wahrnehmungsschemata vertikaler Klassifikation in einer Gesellschaft. Diese Hypothese behauptet, daß die Struktur moderner Klassenkulturen in Wahrnehmungs- und Erfahrungsschemata zu suchen ist, die soziale (Un-) Gleichheit thematisieren.

Das Verhältnis von Praxis, Deutungsmuster und Kultur kann mit Hilfe einer Analogie von Leach (1978) verdeutlicht werden. Deutungsmuster sind wie musikalische Partituren. Partituren liegen einer Aufführung wie Deutungsmuster einer Praxis zugrunde. Partituren können als Regelsysteme gesehen werden, die für eine Aufführung konstitutiv sind. Wenn wir eine musikalische Aufführung verstehen und erklären wollen, müssen wir die Partitur kennen (oder rekonstruieren). Ob eine Aufführung gut oder schlecht ist, ist von den konkreten Umständen abhängig. Die Partitur bleibt die gleiche. Um eine Partitur zu verstehen, muß man also mehr tun als nur zuhören. Man muß auch die Partitur kennen. Man muß sie lesen können.

Diese Analogie kann noch weiter getrieben werden. Denn Partituren (also musikalische Texte) kann man nur dann lesen, wenn man die musikalische Sprache und ihr Notationssystem kennt.

Wenn man diese Analogie auf das Verstehen sozialer Praktiken zurücküberträgt, dann heißt das, daß die Fähigkeit, Deutungsmuster zu rekonstruieren, die »Lesefähigkeit« des Beobachters im Hinblick auf die untersuchte Kultur voraussetzt. Um sie lesen zu können, muß man die »Lesevorschriften« der modernen Kultur kennen. Und meine Behauptung ist, daß Texte, die das artikulieren, was man im 18. Jahrhundert »Aufklärung« genannt hat, den Schlüssel zu diesen Lesevorschriften liefern.[14]
Die aus der Aufklärung entstehende »bürgerliche Gesellschaft« ist durch ein Deutungsmuster gekennzeichnet, das auf moralischen Universalismus setzt und kulturelle Praxis im Rekurs auf dieses Deutungsmuster rechtfertigt.[15] Im Kampf gegen die konkurrierende proletarische Klassenkultur, die Träger einer anderen »Partitur« innerhalb der Kultur der Moderne gewesen ist, hat sich – zumindest in den westlichen Gesellschaften – die possessive Kultur der bürgerlichen Gesellschaft, das Deutungsmuster des »possessiven Individualismus«, durchgesetzt. Es ist zum Strukturprinzip herrschender Praxis geworden. Die Absicht des Bürgertums des letzten Jahrhunderts, die niederen Klassen zur höheren bürgerlichen Moral hinzuführen (zu »bilden«), ist der Versuch gewesen, die unteren Klassen an das Schema der possessiven Kultur anzupassen (was auch weitgehend gelungen ist). Die Idee einer »höheren« Moralität des Proletariats hat dabei jede Legitimität verloren. Der die possessive Kultur legitimierende Gleichheitsdiskurs zerreißt diese »proletarischen« Illusionen und radikalisiert zugleich die diesem Diskurs zugrundeliegende Illusion, daß der Erwerb von Kompetenz die Klassengrenzen zwischen den Menschen minimiere.
Diese bürgerliche »Partitur« sozialer Praxis ist in den Klassenauseinandersetzungen seit dem letzten Jahrhundert immer wieder verändert worden. Das hat die realen Klassengrenzen immer wieder verschoben. Es werden Revisionen hergestellt; bestehende Fassungen veralten. Die wichtigste Revision hat mit der Entwicklung des Dienstleistungssektors und den in diesem Prozeß entstehenden Berufsgruppen zu tun: mit den neuen technokratischen Eliten und dem neuen Kleinbürgertum, das sich in den Büros und in den Dienstleistungsberufen wiederfindet. Das aristokratische Ethos der Großbourgeoisie und des traditionalen Adels wird von einer Elite leitender Angestellter und Geschäftsmanager revidiert; das Ethos der bildungsbürgerlichen Schichten (etwa der Hoch-

schullehrer) wird von Intellektuellen (Kritikern, Journalisten usw.) revidiert. Das protestantische Ethos des alten Kleinbürgertums wird im narzißtischen Ethos des neuen Kleinbürgertums, das auf Selbsterfüllung und Selbstverwirklichung drängt, variiert. In der Arbeiterschaft hält sich das alte hedonistische Ethos (exemplifiziert an der charakteristischen Verhaltensweise, das Geld auszugeben, sobald man es in der Tasche hat) durch. Die Arbeiterschaft radikalisiert sogar noch das hedonistische Ethos und verbindet es mit einem neuen privatistischen Konsumethos, das das bürgerliche Konsumethos (nur auf etwas preiswerterem Niveau) nachahmt.[16] Dieser Hedonismus wird allerdings durch eine zunehmende Anzahl von Menschen, die nichts haben und nichts arbeiten, in Frage gestellt. In diesen Anpassungs- und Umstellungsstrategien bilden sich klassenspezifische Deutungsmuster, die klassenspezifische Praktiken erzeugen, heraus. Es entstehen – wie Bourdieu (1982) formuliert – unterschiedliche Formen eines »Klassenethos«.

Der Vorschlag zur empirischen Identifizierung realer Klassen läuft also darauf hinaus, anstatt Homogenitätsüberprüfungen zwischen objektiven und subjektiven Variablen durchzuführen, eine dritte Analyseebene einzuführen: nämlich Deutungsmuster sozialer Realität, die ihrerseits subjektive Anschauungen generieren, selbst aber das Produkt objektiver Klassenlagen sind. Diese Wahrnehmungs- und Erfahrungsschemata der Welt »transformieren« objektive Klassenlagen in subjektive Klassenlagen. In dem Maße, wie diese Transformation gelingt, werden aus theoretisch konstruierten Klassen »reale Klassen«.

Im folgenden wird der Versuch unternommen, einen solchen Transformationsprozeß an objektiven Klassenlagen, die am Maßstab des Kompetenzvolumens theoretisch konstruiert worden sind, zu rekonstruieren. Bei diesem Versuch wird von folgenden drei Annahmen ausgegangen. Die erste Annahme lautet, daß das, was die moderne Kultur von der Kultur traditionaler Gesellschaften unterscheidet, die Idee einer Gleichheit der Menschen ist. Dieser die Kultur der Moderne konstituierende Gleichheitsdiskurs ist der Schlüssel zur Rekonstruktion genuin moderner Deutungsmuster der sozialen Realität. Sobald dieser Gleichheitsdiskurs an die objektiv gegebenen Klassenpositionen angepaßt wird, entsteht das Problem, die diesem Ideal der Gleichheit nicht entsprechende Realität zu erklären. Es entstehen – und das kennzeichnet eine zweite Annahme – Theorien sozialer Ungleichheit, die diese Abweichungen »erklären«. Die Deutungsmuster sozialer Ungleichheit variieren mit den objektiven Bedingungen, von denen aus soziale Klassen ihre eigene Position und die der jeweils anderen sehen. Theorien sozialer Ungleichheit sind – und das ist die dritte und entscheidende Annahme – klassenspezifische Deutungsmuster sozialer Gleichheit.[17]

3.3 Klassenspezifische Erfahrungsschemata der Welt

Welches sind charakteristische Vorstellungen, die dazu benutzt werden, um Klassenpositionen zu rechtfertigen? Was sind die Vorstellungen, die implizieren, daß man Klassenpositionen für gerecht hält? Eine *erste* solche Vorstellung ist, daß die materielle Ungleichheit zwischen den Menschen ihre unterschiedlichen Leistungen widerspiegele, daß also die soziale Position, die man einnimmt, verdient sei. Eine dazu komplementäre *zweite* Vorstellung ist, daß die kulturelle Ungleichheit die moralisch-ästhetische Kompetenz der Menschen widerspiegele, daß also auch der kulturelle Rang, den man einnimmt, verdient sei. Beiden Vorstellungen ist also gemeinsam, daß sie den Glauben fördern, daß die, die die unteren Positionen besetzen, und diejenigen, die die oberen Positionen besetzen, dies auch verdienen. Dies ist ein Gesellschaftsbild, dessen Anerkennung zugleich die Anerkennung der eigenen Minderwertigkeit (gegenüber denen oben) und der eigenen Höherwertigkeit (gegenüber denen unten) miteinschließt. Diese Vorstellungen basieren letztlich auf dem Argument, daß das, was ist, auch sein soll. Solche Argumente sind also Strategien, mit denen Faktisches in Normatives transformiert wird. Sie sind Ausdruck eines spezifischen naturalistischen Fehlschlusses: eines *ökologischen Fehlschlusses*. Soziale Ungleichheit wird von denen, die den ökologischen Fehlschluß zum Konstituens ihrer Klassenkultur machen, als das unweigerliche Resultat der ungleichen Kompetenz der Menschen genommen. Im Wissen darüber, was die höchste Form der Moral, der beste Geschmack, was Professionalität und der ökonomische Wert der eigenen Arbeitskraft ist, wird Ungleichheit zum Ergebnis des Mangels an diesen Fähigkeiten.

Dieser Typus klassenspezifischer Wahrnehmungs- und Erfahrungsschematisierungen läßt sich von einem Wahrnehmungs- und Erfahrungsschema abgrenzen, das das individualistische Ethos, die unverwechselbare Einzigartigkeit, pflegt. Dieses Muster ist charakteristisch für diejenigen, die sich das – dank ihrer ökonomischen und kulturellen Ressourcen – auch leisten können. Die formale Struktur, die dieser Vorstellungswelt zugrunde liegt, ermöglicht das Verkennen der Tatsache, daß solche universalistischen Vorstellungen eben nur von wenigen verwirklicht werden können, also nur eine partikulare empirische Geltung haben. Dieses Ethos läßt sich somit ebenfalls als ein Ergebnis eines spezifischen naturalistischen Fehlschlusses deuten: nämlich eines *idealistischen Fehlschlusses*. Soziale Ungleichheit wird von denen, die sich im naturalistischen Fehlschluß einig sind und ihn in ihren Handlungen und Einstellungen praktizieren, als funktional notwendig gesehen, um die Besseren in die wichtigeren Positionen kommen zu lassen. Nur das Leistungsprinzip vermag dies zu ermöglichen. Der, der eine Position erreicht hat, hat das Recht, sie zu haben, mit dem Erreichen gleich miterworben.

Ein drittes Muster einer klassenspezifischen Wahrnehmungs- und Erfahrungsschematisierung ist das Ethos des materiellen Nutzens, das ein »konsumistisches« Verhaltensschema prämiert. Es entsteht dort, wo die materiellen Bedürfnisse den Alltag dominieren.[18] Dieses Gesellschaftsbild beruht ebenfalls auf einer typischen formalen Struktur. Es reduziert die Vorstellungen über das, was die Statuspositionen in einer Gesellschaft bestimmt, auf die materiellen Ressourcen, die man hat. Diese Vorstellungswelt möchte ich als das Ergebnis eines dritten Typus des naturalistischen Fehlschlusses deuten: nämlich eines *materialistischen Fehlschlusses*. Soziale Ungleichheit erscheint als das Ergebnis der Leistungsdifferenzierung in der Gesellschaft. Und diejenigen, die den empiristischen Fehlschluß pflegen, führen soziale Ungleichheit auf externe Kräfte, auf böse Interessen, auf Zufall, auf Unachtsamkeit zurück. Man ist nichts geworden, weil der Vater oder das Schicksal es verhindert haben, obwohl man doch Höheres hätte erreichen können.

Es handelt sich also um drei Weltbilder, die auf der formalen Struktur eines naturalistischen Fehlschlusses aufbauen. Sie leiten das, was sein soll, aus dem je spezifischen Sein ab. Diese drei Typen eines naturalistischen Fehlschlusses lassen sich in folgenden Dimensionen typologisieren:

– im Hinblick auf das zugrundeliegende Deutungsmuster
– im Hinblick auf die kognitive Form
– im Hinblick auf Typen der Lebenswelt.

Dieser Typologisierungsvorschlag wird im folgenden Diagramm schematisch zusammengefaßt.

Diagramm: Typen klassenspezifischer Kulturen

Deutungsmuster	Kognitive Form	Lebensweltypus
Individualistisches Ethos der unverwechselbaren Identität; Idee der potentiellen Gleichheit der Menschen	idealistischer Fehlschluß (es zählt die Qualität der Kultur, die man hat)	Dominanz von Vergemeinschaftungsformen, die sich auf die politische und kulturelle Öffentlichkeit beziehen
Ethos der Leistungsgerechtigkeit; Anerkennung der Ungleichheit zwischen den Menschen	ökologischer Fehlschluß (es zählt die Kultur, die man sich erworben hat)	Dominanz von Vergemeinschaftungsformen, die sich auf das Private (Familie) beziehen
Ethos der Maximierung von Konsumchancen; Anerkennung der Teilung der Gesellschaft in Klassen	materialistischer Fehlschluß (es zählt die Kultur, die man hat)	Dominanz arbeitsplatzbestimmter Gesellungsformen

Diese drei Fehlschlüsse erlauben es, die soziale Realität so wahrzunehmen, daß der Diskurs der Gleichheit an die soziale Tatsache objektiver Klassenpositionen akkommodiert werden kann. Das Ergebnis solcher Akkommodationsversuche sind klassenspezifische Deutungen der Gleichheit. Und diese werden als *Theorien sozialer Ungleichheit* formuliert. Diese Theorien werden so zum Schlüssel der Analyse der subjektiven Seite sozialer Klassenlagen in der modernen Gesellschaft. Soziale Ungleichheit ist nicht etwas, was den objektiven Klassenlagen per se zugehört. Man kann diese Deutungsmuster sozialer Ungleichheit als *kollektiv* eingeübte argumentative Fehlschlüsse bezeichnen, die aus einer potentiellen Klasse eine reale Klasse machen. Eine reale Klasse – vor allem Klassenbewußtsein – entsteht also in den systematischen Selbsttäuschungsstrategien, mit denen sich objektiv klassifizierte soziale Gruppen über ihre soziale Position »verständigen«. Diese Theorie argumentativer Fehlschlüsse erlaubt es, reale soziale Klassen unterscheidbar zu machen.[19]

4. Eine soziale Kritik der Moral

Der Schlüssel zur Bestimmung realer Klassen in der modernen Gesellschaft sind Theorien sozialer Ungleichheit. Sie sind dies dank ihrer Funktion, objektive Lagen subjektiv zu repräsentieren. Und sie sind dies dank ihrer Struktur, die sie dazu prädestiniert, diese Repräsentation klassenspezifisch zu organisieren. Der herrschende *theoretische* Diskurs über soziale Ungleichheit nimmt das Reden über Ungleichheit für selbstverständlich. Er ist nichts anderes als die Übersetzung von Alltagstheorien sozialer Ungleichheit in eine Sprache, die die Geltung des Alltagsdiskurses verstärkt. Theorien sozialer Ungleichheit produzieren die Illusion ihrer eigenen Geltung mit. Es ist ein Diskurs, der systematisch verzerrte Alltagsdiskurse reproduziert und dabei faktische soziale Ungleichheit rechtfertigt (Miller 1987). Und solange diese Theorien diesen Verwendungszusammenhang nicht thematisieren, reproduzieren sie die Fehlschlüsse, die ihnen zugrunde liegen.

Kein theoretischer Diskurs über soziale Ungleichheit entkommt diesem Dilemma. Die normativen Implikationen, die der Begriff der Ungleichheit enthält, zwingen gerade dazu, Theorieeffekte in die Theorie sozialer Ungleichheit einzubauen, also darauf aufmerksam zu machen, wie Theorien sozialer Ungleichheit den Erfahrungs- und Wahrnehmungsschemata objektiv klassifizierter Gruppen entsprechen, wie sie Ausdruck der Klassenstruktur der Gesellschaft sind.

Ein solcher Theorieeffekt wäre die mögliche theoretische Schlußfolgerung: Die herrschende Moral, die Moral der herrschenden sozialen Klasse, ist auch die am höchsten entwickelte Form.[20] Daraus könnte man die normative Forderung ziehen: Nur diejenigen, die ein hohes Moralbewußtsein haben, sollten die oberen Klassenlagen besetzen. Das hat eine für die Moral fatale Konsequenz: Die höchste Form moralischen Bewußtseins ist die Moral der Herrschenden. Das aber – wissen wir – verdirbt die Moral. Ich möchte eine andere Schlußfolgerung ziehen. Man kann die unterschiedlichen Klassenkulturen als Bedingung der Möglichkeit moralischer Lernprozesse interpretieren. Die Dynamik dieser Lernprozesse bestünde in der Auflösung des je spezifischen Fehlschlusses, der sie konstituiert. Die Bedingungen der Erzeugung einer »realen« Klasse sind nicht mehr in der philosophischen Kritik der modernen Gesellschaft, sondern in der sozialen Kritik der Ideale, die diese Gesellschaft zu repräsentieren behauptet, zu suchen.

Die moderne Gesellschaft hat den moralischen Universalismus der modernen Kultur zur Eigenschaft einer Kultur gemacht, die nur wenigen zugänglich ist. Sie hat das auch bemerkt und große Hoffnungen auf das Bildungssystem gesetzt, das diese moralischen Lernprozesse antreiben sollte. Sie hat aber, indem sie das so versucht hat, nur ihre eigene Klassenstruktur reproduziert. Das Resultat der Ausweitung des Bildungssystems ist nichts anderes als die Reproduktion der in soziale Klassen geteilten Gesellschaft auf einem höheren Komplexitäts- und Rechtfertigungsniveau. Denn nun kann man sagen, daß Dummheit von Macht ausschließt. Das moralische Bewußtsein, repräsentiert etwa in der Kantischen Einstellung, ist weiterhin Teil einer Klassenstruktur. Und ihre Verfeinerung als eine diskursethische hat diesen sozialen Effekt verstärkt.

Nur soziologische Analyse kann Illusionen über die Realität sozialer Ungleichheit auflösen. Dort, wo sie unberirrt, bar jeder Reflexion auf ihre Funktion, formuliert wird, ist sie nicht mehr als ein Teil und eine Fortsetzung jener Klassifikationsarbeit, die der modernen Klassenteilung der Gesellschaft zugrunde liegt. Dann bleibt nur mehr die moralistische Gesinnung, die den theoretischen Bezugsrahmen rechtfertigt: sei es die elitäre Identifikation mit den oberen Klassen, sei es das »avantgardistische« Engagement für die unteren Klassen, sei es die Überzeugung, zwischen oben und unten ausgleichend zu wirken. Diesen Versuchungen kann eine soziologische Theorie sozialer Ungleichheit nur entgehen, wenn die Rede von sozialer Ungleichheit mit der Klassenstruktur einer Gesellschaft verknüpft und der Diskurs über Ungleichheit als ein Modus der Wahrnehmung und Interpretation dieser Klassenstruktur analysiert wird. Mein Vorschlag ist einfach, eine soziologische Theorie sozialer Ungleichheit als eine soziale Kritik der kulturellen Reproduktion der Klassenstruktur einer Gesellschaft zu formulieren.

Anmerkungen

1 Nichts ist unsoziologischer, als den Ursprung sozialer Ungleichheit in der Natur des Menschen zu suchen. Diese Erklärungsstrategie reicht bis hin zu den modernen ökonomischen Erklärungen sozialer Ungleichheit (Elster 1986). Sie bleibt unbefriedigend, weil sie die Veränderung von sozialer Ungleichheit auf den Wandel der Natur des Menschen zurückführen müßte. Nachdem sich aber (menschliche) Naturen nicht wandeln, bleibt nichts anderes übrig, als Kontextbedingungen der Menschennatur heranzuziehen, um die Transformation sozialer Differenzen in soziale Ungleichheit zu erklären. Die soziologische Fassung dieser Frage lautet: Welches sind die Mechanismen, die den sozialen Definitionsprozeß vorantreiben? Die Antwort auf diese Frage, die im folgenden vorgeschlagen wird und expliziert werden soll, lautet, daß Klassifikationsarbeit der Mechanismus ist, der den Definitionsprozeß sozialer Ungleichheit in Gang setzt.

2 Soziale Ungleichheit meint in allen Gesellschaften etwas anderes. Das provoziert Zweifel an der Universalitätsthese. Und das zwingt dazu, die kulturtheoretischen Aspekte des Begriffs der sozialen Ungleichheit zu spezifizieren. Ungleichheit ist keine soziale Tatsache, sondern eine spezifische Vorstellung sozialer Tatsachen (Giesen 1987).

3 Die Gleichzeitigkeit von universalen und spezifischen Aspekten, die im Diskurs über soziale Ungleichheit mitschwingt, macht diese Unterscheidung oft schwer. Schwartz' (1981) wissenssoziologische Einführung der kognitiven Operation vertikaler Klassifikation entgeht elegant diesen Schwierigkeiten.

4 Diese Differenz zwischen Alten und Jungen ist von einigen Autoren als die fundamentale Klassenstruktur einfacher Gesellschaften beschrieben worden (Meillassoux 1976). Andere Autoren betonen eher die geschlechtsspezifische Differenz zwischen Männern und Frauen und machen die Arbeitsteilung zwischen Jägern und Sammlerinnen zum primären Merkmal der Klassenstruktur einfacher Gesellschaften. Die Geschlechterdifferenz wird dann in ein patriarchalisches Klassenverhältnis transformiert und zur Grundlage der Klassenstruktur dieser Gesellschaft gemacht (Moscovici 1972).

5 Daß Klassenlagen, die das Ergebnis spezifischer vertikaler Klassifikationsstrategien sind, nicht als soziale Ungleichheit thematisiert wor-

den sind, ist bisweilen der Anlaß für die Behauptung gewesen, es hätte keine soziale Ungleichheit in einfachen Gesellschaften gegeben. Diese Schlußfolgerung ist natürlich irreführend. In diesem Sinne ist soziale Ungleichheit auch eine soziozentrische Kategorie.

6 Diese Ausgangsannahme wurde durch die Lektüre der Arbeiten von Pierre Bourdieu angeregt. Vgl. Bourdieu (1980, 1982, 1985).

7 Die »neuen sozialen Ungleichheiten« sind in den letzten Jahren ein modisches Thema geworden. Sie sind allerdings in theoretisch sehr heterogener Weise beschrieben worden. Die Interpretationen reichen von »Kontinuität kapitalistischer Klassenstrukturen« über »neue Mittelklassengesellschaft« bis hin zur »individualisierten Gesellschaft«. Siehe u. a. Beck (1983), Berger (1986), Bischoff et al. (1982) und Hradil (1987).

8 Diese Unterscheidung deckt sich in etwa mit der Bourdieuschen Unterscheidung von kulturellem und sozialem Kapital. Im einen Fall sind etwa Titel und Diplome, im anderen Fall »soziale Beziehungen«, die man hat, gemeint. Vgl. Bourdieu (1983).

9 Mit der Durchsetzung der Marktförmigkeit sozialer Beziehungen auch in jenen ausdifferenzierten Systemen, denen auch noch eine Eigenlogik zugesprochen wurde (also besonders die kulturellen Subsysteme, seien es Kunst, Religion, Wissenschaft oder politische Öffentlichkeit), werden auch die Merkmale, die diese distinktiven sozialen Systeme ausgezeichnet haben, zu zählbaren Eigenschaften von Individuen und damit zu klassifizierbaren Eigenschaften. Genauer: Es ist nicht der Markt, der dominiert, sondern das Kommunikationsmedium, das der Markt etabliert hat. Kommunikationsmedien (Jensen 1984) enthalten einen Standard, der die Bewertung und dann Aggregierung des Kommunizierten ermöglicht. An die Stelle des Geldes (dem marktadäquaten Medium) tritt zunehmend die Kompetenz als Standardwährung. Und das ist der Grund, warum kulturelle Merkmale wie ökonomische Merkmale aggregiert werden können. Darin liegt der soziologische Sinn statistischer Analyse begründet: der Realität zu entsprechen, die sie zu messen und darzustellen versucht.

10 Berufsforschung und Meinungsforschung gehören nicht umsonst zu den öffentlich am meisten nachgefragten sozialwissenschaftlichen Wissensbeständen. Sie messen jene beiden Kompetenzformen, die Ungleichheit in fortgeschrittenen modernen Gesellschaften generieren und reproduzieren. Man kann diese Kompetenzen gegeneinander ausspielen: Wer wenig auf den Beruf setzen kann, der versucht, auf Kultur zu setzen. Und umgekehrt: Wer wenig auf Kultur setzen kann, der versucht, auf den Beruf zu setzen. Man kann ausgleichen. Das bringt Gruppen in eine strukturelle Nähe zueinander (etwa Sozialpädagogen und Programmierer), deren Gruppenethos wenig Gemeinsames zeigt. Was sie eint, ist das Maß des Besitzes, über den sie verfügen.

11 Dieses Problem läßt sich unter dem Titel »Modernisierung des Klassenbegriffs« behandeln (Eder 1987). Den Klassenbegriff zu modernisieren heißt, daß die objektiven Veränderungen moderner Gesellschaften dazu zwingen, die Klassenstruktur dieser Gesellschaften auch auf der Ebene kultureller Reproduktion abstrakter zu fassen.

12 Die Forderung nach Klassenbewußtsein geht viel weiter, als zur Identifizierung realer Klassen notwendig ist. Sie impliziert die Frage nach der politischen Handlungsfähigkeit einer sozialen Klasse, fragt also nach den Bedingungen der Mobilisierung einer Klasse. Damit eine Klassenstruktur reproduziert wird, reicht jedoch die »unbewußte« Reproduktion von Klassenlagen durch die, die sie einnehmen, aus.

13 Dieser theoretisch-methodische Zugang zur sozialen Realität kennzeichnet vor allem auch die sog. Wertwandelforschung, die in den letzten Jahren einen großen Aufschwung erlebt hat. Die Wertwandelforschung erhebt subjektive Wertorientierungen und versucht, das quantitative Gewicht und dessen Veränderung in der Gesellschaft zu beschreiben. Das bekannteste, fast populär gewordene Ergebnis dieser Werteforschung, nämlich daß postmaterialistische Wertorientierungen gegenüber materialistischen Wertorientierungen zugenommen haben, ist zunächst nichts anderes als ein Effekt einer objektiv bedingten Umstrukturierung in den mittleren Klassenlagen: es ist der Gegensatz von altem Kleinbürgertum und neuem Kleinbürgertum, der sich in der Umverteilung von postmaterialistischen und materialistischen Wertorientierungen widerspiegelt. Vgl. als besten Überblick Klages (1984).

14 Kulturelle »Strukturen« können also nicht durch direkte Beobachtung erfaßt werden. Sie erfordern vielmehr ein rekonstruktives Verfahren, das die regulativen Wahrnehmungsschemata und Beurteilungsschemata herausdestilliert. Ich habe z. B. anhand von politischen Texten, Statuten politischer Vereine und ähnlichem Material aus dem 19. Jahrhundert den Versuch gemacht, die für die bürgerliche Klasse der frühen Moderne konstitutive Logik der Praxis zu identifizieren (Eder 1985).

15 Die bürgerliche Klasse hat allerdings ihre Version dieses Modells, ihre klassenspezifische Praxis dieser Logik (noch) nicht der Gesellschaft oktroyieren können. Denn sie hat auf der einen Seite die ökonomische, soziale und politische Macht mit den traditionalen Eliten teilen müssen. Und sie hat auf der anderen Seite noch nicht die traditionale Welt der plebejischen Kultur zerstören können.

16 Dieser Gegensatz läßt sich etwa am teuren Baumwollhemd aus der Boutique und am billigen Dralonhemd aus dem Kaufhaus zeigen. Zu diesem Themenbereich vgl. die professionelle Werbungsforschung zu »Lebensstilen« und »Konsumstilen«.

17 Das bedeutet, daß Fragen des »Weltbildes«, also Fragen der Deutung der objektiven Welt, sowie Fragen der »Urteilskraft«, also Deutungen

des Ästhetischen, ausgeklammert werden. Dies ist aber kein Argument gegen ihre Bedeutung für die Konstitution einer realen Klasse.

18 Dies ist die Welt, die im dichotomischen Gesellschaftsbild des Arbeiters als die eigene Welt der äußeren Welt entgegengesetzt wird. Die eigene Welt ist dabei durch das gekennzeichnet, was Bourdieu als das »Ethos der blanken Notwendigkeit« bezeichnet hat (Bourdieu 1982).

19 Diese Fehlschlüsse machen den sozialen Mechanismus verständlich, der Klassenkulturen voneinander unterscheidbar macht: nämlich Strategien der Selbstschließung durch Prestigezuschreibungen und Ausgrenzung anderer Klassenlagen. Sozialprestige, ansonsten benutzt, um soziale Ungleichheit zu repräsentieren, ist ein Mechanismus der Selbstschließung (Wegener 1985). Und das gilt nicht nur für das Prestige, das der Konsum, insbesondere der kulturelle Konsum ermöglicht. Das gilt vor allem auch für die Berufsstruktur, die Berufe um so höher klassifizierbar macht, je stärker die Kontrolle der Zugangsbedingungen und je strenger der professionsspezifische Verhaltenskodex ist (Beck/Brater 1978). Der Mechanismus der Bildung realer Klassen heißt also: Selbstschließung objektiv klassifizierter Gruppen durch Prestigezuschreibungen. Diese Hypothese erfordert konkrete Analysen von Praktiken, die klassenspezifische Deutungsmuster zu reproduzieren erlauben. Die in der Aufzählung klassenspezifischer Wahrnehmungs- und Erfahrungsschemata genannten Gesichtspunkte liefern dazu nur ganz allgemeine Anhaltspunkte. Die historische Forschung, insbesondere die auf moderne Gesellschaften angewandte Sozialanthropologie, gehört hier zu jenen Forschungsbereichen, die diese Fragestellung bislang am produktivsten aufgenommen haben. Siehe dazu besonders die Beiträge in Berdahl (1982).

20 Wenn man in der soziologischen Analyse die Moral (und das gilt gleichermaßen für die soziologische Analyse des Geschmacks oder der Professionalität) selbst als klassenspezifisch bedingt ansieht, dann gerät man unweigerlich zu der Frage: Welche moralische Kultur ist die bessere? Und das impliziert die Frage, wie höhere und niedrigere Formen unterschieden werden können. Eine Antwort darauf geben die Theorien moralischer Entwicklung von Piaget bis Kohlberg, die Stufen der Entwicklung des moralischen Bewußtseins hin zu einer autonomen bzw. postkonventionellen Moral behaupten. In diesen Theorien gibt es jedoch keinen Weg, der vom Individuum zur Gesellschaft führt. Wenn man solche Theorien aber selbst als Medium der kulturellen Reproduktion von Klassenstrukturen sieht – wie oben versucht –, dann eröffnet sich eine Perspektive jenseits des Psychologismus.

Beck, U., »Jenseits von Stand und Klasse?«, in: R. Kreckel (Hg.), *Soziale Ungleichheiten*. Sonderband 2 der *Sozialen Welt*, Göttingen 1983, S. 25-73.

Beck, U./M. Brater, *Berufliche Arbeitsteilung und soziale Ungleichheit. Eine gesellschaftlich-historische Theorie der Berufe*, Frankfurt 1978.

Beck, U./M. Brater/H. J. Daheim, *Soziologie der Arbeit und der Berufe. Grundlagen, Problemfelder, Forschungsergebnisse*, Reinbek 1980.

Bellmann, L./K. Gerlach/O. Hübler, *Lohnstruktur in der Bundesrepublik Deutschland. Zur Theorie und Empirie der Arbeitseinkommen*, Frankfurt/New York 1984.

Benseler, F./R. G. Heinze/A. Klönne (Hg.), *Zukunft der Arbeit*, Hamburg 1982.

Berdahl, R. A. (Hg.), *Klassen und Kultur. Sozialanthropologische Perspektiven in der Geschichtsschreibung*, Frankfurt 1982.

Berger, P. A., *Entstrukturierte Klassengesellschaft. Klassenbildung und Strukturen sozialer Ungleichheit im historischen Wandel*, Opladen 1986.

Berger, P. A., »Klassen und Klassifikationen. Zur ›neuen Unübersichtlichkeit‹ in der soziologischen Ungleichheitsdiskussion«, in: *Kölner Zeitschrift für Soziologie und Sozialpsychologie* 39 (1987), S. 59-85.

Béteille, A., *Caste, Class, and Power. Changing Patterns of Stratification in a Tanjore Village*, Berkeley/Los Angeles 1965.

Bischoff, J. et al., *Jenseits der Klassen? Gesellschaft und Staat im Spätkapitalismus*, Hamburg 1982.

Blossfeld, H.-P., *Bildungsexpansion und Berufschancen. Empirische Analysen zur Lage der Berufsanfänger in der Bundesrepublik*, Frankfurt 1985.

Bolte, K.-M./St. Hradil, *Soziale Ungleichheit*, 5. Auflage, Opladen 1984.

Bourdieu, P., *Die feinen Unterschiede. Kritik der gesellschaftlichen Urteilskraft*, Frankfurt 1982.

Bourdieu, P., »Ökonomisches Kapital, kulturelles Kapital, soziales Kapital«, in: R. Kreckel (Hg.), *Soziale Ungleichheiten.* Sonderband 2 der *Sozialen Welt*, Göttingen 1983, S. 183-198.

Bourdieu, P., *Sozialer Raum und ›Klassen‹. Leçon sur la leçon. Zwei Vorlesungen*, Frankfurt 1985.

Bourdieu, P., *Sozialer Sinn*, Paris 1988.

Bourdieu, P. / L. Boltanski / R. Castel / J.-C. Chamboredon / G. Lagneau / D. Schnapper, *Eine illegitime Kunst. Die sozialen Gebrauchsweisen der Photographie*, Frankfurt 1981.

Conze, W./J. Kocka, *Bildungsbürgertum im 19. Jahrhundert*, Stuttgart 1985.

DiMaggio, P./J. Mohr, »Cultural Capital, Educational Attainment, and

Marital Selection«, in: *American Journal of Sociology* 90, 1985, S. 1231-1261.
Dumont, L., *Homo Hierarchicus*, Paris 1967.
Eder, K., *Geschichte als Lernprozeß? Zur Pathogenese politischer Modernität in Deutschland*, Frankfurt 1985.
Eder, K., »Soziale Bewegung und kulturelle Evolution. Überlegungen zur Rolle der neuen sozialen Bewegungen in der kulturellen Evolution der Moderne«, in: J. Berger (Hg.), *Die Moderne – Kontinuitäten und Zäsuren.* Sonderband 4 der *Sozialen Welt*, Göttingen 1986, S. 335-357.
Eder, K., »Die soziale Struktur individueller Differenzen. Zur theoretischen Konstruktion des Begriffs ›Klasse‹«, Manuskript, München 1987.
Elster, J., *Subversion der Rationalität*, Frankfurt 1986.
Franz, H.-W./W. Kruse/H.-G. Rolff, *Neue alte Ungleichheiten. Berichte zur sozialen Lage der Bundesrepublik*, Opladen 1986.
Giesen, B., »Natürliche Ungleichheit, soziale Ungleichheit, ideale Gleichheit. Zur Evolution von Deutungsmustern sozialer Ungleichheit«, in: B. Giesen/H. Haferkamp (Hg.), *Soziologie der sozialen Ungleichheit*, Opladen 1987, S. 314-345.
Gusfield, J. R., *Symbolic Crusade. Status Politics and the American Temperance Movement*, Urbana 1966.
Gusfield, J. R., »Social Movements and Social Change: Perspectives of Linearity and Fluidity«, in: L. Kriesberg (Hg.), *Research in Social Movements, Conflict and Change. Vol. 4*, Greenwich 1981, S. 317-339.
Haferkamp, H., »Angleichung ohne Gleichheit«, in: B. Giesen/H. Haferkamp (Hg.), *Soziologie der sozialen Ungleichheit*, Opladen 1987, S. 146-188.
Haller, M., *Theorie der Klassenbildung und soziale Schichtung*, Frankfurt 1983.
Hradil, St., *Sozialstrukturanalyse in einer fortgeschrittenen Gesellschaft. Von Klassen und Schichten zu Lagen und Milieus*, Opladen 1987.
Hurrelmann, K., »Soziale Ungleichheit und Selektion im Erziehungssystem. Ergebnisse und Implikationen der sozialstrukturellen Sozialisationsforschung«, in: H. Strasser/J. H. Goldthorpe (Hg.), *Die Analyse sozialer Ungleichheit*, Opladen 1985, S. 48-69.
Jensen, St., »Aspekte der Medientheorie«, in: *Zeitschrift für Soziologie* 13 (1984), S. 145-164.
Kern, H./M. Schumann, *Das Ende der Arbeitsteilung? Rationalisierung in der industriellen Produktion*, München 1984.
Klages, H., *Wertorientierungen im Wandel. Rückblick, Gegenwartsanalyse, Prognosen*, Frankfurt 1984.
Kreckel, R., »Class, Status, and Power? Begriffliche Grundlagen für eine politische Soziologie der sozialen Ungleichheit«, in: *Kölner Zeitschrift für Soziologie und Sozialpsychologie* 34 (1982), S. 617-648.
Kreckel, R. (Hg.), *Soziale Ungleichheiten.* Sonderband 2 der *Sozialen Welt*, Göttingen 1983.

Leach, E., *Kultur und Kommunikation. Zur Logik symbolischer Zusammenhänge*, Frankfurt 1978.
Leach, E. (Hg.), *Dialectic of Practical Religion*, Cambridge 1968.
Luhmann, N., »Zum Begriff der sozialen Klasse«, in: N. Luhmann (Hg.), *Soziale Differenzierung*, Opladen 1985, S. 119-162.
Macpherson, C. B., *Die politische Theorie des Besitzindividualismus. Von Hobbes bis Locke*, Frankfurt 1967.
Meillassoux, C., »Y a-t-il des castes aux Indes?«, in: *Cahiers Internationaux de Sociologie* 54 (1973), S. 5-24.
Meillassoux, C., *»Die wilden Früchte der Frau«. Über häusliche Produktion und kapitalistische Wirtschaft*, Frankfurt 1976.
Miller, M., »Verzerrte Legitimationsdiskurse«. Beitrag zur Tagung »Klassen und Kultur«, 12.-14. Februar 1987 in Düsseldorf.
Mooser, J., »Auflösung der proletarischen Milieus«, in: *Soziale Welt* 34 (1983), S. 270-306.
Mooser, J., *Arbeiterleben in Deutschland 1900-1970*, Frankfurt 1984.
Moscovici, S., *La société contre nature*, Paris 1972.
Niessen, H.-J./R. Ollmann, *Schattenwirtschaft in der Bundesrepublik. Eine empirische Bestandsaufnahme der sozialen und räumlichen Verteilung schattenwirtschaftlicher Aktivitäten*, Köln 1986.
Schindler, N., »Spuren in der Geschichte der ›anderen‹ Zivilisation. Probleme und Perspektiven einer historischen Volkskulturforschung«, in: R. van Dülmen/N. Schindler (Hg.), *Volkskultur. Zur Wiederentdekkung des vergessenen Alltags (16.-20. Jahrhundert)*, Frankfurt 1984, S. 13-77.
Schmid, K.-P., »Die Kluft wird immer kleiner. Die Umverteilung von unten nach oben hat nicht stattgefunden«, in: *Die Zeit*, Nr. 10, 27. Februar 1987.
Schwartz, B., *Vertical Classification. A Study in Structuralism and in the Sociology of Knowledge*, Chicago 1981.
Touraine, A., »Klassen, soziale Bewegungen und soziale Schichtung in einer nachindustriellen Gesellschaft«, in: H. Strasser/J. H. Goldthorpe (Hg.), *Die Analyse sozialer Ungleichheit*, Opladen 1985, S. 324-338.
Tumin, M. M., *Social Stratification. The Forms and Functions of Inequality*, Englewood Cliffs 1967.
Wegener, B., »Gibt es Sozialprestige?«, in: *Zeitschrift für Soziologie* 14 (1985), S. 209-235.
Wippler, R., »Kulturelle Ressourcen, gesellschaftlicher Erfolg und Lebensqualität«, in: B. Giesen/H. Haferkamp (Hg.), *Soziologie der sozialen Ungleichheit*, Opladen 1987, S. 221-254.
Wright, E. O., »Was bedeutet neo und was heißt marxistisch in der neomarxistischen Klassenanalyse«, in: H. Strasser/J. H. Goldthorpe (Hg.), *Die Analyse sozialer Ungleichheit*, Opladen 1985, S. 238-266.

Mike Featherstone

Auf dem Weg zu einer Soziologie der postmodernen Kultur[1]

Einleitung: Postmodernismus in der Soziologie

In seinem Werk *Social Theory and Modern Sociology* entwirft Anthony Giddens »neun Thesen über die Zukunft der Soziologie«, von denen die erste lautet: »Die Soziologie wird den Überrest der Sozialtheorie des 19. und frühen 20. Jahrhunderts zunehmend ablegen« (1987a, S. 26). Hier entwickelt Giddens die gegenwärtig weitverbreitete Behauptung, daß Soziologie eng mit dem »Projekt Moderne« verbunden ist und bleiben wird. Er tut dies, um vom ökonomischen Reduktionismus, den er als ein allgegenwärtiges Vermächtnis des Denkens des 19. Jahrhunderts ansieht, wegzulenken und sich auf drei andere Hauptparameter der Moderne zu konzentrieren: die Entwicklung von Verwaltungsmacht, die Entwicklung von militärischer Macht und Kriegsführung und schließlich

> »die kulturelle Dimension der Moderne – offensichtlich etwas höchst Komplexes. In einigen Erscheinungsformen war die Analyse dieser Dimension lange Zeit eine Hauptbeschäftigung der Soziologie. Soziologen haben die Entstehung ihrer eigenen Disziplin vor dem Hintergrund des aufsteigenden ›Rationalismus‹ und der mit der Säkularisierung verbundenen ›Entzauberung der Welt‹ begriffen. Aber auch hier wäre die Behauptung wahrscheinlich zutreffend, daß die Kultur der Moderne weitgehend als die Spiegelung des Kapitalismus oder Industrialismus begriffen wurde. Selbst Max Webers bekannte Versuche, die ›Ideen‹ eine unabhängige Rolle spielen zu lassen, konzentrierten sich eher auf die Entstehungsbedingungen des Kapitalismus als darauf, einer autonomen modernen Kultur eine dauerhafte Rolle zuzuweisen. Aktuelle Kontroversen über das, was viele als ›Postmoderne‹ bezeichnet haben, sollten vielleicht eher als die ersten wirklichen Schritte bei dem ehrgeizigen Unternehmen betrachtet werden, das kulturelle Universum zu entwerfen, das sich aus dem immer vollständigeren Zerfall der traditionalen Welt ergibt. Zumindest äußert sich in ihnen zweifellos das starke Empfinden, daß die bisherigen Modelle der kulturellen Analyse von Grund auf unzulänglich waren« (Giddens 1987a, S. 28 f.).

Es gibt viele interessante Fragen in diesem Zitat, die ich hier nicht behandeln kann, mit Ausnahme von zwei Punkten. Erstens betont Giddens das Potential der Postmoderne – oder vielleicht sollten wir sagen: des Postmodernismus – als überlegenes Modell zur Darstellung der gegenwärtigen Kultur. Leider hat er diesen Punkt nicht weiter ausgeführt, und in Giddens' einziger früherer Erwähnung des Postmodernismus – in einem Aufsatz mit dem Titel »Modernism and Post-Modernism« (1981), einem Kommentar zu Habermas (1981a) – wird dieser meines Wissens im Text nicht diskutiert. Giddens' Betonung des Potentials der postmodernen Kulturanalyse könnte vielleicht mit seiner Vorliebe für eine »mittlere Strategie« verbunden sein, die versucht, über die Dualität von Objektivismus und Relativismus durch die Entwicklung einer »Ontologie der Potentiale« als Teil seiner Theorie der Strukturierung hinauszugehen (vgl. Cohen 1986, 1987). Zweitens ist das Zitat eine seiner wenigen direkten Bezugnahmen auf Kultur als wesentliche Dimension der Moderne oder der Gesellschaft. Daß Giddens sich nun schließlich der Entwicklung einer Theorie einer kulturellen Produktion zuwendet, die seine Diskussion über die Kultur der Moderne und Postmoderne untermauern könnte, wird in seinem Essay »Structuralism, Post-Structuralism and the Production of Culture« (1987b) offensichtlich.

Man sollte sich – allgemeiner gesagt – bewußt sein, daß die Art und Weise, in der das Thema des vorliegenden Buches *Sozialstruktur und Kultur* Vertreter verschiedener soziologischer Theoriesektionen aus mehreren europäischen Staaten zusammenbringt, nur ein weiteres Symptom dafür ist, daß in den letzten Jahren Kultur ins Zentrum der soziologischen Theoriebildung gerückt ist. Man könnte auch auf die Einbeziehung eines bedeutenden Symposiums über Kultur mit fünf Sitzungen auf der Jahrestagung der Internationalen Gesellschaft für Soziologie in Neu-Delhi 1986 und die jüngste Schaffung einer Sektion Kultur innerhalb der Amerikanischen Gesellschaft für Soziologie hinweisen, die ihre ersten Sitzungen 1987 abhielt. Von Donaldson Langer (1984, S. 9) ist die Ansicht vertreten worden, daß dieses jüngste Aufleben des Interesses an umfassenderen kulturellen Fragen und die Wahrnehmung der Kultursoziologie als ein legitimes Forschungsgebiet eine bedeutende Veränderung innerhalb der Soziologie darstellen. Bis Mitte der siebziger Jahre wurde soziologisches Interesse an Kultur und Kunst oftmals für exzentrisch, dilettantisch und bestenfalls marginal gehalten. In dieser Tradition waren die Disziplinengrenzen zwischen Soziologen, die ein gewisses Interesse an Kunst hatten, und Literaturkritikern und Kunsthistorikern, die Soziologie als irrelevant für das Verstehen der geheiligten Sphäre der Kultur betrachteten, relativ stark. Ein Symptom für den Zusammenbruch der Grenzen zwischen den Disziplinen ist das Auftauchen einer Reihe von Zeitschriften in der englischsprachigen Welt seit den siebziger Jahren, die – mit einem Leserkreis aus einem breiten Spektrum von Disziplinen – sich der Aufgabe einer Kulturtheorie zuwandten oder sich sogar ausschließlich mit diesem Thema beschäftigten. Erinnert sei an *Working Papers in Cultural Studies, Ideology and Consciousness, Oxford Literary Review, Block, Semiotext(e), Tabloid, Substance, New German Critique, Diacritics, Theory and Society, Humanities in Society, Telos, Thesis Eleven, Praxis International, Canadian Journal of Political and Social Theory, Philosophy and Social Criticism, Media, Culture and Society, Politics, Culture and Society, Social Text, Theory, Culture & Society* und an die drei neuen Zeitschriften, die 1987 von einem britischen Verleger gegründet wurden: *New Formations, Cultural Studies* und *Textual Practice*. Das wachsende Interesse an Feminismus, Marxismus, Strukturalismus, Poststrukturalismus, Semiotik, Kritischer Theorie und Psychoanalyse trug ebenfalls dazu bei, die Bedeutung von Fragen der Kultur zu erhöhen. Außerdem müssen alle, die an Theoriebildung über Kultur interessiert sind – an der Beziehung zwischen Kultur und Gesellschaft und Fragen der Ideologie, der Sprache, des Wissens, des Diskurses, der Subjektivität und der Trägerschaft, die mit den Erklärungen der Wandlungen in der Kunst und im kulturellen Bereich verflochten sind –, nun damit rechnen, daß sie eine Reihe von Zeitschriften außerhalb der Soziologie sichten müssen, und zwar nicht nur auf dem Gebiet von Kulturstudien und Kunst, sondern auch in den Bereichen Politik, Geschichte, Geographie, Kunst, Architektur, Philosophie und Stadtplanung. (Zu einer kurzen Erörterung dieser Wandlungen im Hinblick auf französische Gesellschaftstheorie siehe Featherstone 1986.)

Diese Wandlungen erfordern sorgfältige Dokumentation und Erklärung sowohl vom Standpunkt der Dynamik der akademischen und intellektuellen Disziplinen als auch ihrer Fähigkeit, auf soziokulturelle Wandlungen zu reagieren und sie zu thematisieren, und sollten nicht nur auf der Ebene eines Paradigmawechsels oder des Sieges einer überlegenen Sammlung von Methodologien betrachtet werden; denn so wurden sie oftmals einem akademischen Publikum präsentiert, dem ein gewisses Maß an Verwirrung über das blendende Aufgebot an Kulturtheoretikern durchaus nachzusehen ist. Denn der soziologische Theoretiker, der bis vor kurzem das Gefühl hatte, mit einem festen Bestand an Fragen und Diskussionen vertraut zu sein, die in ihrer ehrgeizigsten Form den Anspruch erheben konnten, der Soziologie eine Basis zu liefern, auf die sich die übrigen Gegenstände der Sozialwissenschaften gründen, mußte jetzt einen Schritt zurücktreten, während Dekonstruktion, Poststrukturalismus und Postmodernismus auf der Tagesordnung erschienen oder sogar die bestehenden Tagesordnungen ungültig zu machen drohten. So waren es Autoren wie Foucault, Lyotard, Deleuze, Derrida und Baudrillard, die jüngst in Referaten auf den Sitzungen der Theoriegruppe der Britischen Gesellschaft für Soziologie erörtert wurden, und man untersucht dort nun umfassendere Themen mit kulturellem Schwerpunkt, wie z. B. »Moderne und Postmoderne« und »der Körper«, und bemüht sich um engere Verbindungen zu anderen europäischen soziologischen Theoriegruppen, um den Informationsaustausch voranzutreiben.

Vielen Soziologen dürften die Begriffe Postmoderne und Postmodernismus wohl zuerst durch die »Debatte« zwischen Habermas und Foucault in den frühen achtziger Jahren zur Kenntnis gelangt sein. Beide Begriffe haben natürlich eine weitaus längere Geschichte angesichts der ersten Verwendung von *Postmodernismus*, der 1934 von Frederico de Onis als eine wenig bedeutende Reaktion auf Modernismus bezeichnet wurde, und von *Postmoderne*, ein Begriff, der 1947 zuerst von Toynbee geprägt wurde, um eine neue Periode der westlichen Zivilisation zu kennzeichnen (vgl. Hassan 1985). Die Verwendung des Begriffs Postmodernismus in der Kunst erlangte Priorität vor seiner Verwendung als Epochenbezeichnung, als er in den sechziger Jahren populär wurde und in den Vereinigten Staaten von jungen Künstlern (Rauschenberg, Cage, Burroughs und Barthelme) sowie von Kritikern (Fiedler, Hassan und Sontag) verwendet wurde, um auf eine Bewegung jenseits des »erschöpften« Hochmodernismus zu verweisen, der inzwischen als museal und akademisch galt. In den siebziger Jahren fand der Begriff weiterreichende Verwendung in der Architektur, den visuellen und darstellenden Künsten sowie in der Musik und machte dann eine rasche Folge von Wandlungen durch, bis er in den späten siebziger Jahren nach Frankreich exportiert, von Kritikern wie Kristeva und Lyotard aufgegriffen und dann, weitgehend in der Gestalt von Derridas poststrukturalistischem Dekonstruktionismus, in die Vereinigten Staaten reexportiert wurde. In den späten siebziger Jahren wurde der Begriff auch nach Deutschland eingeführt und dort von Habermas (1981a) in seinem Vortrag anläßlich der Verleihung des Adorno-Preises 1980 im Kontext einer Diskussion über »Moderne als unvollendetes Projekt« aufgegriffen, in der er Foucault und Derrida als »Jungkonservative« bezeichnete (vgl. Huyssen 1984). Die »Debatten« zwischen Habermas und Foucault, Lyotard und Habermas sind größtenteils von Dritten geführt und im Sinne eines Gegensatzes zwischen Kritischer Theorie und Postmoderne formuliert worden (vgl. Bernstein 1985; Hoy 1986). Die Debatte hat viele Dimensionen, auf die ich hier nicht eingehen kann, abgesehen von zwei Punkten. Erstens, Habermas' (1981a) Unzufriedenheit mit Foucault und Derrida (und, über diese vermittelt, mit Deleuze und Lyotard) gründete sich auf ihre Hinwendung zu einer dezentrierten, entgrenzten Subjektivität, die willens ist, expressive Intensitäten zu erfahren; einer Subjektivität, die faktisch von der postmodernistischen Avantgarde ausging bei dem Versuch, die Grenzen zwischen Kunst und Alltag niederzureißen und daher ästhetischen Erfahrungen und Gebärden den Vorrang vor Moral und kommunikativen Formen der Wahrheit zu geben. Schon in früheren Aufsätzen wie »Technik und Wissenschaft als ›Ideologie‹« (1971) war Habermas darum bemüht, Theorien zu entwickeln und Wege zu finden, das Eindringen der instrumentellen und strategischen Rationalität in kommunikative Strukturen der soziokulturellen Lebenswelt rückgängig zu machen. Aus einer solchen Perspektive mußte die Auseinandersetzung mit einer neuen, aus dem ästhetischen Bereich kommenden Bedrohung für das kommunikative Potential der soziokulturellen Lebenswelt als unwillkommene Komplikation erscheinen. Zweitens sollte Habermas'(1985, S. 203) eigener Versuch, das kritische Potential ästhetischer Erfahrung nutzbar zu machen, um kommunikative Wahrheiten zu erhellen, angesichts der Übersetzungsschwierigkeiten zwischen zwei verschiedenen Modalitäten der Kultur nur begrenzten Erfolg haben. Das erhöhte Interesse an Poststrukturalismus, Dekonstruktion und Postmodernismus im Zusammenhang mit Habermas' Arbeit (1981b) über den Verlauf der kulturellen Moderne und die Beziehung zwischen ihren verschiedenen Bereichen – Wissenschaft, Moral und Kunst – muß folglich im allgemeinen Rahmen des wachsenden Interesses an umfassenderen kulturellen Fragen begriffen werden. Diese verweisen sowohl auf die metatheoretischen Grundlagen von Wissensformen als auch auf denjenigen kulturellen Komplex, der am besten geeignet wäre, eine Form des guten, bedeutungsvollen oder befriedigenden Lebens zu liefern. Postmodernismus drängt erfolgreich ästhetische Fragen ins Zentrum der soziologischen Theorie: Er bietet ästhetische Modelle und Rechtfertigungen für die Deutung und Kritik von Texten (die Lust am Text, Intertextualität, Schriftlichkeit von Texten) sowie ästhetische Modelle für das Leben (die expressive Ästhetisierung des Lebens, Kunst als das Gute des Lebens) an.

Diese stark vereinfachte Schilderung könnte dazu beitragen, das neuerdings vermehrte Interesse an Kultur innerhalb der Soziologie zu erklären, für das Giddens' (1987a) Anerkennung von Kultur als vierter Dimension der Moderne und seine Vermutung, Postmodernismus stelle möglicherweise eine überlegene Form der Analyse dar, um damit das moderne kulturelle Universum darzustellen, ein aktuelles Indiz ist. Bevor wir jedoch die begrifflichen und anti-begrifflichen Hilfsmittel innerhalb des postmodernen Arsenals – die Betonung von Diskontinuitäten, der Schriftlichkeit von Texten, ihren Paradoxien, Ironien und ihrer spielerischen Reflexivität, die Hypostasierung der Differenz und die Kritik an Universalisierungen und Totalisierungen einschließlich des Endes von Metaerzählungen und des Endes von Geschichte – auspacken und zu bewerten versuchen können, müssen wir kurz auf Giddens zurückkommen. Seine sechste These über die Zukunft von Soziologie besagt, daß »Soziologen ein neues Interesse an umfassenden, langfristigen Prozessen sozialer Transformation entwickeln werden« (Giddens 1987a, S. 41). Eine Behauptung, die – oberflächlich betrachtet – der Annahme der Überlegenheit postmoderner Formen der Analyse unmittelbar zuwiderzulaufen scheint. Ebenso läuft sie – und Giddens ist sich dessen bewußt – seiner vorausgehenden Bekräftigung (in der ersten These) zuwider, es sei notwendig, sich von der Tradition des

Denkens des 19. Jahrhunderts freizumachen. Giddens behauptet, daß wir uns auf langfristige Prozesse konzentrieren müssen, um umfassende soziale Wandlungen zu erfassen, die sich im 20. Jahrhundert beschleunigen.

Die Soziologie umfassender, langfristiger Prozesse hat in den letzten Jahren eine Wiederbelebung erfahren. Hier ist zu denken an die Arbeiten von Wallerstein (1974, 1980), Habermas (1981b), Giddens (1985) selbst und neuerdings an die von Mann (1986) und Hall (1985). Der Hauptvertreter, der einem sofort in den Sinn kommt, ist jedoch Elias mit seiner Theorie der Zivilisation (Elias 1976a, 1976b), der Soziogenese der Soziologie (Elias 1984a) und der Wandlungen der Machtbalance zwischen den Geschlechtern (Elias 1986). Elias (1971) argumentiert, daß Soziologen über eine in Soziologie und Geschichtswissenschaft allgemein vertretene Auffassung von Geschichte – die zu der Annahme neigt, soziale Wandlungen seien unstrukturiert – hinausgehen sollten. Statt Geschichte als eine fortwährende Pilgerfahrt von Gruppen anzusehen, die kommen und gehen und deren Wissen gleichermaßen valide erscheint, müssen wir »die Struktur von langfristigen Wandlungen in den intergenerationalen Gruppierungen von menschlichen Produzenten und Trägern von ... Wissen untersuchen« (Elias 1972, S. 125). Wir müssen uns bewußt sein, daß es Beispiele für Wissen gibt, das – von Spezialistengruppen produziert – eine Eigendynamik gewinnt, und daß spezialisierte Gruppen von Wissensproduzenten eine begrenzte und relative Autonomie im Verhältnis zu anderen interdependenten Gruppen gewinnen können (Elias 1971, S. 250). Nach Elias können wir folglich der Klemme des absoluten Relativismus mit seinen erzwungenen Gleichförmigkeiten und übertriebenen Polaritäten entrinnen, in die wir geraten, wenn wir uns weigern, die Dynamiken von Wissen zu sehen. Statt dessen können wir Entwicklungen in speziellen Wissensvorräten untersuchen, die relative Autonomie besitzen, im Gegensatz zur Betonung von Brüchen und Diskontinuitäten in den Wissenstheorien etwa von Kuhn und Bachelard (Elias 1972).[2]

Die Erörterung langfristiger Prozesse wirft daher die Frage auf, ob wir nicht eher darauf abzielen sollten, eine Soziologie des Postmodernismus zu schaffen, als eine postmoderne Soziologie zu vertreten. Wenn wir danach streben, den Postmodernismus zu verstehen, sollten wir dann auf soziologische Methodologien verzichten und postmoderne Analysemodelle verwenden, um eine postmoderne Darstellung des Postmodernismus zu liefern? Dies würde tatsächlich auf eine Aufhebung der Soziologie und eine neue postmoderne Soziologie oder Anti-Soziologie hindeuten. Untersuchen wir spekulativ einige der Möglichkeiten, die sich dabei ergeben könnten. Eine postmoderne Darstellung des Postmodernismus würde der Untersuchung von Entwicklungen im Wissen und in der Wechselbeziehung zwischen Spezialisten für symbolische Produktion und anderen Gruppen widerstehen, um statt dessen eine parasitäre Darstellung zu liefern – den Parasiten eines Parasiten –; eine Darstellung, die postmoderne Strategien verwenden würde, um mit den Einheitlichkeiten und Unterschieden innerhalb des Postmodernismus – seinen Paradoxien, Ironien, Inkohärenzen, seiner Intertextualität und seinen multiphrenischen Eigenschaften – zu spielen. Oder sie könnte der Strategie des Einschmuggelns einer kohärenten Metaerzählung folgen, einer Geschichte, die eine Version des Niedergangs erzählt, um das Ende von Metaerzählungen zu verkünden (Hutcheon 1987 und andere haben Lyotard dieser Strategie bezichtigt). Eine weitere Möglichkeit könnte noch in der Annahme bestehen, daß sich bestimmte Entwicklungen, langfristige Prozesse, kumulativ zu einem endgültigen Bruch verdichtet haben, der den historischen Prozeß zerrissen hat, um eine neue post-gesellschaftliche Konfiguration hervorzubringen: postmoderne Kultur. Weil diese Perspektive behauptet, daß wir uns bereits innerhalb einer postmodernen Kultur befinden, würde jeder Versuch, mittels der alten Verfahren und Methodologien eine Theorie des Postmodernismus zu formulieren, notwendigerweise fehlschlagen. Die von Baudrillard (1983a, 1983b) entwickelte Darstellung der postmodernen Welt der Simulation zählt zu diesem Typus, wenn sie die durch die Medien erzeugte Überproduktion an Information und – als deren Folge – die kulturelle Überfrachtung betont, die zu einer Implosion von Bedeutung und einer Simulationswelt, einem Hyperraum führt, in dem wir jenseits von Normativität und Klassifikation in einer ästhetischen Halluzination von Realität leben. Baudrillard ist zweifellos einer der extremsten akademischen Autoren des Postmodernismus, was den Versuch angeht, dessen Logik so weit wie möglich voranzutreiben und in postmodernen sprachlichen Tropen und Bildern einer Post-Gesellschaft zu schwelgen – der Vorstellung vom Ende des Sozialen außerhalb der Reichweite soziologischer Erklärungen (zu einer nordamerikanischen Darstellung der postmodernen »exkrementalen Kultur«, die Baudrillard vieles verdankt, vgl. Kroker/Cook 1986). Für Baudrillard ist jeder Versuch, die zähen Massen unter normativem oder klassenanalytischem Gesichtspunkt in Bourdieuscher Manier zu erörtern, zum Scheitern verurteilt, da dies eine Analyseform wäre, die zur vorausgehenden Stufe des jetzigen Systems gehört.

Eine weitere Implikation einer postmodernen Soziologie läge darin, nicht nur das Ende des Sozialen, sondern auch das Ende der Geschichte zu betonen. Die von Vattimo (1985) vorgelegte Darstellung des Postmodernismus betont, daß ›postmodern‹ nicht nur als Ankündigung eines historischen Bruchs zu begreifen ist, der auf einen Aufbruch über die Moderne hinaus hindeutet. Postmodernismus schließt die Vorstellung einer postmetaphysischen und postmodernen Epoche ein und lehnt die modernistische Idee historischer Entwicklung oder eines einheitlichen Blickwinkels, unter dem die Geschichte als Ganzes betrachtet werden kann, ab. In Wirklichkeit hat es das Ende der Geschichte immer schon gegeben, aber erst jetzt können wir es erkennen und akzeptieren. Die Kritik des Postmodernismus und seine Ablehnung der Metaerzählungen der Moderne (Wissenschaft, Religion, Philosophie, Humanismus, Sozialismus, Feminismus etc.), die alle danach streben, der Geschichte in irgendeinem Sinne Kohärenz und Zwangsläufigkeit aufzudrängen, verweisen uns von Universalisierungen weg auf die Partikularität von lokalem Wissen. Eine Verschiebung, die auf theoretischer Ebene mit Argumenten verteidigt wird, die sich auf das Werk von Nietzsche, Heidegger und Derrida stützen. Dabei mag diese theoretische Verschiebung durchaus selbst zu einem bestimmten Zeitpunkt hervorgetreten sein und sollte deshalb eng mit dem in Zusammenhang gebracht werden, was als eine allgemeinere Enthistorisierung von Erfahrung betrachtet wird, wie sie innerhalb der gegenwärtigen Konsumkultur stattfindet, die ja ebenfalls Universalisierungen und die Bedeutung von geordneter Narrativität auf der Alltagsebene durch ihre Betonung einer facettenreichen und sich ständig wandelnden Gegenwart untergräbt.

Die Fragen, denen wir bei dem Versuch begegnen, die postmoderne Kultur soziologisch zu begreifen, drehen sich also darum, wie diese beiden Aspekte – die Produktion und Verbreitung postmoderner Theorien (von denen viele auf ein Ende der Geschichte eingestimmt sind, ein Ende freilich ohne Tragik) und die umfassendere Produktion und Verbreitung von alltäglichen postmodernen Kulturerfahrungen und Praktiken – miteinander verbunden sind. Wir brauchen hier nicht für oder gegen den Postmodernismus einzutreten, sondern müssen vielmehr soziologisch erklären, wie Postmodernismus möglich und wie ein Interesse an der losen Familie damit verbundener Vorstellungen entstanden ist. Dies gilt ungeachtet des naheliegenden Einwands von Befürwortern des Postmodernismus, ein solches Unternehmen sei zwangsläufig brüchig und stelle eine überholte Bindung an die modernistische Metatheorie dar. Kurz, was wir also zu begreifen versuchen und an diesen beiden Aspekten – dem theoretischen und dem alltäglichen – der angeblichen Tendenz zur Postmoderne für erklärungsbedürftig halten, ist die Frage, inwiefern *Postmodernismus*, so wie er als Theorie formuliert wird und in intellektuellen und künstlerischen Praktiken zum Ausdruck kommt, als Indiz oder Vorbote einer weiterreichenden *postmodernen Kultur*, einer umfassenderen Reihe von Veränderungen in der Produktion, Konsumtion und Verbreitung von kulturellen Gütern und Praktiken angesehen werden kann. Schließlich könnte es sein, daß diese Tendenzen epochale Dimensionen annehmen und folglich einen Aufbruch in Richtung auf eine *Postmoderne* ankündigen.

Wenn wir die Vorstellung einer postmodernen Soziologie zugunsten einer soziologischen Darstellung des Postmodernismus zurückweisen und sie als Teil eines umfassenden, langfristigen Prozesses betrachten, stehen wir einer beängstigenden Aufgabe gegenüber, die den Rahmen dieses Beitrages sprengen würde. Alles, was dieser Beitrag anstrebt, ist, die Umrisse zu skizzieren, denen ein solcher Ansatz folgen könnte. *Zuerst* wollen wir auf einige der Verengungen hinweisen, die sich ergeben, wenn wir den (obgleich oft nur impliziten) Ansprüchen des Postmodernismus folgen, eine überlegene Methodologie zu sein und einen signifikanten Bruch im historischen Prozeß entdeckt zu haben, der uns in oder kurz vor eine postmoderne Kultur und eine eventuelle Epoche oder Anti-Epoche der Postmoderne stellt. *Zweitens* wollen wir vorschlagen, den Postmodernismus im Sinne von Prozessen zu verstehen, die in der Dynamik von Beziehungen zwischen Gruppen stattfinden.[3] Präziser: Wir müssen fragen, wer die Produzenten und Träger postmoderner symbolischer Güter sind.

Wir müssen die realen Praktiken des Postmodernismus erforschen, um die Dynamik und die Prozesse aufzudecken, die innerhalb verschiedener Disziplinen – Kunst, Architektur, Musik, Literatur – sowie unter Intellektuellen und Akademikern wirken; und ebenso müssen wir erforschen, auf welche Weise neue Bedingungen auftauchen, die die Zirkulation und den Austausch zwischen Produzenten und Verbreitern in diesen Disziplinen intensivieren. Wir können hier an die Strategien von Außenseitern gegenüber den Etablierten, an Monopolisierungs- und Usurpationsprozesse, an Inflationseffekte etc. denken. Diese Wandlungen selbst sollen mit den langfristigen Prozessen in Zusammenhang gebracht werden, die zu einem allgemeinen Anstieg der Zahl der Spezialisten für symbolische Produktion, Verbreitung und Reproduktion geführt, ihre Beziehung zu anderen Gruppen der Gesellschaft verändert und sowohl ihre allgemeine Wertschätzung durch die Gesellschaft als auch ihre eigene Fähigkeit gesteigert haben, ihren sozialen Nutzen zu demonstrieren. Damit soll nicht behauptet werden, daß das Auftauchen, die zahlenmäßige Zunahme und das gesteigerte Machtpotential dieser Gruppen innerhalb der Mittelklasse – und neuerdings der sogenannten neuen Mittelklasse – den Aufstieg einer neuen, auf kulturellem Kapital beruhenden Klasse bedeutet, die die alte bürgerliche Klasse mit ihrer angeblich zunehmend veralteten Machtbasis im ökonomischen Kapital in Frage stellen könnte. Die Intellektuellen und die Spezialisten für symbolische Produktion sind weit davon entfernt, den Typus einer neuen hegemonialen Klasse zu verkörpern, der bei Gouldner (1980) erörtert wurde. Gleichwohl sollten wir die Wandlungen nicht unterschätzen, die in den Interdependenzen und der Balance zwischen ökonomischen Spezialisten und symbolischen Spezialisten eingetreten sind. Das Auftauchen und die Ausbreitung von Sektoren der neuen Mittelklasse oder dessen, was als Dienstleistungsklasse bezeichnet worden ist (Lash/Urry 1987), bringt nicht nur Spezialisten für symbolische Produktion und Verbreitung, sondern auch ein potentielles Publikum hervor, das für den Bereich kultureller und symbolischer Güter sensibler und auf Erfahrungen besser eingestimmt ist, die man als postmodern bezeichnet hat.

Besonders im Hinblick auf die Entstehung des Postmodernismus in der Kunst in den sechziger Jahren und in bestimmten akademischen und intellektuellen Bereichen in den Siebzigern sollten wir

unsere Aufmerksamkeit auf das Erscheinen einer besonders großen Generationskohorte richten, der »60er Generation«, die in größerer Zahl als je zuvor Zugang zu höherer Bildung erhielt und Orientierungen, Geschmäcker und Dispositionen entwickelte, die sie beim Eintritt ins Erwachsenenleben beibehielt. Es kann auch behauptet werden, daß Künstler und Intellektuelle spezielle Definitionen eines Generationsbewußtseins für verschiedene Öffentlichkeiten und Märkte entdecken, auskristallisieren und verbreiten. In diesem Sinne ist die von der »60er Generation« artikulierte Sensibilität in den stabileren und traditionelleren Orientierungen der Angehörigen aus geschäftlichen, industriellen und wissenschaftlichen Eliten unterrepräsentiert und spielt die Ästhetisierung des Lebens, die emotionale Befreiung und Informalisierung hoch. Es ist oft bemerkt worden, daß es Kontinuitäten zwischen der »60er Generation« und einem ganzen Spektrum gegenkultureller Bewegungen gibt, das bis zu den Romantikern zurückreicht (Abrams/McCulloch 1975; Martin 1981; Weiß 1986; Sayre/Löwy 1984).
Von Interesse ist hier, daß dieses Projekt der Ästhetisierung des Lebens mit seiner Verherrlichung des Künstlers als Heros und mit der Stilisierung des Lebens zum Kunstwerk – die Expressivität nicht nur des Projekts des Künstlers, sondern auch des Lebensstils – durch die Ausbreitung spezieller, auf symbolische Güter spezialisierter Berufsgruppen, die nicht nur als Produzenten/Verbreiter, sondern auch als Konsumenten/Publikum kultureller Güter agieren, bei einem breiteren, über intellektuelle und künstlerische Kreise hinausgehenden Publikum Resonanz fand. Die Ausbreitung der neuen »Kulturvermittler«, wie Bourdieu (1982) sie nennt, hat eine Erweiterung des Spektrums legitimer kultureller Güter und das Zusammenbrechen einiger alter symbolischer Hierarchien zur Folge gehabt. Diese *trendsetter* für neuen Geschmack, ständig auf der Suche nach neuen kulturellen Gütern und Erfahrungen, sind auch an der Produktion populärer Lebenshilfen und Leitfäden für Lebensstile beteiligt. Sie begünstigen eine Inflation kultureller Güter, lassen sich unaufhörlich durch künstlerische und intellektuelle Trends inspirieren und tragen dadurch, daß sie Seite an Seite mit den Künstlern und Intellektuellen arbeiten, dazu bei, neue Bedingungen künstlerischer und intellektueller Produktion zu schaffen. Diese neuen Kulturvermittler können in marktorientierten Berufen der Konsumwelt – den Me-

dien, der Werbung, dem Design, der Mode etc. – und in staatlich und privat finanzierten helfenden Berufen, beratenden Tätigkeiten, Bildungs- und Therapieberufen angetroffen werden. Um ihre Empfänglichkeit für postmoderne Güter und Praktiken zu begreifen, müssen wir daher die Prozesse innerhalb der Gesellschaft, die den Spezialisten für symbolische Produktion größere Prominenz eingeräumt haben, und insbesondere die veränderlichen Beziehungen zwischen Künstlern, Intellektuellen, Akademikern und Kulturvermittlern sowie ihre wechselnden Interdependenzen in einer weiterreichenden, Geschäftsleute, Politiker und Verwaltungsbeamte umfassenden Figuration untersuchen. Selbstverständlich dauert der Streit zwischen dem, was neues Kleinbürgertum genannt worden ist (Bourdieu 1982), und dem alten Kleinbürgertum noch an – man denke an den Thatcherismus in Großbritannien, der im Namen viktorianischer Werte heftige Attacken gegen Künstler und Intellektuelle inszeniert. Es ist jedoch interessant zu beobachten, wie elastisch die Spezialisten für symbolische Produktion und Verbreitung reagieren und wie sehr sie fähig sind, sich in ungünstigen Situationen neue Taktiken zu eigen zu machen. Vielleicht sollten wir diesen Prozeß lieber mit der Eliasschen Metapher einer Balance beschreiben, mit Schwingungen zu den Zentren der symbolischen Produktion in den sechziger und siebziger Jahren und Schwingungen in die Gegenrichtung, zu größerer Dominanz der Zentren der ökonomischen Produktion, in den achtziger Jahren (Wouters 1987). Die Vorstellung von einem Kampf zwischen Spezialisten für symbolische und ökonomische Produktion sollte uns auch nicht blind machen für ihre grundlegenden Interdependenzen und dafür, wie überschüssiges Finanzkapital in den achtziger Jahren dafür verwendet werden konnte, postmoderne Architektur zu finanzieren oder die Kunstmärkte aufzublähen, oder dafür, auf welche Weise Städte Spezialisten für symbolische Produktion ermutigen, in Sanierungsgebiete zu ziehen (z. B. SoHo in New York, beschrieben von Zukin 1982a, 1982b), um die Veredelung (*gentrification*) und einen allgemeinen Anstieg des Prestiges und des symbolischen Kapitals der Stadt zu beschleunigen. Folglich könnte es einzelne Schauplätze geben, wo das stattfindet, was als Prozeß der »Postmodernisierung« (Cooke 1988) benannt wurde.

Die Entwicklung des Postmodernismus innerhalb des kulturellen und intellektuellen Bereichs

Wenn wir uns einige diese Wandlungen im einzelnen ansehen, wäre es zweckmäßig, sich zuerst auf den Platz des Postmodernismus innerhalb bestimmter künstlerischer, intellektueller und akademischer Bereiche zu konzentrieren. Als erstes ist dabei festzustellen, daß es noch keine einheitliche Sicht des Postmodernismus gibt, die für alle Bereiche – Architektur, Literatur, Musik, Kunst, Photographie, darstellende Künste, Philosophie und Kritik – einsichtig wäre. Jameson (1984c, S. 62) zum Beispiel unterscheidet zwischen dem pro-modernistischen Postmodernismus von Lyotard und dem anti-modernistischen Postmodernismus von Jencks. Im Rückblick auf seine erste Verwendung des Konzepts berichtet Jencks uns in seinem Buch *Die Sprache der postmodernen Architektur* (1988, S. 6):

»Als ich 1975/76 die erste Ausgabe dieses Buches schrieb, waren der Begriff und das Konzept der Postmoderne mit einiger Häufigkeit in der Literaturkritik anzutreffen. Auf höchst verwirrende Weise war er, wie ich später feststellte, mit der Bedeutung ›ultramodern‹ in bezug auf die extremistischen Romane von William Burroughs sowie eine Philosophie des Nihilismus und der Anti-Konvention verwendet worden. Nachdem ich Kenntnis von diesen sowie den Schriften Ibn Hassans und anderer hatte, verwendete ich den Begriff, um das Gegenteil all dessen zu bezeichnen: das Ende des avantgardistischen Extremismus, die partielle Rückkehr zur Tradition und die zentrale Rolle der Kommunikation mit der Öffentlichkeit – und Architektur ist eine öffentliche Kunst.«

Im Bereich der Literaturkritik war der Begriff ›postmodern‹ wenige Jahre vorher von Spanos verwendet worden, der möglicherweise die frühere Verwendung des Terminus durch andere Literaturkritiker, wie z. B. Hassan in den sechziger Jahren, nicht kannte. Spanos (1987, S. 2) hat sich ebenso wie Jencks kürzlich seine erste Verwendung des Begriffs bei der Gründung der Zeitschrift *boundary 2* wieder ins Gedächtnis gerufen:

»Im Herbst 1970 ... überzeugte ich meinen Kollegen, den Romanautor Robert Kroetsch, daß die Zeit reif war oder, wie ich es heute formulieren würde, die Gelegenheit dafür bestand, *boundary 2* zu gründen, die ›Zeitschrift für postmoderne Literatur‹, über die wir ... korrespondiert hatten. Indem wir *boundary 2* den Untertitel ›a journal of postmodern literature‹ gaben, führten wir, wie sich herausstellte, einen Begriff ein, der für den kritischen Diskurs der gegenwärtigen amerikanischen Literaturgeschichte grundlegend geworden ist. Zu jener Zeit war ich mir indes keineswegs sicher, was wir mit dem Wort *postmodern* beabsichtigten. Was seine Verwendung veranlaßte, war mein starkes Gefühl, daß der literarische Modernismus, besonders als kritischer Diskurs, sein Ende gefunden hatte; daß der besondere Raum, der sich an der Grenze eröffnete, die er in den letzten Jahrzehnten des 19. Jahrhunderts und den ersten Jahrzehnten des 20. Jahrhunderts überquert hatte, durch eine andere und innerhalb einer anderen Grenze abgeriegelt und vollkommen kolonisiert worden war.«

Was die beiden Beispiele anzudeuten scheinen, ist eine Konzentration auf die Kernfragen ihrer eigenen speziellen Disziplin und das Prägen eines Begriffs, den sie verwenden wollten, um einen Bruch zu entdecken, anzuzeigen, nachzuweisen und zu legitimieren und um eine neue Analysemethode zu fördern, die von den etablierten Methoden, besonders denen des bestehenden Modernismus in ihrem Fachgebiet, abwich: daher *Postmodernismus*. Seit Mitte der siebziger Jahre breitete sich die Kenntnis dieses Begriffs aus, als sich Journalisten, Künstler und Akademiker dieser Tendenz anschlossen und die Bedeutungen des Begriffs zu erkunden suchten, was die Möglichkeit für ein erweitertes Bedeutungsspektrum von ›Postmodernismus‹ gefördert hat.

Die Kunst der *Benennung* selbst ist eine wichtige Strategie bei den Gruppen, die in Kämpfe mit anderen Gruppen verwickelt sind. Die Verwendung eines neuen Begriffs wie ›Postmodernismus‹ durch Außenseiter, Newcomer in dem Bereich, kann auftreten, wenn ihre Aufstiegschancen innerhalb der vorhandenen legitimen Hierarchien begrenzt sind. Diese avantgardistischen Taktiken sind darauf angelegt, einen Raum vor dem Etablierten zu schaffen, der schließlich zu einer Neuklassifizierung des Bereichs führen wird, die das Etablierte als das Überholte neu bestimmt.

Es ist verlockend, Postmodernismus als eine avantgardistische, ursprünglich aus dem künstlerischen Bereich hervorgehende Strategie anzusehen und ihn in eine lange Geschichte von avantgardistischen Bewegungen einzureihen, die bis in die fünfziger und siebziger Jahre des vorigen Jahrhunderts in Paris und zu den Futuristen, Dadaisten, Surrealisten und linken Avantgarden in Rußland und Deutschland in den zwanziger Jahren zurückreicht. Das Problem bei diesem Ansatz liegt darin, daß er sich der Tendenz nach auf die Ähnlichkeiten von Außenseiterstrategien konzentriert, auf den periodischen Ausbruch von Antagonismus und Konflikt in der unangenehmen gegenseitigen Abhängigkeit, in die

die Spezialisten für symbolische Produktion sich selbst mit den ökonomischen Spezialisten verwickelt finden, oder auf die Konstruktion eines »ewigen« Kreislaufs von Aktivismus, Antagonismus, Militanz und Agonie, den zu durchlaufen alle Bewegungen dieser Art verurteilt sind (Poggioli 1973). Er versäumt es, hinreichend zwischen den *allgemeinen* Bedingungen für das Auftauchen von Avantgarden seit den fünfziger Jahren des vorigen Jahrhunderts in hauptstädtischen Zentren mit ihrem Zugang zu Publizität und Kommunikation sowie den Bedürfnissen eines Fach- und Mußeklassenpublikums einerseits und den *besonderen* Bedingungen bestimmter Bewegungen andererseits zu unterscheiden (Tagg 1985/86). Im Falle des Postmodernismus können wir an die Notwendigkeit denken, die spezifische Beziehung zwischen Künstlern, Kritikern, Intellektuellen und Händlern einerseits und den Kunstinstitutionen andererseits zu untersuchen, die in den sechziger Jahren in New York bestand, als postmoderne Kunst auftauchte. Wir müssen dies in dem Bewußtsein tun, daß diejenigen, die sich aktiv an der Produktion und Bezeichnung postmoderner Texte/Objekte, Anti-Texte/Anti-Objekte beteiligen, sich möglicherweise allen Versuchen, Ähnlichkeiten zwischen ihrer Arbeitsweise und vorhergehenden Avantgarden zu ziehen, widersetzen und daß tatsächlich Umstände vorliegen könnten, die es unwahrscheinlich machen, daß die Künstler – den Bemühungen der Kritiker, Händler und der in Kunstinstitutionen Tätigen zum Trotz – eine gemeinsame Abgrenzung vollziehen und sich zu einer neuen avantgardistischen Bewegung zusammenfinden.
Ein Kennzeichen postmoderner Kunst in den sechziger Jahren war tatsächlich ihre scharfe Kritik an der institutionalisierten Kunst: an den Museen und Galerien, den Geschmackshierarchien der akademischen Kritik und der Weihung von Kunstwerken zu deutlich abgegrenzten Ausstellungsobjekten. Diese scharfe Kritik an autonomer, institutionalisierter Kunst selbst war nicht neu; wie Bürger (1977) zeigt, trat sie mit der historischen Avantgarde der zwanziger Jahre und ihrer Zurückweisung des Ästhetizismus auf. In diesem Zusammenhang ist es interessant zu beachten, daß es in den sechziger Jahren ein Wiederaufleben des Interesses an den Bewegungen der Dadaisten und Surrealisten und besonders am Werk von Marcel Duchamp gab (Huyssen 1984). Es ist auch behauptet worden, daß Postmodernismus zuerst mit der historischen Avantgarde der zwanziger Jahre auftrat, die eindrucksvoll

Postmodernismus *avant la lettre* betrieb (Lash/Urry 1987). In den sechziger Jahren gab es ähnliche und vielleicht radikalere Versuche, die Grenzen zwischen Kunst und Alltagsleben niederzureißen und Kunst daran zu hindern, zum Warenobjekt von Museen zu werden. Hier denken wir an die *happenings* und an die *landscape art*, die von Christo, dem bulgarisch-amerikanischen Künstler, erfunden wurde, zu dessen *events* das Einwickeln eines australischen Küstenstreifens und das Hängen eines riesigen Vorhangs über ein Colorado-Tal gehörten. Aber selbst dieser Versuch einer Anti-Kunst, ein bleibendes Kunstobjekt durch das Betonen einer vergänglichen Erfahrung, die nicht objektiviert und zur Ware gemacht werden kann, zu verneinen, fand durch Photographien, Filme, Bücher und Ausstellungen zu Christos Werk bald den Weg zurück in die Kunstinstitutionen (Martin 1981, S. 110).

Eine der führenden postmodernen Kritikerinnen in den sechziger Jahren, Susan Sontag (1967), brachte in diesem Sinne vor, daß das Kunstobjekt kein Text sein sollte, sondern ein sinnlicher Gegenstand dieser Welt wie alle anderen. Diese neue Sensibilität bevorzugte Musik, Tanz, Malerei, Bildhauerei und Architektur vor dem Roman. Diese Betonung der Sinneswahrnehmung, der elementaren Unmittelbarkeit des Figuralen in Opposition zum Diskursiven, hat dazu geführt, daß die postmoderne Ästhetik als eine Ästhetik des Körpers charakterisiert wurde (Lash/Urry 1987). Zwei kurze Beispiele lassen sich anführen, um dies zu veranschaulichen. Das erste ist die Körperkunst von Oppenheim. Ein Videoband mit dem Titel »I'm Failing« zeigt Oppenheim, wie er versucht, sich selbst in einem Wasserbehälter zu ertränken (vielleicht eine Parodie auf Salvador Dalis früheres »Inverted Submarine«, in dem er sich beinahe selbst ertränkte, wie er in seiner Autobiographie beschreibt). Ein anderes Video zeigt im Zeitlupentempo, wie Steine auf Oppenheims Bauch fallengelassen werden. Das Videoband seiner Multimediadarbietung »Disturbational Art« zeigt Oppenheim, wie er zehn Pfefferkuchenmänner ißt; danach stellte er mikroskopische Farbdias von den Exkreten dieser Pfefferkuchenmänner her, die in Galerien projiziert (und als bloße abstrakte Malerei fehlgedeutet) wurden, während ein Endlos-Video lief, das den gesamten Prozeß der Nahrungsaufnahme und Ausscheidung zeigte (Wall 1987). Das zweite Beispiel ist das des australischen Körperkünstlers Stelarc, der medizinische Instrumente verwendet, um die Eingeweide seines eigenen Körpers – Blutströme, Muskeln, Herzschläge – zu filmen, sein eigenes Inneres und seine eigene »akustische Landschaft«, die den Körper als etwas sowohl Abstoßendes als auch Faszinierendes zeigt (Kroker/Kroker 1987, S. VI).

Es ist offensichtlich schwer vorstellbar, wie derartige Körperkunst, Happenings oder Kunst, die mit Wiederholung und Zufall spielt (in der Musik können wir an Briers' »Sinking of the Titanic« denken, wo versucht wird, unter Wasser gespielte Musik nachzuahmen, die in beliebiger Weise gespielt werden kann, um eine Offenheit wie in manchen visuellen Werken oder in der visuellen Kunst zu erzielen; oder an Laurie Andersons Musik, in der alle Instrumente synthetische Stücke ihrer eigenen Stimme und die Texte Zufallsfolgen von zerschnittenen vokalen Wortverbindungen sind), in bestehende Geschmackshierarchien und ästhetische Systeme integriert werden könnten. Dies ist natürlich der entscheidende Punkt: die alten Unterscheidungen zwischen Hochkultur und Massenkultur niederzureißen; die Vorstellung vom autonomen kreativen Künstler und die handwerkliche Definition von Kunst in Frage zu stellen, die der Modernismus verewigt hat; zu zeigen, daß Kunst überall ist, im Körper und in der degradierten Landschaft der Massenkultur. Der Aufstieg der *Pop art* in den sechziger Jahren und ihre Charakterisierung als ein kultureller Bruch stehen daher im Zusammenhang mit dem Aufstieg der Gegenkultur (Hebdige 1983; Huyssen 1981; Martin 1981).

In einem wichtigen Sinne sind es die Kritiker und Intellektuellen, die dem Selbstverständnis der Künstler von ihrem Projekt bei der Produktion postmoderner Werke/Anti-Werke überhaupt erst Ausdruck verleihen. Es ist oft gesagt worden, daß im Postmodernismus die Kritiker eine mächtigere Rolle gespielt haben als je zuvor und daß »Postmodernismus in mancher Hinsicht ein Begriff von Kritikern geworden ist, ohne jemals wirklich eine künstlerische Bewegung zu sein« (Bradbury 1983, S. 325). Wenn die Zahl der Künstler-Theoretiker seit dem Ende der sechziger Jahre auch gewachsen ist (zusammen mit einer allgemeinen Ausbreitung der Kunstinstitutionen, der Veröffentlichung von Büchern und Zeitschriften, die sich mit Kunsttheorie und Kulturkritik befassen, und der Vergrößerung der verschiedenen Öffentlichkeiten, die unten erörtert wird), so sollten wir doch nicht übersehen, daß dies mit einem langfristigen Prozeß des Anstiegs der Anzahl und der Erweiterung des Machtpotentials der Spezialisten für symbolische Produktion seit dem 18. Jahrhundert verbunden ist. Seit dieser Zeit erleben wir die Herausbildung von Ästhetik und Kunstgeschichte als eigenständige Disziplinen, die Zunahme von regelmäßig erscheinender Literatur und das Auftauchen des Kritikers als einer unabhängigen Profession, die Vermehrung von Akademien, Ausstellungen und besonderen Stätten künstlerischer Produktion und Verbreitung – Studios, Galerien, Kunstschulen, Universitäten, Museen etc. (Burglin 1985/86). Wenn der Kritiker oder Philosoph heute als jemand betrachtet wird, der nicht nur in die Artikulation künstlerischer Praktiken eingreift, sondern auch spezifische Theorien aktiver unterstützt, die der Künstler dann zu artikulieren versucht, dann sollten wir nicht vergessen, daß diese Situation keineswegs einzigartig ist. Mitglieder der Dada-Bewegung, die – wie wir bereits erwähnt haben – gegen Ende des Ersten Weltkrieges aufkam, waren bemüht, Kunst überhaupt zu entweihen, die Absurdität des »L'art-pour-l'art«-Ästhetizismus hervorzuheben und alle Normen zu zerstören, nicht zuletzt das, was sie als die absurde Kriegskultur ansahen. Der Hang zur Montage, die scharfe Kritik an der trügerischen Einheit eines jeden Textes mit dem Ziel, seine Polysemie zu enthüllen, zeigt den Einfluß von Nietzsches Philosophie, und es ist interessant, daß einer der Begründer des Dadaismus, Hugo Ball, zuvor eine Dissertation über Nietzsche geschrieben hatte (Kuenzli 1987).

In den Vereinigten Staaten läßt sich in den siebziger Jahren ein ähnlicher Prozeß feststellen. An die Stelle Nietzsches traten Derrida und die Dekonstruktion als zentrale Bezugspunkte postmoderner Theorie, die durch ein immer dichteres Netz von Sekundärtexten, Zeitschriftenbeiträgen und journalistischen Kommentaren weiterverbreitet wurde. Im Bereich der Photographie wurde die Theorie der Dekonstruktion beispielsweise von New Yorker Kritikern wie Douglas Crimp unterstützt. Photographie, sagte er, könne nicht länger darauf abzielen, Originalität zu produzieren, da Photographien immer Wiederholungen oder »bereits Gesehenes« seien. Photographien sollten daher kollektive Vorstellungsbilder simulieren und re-präsentieren (Cindy Sherman), Bilder anerkannter Photographen unverändert wiederphotographieren (Levine) oder Reklamebilder wieder-photographieren (Andre 1984).

Es kann natürlich eingewandt werden, daß Postmodernismus nicht so sehr einen Bruch oder eine Krise im allgemeinen sozialen Prozeß darstellt als vielmehr ein Symptom für eine spezifischere Krise innerhalb des Bereichs der Intellektuellen selbst. In der Tat zeigt der Postmodernismus, daß die Intellektuellen das Vertrauen in die Universalisierbarkeit ihres Projekts verloren haben. Er stellt eine Selbstabwertung der Währung intellektueller Güter dar, die gleichzeitig mit einer allgemeineren sozialen Abwertung eintritt. Ebendarum liegt der Schwerpunkt der postmodernen Theorie, den Hassan (1985) feststellt, in der Tendenz zu *Unbestimmtheiten* – zur Anerkennung von Offenheit, Pluralismus, Zufälligkeit, Eklektizismus, Inkohärenz, Paralogismus, Intertextualität, zum Primat des Vielen über das Eine – und *Immanenzen* – zur Anerkennung unserer Innerweltlichkeit, unserer für uns undurchsichtigen symbolischen Selbstkonstitution, unseres Verstricktseins in ein Geflecht verstreuter Zeichen, welche die Geschichte und alle sonstigen Metaerzählungen unwirklich werden lassen. Das Auftauchen einer anti-philosophischen, anti-fundamentalistischen Philosophie, die sich unter das Banner des Postmodernismus stellt, spiegelt – so ist behauptet worden – einen Verlust des Vertrauens der westlichen Intellektuellen auf die Überlegenheit ihres Projekts, auf ihre Autorität und Fähigkeit wider, universale Normen für Wahrheit, Moral und Geschmack zu setzen, zu denen sich die Menschheit hinentwickeln wird. Bauman (1988) verbindet diese Anerkennung des Polykulturalismus mit einem Wandel in der gesellschaftlichen Rolle der Intellektuellen und diese wiederum mit dem Mangel an Nutzen, den der heutige Staat an ihnen für die Legitimation seiner Herrschaftsstruktur hat. Der Status der Intellektuellen wird weiterhin durch die massive Expansion der Produktion kultureller Güter untergraben, die sie nicht mehr kontrollieren können und bei der sie tatsächlich auch nicht um Rat gefragt werden, da »Galeriebesitzer, Verleger, TV-Manager und andere ›Kapitalisten‹ oder ›Bürokraten‹«, die »Kräfte des Marktes«, die Entscheidungen treffen (Bauman 1988, S. 224). Wir werden im folgenden auf den Aufstieg dieser Gruppen, die ich lieber als »neue Kulturvermittler«, »neue Intellektuelle« oder »Para-Intellektuelle« bezeichnen würde, und die allgemeinen Bedingungen der Inflation der Produktion symbolischer Güter zurückkommen.

Wenn wir den Bereich der Intellektuellen betrachten (und dabei nicht vergessen, daß der Begriff »Intellektueller« keineswegs ein unproblematisches Konzept ist, das ein Spektrum von Spezialisten für symbolische Produktion umfaßt, von denen die große Mehrheit heutzutage eine Basis in akademischen Institutionen hat), sind wir beeindruckt von den Parallelen zwischen ihrer Praxis und künstlerischen Praktiken. Wie Bourdieu (1983, S. 4) bemerkt: »Ähnlich wie der Künstler ... stellt sich auch der Philosoph als unerschaffener Schöpfer vor, der der Institution nichts verdankt.« Der »intellektuelle Zentrismus« der Intellektuellen hält sie davon ab, über ihre Praxis als Praxis nachzudenken. Während die postmodernen Theorien einem Anti-Fundamentalismus huldigen, der eine notwendige Kritik des philosophischen Universalismus ermöglicht, sind sie oftmals außerstande, diese Veränderung in anderen als dichotomen Begriffen zu sehen, die Abschattierungen zwischen Universalismus und Relativismus verdecken und die Möglichkeit unberücksichtigt lassen, das Auftauchen solcher Konzepte mit der Entwicklung des menschlichen Wissensvorrats zu verbinden. Es wird so getan, als führe der Verlust des Universalismus notwendigerweise zu Pluralismus und Relativismus, wobei die Intellektuellen immer noch dazu neigen, sich selbst als »unerschaffene Schöpfer« zu betrachten – zwar nicht mehr als Schöpfer universaler Axiome, wohl aber jetzt der Selektivität unter Betonung der Zufälligkeit und Relativität ihrer Wahl aus einer angenommenen endlichen Menge von Positionen. Die Kritik des Universalismus (oft zu einem Scheingegner übersteigert, an den wohl kaum jemand glaubt) läßt die Möglichkeit verschiedener Mischungen und Balancen zwischen Universalismus und Pluralismus, Absolutismus und Relativismus, Engagement und Distanzierung außer acht. Es findet zuweilen auch eine Rückkehr des Universalismus durch die Hintertür statt, die in der Annahme verborgen liegt, daß das Rad der Geschichte bei diesen spezifischen Aporien zum Stillstand gekommen sei oder daß wir endlich den beherzten Mut gehabt hätten, hinter den trügerischen Vorstellungs- und Deutungsschemata das endlose, jedoch im Grunde bedeutungslose und nicht begründbare Spinnen eines Wortgeflechts als ewige *conditio humana* zu erkennen. In Wirklichkeit sei alles, was wir tun können, eben dies: uns an dem Spiel der Bedeutung zu beteiligen. Kunst wird damit zum Hauptparadigma für Wissen (Kauffmann 1986), sowohl in den Naturwissenschaften wie auch in den Sozial- oder Geisteswissenschaften.

Dies könnte postmodernen Theoretikern auch als Rechtfertigung dafür dienen, »dünne« oder philosophische Geschichte zu schreiben, um ihren Ansichten Geltung zu verschaffen, wie es – wie Arac (1986) behauptet – bei Autoren wie Lyotard und Rorty der Fall ist.

Die Konzentration auf die offensichtliche Naivität der Intellektuellen der vergangenen Jahre mit ihren universalistischen Schemata erschleicht in gewissem Sinne die Überlegenheit unserer eigenen Einsicht über die ihre – eine Überlegenheit, von der aus sich ihr falscher Fortschrittsglaube dann vernichtend kritisieren läßt. Außerdem vernachlässigt ein solches Vorgehen die Vielfältigkeit des intellektuellen Feldes und das Verhältnis des Postmodernismus zu der bedeutenden antifundamentalistischen gegenkulturellen Unterströmung, die innerhalb des westlichen intellektuellen Lebens zumindest seit der Romantik lebendig war. Diese Tradition strebte danach, die Beziehung zwischen künstlerischen und intellektuellen Formen der Theoriebildung zu entwickeln und ästhetischen Geschmack als Kriterium für Erkenntnis und die Ästhetisierung des Lebens als Leitfaden für das Leben zu begründen. Eine Tradition, in die man Nietzsche, der von postmodernen, poststrukturalistischen und dekonstruktivistischen Theoretikern wie Derrida, Foucault, Deleuze und Baudrillard verehrt wird, einreihen müßte (vgl. Megill 1985; Rajchman 1985).

Bei jenen Intellektuellen, die, um Aracs (1986) Metapher in Anspruch zu nehmen, insofern »dichtere« Geschichten schreiben, als sie empirisches Material heranziehen, um den Aufstieg des Postmodernismus zu untersuchen – an dieser Stelle zitiert Arac Anderson, Bell und Jameson –, gibt es zuweilen eine Tendenz, die Existenz einer weitverbreiteten postmodernen Kultur zu behaupten, deren Evidenz an der Erfahrung der Intellektuellen abgelesen wird. Hier können wir insbesondere an die Arbeiten von Jameson (1984a, 1984b) und Berman (1983) denken. Jameson (1984b) zum Beispiel identifiziert als die beiden grundlegenden Merkmale des Postmodernismus: die Transformation von Realität in Bilder und eine schizophrene Zersplitterung von Zeit in eine Folge sich perpetuierender Präsenzen. In seiner Beschreibung des Bonaventure Hotels in Los Angeles wird uns eine Lesart der Bedeutung des Hotels für Jameson gegeben, die die im wesentlichen postmoderne Erfahrung betont, die dieser neue »Hyperraum« bewirkt. Das Problem besteht darin, daß kein Beweismaterial im Hinblick darauf vorgelegt wird, wie Männer und Frauen, die alltäglichen Tätigkeiten nachgehen, dieses Gebäude tatsächlich erfahren. Man hat den Verdacht, daß die Erfahrung erst eine spezifisch postmoderne wird, nachdem den Leuten gesagt worden ist, das Gebäude sei postmodern. Wenn dies der Fall ist, dann müssen wir in unsere Analyse die Unternehmerrolle und die unternehmerischen Strategien von Intellektuellen, Architekten, Kritikern und Kulturvermittlern einbauen, die ein Interesse an der Förderung der Bezeichnung Postmodernismus und an der Entwicklung einer Pädagogik des Postmodernismus haben, um damit verschiedene Öffentlichkeiten zu erziehen. Außerdem gibt es trotz all der Betonung von Intertextualität und vielfacher Lesbarkeit von Texten seitens einiger postmoderner Kritiker andere, die im Gegensatz zu der angeblichen Zersplitterung und Differenz eine dem Diskurs vorausgehende Erfahrungseinheit voraussetzen, die dem globalen Prozeß der Kapitallogik oder der Modernisierung entspricht und zu einer Reihe von Ausdrücken führt, die vom Kritiker dann als Manifestationen der Einheit der Erfahrung gelesen werden können (Tagg 1985/86). Dieses Gefühl der Totalität führt zu Totalisierungen (wie etwa »das postmoderne Zeitalter«) und Subtotalisierungen (wie »die postmoderne Kultur« und »die kulturelle Sphäre«), die eine integrierte und einheitliche Kultur voraussetzen, die gewöhnlich von irgendeinem hauptsächlichen Systemimperativ oder Prozeß (etwa »Logik des Kapitals«, »kulturelle Logik« oder »axiales Prinzip«; so beispielsweise Jameson 1984a; Bell 1976) abgeleitet wird. Die konkreten Praktiken spezieller Gruppen, die in verschiedene Kämpfe, Machtbalancen und Interdependenzen verwickelt sind, werden geschickt umgangen, indem ein Sprung von der Erfahrung zu einem umfassenden Konzept auf »höherer« Ebene gemacht wird oder umgekehrt.

Tatsächlich müßte eine Soziologie des Postmodernismus die Prozesse des Wettbewerbs, der Monopolisierung, der Entmonopolisierung und der Usurpation sowie die verschiedenen Strategien von Außenseitern und Etablierten berücksichtigen, die zwischen verschiedenen Gruppen von Spezialisten für symbolische Produktion ablaufen und in denen der Begriff Postmodernismus zu einem Einsatz im Streit zwischen Gruppen wird. Dies würde uns darauf verweisen, Beweismaterial zu sammeln, um die folgenden Fragen klären zu können: Wer verwendet den Begriff Postmodernismus? In welchen spezifischen Praktiken wird er verwendet? Welche Gruppen widersetzen sich seiner Verwendung? Wo speziell wird der Begriff verwendet? Gibt es besondere Schauplätze des Postmodernismus? Einen Teil der Antwort auf diese Fragen, sollte die Untersuchung des Auftauchens, der Entwicklung und der Verwendung des Begriffs innerhalb spezifischer intellektueller, akademischer und künstlerischer Felder und der veränderlichen Natur dieser Praktiken liefern, die zu einem vermehrten Austausch zwischen diesen Feldern führt. Wir sind uns jedoch auch bewußt, daß diese Wandlungen selbst abhängig sein können von (und verstärkt werden können durch) aktuelle(n) Veränderungen, die einer steigenden Zahl von Kulturvermittlern größere Bedeutung verliehen haben. Die Destabilisierung bestehender symbolischer Hierarchien dürfte dann nicht nur als Antwort auf die usurpatorischen und avantgardistischen Taktiken von Außenseiterkünstlern und -intellektuellen stattfinden, sondern auch aus der wachsenden Nachfrage nach (und Lieferbarkeit von) symbolischen und kulturellen Gütern verschiedener Art (einschließlich kultureller Konsumgüter, nicht nur künstlerischer und intellektueller Güter). Die wachsende Anzahl der neuen Kulturvermittler und der neuen Abnehmer symbolischer Güter in der Mittelklasse muß selbst wiederum aus Veränderungen der weiterreichenden Interdependenzen zwischen Staat, ökonomischen Spezialisten und Spezialisten für symbolische Produktion begriffen werden; aus Veränderungen, die Teil eines langfristigen Prozesses der zunehmenden Aufwertung von Kunst sind. Ein Prozeß, der sich wahrscheinlich trotz der augenblicklichen Kürzungsrunde und der negativeren Beurteilung der symbolischen Spezialisten fortsetzen wird, auch wenn sich gegenwärtig die Machtbalance wieder zugunsten der ökonomischen Spezialisten verlagert. Wir können jetzt einige dieser Wandlungen betrachten.

Die neuen Kulturvermittler und die Zentren des Postmodernismus

In der Soziologie ist schon eine Menge über die neue Mittelklasse geschrieben worden. So ist in der Tat behauptet worden, daß der Aufstieg der Soziologie selbst mit dem Hegemonialstreben dieser Klasse bei ihrem Versuch, die gesellschaftliche Wertschätzung von intellektuellem Wissen, symbolischen Gütern und kultu-

rellem Kapital gegenüber dem ökonomischen Kapital zu erhöhen, in Zusammenhang gebracht werden kann (Gouldner 1980). Während diese Sichtweise bisweilen die Interdependenzen zwischen ökonomischen und symbolischen Spezialisten vernachlässigt und außer acht läßt, welche Richtung die wachsende Autonomie der ökonomischen Spezialisten und ihrer Theoretiker nimmt – die ja mit der Entwicklung einer autonomen Wirtschaftswissenschaft tatsächlich die erste wissenschaftliche Gesellschaftsanalyse hervorgebracht haben (vgl. Elias 1984a) –, lenkt sie uns auf die Entwicklung des Machtpotentials der Spezialisten für symbolische Produktion und Verbreitung innerhalb der Mittelklasse. Es gibt lange Debatten über den Aufstieg und die Zusammensetzung der neuen Mittelklasse und über die Probleme des Versuchs, ihre Rolle im Rahmen der marxistischen Klassentheorie zu erklären, auf die einzugehen hier der Platz fehlt (vgl. Bruce-Briggs 1979; Burris 1986; Carter 1985; Barbalet 1986). Die einen mögen die Terminologie in Zweifel ziehen und lieber von »neuem Kleinbürgertum« (Bourdieu 1982) oder mit Djilas, Galbraith und anderen von »Wissensklasse« oder »neuer Klasse« sprechen (Bruce-Briggs 1979). Lash und Urry (1987) haben jüngst auf die Ausbreitung der »Dienstleistungsklasse« (Unternehmer, Manager und Freiberufler) hingewiesen, die in Großbritannien zwischen 1971 und 1981 um praktisch eine halbe Million Arbeitsplätze anwuchs und 1981 13,2% der erwerbstätigen Bevölkerung ausmachte – gegenüber 11,0% im Jahr 1971 (vgl. Cooke 1988).
Eine beachtliche Debatte (zu einem großen Teil unsympathische Spekulationen von Journalisten in den Medien) gab es außerdem über das Auftauchen der »Yuppies« (»young urban professionals«), die als ein Elitesegment der amerikanischen Babyboom-Generation betrachtet werden, und es wurde behauptet, daß sich dieses schnell wachsende Segment möglicherweise noch durch »psychographische« Yuppies vergrößern läßt, die, obwohl sie nicht den eigentlichen Yuppies zugerechnet werden können, ähnliche Einstellungen zeigen. Wie man festgestellt hat, lassen sich 14% der Babyboom-Generation (jene, die zwischen 1946 und 1964 geboren sind) als Yuppies betrachten, während nahezu 50% der Babyboom-Kohorte »psychographische Yuppies« sind, was ungefähr 30 Millionen Menschen in den Vereinigten Staaten entspricht (vgl. Burnett/Bush 1986, S. 27). Zwar ist noch viel systematische Forschung über ihre Lebensstile und Dispositionen not-

wendig, um herauszufinden, inwieweit Yuppies wirklich die selbstsüchtigen »vollkommenen Konsumenten« und narzißtischen, berechnenden Hedonisten sind, als die sie gekennzeichnet wurden (als brauchbaren Einstieg vgl. Hammond 1986). Immerhin lenkt die bloße Formulierung des Konzepts Yuppie die Aufmerksamkeit auf eine große Nachkriegskohorte, von denen viele eine Kindheit in relativem Wohlstand durchlebt, hohe Bildungsniveaus erreicht, die sechziger Jahre als Teens und Twens erlebt und in den siebziger und achtziger Jahren in großer Zahl einen zunehmend auf Wettbewerb beruhenden Arbeitsmarkt betreten haben. Es ist denkbar, daß in dieser Kohorte ein charakteristisches Set von Geschmäckern und Klassifikationsschemata entwickelt worden ist, das eine zunehmende soziale Wirkung erlangen könnte, sobald einige von ihnen das mittlere Lebensalter erreichen und in Macht- und Befehlspositionen innerhalb verschiedener Organisationen gelangen.

Während Definitionen der neuen Mittelklasse oftmals Manager, Unternehmer, Wissenschaftler und Techniker umfassen, ist der Sektor, auf den ich die Aufmerksamkeit richten möchte, die wachsende Gruppe derer, die Bourdieu (1982) als neue »Kulturvermittler« anspricht. Das sind jene, die, wie wir bereits erwähnt haben, an der Lieferung symbolischer Güter und Dienstleistungen beteiligt sind – im Bereich des Marketing, der Werbung, der Öffentlichkeitsarbeit, als Rundfunk- und Fernsehproduzenten und -moderatoren, Zeitschriftenjournalisten, Modejournalisten, in den helfenden Berufen (Sozialarbeiter, Eheberater, Sexualtherapeuten, Diätetiker, Animateure etc.). Wenn wir den Habitus, die Klassifikationsschemata und die Dispositionen dieser Gruppe betrachten, sollten wir beachten, daß Bourdieu (1982, S. 582) von ihnen als »neuen Intellektuellen« gesprochen hat, die sich eine lernende Haltung gegenüber dem Leben zu eigen machen. Sie sind fasziniert von Identität, Darstellung, Erscheinung und Lebensstil und der endlosen Suche nach neuen Erfahrungen (vgl. Featherstone 1987a, 1987b). Die Tatsache, daß sie sich über den Bereich von Erfahrungen, der ihnen zugänglich ist, bewußt sind, und der häufige Mangel an Verankerung in einer spezifischen Szene oder Gemeinschaft, verbunden mit dem Selbstbewußtsein des Autodidakten, der immer mehr werden will, als er/sie ist, führt zu einer Ablehnung, klassifiziert zu werden, zusammen mit dem ausdrücklichen Gebot, sich festen Normen zu widersetzen, da Leben als in hohem Maße offen begriffen wird. Bourdieu (1982, S. 583 f.) bemerkt, daß ihre Suche nach Distinktion durch die Kultivierung eines Lebensstils, eines stilisierten, expressiven Lebens, »*fast allen* die Distinktionsspiele, die erlesenen Posen und andere äußere Zeichen inneren Reichtums zugänglich macht, die bisher zur Domäne der Intellektuellen gehörten«. Sie fördern aktiv den Lebensstil der Intellektuellen, übermitteln ihn einem größeren Publikum und legitimieren in heimlichem Einverständnis mit ihnen neue Bereiche – wie z. B. Sport, Mode, populäre Musik, populäre Kultur – als berechtigte Felder intellektueller Analyse. Jene Kulturvermittler, die zwischen den Medien und dem akademischen und intellektuellen Leben arbeiten, ermöglichen die Sendung von populären intellektuellen Programmen in den Medien – in Großbritannien etwa die Serie »Das Unbehagen in der Moderne« (British Channel 4) und die BBC-Serie über moderne Kunst »Der Schock des Neuen«, die einer neuen Art von Intellektuellen zu Prominenz verhilft, die wenig Abneigung gegen das Populäre haben, sondern es sich in der Tat zu eigen machen. Sie helfen wirkungsvoll, einige der alten Distinktionen und symbolischen Hierarchien niederzureißen, die sich rund um die populäre Kultur/Hochkultur-Achse drehen. Diese allgemeine Verehrung intellektueller Güter und eines künstlerischen und intellektuellen Lebensstils hilft somit, innerhalb der neuen Mittelklasse und möglicherweise darüber hinaus ein Publikum für neue symbolische Güter und Erfahrungen, für die intellektuelle und künstlerische Lebensweise zu schaffen, das für einige der Sensibilitäten, die mit dem Postmodernismus verbunden und im Postmodernismus verbreitet sind, empfänglich sein könnte.

Die Ursprünge dieser Sensibilitäten können natürlich weit zurückverfolgt werden und sollten als Teil eines langfristigen Prozesses betrachtet werden, der den Spezialisten für symbolische Produktion (im Gegensatz zu denen für ökonomische Produktion) seit der Romantik größeren Spielraum für emotionale Selbsterforschung und Informalität zubilligt und ein Lockern von Zwängen begünstigt, um künstlerische Ziele und eine künstlerisch-bohemienhafte Lebensweise zu fördern. Die sechziger Jahre waren zweifellos eine Periode, in der das, was als die »Gegenkultur« bekannt wurde, einen Angriff auf emotionale Zwänge eröffnete und eine Lockerung von formellen Kleidungs-, Darstellungs- und Verhaltensstandards begünstigte. Im Gegensatz zu verbreiteten Wahrnehmungen jener Zeit hat Wouters (1986) – dem Ansatz von Elias folgend – behauptet, daß solche Äußerungen der Informalität keinen Mangel an Kontrollen oder deren Zusammenbruch signalisieren, sondern eher von größerer Selbstkontrolle abhängig sind. Die Fähigkeit, sich gefährlichen und schmerzlichen, vorher unterdrückten Gefühlen zu stellen, erfordert tatsächlich nicht nur Lockerung, sondern auch eine höhere Stufe der Kontrolle: eine »entregelte Regelung der Gefühle«. Die weniger strengen Verhaltensmaßstäbe und die Lockerung von Kodizes, die mit dem Informalisierungsprozeß verbunden waren, setzten voraus, daß die Individuen sowohl größere gegenseitige Achtung und Rücksichtnahme als auch die Fähigkeit zeigten, die Perspektive der anderen einzunehmen und zu respektieren. Sie begünstigten außerdem Wandlungen in Organisationsstrukturen zugunsten eines anderen Führungsstils (Führung durch Verhandlung statt Führung durch Befehl) und einen höheren Grad an Fluidität in hierarchischen Organisationsstrukturen und an Flexibilität bei der Rollenperformanz (de Swaan 1981; Haferkamp 1987). Es kann behauptet werden, daß – obgleich der Informalisierungsprozeß sich in den späten siebziger und in den achtziger Jahren verlangsamt hat (Wouters 1986, 1987) – die daraus entstehende »Formalisierung der Informalisierung« nicht zu einer vollständigen Aushöhlung der »Gewinne« der sechziger Jahre geführt hat. Es kann behauptet werden, daß bestimmte Sektoren der neuen Mittelklasse, die Kulturvermittler und die helfenden Berufe (letztere werden bei Martin [1981] als »expressive Berufe« bezeichnet), die notwendigen Dispositionen und Sensibilitäten haben werden, die sie für emotionale Selbsterforschung, ästhetische Erfahrung und Ästhetisierung des Lebens aufgeschlossener machen. Die Ästhetisierung des Körpers, die als ein Element postmoderner Kunst charakterisiert worden ist, erfordert in der Tat eine emotionale Befreiung; andernfalls hätte sie weder entstehen noch auf Zustimmung stoßen können. Ähnlich verlangen auch postmoderne Theorien, die schizo- oder multiphrene Intensitäten oder eine »Rückkehr« zu einem decodierten, vorödipalen Zustand des Erfahrens körperlicher Intensitäten entdecken oder fördern, eine größere emotionale Befreiung. Es könnte außerdem behauptet werden, daß der Stil der Führung durch Verhandlung im Zusammenhang mit Außenseitergruppen, die informellere Verfahren und Stile der Darstellung von Kunstwerken und der

Selbstdarstellung fordern und verwenden, in akademische Institutionen eingedrungen ist. In diesem Zusammenhang findet sich bei Pollock (1985/86) eine interessante Erörterung von Angriffen einer neuen Generation junger Studentinnen auf die bisherigen Maßstäbe des ästhetischen Geschmacks und die bisherigen Formen des Ausstellens von Werken, wie sie von Lehrbeauftragten an Kunstakademien (im wesentlichen Männer) aufrechterhalten werden.

Die steigende Sensibilität gegenüber Ästhetik, Stil, Lebensstil, die Stilisierung des Lebens und die emotionale Selbsterforschung innerhalb der neuen Mittelklasse hat sich parallel zu einer Zunahme der Anzahl derjenigen entwickelt, die als Künstler und in vermittelnden Kunstberufen arbeiten, und zugleich mit einem allgemeineren gesellschaftlichen Anstieg im Grad der Achtung, die derartige Berufe gebieten. Es hat in der Tat eine »Verringerung der Kontraste« gegeben, die den Bohemien, den Außenseiter, die Abweichung verständlicher und akzeptabler gemacht hat. In bestimmten städtischen Gebieten stieg die Zahl derer, die Kunstberufe ausüben, drastisch an. Zukin (1982a, 1982b) bemerkt in ihrer Studie über das SoHo-Viertel in New York, daß Schätzungen der Anzahl der in New York arbeitenden Künstler sich in den sechziger Jahren zwischen 1000 und 35 000 bewegten, wohingegen Zensusdaten zu Beginn der siebziger Jahre um 100 000 herum schwankten. Die Zunahme der Anzahl der Stellen war teilweise die Folge erhöhter staatlicher Kunstförderung (vgl. DiMaggio/Useem 1978) und des Wandels in der Einstellung einiger Wirtschaftsführer gegenüber den Künsten. Von 1965 an stieg in den Vereinigten Staaten auch die Anzahl der Stellen für Künstler in staatlich unterstützten Bildungs- und Kulturinstitutionen rapide. Eine der Folgen war, daß sich die Distanz zwischen künstlerischen und anderen Berufen verringerte und in den Künsten verhältnismäßig sichere Karrieren entwickelt werden konnten, die die »künstlerische Vision« näher an die der gewöhnlichen Mittelklasse heranbrachten; und Zukin (1982a, S. 436) berichtet uns, daß »Kunst, weit davon entfernt, ›das Bürgertum zu schockieren‹, die ästhetische Vision des Bürgertums wurde«. Diese Betonung führte zu einer Generation von Praktikern anstatt von Visionären und Neuerern. Kunst wurde weniger elitär, mehr »professionalisiert« und »demokratisiert«. Das SoHo-Viertel von Lower Manhattan in New York wurde als Teil dieses Prozesses veredelt und zog Mitglieder der neuen Mittel- und Oberschicht in ein verfallendes Innenstadtgebiet, um es als ein Zentrum des kulturellen Konsums zu sanieren: »das Disneyland für den Ästheten«, wie ein Magazin es nannte (zitiert bei Jackson 1985). Ähnliche Prozesse haben in anderen bedeutenden westlichen Städten stattgefunden. Dabei ging die staatliche Förderung der Künste (vor dem Hintergrund strategischer Überlegungen örtlicher und überörtlicher Politiker) Hand in Hand mit neuen Investitionsstrategien von Geschäftsleuten und Finanziers. Immer deutlicher zeigt sich in solchen Kunstzentren eine wechselseitige Abhängigkeit zwischen Figurationen von Künstlern, Intellektuellen und verschiedenen Kulturvermittlern einerseits und verschiedenen Rezipienten und Öffentlichkeiten andererseits. Obwohl Vertreter der Geschäftswelt und besonders Berufspolitiker, die sich selbst als Hüter der alten kleinbürgerlichen Werte sehen – wie z. B. Margaret Thatcher –, eine starke Abneigung gegen viele dieser neueren symbolischen Spezialisten bekunden und danach streben, die Regierungsausgaben für die Künste zu kürzen, besteht der durch den Aufstieg einer neuen Generation von Kunstinvestoren aufgeblähte Markt unvermindert fort. Tatsächlich hat, einem Sprecher von Sotheby's in New York zufolge, unter dem Druck des neuen Geldes »der Kunstmarkt ... den Punkt erreicht, wo er beinahe zu einem neuen Industriezweig wird« (*The Independent Newspaper*, 28. Mai 1987, S. 12).

Die weitergespannte Figuration, die Berufspolitiker, Angehörige der staatlichen Verwaltung, Lokalpolitiker, Geschäftsleute, Finanziers, Händler, Investoren, Künstler, Intellektuelle, Pädagogen, Kulturvermittler und die Öffentlichkeit umfaßt, hat daher neue Interdependenzen und Strategien zur Folge gehabt, die Machtbalancen verändert und Bündnisse zwischen Gruppen geschaffen haben, die bisher ihre Interessen als gegensätzlich wahrgenommen haben.

Allgemeiner ausgedrückt: In den achtziger Jahren hat sich möglicherweise die Machtbalance zwischen den Zentren, in denen akademische, künstlerische, helfende Berufe und Kulturvermittler in großer Anzahl beschäftigt sind, einerseits und den Zentren der wirtschaftlichen Macht andererseits zugunsten der letzteren verschoben, die sich lange in einer Situation der Spannung und der Opposition gegenüber ihren weniger mächtigen Gegenspielern befanden (Wouters 1987). Diese Art der Spannungsbalance und die besonderen Strategien, Interdependenzen, Rivalitäten und Konflikte, die sie hervorruft, treten heutzutage natürlich in einer umfassenden und weitreichenden Figuration von Menschen auf, was ihre genaue Beschreibung erschweren könnte. Dennoch verdienen sie eine detailliertere und systematischere soziologische Erforschung, die zweckmäßigerweise Studien über ähnliche Prozesse heranziehen könnte. In gewisser Hinsicht, meint Wouters (1987, S. 424),

»ähnelt die Spannungsbalance zwischen den akademischen, künstlerischen oder Sozialfürsorgezentren und den Zentren der wirtschaftlichen Macht der von Elias beschriebenen Spannungsbalance zwischen dem Adel und dem Bildungsbürgertum im Deutschland des 18. Jahrhunderts. Zu der Zeit gab es eine ähnliche Unterscheidung zwischen der ›Tiefe (des Gefühls)‹, der ›wahren Tugend‹ und der ›Ehrbarkeit‹ (des Bildungsbürgertums) einerseits und der ›Oberflächlichkeit‹, ›Falschheit‹, ›Förmlichkeit‹ und ›äußerlichen Artigkeit‹ (des Adels) andererseits.«

Natürlich befinden wir uns heutzutage, wie gesagt, in einer umfassenderen Figuration und in einem umfassenderen Set von Machtbalancen mit zahlreicheren beteiligten Gruppen, als es im Deutschland des 18. Jahrhunderts zwischen dem Bildungsbürgertum und dem Adel der Fall war; trotzdem könnte das Beispiel bei der Entwicklung einer Soziologie des Postmodernismus recht aufschlußreich sein.

Postmodernismus und die Ästhetisierung des Lebens

In einem neueren und einflußreichen Sammelband über postmoderne Kultur (Foster 1984) gibt es einen Aufsatz von Ulmer mit dem Titel »The Object of Post-Criticism«, in dem er unter Bezug auf Derrida behauptet, daß der Kritiker nicht versuchen sollte, nach alter Manier eine wahre oder richtige Darstellung des Textes oder seiner Bedeutungen geben zu wollen; vielmehr solle der Kritiker sich die Freiheit nehmen, parasitär und spielerisch eine nichtlineare Schreibweise zu verfolgen, um die zentralen Konzepte und Strategien des Textes zu untergraben. Ein derartiger Vorschlag und die Forderung nach einer »postmodernen Pädagogik« stellt, wie Kauffmann (1986, S. 187) argumentiert, »die Unterscheidung zwischen Kunst und Kritik« in Frage »mit der Behauptung, daß kritisches Schreiben auch künstlerisch sein muß«. Eine ähnliche Aufwertung der Kunst, bei der »Künstler die Helden sind«, die den Grenzen unserer Welt durch die Erkundung des eigentlichen »Ursprungs« und der Grenzen unserer Sprache Ausdruck verleihen, findet sich im Werk von Foucault (Rajchman 1985; vgl. auch Wolin 1986; Megill 1985). Eines der Probleme mit dieser Strategie der Überschreitung besteht darin, daß sie gegen den intoleranten kleinbürgerlichen Konsumenten gerichtet ist, der nicht imstande ist, »das Andere« zu begreifen, der die gesprochene Sprache höher bewertet als die Schrift etc. Es könnte jedoch der Fall sein, daß, wenn wir die langfristigen Wandlungen untersuchen, durch welche die Spezialisten für symbolische Produktion und Verbreitung eine Aufwertung erfahren haben, eine solche Haltung gegenwärtig bei einem viel größeren Publikum auf Resonanz stößt – nicht, daß wir das Ende des schockierbaren traditionellen Kleinbürgertums erlebt hätten, ganz und gar nicht. In der neuen Mittelklasse mag es tatsächlich eine zunehmende Zahl von Personen geben, die akzeptieren, daß das ästhetische Leben das ethisch gute Leben ist, daß es keine menschliche Natur und kein wahres Selbst gibt, daß wir eine Ansammlung von Quasi-Selbsten sind und daß das Leben für ästhetische Stilisierungen offen ist (Shusterman 1988). Der Wunsch, ständig zu lernen und sich selbst zu bereichern, nach immer neuen Werten und Vokabularen zu streben, die unaufhörliche Wißbegierde, deren Helden der Künstler und der Intellektuelle sind – eine Haltung, die von einigen Postmodernisten vertreten wird (Shusterman befaßt sich speziell mit Rorty) –, hat eine lange Geschichte, die bis zur Romantik zurückverfolgt werden kann. All das schwingt auch in dem Interesse für Stil, in der Stilisierung des Lebens, in dem Slogan »Keine Regeln, nur auswählen« des immer erneuerbaren Lebensstils mit, der innerhalb der neuen Mittelklasse anzutreffen ist und den sie als Kulturvermittler unter einer breiteren Bevölkerung zu verbreiten sucht.

Die Betonung der ästhetischen Rechtfertigung des Lebens als eine weiter verbreitete Tendenz innerhalb unserer Kultur ist von manchen (z. B. Bell 1976) mit einer nostalgischen Wehklage und dem Ruf nach einer religiösen Erweckung, von anderen dagegen (z. B. Jameson 1984a; zur Erörterung dieser Standpunkte vgl. O'Neill 1988) mit der nicht minder nostalgischen Forderung beantwortet worden, die Möglichkeit einer marxistischen Utopie oder einer wahrhaft »rationalen Gesellschaft« offenzuhalten. Jameson selbst (1984c) hat sich mit dem kniffligen Problem befaßt, den Postmodernismus auf fortschrittliche und rückschrittliche Merkmale zu durchforsten; aber auch er mußte sich von Hutcheon (1987, S. 23) ironisch belehren lassen, daß seine frühere, von ihm selbst als progressiv eingestufte modernistische Haltung, die (zusammen mit Eagleton) den Lukácsschen Realismus als überholt ablehnte, jetzt durch die Übernahme einer reaktionären Feindseligkeit gegenüber dem Postmodernismus kompromittiert wird. Das sind die Aporien derer, die den Postmodernismus bewerten und beurteilen wollen. Sie entstehen aus der Schwierigkeit, den Ursprung dessen zu begreifen, was eine neue Bewegung sein könnte, in deren Symptome wir eingebettet und verwickelt sind. Sie weisen auf die Notwendigkeit hin, den Aufstieg des Postmodernismus als Teil eines langfristigen Prozesses zu verstehen, der zu einem Anstieg des Machtpotentials der Spezialisten für symbolische Produktion und Verbreitung geführt hat: praktisch auf die Notwendigkeit, lieber auf eine Soziologie des Postmodernismus als auf eine postmoderne Soziologie hinzuarbeiten.

Anmerkungen

1 Übersetzung von Joachim Bunger und Anne Dreyer. – Eine frühere Version dieses Beitrags wurde auf einem Seminar an der Universität Leeds vorgetragen. Ich möchte all jenen, die daran teilnahmen, für ihre hilfreichen Kommentare danken.

2 Im Falle des Ausdrucks »Postmoderne« ist es äußerst schwierig, der Methode zu folgen, die Norbert Elias bei der Untersuchung der langfristigen Entwicklung von Begriffen wie »Zivilisation« und »Ökonomie« verwendete, und sich auf ihre Ableitung aus Alltagsbegriffen und ihre spätere Abänderung als Folge der veränderlichen Struktur der Machtbalancen zwischen interdependenten Gruppen bis hin zu ihrer Verarbeitung in Theorien und Kanonisierung als universale oder wissenschaftliche Begriffe zu konzentrieren. Diese Schwierigkeit liegt nicht zuletzt in der Tatsache, daß wir Zeichen und Spuren der allerersten Stufen eines Prozesses betrachten, der selbst in mehrere Richtungen oder sogar im Sande verlaufen kann. Wir sollten uns, wenn wir versuchen, Spuren des Postmodernismus *avant la lettre* zu entdecken (z. B. die Avantgarde der zwanziger Jahre), tatsächlich bewußt sein, daß der

Begriff selbst möglicherweise noch nicht gefestigt ist und den Weg vieler neuer akademischer Modetorheiten und Moden gehen könnte. Dies würde natürlich nicht implizieren, daß der Prozeß enden müßte, und auch nicht ausschließen, daß die Träger des »Postmodernismus« zu anderen deskriptiven Begriffen gelangen könnten. Ein weiteres Problem besteht darin, daß die Konzepte der »Zivilisation« und der »Ökonomie« mit dem Aufstieg spezieller Gruppen verbunden waren, die bedeutende Machtgewinne und einen gewissen Erfolg bei der Monopolisierung von Wissen und Orientierungsmitteln hatten. Tatsächlich verstanden sie es, ihre Interessen als Interessen, die irgendwie »in der Natur der Dinge« liegen, darzustellen – d. h. als grundlegend. Wenn wir versuchen, die Karriere des Begriffs »postmodern« zu begreifen, treten zahlreiche Schwierigkeiten auf – nicht zuletzt die, daß wir uns auf einer Stufe befinden, die der vor-Quesnayschen und physiokratischen Stufe, gemessen an der Entwicklung der Nationalökonomie, entspricht. Wir wissen bis jetzt nicht, wie weit das Machtpotential der Spezialisten für symbolische Produktion und Verbreitung reicht. Wissensspezialisten (z. B. Priester) haben in der Vergangenheit eine Vorherrschaft bei der Verschiebung von Machtbalancen erlangt; anderen Wissensspezialisten könnte das in der Zukunft ebenso gelingen. (Zu Elias' Beschreibung der Beziehung zwischen den verschiedenen Spezialisten für Gewalt, Wissen, ökonomische Produktion und Orientierungsmittel vgl. Elias 1987.) Die gegenwärtigen Zeichen lassen jedoch darauf schließen, daß sowohl bei der Produktion von Theorien des Postmodernismus als auch bei der Produktion von postmodernen Kulturgütern die Tendenz zur De-Monopolisierung und Usurpation viel stärker ist als die zur Monopolisierung. Kurz, die Hyperreflexivität, der Anti-Fundamentalismus und die polykulturelle »Toleranz« postmoderner Theorien und Praktiken – die ja an stilistische und Modeerfordernisse der jeweiligen Märkte für akademische, intellektuelle, künstlerische und Konsumgüter gebunden sind – könnten durch ihre besondere Abhängigkeit von Publika, die stets auf der Suche nach Neuem sind, Tendenzen zur Monopolisierung und zur Errichtung einer neuen stabilen symbolischen Hierarchie widerstehen. In diesem Falle bestünde, mit Elias gesprochen, nicht die Fähigkeit, relativ autonome Wissenstypen (z. B. Wissenschaft) oder ein relativ stabiles Wissenssystem zu entwickeln, das mit der Fähigkeit einer Gruppe verbunden wäre, auf einem gesellschaftlichen Niveau einen Bereich von Machtressourcen zu monopolisieren. Als weiteres Element des Ansatzes von Elias (vgl. Elias 1987) ist auf dessen Begriff der »funktionalen Demokratisierung« hinzuweisen, der auf eine Diffusion des Wissens und das zunehmende Machtpotential der Massen hindeutet. Wenn ein solcher Prozeß anhält, fördert er die Tendenz zu einer gewissen Offenheit und zum Widerstand gegen die Monopolisierung des Wissens. Damit wird nicht behauptet, daß Versuche einer Remonopolisierung nicht vorkommen und stabile Pädagogiken nicht entwickelt werden könnten. Doch der Mangel an anerkannten, einheitlichen Prinzipien bei den kulturellen Spezialisten könnte unter den Bedingungen der Informationsüberproduktion und der Entwicklung von mannigfaltigen, konkurrierenden Zentren des kulturellen Geschmacks darauf hinauslaufen, die Möglichkeit einer stabilen Rezentrierung und Rehierarchisierung des Wissens und der Kultur zu verringern. Tatsächlich sollten wir jene Tendenzen vom Standpunkt der Monopolisierungs- und De-Monopolisierungsprozesse und der sich verschiebenden Machtbalancen aus betrachten.

3 Damit wird nicht unterstellt, daß postmoderne Theorie (und hier denke ich an Lyotard, Deleuze, Foucault, Derrida, Baudrillard, Vattimo und Rorty und bin mir bewußt, daß einige von ihnen protestieren würden, in diese Kategorie aufgenommen zu werden) als ein lästiges, mutwillig erfundenes Problem betrachtet werden sollte, das lediglich eine Rückentwicklung zu früheren Formen des Irrationalismus darstellt, und daß, sobald eine einleuchtende Erklärung dafür gefunden worden ist, Soziologie so weitermachen kann wie zuvor. Im Gegenteil reagiert postmoderne Theorie auf veränderte Verhältnisse in der Organisation von Wissen und Kultur in zeitgenössischen westlichen Gesellschaften, Veränderungen, die wichtige metatheoretische und methodologische Implikationen haben. Die Konzentration auf die Metaphysik der Präsenz, auf die versteckten metanarrativen Legitimierungen von Texten und die rhetorischen Strukturen, auf die wiederkehrenden Figuren und Kunstgriffe (Metapher, Synekdoche, Chiasmus etc.), die sich in den Entwürfen von Historikern zu verschiedenen Zeiten der Geschichte feststellen lassen, stellt eine eindeutige Wissensbereicherung dar (vgl. White 1973; Bann 1984). Wir müssen darauf vorbereitet sein, mit einigen der Probleme zu leben, die dadurch auftreten, daß wir zwischen Objektivität und Relativismus keine Wahl treffen – wie Giddens es tut in dem Bestreben, die Einsichten postmoderner Formen der Kulturanalyse zu bewahren und die Untersuchung langfristiger, umfassender sozialer Prozesse zu verteidigen. Wir müssen tatsächlich darauf achten, nicht falsch dargestellt zu werden, und müssen den anti-fundamentalistischen Standpunkt hervorheben, der in Theorien langfristiger, umfassender sozialer Prozesse eingebaut werden kann, wie sowohl Elias' als auch Giddens' Arbeiten auf ihre verschiedene Weise zeigen.

Abrams, P./A. McCulloch, *Communes, Sociology and Society*, Cambridge 1975.

Andre, L., »The Politics of Postmodern Photography«, in: *Minnesota Review* 23 (1984), S. 17-35.

Arac, J. (Hg.), *Postmodernism and Politics*, Minneapolis 1986.

Bann, S., *The Clothing of Clio: A Study of Representations of History in Nineteenth Century Britain and France*, Cambridge 1984.

Barbalet, J. M., »Limitations of Class Theory and the Disappearance of Status: The Problem of the New Middle Class«, in: *Sociology* 20/4 (1986), S. 557-575.

Baudrillard, J., *Simulations*, New York 1983a.

Baudrillard, J., *In the Shadow of the Silent Majorities*, New York 1983b.

Bauman, Z., »Is There a Postmodern Sociology?«, in: *Theory, Culture & Society* 5/2-3 (1988), S. 217-237.

Bell, D., *Die Zukunft der westlichen Welt. Kultur und Technologie im Widerstreit*, Frankfurt 1976.

Berman, M., *All That is Solid Melts into Air. The Experience of Modernity*, New York 1983.

Bernstein, R. J. (Hg.), *Habermas and Modernity*, Cambridge 1985.

Bourdieu, P., *Die feinen Unterschiede. Kritik der gesellschaftlichen Urteilskraft*, Frankfurt 1982.

Bourdieu, P., »The Philosophical Institution«, in: A. Montefiore (Hg.), *Philosophy in France Today*, Cambridge 1983, S. 1-8.

Bradbury, M., »Modernisms/Postmodernisms«, in: I. Hassan/S. Hassan (Hg.), *Innovation/Renovation*, Madison 1983, S. 311-328.

Bruce-Briggs, B. (Hg.), *The New Class*, New York 1979.

Bürger, P., *Theorie der Avantgarde*, Frankfurt 1977.

Burglin, V., »Some Thoughts on Outsiderism and Postmodernism«, in: *Block* 11 (1985/86), S. 19-27.

Burnett, J./A. Bush, »Profiling the Yuppies«, in: *Journal of Advertising Research* 26/2 (1986), S. 27-35.

Burris, V., »The Discovery of the New Middle Class«, in: *Theory and Society* 15 (1986), S. 317-349.

Carter, R., *Capitalism, Class Conflict and the New Middle Class*, London 1985.

Cohen, I., »The Status of Structuration Theory: A Reply to McLennan«, in: *Theory, Culture & Society* 3/1 (1986), S. 123-134.

Cohen, I., »Structuration Theory and Social *Praxis*«, in: A. Giddens/ J. H. Turner (Hg.), *Social Theory Today*, Cambridge 1987, S. 273-308.

Cohen, I., *Structuration Theory*, London, im Erscheinen.

Cooke, P., »Modernity, Postmodernity and the City«, in: *Theory, Culture & Society* 5/2-3 (1988), S. 475-492.

DiMaggio, P./M. Useem, »Cultural Property and Public Policy: Emerging Tensions in Government Support for the Arts«, in: *Social Research* 45/2 (1978), S. 356-389.
Donaldson Langer, B., »Studies in From the Cold«, in: C. Veliz u. a., *Sociology of Culture*, La Trobe University 1984, S. 9-11.
Elias, N./J. L. Scotson, *The Established and the Outsiders*, London 1965.
Elias, N., »Sociology of Knowledge: New Perspectives. Part I«, in: *Sociology* 5 (1971), S. 149-168.
Elias,N., »Theory of Science and History of Science«, in: *Economy and Society* 1/2 (1972), S. 117-133.
Elias, N., *Über den Prozeß der Zivilisation. Soziogenetische und psychogenetische Untersuchungen.* Erster Band: *Wandlungen des Verhaltens in den weltlichen Oberschichten des Abendlandes*, Frankfurt 1976a.
Elias, N., *Über den Prozeß der Zivilisation. Soziogenetische und psychogenetische Untersuchungen.* Zweiter Band: *Wandlungen der Gesellschaft. Entwurf zu einer Theorie der Zivilisation*, Frankfurt 1976b.
Elias, N., »On the Sociogenesis of Sociology«, in: *Sociologisch Tijdschrift* 11/1 (1984a), S. 14-51.
Elias, N., »Knowledge and Power: An Interview by Peter Ludes«, in: N. Stehr/V. Meja (Hg.), *Society and Knowledge*, New Brunswick 1984b, S. 251-291.
Elias, N., »Wandlungen der Machtbalance zwischen den Geschlechtern. Eine prozeßsoziologische Untersuchung am Beispiel des antiken Römerstaats«, in: *Kölner Zeitschrift für Soziologie und Sozialpsychologie* 38 (1986), S. 425-449.
Elias, N., »The Retreat of Sociologists into the Present«, in: *Theory, Culture & Society* 4/2-3 (1987), S. 223-247.
Featherstone, M., »French Social Theory: An Introduction«, in: *Theory, Culture & Society* 3/3 (1986), S. 1-6.
Featherstone, M., »Lifestyle and Consumer Culture«, in: *Theory, Culture & Society* 4/1 (1987a), S. 55-70.
Featherstone, M., »Postmodernism and the New Middle Class«. Beitrag zur IALP-Tagung über Postmodernismus, Kansas, 30. April-2. Mai 1987b.
Foster, H. (Hg.), *Postmodern Culture*, London 1984.
Gershuny, J./I. D. Miles, *The New Service Economy*, London 1983.
Giddens, A., »Modernism and Post-Modernism«, in: *New German Critique* 22 (1981), S. 15-18.
Giddens, A., *The Nation State and Violence*, Cambridge 1985.
Giddens, A., »Nine Theses on the Future of Sociology«, in: ders., *Social Theory and Modern Sociology*, Cambridge 1987a, S. 22-51.
Giddens, A., »Structuralism, Post-Structuralism and the Production of Culture«, in: ders., *Social Theory and Modern Sociology*, Cambridge 1987b, S. 73-108.

Gouldner, A. W., *Die Intelligenz als neue Klasse. Sechzehn Thesen zur Zukunft der Intellektuellen und der technischen Intelligenz*, Frankfurt/New York 1980.

Grana, C., *Bohemian versus Bourgeois*, New York 1964.

Habermas, J., »Technik und Wissenschaft als ›Ideologie‹«, in: ders., *Technik und Wissenschaft als ›Ideologie‹*, 5. Auflage, Frankfurt 1971, S. 48-103.

Habermas, J., »Modernity versus Postmodernity«, in: *New German Critique* 22 (1981a), S. 3-14.

Habermas, J., *Theorie des kommunikativen Handelns*, Bd. 1, Frankfurt 1981b.

Habermas, J., »Questions and Counterquestions«, in: R. J. Bernstein (Hg.), *Habermas and Modernity*, Cambridge 1985, S. 192-216, 228-231.

Haferkamp, H., »Beyond the Iron Cage of Modernity: Achievement, Negotiation and Changes in the Power Structure«, in: *Theory, Culture & Society* 4/1 (1987), S. 31-54.

Hall, J. A., *Powers and Liberties. The Causes and Consequences of the Rise of the West*, Oxford 1985.

Hammond, J. L., »Yuppies«, in: *Public Opinion Quarterly* 50 (1986), S. 487-501.

Hassan, I., »The Culture of Postmodernism«, in: *Theory, Culture & Society* 2/3 (1985), S. 119-131.

Hebdige, D., »In Poor Taste: Notes on Pop«, in: *Block* 3 (1983), S. 54-68.

Hebdige, D., »The Impossible Object: Towards a Sociology of the Sublime«, in: *New Formations* 1/1 (1987), S. 47-76.

Hoy, D. C. (Hg.), *Foucault: A Critical Reader*, Oxford 1986.

Hutcheon, L., »Beginning to Theorise Postmodernism«, in: *Textual Practice* 1/1 (1987), S. 10-31.

Huyssen, A., »The Search for Tradition: Avant-Garde and Postmodernism in the 1970s«, in: *New German Critique* 22 (1981), S. 23-40.

Huyssen, A., »Mapping the Postmodern«, in: *New German Critique* 33 (1984), S. 5-52.

Jackson, P., »Neighbourhood Change in New York: The Loft Conversion Process«, in: *Tijdschrift voor Economische en Sociale Geografie* 76/3 (1985), S. 202-215.

Jameson, F., »Postmodernism, or The Cultural Logic of Late Capitalism«, in: *New Left Review* 146 (1984a), S. 53-92.

Jameson, F., »Postmodernism and the Consumer Society«, in: H. Foster (Hg.), *Postmodern Culture*, London 1984b, S. 111-125.

Jameson, F., »The Politics of Theory: Ideological Positions in the Postmodernism Debate«, in: *New German Critique* 33 (1984c), S. 53-65.

Jencks, C., *Die Sprache der postmodernen Architektur. Entstehung und Entwicklung einer alternativen Tradition*, Stuttgart 1988.

Kauffmann, R. L., »Post-Criticism, or the Limits of Avant-Garde Theory«, in: *Telos* 67 (1986), S. 186-195.
Kolb, D., *The Critique of Pure Modernity*, Chicago 1986.
Kroker, A./D. Cook, *The Postmodern Scene*, New York 1986.
Kroker, A./M. Kroker, »Body Digest«, in: *Canadian Journal of Political and Social Theory* 11/1-2 (1987), S. I-XVI.
Kuenzli, R., »Nietzschean Strategies: Dada and Postmodernism«. Beitrag zur IALP-Tagung über Postmodernismus, Kansas, 30. April-2. Mai 1987.
Lash, S./J. Urry, *The End of Organized Capitalism*, Cambridge 1987.
Lyotard, J.-F., *Das postmoderne Wissen. Ein Bericht*, Graz/Wien 1986.
Mann, M., *The Sources of Social Power*, Cambridge 1986.
Martin, B., *A Sociology of Contemporary Culture Change*, Oxford 1981.
Megill, A., *Prophets of Yesterday*, Berkeley 1985.
Newman, C., *The Postmodern Aura*, Evanson 1985.
O'Neill, J., »Religion and Postmodernism: The Durkheimian Bond in Bell and Jameson«, in: *Theory, Culture & Society* 5/2-3 (1988), S. 493-508.
Poggioli, R., »The Concept of the Avant-Garde«, in: E. Burns/T. Burns (Hg.), *Sociology of Literature and Drama*, Harmondsworth 1973, S. 375-388.
Pollock, G., »Art, Artschool, Culture: Individualism after the Death of the Artist«, in: *Block* 11 (1985/86), S. 8-18.
Rajchman, J., »The Ends of Modernism«, in: ders., *Michel Foucault: The Freedom of Philosophy*, New York 1985, S. 9-42.
Sayre, R./M. Löwy, »Figures of Romantic Anti-Capitalism«, in: *New German Critique* 32 (1984), S. 42-92.
Schuckling, L. L., *The Sociology of Literary Taste*, London 1966.
Shusterman, R., »Postmodernist Aestheticism: A New Moral Philosophy?«, in: *Theory, Culture & Society* 5/2-3 (1988), S. 337-355.
Sontag, S., *Against Interpretation and Other Essays*, London 1967.
Spanos, W. V., *Repetitions. The Postmodern Occasion in Literature and Culture*, Baton Rouge/London 1987.
Swaan, A. de, »The Politics of Agoraphobia. On Changes in Emotional and Relational Management«, in: *Theory and Society* 10/3 (1981), S. 359-385.
Tagg, J., »Postmodernism and the Born Again Avant-Garde«, in: *Block* 11 (1985/86), S. 3-7.
Ulmer, G. L., »The Object of Post-Criticism«, in: H. Foster (Hg.), *Postmodern Culture*, London 1984, S. 83-110.
Vattimo, G., *La fine della modernità*, Mailand 1985.
Wall, D., »Oppenheim Under the Sign of the Mirror«. Beitrag zur IALP-Tagung über Postmodernismus, Kansas, 30. April-2. Mai 1987.
Wallerstein, I., *Das moderne Weltsystem* [1]. *Kapitalistische Landwirt-*

schaft und die Entstehung der europäischen Weltwirtschaft im 16. Jahrhundert, Frankfurt 1986 (englisch 1974).
Wallerstein, I., *The Modern World-System* II, London 1980.
Weiß, J., »Wiederverzauberung der Welt? Bemerkungen zur Wiederkehr der Romantik in der gegenwärtigen Kulturkritik«, in: F. Neidhardt/ M. R. Lepsius (Hg.), *Kultur und Gesellschaft*, Sonderheft 27 der *Kölner Zeitschrift für Soziologie und Sozialpsychologie*, Opladen 1986, S. 286-301.
White, H., *Metahistory. The Historical Imagination in Nineteenth-Century Europe*, Baltimore/London 1973.
Wolin, R., »Foucault's Aesthetic Decisionism«, in: *Telos* 67 (1986), S. 71-86.
Wouters, C., »Formalization and Informalization: Changing Tension Balances in Civilizing Processes«, in: *Theory, Culture & Society* 3/2 (1986), S. 1-18.
Wouters, C., »Developments in the Behavioural Codes between the Sexes: The Formalization of Informalization in the Netherlands, 1930-85«, in: *Theory, Culture & Society* 4/2-3 (1987), S. 405-427.
Zukin, S., »Art in the Arms of Power. Market Relations and Collective Patronage in the Capitalist State«, in: *Theory and Society* 11 (1982a), S. 423-451.
Zukin, S., *Loft Living*, Baltimore 1982b.

Siegwart Lindenberg
Rationalität und Kultur
Die verhaltenstheoretische Basis des Einflusses von Kultur auf Transaktionen[1]

1. Einleitung

In der Anthropologie gibt es zwei Traditionen, die »Kultur« in entgegengesetzter Weise behandeln. Gegenüber der idealistischen Tradition, deren prominenter moderner Repräsentant Lévi-Strauss (1967) ist, steht die materialistische Tradition, die im Moment in reinster Form in den Arbeiten von Harris (z. B. 1979) zu finden ist. In der Soziologie gibt es einen ähnlichen Zwiespalt, und hier, wie in der Anthropologie, bekennen sich die meisten Wissenschaftler zu einer Zwischenposition. Die Arbeiten Max Webers werden oft als Beweis zitiert, daß die Traditionen doch zu vereinigen sind und daß eine Zwischenposition darum weder eklektisch noch theoretisch unhaltbar ist. Parsons (1961, S. 336) behauptet sogar, daß die moderne Soziologie einer Heirat dieser zwei Traditionen entsprungen sei.

Auf den ersten Blick scheint eine Integration leicht zu verwirklichen. Man muß nur darauf achten, sowohl materielle (d. h. ökonomische) als auch symbolische (d. h. ideologische) Faktoren zu berücksichtigen, und das kann man ebenso leicht in Regressionsgleichungen wie in historischen Analysen erreichen. Auf den zweiten Blick sieht die Sache jedoch anders aus. In den meisten Studien üben die Heuristiken beider Traditionen einen solch starken Einfluß aus, daß es zu einer *De-facto*-Trennung kommt, ganz gleich wie »gemischt« die berücksichtigten Faktoren sind. Im großen und ganzen können oder wollen diejenigen, denen Symbolsysteme sehr wichtig sind, keine seriöse ökonomische, auf Knappheit basierte Kosten/Nutzenanalyse ausführen. Umgekehrt können oder wollen diejenigen, die von der Wichtigkeit ökonomischer Analysen überzeugt sind, keine seriösen Studien von Wertorientierungen, Legitimationsprozessen und ähnlichem ausführen.[2]

Meine eigene Auffassung über diese Dinge beruht auf drei wohlüberlegten Überzeugungen. Zum ersten: Kein Repräsentant einer der beiden Traditionen hat durchschlagende Argumente für die Behauptung, daß die Gegenposition sich als unwichtig oder vollkommen irrig herausstellen wird. Zum zweiten: Fortschritt in beiden Traditionen wird zusehends schwerer werden, weil sich die Möglichkeiten, ohne ernsthafte Auseinandersetzung mit der anderen Position weiterzukommen, erschöpfen. Zum dritten: Eine ernsthafte Integration beider Traditionen hat dann erst eine Chance, wenn die wichtigsten Einsichten über menschliches Handeln aus beiden Traditionen integriert sind: einmal die in der materialistischen Tradition heimische Einsicht, daß sich bei Veränderungen in relativen Knappheiten (bzw. relativen Preisen) Verhalten entsprechend auch ändern wird; zum andern die der idealistischen Tradition eigene Einsicht, daß die Definition der Situation Verhalten wesentlich beeinflußt.

Die vorliegende Arbeit ist ein Versuch, der Integration von Einsichten über menschliches Verhalten ein Stück näher zu kommen. Um das zu tun, werde ich die Tatsache ausnutzen, daß die meisten Theorien über soziales Verhalten Wahlhandlungstheorien sind und daß wiederum die meisten Wahlhandlungstheorien den Vorgang der Wahl in drei Phasen einteilen. In der ersten Phase wird die Handlungssituation wahrgenommen. In der zweiten Phase werden die Alternativen und erwarteten Folgen evaluiert. In der dritten Phase wird die Wahl nach einem bestimmten Kriterium getroffen. Der große Unterschied zwischen den Theorien liegt bei den Annahmen darüber, wie sich jede der drei Phasen vollzieht. Durch den Vergleich dieser verschiedenen Annahmen ist es möglich, die Schwierigkeiten, die einer Integration im Wege stehen, zu lokalisieren und dann anzugeben, was getan wird und noch getan werden kann, um diese Hürden zu überwinden.

Aus der Vogelperspektive sieht die Struktur der vorliegenden Arbeit folgendermaßen aus: Erst werde ich die Handlungstheorie von Parsons und Shils (1951) besprechen. Diese Theorie ist einer der wichtigsten Repräsentanten der Einsicht, daß die Definition der Situation Handeln maßgeblich beeinflußt. Danach werde ich die Theorie des subjektiv erwarteten Nutzens (SEU-Theorie[3]) als Repräsentanten der Einsicht, daß relative Preise handlungsrelevant sind, vorstellen.

Meine zentrale Behauptung hinsichtlich dieser zwei Theorien lautet, daß sie je von einem anderen Wahlbegriff ausgehen: die eine definiert Wahl im Sinne von Wahlfreiheit, die entsteht, wenn Instinkte nicht mehr das Verhalten festlegen; die andere sieht Wahl als die Folge von zielgerichtetem Verhalten im Kontext der Knappheit. Wenn Integration gelingen soll, dann kann man nicht willkürlich von dem einen oder anderen Wahlbegriff ausgehen. Ich werde behaupten, daß man Aspekte des Lernens (die mit der Definition der Situation zu tun haben) in Knappheitstheorien der Wahlhandlung einbringen muß und daß der umgekehrte Weg zum Scheitern verurteilt ist.

Dieses letzte Argument legt dann auch die weitere Struktur der Arbeit fest. Erst einmal wende ich mich Kahneman und Tverskys Prospekttheorie zu, weil diese den im Moment prominentesten Versuch darstellt, die Definition der Situation (oder »Rahmen« [*framing*], wie die Autoren es nennen) in eine Knappheitstheorie des Handelns einzubauen. Die Prospekttheorie setzt sich allerdings der Kritik aus, daß bei ihr die Definition der Situation so idiosynkratisch wird, daß sie nur sehr beschränkt für die Sozialwissenschaften nutzbar gemacht werden kann.

Eine Lösung zu diesem (und einigen anderen) Problem(en) der Prospekttheorie ist das sogenannte Diskriminationsmodell stochastischer Wahlhandlungen. Dieses Modell, dessen Besprechung sich dann anschließt, beruht auf Knappheit, aber konzentriert sich dennoch auf einen zentralen Punkt der Definition der Situation: die situationale Dominanz von Zielen. Die Beziehung zwischen Rationalität und Kultur läßt sich an Hand dieses Modells analysieren.

2. Die Lösung von Parsons und Shils

Im Jahre 1951 konstatierten Parsons und Shils[4], daß bisher die sozialwissenschaftlichen Disziplinen die Tendenz hatten, sich als voneinander unabhängig zu erklären. Wenn (in Ausnahmefällen) das Gegenteil der Fall war, dann geschah das ad hoc und »ohne Berücksichtigung der methodologischen und theoretischen Grundlagen für eine solche Interdependenz« (Parsons/Shils 1951, S. 239). Im Gegensatz hierzu sehen die Autoren ihren eigenen Beitrag als »zeitlos wahr« und als »einen wichtigen Fortschritt auf dem Weg zu einer einheitlichen Theorie der Sozialwissenschaften«.[5]

Parsons und Shils weisen die reine idealistische und materialistische Position ab. Was sie am meisten an der idealistischen Position stört, ist die Auffassung, daß Handlungen direkt aus Werten fließen, als ob Werte eine unabhängige Existenz hätten und sich selbst in der menschlichen Persönlichkeit und in der Sozialstruktur, ohne die Hilfe von Motivation, »realisieren« könnten. An der materialistischen Position stört sie die Auffassung, daß Gesellschaft und Kultur auf einer gegebenen menschlichen Natur beruhen, als ob die menschliche Natur eine von Kultur und Gesellschaft unabhängige Existenz besäße (ibid., S. 240).

2.1 Die Wertstandardtheorie des Handelns

Wie wir noch sehen werden, spielen Werte, vor allem als Standards, in der Handlungstheorie von Parsons und Shils eine zentrale Rolle. Aus diesem Grund nenne ich sie »Wertstandardtheorie des Handelns«. Sie beginnt mit einer Liste der relevanten Elemente (ibid., S. 56ff.): einem Aktor (»Ego«), von dessen Standpunkt die Analyse ausgeht; einer Handlungssituation, die sich aus sozialen (»Alter«) und/oder nicht-sozialen (physischen oder kulturellen) Objekten zusammensetzt; und Egos situationaler Handlungsorientierung. Letztere beinhaltet in jedem Fall Egos Orientierung zu Objekten und zu seinen eigenen Zielen.
Jede Handlung enthält einen Wahlakt, der wiederum in drei Phasen oder Schritte zerlegt werden kann. In der ersten Phase wird die Handlungssituation grob strukturiert; in der zweiten Phase werden verschiedene Handlungsmöglichkeiten erwogen, und es wird eine definitive Auswahl von Alternativen getroffen; in der dritten Phase wird eine der Handlungsalternativen gewählt (ibid., S. 67ff.). Schauen wir uns diese Phasen nun etwas genauer an.
In der *ersten Phase* unterscheidet der Aktor kognitive und kathektische[6] Objekte (oder erwartete Objekte), stellt ihre Relevanz für seine Bedürfnisbefriedigung fest und erstellt auf der Basis dieser Informationen einen Satz von Handlungsalternativen.[7]
An diesem Punkt muß sich das Individuum entscheiden, ob es nun direkt eine der Handlungsalternativen wählt (d.h. direkt zur dritten Phase übergeht) oder ob es erst die Handlungssituation einer genaueren Prüfung unterzieht.[8]
In der *zweiten Phase* werden die Alternativen verglichen und

gegeneinander abgewogen. Soziologisch ist dies die interessanteste Phase, weil genau hier die Wertstandards (d. h. Regeln) abgerufen werden, um bei der Abwägung zu helfen. *Auf der Basis gelernter Regeln werden bestimmte Konsequenzen relativ stärker betont und werden bestimmte Handlungsalternativen weggelassen.*[9]

In der *dritten Phase* wird eine Handlungsalternative gewählt. Dies geschieht mit Rücksicht auf maximale Befriedigung auf lange Sicht, es sei denn, die zweite Phase wurde übersprungen. In dem Fall geht es nur um die maximale sofortige Befriedigung.

In dieser Theorie spielen Werte eine grundlegende Rolle. Parsons und Shils fassen Werte als Lösungen für bestimmte Wahldilemmata auf. Das erste dieser Dilemmata ist die Frage, ob Regeln zur Wahl herangezogen werden (das heißt, ob die zweite Phase übersprungen wird). Ein anderes Dilemma besteht aus der Wahl zwischen konfligierenden Wertkomplexen. Welcher Komplex sollte Vorrang haben? Zum Beispiel, sollten persönliche oder unpersönliche Standards auf Alter angewendet werden? Werte sind Antworten auf diese Arten von Fragen.

Diese Werte machen schließlich Gesellschaft möglich. Werte drücken das »Erstrebenswerte« (im Gegensatz zum Erstrebten) aus und sind Parsons und Shils zufolge Teil des »kulturellen Systems«. In spezifischeren Formen kommen Werte in Handlungs- und Haltungserwartungen für bestimmte Rollen zum Ausdruck (das »soziale System«). Zum Beispiel wird von einer Richterin erwartet, daß sie unpersönlichen (»universalistischen«) Standards den Vorrang gibt. Zu Hause, als Mutter, wird von derselben Person erwartet, daß sie persönlichen (»partikularistischen«) Standards folgt.

Während des Sozialisationsprozesses werden Werte internalisiert, das heißt, sie werden ein Bestandteil des »Persönlichkeitssystems«. Geordnete Interaktion wird hierdurch möglich, denn die internalisierten Werte verursachen reziproke Erwartungen in den verschiedenen Aktoren (das heißt, sie schaffen ein »Sozialsystem«). Die reziproken Erwartungen werden durch die Tatsache geschaffen, daß Werte die Definition der Situation sowohl normativ (»kulturell«) als auch motivational bestimmen. Mit anderen Worten, weil Werte zum Bestandteil der sozialisierten Persönlichkeit geworden sind, *will* die Person die Situation so definieren, wie es von ihr *erwartet* wird. Von der Richterin wird allgemein erwartet, daß sie ausschließlich objektive Standards im Gerichtssaal anwendet, und mit aller Wahrscheinlichkeit ist sie so sozialisiert worden, daß sie diese Standards auch anwenden will. In dem Maße, in dem das kulturelle, das soziale und das Persönlichkeitssystem integriert sind, sind Werte institutionalisiert, und die Gesellschaft funktioniert ohne Störung.

2.2 Beurteilung der Wertstandardtheorie und das Plastizitätsparadigma der Wahl

Soweit ich weiß, gibt es keinen ambitiöseren Versuch, zu einer soziologischen Handlungstheorie zu kommen, als den gerade vorgetragenen. Hat er aber das erreicht, was die Autoren von ihm erwartet haben? Die Theorie ist nicht materialistisch, da sie annimmt, daß Werte die Formung der Persönlichkeit beeinflussen, und sie ist auch nicht idealistisch, da sie zuläßt, daß die drei Systeme nicht voll integriert sind, das heißt, daß Bedürfnisse und soziale Erwartungen einander nicht notwendigerweise decken. Noch wichtiger ist, daß die Theorie den Anspruch erhebt, diejenigen Dimensionen anzugeben, die jede Handlungssituation strukturieren. Auch räumt die Theorie explizit die Möglichkeit ein, daß vor der eigentlichen Wahl einer Handlungsalternative erst Regeln gewählt werden, die zur Konstruktion der Alternativen herangezogen werden.[10] Haben die Autoren aber die methodologische und theoretische Basis für die Integration der Sozialwissenschaften gefunden, und sind sie zu einer »einheitlichen sozialwissenschaftlichen Theorie« gekommen, wie sie sich vorgenommen haben?
Eine Art, diese Frage zu beantworten, könnte darin bestehen, dem nachzugehen, was aus dieser theoretischen Bemühung geworden ist. Sie hat zwar Soziologie, Anthropologie und Psychologie für kurze Zeit einander nähergebracht, aber sie wurde nie als Wahlhandlungstheorie ausgearbeitet, und weder Ökonomen noch verhaltenstheoretisch interessierte Soziologen haben sie jemals akzeptiert. Parsons selbst bewegte sich unaufhörlich weiter in eine idealistische Richtung.[11] Warum diese idealistische Wende?
Während Parsons und Shils von »Maximierung« (und manchmal »Optimierung«) in der dritten Phase reden, umgehen sie alles,

was mit Knappheit zu tun hat, wodurch bei ihnen Maximierung ohne Einfluß von Knappheit geschieht. Der Grund für diese Scheu vor Knappheit muß meines Erachtens in einem Paradigma gesucht werden, das ich »Plastizitätsparadigma der Wahl« nennen will. Dieses Paradigma wurde schon von Durkheim, Freud und zum Teil auch von Weber gebraucht. Alle drei Autoren, aber besonders die ersten zwei, waren von grundlegendem Einfluß auf Parsons und Shils.

Das Paradigma besteht aus drei Hauptannahmen (ibid., S. 63, 71, passim). Zum ersten: Organische Energie (oder Leistung oder Trieb) ist das dynamische Element in jeder Handlung. Zum zweiten: In instinktiven Handlungen wird Energie durch fixierte Objekt-Handlungsverbindungen freigesetzt. Hierbei spielt Wahl keine Rolle. Wahl wird erst dadurch möglich, daß instinktive Handlungen durch »Plastizität« ersetzt werden, wodurch eine große Vielfalt von Reaktionen auf ein bestimmtes Objekt möglich wird. Drittens: In manchen Fällen verläuft eine Handlung so, als ob sie instinktiv wäre (das heißt, die zweite [evaluative] Phase wird übersprungen), aber in den meisten Fällen wird Handeln durch die Effekte von Lernen und Kultur gesteuert.

Vor diesem paradigmatischen Hintergrund ist Handlung als »normativ regulierte Energieausgabe« zu sehen, die »sich an situationaler Erreichung von Handlungszielen orientiert« (ibid., S. 53). Die Kernfrage ist also: Welchen gelernten (das heißt kulturellen) Restriktionen unterliegt die Energieausgabe? Hier sind Bedürfnisse, Kombinationen von angeborenen Trieben und gelernten Präferenzen in »Bedürfnisdispositionen« vereinigt. Eine ganz besonders wichtige Bedürfnisdisposition ist die Motivation, sich an situational adäquate Regeln zu halten. Die übrige Dynamik kommt dann vor allem aus Stabilisierungsmechanismen dieses motivierten Regelgehorsams in Situationen, in denen Konflikte nicht bereits durch Regeln in der evaluativen Phase gelöst worden sind. Hierfür gibt es Abwehrmechanismen (wie Rationalisierung und Fixierung) und Anpassungsmechanismen (wie Dominanz und Aggression). Wegen des Plastizitätsparadigmas ist die Wertstandardtheorie nicht imstande, Knappheitseffekte zu berücksichtigen, selbst wenn Freudsche Begriffe keine so wichtige Rolle spielten. In diesem Paradigma können Veränderungen in der Nachfrage nur als Veränderungen in der Bedürfnisdisposition – und daher nur als das Resultat von Lerneffekten – modelliert werden. Bei konstanten Präferenzen (Bedürfnisdispositionen) kann also der Effekt von Veränderungen in relativen Preisen nicht berücksichtigt werden (siehe auch Lindenberg 1984a). Kurz: so, wie sie ist, bekräftigt die Wertstandardtheorie zwar die soziologische Einsicht von der Wichtigkeit der Definition der Situation, aber von einer einheitlichen Handlungstheorie (dem expliziten Ziel der Bemühungen) kann keine Rede sein.

3. Das Knappheitsparadigma der Wahl und die SEU-Theorie

Die ökonomische Preistheorie hat selbst eine lange Entwicklung durchgemacht, aber ihre verschiedenen Versionen haben mindestens eines gemeinsam: das Knappheitsparadigma der Wahl. Wahl ist hierbei bedingt durch die Tatsache, daß man ein knappes Mittel aufgeben muß, um ein anderes zu bekommen. Das Mittel hätte auch für etwas anderes gebraucht werden können. Wenn sich also die relativen Preise (d. h. die relativen Knappheiten) ändern, dann ändert sich auch das Wahlverhalten.[12] Die Pfeilerbegriffe dieser Art von Wahltheorien sind Präferenzen, Restriktionen (knappe Mittel, Preise), Erwartungen und Erfindungsgabe (siehe Lindenberg 1985a).

Zwischen den zwei Paradigmen der Wahl besteht eine grundlegende Asymmetrie. Während man Knappheitseffekte nicht in das Plastizitätsparadigma einbringen kann, kann man Plastizitäts- (also Lern-)effekte in das Knappheitsparadigma einführen. Der Grund hierfür liegt auf der Hand: Innerhalb des Plastizitätsparadigmas läßt sich die Beziehung von Ziel und Mitteln nicht problematisieren (beide sind einfach gelernt), während Lerneffekte als Einflüsse auf Restriktionen, Präferenzen, Erwartungen und Erfindungsgabe modelliert werden können. So kann Kultur die menschliche Wahl durch ihre Effekte auf Kosten (und daher auf Nachfrage) beeinflussen. Zum Beispiel: Klientendiskriminierung gegen eine bestimmte Rasse macht die Anstellung von Mitgliedern dieser Rasse weniger effektiv und daher wahrscheinlich teurer. Auch lassen sich ohne weiteres Annahmen über kulturelle Einflüsse auf Präferenzen und Erwartungen machen. Warum haben Ökonomen dann bisher kulturelle Aspekte nur so zögernd in die Preistheorie aufgenommen?

Die Antwort auf diese Frage findet man nicht in der Preistheorie selbst, sondern in den Hilfsannahmen, unter denen die Preistheorie meistens angewendet wird. Diese Annahmen hat man traditionell so gewählt, daß starke Vereinfachungen in der Analyse von Angebot und Nachfrage möglich wurden.[13] Präferenzen nahm man als gegeben, und Erwartungen konnte man dadurch vernachlässigen, daß man situationale Unsicherheiten und Interpretationskonflikte nicht in die Modellierung aufnahm. Diese Unsicherheiten sind zum Teil in einer bestimmten Version der Preistheorie, der Theorie des »subjektiv erwarteten Nutzens« (*Subjectively Expected Utility* oder kurz SEU-Theorie), aufgenommen. Um die Diskussion etwas abzukürzen, wird im weiteren dann auch die SEU- und nicht die neoklassische Preistheorie behandelt.

Wie die Wertstandardtheorie und die meisten anderen Wahltheorien unterscheidet man bei der SEU-Theorie drei Phasen. In der ersten Phase wird die Situation wahrgenommen, in der zweiten Phase werden Resultate und Alternativen evaluiert, und in der dritten Phase wird eine der Alternativen gewählt.

In allen drei Phasen beansprucht die Theorie nicht, kognitive Prozesse zu beschreiben. Vielmehr ist die SEU-Theorie eine »Als-ob«-Theorie, deren Propositionen eigentlich alle mit dem Vorsatz »das Individuum verhält sich, als ob ...« eingeleitet werden müßten.

In der *ersten Phase* unterscheidet das Individuum alternative Handlungsmöglichkeiten und verschiedene (potentielle) Resultate per Alternative. Die (geordneten und transitiven) Präferenzen des Individuums sind so geartet, daß auf ihrer Basis allen Resultaten ein Nutzenindex zugeschrieben werden kann.

In der *zweiten Phase* evaluiert das Individuum jedes Resultat und somit jede Alternative. Für jedes Resultat wird die subjektive Auftrittswahrscheinlichkeit geschätzt und als Gewicht multiplikativ dem Nutzenindex zugeschrieben. Durch Summierung dieser Werte wird der subjektiv erwartete Nutzen per Alternative ermittelt.

In der *dritten Phase* wählt das Individuum die Alternative mit dem höchsten erwarteten Nutzen. Dies läßt sich in der Entscheidungsregel ausdrücken: Wähle die Alternative mit der höchsten gewichteten Summe von Nutzenindizes (Σ_{PiUi}).

Wie für alle anderen Theorien gilt auch für die SEU-Theorie, daß

sie nur mit Hilfe von zusätzlichen Annahmen angewendet werden kann. Einige dieser Annahmen sind so häufig gemacht worden, daß man gemeinhin annimmt, sie seien ein Teil der SEU-Theorie. Kritik an der SEU-Theorie richtet sich meist gegen diese zusätzlichen Annahmen, deren es eine ganze Menge gibt. Für unsere Zwecke können wir uns auf die zwei meistdiskutierten Arten von Annahmen beschränken, die beide mit der Überbrükkung der Kluft zwischen subjektiv und objektiv zu tun haben.
Die erste Art von Annahmen ist stark durch die implizite oder explizite Unterstellung von *unlimitierter Rationalität* beeinflußt, eine Unterstellung, die starke Vereinfachungen in der Anwendung der SEU-Theorie rechtfertigt. Eine andere Art von Annahmen bezieht sich auf die Art, wie objektiver und subjektiver Wert zusammenhängen.
Die drei wichtigsten Repräsentanten der ersten Gruppe sind die folgenden:
a) Da keine Beschränkung der menschlichen Aufmerksamkeit angenommen wird, kann der Untersucher im Prinzip davon ausgehen, daß in einer Entscheidungssituation willkürlich viele Güter zum Gesamtnutzen beitragen. Dies ermöglicht ihm, diejenigen erwarteten Handlungsresultate (Güter) anzunehmen, die ihm in diesem Kontext wichtig erscheinen. Durch diese Annahme geht von der SEU-Theorie keinerlei heuristischer Druck aus, die Art und Anzahl der situational *vom Individuum* berücksichtigten Güter theoretisch zu problematisieren.
b) Subjektive Wahrscheinlichkeit folgt den Prinzipien der objektiven Wahrscheinlichkeit: die subjektiven Werte sind eine lineare Funktion der objektiven und summieren wie diese auf 1. Aufgrund dieser Annahme kann sich der Untersucher in den meisten Fällen mit den objektiven Wahrscheinlichkeiten begnügen.
c) Alternativen werden so wahrgenommen und evaluiert, daß sie mit der objektiven Situationsbeschreibung übereinstimmen. Daher kann der Untersucher davon ausgehen, daß, wenn zwei Alternativen objektiv äquivalent sind, sie auch subjektiv äquivalent sind. Manchmal wird diese Annahme auch die »Invarianzannahme« genannt. Der Untersucher kann dank dieser Annahme Unterschiede in der verbalen Umschreibung von Alternativen vernachlässigen.
Die zwei wichtigsten Annahmen der zweiten Gruppe sind die folgenden:

d) Subjektiver Nutzen bezieht sich mittels einer Nutzenfunktion auf objektive Quantitäten eines Gutes. Die allgemeine Form einer solchen Funktion ist so geartet, daß der subjektive Wert der nächsten Einheit des Gutes (also der Grenznutzen) mit zunehmender Quantität abnimmt.
e) Die absolute (und nicht die zu einem Standard relative) Quantität eines Gutes (oder einer Kombination von Gütern) bestimmt den subjektiven Nutzen. Der Nutzen eines Resultats hängt daher nicht vom Vergleich dieses Resultats mit einem Standard ab, es sei denn, das Gut selbst ist eine solche Relation (wie z. B. Status).
Diese Punkte werden im Abschnitt über Kahneman und Tversky illustriert, weil gerade diese beiden Autoren sich intensiv mit Problemen dieser Hilfsannahmen der SEU-Theorie beschäftigt haben. Zuerst aber gilt es die Frage zu beantworten, wie man die Wertstandardtheorie und die SEU-Theorie so verbinden kann, daß die beiden wichtigsten handlungstheoretischen Einsichten beider Traditionen (nämlich die Wichtigkeit sowohl der relativen Preise als auch der Definition der Situation) verbunden werden können. Ein beachtenswerter Versuch einer solchen Kombination findet sich in einer neueren Arbeit von Stinchcombe, der wir uns nun zuwenden.

4. Vernunft und Rationalität: Stinchcombes Theorie idealisierter Nutzenfunktionen

Stinchcombe (1986) schärft ein Argument von Weber, indem er behauptet, daß wichtige Elemente der Wertstandardtheorie und der Theorie rationaler Wahl nicht durch Theoretiker, sondern durch die Gesellschaft selbst in einem historischen »Rationalisierungsprozeß« integriert werden. Er unterscheidet »Vernunft« von »Rationalität«. »Vernunft« bezieht sich auf Normen einer gedanklichen Ordnung, die in einer Kultur als maßgeblich angesehen wird, wie z. B. das geschulte Rechtsdenken oder die Regeln der Buchführung. »Rationalität« bezieht sich auf das Verhalten von Individuen, die bei der Verfolgung ihrer Ziele Nutzen maximieren und Kosten minimieren.
Soweit Vernunft in diesem Sinne institutionalisiert ist, wird auch Rationalität von ihr ergriffen. Dies ist möglich, weil Vernunft eine idealisierte Nutzenfunktion enthält und vom Individuum (in

seiner Rolle) erwartet wird, daß es nicht seine persönliche, sondern die institutionelle Nutzenfunktion maximiert. Auf diese Weise werden die rationalen Fähigkeiten des Individuums in den Dienst anderer Menschen und Werte gestellt. Zum Beispiel wird von einer Richterin erwartet, daß sie »Gerechtigkeit« maximiert, und in der Jurisprudenz gibt es maßgebliche Kriterien für diese Erwartung.

Wie verhält sich nun diese Lösung zur Wertstandard- und zur SEU-Theorie? Stinchcombe hat diese beiden Theorien dadurch verbunden, daß er die (universalistischen) Wertstandards der zweiten Phase der Parsons-Shils-Theorie als Nutzenfunktion in der ersten Phase der SEU-Theorie einsetzt. Aber was hat er hierdurch gewonnen? Werden Menschen nicht einfach so sozialisiert, daß sie die institutionellen Rollenerwartungen internalisieren? Warum von »institutionellen Nutzenfunktionen« sprechen?

Der Vorteil der Stinchcombeschen Lösung liegt vor allem darin, daß er die »richtige« Reihenfolge benützt: Baue eine Plastizitätstheorie (wie die Wertstandardtheorie) in eine Knappheitstheorie (wie die SEU-Theorie) ein und nicht umgekehrt. Er kann auf diese Weise seine Argumentaion über die Integration von Vernunft und Rationalität wie folgt ausbauen:

a) Vernunft enthält zwar maßgebliche Rationalitätsnormen, diese müssen aber an die menschlichen Fähigkeiten zum kreativen Umgang mit Knappheit anknüpfen;

b) ebenso müssen die Normen davon ausgehen, daß Vernunft, im Vergleich zur starken Kraft der persönlichen Interessen, die schwache Kraft ist.

Die Regeln enthalten also schon Maßnahmen (wie das Verbot des Interessenkonflikts bei Richtern) zur Integration von Vernunft und Rationalität. Für Stinchcombe ist das Paradebeispiel dieser Art von Analyse Webers Bürokratietheorie.

Was sind nun die Nachteile der Stinchcombeschen Lösung? Ein wichtiger Kritikpunkt liegt genau da, wo auch Webers Bürokratietheorie angegriffen wurde (siehe Udy 1959; Williamson 1964; Tullock 1965; Downs 1967; Niskanen 1971): man kann nicht annehmen, daß Bürokraten eine institutionelle Nutzenfunktion maximieren, weil sich viele Aspekte ihres Verhaltens nur dadurch erklären lassen, daß man annimmt, sie maximierten ihre persönliche Nutzenfunktion *innerhalb der institutionell gegebenen Restriktionen.* Der zweite wichtige Kritikpunkt ist die Kehrseite des ersten: das Verhalten der Bürokraten (und der Praktiker einer jeden Profession) kann nicht dadurch erklärt werden, daß sie nur eigensüchtig handeln; aber gerade die Uneigennützigkeit ist (auf der Basis des ersten Kritikpunktes) prekär. Zum Beispiel: Loyalität spricht für die Möglichkeit der Identifizierung mit Werten und Personen und somit für die Möglichkeit, daß eine institutionelle Nutzenfunktion die private ersetzt, aber Loyalität ist flüchtig und ihre Erhaltung prekär (siehe Schaar 1957; Tumin 1968; Hirschman 1981; Akerlof 1983). In diesem Sinne garantiert die Tatsache, daß Vernunft institutionalisiert ist, noch lange nicht, daß sie persönliche Interessen ersetzt, selbst dann nicht, wenn die eigenen Interessen relativ schwach sind. Wenn wir keine Erklärung für die mögliche *Interaktion* der beiden (Vernunft und Rationalität, idealistische und materialistische Traditionen) haben, dann ist es wahrscheinlich, daß die beiden wieder auseinanderfallen, selbst in Stinchcombes Lösung. Um mehr über die verhaltenstheoretische Grundlage ihrer möglichen Integration zu lernen, muß die Knappheitstheorie selbst kritischer durchdacht werden. Kahneman und Tversky versuchen anhand der Prospekttheorie diese kritische Durchleuchtung der SEU-Theorie zu leisten, und ihr wenden wir uns im folgenden Abschnitt zu.[14]

5. Die Prospekttheorie: Kahnemans und Tverskys Alternative

Wie wir oben gesehen haben, wird die SEU-Theorie meist mit der Invarianzannahme angewendet. Dieser Annahme zufolge werden Alternativen so wahrgenommen und evaluiert, daß sie mit der objektiven Situationsbeschreibung übereinstimmen. Objektiv äquivalente Alternativen müssen dann auch subjektiv äquivalent sein. Kahneman und Tversky konnten zeigen, daß entgegen dieser Erwartung Menschen sich in ihrer Wahl durch die Formulierung der Alternativen beeinflussen lassen. Dies kann durch das folgende Experiment mit »Prospekten« illustriert werden (vgl. Kahneman/Tversky 1979). »Prospekte« sind Alternativen, bei denen auch unsichere Resultate (Risiken) vorkommen können. Versuchspersonen wurden gebeten, zu wählen zwischen einerseits sicheren 500 Dollar und andererseits einer gleichen Chance, entweder 1000 Dollar oder nichts zu gewinnen. Man hatte ihnen auch gesagt, daß sie gerade 1000 Dollar bekommen hätten. 84 Prozent der Versuchspersonen wählten die sicheren 500 Dollar. In einem anderen Experiment wurden Versuchspersonen gebeten, zu wählen zwischen einerseits einem sicheren Verlust von 500 Dollar und andererseits einer gleichen Chance, entweder 1000 Dollar oder nichts zu verlieren. Man hatte ihnen auch gesagt, daß sie gerade 2000 Dollar bekommen hätten. 69 Prozent entschieden sich nun für den unsicheren Prospekt. Objektiv führen in beiden Experimenten die Resultate zum gleichen Ergebnis, nämlich zu sicheren 1500 Dollar oder einer 50:50-Chance, 1000 Dollar oder 2000 Dollar zu haben. Doch entschieden sich die Versuchspersonen beim einen für das sichere und beim anderen für das unsichere Ergebnis.

Das vielleicht berühmteste Beispiel für den Schiffbruch der Invarianzannahme ist das folgende. Versuchspersonen werden gebeten, sich in die Rolle des Mitglieds einer Kommission zu versetzen, die eine wichtige Entscheidung treffen muß:

»Problem Nr. 1: Stellen Sie sich vor, daß Amerika sich auf den Ausbruch einer ungewöhnlichen asiatischen Krankheit vorbereitet, von der man erwartet, daß sie 600 Menschenleben kosten wird. Man hat zwei alternative Maßnahmen vorgeschlagen, um sich gegen diese Krankheit zur Wehr zu setzen. Nehmen Sie an, daß die genauen wissenschaftlichen Schätzungen der Konsequenzen einer jeden Maßnahme wie folgt aussehen:

Wenn Maßnahme A getroffen wird, werden 200 Menschen gerettet. Wenn Maßnahme B getroffen wird, werden 600 Menschen mit einer ⅓-Wahrscheinlichkeit gerettet und wird mit einer ⅔-Wahrscheinlichkeit niemand gerettet. Welche der beiden Maßnahmen würden Sie vorziehen?« Resultat: A 72 Prozent; B 28 Prozent.

Im Problem Nr. 2 folgte auf die gleiche Situationsbeschreibung eine andere Beschreibung der objektiv gleichen Resultate:

»Problem Nr. 2: Wenn Maßnahme C getroffen wird, werden 400 Menschen sterben. Wenn Maßnahme D getroffen wird, wird mit einer ⅓-Wahrscheinlichkeit niemand sterben und werden mit einer ⅔-Wahrscheinlichkeit alle 600 Menschen sterben. Welche der beiden Maßnahmen würden Sie vorziehen?« Resultat: C 22 Prozent; D 78 Prozent (Tversky/Kahneman 1981, S. 453).

Während jeweils A und C und B und D in ihren objektiven Ergebnissen hinsichtlich der Anzahl der Menschen, die sterben, identisch sind, kehrt die Mehrzahl der Versuchspersonen dennoch ihre Entscheidung in Abhängigkeit von der Formulierung um. Beim Problem Nr. 1 sind sie risikoscheu, und beim Problem Nr. 2 ziehen sie den riskanten Prospekt vor. Warum? In der SEU-Theorie gibt es keine gute Antwort auf diese Frage. Für Kahneman und Tversky ist es die Formulierung, die die Wahlsituation strukturiert oder *rahmt.* »Rahmung« *(framing)* ist ein Prozeß, in dem die Situation »definiert« wird und dadurch, sinnbildlich gesprochen, einen bestimmten Rahmen[15] erhält, innerhalb dessen die Information kodiert und evaluiert wird.

Der Rahmen beeinflußt die Vergleiche, auf denen das Urteil beruht. Die Tatsache, daß beim Problem Nr. 1 200 Menschen sicher durch Maßnahme A gerettet werden können, wird mit dem sicheren Tod von 600 Menschen verglichen, der eintritt, wenn man gar nichts tut. Und selbst bei Maßnahme B ist die Wahrscheinlichkeit immer noch sehr groß, daß alle 600 sterben. Beim Problem Nr. 2 wird die Tatsache, daß es wenigstens eine handfeste Wahrscheinlichkeit gibt, jeden zu retten (Maßnahme D), mit dem sicheren Tod von 400 Menschen verglichen (Maßnahme C).

Die Umkehrung der Wahl ist hier durch die Unterstellung von verschiedenen Vergleichen plausibel gemacht worden. Wie aber läßt sich die Umkehrung *systematisch* erklären? Antwort: mit Hilfe der Prospekttheorie, die im nächsten Abschnitt beschrieben wird.

5.1 Die Prospekttheorie

Wie die Wertstandard- und die SEU-Theorie hat auch die Prospekttheorie drei Phasen. Der Hauptunterschied zwischen der SEU- und der Prospekttheorie liegt in den Hilfsannahmen. Die für uns wichtigsten neuen Hilfsannahmen können nach der Phase, in der sie relevant sind, gruppiert werden.[16]

In der *ersten Phase* werden Alternativen, Resultate pro Alternative und ein Nutzenindex pro Resultat erstellt. Kahneman und Tversky nehmen an, daß der Nutzen (oder Wert) eines Resultats subjektiv immer als Gewinn oder Verlust relativ zu einem neutralen Bezugspunkt gebucht wird. Dies impliziert eine S-förmige Nutzenfunktion für Gewinne und Verluste, deren Wendepunkt beim neutralen Bezugspunkt liegt, wie man in Abb. 1 sieht.

Weil man immer wieder beobachtet hat, daß Verluste für Men-

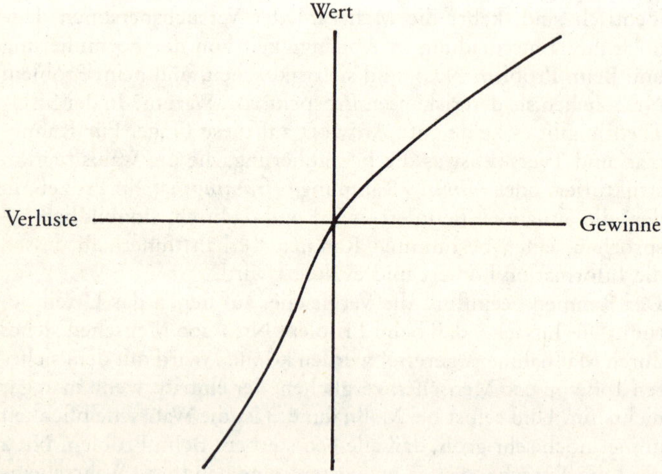

Abb. 1

schen schwerer wiegen als Gewinne, lassen Kahneman und Tversky die Nutzenfunktion im Verlustbereich steiler verlaufen als im Gewinnbereich. Dies ist eine wichtige Annahme, weil sie viele Beobachtungen erklären kann, die bisher nicht in die SEU-Theorie gepaßt haben (wie z. B. die Abweichungen von der Invarianzannahme).

Es ist deutlich, daß der Bezugspunkt sehr wichtig ist, weil er nämlich darüber entscheidet, was als Gewinn und was als Verlust gesehen wird. Wovon hängt der Bezugspunkt ab? Die Autoren sagen, daß er »meistens durch den objektiven Status quo, aber manchmal auch durch Erwartungen und durch soziale Vergleiche bestimmt wird« (Kahneman/Tversky 1984, S. 349). Außerdem nehmen sie an, daß der Bezugspunkt ziemlich unstabil ist (Tversky/Kahneman 1981, S. 456).

Die Auswahl der Resultate pro Alternative geschieht den Autoren zufolge meistens so, daß das Individuum nur die direktesten Konsequenzen ins Auge faßt und die anderen Aspekte ignoriert. Diese »minimale Bilanz« einer Situation vereinfacht die Evaluation in der zweiten Phase. Zum Beispiel: In einem Glücksspiel konzentrieren sich Menschen meist auf das zu gewinnende oder zu verlierende Geld unter Vernachlässigung anderer (auch früherer) Resultate. Diese Einschränkung des Gesichtsfelds beruht auf der menschlichen Intuition, daß man Handlungskonsequenzen auch ursächlich mit Handlungen verbinden können muß, und sie beruht auf der angenommenen Tatsache, daß Gewinn und Verlust, also erwünschte und unerwünschte *Veränderungen*, für Menschen wichtiger sind als bleibende Zustände.[17]

In der *zweiten Phase* evaluiert das Individuum jedes Resultat (und somit jede Alternative) durch Schätzung seiner Auftrittswahrscheinlichkeit. Der SEU-Theorie folgend, nehmen Kahneman und Tversky an, daß der Wert eines Resultats mit einem Entscheidungsgewicht multipliziert wird. Im Gegensatz zu einer diesbezüglichen Hilfsannahme bei der SEU-Theorie ist dies Entscheidungsgewicht hier aber keine Wahrscheinlichkeit und folgt daher auch nicht den Axiomen der Wahrscheinlichkeitstheorie (z. B. brauchen die Gewichte sich nicht zu 1 addieren zu lassen). Die Annahme von Kahneman und Tversky über Entscheidungsgewichte kann man in Abb. 2 gut illustriert sehen. Kleine objektive Wahrscheinlichkeiten werden überschätzt, während größere Wahrscheinlichkeiten unterschätzt werden.[18]

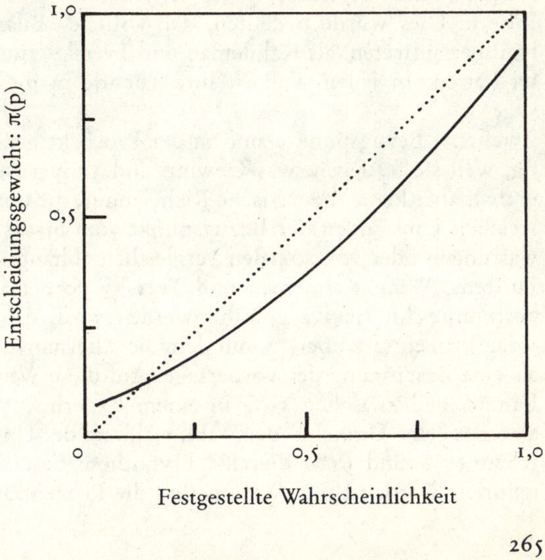

Abb. 2

Mit Hilfe dieser Gewichtsfunktion gelingt es Kahneman und Tversky wiederum, bestimmte experimentelle Resultate zu erklären, die der SEU-Theorie großes Kopfzerbrechen bereitet haben (aus Platzgründen gebe ich hier keine weiteren Beispiele).

5.2 Einige Probleme mit der Prospekttheorie

Für eine Theorie des »Rahmens« ist es natürlich sehr wichtig, anzugeben, was alles zur Entscheidungssituation gehört. Kahneman und Tversky hatten behauptet, daß Menschen in einer Situation meist nur die direktesten Resultate wahrnehmen (minimale Bilanz). Manchmal aber, so sagen sie, ist die Bilanz auch nach weniger direkten Resultaten hin »offen«. Wann das eine und wann das andere der Fall ist, ist aber nicht deutlich, wodurch ihre Theorie in diesem wichtigen Punkt *Ad-hoc*-Charakter hat.

Wir können uns auch nicht damit trösten, daß die offenen Bilanzen wirklich nur selten auftreten. Die Autoren weisen selbst darauf hin, daß ein unkompensierter Verlust aus einer früheren Entscheidungssituation oft seinen Einfluß in späteren Situationen geltend macht. Auch Thaler (1980) weist darauf hin, daß gemachte Investierungen *(sunk costs)* entgegen der Annahme der neoklassischen Preistheorie das Verhalten doch erheblich beeinflussen. Dies würde bedeuten, daß »offene« Bilanzen sehr viel häufiger auftreten, als Kahneman und Tversky zunächst behauptet hatten. In jedem Fall ist ihre Theorie in diesem Punkt zu vage.

Zweitens: Bezugspunkte sind in der Prospekttheorie sehr wichtig, weil sie festlegen, was Gewinn und Verlust ist. Die Theorie enthält aber keine theoretische Richtschnur, die uns angibt, unter welchen Umständen der Bezugspunkt vom Status quo, von Erwartungen oder von sozialen Vergleichen abhängt.

Drittens: Wenn Kahneman und Tversky vorhersagen, daß eine bestimmte Alternative gewählt werden wird, dann nehmen sie jeden Prozentsatz über 50, mit dem die Alternative gewählt wird, als eine Bestätigung der Vorhersage. Auf diese Weise ist z. B. der Unterschied zwischen 55% in einem Experiment und 45% im anderen »eine Umkehr« der Wahl, während der Unterschied zwischen 55% und 95% dieselbe Hypothese bestätigt und daher ignoriert werden kann. Warum sind die Prozentsätze manchmal

55% und manchmal 95%? Die Autoren stellen sich gar nicht erst diese Frage, und die Prospekttheorie würde auch keine Antwort darauf geben. Hier fehlt ein wichtiges Element in der Theorie.
Viertens: Für die Autoren ist Rahmen ein sehr subjektiver Prozeß, während in der Soziologie Handlungsrestriktionen und nicht subjektive Zustände die Haupterklärungsarbeit leisten müssen (siehe Lindenberg 1984a).[19] Ist Rahmen tatsächlich ein so idiosynkratischer Vorgang, oder liegt es an der Prospekttheorie? Fischhoffs (1983) experimentelle Resultate sprechen eher für das letztere. Er fand, daß der Rahmen, den Versuchspersonen bewußt vorziehen, wenn man ihnen die Wahl läßt, oft nicht der Rahmen ist, den sie tatsächlich gebrauchen.
Zusammenfassend kann man die Kritik an der Prospekttheorie auch so ausdrücken: Von den fünf wichtigsten Kriterien, die eine brauchbare Verhaltenstheorie in den Sozialwissenschaften erfüllen müßte (siehe Lindenberg 1985a, S. 108), erfüllt die Prospekttheorie zwei nicht: sie benützt viel (zuviel) Information über jedes Individuum, auf das sie angewendet wird, und sie macht es schwer, Brückenannahmen zu formulieren, die Kultur und Sozialstruktur mit der individuellen Wahlsituation verbinden.[20]

6. Das Diskriminationsmodell der stochastischen Wahl und der Prozeß des Rahmens

Ein Versuch, die Probleme, die mit der Prospekttheorie verbunden sind, zu vermeiden und doch die Idee einer Rahmentheorie der rationalen Wahl weiterzuverfolgen, ist das Diskriminationsmodell der stochastischen Wahl (siehe Lindenberg 1981, 1985b). Wie die Prospekttheorie hat sich das Diskriminationsmodell empirisch gut bewährt, aber ungleich der Prospekttheorie ist es explizit für soziologische (und weniger für psychologische) Probleme ausgerüstet.[21] Auf diesen letzteren Aspekt wird im Abschnitt 7.1 näher eingegangen.
Das Modell beruht auf der Annahme der beschränkten Rationalität und auf der Ablehnung der an die SEU-Theorie geknüpften Hilfsannahme, daß ein Individuum fähig ist, so viele Aspekte und Objekte in der Wahlsituation zu unterscheiden, wie es dem Untersucher beliebt.

Wie in der SEU-Theorie unterscheidet im Diskriminationsmodell das Individuum in der *ersten* Phase Alternativen und Resultate pro Alternative und schreibt jedem Resultat einen Nutzenindex zu. Aber anders als in der SEU-Theorie wird beim Diskriminationsmodell angenommen, daß die kognitiven Beschränkungen des Individuums so stark sind, daß es sich gleichzeitig *nur auf einen Maximanden konzentrieren kann.* Dieser Maximand ist Teil eines »Rahmens«[22] für die Situation, der die Selektion von Alternative und Resultaten steuert. Ein Rahmen besteht aus einem situationalen Ziel und den Zielkriterien, d. h. den Kriterien, die die Resultate nach dem Grad der Zielerreichung ordnen. Zum Beispiel könnte in einer Kaufsituation eine Person ein schlauer Konsument sein wollen. »Ein-schlauer-Konsument-Sein« ist dann das situationale Ziel beim Kaufen. Für sie bedeutet »schlauer Konsument« jemand, der ein Gut für den niedrigsten Preis zu finden weiß (Zielkriterium). Preis ordnet also die Alternativen, wenn das Gut feststeht. Man beachte, daß es hier nicht darum geht, so wenig wie möglich für ein Gut zu bezahlen. Die Kosten für das Auto, die Mühe und die Zeit, die in den Suchprozeß des Wühlens in Konsumentenmagazinen und des Wegs von einem Laden zum anderen investiert werden, zählen nicht zu den Zielkriterien und tragen daher auch nicht dazu bei, die Wahlsituation zu definieren. Das heißt aber nicht, daß sie die Wahlsituation nicht in anderen Phasen beeinflussen.
In der *zweiten* Phase evaluiert das Individuum Resultate und Alternativen, ebenso wie in der SEU- und der Prospekttheorie, durch die Zuschreibung eines Entscheidungsgewichts zu jedem Resultat, das die subjektive Auftrittswahrscheinlichkeit des Resultats zum Ausdruck bringt. Ob das Gewicht den Axiomen der Wahrscheinlichkeitstheorie folgt, bleibt hier offen.
Die *dritte* Phase aber unterscheidet sich grundlegend von der entsprechenden Phase in der SEU-Theorie. Das Individuum wählt nicht die Alternative mit dem höchsten erwarteten Nettonutzen. Vielmehr wählt es jede Alternative mit einer Wahrscheinlichkeit, die selbst wiederum davon abhängt, wie stark sich die Alternativen voneinander unterscheiden (Diskriminationsstärke). Diskrimination ist vor dem Hintergrund von Nicht-Diskrimination definiert. Wenn es Alternativen gibt und das Individuum keinen Unterschied zwischen den Alternativen feststellt, das heißt, wenn jede Alternative den gleichen Nutzen U_0 hat, dann

wird jede Alternative mit einer Wahrscheinlichkeit von 1/k gewählt werden. Diskrimination einer Alternative in bezug auf die anderen hängt von zwei Dingen ab: a) dem Grad, in dem ihr Nutzen sich vom Durchschnittsnutzen aller Alternativen (U_o) abhebt, und b) der Sensibilität des Individuums gegenüber Nutzenunterschieden bei dem entsprechenden Gut. Diskrimination ist somit die gewichtete Differenz zwischen dem Nutzen einer Alternative und dem Durchschnittsnutzen aller Alternativen. Wenn z. B. in einer dichotomen Wahlsituation eine Alternative subjektiv viel besser ist als die andere, dann wird diese Alternative mit einer Wahrscheinlichkeit nahe bei 1 gewählt; wenn hingegen eine Alternative subjektiv nur ein wenig besser ist als die andere, dann liegt die Wahrscheinlichkeit nahe bei 0,5.

Die Gewichtung des Nutzenunterschieds geschieht durch einen Faktor, der angibt, wie sensitiv das Individuum im Augenblick hinsichtlich dieses Unterschieds ist. Der Faktor drückt die *situationale Dominanz* (»salience«), eine Art Grenznutzen, des zu erreichenden Gutes aus.[23] Für jemanden, der reich ist, könnten kleine Preisunterschiede weniger ins Gewicht fallen als für jemanden, der arm ist. Wovon hängt diese situationale Dominanz ab? Der Theorie zufolge spielen hier die »Hintergrundaspekte« der Situation eine wichtige Rolle. Während diese Aspekte die Situation nicht definieren, beeinflussen sie doch die Dominanz des Hauptziels. Zum Beispiel gehört die Bewunderung meiner Freunde nicht zu den Aspekten, die die Kaufsituation »Schlauer-Konsument-Sein« definieren. Wenn mich aber meine Freunde dafür bewundern, daß ich ein schlauer Konsument bin, dann wird die Dominanz dieses Ziels größer, das heißt, ich werde in den Kaufsituationen noch sensitiver hinsichtlich kleiner Preisunterschiede. Umgekehrt kann eine große Erhöhung des Benzinpreises (der selbst auch nicht zur Definition der Situation beiträgt) die Suchkosten erheblich erhöhen, wodurch die Dominanz des »Schlauer-Konsument-Seins« in Kaufsituationen wieder abnimmt. Auf diese Weise können situationale Aspekte, die nicht zum Rahmen gehören, doch die Wahl über ihren Effekt auf die Dominanz des Ziels beeinflussen.

Algebraisch ausgedrückt, sieht das Diskriminationsmodell wie folgt aus:

(1) $P_i = \beta(g_i - U_o) + 1/n$

wobei:

β = situationale Dominanz des Maximanden g; g_i = die Summe der Nutzenindizes aller Resultate der iten Alternative, jede mit der entsprechenden Auftrittswahrscheinlichkeit gewichtet (i = 1, 2 ... n); $U_o = (1/n) \Sigma g_i$, (i = 1, 2 ... n); P_i = Wahrscheinlichkeit, mit der die ite Alternative gewählt wird (i = 1, 2 ... n).

Die situationale Dominanz ist eine Funktion der Hintergrundaspekte (x_i):

(2) $\beta = f(x_1, x_2 \ldots x_n)$

Aus der Gleichung (1) ist zu ersehen, daß sich bei einer Abnahme der Dominanz die Wahlwahrscheinlichkeit in Richtung Nicht-Diskrimination bewegt und umgekehrt.

Im Gegensatz zur SEU-Theorie gibt es im Diskriminationsmodell auch noch eine *vierte* Phase. Hier wird der Rahmen selbst evaluiert und eventuell ersetzt. Ein Rahmen, der es dem Individuum nicht erlaubt, zwischen den Alternativen zu diskriminieren (weil die Dominanz zu klein für die gegebenen Nutzenunterschiede ist), taugt nicht zur Strukturierung der Situation. Was wird mit ihm passieren? Welcher andere Rahmen »fällt« ihm ein? Die anderen Aspekte, die in der Situation eine Rolle spielen, sind die Hintergrundaspekte, und das Individuum muß sich aus diesen Aspekten einen neuen Rahmen suchen. Weil die Dominanz (β) des alten Rahmens klein war, wird kein Hintergrundaspekt, der den Rahmen unterstützt hat, als Basis eines neuen Rahmens in Frage kommen. Wenn es überhaupt einen neuen Anwärter gibt, dann muß es ein (relativ zum alten Rahmen) negativer Aspekt sein, d. h. ein Aspekt, der β des alten Rahmens so stark reduzieren konnte, daß die Wahl zur Gleichverteilung über die Alternativen tendierte. Die *Rahmenwechselhypothese* ist also: *Wenn sich die Wahlwahrscheinlichkeit der Gleichverteilung nähert, dann wird der größte negative Hintergrundaspekt zur Basis des neuen Rahmens.*

Nehmen wir ein Beispiel. Es ist bekannt, daß Freundschaften plötzlich »umkippen« wie alter Wein. Wie ist das möglich? Die Interaktion zwischen den Freunden könnte durch den Rahmen »Ein-guter-Freund-Sein« gesteuert sein, zu dessen Zielkriterien auch das »Einem-Freund-in-der-Not-Helfen« gehört. Steigende Kosten des Helfens werden sich negativ auf die Dominanz des »Ein-guter-Freund-Sein« auswirken, und die Wahrscheinlichkeit des Helfens, noch größer als 0,5, wird kleiner. Wenn der Freund nun wiederholt um Hilfe fragt, werden die zusätzlichen Kosten die Dominanz des Freundschaftsrahmens noch kleiner machen.

Wenn die Wahlwahrscheinlichkeit in die Gegend von 0,5 kommt, hilft der Freundschaftsrahmen nicht mehr, um zu einer Wahl zwischen den Alternativen zu kommen, und der prominenteste Hintergrundaspekt, in diesem Fall »Geldkosten«, wird zur Basis des neuen Rahmens, mit dem naheliegenden Ziel »Minimierung weiterer Kosten, die mit dieser Person verbunden sind«.

Soweit die Darlegung des Diskriminationsmodells. Wie verhält sich dieses Modell zur Wertstandardtheorie und zur Prospekttheorie? Erlaubt es uns Einsichten in die Beziehung von rationaler Wahl und Kultur, die die anderen Theorien uns noch nicht geboten haben?

7. Kultur und rationale Wahl

7.1 Soziale Produktionsfunktionen

Das Diskriminationsmodell ist neutral im Hinblick auf die beiden zentralen Punkte der Prospekttheorie: die Wichtigkeit des Bezugspunkts (aufgrund der Asymmetrie der Nutzenfunktion für Gewinn und Verlust) und die Möglichkeit einer nicht-linearen Funktion für subjektive Wahrscheinlichkeiten. Was am Diskriminationsmodell im Vergleich zur Prospekttheorie neu ist, ist vor allem die situationale Dominanz von Zielen. Dank dieser Dominanz kann man zeigen, daß bei instrumentellen Zielen Rahmeneffekte lange nicht so idiosynkratisch sind, wie sie in der Prospekttheorie zu sein scheinen, und man kann zeigen, daß bei instrumentellen Zielen die Definition der Situation (Soziologie) und rationale Wahl (Ökonomie) eng miteinander verknüpft sind. Um dies zu zeigen, müssen wir erst kurz auf die Idee von Zielhierarchien eingehen.

Wie ich schon an anderer Stelle wiederholt ausgeführt habe (z. B. Lindenberg 1984b, 1986b), gibt es gute Gründe dafür, warum man Adam Smith' Vorschlag folgen sollte, der besagt, daß alle Menschen mindestens zwei Dinge maximieren wollen: soziale Wertschätzung und physisches Wohlbefinden. Neuerdings (Lindenberg 1986a) habe ich mich auch verleiten lassen, ein drittes allgemein menschliches Ziel hinzuzufügen: die *Minimierung von Verlust,* worüber ich etwas weiter unten noch einiges zu sagen haben werde.[24] Selbst wenn der Leser nicht bereit ist, diese drei

Ziele ohne weiteres als allgemein menschlich anzunehmen, ist er vielleicht doch bereit zuzugestehen, daß es solche allgemein menschlichen Ziele gibt (siehe Stigler/Becker 1977). Wenn dies einmal zugestanden ist, dann verschiebt sich das Menschenbild vom »Konsumenten« (Mikroökonomie) oder »Rollenspieler« (Soziologie) zum *Produzenten*. Alle menschlichen Ziele, die nicht allgemein menschlich sind, sind nun *instrumentell* für das Erreichen höhergelegener Ziele. Während »Neigungen« und »Vorlieben« (Preis- und SEU-Theorie) in Handlungssituationen als gegeben angenommen werden und »Werte« als Produkte früherer Sozialisierung die jetzige Handlungssituation beherrschen (Wertstandardtheorie), sind instrumentelle Ziele unter den gegebenen Restriktionen der Situation *rational* mit höheren Zielen verbunden. Technisch ausgedrückt: Werte und Nutzenfunktionen machen Platz für *soziale Produktionsfunktionen* (siehe Lindenberg 1986c)[25] und diese sind alles andere als idiosynkratisch.
Von einer Kultur kann man sagen, daß sie charakteristische soziale Produktionsfunktionen für verschiedene soziale Positionen in verschiedenen sozialen Situationen hat. Zum Beispiel hatten im *Ancien régime* die Aristokraten statusproduzierende Privilegien wie Steuerbegünstigung, Rechtsprivilegien und Ehrenrechte. Obendrein hatten sie auch noch seigneurale und andere Eigentumsrechte, die ihnen Einkommen brachten. Aber durch Gesetz oder Brauch waren ihnen direkte Geschäftshandlungen versagt. Andere Prestigequellen hingen davon ab, Leuten zu gefallen, die ihrerseits Ehren erteilen durften (siehe Lindenberg 1989).
Wenn man zur Produktion eines sozialen Guts etwas tun muß, dann werden situationale Ziele Teil des rationalen Wahlprozesses, das heißt, sie werden als Instrumente für die Produktion dieses sozialen Guts gewählt. Soziale Produktionsfunktionen geben an, um welche Arten von Verhalten es hier geht. Die Dominanz situationaler Güter schafft die Verbindung zum Diskriminationsmodell. Diese Dominanz muß auf der Basis des bereits Gesagten vom Verhältnis des situationalen Ziels zu den drei allgemein menschlichen Zielen abhängen:

(3) $\beta = f(x_1, x_2, x_3, x_4)$

wobei x_1 = soziale Wertschätzung; x_2 = physisches Wohlbefinden; x_3 = Verlustvermeidung. In unserer Gesellschaft würde man noch ein in modernen Gesellschaften auffindbares *allgemeines instrumentelles* Ziel, x_4 = Einkommen, hinzufügen. Das Gewicht, das jedem Element in der Gleichung zukommt, wird vor allem durch eine soziale Produktionsfunktion bestimmt. Zum Beispiel ist »Ein-schlauer-Konsument-Sein« in manchen Kreisen ein Mittel zur Produktion sozialer Wertschätzung und wird deshalb in diesen Kreisen ein starker Kandidat für das situationale Ziel in Kaufsituationen sein. Natürlich hängt das Gewicht auch noch von anderen Dingen ab, wie z. B. der Menge des sozialen Guts, die das Individuum schon hat.

In dieser Perspektive ist *Sozialisierung* kein Fremdkörper, sondern ein wichtiges Verbindungsstück zwischen Kultur und rationaler Wahl. Viele soziale Produktionsfunktionen werden bewußt beigebracht. Etikette ist nur ein Beispiel. Jeder Rahmen enthält außerdem Kriterien für die Beurteilung der Zielerreichung (in unserem Beispiel gehörte zum Ziel »Ein-schlauer-Konsument-Sein« das Kriterium »niedrigster Kaufpreis«), und auch diese Kriterien können gelernt worden sein.

Soziale Normen sind situational vorgeschriebene Handlungsziele, und sie funktionieren mit Hilfe des Rahmens (siehe Lindenberg 1984a). Ohne diese Annahme des Rahmens ist die scheinbar einfache Frage, warum sich jemand an die Normen hält, schwer zu beantworten. Dies läßt sich gut am *Nebenproduktparadox sozialer Güter* zeigen: *Viele soziale Normen haben den Effekt, daß man dasjenige, was man will, nur bekommt, wenn man es nicht direkt anstrebt.*

Für eine Theorie rationaler Wahl ohne Rahmenannahme ist dies tatsächlich paradox. Zum Beispiel wird eine Richterin, die bewußt versucht, das zu maximieren, was sie wirklich will (nehmen wir an, daß es soziale Wertschätzung ist), sehr wahrscheinlich als Richterin gesehen, die eben darauf aus ist, soziale Wertschätzung zu maximieren, was wiederum die Wahrscheinlichkeit, daß sie diese Wertschätzung bekommt, stark reduziert. Von einer Richterin wird erwartet, daß sie Gerechtigkeit maximiert, das heißt, daß sie jede Handlungssituation *aufgrund dieses situationalen Ziels* definiert und mit Hilfe der Kriterien der Gerechtigkeit die verschiedenen Handlungsalternativen ordnet. Diese Anordnung der Alternativen wird wegen der Komplexität der professionellen Standards und wegen der Meinungsverschiedenheiten, die sie umgeben, anders ausfallen, wenn die Richterin statt »Gerechtigkeit« »kollegiale Anerkennung« maximiert. Und dieser Unterschied würde auffallen.[26]

Für die Wertstandardtheorie scheint das Nebenproduktparadox weniger paradox zu sein, weil man einen Wertstandard als Rahmen interpretieren kann. Wie unterscheidet sich dann die hier angebotene Lösung von Wertstandards und von Stinchcombes »Vernunft«? Ist nicht das Nebenproduktparadox mehr oder weniger eine Neuformulierung eines alten Effekts der Rollentheorie? Diese Fragen können wie folgt beantwortet werden.
Es scheint, als ob auch Parsons und Shils so etwas wie das Nebenproduktparadox annahmen. In ihrer Sprache sind auch bei ihnen physisches Wohlbefinden (»organisch begründete Bedürfnisdispositionen«) und soziale Wertschätzung (»positive, affektive Reaktion«) die beiden wichtigsten Güter, nach denen der Mensch strebt (Parsons/Shils 1951, S. 69); und soziale Wertschätzung wird von ihnen meist als Nebenprodukt der Rollenkonformität gesehen.[27] Doch entsteht hier ein theoretisches Problem, das mit dem Plastizitätsparadigma zu tun hat. In diesem Paradigma muß man psychische Energie mit Hilfe von Lernepisoden an soziale Ziele knüpfen, und dann ist es schwer, die Frage zu beantworten, warum soziale Wertschätzung selbst noch nach erfolgter Internalisierung der Rollenerwartungen überhaupt verhaltenssteuernd bleiben soll. Stinchcombe gebraucht das Knappheitsparadigma, kommt aber ebenfalls zu keiner theoretischen Lösung des Nebenproduktparadoxes. Für ihn funktioniert die »schwache Kraft« (Vernunft) nur, wenn die »starke Kraft« der persönlichen Interessen daran gehindert wird, sich einzumischen. Es gibt bei ihm keine Möglichkeit, das Nebenprodukt theoretisch mit der schwachen Kraft zu vereinen. Daher hat er keine theoretische Richtschnur, die uns angibt, unter welchen Umständen die schwache gegenüber der starken Kraft mehr oder weniger »anfällig« ist. Zum Beispiel: Warum werden Richter sich wahrscheinlich mehr (weniger) an »Vernunftstandards« halten, wenn sie gerade *dadurch* (keine) professionelle Anerkennung gewinnen können?
Im Diskriminationsmodell ist ein Rahmen *immer* mit Nebeneffekten verbunden, weil eben nur ein Ziel situational dominant sein kann. Aus diesem Grunde ist ein Rahmen anfällig. Wenn eine Richterin eine große Summe Bestechungsgeld angeboten bekommt, um dafür von ihren professionellen Standards abzuweichen, dann würde x_4 in Gleichung (3) stark mit einem negativen Vorzeichen zunehmen, wodurch β kleiner würde. Wenn nicht andere Elemente ziemlich gewichtig sind, wird β so weit abneh-

men, daß sich die Wahlwahrscheinlichkeit 0,5 nähert und der Rahmen aller Wahrscheinlichkeit nach wie im Fixierbild »umkippt« zu »das Einkommen maximieren«.[28]

7.2 Kultur, soziale Normen und die Vermeidung von Verlust

Das Diskriminationsmodell kann man auch dazu benutzen, um anzugeben, unter welchen Umständen sich Teile der Kultur ändern. Ich will dies anhand zweier Beispiele illustrieren: erstens an der Stabilität des Rahmens in der sozialen Interaktion[29] und zweitens an Veränderungen in der kulturellen Produktion von Sinn.

Wie oben schon erwähnt, sind soziale Normen situational vorgeschriebene Handlungsziele, und sie funktionieren mit Hilfe des Rahmens. Umgekehrt stabilisieren Normen das Rahmen (»framing«), da sie für jede Situation gleichbleibend ein Handlungsziel vorschreiben. Ohne Normen wird das Rahmen also viel abhängiger von Launen und wechselnden Umständen. Soziale Normen entstehen (oder werden aktiviert), wenn miteinander interagierende Individuen gern zusammenbleiben wollen (d. h. aufeinander positive Externalitäten ausüben), sich aber dennoch gerade durch dieses Zusammensein gegenseitig stören (d. h. negative Externalitäten aufeinander ausüben). Die Verhaltensnormen haben dann den Zweck, dieses Stören zu vermindern. Allem Anschein nach haben negative Externalitäten dieser Art, die (potentiell) von Kindern auf Eltern ausgeübt werden, im Laufe der Zeit in westlichen Gesellschaften abgenommen. Hierfür gibt es, wie bei allen Theorien rationaler Wahl, vor allem zwei Arten von Gründen. Einmal wird eine strikte Erziehung weniger nützlich für die Eltern, und zum andern wird sie auch noch schwieriger, das heißt, ihre Kosten erhöhen sich. Einige konkrete Gründe der ersten Art sind die folgenden. Zum ersten: Wenn Status rein askriptiv oder aber völlig selbständig erlangt ist, kann das Verhalten von Kindern den Status der Eltern nicht beeinflussen. Für diesen Einfluß ist eine Mischung von askriptivem und erworbenem Status nötig. Wenn Selbsterlangung in einer askriptiven Gesellschaft wichtiger wird, nimmt das Mischverhältnis beider Arten zu, und darum werden negative Externalitäten von Kindern auf Eltern auch zunehmen, wodurch Sozialisierung selbst zur statusbildenden Aktivität in Familien wird (siehe Elias 1939). Wenn die Wichtigkeit von zugeschriebenem Status dann nach einiger Zeit abnimmt, nehmen das Mischverhältnis und mit ihm die negativen Externalitäten ebenfalls ab. Für Eltern wird es dann wieder weniger wichtig, sicher zu sein, daß ihre Kinder genau das »Richtige« tun (den »richtigen« Beruf, den »richtigen« Partner etc. wählen), wenn sie aufwachsen. Zweitens: Mit zunehmender Bedeutung der Sozialversicherung wird es für Eltern weniger wichtig, ihre Kinder so zu erziehen, daß diese sich später um sie kümmern werden. Drittens: Mit zunehmendem Einkommen wird es immer billiger, negative Externalitäten im Hause durch die Anschaffung von Gütern anstatt durch Sozialisierungsbemühungen zu bewältigen. Wenn zum Beispiel das Wohnzimmer von vielen geteilt werden muß, ist es ohne die Bereitschaft eines jeden, sich an bestimmte Regeln zu halten, kaum auszuhalten. Wenn aber jedes Familienmitglied sein eigenes Zimmer hat, dann entstehen die negativen Externalitäten erst gar nicht und müssen darum auch nicht durch Regelverhalten bewältigt werden. Einige Gründe der zweiten Art, nämlich der steigenden Kosten, sind eng mit der ersten verknüpft. Zum einen sind Kinder weniger bereit, Regeln anzunehmen, denen sie nicht folgen müßten, wenn Eltern die Probleme auch ökonomisch (d. h. durch die Anschaffung von Gütern, wie ein größeres Haus, ein weiterer Fernseher usw.) lösen könnten. Zum andern erhalten Eltern von außen (z. B. von Besuchern, Lehrern, Nachbarn, Kirchenmitgliedern) auch weniger Unterstützung für eine strikte Erziehung, wenn die Erziehung zur Befolgung sozialer Normen weniger wichtig wird.

Die Tatsache, daß normative Rahmen des Handelns weniger als früher anerzogen werden, soll nicht heißen, daß »Kultur« nun keinen Einfluß mehr hätte. Es bedeutet vielmehr, daß Kultur mehr und mehr variable Elemente, wie Verhaltens-, Konsum- und Gesinnungsmoden, enthält. Wenn die Theorie sozialer Normen annähernd richtig ist, kann man auch vorhersagen, daß »traditionelle« Kultur wieder auftaucht (auch in der Sozialisierung), wenn negative Externalitäten für eine längere Zeit wieder zunehmen, wie zum Beispiel während einer längeren Wirtschaftskrise. Während also die Stabilität von Rahmen veränderlich ist, bleiben Rahmeneffekte als solche und damit auch Kultur von großem Einfluß.

Das nächste Beispiel zeigt, wie Rahmeneffekte mit der Produktion von Sinn verbunden sein können. Wenn man etwas aufgibt,

dann kann das dazu dienen, etwas zu erreichen; dann sind es »Kosten«. Wenn man aber damit nichts erreicht und nichts zurückbekommt, dann ist es reiner »Verlust«. Wenn, wie oben schon erwähnt, die Vermeidung von Verlust, im doppelten Sinn der Verhütung drohenden Verlusts und der Verminderung bereits entstandenen Verlusts, eines der allgemein menschlichen Ziele ist, dann wird dieses Ziel die situationale Dominanz eines Rahmens beeinflussen und, wenn der Verlust groß genug ist, selbst zum Rahmen. Dieser Effekt ist in der »Verlusthypothese« (siehe Lindenberg 1986a) zusammengefaßt:
a) *Die Wahrscheinlichkeit, daß Vermeidung von Verlust andere mögliche Rahmen in einer gegebenen Handlungssituation dominiert, wächst disproportional mit der Größe des Verlusts; und b) die Kosten, die bei der Realisierung dieses Handlungsziels gemacht werden, können höher sein als der (subjektive) Wert des Verlustes selbst.*
Nach der Preis- und SEU-Theorie sollten einmal entstandene Kosten *(sunk costs)* das Verhalten nicht mehr beeinflussen. Und doch wissen wir, daß es oft sehr schwerfällt, Verluste zu vergessen.[30] In Romanen ist dieses Thema zuweilen breit ausgemalt worden, wovon Kleists *Michael Kohlhaas* und sein heutiges Gegenstück »Coalhouse Walker« in Doctorovs *Ragtime* wohl die bekanntesten Beispiele sind. Beide ruinieren ihr Leben (und das von anderen dazu) im kompulsiven Versuch, ihr »Recht« zu bekommen, statt das ihnen zugefügte Unrecht zu vergessen.
Als Rahmeneffekte gesehen, können selbst die irrationalen Seiten des Verlustmanagements in die Theorie rationaler Wahl eingebracht werden, vor allem die Idee, daß die Kosten des Verlustmanagements viel höher als der Wert des Verlusts liegen können. Der Grund hierfür ist, daß, wenn einmal Vermeidung von Verlust der Handlungsrahmen ist, Kosten nur indirekt durch die situationale Dominanz des Rahmens einwirken können, bis sie so groß sind, daß sie einen Rahmenwechsel verursachen.
Auf dem *kollektiven Niveau* muß die Möglichkeit der Verlustvermeidung als Handlungsrahmen einen Einfluß auf die Kultur haben. Zum Beispiel wird ein vertriebenes oder entrechtetes Volk sehr wahrscheinlich die Wiedererlangung seiner alten Rechte als kulturelles Ziel aufbauen, selbst wenn das Isolierung und große Opfer bedeutet (siehe Wallace 1956).
Ein anderes Beispiel für die systematische Verbindung von Ver-

lust und kultureller Produktion hat uns Max Weber (1976) gegeben. Er hat gezeigt, wie wichtig die Theodizee des Leidens (in ihren verschiedenen Formen) dafür sein kann, dem Leiden einen Sinn zu geben, wodurch es vom reinen Verlust zum Preis der Erlösung wird. Aus demselben Grund, aus dem Weber der Religion eine wichtige Rolle für die Kulturproduktion von Sinn (also nicht notwendigerweise der Religion als Gemeinschaftskredo und -aktivität) zuschreibt, muß man annehmen, daß die kulturelle Rolle der Religion abnimmt, wenn säkular unerklärte Verluste (zum Beispiel durch Rechts-, Sicherheits- und Versicherungsinstitutionen) abnehmen. Weber hat in »Stände, Klassen und Religion« (1976) auch darauf hingewiesen, daß, je privilegierter die Lage der Händlerschaft ist, sie um so weniger Neigung zur Entwicklung einer Jenseitsreligion zeigt.

Es wird hier nicht behauptet, daß diese Dinge ohne das Diskriminationsmodell unbeachtet blieben. Was hier vielmehr behauptet wird, ist, daß das Zusammenspiel von Kultur und rationaler Wahl mit Hilfe dieses Modells auf der Basis *einer* Handlungstheorie systematisch analysiert werden kann.

8. Zusammenfassung

In diesem Essay wurde versucht, die idealistische und die materialistische Tradition dadurch miteinander zu versöhnen, daß sie in einer Handlungstheorie vereint werden. Die wichtige soziologische Einsicht, daß die Definition der Situation für das Handeln wichtig ist, schließt bei der idealistischen Tradition an. Die wichtige Einsicht aus der Ökonomie, daß relative Preise für das Handeln wichtig sind, gehört zur materialistischen Tradition. Weil zu den beiden Traditionen auch zwei verschiedene Paradigmen der Wahl (das Plastizitäts- und das Knappheitsparadigma) gehören, ist es von großem Einfluß, welches der beiden als Basis genommen wird. Integration, so wurde hier argumentiert, ist nur möglich, wenn das Knappheitsparadigma als Basis genommen wird, auf der (kulturelle) Lerneffekte, wie das Rahmen, als Einschränkungen der Rationalität theoretisch eingebracht werden.

Die Wertstandardtheorie von Parsons und Shils ist als der anspruchsvollste Versuch einer umfassenden Handlungstheorie auf idealistischer Grundlage präsentiert worden. Sie wurde mit der

Theorie des subjektiv erwarteten Nutzens auf materialistischer Grundlage konfrontiert. Stinchcombes Versuch, die beiden zu vereinen, zeigte zwar wichtige institutionelle Aspekte rationalen Verhaltens auf, konnte jedoch nicht die beiden Traditionen auf einer verhaltenstheoretischen Grundlage integrieren.

Eine verhaltenstheoretische Integration wurde explizit von Kahneman und Tversky mit ihrer Prospekttheorie versucht. Diese Theorie ließ jedoch zuviel Spielraum für idiosynkratische Situationsdefinitionen, wodurch sie für sozialwissenschaftliche Ziele weniger geeignet ist. Als Alternative hierzu wurde das Diskriminationsmodell vorgestellt. Bei diesem Modell geht man davon aus, daß das Individuum in einer Handlungssituation nur ein einziges Ziel verfolgen kann. Ein »Rahmen« besteht aus einem situationalen Ziel und den Zielkriterien, d. h. den Kriterien, welche die Resultate nach dem Grad der Zielerreichung ordnen. Dieses Ziel wirkt wie eine Brille, durch welche die Situation gesehen wird. Je dominanter das Ziel ist, desto schärfer wird zwischen den Alternativen diskriminiert, und desto wahrscheinlicher wird die (in diesem Rahmen) meist belohnende Alternative gewählt. Diese Dominanz wird ihrerseits durch untergeordnete Ziele beeinflußt, die im Moment jedenfalls zu schwach sind, um selbst als Handlungsrahmen aufzutreten.

Mit dieser Handlungstheorie und unter der Annahme, daß es Güter (wie soziale Wertschätzung, physisches Wohlbefinden und die Vermeidung von Verlust) gibt, die allgemein angestrebt werden, sind Individuen vor allem als Produzenten dieser Güter und Kultur vor allem als die Sammlung der Instrumente für diese Produktion zu sehen. Mit anderen Worten, Kultur reichert die Handlungsrahmen an, die systematisch mit der rationalen Produktion der allgemeinen Güter verbunden sind. So sind an der verhaltenstheoretischen Basis rationale Wahl und Kultur eng miteinander verschlungen.

Das Modell kann auch einiges Licht auf die Produktion kultureller Elemente selbst werfen. In diesem Aufsatz ist dies mit den Beispielen der zurücklaufenden Bedeutung sozialer Normen und der Abhängigkeit der Rolle der Religion von der materiellen Basis menschlicher Interaktion illustriert worden.

Man kann also zu dem Schluß kommen, daß es möglich ist, die idealistische und die materialistische Tradition verhaltenstheoretisch miteinander zu verbinden. Ob die Form dieser Verbindung, die hier angetragen wurde, das Licht der genauen Kritik ertragen kann und ob sie neue und fruchtbare Wege der Analyse öffnet, muß sich in der Zukunft zeigen.

Anmerkungen

1 Ich möchte Bruno Frey und Hartmut Kliemt für anregende Diskussionen zu diesem Thema danken. Mein besonderer Dank geht an J. Braspenning, die die Prospekttheorie und das Diskriminationsmodell in einer Reihe von Experimenten miteinander konfrontiert hat. Ihre Ergebnisse (siehe Braspenning 1990) haben mich sehr ermutigt.

2 Die Hartnäckigkeit, mit der die Heuristik der idealistischen Position, entgegen allen Beteuerungen über die Wichtigkeit »ökonomischer Faktoren«, an ernstzunehmender ökonomischer Analyse vorbeistrebt, ist gut am Beispiel von Eisenstadts Besprechung eines idealistischen Forschungsprogramms zu sehen (Eisenstadt 1986). Auch Luke (1985) ist ein extremes Beispiel dieser Art.
Auf der anderen Seite sind die neueren Beiträge des ökonomischen Historikers North (1981) lehrreich. North insistiert darauf, daß Ökonomen bisher die Rolle der Ideologie vernachlässigt haben. Er sagt: »ökonomischer Wandel hat sich nicht nur, wie das neoklassische Modell nahelegt, unter dem Einfluß *veränderter relativer Preise* vollzogen, sondern auch durch die Entwicklung *ideologischer Perspektiven*, die Individuen und Gruppen zu unterschiedlichen Auffassungen von der Fairneß ihrer Situation und folglich auch zu entsprechend unterschiedlichem Handeln gebracht haben« (ibid., S. 58, Hervorhebung von mir). Doch aller Rhetorik zum Trotz bietet er keine seriöse Analyse der Entwicklung, Aufrechterhaltung und Wirkung von Ideologien.

3 Im Gegensatz zur neoklassischen Preistheorie erlaubt die SEU-Theorie wenigstens die explizite Modellierung von Unsicherheit und damit auch den Blick auf soziale und psychologische Einflüsse auf den Umgang mit Unsicherheit. Aus diesem Grund wird hier die SEU- und nicht die Preistheorie diskutiert.

4 Was ich die »Parsons-Shils-Lösung« genannt habe, ist zum großen Teil schon im Werk von Parsons vor 1951 zu finden. Aber weder vor noch nach seiner Zusammenarbeit mit Shils hat Parsons seine Theorie so explizit ausgearbeitet. Darum schien es gerechtfertigt, von der Parsons-Shils-Lösung zu sprechen.

5 Diese Auffassung wird durch Neo-Parsonianer bestätigt, vor allem für Parsons' eigene Entwicklung einer Handlungstheorie bis 1978 (vgl. Alexander 1978; Münch 1981, 1982). In diesem Aufsatz vertrete ich

die Ansicht, daß Parsons sich nach der Zusammenarbeit mit Shils zusehends mehr in eine idealistische Richtung entwickelt hat, und ich schreibe dies der Tatsache zu, daß relative Preise nie eine systematische Rolle in Parsons' Handlungstheorie gespielt haben.

6 Die Autoren gebrauchen den Ausdruck »Kathexis« (mit dem in der angelsächsischen Welt der Freudsche Begriff »Besetzung« wiedergegeben wird), um die Bindung an oder Ablehnung von Objekten und damit das Einengen der Energie in eine bestimmte Richtung anzudeuten.

7 Wenn Ego mit einem oder mehreren anderen Individuen (sozialen Objekten) konfrontiert ist, muß er sich in dieser Phase entscheiden, a) ob er sich bei diesem sozialen Objekt auf kategorische (»zugeschriebene«) oder auf Leistungsaspekte konzentrieren soll; b) ob er sich bei diesem sozialen Objekt an diffusen oder an spezifischen Eigenschaften orientieren soll. Diese zwei Entscheidungen und die ihr vorgeschobene Entscheidung, ob überhaupt evaluiert werden soll, sind drei der fünf »Orientierungsalternativen« *(pattern variables)*, die die Handlungssituation strukturieren (in Anmerkung 9 findet man die anderen zwei).

8 Wie sie selbst sagen, entspricht diese Wahl Freuds Unterscheidung zwischen Es und Ich (ibid., S. 85).

9 Dieser Prozeß wird durch zwei Orientierungsalternativen gesteuert: man muß sich entscheiden, ob man moralische (»gemeinschaftsorientierte«) oder nicht-moralische (»Ich-orientierte«) Standards anwendet; und man muß sich entscheiden, ob man objektive (»universalistische«) oder subjektive (»partikularistische«) Standards gebraucht.

10 Münch macht viel Aufhebens von Parsons' Begriff »Interpenetration«. Die Verflechtung von Regelwahl und der Wahl von Handlungsalternativen kann so gesehen werden, daß sie »Interpenetration der Subsysteme« zuläßt. Aber wie wir sehen werden, ist für Parsons und Shils die Wahl der Handlungsalternativen nichts anderes als das Resultat der Regelanwendung selbst. Hier zeigt sich wieder, daß die augenscheinliche Integration zweier wichtiger Aspekte beim näheren Hinsehen verschwindet.

11 Dies kann gut anhand seines veränderten Urteils über Durkheims Werk illustriert werden. Während er 1937 Durkheim kritisierte, weil er Handlung als zentrales Thema zugunsten der idealistischen Position aufgegeben habe, behauptete er gegen Ende seines Lebens, daß Durkheim genau dadurch Fortschritte erzielt habe, daß er die idealistische Position einnahm (siehe Parsons 1937, S. 445 f. gegen Parsons 1978, S. 213 ff.; siehe auch Anmerkung 5 oben).

12 Für eine genauere Beschreibung der Feinheiten des Begriffs »Wahl« siehe Buchanan (1969). Er behandelt aber nicht den Unterschied der zwei Paradigmen der Wahl.

13 Warum diese starke Vereinfachung den Modellbau in der Ökonomie künftig wahrscheinlich nicht im selben Grade weiter beeinflussen wird, habe ich in Lindenberg (1985) diskutiert.

14 Simons Theorie der begrenzten Rationalität war wahrscheinlich die erste konstruktive Revision der neoklassischen Theorie rationaler Wahl und der SEU-Theorie, und seine »Satisficing«-Theorie ist vielleicht die bekannteste alternative Theorie. Aber wie Simon selbst (1985, S. 295) feststellt: Wir sind in den letzten dreißig Jahren weit vorangekommen und haben verschiedene neue Alternativen entwikkelt. Kahnemans und Tverskys Prospekttheorie ist eine solche Alternative und, im Urteil solcher Experten wie Einhorn und Hogarth, »der erste *umfassende* Versuch einer alternativen Formulierung« (Einhorn/Hogarth 1982, S. 34, Hervorhebung von mir).

15 Der Ausdruck »Rahmen« *(frame)* bezieht sich auf viele verschiedene Dinge: Bilderrahmen, Bezugsrahmen, Rahmengesetz, aus dem Rahmen fallen, den Rahmen sprengen etc. Aber immer bezieht sich dieser Ausdruck auf »Abgrenzung«. Im psychologischen Sinne deutet der Ausdruck auf die Art, wie die Erfahrung einer Situation organisiert ist, auf die »Definition der Situation«. »Bezugsrahmen«, »Heuristik«, »Haltung« drücken ähnliche Dinge aus. Bateson (1955) war wahrscheinlich der erste, der »Rahmen« als technischen Ausdruck in dieser Weise benutzte. Goffman (1977) und Minsky (1975) haben den Begriff weiter ausgearbeitet.

16 Eine vollständigere Liste der Annahmen und eine gründliche Kritik und Würdigung der Prospekttheorie findet sich in Lindenberg (1986a).

17 Kahneman und Tversky meinen, daß die minimale Bilanz manchmal einer offenen Bilanz Platz macht, in der z. B. Verluste aus einer früheren Handlungssituation noch eine Rolle spielen. Das berühmt gewordene Beispiel hierfür ist das folgende Experiment: Man bittet Sie, sich vorzustellen, daß Sie sich entschlossen haben, ins Theater zu gehen, wo eine Karte zehn Dollar kostet. Gerade als Sie das Theater betreten, fällt Ihnen auf, daß Sie einen Zehn-Dollar-Schein verloren haben. Frage: Würden Sie doch noch eine Theaterkarte kaufen? 88% der Versuchspersonen sagten »ja«. Nun zum Kontrast. Genau wie zuvor, nur haben Sie diesmal die Karte schon vorher gekauft. Gerade als Sie das Theater betreten, fällt Ihnen auf, daß Sie die Karte verloren haben. Frage: Würden Sie noch einmal zehn Dollar für eine neue Karte ausgeben? Jetzt antworten 54% mit »nein«.
Im ersten Fall sind die zehn Dollar nicht mit der Theaterkarte verbunden, während im zweiten Fall der Verlust der Karte immer noch die neue Handlungssituation bestimmte. Der Wert der verlorenen Karte wurde zum Preis der neuen Karte dazugerechnet, und zwanzig Dollar fanden viele Versuchspersonen zu teuer.

18 An den Extremen ist die Funktion nicht eindeutig. Resultate mit sehr kleinen Entscheidungsgewichten können entweder überschätzt oder aber als unmöglich abgetan werden. Am anderen Ende der Funktion kann das Gewicht entweder unterschätzt oder als so gut wie sicher eingeschätzt werden. Der Übergang von absoluter Sicherheit zur »Wahrscheinlichkeit« kann in jedem Fall zu erheblichen Einschätzungssprüngen (Kategorieeffekten) führen.

19 Ich will hiermit nicht sagen, daß diese Theorie überhaupt nicht in den Sozialwissenschaften gebraucht werden kann. Thaler (1980) zeigt einige phantasievolle Anwendungen der Prospekttheorie auf die Erklärung von Konsumverhalten. Am anderen Ende des Spektrums steht eine reine Restriktionstheorie, wie z. B. die von Frey und Foppa (1986).

20 Die anderen drei Kriterien einer fruchtbaren Verhaltenstheorie in den Sozialwissenschaften sind: a) sie muß es erlauben, daß man Brückenannahmen formuliert, die psychologische (und physiologische) Theorien mit den Parametern der Verhaltenstheorie verbinden; b) sie muß es erlauben, daß wir unsere Unwissenheit explizit ausdrücken (Methode der abnehmenden Abstraktion); c) sie muß als Theorie des Handelns (einschließlich der menschlichen Erfindungskraft) bestätigt sein.

21 Für Vorschläge zu einigen psychologischen Aspekten des Vergleichs, wie z. B. die Form der angenommenen Nutzenfunktion für Gewinne und Verluste, siehe Lindenberg (1986a).

22 Der Ausdruck bedeutet hier also technisch etwas anderes als bei der Prospekttheorie.

23 Den Unterschied von situationaler Dominanz und Grenznutzen kann man sich wie folgt vorstellen:
Normalerweise gibt der Grenznutzen den Nutzen der nächsten Einheit eines Gutes an. Dieser ist je nach Quantität, die man schon hat, unterschiedlich. Es gibt aber auch Aspekte, die den Wert *jeder* Einheit eines Gutes (also auch den der nächsten Einheit) vergrößern oder verkleinern, unabhängig von der bereits vorhandenen Quantität. Wenn ich zum Beispiel in einem Dorf, das neulich von einer Katastrophe heimgesucht wurde, Geschäfte machen will, dann ist mir vielleicht Geld überhaupt (relativ zu anderen Dingen) weniger wert. Um diese zwei Arten auseinander zu halten, nenne ich die letztere »situationale Dominanz« *(salience)*. Formal ausgedrückt: wenn $U(g) = \beta g^{\alpha}$, dann $\delta U(g)/\delta g = \beta \alpha g^{(\alpha-1)}$; der Dominanzparameter ist β, während der »gebräuchliche« Grenznutzenparameter α ist (natürlich kann man β wiederum in einen Dominanzparameter und in einen einfachen Skalierungsparameter zerlegen). Wenn Leute mehr von einem Gut besitzen, dann könnte ihr β für das Gut abnehmen, während α gleichbliebe. Diesen Unterschied kann man in der Preis- und SEU-Theorie nicht machen, da in beiden β willkürlich ist.

24 Diese drei Ziele sind je als Gruppen von Zielen gedacht. Soziale Wertschätzung könnte man zum Beispiel in Status (relative Rangordnung), Verhaltensbestätigung und Affekt (siehe Lindenberg 1984b) und physisches Wohlbefinden könnte man in physischen und ästhetischen Genuß zerlegen (siehe Wippler 1986).

25 Produktionsfunktionen spezifizieren Art und Menge der Eingabe, die zur Produktion einer Einheit einer bestimmten Ausgabe nötig ist. In der Ökonomie gibt eine typische Produktionsfunktion die nötige Menge Arbeit und Kapital für eine willkürliche Menge eines Gutes an. Ich spreche von »sozialer Produktionsfunktion«, um damit anzugeben, daß ihre Ausgabe (soziale Wertschätzung oder physisches Wohlbefinden) soziale Produkte sind und daß sie selbst sozial bestimmt ist.

26 Akerlof (1983) behauptet, daß Eltern ihren Kindern beibringen, ehrlich zu sein, obwohl es genügte, ehrlich zu scheinen, weil »ehrlich scheinen« am leichtesten durch »ehrlich sein« erreicht wird. Es entsteht hier allerdings für eine Theorie der rationalen Wahl das Problem, daß »ehrlich sein« auch bedeutet, daß man sich auch da, wo es keine Strafen gibt, an die Regeln hält. Akerlof hat hierfür keine Lösung und verweist auf soziologische und psychologische Beispiele, in denen angelernte Züge schwierig zu verlernen sind, auch wenn sie »dysfunktional« sind. Durch eine Rahmentheorie läßt sich das Problem jedoch lösen.

27 In einem Artikel über den Vergleich von Professionen mit der Welt des Handelns kommt Parsons (1939) sehr nahe an die Anwendung des Nebenproduktparadoxes. Dort gibt er explizit an, daß die wesentlichen Ziele in beiden Kreisen dieselben, aber die vorgeschriebenen Situationsdefinitionen (d. h. die normativen Rahmen) verschieden sind.

28 Diese Beziehung zwischen Rahmen und Dominanz wirft auch einiges Licht auf ein Problem der Prospekttheorie: Wann ist eine Bilanz minimal und wann ist sie offen (siehe 5.2 oben)? Wegen des Rahmens ist die Situation immer nur durch ein Ziel bestimmt, wodurch sie scheinbar einer minimalen Bilanz gleichkommt. Aber die Dominanz dieses Ziels hängt von den Gewichten anderer Faktoren ab, die sogar einen Rahmenwechsel verursachen können, wodurch scheinbar eine offene Bilanz entsteht.

29 Den folgenden Gedankengang habe ich an anderer Stelle ausgeführt (Lindenberg 1984b, 1986c). Im Moment wird ein großer Teil dieser Argumente durch den Autor mit seinem Mitarbeiter Cees van Liere in einem Projekt empirisch überprüft.

30 Siehe Thaler (1980).

Literatur

Akerlof, G. A., »Loyalty Filters«, in: *American Economic Review* 73 (1983), S. 54-63.

Alexander, J. C., »Formal and Substantive Voluntarism in the Work of Talcott Parsons: A Theoretical and Ideological Reinterpretation«, in: *American Sociological Review* 41 (1978), S. 177-198.

Bateson, G., »A Theory of Play and Phantasy«, in: *Psychiatric Research Reports* 2 (1955), S. 39-51.

Braspenning, J., *Framing: een kritische vergelijking van de prospecttheorie en het discriminatie model*, Groningen 1990 (im Erscheinen).

Buchanan, J. M., *Cost and Choice*, Chicago 1969.

Downs, A., *Inside Bureaucracy*, Boston 1967.

Einhorn, H. J./R. M. Hogarth, »Behavioral Decision Theory: Processes of Judgement and Choice«, in: Ungson, G. R./D. N. Braunstein, *Decision Making: An Interdisciplinary Inquiry*, Boston 1982, S. 15-41.

Einhorn, H. J./R. M. Hogarth, »Ambiguity and Uncertainty in Probabilistic Inference«, in: *Psychological Review* 92/4 (1985), S. 433-461.

Eisenstadt, S. N., *A Sociological Approach to Comparative Civilizations: The Development and Directions of a Research Program*, Jerusalem 1986.

Elias, N., *Über den Prozeß der Zivilisation*, Basel 1939.

Fischhoff, B., »Predicting Frames«, in: *Journal of Experimental Psychology: Learning, Memory, and Cognition* 9/1 (1983), S. 103-116.

Frey, B. S./K. Foppa, »Human Behavior: Possibilities Explain Action«, in: *Journal of Economic Psychology* 7 (1986), S. 137-160.

Goffman, E., *Rahmen-Analyse. Ein Versuch über die Organisation von Alltagserfahrung*, Frankfurt 1977.

Harris, M., *Cultural Materialism: The Struggle for a Science of Culture*, New York 1979.

Hirschman, A. O., »Around ›Exit, Voice, and Loyalty‹«, in: A. O. Hirschman, *Essays in Trespassing*, Cambridge 1981, S. 209-284.

Kahneman, D./A. Tversky, »Prospect Theory: An Analysis of Decision Under Risk«, in: *Econometrica* 47/2 (1979), S. 263-291.

Kahneman, D./A. Tversky, »Choice, Values, and Frames«, in: *American Psychologist* 39/4 (1984), S. 342-350.

Lévi-Strauss, C., *Strukturale Anthropologie*, Frankfurt 1967.

Lindenberg, S., »Rational Repetitive Choice: The Discrimination Model Versus the Camilleri-Berger Model«, in: *Social Psychology Quarterly* 44 (1981), S. 312-330.

Lindenberg, S., »Utility and Morality«, in: *Kyklos* 36/3 (1983), S. 450-468.

Lindenberg, S., »Preference Versus Constraints«, in: *Journal of Institutional and Theoretical Economics (ZgS)* 140 (1984a), S. 96-103.

Lindenberg, S., »Normen und die Allokation sozialer Wertschätzung«, in: H. Todt (Hg.), *Normgeleitetes Verhalten in den Sozialwissenschaften*, Berlin 1984b, S. 169-191.

Lindenberg, S., »An Assessment of the New Political Economy: Its Potential for the Social Sciences and for Sociology in Particular«, in: *Sociological Theory* 3/1 (1985a), S. 99-114.

Lindenberg, S., »Die Verteilung gemeinsamer Güter: wer bekommt welchen Anteil?«, in: Büschges, G./W. Raub (Hg.), *Soziale Bedingungen, Individuelles Handeln, Soziale Konsequenzen*, Frankfurt/Bern/New York 1985b, S. 83-114.

Lindenberg, S., »Rational Choice and Framing: The Situational Selection of Utility Arguments«, Vortrag für das »Rational Choice Group Meeting« beim »XI. World Congress of Sociology«, New Delhi, 22. August 1986a.

Lindenberg, S., »The Paradox of Privatization in Consumption«, in: Diekmann, A./P. Mitter (Hg.), *Paradoxial Effects of Social Behavior. Essays in Honor of Anatol Rapoport*, Heidelberg/Wien 1986b.

Lindenberg, S., »Individual Economic Ignorance Versus Social Production Functions and Precarious Enlightenment«, in: *Journal of Institutional and Theoretical Economics (ZgS)* 142 (1986c), S. 20-26.

Lindenberg, S., »Social Production Functions, Deficits, and Social Revolutions: pre-revolutionary France and Russia«, in: *Rationality and Society* 1 (1989), S. 51-77.

Luke, T. W., *Ideology and Soviet Industrialization*, Westport, Conn. 1985.

Minsky, M., »A Framework for Representing Knowledge«, in: P. H. Winston (Hg.), *Psychology of Computer Vision*, New York 1975.

Münch, R., »Talcott Parsons and the Theory of Action. I. The Structure of the Kantian Core«, in: *American Journal of Sociology* 86 (1981), S. 709-739.

Münch, R., »Talcott Parsons and the Theory of Action. II. The Continuity of the Development«, in: *American Journal of Sociology* 87 (1982), S. 771-826.

Niskanen, W. A., Jr., *Bureaucracy and Representative Government*, Chicago 1971.

North, D., *Structure and Change in Economic History*, New York 1981.

Parsons, T., *The Structure of Social Action*, New York 1937.

Parsons, T., »The Professions and Social Structure«, in: T. Parsons, *Essays in Sociological Theory*, überarbeitete Auflage, Glencoe 1939.

Parsons, T., »The Point of View of the Author«, in: M. Black (Hg.), *The Social Theories of Talcott Parsons*, Englewood Cliffs 1961, S. 311-363.

Parsons, T., »Durkheim on Religion Revisited: Another Look at The Elementary Form of Religious Life«, in: T. Parsons, *Action Theory and the Human Condition*, New York 1978.

Parsons, T./E. Shils, »Values, Motives, and Systems of Action«, in: T. Par-

sons/E. Shils (Hg.), *Toward a General Theory of Action*, Cambridge, Mass. 1951.
Schaar, J. H., *Loyalty in America*, Berkeley 1957.
Simon, H., »Human Nature in Politics: The Dialogue of Psychology with Political Science«, in: *American Political Science Review* 79 (1985), S. 293-304.
Stigler, G./G. Becker, »De gustibus non est disputandum«, in: *American Economics Review* 67 (1977), S. 76-90.
Stinchcombe, A., »Reason and Rationality«, in: *Sociological Theory* 4/2 (1986), S. 151-166.
Thaler, R., »Toward a Positive Theory of Consumer Choice«, in: *Journal of Economic Behavior and Organization* 1 (1980), S. 39-60.
Toland, Anne/P. O'Neill, »A Test of Prospect Theory«, in: *Journal of Economic Behavior and Organization* 4 (1983), S. 43-56.
Tullock, G., *The Politics of Bureaucracy*, Washington D. C. 1965.
Tumin, M., »In Dispraise of Loyalty«, in: *Social Problems* 15/3 (1968), S. 267-279.
Tversky, A./D. Kahneman, »The Framing of Decisions and the Psychology of Choice«, in: *Science* 211 (1981), S. 453-458.
Udy, S. J., Jr., »Bureaucracy and Rationality in Weber's Organization Theory«, in: *American Sociological Review* 24 (1959), S. 791-795.
Ungson, G. R./D. N. Braunstein, *Decision Making: An Interdisciplinary Inquiry*, Boston 1982.
Wallace, A., »Revitalization Movements«, in: *American Anthropologist* 58 (1956), S. 262-281.
Weber, M., *Wirtschaft und Gesellschaft* (Studienausgabe), Tübingen 1976.
Williamson, O. E., *The Economics of Discretionary Behavior*, Englewood Cliffs 1964.
Wippler, R., »Kulturelle Ressourcen, gesellschaftlicher Erfolg und Lebensqualität«, in: B. Giesen/H. Haferkamp (Hg.), *Theorien sozialer Ungleichheit*, Opladen 1985.
Wright, G. (Hg.), *Behavioral Decision Making*, New York/London 1985.

Luciano Gallino
Das Wechselspiel von Kultur und Sozialstruktur im Geist
Der soziale Akteur als verwirrter Entscheidungsträger[1]

In einem großen Teil der aktuellen sozialwissenschaftlichen Literatur werden Kultur und Sozialstruktur so behandelt, als könnten sie unmittelbar interagieren, ohne daß es irgendeine Entität gibt, das etwas für sie, mit ihnen oder zwischen ihnen tut. Kultur errichtet Symbole und Normen, die zuweilen die Struktur widerspiegeln, manchmal zu ihrer Gestaltung beitragen – je nachdem, welcher Denkrichtung man angehört; Sozialstruktur ruft Bedürfnisse und Interessen hervor, setzt Normen durch und verteilt Lebenschancen; daraus ergibt sich dann irgendwie Verhalten. Diese Vorgehensweise ist offenbar in der theoretischen Annahme begründet, daß nur das, was *zwischen* Menschen vor sich geht, für die Sozialwissenschaft von Interesse ist. Diese Annahme wurde vor längerer Zeit von Radcliffe-Brown am deutlichsten dargelegt:

»Kein noch so großer Aufwand an Forschung kann die Merkmale von Gesellschaft durch den schlichten Verweis auf die Natur der Menschen erklären; eine Untersuchung von Menschen, die *eine bestimmte Ordnung bilden*, vermag das dagegen sehr wohl. Der Sozialwissenschaftler untersucht die strukturelle Anordnung der Einheiten und sieht die innere Struktur der Einheiten als gegeben an« (Radcliffe-Brown 1957, S. 49).

Wir wissen natürlich, daß es auch einige Zweige der Sozialwissenschaft gegeben hat, die »die innere Struktur der Einheiten« nicht wirklich als gegeben ansahen. Bekannt davon sind die – heutzutage praktisch ausgestorbenen – Zweige, die sich in fortwährendem Austausch mit verschiedenen Schulen psychoanalytischen Denkens befanden. Dies fiel hauptsächlich in die Zeit zwischen den dreißiger Jahren, als einige bedeutende Vertreter des Frankfurter Instituts für Sozialforschung in die Vereinigten Staaten auswanderten, und den späten sechziger Jahren, als das Interesse für die Mittel und Wege, deren sich der Kapitalismus bedient, um die Seele der Menschen zu manipulieren (das war die Sprache des

Zeitgeistes), seinen Höhepunkt erreichte – um dann ein paar Jahre später wieder deutlich nachzulassen. Heute wird die Psychoanalyse von den meisten Sozialwissenschaftlern für nutzlos oder sogar für gefährlich gehalten, möglicherweise mehr wegen ihrer angenommenen Verbindung mit der Politik der Geschlechter als aufgrund ihrer Zwangsvorstellung von der Sexualität. Das bedeutet leider auch, daß wir als Sozialwissenschaftler ein allgemeines Modell der »inneren Struktur der Einheiten« nicht mehr oder noch nicht haben. Und das ungeachtet eines bohrenden Verdachts, daß die Erklärung von Verhalten nicht auf nur eine Art Privatdialog zwischen Kultur und Sozialstruktur reduziert oder, wenn man so will, aufgebläht werden kann.

Dies sind einige der Überlegungen, die den Autor angeregt haben, seit einigen Jahren ein weiteres Modell eines sozialen Akteurs zu entwickeln, dessen Bezeichnung Ego, nicht jedoch dessen Substanz, eingestandenermaßen eine Reminiszenz an Parsons ist. In diesem Modell hat der soziale Akteur einen sozialen Geist, der etwas lose in einem sozialen Gehirn verwurzelt ist. Sowohl das Gehirn als auch der Geist sind dadurch im doppelten Sinne sozial. Zunächst deshalb, weil sie aus mehreren interagierenden Einheiten zusammengesetzt sind und somit eine Art föderatives System – nach der von Gazzaniga verwendeten Metapher – bilden. Zweitens, weil sich innerhalb jeder Einheit mehrere soziale Entitäten »interniert« finden lassen, d. h. repräsentiert durch verschiedene Arten von geistigen Modellen, von denen einige aus Vorstellungen, einige aus Aussageketten oder aus subkognitiven Prozessen bestehen.

Nach einer eingehenden Sichtung der neurowissenschaftlichen Literatur ist das Submodell des Gehirns hier fast vollständig von MacLean (1973) übernommen worden. Wie an anderer Stelle (Gallino 1987a, Kap. 5) ausgeführt wurde, stellt das von MacLean entwickelte Modell des dreieinigen Gehirns [*triune brain*] – soweit der Verfasser weiß – die beste derzeit verfügbare Verkoppelung zwischen einer großen Menge von neurologischen Einheiten, Subsystemen und Programmen, die durch die Evolution des menschlichen Gehirns geschaffen wurden, und den funktionalen und zielorientierten Subsystemen dar, bei denen es sich ebenfalls um Rechenprogramme [*computational programs*] handelt und die, durch das Ego-Modell definiert, im Geist des sozialen Akteurs zusammenarbeiten.

Dies würde auch erklären, warum ein Sozialwissenschaftler, der sich seinen Weg hin zu einem Modell des sozialen Akteurs bahnt, sich überhaupt um derartige verborgene biologische Dinge Gedanken machen sollte. Die Strukturen des Gehirns dienen nicht nur als wirkungsvolle Regulatoren des Verhaltens, meist durch die Kontrolle des Emotionsflusses. Sie enthalten auch Programmstrukturen, in denen kulturelle Anweisungen ihren angemessenen Ort finden; sie liefern sogar biologische Anweisungen, um die angemessenen Orte in Verhaltensprogramme einzusetzen, deren Struktur meist kulturellen Ursprungs ist. Wenn soziales Verhalten in gewisser Hinsicht am besten als das biokulturelle evolutionäre Ergebnis eines Programms begriffen werden kann (Dawkins 1976), kann der Sozialbehaviorist nicht umhin zu versuchen, sowohl die Struktur des Programms als auch seine ständig wechselnden Anweisungen zu verstehen. In der ersteren wie in den letzteren sind Biologie und Kultur eng miteinander verwoben.

Das oben zitierte Modell des dreieinigen Gehirns kann zutreffend als ein soziales Gehirn bezeichnet werden, denn jedes der Gehirne, die durch Evolution im Gehirn des modernen Menschen gebildet wurden, arbeitet – obgleich sehr oft konfligierend – mit den beiden anderen zusammen. In eine derartige Zusammenarbeit geht jedes Gehirn mit seiner eigenen Intelligenz, seinem eigenen Gedächtnis und seinen eigenen Verhaltensplänen hinein. Die Bezeichnung »soziales Gehirn« darf jedoch nicht so verstanden werden, als implizierte sie eine einfache Verkoppelung zwischen dem Modell MacLeans und dem Modell Gazzanigas (wie in Gazzaniga 1985 dargelegt): wenn es eine gibt, ist sie ziemlich schwach.

Aber das Gehirn und der Geist von Ego sind in einem anderen, äußerst strengen und selbst wiederum komplexen Sinne sozial. Sie sind in erster Linie wegen der Masse der Repräsentationen sozialer Entitäten oder Objekte, die sie durchströmen, sozial: Bezugsgruppen, biologische und kulturelle Verwandtschaften, alle Arten von Objekten der Identifikation und/oder der affektiven Besetzung. Die meisten Repräsentationen sind kulturellen Ursprungs; einige sind private Konstruktionen. Außerdem sind sie – das Gehirn und der Geist – insofern sozial, als sie für ihre internen Leistungen, wie z. B. das Darstellen von Situationen und ihre Interpretation mittels Rahmen, die Auseinandersetzung mit emotionalen Zuständen und die Erzeugung von Verhaltensplänen, gewöhnlich eine große Menge kultureller Definitionen verwenden. Unter den letztgenannten wird, wenn nötig, eine kontingente Wahl unter dem Einfluß von sowohl strukturellen als auch kontingenten sozialen (positiven und negativen) Belohnungen getroffen. Danach erweist sich das Wechselspiel von Kultur und Sozialstruktur im Bereich der »inneren Struktur der Einheiten« als sehr viel enger und verflochtener, als das von verschiedenen Paradigmata, die in der Sozialwissenschaft einen »normalen« Status haben, gewöhnlich zugestanden wird.

Nun sollten wir uns ansehen, wie Ego in seinen eigenen Entscheidungsprozeß verstrickt wird. Diesem Modell zufolge verfolgt soziales Handeln, selbst soziales Alltagshandeln – von außen betrachtet auf der Ebene, welche die Sozialstruktur betrifft – immer *ein einziges* höchstes Ziel: seinen Träger, Ego, so lange *und/oder* so weitgehend wie möglich überleben zu lassen, in Zeit und Raum, in welcher Form oder *Kombination von Formen* es auch zufällig machbar und/oder günstig ist, sei es körperlich oder symbolisch, hardwaremäßig oder softwaremäßig. Ein Weg ist dabei der, als physischer Körper zu überleben; ein anderer, als eine symbolische Struktur im Gedächtnis anderer Menschen oder Gottes weiterzuleben; eine dritte Möglichkeit wäre die Fortexistenz durch biologische Verwandtschaften; eine letztere könnte darin bestehen, vermittels *kultureller* Verwandtschaften oder Verwandter zu überleben.

In einer idealen Welt könnte man hoffen, ewig zu leben, als ein Körper und eine Seele, in der größten und durch die größte Zahl biologischer und kultureller Verwandter. Aber Ego ist ein weltlicher Entscheidungsträger, der sich der scharfen Grenzen wohl bewußt ist, in die sein Handeln von der Realität eingezwängt wird. Daher versucht es fortwährend, eine akzeptable (»satisficing« im Sinne Simons) *gemeinsame* Optimierung des Überlebensziels zu erreichen, die für alle seine Bezugsobjekte gilt, namentlich für den Körper, das Orientierungssystem (wiederum eine Anspielung auf Parsons), die biologischen Verwandten und die kulturellen Verwandten.

Die wichtigste, das Modell stützende (d. h. von ihm hergeleitete) Hypothese kann daher folgendermaßen formuliert werden:

Wenn Ego mit einer Anfangssituation (der Von-Situation) und einer oder mehreren Endsituationen (der/den Zu-Situation[en]) konfrontiert wird, in die es sich selbst versetzen oder in denen es verweilen kann, indem es eine bestimmte Handlung oder Handlungsrichtung wählt, wird es immer die Handlung und somit die Situation wählen, von der es erwartet, daß sie die Summe des Zeit-Raumes des Überlebens all seiner Bezugsobjekte – die Grenzen seiner kontingenten Ressourcen vorausgesetzt – global maximiert.

Dosen positiver Beiträge zum Überleben eines bestimmten Bezugsobjektes, die Ego von seiner Handlung erwartet, können somit gegen vergleichbare Dosen negativer Beiträge zum Überleben eines anderen Bezugsobjekts oder anderer Bezugsobjekte ausgetauscht werden. Als Körper zu sterben, um als Symbol zu leben (oder umgekehrt); zwischen seiner eigenen (physischen oder psychischen) Gesundheit und der seiner eigenen (biologischen oder kulturellen) Verwandtschaft wählen zu müssen: dies sind nicht nur Anweisungen für potentielle Märtyrer. Es sind alltägliche Dilemmata, die sich (obgleich sie glücklicherweise meistens in leichteren Varianten auftreten) selbst den alltäglichsten sozialen Handlungen stellen. Wie von nur einer Handvoll Autoren (z. B. von Margolis 1982) bemerkt worden ist, nehmen solche Dilemmata in den meisten gegenwärtigen Theorien des Handelns erstaunlicherweise wenig Raum ein (vgl. aber Elster 1986).
Selbst wenn globales Überleben, Überleben im weitesten Sinne, als Körper oder als Symbol, durch sich selbst oder durch andere, ein monolithisches Ziel wäre, hätte Ego bereits Mühe, den Entscheidungsprozeß zu bewältigen. Es gibt jedoch weitere Komplikationen. Denn Überleben ist in Wirklichkeit ein Bündel verschiedener, obgleich miteinander verbundener höchster Ziele. Es gibt, um damit zu beginnen, zwei verschiedene Arten oder Formen des Überlebens. Eine Form besteht darin, länger als eine bestimmte Bezugsentität zu leben, sei es eine Person, eine Gruppe, eine Alterskohorte. Wie Canetti so schön sagte: *»Man will nicht nur immer da sein, man will da sein, wenn andere nicht mehr da sind«* (Canetti 1980, S. 249). Eine andere Art oder Form des Überlebens besteht darin, mit Erfolg einer Bedrohung zu entkommen, einer potentiell tödlichen Herausforderung als physische oder symbolische Entität erfolgreich entgegengetreten zu sein.
So können beide Formen des Überlebens für jedes Bezugsobjekt Egos von Bedeutung sein. Nicht nur Körper wollen überleben, sondern auch Orientierungssysteme, gegebenenfalls um den Preis, den Körper zu töten, dessen Herren und Gäste sie sind. Nach dem gleichen Ziel streben die biologischen und kulturellen Verwandten des Akteurs, so wie sie in seinem Geist als Verlänge-

rungen seiner physischen und symbolischen oder informatorischen Existenz repräsentiert sind. In der Gestalt einer solchen Repräsentationsform bitten sie *ihn, ihnen* zu helfen zu überleben. Die evolutionäre Begründung besteht natürlich darin, daß es durch *sie* geschieht, daß *er* überleben will.
Dann stellt sich die Frage, was beim Überleben wirklich von Bedeutung ist. Die meisten Menschen wären nicht sehr erfreut, wenn sie oder einer ihrer Verwandten in einem solchen inneren Zustand oder einer solchen äußeren Gestalt überlebten, die es unmöglich macht, mit Bestimmtheit zu sagen, wer der Überlebende eigentlich ist. In dem Film *Die Fliege* überlebt der Held (wie sollte man dabei nicht an Gregor Samsa aus Kafkas *Die Verwandlung* denken?) ein riskantes wissenschaftliches Experiment mit völlig unversehrtem Orientierungssystem. Trotzdem ist er sehr verärgert, als er entdeckt, daß sein Körper die Gestalt einer Fliege angenommen hat. Anscheinend ist Überleben *per se* nicht genug: Wir wollen, solange wir überleben, so *weiterbestehen*, wie wir sind.
Aber selbst das höchste Ziel der Persistenz muß in zwei Elemente aufgespalten werden. Gewiß wollen wir überleben und unsere Bezugsobjekte überleben sehen, vorausgesetzt, daß wir und andere, die uns oder sie betrachten, später ohne irgendeinen berechtigten Zweifel feststellen können, daß der Überlebende die gleiche Entität ist wie zuvor. Daher fühlen wir, daß die Erhaltung von Identität in der Zeit – geistig und/oder körperlich – ein entscheidendes Ziel ist.
Wir haben es jedoch nicht gern, uns selbst oder unsere (biologischen oder kulturellen) Verwandten in einer Gestalt überleben zu sehen, die es unmöglich macht, uns oder sie von anderen Entitäten zu unterscheiden, obgleich wir sicher wissen, daß wir oder sie dieselben Entitäten sind wie zuvor. Man könnte deshalb vielleicht sagen, daß beim Überleben – im Sinne des allgemeineren, als Persistenz bezeichneten Ziels – neben Identität auch Individualität, das Aufrechterhalten von Grenzen, das Gefühl der Einzigartigkeit von Bedeutung ist. Und je nachdem, welchem Problem der Akteur in seinen Von- und Zu-Situationen begegnet, können Identität und/oder Individualität höchste Ziele sein, die unter Umständen höhere Priorität haben als die Formen des Überlebens (im engeren Sinne).
Es gibt offensichtlich noch eine Weise, in irgendeiner Form zu

überleben, die wiederum zwei Ebenen aufweist, die beide jeweils ein Körnchen evolutionärer Klugheit besitzen. Diese Überlebensform heißt, ziemlich phantasielos, Reproduktion. Auf der Ebene der »zellularen« Elemente eines Systems läßt sich Reproduktion von einem Beobachter, der von der Ebene des Systems – d. h. von seinem Horizont als Modell – herabsieht, als Autopoiesis betrachten: als der Prozeß, durch den ein System an seinem grundlegenden Organisationsplan festhält, indem es ihn angesichts eines fortwährenden Stroms der Veränderungen seiner Elemente zum Brennpunkt aller seiner Verhaltensweisen macht. Auf der Ebene des Systems sehen die Dinge anders aus. Hier bedeutet Reproduktion das Erzeugen identischer Kopien des betreffenden Systems und wird somit zu Replikation.

Auf diese Weise definiert, alles in allem, eine Gruppe von drei mal zwei höchsten Verhaltens- und Handlungszielen Egos Raum-Zeit-Bereich des biokulturellen Reproduktionserfolgs oder der Fitneß: *Überleben,* aufgeteilt in komparatives und absolutes Überleben; *Persistenz,* unter deren Hülle man Individualität und Identität erahnen kann; *Reproduktion* mit den beiden Ebenen der Autopoiesis und der Replikation. Alle diese höchsten Ziele gelten für alle Arten von Egos Bezugsobjekten, so daß ein Vierer-Quadrant wie der folgende erzeugt wird:

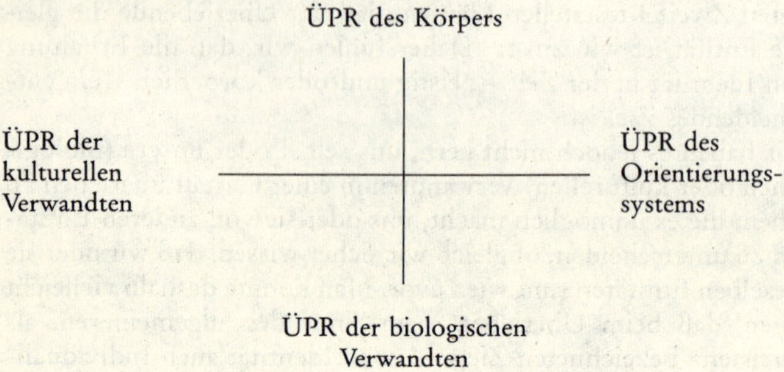

Abb. 1: Der Raum der biokulturellen Fitneß[2]

Unter Verwendung dieses Quadranten kann jede Von-Situation oder Zu-Situation durch das Entwerfen des entsprechenden Bereichs des biokulturellen Reproduktionserfolgs samt seinem genauen Umfang und seiner genauen Gestalt dargestellt werden. Demgemäß wird das Modell Egos vorhersagen, daß der Akteur den Bereich wählen wird, der *ihm* größer erscheint. Aus diesem Vergleich zwischen zwei oder mehr Bereichen lassen sich auch die bevorzugte Situation, die möglichen Handlungen und die tatsächliche Wahl einer Handlung mit einem ziemlich hohen Grad an Wahrscheinlichkeit voraussehen.

So ist der Raum-Zeit-Bereich beschaffen, den Ego fortwährend zu maximieren versucht, indem es unaufhörlich die Ziellinie auf jeder und allen Achsen in Richtung auf den am weitesten entfernten Rand schiebt; aber ebenso nimmt es Verluste auf jeder gegebenen Achse hin, wenn es proportionale oder höhere Gewinne in Form von ÜPR-Wahrscheinlichkeit entlang irgendeiner anderen Achse erwartet.

Beim Entscheidungsprozeß des Akteurs, der sich in einen derart modellierten Raum gestellt sieht, ist Kultur überall, und die Leistung der Sozialstruktur besteht darin, daß sie Ego beim Auswählen seiner einzelnen Entscheidungen gemäß seinen Bedürfnissen Orientierung gibt. Zuerst kommen die *Repräsentationen* von Egos Bezugsobjekten, mit denen sich ein funktionales Subsystem befaßt – eine Reihe von geistigen Prozessen oder Programmen, die eine allgemeine Funktion zugunsten des gesamten Systems, des Geistes, erfüllen. Wenn Ego eine Handlung plant, die es ihm ermöglicht, sich im Umkreis einer Reihe von Von- und Zu-Situationen zu bewegen, denkt Ego – bewußt oder unbewußt – an seine Bezugsobjekte, aber dieses Denken ist vorab durch kulturelle Definitionen geformt.

An seinen Körper selbst, eine Entität, die so offensichtlich materiell, seiner Wahrnehmung so nahe ist, kann Ego nur mittels der geistigen Modelle – Vorstellungen oder ähnlichem – denken, die die Kultur ihm bietet. Aus dem gesamten Bestand an Körpervorstellungen, die in der Kultur seiner Gesellschaft verfügbar sind, wird Ego wahrscheinlich eine solche wählen und zu irgendeinem Zeitpunkt in den Quadranten seines Handlungsraumes einsetzen, die zu der Teilmenge gehört, deren Sichtbarkeit durch Egos Position in der Sozialstruktur vorherbestimmt ist. Dies meint man, wenn man von der Soziologie der Körpervorstellungen spricht.

Was für den Körper gilt, gilt erst recht für Egos übrige Bezugsobjekte. Das Verhältnis der biologischen Verwandtschaft zwischen Ego und seinen biologischen Verwandten kann man mittels Blutuntersuchungen tatsächlich messen; aber nur kulturelle Repräsentationen – und die Sozialstruktur – sagen Ego, ob eine bestimmte Person ein biologischer Verwandter ist oder nicht, und zwar ziemlich unabhängig von der biologischen Wahrheit. Es mag hier daran erinnert werden, daß die Enthüllung, daß ein vermeintlicher biologischer Verwandter nicht desselben Blutes ist oder, umgekehrt, daß ein vermeintlich Fremder in Wirklichkeit ein biologischer Verwandter ist, ein Hauptthema der menschlichen Tragödie ist.

Alle kulturellen Verwandten Egos setzen sich per definitionem aus positiven Bezugsgruppen zusammen, wie z. B. lokalen, ethnischen, religiösen oder politischen Gemeinschaften einschließlich der in ihnen enthaltenen Vereinigungen und Primärgruppen, die durch kulturelle Repräsentationen bestimmt und voneinander abgegrenzt sind. Jede Repräsentation dieser Gemeinschaften wird in Egos Geist durch einen unterschiedlichen Grad der Identifikation und der affektiven Besetzung gestützt. Schließlich kann Ego nicht an sein Orientierungssystem, erzeugt durch die Interaktion seiner evolutionären Gehirne mit Kultur und Sozialstruktur, denken, ohne von geeigneten kulturellen Repräsentationen Gebrauch zu machen – d. h. ohne das Orientierungssystem auf sich selbst anzuwenden.

Repräsentationen, gänzlich oder größtenteils kulturellen Ursprungs, filtern und gestalten auch alle geistigen Prozesse, die mit Situationen, Rahmen, Emotionen und Verhaltensplänen zu tun haben. Jeder dieser Prozesse, jede dieser Prozeßreihen bildet ein halbunabhängiges funktionales Subsystem im Geist des Akteurs. Repräsentationen von Situationen haben mit Kognition, dem ersten (obgleich bereits durch Schlußfolgerungen strukturierten) Eindruck von Erfahrung, zu tun; die Aufgabe von Rahmen ist Interpretation (Goffman 1977), die Organisation von Erfahrung einschließlich Vorhersagen darüber, was aus dem, was kognitiv ermittelt worden ist, folgen kann.

Ebenso ist es offenkundig recht häufig eine Frage der kulturellen Repräsentationen, welche Art von Emotion man zu fühlen und zu zeigen hat, wenn man einer bestimmten Situation gegenübersteht, wenngleich dies nicht dazu führen soll, die Universalität gewisser Emotionen und ihrer Ausdrucksweisen abzustreiten. Auch muß oder kann der Akteur Verhaltenspläne nicht jedesmal, wenn er von einer Situation zu einer anderen übergehen will, völlig neu entwerfen. Kultur hält für ihn einen großen Bestand an vorgefertigten Plänen und Elementen für selbstgemachte Pläne bereit, unter denen Ego nur wählen muß.

Quer über die funktionalen Subsysteme, die sich mit Repräsentationen von Bezugsobjekten, Repräsentationen von Situationen, Rahmen, Emotionen und Verhaltensplänen befassen, erstrecken sich im Gesamtplan des Modells verschiedene zielorientierte Subsysteme. Jedes von ihnen handelt als lokaler Entscheidungsträger, der die Interessen – in Form von Überlebens-, Persistenz- und Reproduktionswahrscheinlichkeit – jeder Kategorie von Egos Bezugsobjekten verteidigt. Es muß hervorgehoben werden, daß die zielorientierten Subsysteme aus den gleichen Elementen wie die funktionalen Subsysteme bestehen, die sich speziell mit einer einzigen Kategorie geistiger Prozesse befassen. Es gibt keine anderen oder speziellen Funktionen bei den lokalen Entscheidungsträgern, die nicht bereits in den funktionalen Subsystemen zu beobachten wären.

Doch während jedes der letztgenannten eine einzige Funktion erfüllt, die alle Kategorien von Bezugsobjekten umfaßt, reiht jedes der erstgenannten alle Funktionen der Reihe nach aneinander, um die höchsten Ziele eines Bezugsobjektes (oder mehrerer, vorausgesetzt, daß sie zur gleichen Kategorie gehören) zu bekräftigen. Man kann sich die sich ergebende Struktur folgendermaßen vorstellen:

Lokale Entscheidungsträger für	Funktionen				
	RB	RS	R	E	VP
Körper	○	○	○	○	○
Orientierungssystem	○	○	○	○	○
Biologische Verwandte	○	○	○	○	○
Kulturelle Verwandte	○	○	○	○	○

Abb. 2: Die innere Struktur des Modells[3]

Selbst eine flüchtige Prüfung kann zeigen, daß innerhalb dieser Struktur auf nicht weniger als vier verschiedenen Ebenen unzählige Konfliktmöglichkeiten eingebaut sind. Auf der Ebene der Bezugsobjekte kann das Interesse jedes Bezugsobjekts einer bestimmten Kategorie zu den Interessen eines oder mehrerer Bezugsobjekte, die zu einer anderen Kategorie gehören, im Gegensatz stehen. Das heißt, daß eine Handlung, die die erwartete Wahrscheinlichkeit des Überlebens, der Persistenz oder der Reproduktion etwa des Körpers erhöhen soll, gleichzeitig eine Verringerung der Wahrscheinlichkeit des ÜPR eines biologischen oder kulturellen Verwandten (sei es eine Person, eine Gruppe oder eine Gemeinschaft) oder des Orientierungssystems zur Folge haben kann.

Der letztgenannte Fall ist eigentlich der einfachste, in dem sich der Akteur – zum Beispiel – zwischen seinem eigenen Wohlergehen und dem Wohlergehen einer Gruppe oder Gemeinschaft, mit der er durch irgendeine Form der Identifikation oder der affektiven Besetzung verbunden ist, entscheiden muß. Innerlich ist dies ein Konflikt, der verschiedene lokale Entscheidungsträger in Gegensatz bringt, von denen jeder hartnäckig die Interessen seines Bezugsobjekts oder seiner Bezugsobjekte gegen alle anderen verteidigt. Diese Art von Konflikt läßt sich nur durch die Intervention eines zentralen Entscheidungsträgers, eines finalen Subsystems lösen, mit dem der Geist des Akteurs ausgerüstet werden muß – jede Ähnlichkeit mit Instanzen wie dem Ich oder dem Bewußtsein ist unerwünscht, aber vielleicht unvermeidbar.

Selbst ein lokaler Entscheidungsträger kann indes auf verschiedene Weise in sich aufgespalten sein. Was für das Überleben irgendeines Bezugsobjekts günstig ist, bringt für die Persistenz oder die Reproduktion desselben Bezugsobjekts möglicherweise keinen Nutzen. Zum Beispiel könnte sich das Streben, die im eigenen Orientierungssystem (oder, genauer, in seinem moralischen Subsystem, nach dem Parsonsschen Modell) errichteten Werte unversehrt zu erhalten – als eine Weise, symbolische Persistenz zu erzielen –, als wenig erfolgversprechend für seine Chancen erweisen, sich durch Replikation zu reproduzieren. So anfällig ist der Körper, d. h. sein engagierter Entscheidungsträger, für solche Arten von Konflikten; und gleiches gilt auch für die anderen Bezugsobjekte.

Doch es gibt, wenn man Egos Entscheidungsprozeß von einer anderen Seite betrachtet, auch Situationen, in denen die eigenen höchsten Ziele der Bezugsobjekte nicht widersprüchlich sind und sogar synergetisch sein können, während sich die Bezugsobjekte selbst in Konflikt miteinander befinden. In diesem Falle handelt Ego jedesmal, wenn es das ÜPR eines Bezugsobjektes verfolgt,

gleichzeitig dem ÜPR eines anderen zuwider oder kann jedenfalls von außen so beurteilt werden.
So können – um ein historisches Beispiel zu nehmen – Kirche und Staat oder Partei für ein Ego gleichermaßen und gleichzeitig Bezugsgemeinschaften und als solche gleichstarke Quellen der Identifikation und der affektiven Besetzung sein. Doch wenn sie in Konflikt miteinander stehen, wird der lokale Entscheidungsträger, der für die Interessen der kulturellen Verwandten verantwortlich ist, kaum gedrängt werden, zu einer Entscheidung zu gelangen, das heißt dazu, einen Verhaltensplan zu wählen. In gleicher Weise können auch die Subsysteme des Orientierungssystems gelegentlich stark konfligieren; und ebenso die Bestandteile des Körpers, ganz zu schweigen von den biologischen Verwandten.
Auch die Möglichkeiten für Konflikte innerhalb des Geistes des Akteurs enden hier nicht. Denn es gibt Bezugsobjekte, die sozusagen doppelseitig sind. Nehmen wir den Fall eines Nachkommen. Er ist ein biologischer Verwandter, aber gleichzeitig kann er ein kultureller Verwandter oder sonst ein kultureller Alter sein oder werden. Folglich kann eine Handlung, die sein ÜPR in der einen bestimmten Rolle fördert, für sein ÜPR in der anderen Rolle schädlich sein; oder der Akteur selbst, Ego, könnte mit seiner Handlung seinen Nachkommen in der einen Rolle begünstigen wollen, aber durchaus nicht in der anderen.
Man fragt sich wirklich, wie ein menschlicher Akteur bei alledem eine Wahl treffen kann; wie er auch nur imstande ist, sich zu den verschiedenen sozialen Systemen, in denen er unterschiedliche Rollen spielt, bald loyal zu verhalten, bald aus ihnen abzuwandern und dann wiederum ihnen zu widersprechen – Optionen, die er doch offenbar alle von Zeit zu Zeit wahrnimmt.
Zusammengefaßt:
(a) Ego muß sich mit vier verschiedenen Kategorien von Bezugsobjekten befassen, von denen jedes (selbst jene, die, wie z. B. der Körper und das Orientierungssystem, eine Einheit zu bilden scheinen) aus einer großen Zahl von Entitäten zusammengesetzt sein kann.
(b) Jede Kategorie von Bezugsobjekten kämpft energisch in Egos Handlungsraum sowie um dessen Gestalt und Größe (das heißt um den Bereich von Egos biokultureller Fitneß oder um umfassenden Reproduktionserfolg); jede spielt ihre Möglichkeiten gegen die der anderen Kategorien aus.

(c) Jedes einzelne höchste Ziel irgendeines Bezugsobjekts, sei es das eines Individuums oder einer Gruppe, kann mit den übrigen Zielen des gleichen Bezugsobjekts im Widerspruch stehen.
(d) Innerhalb jeder Kategorie können die Bezugsobjekte selbst konkret in Kämpfe gegeneinander verwickelt sein.
(e) Schließlich gleichen die Personen-Bezugsobjekte, wie wir gerade gesehen haben, nur zu oft in gewisser Weise Doppelagenten.

Wie soll man in diesem ganzen Gewirr dazu kommen, seine eigenen Überlebenschancen in der einen oder anderen Form – körperlich oder symbolisch – akzeptabel und gemeinsam zu optimieren? Das ist das Problem.

Was Ego im allgemeinen hilft, sein Entscheidungsgewirr ein wenig zu entwirren, sind die selektiven Mechanismen, die in die Von- und Zu-Situationen eingebaut sind. Hinzu kommt eine Anzahl von biosoziokulturellen Prozessen, die sowohl den Bezugsobjekten als auch ihren Zielen unterschiedliche Gewichte in Form von Erwartungswerten zuweisen. Eine Situation, ein Set von Zuständen, in dem Ego unangenehm lokalisiert ist (Von-Situation) oder sich selbst angenehmer (oder weniger beschwerlich) lokalisieren will (Zu-Situation), ist per se schon ein mächtiges Selektionsinstrument von Bezugsobjekten, die beim Planen einer Handlung berücksichtigt werden müssen. Beispielsweise ist eine Frau, die trotz einer angeborenen Funktionsstörung, die ihr Leben gefährdet, erwägt, ein Kind zu gebären (hier spielt das absolute Überleben gegen die Replikation des Körpers), in der Regel nicht genötigt, die Repräsentationen aller ihrer kulturellen Bezugsobjekte in ihrem Handlungsraum zu mobilisieren, bevor sie eine Entscheidung trifft. So wird die gesamte Skala der Bezugsobjekte, denen Ego gegenübertreten muß, von jeder gegebenen Situation drastisch vereinfacht.

Was die Gewichte anbetrifft, die beim Bestimmen einer Handlungsrichtung so entscheidend sind, so spiegeln sie die Tatsache wider, daß der Wunsch nach biokulturellem Überleben vorzugsweise durch die Kanäle früherer biologischer, sozialer und kultureller Investitionen Egos fließt. Der gegenwärtige Wert dieser Investitionen wird demzufolge von den Erträgen bestimmt, die Ego zum Zeitpunkt der Wahl vernünftigerweise noch von ihnen erwarten kann.

Aus diesem Grund geschieht die Verteilung der Gewichte oder Erwartungswerte zwischen den Zielen, Teilzielen und Bezugsobjekten durch irgendein Ego auf mehreren Wegen. Erstens, Identifikationen und affektive Besetzungen bilden in Egos Geist ein geschichtetes System mit Ebenen und Kreisen von unterschiedlicher Stärke. Das letztgenannte stellt für sich allein jedoch keinen entscheidenden Faktor dar. Einerseits kann ein Bezugsobjekt, dem Ego schwach zugetan ist oder mit dem es sich nur schwach identifiziert, ein einflußreicher Faktor sein, der Egos Handlungswahl in einer Situation beeinflußt, in die nur vergleichsweise schwache oder schwächere Bezugsobjekte eingegangen sind. Je stärker sich Ego andererseits mit einem Bezugsobjekt identifiziert oder es affektiv besetzt, desto höher wird die relative Bedeutung des letzteren in Egos Quadrant der gemeinsamen Optimierung seiner (globalen) Überlebenschancen sein.
Außerdem muß Egos Position im Lebenszyklus berücksichtigt werden. Für einen jungen Mann oder eine junge Frau ist körperliche Replikation wichtiger als für ein Individuum jenseits des normalen reproduktiven Alters; doch der Mangel an Replikation im entsprechenden Alter könnte für das ältere Individuum ein Faktor sein, der das Gewicht von anderen Bezugsobjekten als dem Körper beträchtlich erhöht. Ein Gelehrter, der alt wird, ist wahrscheinlich in zunehmendem Maße darum bekümmert, was in der nahen Zukunft mit seinem symbolischen Selbst geschieht, und weniger um den gegenwärtigen Status der wissenschaftlichen Vereinigungen, denen er angehört. Eine größere und somit gewichtigere Zahl von kulturellen Verwandten geht von selbst mit einer langen und erfolgreichen kulturellen Karriere einher. Ebenso drängt das Vorhandensein einer großen familiären Nachkommenschaft am Ende des reproduktiven Lebens eines Akteurs biologische Verwandte leichter in den Vordergrund von Egos Handlungsraum. Dank dieser und vieler anderer Prozesse verändert die biosoziokulturelle Uhr des Lebens ständig die Gewichte der Ziele und Bezugsobjekte im Geist – dem sich seiner selbst bewußten wie dem unbewußten – des Akteurs. Sofern also durch Egos Handeln die ÜPR-Wahrscheinlichkeiten einiger Bezugsobjekte zunehmen, während diejenigen anderer Objekte abnehmen, kann die jeweilige Gruppe derer, die durch Egos Handeln belohnt oder bestraft werden, durch solche Neugewichtungen teilweise oder völlig verändert werden.

Ein wichtiger Faktor bei der unterschiedlichen Gewichtung höchster Ziele und Bezugsobjekte ist jedoch in den selektiven Wirkungen zu sehen, die naturgemäß von Egos Position in der Sozialstruktur herrühren. Mit »Position« meine ich hier den Punkt in einer gegebenen sozialen Formation und, innerhalb dieser, in einem grundlegenden sozialen System, in dem Ego sich selbst, vorwiegend aufgrund seines Erwerbsstatus (der natürlich Nicht-Arbeit einschließt), eingeordnet sieht. Was die grundlegenden sozialen Systeme anbetrifft, teilt die Klassifikation, die dem Verfasser an anderer Stelle nützlich erschien, die Sozialstruktur insgesamt in vier Teile: das politische System, das ökonomische System, das System der soziokulturellen Reproduktion und das System der biopsychischen Reproduktion.

Innerhalb jedes Systems, so behauptet dieses Modell, können die gleichen grundlegenden Aktivitäten auf verschiedene Art und Weise organisiert sein. So kann man innerhalb des politischen Systems jeder zeitgenössischen Gesellschaft die Koexistenz verschiedener Formen der politischen Organisation beobachten; innerhalb des ökonomischen Systems bestehen verschiedene Produktionsweisen nebeneinander; in den beiden reproduktiven Systemen gibt es verschiedene Formen der soziokulturellen und biopsychischen Reproduktion.

Obwohl sie zu verschiedenen grundlegenden Systemen gehören, zeigen einige Formen – der politischen Organisation, der Produktion und der Reproduktion – untereinander eine verhältnismäßig hohe Kohärenz: jedes der sich ergebenden Sets von Erscheinungsformen stellt das dar, was der Begriff der »sozialen Formation« (Gallino 1981, 1987b) andeutet. Daher ist Egos soziale Position in Wirklichkeit ein bestimmter Punkt in einem Gitternetz; d.h. ein Punkt, der innerhalb einer Organisationsweise irgendeiner notwendigen sozialen Funktion im singulären Schnittpunkt eines bestimmten grundlegenden Systems mit einer bestimmten sozialen Formation lokalisiert ist.

So konzeptualisiert, erweist sich Egos soziale Position als bedeutender Faktor, wo es darum geht, Bezugsobjekte auszuwählen, Gewichtungen vorzunehmen und den Akteur bestimmten Sets kultureller Repräsentationen auszusetzen. Gleichzeitig macht sie ihn blind für ähnliche Sets, die an anderen Punkten des Gitternetzes zirkulieren. In irgendeine soziale Formation eingebettet zu leben ähnelt dem Leben in einer anderen, eigenständigen Gesellschaft: man sieht sehr wenig von dem, was draußen geschieht, selbst wenn es nur knapp jenseits der Grenze liegt.

Der Quadrant von Egos Handlungsraum, wie der Akteur ihn durch den dynamischen realitätsstrukturierenden Filter der funktionalen Subsysteme betrachtet, die in seinem Geist wirken, wird durch die selektive Tätigkeit, die mit seiner (oben definierten) Position in der Sozialstruktur verknüpft ist, global gestaltet und lokal bis ins Detail hergerichtet. Es ist folglich wahr, daß das Gewirr immer da ist; aber nur ein kleiner Teil davon ist für den Akteur sichtbar, so daß er, wenn er genügend Zeit hat, lernen kann, sich sicher durch es hindurch zu bewegen.

Wir können daher mit Recht fragen, was geschieht, wenn viel größere Teile des Gewirrs jäh für den Akteur sichtbar werden und er gegenwärtig keine Zeit zur Verfügung hat, um sie zum Lernen zu verwenden. In zeitgenössischen Gesellschaften wirken verschiedene Prozesse zusammen, um derartige Bedingungen entstehen zu lassen. Ich will kurz drei dieser Prozesse erläutern, wobei eher das Wechselspiel von Kultur und Sozialstruktur im Geist des Akteurs als die Veränderungen der einen oder der anderen *per se* den Schwerpunkt meiner Erörterung bildet.

Betrachten wir eine Zeitlang einen Akteur, der regelmäßig und schnell zwischen zwei oder mehr sozialen Formationen in seiner eigenen Gesellschaft hin- und herpendelt – eine äußerst alltägliche Bedingung in unserer Zeit. Vielleicht ist seine Familie ziemlich traditional, noch ein Stück einer bäuerlichen sozialen Formation, während seine Arbeit äußerst modern ist, ein Ausdruck des weltweiten, von Technologie und Elektronik geprägten Kapitalismus; oder umgekehrt. Das wiederholte Überqueren der Grenze zwischen verschiedenen sozialen Formationen hat verschiedene Auswirkungen auf die Gestalt sowohl von Egos Handlungsraum als auch des Quadranten seiner Bezugsobjekte, auf die Inhalte des letztgenannten sowie auf die Repräsentationen, durch die er alles betrachtet. Eine der wichtigsten Auswirkungen besteht darin, daß die Zahl der kulturellen Verwandten gewöhnlich ansteigt, solange Ego neue Identifikationen und affektive Besetzungen zu Akteuren entwickelt, die der Formation »andere« angehören. Aber die späteren sind schwächer, sowohl aufgrund ihrer Neuheit als auch deshalb, weil es bei sozialen Identitäten, die man außerhalb der Formation erworben hat, in der man zuerst sozialisiert wurde, einen Unsicherheitsfaktor gibt.

Auch wird das relative und absolute Gewicht von Zielen, Teilzielen und Bezugsobjekten vom Akteur in der anderen Formation als verschieden wahrgenommen; aber der Quadrant, auf den hin die Bezugsobjekte ihre Chancen gegeneinander ausspielen, ist im Geist des Akteurs nur ein einziger. Auf diese Weise wird Ego unsicher darüber, welche Einsätze es rund um die Pole des Quadranten herum gibt und welche gesetzt werden müssen. Neue Repräsentationen, Rahmen, Situationen, Emotionsmuster werden für ihn zugänglich; aber die meisten enthalten keine Anweisungen für einen zweckmäßigen Gebrauch. Die Natur der Entitäten, die für das Überleben wichtig sind, wird unscharf.
Eine soziale Identität zu haben bedeutet, die Frage »Wer bin ich?« mit einem sicheren Verweis auf eine Gruppe beantworten zu können, deren kulturelle Merkmale, so wie Ego sie wahrnimmt, mit seinem Orientierungssystem übereinstimmen. Das ist nun genau die Art von Antwort, die nicht mit Bestimmtheit gegeben werden kann, wenn man zwischen verschiedenen sozialen Formationen hin- und herpendelt. Das Ziel des Überlebens ist immer vorhanden, so stark wie immer; aber Ego ist sich über die Entitäten, auf die es bezogen werden muß, nicht mehr sicher.
Dann gibt es, um den bereits verworrenen Entscheidungsprozeß des Akteurs weiter zu komplizieren, die medienvermittelten Repräsentationen, von denen ich besonders die Rahmen betrachten will. Goffman folgend (dessen Definition von »Rahmen« von Bateson stammt), definiere ich »Rahmen« als »Definitionen einer Situation«, die »gemäß gewissen Organisationsprinzipien für Ereignisse – zumindest für soziale – und für unsere persönliche Anteilnahme an ihnen« aufgestellt werden (Goffman 1977, S. 19). Ich erinnere daran, daß es in unserem Modell vom Geist des Akteurs ein funktionales Subsystem gibt, das sich speziell mit Rahmen befaßt: d.h. mit ihrem Abrufen, Gruppieren, Abwandeln und Speichern. Die meisten Rahmen sind im wesentlichen außerhalb des Akteurs entstanden; sie werden von der Kultur entworfen, von der Sozialstruktur ausgewählt – d.h. durch Egos Position in der Sozialstruktur –, und nur innerhalb dieses vorher abgegrenzten und ausgewählten Bestandes darf Ego entsprechend seinen Bedürfnissen wählen.
Die Kommunikationsgesellschaft hat radikale Veränderungen in der sozialen Produktion und in der Verbreitung von Rahmen für

den Geist jedes einzelnen eingebracht. Sie hat, um eine Redeweise Batesons zu verwenden, die Ökologie der Rahmen revolutioniert. In der traditionalen Gesellschaft waren die meisten Rahmen, die den Geist eines typischen Akteurs durchliefen, zum Teil allgemeine Konstrukte, die durch frühe Sozialisation und Enkulturation naturgemäß überliefert wurden, und zum Teil institutionelle Konstrukte, die durch die Kirche und die lokale politische Macht angeboten und durchgesetzt wurden. Sie alle wurden durch menschliche Akteure überallhin mitgeteilt und nur ein winziger Teil durch geschriebene Texte, die für die meisten Menschen unzugänglich waren.

In der Kommunikationsgesellschaft werden die meisten Rahmen im Geist des Akteurs, woher sie auch immer stammen, von Medien entworfen und verbreitet, die sich auf eine spezielle Technologie stützen. Die Medientechnologie – die vor allem die Technologie einschließt, die zur Bildung von Nachrichten verwendet wird – hat einen doppelten Charakter. Sie ist den allgemeinen Zielen des ökonomischen Weltsystems untergeordnet, ohne daß irgendein Individuum oder irgendeine Gruppe diese wirklich erfunden hätte; außerdem ist sie stark autotelisch, d.h. auf sich selbst bezogen und sich selbst reproduzierend. Sie kann somit nicht umhin, standardisierte Rahmen für die Organisation von Erfahrung zu schaffen und systematisch zu verbreiten.

Um Goffmans Terminologie zu übernehmen: Neu ist, daß selbst die primären Rahmen – der Rahmen oder die Sichtweise, die »von den Betreffenden so gesehen wird, daß sie nicht auf eine vorhergehende oder ›ursprüngliche‹ Deutung zurückgreift« (Goffman 1977, S. 31) – Gegenstand endloser Arten von Modulen und Modulationen sind; ein ansehnlicher Teil von ihnen ist sogar in alle möglichen Pläne und Täuschungen transformiert oder von diesen überlagert worden. Rufen wir uns Goffmans Definitionen in Erinnerung:

»Die Modulation ist eine grundlegende Art der Transformation eines Stückes Handlung, die dabei in allen Einzelheiten als Muster für etwas anderes dient. Anders ausgedrückt, Modulationen sind eine grundlegende Art der Anfälligkeit des Handelns. Jetzt betrachten wir eine zweite Art der Verwundbarkeit durch Transformation: die Täuschung. Ich meine das bewußte Bemühen eines oder mehrerer Menschen, das Handeln so zu lenken, daß einer oder mehrere andere zu einer falschen Vorstellung von dem gebracht werden, was vor sich geht« (Goffman 1977, S. 98).

Das Überleben in einem kulturellen Universum zu planen, in dem die meisten Rahmen, die einst gewohnheitsmäßig verwendet wurden, um Situationen zu interpretieren, mittels einer spezifischen Technologie moduliert und vorgetäuscht sind – obwohl sie vom Akteur für primär gehalten werden –, um dem Akteur unbekannte Zwecke zu erfüllen, ist etwas Neues. Wie bisher muß der Akteur die Handlung wählen, die erwartungsgemäß sein körperliches und/oder symbolisches Raum-Zeit-Überleben optimieren wird. Die Interpretation von Situationen ist jedoch zusammen mit Repräsentationen von Bezugsobjekten und den Mitteln und Wegen, die höchsten Ziele zu erreichen, durch sinngebende Bestandteile der Kultur gerahmt, die künstlich erfunden werden, um eine symbolische Ordnung zu schaffen, die mit der ökonomischen Ordnung verwoben ist.

Es gibt daraus nahezu kein Entrinnen. Ein Körper, der Replikation verlangt oder darauf verzichtet, um seine Chancen der Persistenz zu verbessern; ein kultureller Verwandter, der – im Geist des Akteurs – einen Beitrag zu seiner Persistenz fordert; das bewertende Subsystem eines Orientierungssystems, das den Anspruch erhebt, selbst auf Kosten der Gefährdung des Körpers zu überleben; sie alle sind eigentlich Repräsentationsentitäten, die dem, was früher die natürlichen Organisationsprinzipien waren, die Egos Handlungsraum strukturierten, völlig entfremdet sind.

Dies ist hauptsächlich zwei Gründen geschuldet. Der erste besteht darin, daß sie als Repräsentationen bewußt vorgetäuscht wurden, um höchste Ziele zu verfolgen, die nicht einfach Ziele irgendeines Alter sind (das würde keine epochale Neuheit sein), sondern durch eine Technologie, die Egos natürliche Rahmen teilnahmslos und rational durch künstliche ersetzen soll, produziert und in Umlauf gebracht werden. Der zweite Grund ist der, daß sie auf einem sehr hohen Allgemeinheitsgrad vorgetäuscht werden, um möglichst vielen Akteuren ohne irgendeine Vertrautheit mit ihren spezifischen Situationsmustern und vielmehr absichtlich über sie hinausgehend gleichartige Verhaltensweisen zu entlocken.

Ich möchte noch einen letzten Wandel in der Sozialstruktur betrachten, um zu veranschaulichen, wie Egos Ausgangsparameter, die innerhalb der Verhaltensprogramme des Akteurs Leerstellen für geeignete Anweisungen [*instruction slots*] ausfüllen – was immer das sein mag –, sowohl durch objektive Veränderungen der sozialen Realität als auch durch die subjektive Verfügbarkeit angemessener (oder unangemessener) Repräsentationen transformiert werden. Dieser Wandel ist das Dahinschwinden von Systemgrenzen. Hier liegt, wie besonders an nationalen volkswirtschaftlichen Systemen klar abzulesen ist, eine Bedingung, die viele Arten von Organisationen betrifft. Es handelt sich um eine Folge der Externalisierung aller organisatorischen Funktionen mit Ausnahme jener, die der Aufgabe der jeweiligen Organisation am nächsten stehen; der Ausbreitung von Telekommunikationen und Telearbeit; der Diffusion der Quellen einer Organisation für primäre und sekundäre Ressourcen über sehr große Räume.

All dies macht es für jeden einzelnen – innerhalb oder außerhalb des Systems – sehr schwer zu unterscheiden, was zum Inneren und was zum Äußeren eines bestimmten Systems gehört. Man fragt sich sogar, ob irgendeine Grenze zwischen Innerem und Äußerem übrig bleibt – beziehungsweise ob das Konzept der *objektiven* Grenzen eines Systems überhaupt irgendeinen Sinn behält.

Unter diesem Gesichtspunkt wollen wir uns jetzt einen Akteur vorstellen, der in seinem Verhältnis zu einem sozialen System, dem er angehört, zwischen Loyalität, Abwanderung und Widerspruch (um die viel komplexere und schwierigere Phänomenologie von Assoziation und Dissoziation mit den groben Begriffen Hirschmans zu vereinfachen) entscheiden muß. Die Grenzen dieses Systems sind für die Augen des Akteurs gewissermaßen unsichtbar, und sie sind auf keinen Fall feste, lokalisierbare Orte, wie der Akteur meint. Hieraus können sich verschiedene Arten von Fehlern ergeben. Zum Beispiel kann sich der Akteur, wenn er sich für Abwanderung entscheidet, selbst nach seiner Abwanderung noch innerhalb des Systems befinden – möglicherweise ohne es zu wissen. Solche Fehler können jedoch nur die Folge einer Entscheidung sein. Die Schwierigkeit besteht angesichts des Dahinschwindens der Systemgrenzen darin, wie man sie erreicht.

Jede soziale Handlung bedeutet eine Verteilung von ÜPR-Erwartungswerten zwischen den Bezugsobjekten, die von der vorliegenden Situation vorher ausgewählt wurden. Dies impliziert eine rationale, rund um den Quadranten vorzunehmende Berechnung der möglichen Konsequenzen der geplanten Handlung – d. h. von Loyalität, Abwanderung oder Widerspruch – für das ÜPR (beziehungsweise die ÜPR-Wahrscheinlichkeit) der Bezugsobjekte durch den Akteur. Aber wie kann diese Berechnung vollzogen werden, wenn die Grenzen des Systems subjektiv und objektiv unscharf sind? Der Beitrag zum Überleben, zur Persistenz und zur Reproduktion (oder zu irgendeinem anderen Teilziel) eines Bezugsobjektes kann sich, als Funktion der örtlichen Lage und der Durchlässigkeit der Systemgrenzen, im Anschluß an *genau die gleiche Handlung* als sehr unterschiedlich erweisen.

Nehmen wir den Fall einer Handlung, von der Ego erwartet, daß sie einem bestimmten Bezugsobjekt irgendwelche Gewinne (wie immer in ÜPR-Währung) einbringt, vorausgesetzt, daß die Systemgrenzen noch dort sind, wo Ego sie vermutet. Hätte Ego den Verdacht, daß die Systemgrenzen sich woandershin verschoben haben oder einfach verschwunden sind, könnte genau die gleiche antizipierte Handlung von dem gleichen Akteur in der gleichen Von-Situation als nachteilig für das gleiche Bezugsobjekt betrachtet werden. Das Gegenteil kann natürlich ebenfalls zutreffen, je nach der Kombination höchster Ziele, Teilziele und Bezugsobjekte, aus denen sich Egos Entscheidungsgewirr zusammensetzt.

Also interagieren Kultur und Sozialstruktur nicht wirklich direkt miteinander, irgendwo hoch über den Köpfen der tatsächlichen Akteure. Vielmehr vermischen sie sich in einzigartiger Weise im Geist jedes sozialen Akteurs wie Kette und Schuß bei einem feingewebten Stoff, dessen Muster jedesmal, wenn er benutzt wird, wunderbar umgestaltet wird.

Von dieser Perspektive aus müssen wir unser Verständnis von den Verflechtungen der inneren, auf verschiedenen Ebenen des Geistes wirkenden mikrosystemischen Prozesse verbessern, die jene stets veränderlichen Muster mit den Entscheidungen verknüpfen, die im Grunde tagtäglich – oder auch nur ausnahmsweise – von sozialen Akteuren in Gesellschaften aller Art getroffen werden. Zu diesem Zweck brauchen wir vielleicht mehr Modelle und Theorien, die tiefer in den Geist der tatsächlichen Akteure hineinsehen, statt sich vorzugsweise darauf zu konzentrieren, den Geist der Schöpfer von Theorien des sozialen Handelns in einer typischerweise autoreferentiellen Weise zu erforschen.

Anmerkungen

1 Übersetzt von Joachim Bunger und Anne Dreyer.
2 ÜPR = Überleben/Persistenz/Reproduktion (Anmerkung der Übersetzer).
3 RB = Repräsentationen von Bezugsobjekten; RS = Repräsentationen von Situationen; R = Rahmen; E = Emotionen; VP = Verhaltenspläne (Anmerkung der Übersetzer).

Literatur

Bateson, Gregory, *Ökologie des Geistes. Anthropologische, psychologische, biologische und epistemologische Perspektiven*, Frankfurt 1983.

Bateson, Gregory, *Geist und Natur. Eine notwendige Einheit*, Frankfurt 1982.

Benn, S. I./G. W. Mortimore (Hg.), *Rationality and the Social Sciences. Contributions to the Philosophy and Methodology of the Social Sciences*, London/Henley/Boston 1976.

Bourricaud, François, *L'individualisme institutionnel. Essai sur la sociologie de Talcott Parsons*, Paris 1977.

Brittan, Arthur, *Meanings and Situations*, London/Boston 1973.

Burke, Kenneth, *A Grammar of Motives*, New York 1945.

Burridge, Kenelm, *Someone, No One. An Essay on Individuality*, Princeton 1979.

Canetti, Elias, *Macht und Überleben*, Berlin 1972.

Canetti, Elias, »Der Überlebende«, in: ders., *Masse und Macht*, Frankfurt 1980, S. 249-311.

Dawkins, Richard, »Hierarchical Organization: A Candidate Principle for Ethology«, in: P. P. G. Bateson/R. A. Hinde (Hg.), *Growing Points in Ethology*, Cambridge 1976, S. 7-54.

Elster, Jon, *Ulysses and the Sirens. Studies in Rationality and Irrationality*, Cambridge 1979.

Elster, Jon (Hg.), *The Multiple Self*, Cambridge 1986.

Galimberti, Umberto, *Il corpo. Antropologia, psicoanalisi, fenomenologia*, 2. Aufl., Mailand 1984.

Gallino, Luciano, *La società. Un'introduzione sistemica alla sociologia*, Turin 1981.

Gallino, Luciano, *L'attore sociale. Biologia, cultura e intelligenza artificiale*, Turin 1987a.

Gallino, Luciano, *Della ingovernabilità*, Mailand 1987b.

Gazzaniga, Michael S., *The Social Brain. Discovering the Networks of the Mind*, New York 1985.

Giddens, Anthony, *Die Konstitution der Gesellschaft. Grundzüge einer Theorie der Strukturierung*, Frankfurt/New York 1988.

Goffman, Erving, *Rahmen-Analyse. Ein Versuch über die Organisation von Alltagserfahrungen*, Frankfurt 1977.

Hampden-Turner, Charles, *Modelle des Menschen. Ein Handbuch des menschlichen Bewußtseins*, Weinheim/Basel 1983.

Harsanyi, John C., *Rational Behavior and Bargaining Equilibrium in Games and Social Situations*, Cambridge 1977.

Hartfiel, Günter, *Wirtschaftliche und soziale Rationalität. Untersuchungen zum Menschenbild in Ökonomie und Soziologie*, Stuttgart 1968.

Hernegger, Rudolf, *Der Mensch auf der Suche nach Identität. Kulturanthropologische Studien über Totemismus, Mythos, Religion*, Bonn 1978.

Hirsch, Eli, *The Concept of Identity*, New York/Oxford 1982.

Hirschman, Albert O., *Abwanderung und Widerspruch. Reaktionen auf Leistungsabfall bei Unternehmungen, Organisationen und Staaten*, Tübingen 1974.

Kirsch, Werner, *Einführung in die Theorie der Entscheidungsprozesse*, 2. Auflage, Wiesbaden 1977.

Kurtz, Paul, *Decision and the Condition of Man*, Seattle 1965.

MacLean, Paul D., *A Triune Concept of the Brain and Behaviour*, Toronto 1973.

Margolis, Howard, *Selfishness, Altruism, and Rationality. A Theory of Social Choice*, Cambridge 1982.

Oakley, David A. (Hg.), *Brain and Mind*, London/New York 1985.

Oksenberg Rorty, Amelie (Hg.), *The Identities of Persons*, Berkeley 1976.

Overbeck, Gerd/Annegret Overbeck (Hg.), *Seelischer Konflikt – körperliches Leiden*, Reinbek bei Hamburg 1978.

Parsons, Talcott, »An Approach to Psychological Theory in Terms of the Theory of Action«, in: Sigmund Koch (Hg.), *Psychology: A Study of a Science. Study I: Conceptual and Systematic. Volume 3: Formulations of the Person and the Social Context*, New York/Toronto/London 1959, S. 612-711.

Radcliffe-Brown, Alfred Reginald, *A Natural Science of Society*, Glencoe 1957.

Schilder, Paul, *The Image and Appearance of the Human Body: Studies in the Constructive Energies of the Psyche*, London 1935.

Shaver, Phillip (Hg.), *Self, Situations, and Social Behavior*, Beverly Hills 1985.

Sorokin, Pitirim A., »Sociocultural Structure of Personality«, in: ders., *Society, Culture, and Personality: Their Structure and Dynamics. A System of General Sociology*, New York/London 1947, S. 342-358.

Valabrega, Jean-Paul, *Phantasme Mythe Corps et Sens. Une Théorie psychanalytique de la connaissance*, Paris 1980.

Carlo Mongardini
Die Stellung des Spiels zwischen Kultur und sozialem Handeln[1]

Man kann beobachten, daß die Geschichte der Soziologie der letzten hundert Jahre in immer größerem Maße von dem Begriff »Gesellschaft« geprägt wurde. Während dieser Begriff bis Ende des letzten Jahrhunderts mit größter Vorsicht verwendet wurde, ist er nun vorherrschend geworden. Die Konzeptualisierung beschränkte sich zunächst auf die Festlegung der Kategorien, die es ermöglichen, die »Gesellschaft« logisch zu erfassen. Seit den zwanziger Jahren jedoch setzte sich das Bild der Gesellschaft und des gesellschaftlichen Systems als Kernpunkt der soziologischen Darstellung immer mehr durch. Nach den fünfziger Jahren enthielt der Begriff »Gesellschaft« die Ideologie, mit der das zukunftsgläubige Amerika Europa seine Denkschemata aufzwingen wollte.[2] Heute schließlich kann man sagen, daß fast alle totalitären Tendenzen unter dem Begriff »Gesellschaft« laufen. Wenn man eines Tages die Geschichte dieses Begriffes schreiben wird, so wird man feststellen, daß er, indem er sein Hauptaugenmerk auf die Wahrnehmung der Gesamtheit und der zum Teil außerhalb der Erfahrung liegenden Einheit[3] richtet, die Kenntnis dessen verhinderte, was die Gesellschaft eigentlich ist, d.h. die Kenntnis der Prozesse, aufgrund deren sich eine Person mit einer anderen zusammentut oder sich von ihr distanziert. Während uns die Vorstellung eine stabile Einheit zeigt, zeigt uns die Realität hingegen soziale Veränderungen. *Die Gesellschaft an sich ist der Prozeß, der zu Veränderungen der Formen des menschlichen Zusammenlebens führt.* Das, was wir gemeinhin »Gesellschaft« nennen, ist im Gegensatz dazu nur eine *Wahrnehmung*, die Einheit und Stabilität berücksichtigen möchte und aus Gründen der Symmetrie den Wandel außer acht läßt. Obwohl die Gesellschaft nur mit Hilfe von Theorien der sozialen Prozesse verstanden werden kann, hat die Tendenz, lediglich Einheit – die nur ein Produkt unseres Intellekts ist – in Betracht zu ziehen, in den letzten zehn Jahren verhindert, daß diese Prozesse analysiert wurden. Der Begriff der Sozialisation, der anfangs ein neutraler Begriff war[4], wurde so zum Synonym für Integration. Auch Autoren, die nach den fünfziger Jahren Formen des sozialen Prozesses, wie z. B. den Konflikt, analysieren wollten, beschränkten ihr Interesse unter dem Einfluß der herrschenden Ideologie auf die verschiedenen Arten der Institutionalisierung des Konflikts.

Schon in den zwanziger Jahren hatte Georg Simmel festgestellt, daß die Vorstellung von »Gesellschaft« dazu bestimmt war, in Zukunft unsere »Lebenswirklichkeit« wiederzugeben, wobei das Individuum lediglich zu einem »Punkt sich kreuzender sozialer Linien würde, wenn nicht sogar zu einer reinen Hypothese wie das Atom«.[5] Diese ideologische Sachlage hat eine genaue Untersuchung der sozialen Prozesse unmöglich gemacht. Prozeß ist gleich Wandel[6], und um den Wandel zu begreifen, bedarf es einer *Theorie* nicht der Handlung, sondern *des Handelnden,* die nicht nur seine Fähigkeit als Vermittler zwischen Natur und Kultur hervorhebt, sondern auch die Möglichkeiten zur Realisierung seiner Ziele, die Ausdruck seiner Freiheit innerhalb der Grenzen bestimmter Gegebenheiten sind. Eine *Soziologie im humanistischen Sinne* kann nicht einen Teil der Realität zugunsten einer größeren Kohärenz der Vorstellung von ihr opfern. Der Wille und die Freiheit des sozial Handelnden gehören als unumstößliche Faktoren zur Realität. Eine Theorie des Akteurs und somit auch eine Theorie der sozialen Prozesse kann sich nur auf diese Spielräume des Willens und die Entscheidungsfreiheit des einzelnen stützen, auch wenn dadurch innerhalb der soziologischen Theorie ein *Raum der Unbestimmtheit* entsteht, der in Betracht gezogen werden muß.

Der Freiraum des Handelnden und der Unbestimmtheitsfaktor als grundlegendes Element für das Verstehen sozialer Prozesse können vielleicht durch den *Begriff »Spiel«* wiedergegeben werden. Dieser Begriff könnte eine wichtige Rolle in der soziologischen Theorie spielen, wenn auch sicher nicht im Sinne der »Spieltheorie«. Um diesen Begriff anwenden zu können, ist es vielleicht von Vorteil, noch einmal zu definieren, was Spiel ist und wie es sich im menschlichen Verhalten ausdrückt.

Da der sozial Handelnde auf verschiedene, wandelbare Anregungen reagiert, handelt er nicht nach einem bestimmten Muster und schafft somit die Voraussetzungen für den Ablauf von Prozessen. Zweifellos versucht der Handelnde, ein Bild der Kontinuität und der Kohärenz von sich selbst zu geben, doch erreicht er dieses

Ziel nicht so sehr durch einen Beweis als vielmehr durch *Rechtfertigung* und einen Komplex von Faktoren, die Pareto als »Derivationen« bezeichnet hat. Der sozial Handelnde ist überdies dem Druck einer zweifachen Realität unterworfen: Auf der einen Seite den inneren Trieben, die er zum Teil erkennt, von denen er einige auswählt, andere vermeidet oder völlig verdrängt oder zumindest zu kontrollieren versucht. Auf der anderen Seite der Umwelt mit ihrer zum Teil objektiv, zum Teil nur in der Einbildung bestehenden einengenden Realität: den tendenziell starren Institutionen mit ihren Forderungen, ihren Verboten und ihren Symbolen. Zwischen diesen beiden Kräften, d. h. der Natur und der Kultur, die gegeneinander wirken und sich gegenseitig zu beeinflussen versuchen, hat der soziale Akteur die Rolle des Vermittlers. Diese Vermittlerrolle ist nicht ausschließlich passiv. Sie wird auf der Basis einer objektivierten Position des Selbst ausgeübt, die es dem einzelnen ermöglicht, sich in einigen der vielfältigen Aspekte der beiden Realitäten, mit denen er konfrontiert wird, wiederzuerkennen, andere zu verdrängen und zu versuchen, sich wieder andere zu eigen zu machen. Doch hat er nicht nur die Funktion des aktiven Vermittlers, sondern auch die des *Verhandelnden* infolge des von ihm geäußerten Willens und der von ihm angestrebten Ziele. Er ist ständig in Verhandlung mit den beiden Realitäten und den damit verbundenen Zwängen und Grenzen. Der soziale Akteur, der sich konfrontiert sieht mit der Dimension der sozialen Persönlichkeit, deren innere Triebe in der Gesellschaft Erfüllung suchen, und mit einer Rolle, die die Ansprüche der Kultur vertritt, zeigt eine dritte Identität, und zwar die eines aktiven Subjektes, d. h. nicht nur eines Vermittlers zwischen der inneren und der äußeren Welt, sondern auch eines Trägers eines eigenen Willens, eigener Ziele und eines eigenen Planes zur Interaktion im Rahmen der durch die beiden Realitäten gesetzten Grenzen. Aus diesem Grunde verhandelt der Mensch in der Gesellschaft ständig mit den beiden Realitäten. Einerseits ist er sich eines bestimmten Zusammengehörigkeitsgefühls, einer Gruppenzugehörigkeit und gemeinschaftlicher Werte bewußt, andererseits verspürt er aber die Notwendigkeit, die sich selbst gesetzten Ziele auch gegen eventuelle Widerstände durchzusetzen. Vielleicht ist gerade das der Sinn der beiden Hauptkategorien von Residuen, die Pareto als »Persistenz der Aggregate« und »Instinkt der Kombinationen« bezeichnet hat.[7] Doch haben diese Kategorien eine sehr viel komplexere Bedeutung, als Pareto jemals annehmen konnte. Der Erfolg als Vermittler und Verhandelnder bestimmt die Besonderheit und die Identität des Akteurs, die sowohl den Gemeinsinn als auch das Streben nach Freiheit durch die Verfolgung eigener Ziele einschließen müssen. Die Autonomie des Akteurs als Hauptfigur der sozialen Prozesse ergibt sich aus eben dieser Bipolarität, in der er sowohl als Mitglied einer Gemeinschaft als auch als Träger eines unabhängigen Willens, der sich in der Verfolgung sich selbst gesetzter Ziele ausdrückt, gesehen wird.

Aus der Vermittlung und der Verhandlung, die vom Individuum geführt werden, ergibt sich das Handeln, das also Ergebnis eines Prozesses ist und zur Sozialität als Prozeß führt. Das, was an der Gesellschaft im engsten Sinne Gesellschaft ist, ist diese Aufeinanderfolge von sozialen Prozessen, aus der wir nur im nachhinein ein einheitliches Bild der realen Gesellschaft und, fast als Folge davon, die Vorstellung einer idealen Gesellschaft sowie ein Gesellschaftsideal ableiten können.

Diese Folge von Prozessen, die zur Sozialität und damit auch zur Gesellschaft als aus der Realität resultierendem abstrakten Bild führt, ist das, was Simmel als *»Vergesellschaftung«* bezeichnet hat. Nur können diese Prozesse aus Mangel an entsprechenden Konzeptualisierungen bisher nicht ausreichend beschrieben werden, und zwar weder durch eine *Handlungstheorie,* die einseitig von den inneren Trieben ausgeht, um den Ausgangspunkt des Handelnden zu verstehen, noch durch eine *Strukturtheorie,* die die Beschränkungen der Handlungsfreiheit analysiert, und auch nicht durch eine Kombination der beiden Theorien, die sogenannte *Theorie der Strukturierung*. Die genannten Theorien beschreiben bestimmte Elemente der sozialen Prozesse, doch nicht den Prozeß selbst. Der soziale Akteur ist mehr als nur einfacher Vermittler zwischen zwei Realitäten, d. h. zwischen Natur und Kultur, und mehr als nur ein Handelnder, der die Realität mitstrukturiert. Der Akteur hat die freie Entscheidung bei der Auswahl der eigenen Ziele und den Willen, sie durchzusetzen und für sie mit den Vorstellungen der inneren und äußeren Welt zu verhandeln. Dieser Tatbestand kann nicht als Strukturierung dargestellt werden, sondern muß in seiner Dynamik als sozialer Prozeß gesehen werden, für dessen Beschreibung uns noch keine geeigneten Begriffe zur Verfügung stehen.

Wir wollen im folgenden versuchen, uns mit dieser »Begriffsbil-

dung« näher zu befassen. Bei den sozialen Prozessen wird der Prozeß im eigentlichen Sinne, d. h. nicht das automatische Sich-Wiederholen von Aktion und Reaktion, sondern jene intensive und lebhafte Interaktion, die durch unvorhersehbare Möglichkeiten bereichert werden kann, von den für den einzelnen entscheidenden eigentlichen Werten, wie z. B. Personen, Dinge, Ideen oder Symbole, bestimmt. Der Wert, den wir einer Person oder Sache beimessen, erzeugt eine Spannung in der Persönlichkeit, die durch intensive Interaktion abgearbeitet wird, wobei der Wille des Akteurs eine entscheidende Rolle spielt und den sozialen Prozessen eine unvorhersehbare Richtung geben kann. Das Verhandeln mit Natur und Kultur weicht von den üblichen Schemata ab, und der Akteur behauptet erneut seine Handlungsfreiheit. In dem Maße, in dem in einer Beziehung persönliche Werte im Spiele sind, wird der von ihr ausgelöste soziale Prozeß vom Willen bestimmt und bewegt sich außerhalb der Zwänge von Natur und Kultur. Beweis dafür ist die Zeit, eine der widerstandsfähigsten Strukturen der Kultur, die durch die inneren Spannungen einer Person und durch den auf das durchzusetzende Ziel gerichteten Willen fast ausgeschaltet wird. Wenn uns etwas interessiert und eine innere Spannung in uns auslöst, vergeht die Zeit wie im Fluge, ohne daß wir es bemerken. Von den uns umgebenden Dingen hat das Bild der Gesellschaft sicherlich einen geringeren Stellenwert als die Realität der Sozialität, und in der Sozialität gibt es bestimmte Beziehungen, die authentische Prozesse auslösen und somit zu sozialen Veränderungen führen.
Genau diese intensiven Prozesse können theoretisch am wenigsten erfaßt und analysiert werden. Die innere Spannung des Individuums im sozialen Prozeß macht es unmöglich, einzelne Momente und Tendenzen festzuhalten, die einander folgen, sich überschneiden und widersprechen. Vielleicht ist nichts so ungreifbar und interaktiv wie die Liebe, durch die die extrem intensive innere Spannung des einzelnen in die Interaktion projiziert wird. Gerade deshalb ist es so schwierig, die Liebe mit Hilfe begrifflicher Schemata für soziale Beziehungen zu beschreiben. Viele Soziologen haben es schon versucht[8], doch mit einem für die allgemeine Sozialtheorie unbefriedigenden Ergebnis. Das Sich-Verlieben erfolgt nach überaus komplexen Regeln der Interaktion, so daß es nur sehr schwer in einzelne, für die Sozialanalyse geeignete Begriffe zerlegt werden kann. Georg Simmel war

überzeugt, daß er die Vielschichtigkeit dieser Prozesse vereinfachen könne mit Hilfe des Konzepts »Leben«, das er in Dichte, Intensität und im Widerspruch zum Formgedanken mit seiner tendenziellen Starre und Periodik diesem gegenüberstellte. Doch umgeht er damit die Vielschichtigkeit der sozialen Prozesse, ohne sich wirklich mit ihnen auseinanderzusetzen und sie zu analysieren. Das Konzept »Leben« gibt zunächst einmal ein einheitliches Bild der Veränderungen wieder, das die Vorwärts- und Rückwärtsentwicklungen, das Zusammen- und Gegeneinanderlaufen jener Tendenzen nicht zu berücksichtigen vermag, die z. B. im Verhandeln des einzelnen impliziert sind und die Sozialität im eigentlichen Sinne mitbestimmen. Außerdem ist das Konzept »Leben«, auch wenn es auf eine einzelne Person bezogen wird, eine abstrakte Vorstellung, die keinen bestimmten Moment wiedergibt[9] und zugleich eine Einheitlichkeit herstellt, die de facto nicht besteht.[10]

Alle Interaktionen, die zu den intensiven sozialen Prozessen gehören und aufgrund ihres Wertes und der sie auslösenden Spannungen nicht von unilinearen Schemata in ihren Komponenten gefaßt werden können, werden gemeinhin unter dem Namen *»Spiel«* zusammengefaßt. Man spricht vom Leben als von einem Spiel, um die Distanz zwischen Zufall und Notwendigkeit aufzuzeigen.[11] Man spricht von einem Kräftespiel, um eine Situation zu beschreiben, die von nicht genau bestimmbaren Faktoren bedingt wird. Man spricht vom Spiel der Liebe, um die an sich widersprüchlichen Augenblicke zu beschreiben, die die gegenseitige Anziehung auslösen, wenn auch nie in geradlinig verlaufender Form.[12] Man spricht von Spiel auch im abstrakten und symbolischen Sinne, wenn es um die Herausforderung des Schicksals geht, um die Herausforderung eines anderen oder um die Beschreibung einer Situation, in der selbst in einem rituellen oder fingierten Kontext der volle Einsatz der inneren Spannung des Selbst geboten wird. Denken wir also über den Begriff »Spiel« nach und versuchen wir, ihn als mögliche Kategorie einer soziologischen Analyse zu betrachten, die für die Theorie der sozialen Prozesse nützlich sein könnte. Dieses Vorgehen ist vor allem dann sinnvoll, wenn man sich vergegenwärtigt, daß zur Beschreibung der sozialen Prozesse von den Freiräumen des Handelnden ausgegangen werden muß und nicht von den Zwängen, denen er durch den Druck von außen und innen ausgesetzt ist. Der Begriff

»Spiel« scheint am besten geeignet, den Begriff des Prozesses oder der Interaktion von innen her wiederzugeben. Zweifellos enthalten gerade diese Begriffe Erwartungen, Vorstellungen, Möglichkeiten, Alternativen, Widersprüche und Spannungen, die das Bild der Sozialität in ihrem Wandel wiedergeben und typisch für den in seinem Spiel gefangenen Spieler sind. Wir werden uns deshalb einerseits mit dem tieferen Sinn des Spiels als Verhaltensweise und Situation und andererseits mit der theoretischen Bedeutung, die der Begriff »Spiel« für die Theorie der sozialen Prozesse hat, auseinandersetzen.[13]

Das, was das Wesen des Spiels ausmacht, ist nicht die Gesamtheit der Regeln, die eine Situation definieren und von denen man annimmt, daß sie das Verhalten des Akteurs bestimmen, sondern die Fähigkeit des Akteurs, sich die Regeln zur Erlangung seiner eigenen Ziele zunutze zu machen. Die Spielregeln stellen die Bedingungen der Realität dar, in deren Rahmen sich der einzelne durchsetzen muß. Der Vergleich ist jedoch ungenau, da *sich*, wie wir sehen werden, die *Regeln nicht während des Spiels ändern*, sie nur *für die Dauer des Spiels gelten*[14] und *sich der Spieler gewöhnlich vollkommen mit ihnen identifiziert*. Der Spielraum hingegen wird durch den *Freiraum des Handelnden* bestimmt, der sich im Spiel innerhalb der Regeln und im Leben innerhalb der persönlichen und kulturellen Bedingungen verwirklicht. Während das Spiel in allen seinen Einzelheiten starr festgelegt und bekannt ist und allgemein in dieser Form akzeptiert wird, sind die sozialen Prozesse abhängig vom Handelnden, der *zunächst mit sich selbst spielt*, insofern, als er durch eine bestimmte Entscheidung und eine aufmerksame Überprüfung jene Triebe erkennt, vermeidet, ausschaltet oder sublimiert, die Reaktionen auslösen könnten, die mit der äußeren Realität nicht vereinbar wären oder die letzten Endes nicht dem »Lustprinzip« entsprechen würden. Die Stellung des Spielers im institutionalisierten Spiel ist also wesentlich einfacher als die des Individuums, das sozial handelt. In erster Linie nimmt das Spiel nur begrenzten Raum und begrenzte Zeit in Anspruch, und sein Sinn liegt darin, dem Druck der Realität zu entgehen. In zweiter Linie wird der Spieler nur der Situation »Spiel« ausgesetzt und muß nicht zwischen zwei Realitäten vermitteln, d. h. zwischen der Kultur, die den einzelnen festzulegen versucht, und der Natur, die versucht, alle Hindernisse auf dem Wege zur Lust zu überwinden. Darüber hinaus werden die Regeln eines Spiels ohne Vorbehalte als Voraussetzung für seine Durchführung akzeptiert. *Der Spieler spielt nicht mit den Regeln, sondern er geht von den Regeln aus:* Er stellt sie nicht in Frage, er verändert sie nicht – sie sind die Voraussetzung für eine künstliche, doch endgültig festgelegte Realität. Der Akteur hingegen beginnt mit den ihn beeinflussenden Regeln, mit denen er sich nur teilweise identifiziert, und zwar insoweit er sich mit der ihn umgebenden Kultur identifiziert, zu spielen. Schließlich muß noch festgehalten werden, daß sich die Spielregeln und die daraus resultierenden Zwänge für den Spieler nicht während des Spiels verändern, wie es im Verlaufe sozialer Prozesse geschieht.

Alle diese Unterschiede bringen uns zu folgendem Schluß: Der Versuch, die realen Lebensbedingungen und die soziale Interaktion durch die Spieltheorie zu beschreiben, muß als zum Scheitern verurteilt betrachtet werden. Im Zusammenhang mit der Entwicklung der Sozialität ist die Spieltheorie eine Darstellung, die von Voraussetzungen – wie den Bedingungen des Spiels – ausgeht, die denen der Realität des Lebens in keiner Weise entsprechen. Diese Theorie beschränkt sich auf das »dargestellte Spiel«, das ausschließlich auf bestimmten Regeln basiert, und gibt in keiner Weise das wirkliche Verhalten des Akteurs wieder. Wir hingegen wollen im folgenden beweisen, daß der *soziale Akteur sich im Spiel selbst darstellt.*

Die *Neigung zum Spiel* muß prinzipiell als grundlegendes Merkmal des sozialen Akteurs betrachtet werden. Daher können die intensiven Interaktionen, die die sozialen Prozesse ausmachen, auch nicht ohne den Faktor Spiel interpretiert werden. In den sozialen Prozessen vermittelt der Akteur nicht nur innere und äußere Zwänge. Er ist auch aktives Individuum, das versucht, seinen Willen durchzusetzen, Antworten auf seine Erwartungen zu erhalten und die Vorstellungen zu verwirklichen, die er sich von den Beziehungen in der Interaktion gemacht hat, indem er spielerisch den *Freiraum ausnutzt*, den ihm die inneren und äußeren Zwänge lassen. Freiheit ist das Spiel, das der soziale Akteur spielen kann. Der Wille zeigt sich innerhalb und trotz der Zwänge der Realität.

Die Neigung des sozialen Akteurs zum Spiel liegt auf drei verschiedenen Ebenen. In erster Linie auf einer Ebene, die ich in logischem Sinne *vorsozial* nennen würde. Man könnte sie als *»Soziabilität«*, d.h. als soziale Aufgeschlossenheit des Akteurs für bestimmte Beziehungen, bezeichnen und auch als Distanz zwischen der Persönlichkeit und der geschaffenen sozialen Beziehung darstellen. Jede soziale Beziehung entsteht und entwickelt sich laut Simmel[15] mit bestimmten Vorbehalten eines Teils unseres Selbst, das an dieser Beziehung nicht mitwirkt und sie dennoch in ihrer Entwicklung selbst beeinflußt. Jede Form von Sozialität enthält als Grundelement, das abstrakt betrachtet werden kann, einen bestimmten Grad an *Soziabilität* des Akteurs, der als Nähe und Ferne der Persönlichkeit von der geschaffenen Beziehung beschrieben werden kann.[16] Die Stellung der Persönlichkeit innerhalb und außerhalb dieser Beziehung, d. h. das *Spielen der Individualität* mit den verschiedenen Situationen der Realität, verändert sich im Laufe der Entwicklung der Beziehung selbst und kann zu einer größeren Distanz wie auch zu einer Annäherung und größeren Spannung führen. Gerade dieses Kommen und Gehen, dieses Spielen der Persönlichkeit mit der Sozialität ist der entscheidende Faktor dafür, daß die Entwicklung der Interaktion durch ein strukturelles und funktionalistisches Modell beschrieben werden kann oder sich mit Spannung füllt, die den sozialen Akteur auch innerhalb einer Beziehung in das Spiel verwickeln kann. Die Soziabilität ist eine Haltung, die sich nur in den konkreten Formen der Sozialität zeigt, und zwar im Wechsel von Annäherung und Distanzierung, und die daher die Richtung bestimmt, in die sich die soziale Beziehung entwickeln soll.

Eine zweite Ebene, auf der der soziale Akteur seine Neigung zum Spiel zeigt, liegt innerhalb der sozialen Beziehungen selbst. Das bedeutet für den Akteur sowohl *ein Spielen mit den Regeln*, deren Gültigkeit ständig stillschweigend durch das Agieren im täglichen Leben[17] in Frage gestellt wird, als auch *ein Spielen zwischen den Regeln*, wobei der Freiraum, der dem Willen des einzelnen gewährt wird, mehr oder weniger ausgenutzt wird. Der Spielraum »zwischen« den Regeln darf weder zu groß noch zu klein sein. Wäre er zu groß, könnte der sozial Handelnde die *institutionalisierte Sicherheit* verlieren, auf deren Basis allein er sein Spiel riskiert. Auch das gesellschaftliche Leben *braucht seine Spielregeln, und die Regeln fordern zum Spiel heraus.* Wäre der Spielraum hingegen zu sehr begrenzt, sähe sich der einzelne zu sehr in seiner Handlungsfreiheit eingeschränkt, und damit verlöre seine Teilnahme am Spiel an Bedeutung, was ihn veranlassen würde, andere Werte, außerhalb der Institutionen oder gegen sie, zu suchen.

Eine Konfliktsituation entsteht demgemäß dann, wenn es keinen Spielraum mehr gibt oder zumindest wenn der soziale Akteur meint, keinen Spielraum mehr zu haben. Das Spiel erscheint folglich als kultureller Ausdruck der offenen und latenten sozialen Konflikte. Das Spiel ist die vielschichtigste und schwierigste Form des Konflikts, insofern es die natürliche Aggressivität erst kulturell und dann abstrakt verarbeitet. Der Konflikt wird also nicht dem Spiel angepaßt, sondern das Spiel kann als eine sublimierte Form des Konflikts betrachtet werden. Man darf nicht vergessen, daß eine der wichtigsten Aufgaben der Kultur die Abgrenzung und Festlegung der Individualität ist, die ihrerseits ständig darauf aus ist, die Grenzen und Verbote der Kultur durch Handeln nach dem »Lustprinzip« (Freud) zu durchbrechen. Es ist daher unvermeidlich, daß es in den sozialen Prozessen zu Momenten der Übereinstimmung zwischen den beiden Forderungen kommt, aber auch, in anderen Situationen, zu Momenten der Unvereinbarkeit, des Bruches und des Konflikts, mit denen sich der soziale Akteur auseinandersetzen muß. Durch Vermittlung und Spiel ist es manchmal möglich, Konfliktsituationen zu lösen oder zu sublimieren. In anderen Situationen reißt der zarte Schleier unserer Zivilisation, und es brechen Konflikte aus, die uns mit ihren bitteren Erfahrungen in die Urzeit des Menschen zurückversetzen. Daher hat die spielerische Einstellung eine wichtige Funktion nicht nur für den einzelnen.
Neben der vorsozialen und der sozialen gibt es noch eine dritte Ebene, auf der sich die Neigung des Individuums zum Spiel zeigt, und zwar die Ebene des *Spiels als Institution.* Hier ist das Spiel Darstellung des Lebens und der Gesellschaft. Diese Darstellung kann aber nur in dem Maße erfolgen, in dem unser Denkvermögen die Lebens- und Gesellschaftsbedingungen künstlich rekonstruieren kann. *Diese Möglichkeit ist im Spiel ebenso begrenzt wie im wissenschaftlichen Bereich*, und daher bringt uns die Spieltheorie auf dem Wege zur Realität keinen Schritt weiter. Das Spiel als Institution ist völlig auf das Bewußtsein seiner Abstraktion von der Realität des Lebens und auf das Bewußtsein der Begrenzung von Zeit und Raum begründet. Außerdem stützt es sich vollkommen auf die absolute Sicherheit und Gültigkeit der Regeln und auf die totale Vergesellschaftung des Spielers, der in der »Spielgesellschaft« ein Modell der perfekten Gesellschaft realisiert, in der Verhaltensweisen und Erwartungen mit absoluter Sicherheit fest-

gelegt sind. Diese Sicherheit ist die notwendige Voraussetzung für eine zuverlässige Wertung des Glücks oder der Geschicklichkeit des Spielers. In der in sich geschlossenen Welt des Spiels, die durch Zeit und Raum begrenzt und durch Regeln festgelegt ist, fordert jeder Spieler das Schicksal, den anderen, das Leitbild oder sich selbst heraus, nach dem Schema der vier Spielarten von Caillois: Agon, Alea, Mimikry und Ilinx.[18] Auf jeden Fall sind die Regeln, wie im Sozialen, nicht das Spiel. Das eigentlich Spielerische am Spiel sind in erster Linie die Art der Herausforderung der Realität und die Wahl der Person, an die das Individuum seine Herausforderung richtet. In zweiter Linie zählt die innere Spannung, mit der der Spieler innerhalb der vorgegebenen Regeln agiert, um die gewünschte Belohnung zu erhalten.

Warum widmet sich der Mensch so häufig der künstlichen Welt des Spiels? Er tut das nicht nur, um, wie oft gesagt wird, die *Wirklichkeit zu beschönigen* oder ihr gar zu entgehen, sondern auch oft, um die Spannung zu messen, die seine, in eine institutionalisierte Sicherheit gestellte Persönlichkeit zu schaffen fähig ist. Die Situation »Spiel« verändert nämlich die Art und Weise, in der unsere Persönlichkeit in sozialen Prozessen präsent ist. Im Spiel ergibt sich eine größere Ferne und gleichzeitig eine größere Nähe der Persönlichkeit zur sozialen Interaktion. Die größere Distanziertheit und die größere Gelassenheit resultieren aus dem Bewußtsein, daß man in einer künstlichen Welt handelt. Die größere Nähe resultiert aus der Verpflichtung, sich mit einer Situation auseinanderzusetzen, die *ausschließlich* durch das Glück oder die Geschicklichkeit des Spielers *entschieden* werden kann, der sich auf die institutionalisierte Sicherheit verlassen kann.

Noch ein weiterer Faktor spielt bei der Neigung des Menschen zum Spiel eine Rolle, und zwar die Möglichkeit, eine Scheinwelt zu schaffen, in der er sich eine Realität zu eigen machen kann, die andernfalls feindlich und fremd sein könnte. Es handelt sich hier um einen sehr wichtigen Faktor, der tief in uns verwurzelt ist. Er rückt das Spiel in den Bereich der Kunst oder des Theaters. Um diesen Mechanismus besser verstehen zu können, müssen wir das Spiel der Kinder beobachten. Oft wird das Spiel der Kinder als Ausdruck der Ausgeglichenheit und Sicherheit gesehen, wie man sie nur in einer ruhigen und geschützten Umwelt erlangen kann. Selten jedoch wurde das Spiel des Kindes als Versuch angesehen, sich die *Realität zu eigen zu machen*, die nach und nach in ihrer

Verschiedenheit von der dem Kind eigenen inneren Welt entdeckt wird, eine feindliche und beschwerliche Wirklichkeit, die bestimmte Sozialisationsmechanismen erzwingt und sich in der Übermacht des Willens der Erwachsenen zeigt. Das Kind spielt, um sich eine Welt nach Maß zu schaffen, die ihm gehört, in der es sich frei fühlen kann und aus der die Pflichten und Unfreundlichkeiten und die (wenn auch teilweise liebevollen) Forderungen der Erwachsenen verbannt sind.[19] Der spielende Erwachsene kopiert oft die Situation des Kindes und sieht im Spiel nicht nur die Möglichkeit, dem Druck der Realität zu entgehen, sondern auch die Möglichkeit, sich eine Realität zumindest symbolisch anzueignen, die ihm sonst fremd und feindlich erscheint. Hier führt uns das institutionalisierte Spiel auf seine religiösen Ursprünge zurück[20] und nähert sich der Funktion, die die Magie in jeder Gesellschaft ausübt.[21] Wie die Magie kann das Spiel eine *Aktivität mit rückschrittlicher Tendenz* werden, wenn der Druck der Realität bestimmte Grenzen überschreitet.

Der Zusammenhang, der zwischen dem Spiel und dem von der Realität ausgeübten Druck besteht, veranlaßt uns, die Tatsache, daß das Interesse für das institutionalisierte Spiel im Kollektivleben periodisch zunimmt und intensiver wird, von einem ganz bestimmten Gesichtspunkt aus zu betrachten. Neuerdings nehmen bestimmte Arten von Spielen zu, vom Spiel an der Börse bis hin zu Glücksspielen und »Gesellschaftsspielen«. In einigen Ländern haben sie sich dermaßen verbreitet, daß man von einem wahren »Spielfieber« sprechen kann.[22] Es ist immer schwierig, eine einfache Erklärung für komplexe Phänomene zu geben; es ist aber sicher, daß das Interesse des Menschen für das institutionalisierte Spiel immer dann erheblich zunimmt, wenn der Spielraum des sozialen Akteurs innerhalb der Gesellschaft entweder zu klein oder zu groß wird. Eine Gesellschaft, deren Vorschriften bis in die intimste Privatsphäre reichen, kann sich zwar als Modell zweifellos noch entwickeln oder die einem sich aus dem Kollektivleben zurückziehenden Individuum[23] entstehenden Nachteile ausgleichen, doch nimmt sie dem sozialen Akteur einen Teil seines Spielraums. Die sich aus dieser Situation ergebende Frustration und Entfremdung gehen in das institutionalisierte Spiel ein, in den Versuch, sich eine zunehmend fremder werdende Realität wieder zu eigen zu machen. Das Spiel absorbiert also nicht nur die Neigungen des Akteurs, die im Kollektivleben keinen Raum finden, sondern auch die Ideale des einzelnen, die durch den eintönigen Mechanismus des reglementierten Lebens erstickt werden. Vielleicht bekämpft, verbietet oder reglementiert das politische Establishment gerade deshalb das Spiel in bestimmten anormalen Situationen. Das war schon im alten Rom so und ist heute in den modernen Gesellschaften auch nicht anders. Vielleicht soll der Spielinstinkt, der – ausgedrückt in Gesellschaftsspielen und in der Projektion von Idealen enthalten – sich als »Instinkt der Kombinationen« auf das Kollektivleben auswirken könnte, so gebremst werden.

Wir haben nun beschrieben, wie sich die Neigung des sozialen Akteurs zum Spiel als Form der persönlichen Freiheit auf drei Ebenen, der vorsozialen, der sozialen und der institutionellen Ebene, verwirklicht. Die These, die wir hier beweisen wollen, lautet: Die Neigung zum Spiel ist nicht nur ein Hauptmerkmal des sozialen Akteurs; sein sich auf den zuvor beschriebenen Ebenen realisierender Spieltrieb muß notwendigerweise in Betracht gezogen werden, wenn in der soziologischen Theorie soziale Prozesse berücksichtigt werden sollen.[24] Sicher gibt es im sozialen Akteur andere Tendenzen, die ein Gegengewicht zum Spieltrieb bilden und mäßigend wirken. Es handelt sich vor allem um das Zusammengehörigkeitsgefühl, die Bindung an eine Gruppe, das Bewußtsein, in einer bestimmten Zeit und einem bestimmten Raum zu leben und einer gesellschaftlichen Schicht anzugehören. Diese Tendenzen könnten als Residuenkategorie unter dem von Pareto geprägten Begriff der »Persistenz der Aggregate«[25] zusammengefaßt werden. Aber all das, was im Sozialleben der eigentliche Prozeß ist, wird durch die Fähigkeit des Akteurs zum Spiel in Gang gesetzt. In der soziologischen Theorie wird bei der Darstellung der komplexen Interdependenz des menschlichen Handelns die Fähigkeit des Individuums zum Spiel oft nicht in Betracht gezogen, vielleicht um die Symmetrie der wissenschaftlichen Darstellung nicht zu gefährden. Es wird jedoch zugegeben, daß man die Beziehungen der Interdependenz nicht in ein System zwängen kann, und zwar nicht nur deshalb nicht, weil jede Beziehung an sich von bestimmten Vorbehalten des sozialen Akteurs beeinflußt ist, sondern auch deshalb nicht, weil jede Situation für den Handelnden eine Anzahl von Spielvarianten enthält, die nicht in einem von Einförmigkeit und Wiederholungen geprägten Schema zusammengefaßt werden können.

Der soziale Akteur beweist seine Handlungsfreiheit, indem er *sich* durch das Spiel *profiliert,* jenseits der ihm durch Zeit und Raum zugewiesenen Identität und Zugehörigkeit. Der eigentliche Spielraum des Akteurs ist die *»Indeterminationszone«*, von der die intensivsten und sozial wichtigsten Prozesse ausgehen. Die Kombination der oben beschriebenen drei Spielebenen könnte natürlich zu der Annahme verleiten, daß die Sozialität ausschließlich auf die Dimension »Spiel« beschränkt bleibt und daß die Soziologie lediglich imstande ist, die Muster sozialer Prozesse zu beschreiben. Doch auch das wäre eine einseitige Illusion, da die kulturellen Kräfte stets stark genug sind, um die Individualität zu beschreiben, sie einzugrenzen und festzustellen. Die spielerische Dimension bedeutet also, daß es, vor allem in der heutigen, an formaler Freiheit so reichen Welt, im Handlungsbereich nicht nur eine Alternative für den Akteur gibt, sondern daß immer mehrere Entscheidungen möglich sind. Die Anerkennung des Faktors Spiel als Hauptmerkmal des sozialen Akteurs und als beschreibende Kategorie für die sozialen Prozesse, wobei den Absichten des Akteurs bei der Interaktion eine *bestimmte Indetermination* zugeschrieben wird, eröffnet der soziologischen Analyse über die Handlungs- und Strukturtheorie hinaus neue Möglichkeiten. Wenn die soziologische Analyse nicht als das verstanden wird, *was sein soll,* sondern als *Fülle von Möglichkeiten,* an denen sich der Wille des sozialen Akteurs orientieren kann, dann können geeignete *Konzeptualisierungen* nur durch eine *Theorie des Spiels* gefunden werden, um Absichten und Prozesse zu beschreiben. Von seiten des sozialen Akteurs gibt es dabei keinerlei Vorbehalte gegenüber den eigentlichen Prozessen, die als Spiel definiert werden können. Auch wenn der soziale Akteur niemals bereit ist, die Dinge, an die er glaubt, »aufs Spiel zu setzen«, so sind es andererseits gerade seine »Werte«, die jene Prozesse auslösen, die wir notwendigerweise mit Hilfe der Kategorie »Spiel« beschreiben müssen. Wenn die Soziologie nur *»Erkenntnisexperiment«*[26] sein kann, so kann die Kategorie der Indetermination, die mit Hilfe der Kategorie des Spiels zur Beschreibung sowohl der Absichten des Akteurs als auch der intensivsten sozialen Prozesse eingeführt wurde, von großer Bedeutung sein bei der Bewahrung dieser Erkenntnis vor Improvisation oder reiner Intuition und bei der Bewahrung einer humanistischen Konzeption der Sozialwissenschaften.

Anmerkungen

1 Dieser Aufsatz ist nur der erste Teil einer umfassenderen Abhandlung zu diesem Thema, die zur Zeit in Arbeit ist. Ich widme diese Seiten Friedrich H. Tenbruck, der mir bei einem Besuch in seinem Hause in Tübingen die wesentlichen Anregungen dazu gab, und Herrn Arnold Zingerle, der mit mir in Bayreuth ausführlich darüber diskutierte.

2 Zum ideologischen Gebrauch des Begriffs »Gesellschaft« siehe F. H. Tenbruck, *Die unbewältigten Sozialwissenschaften oder Die Abschaffung des Menschen,* Graz/Wien/Köln 1984.

3 In diesem Zusammenhang hatte Pareto schon die Unsicherheit und einen möglichen ideologischen Gebrauch des Begriffs »Gesellschaft« gesehen. Siehe V. Pareto, »L'individuale e il sociale«, wiederabgedruckt in: C. Mongardini (Hg.), *Vilfredo Pareto dall'economia alla sociologia,* Rom 1973, S. 193 ff.

4 Schon 1894 hatte Simmel »Vergesellschaftung« in diesem Sinne gemeint. Siehe G. Simmel, »Das Problem der Soziologie«, wiederabgedruckt in: G. Simmel, *Das individuelle Gesetz. Philosophische Exkurse,* hg. von Michael Landmann, Frankfurt 1968.

5 Siehe G. Simmel, »Der Konflikt der modernen Kultur«, wiederabgedruckt in: G. Simmel, *Das individuelle Gesetz,* a.a.O., S. 153.

6 Auch wenn der Wandel eine Wiederholung ähnlicher Erfahrungen nicht ausschließt.

7 Siehe V. Pareto, *Trattato di sociologia generale,* 3. Auflage, Mailand 1964, Abschnitt 889 ff.

8 Vgl. unter anderem G. Simmel (siehe »Fragment über die Liebe«, wiederabgedruckt in: G. Simmel, *Brücke und Tür,* Stuttgart 1957) und neuerdings F. Alberoni (siehe *Innamoramento e amore,* Mailand 1979) und N. Luhmann (siehe *Liebe als Passion. Zur Codierung von Intimität,* Frankfurt 1982).

9 »Wir alle«, so Simmel, »sind Fragmente, nicht nur des allgemeinen Menschen, sondern auch unserer selbst« (siehe G. Simmel, *Soziologie. Untersuchungen über die Formen der Vergesellschaftung,* 5. Auflage, Berlin 1968, S. 25).

10 Die gleiche Erfahrung und die gleichen Gefühle werden von derselben Person nie auf die gleiche Art gelebt. Wie ist es also möglich, »ein« Leben zu identifizieren, wenn mindestens drei ineinandergreifende lebensnotwendige Prozesse nebeneinanderherlaufen?

11 Siehe J. Monod, *Zufall und Notwendigkeit,* München 1975, und M. Eigen/R. Winkler, *Das Spiel. Naturgesetze steuern den Zufall,* 2. Auflage, München 1985.

12 »Es ist nun einmal das Wesen menschlicher Seelen«, schreibt Simmel, »sich nicht von einem Faden aneinanderbinden zu lassen, so sehr die wissenschaftliche Analyse auch erst bei den elementaren Einheiten in

ihrer spezifischen Bindekraft halt macht« (G. Simmel, *Soziologie*, a.a.O., S. 191).

13 Unsere Aufgabe wird dadurch erleichtert, daß in der modernen Gesellschaft die Tendenz zum Spiel sowohl in institutionalisierter Form als auch als Ausdruck von Freiheit innerhalb der Institutionen stark zunimmt.

14 Auf dieser Grundlage wurde unterschieden zwischen »endlichem« und »unendlichem« Spiel. Siehe J. P. Carse, *Finite and Infinite Games*, New York 1986.

15 Siehe G. Simmel, *Soziologie*, a.a.O., S. 27.

16 Dabei kann es sich um eine Beziehung handeln, die in gewisser Weise der eines Fremden zu einer bestimmten Kultur ähnlich ist. Viele Merkmale, die das Bild des »Fremden« charakterisieren, können auf den Zustand »Nähe–Ferne« der Persönlichkeit durch eine große Anzahl typischer Beziehungen in der modernen Gesellschaft übertragen werden. Zum Bild des Fremden siehe S. Tabboni (Hg.), *Vicinanza e lontananza. Modelli e figure dello straniero come categoria sociologica*, Mailand 1986.

17 Siehe dazu auch H. Popitz, *Die normative Konstruktion von Gesellschaft*, Tübingen 1980, S. 1 ff.

18 Siehe R. Caillois, *Les jeux et les hommes. La masque et la vertige*, Paris 1967.

19 Siehe dazu S. Freud, *Jenseits des Lustprinzips*, 3. durchgesehene Auflage, Leipzig 1927.

20 Siehe unter »Spiel« in *Die Religion in Geschichte und Gegenwart. Handwörterbuch für Theologie und Religionswissenschaft*, hg. von K. Galling, 3. Auflage, Tübingen 1962, Band VI, S. 244.

21 Siehe zu diesem Thema meinen Aufsatz »Über die soziologische Bedeutung des magischen Denkens«, in: A. Zingerle/C. Mongardini (Hg.), *Magie und Moderne*, Berlin 1987.

22 Zu diesem Phänomen empfiehlt sich die Lektüre der Wochenzeitung *Die Zeit* vom 27. 2. 1987. Zum Spiel an der Börse im besonderen siehe die Tageszeitung *La Stampa* vom 28. 10. 1986.

23 Siehe dazu meinen Aufsatz »Legittimazione e consenso in una società in trasformazione«, in: A. Ardigo / A. Giddens / R. Loewenthal / N. Luhmann/C. Mongardini/G. E. Rusconi, *La società liberal-democratica e le sue prospettive per il futuro*, Rom 1983.

24 »Die Umstellung von soziologischen Theorien, in denen sich menschliche Gesellschaften oder auch die ganze Menschheit als normalerweise unveränderliche Menschengefüge darstellen, zu einer Theorie, in der sie als Prozesse ohne Ende erkennbar werden, ist gewiß nicht einfach. Aber erst wenn man sie zu vollziehen vermag, erhält das Problem der langfristigen ungeplanten Trends der Gesellschaftsentwicklung, das bei dem theoretischen Rückzug auf scheinbar unverän-

derliche Gesellschaftssysteme oder auf rein gegenwartsbezogene empirische Untersuchungen verlorengeht, seine volle Bedeutung« (N. Elias, »Zur Grundlegung einer Theorie sozialer Prozesse«, in: *Zeitschrift für Soziologie* 6/2 [1977], S. 127-149, hier S. 140).

25 Nur so kann man das Vorhandensein und die heuristische Gültigkeit der beiden Residuen, die Pareto eben als »Instinkt der Kombinationen« und »Persistenz der Aggregate« bezeichnet, erfassen.

26 Siehe C. Mongardini, *Epistemologia e sociologia*, Mailand 1985, S. 24 ff.

Josef Bleicher
Die kulturelle Konstruktion sozialer Identität am Beispiel Schottlands

1. Einleitung: Soziale Identität und Nationalismus

Das Verhältnis von *Kultur* und *Sozialstruktur*, das in diesem Beitrag behandelt wird, dreht sich um die strukturellen Bedingungen, unter denen soziale Identität zu einem Problem wird.
Der Aspekt der »Konstruktion«, auf den der Titel hinweist, bezieht sich dann auf das Selbstverständnis einer Gruppe. Wenn es einmal von der vorreflexiven Haltung des Alltagslebens in die Sphäre der bewußten Formulierung und Verbreitung gelangt, benötigt es die mediativen und interpretativen Bemühungen interessierter Zirkel, die ich mit Bourdieu (1984) als »kulturelle Produzenten« bezeichnen möchte. In dem vorliegenden Fall, der Konstruktion von *Scottishness*, konnte sich die Suche nach sozialer Identität auf »die Nation« beziehen, so daß soziale Identität als *kultureller Nationalismus* bezeichnet werden kann.
Die analytische Unterscheidung zwischen *kulturellen* und *politischen* Formen des Nationalismus erhält ihre Berechtigung durch die Erkenntnis, daß ein gewisser Grad an Gemeinschaftlichkeit, an kultureller Integration, eine Vorbedingung für die erfolgreiche politische Artikulation von möglichen »nationalen« Interessen oder Problemen darstellt.

2. Kultur, Nation und das Fehlen eines politischen Nationalismus

Hier befasse ich mich hauptsächlich mit dem kulturellen Nationalismus, der Artikulation von *Scottishness* als einer eigenständigen kulturellen Identität innerhalb des britischen Staates, und mit seinem Verhältnis zum politischen Nationalismus. Die Problemstellung, die hier angesprochen wird, läßt sich in der Frage »Warum nicht mehr politischer Nationalismus?« formulieren.
Die Frage klingt zunächst überraschend, da das Gefühl, »schot-

tisch« zu sein, einen vorrangigen Platz in der Auto- und Heterotypifikation der Einwohner einnimmt; dieses Gefühl durchdringt das Alltagsleben[1] und ist in sozialen Institutionen fest verankert (der »Church of Scotland«, dem Rechtswesen, dem Schulsystem usw.). Eine schottische Identität hat sich über Jahrhunderte in der Erfahrung geformt, eine »verhängnisvolle Schicksalsgemeinschaft« [*terminal community of fate*] – nach Geertz' (1984) treffender Definition von »Nation« – zu bilden. Das »Abgrenzungsproblem«[2], das sich dabei stellt, wurde schon lange gelöst: Trotz interner Konflikte und Differenzen, besonders in bezug auf Klassenstruktur, Religion, Regionalkultur und politische Neigung, stellt die Gewißheit, »nicht-englisch« zu sein, einen übergreifenden Bezugspunkt dar. Was zu fehlen scheint, ist der klare Wille, diese Elemente einer kulturell untermauerten sozialen Identität in politische Praxis umzusetzen, die Wandlung von einem kulturellen zu einem politischen Nationalismus zu vollziehen – mit beispielsweise Separatismus, Föderalismus oder mehr Selbstregierung (*devolution* oder *home rule*, wie es früher genannt wurde) als Ziel.

Wir sind also mit einem Paradoxon konfrontiert: »Schottland hat ein klar abgegrenztes Territorium und ein stark ausgebildetes Nationalgefühl, aber eine traditionell unterentwickelte politische Identität.«[3]

Ich möchte hier darlegen, daß *Scottishness* als soziale Identität aus guten, strukturellen Gründen unterpolitisiert ist – statt ein Paradoxon oder einen Mangel irgendwelcher Art darzustellen. Es sollte möglich sein, die Umstände zu bestimmen, die zu einem *kulturellen* Nationalismus führten, ohne einer Art von politischem Radikalismus nach sich zu ziehen, der sich in den Augen einiger Beobachter als »echter« Nationalismus darstellen würde. Es könnte ja sein, daß die letztere Ansicht auf unerhellten Annahmen darüber beruht, was denn »Nationalismus« sei (oder treffender: sein soll), und dabei nicht nur die schottische soziale Identität, sondern Nationalismus allgemein zu verengt betrachtet. Als »echt« wird Nationalismus in bezug auf Schottland oft nur angesehen, wenn er Forderungen nach politischer Macht und wirtschaftlichen Ressourcen beinhaltet – ebenso wie seine »wirklichen« Ursachen in der politischen Desintegration des britischen Staatengefüges und ungleicher kapitalistischer Entwicklung zu suchen wären. Jede andere Manifestation der Suche oder Erhal-

tung sozialer Identität würde bestenfalls zu einer Art »Sub-Nationalismus« führen, wie Nairn (1981) es bezeichnet.
Um diesen Problemen näher zu kommen, wäre es nützlich, nationalistische Bewegungen als besondere Formen eines weitläufigen Prozesses, dem der Suche und Artikulation sozialer Identität, zu betrachten und folgende Fragen zu stellen:

1) Welche strukturellen Bedingungen lassen sich ausfindig machen für das Zum-Vorschein-Kommen eines kulturellen Nationalismus und die *Konstruktion* einer ethnischen Identität, d.h. hier der *Scottishness*?
2) Warum hat bis jetzt noch kein Übergang zu einer wirkungsvollen »politischen Ethnizität« – wie Geertz (1975) den (politischen) Nationalismus definiert – stattgefunden?

Wenn diese Fragen unter Bezugnahme auf Schottland behandelt werden, ist es vielleicht anschließend möglich, allgemeinere Schlüsse über das Verhältnis von *Kultur* und *Sozialstruktur* bei der Herausbildung und Schaffung von sozialer Identität zu ziehen.

3. Kultur, Modernität und soziale Identität

Die Aufgabe, das Verhältnis von *Kultur* und *Sozialstruktur* bei der Konstruktion sozialer Identität zu klären, ist durch einen kürzlich erschienenen Beitrag zum Thema, Ernest Gellners *Nations and Nationalism* (1983), erleichtert worden. Allerdings führt eine genauere Betrachtung des Beispiels Schottland dazu, einige von Gellners Einsichten zu modifizieren.
»Kultur«, als sozialer Prozeß und als Konzept, ist direkt mit einem zentralen makrostrukturellen Wandel verbunden: der Entwicklung der *Modernität.* Wenn wir unter »Kultur« hier eine »Lebensweise« verstehen können, dann führt uns diese Perspektive zu der Annahme, daß

> »die allgemeine Entstehung der Modernität von der Erosion der mannigfaltigen, kleinen bindenden örtlichen Organisationen abhängt und von deren Ersetzung durch bewegliche, anonyme Kulturen, die sich der Schrift bedienen und Identität anbieten können« (Gellner 1983, S. 86).

Dieser Prozeß also formt den Gegenstand dieser Untersuchung der kulturellen Konstruktion sozialer Identität innerhalb eines historischen Zusammenhangs, der, in Gellners bündiger Formulierung, durch den Übergang von »strukturorientiertem Tribalismus« zu »kulturvermitteltem Nationalismus« gekennzeichnet ist.

Im Gegensatz zum Nationalismus, wie er im 19. Jahrhundert vorherrscht und der als eine Modernisierungsideologie aufgefaßt werden kann, haben wir es im Falle des kulturellen schottischen Nationalismus eher mit einer Anti-Modernisierungsideologie zu tun. Aus diesem Grund kommt er auch eher der gegenwärtigen Wiederbelebung der Suche nach ethnischer Identität nahe als dem klassischen Nationalismus[4] und dessen Streben nach einer Dekkungsgleichheit von Kultur und Macht, Ethnie und Staat.

In meiner Untersuchung der kulturellen Konstruktion sozialer Identität, d. h. hier *Scottishness*, werde ich Gellners Einsicht folgen, daß Nationalität, als identitätsverbürgendes Konstrukt, und der Einfluß, den sie »auf die Menschen hat, von der Erosion alter Strukturen stammt, die früher jeden Menschen mit seiner Identität, Würde und materiellen Sicherheit versorgte...« (a.a.O., S. 85).

Im Falle Schottlands ist es möglich, einigermaßen plausible Argumente vorzubringen, warum diese Suche nach neuer Identität die »Nation« als Bezugspunkt haben sollte. Schottland ist seit ungefähr dem 9. Jahrhundert eine eigenständige politische Einheit. Als es schließlich 1707 die Parlamentarische Union mit England einging und damit seine Unabhängigkeit verlor, konnte es auf diese Erinnerung – oder genauer, eine mystifizierte Deutung der Vergangenheit[5] – zurückgreifen und seinen Stolz aufrechterhalten. Der schottische Nationalismus mußte sich sein Objekt nicht erst »erfinden«[6], sondern konnte die bewahrte Erinnerung als Baustein bei der *Konstruktion* von *Scottishness* benutzen. Dieser Sachverhalt macht zum Teil klar, warum der schottische Nationalismus bisher nicht zu einer politisierten Modernisierungsideologie geworden ist und eher restaurativ und romantisierend war und ist: er konnte seinen Zweck erfüllen, *indem* er kulturell blieb. Oder anders gesagt, der schottische Nationalismus ist, auch wo er sich politisch geben mag, in seinem Wesen kulturell, d. h. auf der Suche nach Sinn und Identität.

4. Die Konstruktion von Scottishness

Man kann zwei Wellen bei der Konstruktion einer schottischen Identität feststellen, die durch eine Periode der kulturellen Assimilation an England, während der Schottland sich als *North Britain* sah, voneinander getrennt sind. Die erste Welle ist verbunden mit der Blüte des schottischen Geisteslebens von der Mitte des 18. Jahrhunderts an, der schottischen Aufklärung; die zweite mit der schottischen (literarischen) Renaissance zu Beginn dieses Jahrhunderts. Der Kontext dieser Erscheinungen ist aufschlußreich und kann etwas Licht auf die besondere Form, die der Nationalismus in Schottland annahm, werfen.

Schottland ist wohl die einzige Staatsnation, die freiwillig ihre Souveränität an eine andere Macht abgegeben hat. Die *Vereinigung der Königreiche* (1603) und die *Vereinigung der Parlamente* (1707) machten aus Schottland eine staatenlose, eine »enthauptete« Nation innerhalb des neuen Staatengefüges Großbritannien. In diesem Zusammenhang bildete der später aufflammende kulturelle Nationalismus einen Ersatz oder eine Linderung für den Verlust der Selbstbestimmung. Dieser wurde – und wird noch heute – denjenigen Repräsentanten in die Schuhe geschoben, die aus kommerziellen Interessen (Gier nach Ämtern, kommerzielle Vorteile, enorme Bestechungsgelder) ihr eigenes Parlament wegvotierten.

Nach anfänglichen Schwierigkeiten – die erhofften Vorteile ließen etwas lange auf sich warten – konsolidierte sich die Lage. Zur gleichen Zeit aber wurden Stimmen laut, die vor der kulturellen Absorption, der *Anglicization*, warnten. Nachdem man die Macht abgegeben hatte, wollte man nicht auch noch die Seele verlieren, wenn diese vereinfachende Denkweise erlaubt ist. Auf alle Fälle sahen sich die schottischen Eliten nun einerseits in Partnerschaft mit der Wirtschaftsmacht England, während sie sich andererseits auf der kulturellen Ebene von tatsächlichen oder angenommenen Herausforderungen und Beleidigungen von seiten Englands in ihrem Ehrgefühl gekränkt und angegriffen fühlen zu müssen glaubten. Es ist wohl diese Ambivalenz, dieses immer noch vorherrschende »Jein« in ihrem Verhältnis zum Vereinigten Königreich, die der oft konstatierten »Schizophrenie« im Charakter der Schotten und der schottischen Identität zugrunde liegt.[7]

Während der hier behandelten Zeit, von 1750 bis 1850, steigerte sich diese Ambivalenz durch die sich verstärkende kulturelle Hegemonie Englands – oft das Ergebnis unüberlegter statt geplanter Handlungen. Nachdem die anfängliche Enttäuschung über den Mangel an Vorteilen, die man sich von der Union mit England erhofft hatte, gewichen war, fanden die meisten sozialen Eliten Wege, ihre materiellen Interessen innerhalb des neuen Staatenbundes wahrzunehmen, während sie gleichzeitig eine psychologische Distanz zu England bewahrten. Es ist diese Mischung aus Interesse und Identität – Nutzen aus der Verbindung mit einem größeren und mächtigeren Nachbarn ziehen zu wollen und doch zur gleichen Zeit Befürchtungen zu hegen, was dessen Einfluß und Wirkung auf das persönliche und soziale Geschick betrifft –, die die Grundzüge der sich jetzt bildenden sozialen Identität bestimmt.

Diese Identität basiert hauptsächlich auf defensiven und nostalgischen Gesichtspunkten. Ihr defensiver Charakter sollte jetzt schon einigermaßen verständlich sein. Was die Nostalgie anbelangt, die heutzutage popularistisch und kommerziell erhalten und gefördert wird, sollte es genügen, auf die Erfahrung der Dislokation, die mit der Ankunft der Moderne zusammenhängt, hinzuweisen.

Schottische Eliten versuchten, eine – oft erfundene – traditionelle Lebensart zu bewahren und doch an den sich neu eröffneten Möglichkeiten teilzuhaben. Diese Lebensart oder Alltagskultur kam unter den Druck *erstens* der fortwährenden, wenn nicht sich beschleunigenden kulturellen Assimilation, die aufwärtsstrebende Schotten zwang, ihre Sprache *(Scots)* und Gepflogenheiten abzulegen; und *zweitens* unter den Druck administrativer Eingriffe des weitgehend von England dominierten britischen Parlaments in eine Reihe von Institutionen, denen der Zusammenschlußvertrag Unabhängigkeit zugesichert hatte: von der Justiz über die Ortsverwaltung und das Bankensystem bis hin zur Staatskirche.[8] An all diesen Reibungspunkten waren, was die herrschenden Eliten betrifft, materielle und prestigegebundene Faktoren im Spiel.

Wie jede andere artikulierte, konstruierte, »nationale« Identität, so ist auch *Scottishness* notwendigerweise ein »gezogenes« Gewächs, das auf dem Feld, das einst von »wilden Kulturen« (Gellner) bewachsen war, eingepflanzt wurde. Als der Familienverband *(clan)* und die Dorfgemeinschaften sich auflösten, machte sich eine von Intellektuellen geschaffene »höhere Kultur« breit. Dieser Prozeß

»schöpft sehr selektiv aus dem vorliegenden kulturellen Reichtum... Noch wichtiger ist es, daß die soziale Erzeugung kultureller Identität die Wirklichkeit auf den Kopf stellt: sie gibt vor, Volkskultur zu verteidigen, während sie doch eine Hochkultur schmiedet... [und] beim Aufbau einer anonymen Massengesellschaft mitwirkt« (Gellner 1983, S. 124).

Gellner trifft hier den zentralen Punkt in der Artikulation einer schottischen Hochkultur durch die *literati* Edinburghs.

Das schottische Selbstbewußtsein, das sich im Laufe der hier behandelten Zeitspanne bildete, ist nicht nur von dem strukturellen Ungleichgewicht zwischen England und Schottland gefärbt, sondern spiegelt auch die Ängste und Legitimationsversuche herrschender Gruppen wider. Der strukturelle Schwerpunkt der im Entstehen begriffenen kulturellen Identität lag auf der Seite der hochkommenden sozialen Eliten (insbesondere Juristen und Kaufleute), die das Vakuum, das durch den Sog Londons nach dem Zusammenschluß entstanden war und die aristokratische und höfische Oberschicht erfaßt hatte, aufzufüllen im Begriff waren. Die Artikulation einer Identität, die den neuen Umständen entsprach, oblag einer Schicht kultureller Produzenten, die sich selbst als *literati* bezeichneten – wobei man allerdings bemerken sollte, daß sich diese beiden genannten Gruppen oft überschnitten.

Identitätsbildung beruht auf dem Zusammenspiel von Gemeinsamkeit und Unterschied, auf dem »Abgrenzungsproblem«, auf das schon hingewiesen wurde. Im Falle Schottlands waren die Außenseiter immer klar erkennbar: Schotte zu sein heißt erst einmal, »nicht-englisch«, wenn nicht anti-englisch zu sein. Unterschwellige Furcht oder Vorbehalte gegenüber einem mächtigeren Nachbarn ist nichts Ungewöhnliches und trägt dazu bei, bei den Mitgliedern ein Gefühl der Zusammengehörigkeit zu wekken. Aber obwohl nicht-englisch zu sein einen wichtigen Platz in der *Scottishness* einnimmt, so bedarf es doch mehr als nur negativer Elemente, um eine tragfähige kulturelle Identität zu schaffen.

Walter Scott, der Zauberer des Nordens, erfüllte diese Aufgabe fast eigenhändig. Er schuf in seinen Romanen ein Bild Schottlands, das um eine Volkskultur des Hochlandes kreiste, die selbst im Verschwinden war und erst kurz zuvor wieder vom Staat geduldet wurde. Den Höhepunkt dieser Leistung bildete Scotts Inszenierung des Staatsbesuchs Georgs IV. in Edinburgh im Jahre 1822.

Seit dem Jakobineraufstand von 1745, der den Anspruch des exilierten Thronfolgers aus dem Hause Stuart, »Bonnie Prince Charlie«, unterstützte und der sich hauptsächlich aus den *clans* rekrutierte, waren Merkmale der *Highland*-Kultur (z. B. Dudelsack und Schottenrock) verboten gewesen. Die *Scottishness*, die sich im Anschluß an Walter Scott bildete, ist stark an Aspekten eines sich entwickelnden Hochlandkults orientiert und wird zum dominierenden Image Schottlands sowohl im Inland wie im Ausland. Von Königin Victoria[9] und dem Prinzgemahl Albrecht zur Respektabilität verholfen, wird sie auch zu einem zentralen Bestandteil der Unterhaltungskultur, in der die entschwindende Volkskultur weitgehend verkitscht wird.

Die Erinnerung an die jüngste Vergangenheit, die Walter Scott in einigen seiner historischen Romane wachrief, beabsichtigte nicht, irgendwelche politischen Aktionen zu inspirieren. Fünfzig Jahre zuvor hätte der Symbolismus der Hochlandkultur noch eine Herausforderung der Hannoveranischen Monarchie und des Zusammenschlusses mit England dargestellt. Aber als Scotts erster Roman, *Waverley*, der den Konflikt zwischen Jakobinertum und etablierter Hannoveranischer Staatsmacht zum Inhalt hat, 1814 anonym erschien, hing den Tugenden und Lastern der Hochlandkultur nur mehr noch ein nostalgischer Schimmer an als gezähmter und schon im Verschwinden begriffener Teil im Gedächtnis der Nation. In der Hand Walter Scotts – selbst Rechtsanwalt, Grundbesitzer und Tory unter den Whig-*literati* – verkörpert *highland culture* Werte wie Loyalität, Paternalismus, Hierarchie und aristokratischen Führungsanspruch, welche die reformistischen und modernisierenden Tendenzen bereits untergraben hatten.

Es ist deshalb nicht überraschend, daß die schottische Identität, die Walter Scott in der ersten Hälfte des 19. Jahrhunderts zu bilden half, kulturell und politisch konservativ war:

1) um zu erhalten, wenn auch nur als Erinnerung, was als lebendige Kultur schon am Verschwinden war, und

2) um Schottlands vollständige politische Einbindung in den britischen Staat sicherzustellen.

In dieser Hinsicht scheinen Scott und seine weniger talentierten Nachfolger damit beschäftigt gewesen zu sein, eine kulturelle Identität zu schaffen, die als Ersatz für politische Selbstbestimmung fungieren konnte. Die Ehre der Nation war wieder gesichert, und Ober- und Mittelschichten konnten sich wieder mit erneuertem Selbstwertgefühl dringenderen Geschäften widmen.

5. Vom kulturellen zum politischen Nationalismus

Die Romantisierung der *Highland*-Kultur im Umkreis konservativ-unionistischer Zirkel – mit dem Ziel, Schottland intern zu integrieren und gleichzeitig seine kulturelle Eigenheit innerhalb des britischen Rahmens zu bewahren – stellt nur eine Form dar, *Scottishness* zu konstruieren und zu benutzen. Allerdings erwies sie sich in hohem Grade als ausdauernd, um nicht zu sagen herrschend, und erst zu Anfang dieses Jahrhunderts wurde das romantisierende Schottlandbild von nationalistischen und radikalen Seiten als sentimentaler, zweitklassiger Unfug gebrandmarkt und verworfen.

Das Bemühen um eine schottische Identität kam um etwa diese Zeit im Zusammenhang mit der *Scottish (Literary) Renaissance* erneut auf. Die Rolle ihrer zentralen Person, Hugh MacDiarmid, dem wichtigsten schottischen Dichter seit Robert Burns, wurde in dem hier behandelten Sinnzusammenhang so gesehen: »Sein Wirken für eine schottische Renaissance war nicht nur ein literarisches Bemühen: es war mit Fragen bezüglich einer schottischen Identität verbunden.«[10]

Der politische Nationalismus benötigt kulturelle Wurzeln, aber man sollte nicht annehmen, daß der Kampf um Macht und die Suche nach Sinn und Identität immer reibungslos zusammenwirken. Die Geschichte des schottischen Nationalismus, die um diese Zeit erst richtig beginnt, belegt eher das Gegenteil – oder sollten wir politische und kulturelle Bestrebungen als zwei Momente desselben Prozesses ansehen? Man kann eine Person als den »Vater« des politischen Nationalismus bezeichnen: John MacCormick, der die Labour Party verließ und 1934 der erste Vorsitzende der Scottish National Party (S. N. P.) wurde. Die Anfangsjahre der nationalistischen Bewegung zeitigen einige aufschlußreiche Entwicklungen.

1) Die S. N. P. entstand aus der Verbindung verschiedener Gruppierungen, die entweder eher politisch oder eher kulturell ausgerichtet waren. Sie wurde 1934 durch den Zusammenschluß der Scottish Party, einer erfahrenen politischen Elite mit einer Neigung zu den *Liberals* und *Conservatives,* und der National Party of Scotland, in der ehemalige radikale Mitglieder der Labour Party den Ton angaben, ins Leben gerufen. Dem erhofften Vorstoß zu einer politischen Machtbasis ging allerdings – bezeichnenderweise – ein Jahr zuvor eine von MacCormick angeführte »Säuberungsaktion« voraus, die gegen die romantisierenden, literarischen Elemente innerhalb der N. P. S., die sich um die kulturelle Erneuerung Schottlands verdient gemacht hatten, gerichtet war.
2) Diese Partei selbst jedoch entstand 1928 im Zusammenhang mit der Hochstimmung, die die Wahl des Rektors der Universität in Glasgow entfachte und die zur Bildung der Glasgow University Scottish Nationalist Association, geleitet von MacCormick (der damals Jurastudent war), führte. Hanham stellt zu Recht fest:

»... es war bald klar, daß nur Studenten den Enthusiasmus, die Dynamik und die Durchsetzungsfähigkeit hatten, welche eine nationalistische Bewegung benötigt« (1969, S. 151).

Die S. N. P. versteht sich als die Vorhut einer politischen Bewegung. Ihr Wahlprogramm und ihre Aktivitäten befassen sich nicht mehr mit einer sozialen Identität.[11] Zusammen mit der vorher angedeuteten Säuberung kulturell engagierter Kreise innerhalb der nationalistischen Bewegung ergibt sich eine zweifache Lehre. Zum einen konnte man, sobald ein genügend starkes Nationalbewußtsein geschaffen war, ohne professionelle oder amateurhafte Kulturproduzenten auskommen. Diese waren ja sowieso wegen ihrer nicht enden wollenden Streitereien (ob, zum Beispiel Scots oder Gälic Landessprache werden sollte) eher ein Hindernis bei dem Bemühen, ernst genommen zu werden. Zum anderen zeigt statt dessen das Erheben von politischen Forderungen für einige Kreise eine Reifung an, eine Klarheit und Bestimmtheit, die vorher gefehlt hatte. Die heutige Anziehungskraft der S. N. P. auf Wähler basiert größtenteils auf rein materiellen, *output*-orientierten Werten und beruft sich mit keinem einzigen Hinweis auf Probleme der schottischen Identität.[12]
Die Differenzierung, die sich innerhalb des nationalistischen La-

gers ergab, verlief infolgedessen zwischen kulturell orientierten Fundamentalisten und politisch denkenden Pragmatikern. Sie wurde von zumindest einem Politiker überbrückt, dem enigmatischen MacDiarmid. Er brachte es fertig, in eigener Person politischen Radikalismus mit einer lebenslangen Bemühung um die kulturelle Wiedergeburt Schottlands zu verbinden – und fand sich selbst abwechselnd als zeitweiliges Mitglied der nationalistischen und kommunistischen Parteien Schottlands. Die Nähe nationalistischer zu sozialistischen Ansichten mag auf den ersten Blick verblüffen, aber in Schottland gingen die Versuche der letzten Jahrzehnte, Gefühle von *Scottishness* zu politisieren, größtenteils von Standpunkten aus, die *links* von der politischen Mitte angesiedelt sind.[13]

Es wäre möglicherweise aufschlußreich, die nationalistische Wende *links*gerichteter Intellektueller und Politiker näher zu erläutern. Neben einem gewissen »Schneeballeffekt« ist ein struktureller Grund dafür die Abnahme des Zusammenhangs zwischen Klassenzugehörigkeit und Wahlverhalten. Gruppen auf der Suche nach Problemfeldern finden deshalb in der Artikulation der schottischen Dimension in der britischen Politik eine neue Aufgabe. Nationalistische Orientierungen in der Bevölkerung sind außerdem von Meinungsmachern im Umkreis der heutigen, auf Südengland ausgerichteten Conservative Party weitgehend vernachlässigt worden; gleichzeitig haben sie im Zuge der Debatten um den Beitritt Großbritanniens zur Europäischen Wirtschaftsgemeinschaft in den siebziger Jahren Legitimität und Respektabilität in weiten Kreisen der *Linken* erlangt.[14] Man kann anführen, daß die gängige Argumentationsweise traditionellen Mustern klassenbestimmter Analysen folgt und diese nur auf ein anderes Gebiet verschiebt: es ist jetzt Schottland als Ganzes, das unter dem »Westminster rule« leidet.

Der Objektivismus, der dieser Argumentation unterliegt, tritt in Erscheinung, wenn auf irgendwelche wirtschaftlichen Ereignisse gehofft wird, die die spezifisch schottische Dimension der Probleme des Kapitalismus im Bewußtsein der Bevölkerung erhellen und damit galvanisieren sollen – ob es sich nun um die Entdekkung von Öl in der Nordsee oder um den schleichenden Zusammenbruch der Schwerindustrie handelt. Man setzt hier einen ziemlich automatischen Prozeß der Formierung sozialer Identität und ihrer Steigerung in einen politischen Nationalismus voraus,

gewissermaßen einen qualitativen Sprung von der »Nation an sich« zu einer »Nation für sich«.
Appelle an ein gemeinsames schottisches Interesse laufen aber Gefahr, sowohl die Art der Motivationen, die sozialen Identifikationen zugrunde liegen, als auch den Nutzen gegebener sozialer Identität für politische – und das heißt hier partikularistische – Interessen falsch zu deuten.
Sind wir damit näher an eine Lösung der anfangs gestellten Frage: »Warum nicht mehr Nationalismus?« herangekommen? Es könnte sein, daß die Frage selbst in eine falsche Richtung zielt. Bei dieser Fragestellung wird stillschweigend vorausgesetzt, daß eine Verbindung zwischen Nationalismus und der Artikulation von Klasseninteressen besteht, in der »die schottische Nation« den Platz der »Arbeiterklasse« einnimmt. Entsprechend wird ihr eine Zusammengehörigkeit und potentielle Identität zugeschrieben und ein gemeinsames Interesse unterstellt, das alle Unterschiede zwischen den Mitgliedern überformen soll.
Es wurde anfangs schon darauf hingewiesen, daß Schottland von nationalistischen Empfindungen tief durchdrungen ist. Was Beobachter als ein Fehlen betrachten, ist möglicherweise nur das Fehlen eines »echten« Nationalismus – wie er eben von dem Beobachter/Theoretiker definiert wird. Um anerkannt zu sein, muß sich der Ausdruck »soziale Identität« innerhalb des Paradigmas der klassenbezogenen Machtausübung bewegen – und wird so allzu leicht objektivistisch mißverstanden. Schließlich ist *Scottishness* eine Sache der Identität und steht hier für ein Gefühl der Zugehörigkeit, der Selbstachtung und eine Reihe ähnlicher Einstellungen, die in analysierbaren strukturellen Bedingungen zum Vorschein kommen oder gar problematisch für die soziale Integration werden.
Was die begriffliche Ebene anbelangt, so erscheint es wichtig, zwischen einem *kulturellen* und einem *politischen* Nationalismus zu unterscheiden. Der politische Nationalismus benötigt die vorhergehende kulturelle Integration oder zumindest das Bestreben, innerhalb einer Bevölkerung Systemressourcen (Macht und wirtschaftliche Güter) zu gewinnen. Der Gebrauch einer sozialen Identität, der hier inbegriffen ist, hängt mit Aspekten der sozialen Ehre und des Prestiges zusammen, zielt aber nicht primär auf ihre Vermehrung. Im Gegensatz dazu ist der kulturelle Nationalismus lebensweltlich verwurzelt und kreist um Probleme der Identität,

der Zugehörigkeit, und neigt zur konservativ-restaurativen Kultivierung von *mores*, die entweder schon überholt sind oder dabei sind zu verschwinden. Aus diesem Grunde gerät er auch leicht in Gefahr, seine eigene Geschichte und die seines Objektes zu romantisieren – oder überhaupt zu erfinden.

Es scheint weiterhin der Fall zu sein, daß soziale Identität unter verschiedenen strukturellen Bedingungen nicht nur unterschiedlich kulturell geformt werden kann, sondern daß sie, sobald sie artikuliert und im Bewußtsein eines Großteils der Bevölkerung als verallgemeinertes Gebilde aus diffusen Ideen und Empfindungen verankert ist, von – meist politischen – Gruppen mit unterschiedlichen Interessen auch für unterschiedliche Zwecke instrumentalisiert werden kann.[15]

6. Einige Folgerungen

Eine Folgerung ist bereits offensichtlich, nämlich die Erkenntnis, daß eine Klärung des Verhältnisses von Ideen (oder Sinn) und Interessen – wenn diese krude Formulierung erlaubt ist – eine Analyse von Interessengruppen beinhalten sollte: nämlich der kulturellen Produzenten, Intellektuellen im weiten Sinne, aber auch der Politiker und selbsternannten Sprecher sozialer, als benachteiligt angesehener Gruppen.

»Struktur« kann dann für den Kontext (die Figuration) stehen, in dessen Rahmen das Spiel kultureller Prozesse verläuft und der ihre Form und ihren Inhalt beeinflußt. Ob und wie »objektive Interessen«, wie immer man sie auch definieren mag, verwirklicht werden, hängt von der Mediationstätigkeit verschiedener Gruppen ab, die ihre eigenen teils materiellen, teils ideellen Interessen verfolgen.

Die Rolle der am sozialen Kampf beteiligten *kulturellen Produzenten* oder »Kulturträger«, wie er sie nannte, hat Max Weber in ihrem Verhältnis zu politisch orientierten Gruppen so beschrieben: »Das nackte Prestige ›der Macht‹ wandelt sich jedoch unter dem Einfluß dieser Kreise unvermeidlich in andere, spezifische Formen ab, und zwar in die Idee der ›Nation‹« (1980, S. 528).

Soziale Gruppen, ob sie nun an kulturellen oder politischen Problemen orientiert sind, haben ein direktes Interesse an der Schaffung einer sozialen Identität. Diese Ansicht wird von einer der aufschlußreichsten Analysen des schottischen Nationalismus geteilt. Hanham schreibt, daß erstens

»die Scottish literary renaissance für das Prinzip gestanden hatte, daß die schottische Nation eine schottische Literaten-Klasse benötige, um ihrer Kultur Sinn und Tiefe zu geben...« Zweitens müsse die separatistische S.N.P. »als eine viel konservativere Organisation angesehen werden, als es ihre Kritiker auf der Linken und Rechten allgemein tun... Unabhängigkeit lief nur auf eine Machtübertragung auf eine neue Gruppe von Politikern hinaus, während die Struktur des Staates und der Gesellschaft sich kaum änderten« (1969, S. 162, 212).

Da dieser Beitrag mit einem Hinweis auf Gellners Analyse begann, ist es nur rechtens, daß sie mit einem weiteren schließt. Gellner argumentiert erstens, daß

»der Nationalismus Homogenität nicht aus einem eigensinnigen kulturellen *Machtbedürfnis* erwirkt; es ist das objektive Bedürfnis nach Homogenität, das im Nationalismus reflektiert ist« (1983, S. 46).

Der Nationalismus, als eine Erscheinung der Suche nach Identität, wurde oben eher in bezug auf ein *Sinn*bedürfnis im Zuge sozialer Dislokation beschrieben. Des weiteren, falls Schottland als Beispiel tauglich ist, spiegelt der – neuere – Nationalismus weniger ein Bedürfnis nach Homogenität als das genaue Gegenteil wider: den Wunsch, kulturell heterogen zu bleiben, geschätzte soziale Institutionen und Bräuche, die das Wesen der *Scottishness* ausmachen, zu erhalten.
Gellner neigt zu einer objektivistischen Form der Analyse, was sich in der implizierten Konzeption sozialer Identität bemerkbar macht, welche diese, ebenso wie ein gegebenes Nationalbewußtsein, als »soziale Tatsachen« behandelt, die irgendwie in einem sozialen Feld gegeben sind. Wenn es sich dabei jedoch um kulturelle Schöpfungen handelt, dann müßte man annehmen, daß sie in unterschiedlichen Situationen unterschiedlich interpretiert und angewandt werden. *Scottishness* zum Beispiel kann in manchen Leuten die Erinnerungen an glorreiche Episoden aus der Militärgeschichte Schottlands wachrufen, während anderen wildromantische Landschaften in den Sinn kommen; wieder andere denken dabei an Schläue in Geschäftsangelegenheiten und die Fähigkeit, mit Geld umzugehen – ohne sich zu hastig von ihm zu trennen; und dann kann der Begriff auch eine radikal-demokratische politische Kultur bezeichnen, die sich in England in diesem Ausmaß nicht finden läßt.[16]

Es wäre aus diesen Gründen nützlich, der Praxis mancher Kulturanthropologen zu folgen und *Scottishness* als ein *Symbol* zu betrachten.[17] Man könnte dann feststellen, daß *Scottishness* integrativ wirkt – und zwar nicht, weil die Ideen und Ideale, die es beinhaltet, in der Bevölkerung in etwa gleicher Weise verbreitet wären, sondern weil es, als Symbol, ein Zeichen ist, das eben mit *unterschiedlichem* Inhalt gefüllt werden kann, je nach der Interessenlage der jeweiligen Interpretationsgemeinschaft. Gleichzeitig kann so ein – wie auch immer prekäres – Gefühl der Zusammengehörigkeit entstehen und sich gegenüber Außenseitern erhalten und festigen. Kulturelle »Homogenität« ist deshalb eine gedachte oder, besser: konstruierte. Sie ist eine brauchbare und wirksame Fabel mit einem gewissen Realitätsgehalt, der von Interessengruppen weiterverarbeitet wird. Es besteht kein Grund, warum Soziologen sie als etwas anderes ansehen sollten.[18]

Diese Einsicht läßt sich möglicherweise auf das gesamte Feld kultureller Produktion ausdehnen: Kulturelle Symbole integrieren nicht, weil sie einen allen gemeinsamen Sinn beinhalten, sondern weil man *glaubt*, daß sie es tun (zumindest solange keine Einlösung implizierter Geltungsansprüche gefordert wird, sollte man ergänzen). Nur auf diese Weise ist es möglich, daß kulturelle Ideale existierende Konflikte und Differenzen – scheinbar – überbrücken können.[19]

Zweitens: Wenn Gellner von einer »objektiven Notwendigkeit« des Nationalismus spricht oder davon, daß »die Wirtschaft die neue Art von zentralisierter Kultur und zentralisiertem Staat braucht« (1983, S. 140), dann tut er das im Vorzug vor voluntaristischen Interpretationen des Nationalismus. Infolgedessen kommt er dazu, die Rolle kultureller Produzenten bei der Artikulation sozialer Identitätsangebote und die ideologische Dimension im Nationalismus herunterzuspielen. Gellner weist zwar auf »Intellektuelle«, die treibende Kraft im anfänglichen Stadium des Nationalismus« (a.a.O., S. 118) hin, aber in seiner Polemik gegen Elie Kedourie scheint er sie als Schachfiguren irgendeiner geschichtlichen Notwendigkeit zu sehen.[20]

Von einer weniger hohen Warte aus kommt das, was als »objektive Notwendigkeit« des Nationalismus – oder jeder kulturellen Schaffung sozialer Identität – erscheinen mag, als das von einem (meist erst nachträglich identifizierbaren) Selbstinteresse geleitete Handeln bestimmbarer Gruppen zum Vorschein. Kultur und Sozialstruktur sind weder voluntaristisch noch objektivistisch vermittelt.

Der schottische Nationalismus ist überwiegend kulturell orientiert – auch wo er sich politisch oder wirtschaftlich motiviert gibt. Die letzteren Aspekte fungieren als akzeptierbare und weithin verständliche Chiffren für Problemkreise, die nicht so leicht auf eigene Weise artikulierbar sind. MacDiarmid, der einen so zentralen Platz in der erhofften Wiedergewinnung des schottischen Selbstbehauptungswillens einnimmt, kann hier als Beispiel dienen: »Der Nationalismus ist für ihn nur an der Oberfläche ein politisches Programm. Im Grunde geht es ihm darum, eine Möglichkeit zu bieten, auf Erfahrungen richtig eingehen zu können.«[21]

Anmerkungen

1 Es vergeht z. B. kaum ein Tag, an dem nicht Leserbriefe in Zeitungen erscheinen, die sich auf die »schottische Nation« oder auf »eine der ältesten Nationen Europas« usw. berufen.

2 Dieser anthropologische Begriff beschreibt die Dialektik von Identität und Unterschied; vgl. Barth (1969).

3 D. N. MacIver, »The Paradox of Nationalism in Scotland«, in: Williams (1982, S. 105-144).

4 Eine allgemeine Schwierigkeit in manchen Diskussionen des Nationalismus, einschließlich der von Gellner, rührt von dem paradigmatischen Gebrauch des klassischen Modells des Nationalismus her, mit dem Ergebnis, daß die Besonderheiten der Fälle verwischt und sie als nicht treffend angesehen werden.
Das Verhältnis von heutigen Formen des Nationalismus zu sozialer Identität, insbesondere ihrem Verlust in der entwurzelten modernen Industriegesellschaft, wird von Mayo (1974) behandelt.
Die Spielart des Nationalismus, die hier angesprochen ist, wird als *kultureller Nationalismus* bezeichnet; sie ist auch anders als die Art, die Nairn (1981, S. 128) als *Neo-Nationalismus* beschrieben hat und die zu sehr auf wirtschaftliche Faktoren ausgerichtet ist.

5 Ich werde auf das Problem der Homogenität Schottlands noch zurückkommen. Die Idee der Konstruktion der Vergangenheit wurde auf verschiedene Weise behandelt, unter anderem von Lowenthal (1985); Hobsbawm/Ranger (1983); Wright (1985).

6 Eine von Gellners zentralen Thesen lautet: »Es ist der Nationalismus,

der Nationen erzeugt« (1983, S. 55). Der Fall Schottlands stimmt nicht damit überein.

7 Vgl. Nairn (1981, S. 172).

8 N. T. Phillipson, »Nationalism and Ideology«, in: Wolfe (1969, S. 173-188).

9 Vgl. Brand (1978, S. 93) als eine aufschlußreiche Abhandlung.

10 Professor David Daiches, von MacDiarmid selbst in seinem autobiographischen Werk zitiert; vgl. MacDiarmid (1966, S. 28).

11 Der einzige Hinweis auf soziale Identität findet sich in dem »Statement of Aim and Policy of the S. N. P.« Es wurde am 7. Dezember 1946 angenommen und erscheint als Anfangssatz des Artikels 2 mit der Überschrift »Local Government« (!). Es besagt folgendes: »Scottish Nationalism is based primarily on spiritual values, on the recognition of the needs of the individual and the right to express himself fully and freely within the framework of a community knit together by ties of an enduring tradition.« Zitiert nach Hanham (1969, S. 213 f.); zuerst erschienen im *Scots Independent*, Januar 1947.

12 »Play the Scottish Card. Together we can win Scotland a better deal«, in: *SNP News*, Ausgabe für die Wahlen von 1987.

13 Die Hauptausnahme ist das Devolutionsprogramm der Konservativen Anfang der siebziger Jahre. Zuvor fand die Idee bei den Liberalen ihre treuesten Befürworter.

14 Vgl. Nairns (1981) brillante Analyse.

15 Max Weber unterscheidet zwischen politisch und kulturell orientierten Machtansprüchen; erstere beziehen sich auf den »Staat«, letztere auf die »Nation« (vgl. Weber 1980, S. 530).

16 Die verschiedenen Interpretationen und »Erinnerungen« an Robert Burns könnten wichtige Hinweise in dieser Beziehung geben.

17 Vgl. Cohen (1985).

18 Die »grob vereinfachte Sicht der homogenen Natur der britischen Kultur [ist] eine Karikatur, die von den Politikern und Massenmedien weidlich ausgeschlachtet worden ist, obgleich sie durch und durch irreführend ist und von den Ortsansässigen verschmäht wird, die in ihr eine grobe Verdrehung ihrer besonderen Umstände und ihrer spezifischen Kulturen sehen« (Cohen 1982, S. 1).

19 Ich würde vermuten, daß die Meinungsverschiedenheiten, die von dem Gefühl, »schottisch« zu sein, überlagert werden, im Falle der Unabhängigkeit mit beunruhigender Stärke wieder zum Vorschein kommen würden.

20 Gellner schreibt: »Es wäre wahrlich falsch zu versuchen, [die] Gesinnungen [nationalistischer Intellektueller] auf Kalkulationen hinsichtlich materiellen Vorteils oder sozialer Mobilität zu reduzieren« (1983, S. 61). Ich hoffe, gezeigt zu haben, daß das auf Schottland nicht so sehr zutrifft. Man muß Akteuren, die ihrem Interesse gemäß handeln, nicht

unbedingt bewußte Motive zuschreiben. Bourdieus Konzept des *Habitus* erlaubt uns, die Dichotomie zwischen Subjektivismus und Objektivismus zu überwinden. Nach Bourdieu ist der Habitus »inkorporierte Notwendigkeit, verwandelt in eine allgemeine und transponierbare, sinnvolle Praxis und sinnstiftende Wahrnehmung hervorbringende Disposition ... Ihre besondere Wirksamkeit verdanken die Schemata des Habitus, Urformen der Klassifikation, dem Faktum, daß sie jenseits des Bewußtseins wie des diskursiven Denkens, folglich außerhalb absichtlicher Kontrolle und Prüfung agieren« (1982, S. 278, 727).

21 David Daiches über MacDiarmid, von ihm selbst zitiert in MacDiarmid (1966, S. 29).

Literatur

Anderson, B., *Imagined Communities,* London 1983.

Barth, F., *Ethnic Groups and Boundaries,* London 1969.

Bourdieu, P., *Die feinen Unterschiede. Kritik der gesellschaftlichen Urteilskraft,* Frankfurt 1982.

Brand, J., *The National Movement in Scotland,* London 1978.

Cohen, A. P., *Belonging. Identity and Social Organization in British Rural Cultures,* Manchester 1982.

Cohen, A. P., *The Symbolic Construction of Community,* London 1985.

Coupland, R., *Welsh and Scottish Nationalism. A Study,* London 1954.

Geertz, C., *Dichte Beschreibung. Beiträge zum Verstehen kultureller Systeme,* Frankfurt 1984.

Gellner, E., *Nations and Nationalism,* Oxford 1983.

Habermas, J./D. Henrich, *Zwei Reden,* Frankfurt 1974.

Hanham, H. J., *Scottish Nationalism,* London 1969.

Hobsbawm, E. J./R. E. Ranger (Hg.), *The Invention of Tradition,* Cambridge 1983.

Kedourie, E., *Nationalism,* London 1966.

Lenman, B., *Integration, Enlightenment and Industrialization,* London 1981.

Lowenthal, D., *The Past is a Foreign Country,* Cambridge 1985.

MacDiarmid, H., *The Company I've Kept,* London 1966.

Mayo, E. P., *The Roots of Identity. Three National Movements in Contemporary European Politics,* London 1974.

Nairn, T., *The Break-up of Britain,* 2., erweiterte Auflage, London 1981.

Sillars, J., *Scotland. The Case for Optimism,* Edinburgh 1986.

Smith, A., *Nationalism in the Twentieth Century* , Oxford 1979.

Smout, T. C., *A History of the Scottish People,* London 1969.

Smout, T. C., *A Century of the Scottish People*, London 1986.
Weber, M., *Wirtschaft und Gesellschaft*, Tübingen 1980.
Williams, C. H. (Hg.), *National Separatism*, Cardiff 1982.
Wolfe, N. J. (Hg.), *Government and Nationalism in Scotland*, Edinburgh 1969.
Wright, P., *On Living in an Old Country*, London 1985.

Ullica Segerstråle

Die (Re-)Kolonialisierung der Wissenschaft durch die Lebenswelt: Probleme und Aussichten[1]

1. Die problematische Beziehung zwischen Wissenschaft, Kultur und Lebenswelt

In seinem Buch *Theorie des kommunikativen Handelns* (1981) diskutiert Jürgen Habermas die Bedrohung, die die »Systemwelt« für die »Lebenswelt« darstellt. Ihm zufolge besteht die Gefahr, daß der Typus der Zweckrationalität, der für die Sphäre des Staates oder der Wirtschaft typisch und legitim ist, auf andere Sphären übergreifen wird, wo ein anderer Rationalitätstypus vorherrschen sollte: die Rationalität des kommunikativen Handelns. Dies ist es in groben Zügen, was er mit »Kolonialisierung« der Lebenswelt durch die Subsysteme Staat und Wirtschaft bezeichnet.

In seinem Gesamtkonzept hat Habermas die Wissenschaft der Lebenswelt zugeordnet, nicht der Systemwelt. Das mag zunächst überraschend erscheinen, wenn man seine früheren Schriften zu »Technik und Wissenschaft als Ideologie« (Habermas 1968a, ebenso 1970) oder seine drei »Erkenntnisinteressen« betrachtet, wo Naturwissenschaft ein instrumentelles Interesse repräsentiert (Habermas 1968b). Der Grund, warum in diesem Buch nun die Wissenschaft in die Lebenswelt gerückt wird, liegt darin, daß Habermas die Struktur des wissenschaftlichen Diskurses als einen Typus kommunikativen Handelns ansieht. Der wissenschaftliche Diskurs stellt für ihn nämlich diejenigen Bedingungen dar, die allgemein vorherrschen sollten, wenn kommunikatives Handeln ermöglicht werden soll: symmetrischer Zugang zur Diskussion, »Ausschluß« von Interessen anderer Art, wie Macht und Geld, und die Möglichkeit, rationale Übereinstimmung durch Argumentation zu erreichen.

In dem Buch von 1981 wird das Konzept des kommunikativen Handelns weiterentwickelt und differenziert. Wissenschaft stellt jetzt nur einen spezifischen Typus des kommunikativen Handelns dar, nämlich Handeln, das an Wissen über die objektive Welt orientiert ist. In diesem Buch unterteilt Habermas den Typus des kommunikativen Handelns dreifach: in den theoretischen Diskurs, den praktischen Diskurs und den expressiven Diskurs. Diese repräsentieren jeweils die objektive, die soziale und die subjektive Sphäre. Ferner werden diese Diskurse von unterschiedlichen »kulturellen Experten« geführt: von Wissenschaftlern, Juristen oder Ethikern und Ästhetikern. Habermas betrachtet damit Wissenschaft als Teil der Kultur (und der Lebenswelt) in dem Sinne, daß sie einen Wissensvorrat zur Verfügung stellt, auf den die sozialen Akteure sich stützen können. Im »Rationalisierungsprozeß der Lebenswelt« haben sich nicht nur die Subsysteme Staat und Wirtschaft aus der Lebenswelt ausdifferenziert (und werden durch einen anderen Rationalitätstypus reguliert); auch in der Lebenswelt selbst hat sich die Kultur differenziert und ist von verschiedenen Expertentypen übernommen worden.[2]

Was kann dann mit »der Kolonialisierung der Wissenschaft durch die Lebenswelt« gemeint sein? Ein solches Konzept müßte auf einer anderen Sicht beruhen als der von Habermas hinsichtlich der Beziehung zwischen Wissenschaft, Kultur und Lebenswelt aufgezeigten und/oder auf einer anderen Sicht der Bedeutung dieser drei Termini. (Den Gedanken der [Re-]Kolonialisierung werde ich später behandeln.)

Im folgenden werde ich, während ich Wissenschaft als Teil der Kultur betrachten will, Habermas' Vorstellung von Wissenschaft als einer idealisierten Diskursstruktur also nicht folgen. Ich werde Wissenschaft auch nicht lediglich als einen Wissensvorrat betrachten, der von wissenschaftlichen Experten produziert wird, damit die sozialen Akteure sich darauf stützen können. Statt dessen werde ich Wissenschaft als eine *reale Aktivität* von kulturellen Experten betrachten, die Wissenschaftler genannt werden. An erster Stelle werde ich zu bedenken geben, daß wissenschaftliche Kommunikation auch von anderen Dingen als theoretischem Wissen und Argumentieren über Tatsachen handelt. Insbesondere werde ich die spezifischen *innerwissenschaftlichen* Machtfaktoren berücksichtigen, die von Habermas vernachlässigt werden. An zweiter Stelle werde ich die Bedingungen untersuchen, unter denen der wissenschaftliche Diskurs trotz seiner ausdrücklichen Betonung von Wissensaspekten ein Forum für *prak-*

tischen Diskurs, d. h. für eine Diskussion über Normen und Werte ist – oder im Prinzip sein könnte.

In gewissem Sinne folge ich Habermas' ursprünglicher »undifferenzierter« Vorstellung von kommunikativem Handeln als typischerweise am praktischen Diskurs orientiertem Handeln (z. B. Habermas 1968b, 1971).[3] Habermas' gegenwärtige »Übersetzung« von kommunikativem Handeln in Universalpragmatik und seine Annahme, jede Art von sprachlichen Äußerungen sei a priori normativ, ermöglichen es ihm, den wissenschaftlichen Diskurs als kommunikatives Handeln zu sehen, wenngleich (oder gerade weil) er sich darauf beschränkt, ausschließlich von Wahrheitsansprüchen über die objektive Welt zu handeln. Gleichzeitig verhindert dies die *theoretische* Möglichkeit eines explizit normativen Diskurses innerhalb der Wissenschaft.[4]

Somit werde ich die Möglichkeit des praktischen Diskurses im Rahmen wissenschaftlicher Kommunikation untersuchen. Wie greift nun die Lebenswelt in dieses Konzept ein? Hier werde ich einen Begriff der Lebenswelt verwenden, der sich leicht von dem Habermasschen unterscheidet. Vorläufig werde ich seine Begrenzung der Lebenswelt auf den Bereich des kommunikativen Handelns, d. h. auf allgemeines Wissen über die physikalische und soziale Welt und soziale Kompetenz, akzeptieren (damit wird instrumentelles Handeln und technisches Know-how ausgeschlossen, wenn ich auch an der Haltbarkeit dieser Begrenzung zweifle, bedenkt man etwa die »Handwerksnatur« [*craft-nature*] der Wissenschaft, auf die unter anderen Ravetz [1971] hingewiesen hat). Aber im Gegensatz zu Habermas werde ich den Standpunkt vertreten, daß die Lebenswelt weit weniger differenziert ist, als er behauptet. Ich werde akzeptieren, daß Wissenschaft für praktische Zwecke als ein (aus-)differenzierter Bereich der allgemeinen Kultur angesehen werden kann, der von Experten geführt wird, aber ich betrachte diese Differenzierung zumindest als unvollständig.[5]

Besonders interessiert bin ich an der Beziehung zwischen wissenschaftlicher Expertise und für selbstverständlich gehaltenen Konzepten in der Gesamtgesellschaft. Das heißt, ich beschäftige mich mit der Art und Weise, in der sich die Verankerung der Wissenschaftler in der Lebenswelt auf ihre Arbeit als »Experten« auswirkt und in der diese »Experten« dann wieder die Konzepte in der Laiengemeinschaft beeinflussen. Ich möchte zeigen, wie auf der einen Seite die Wissenschaftler als kulturelle Experten von den Konzepten und kognitiven Prozessen abhängig sind, die sie aus der allgemeinen Lebenswelt in die Wissenschaft einbringen, während sie sich bei ihrer Arbeit als Wissenschaftler auf spezifischen Feldern neue Wissensrepertoires aneignen. Auf der anderen Seite möchte ich darstellen, wie diese Experten durch ihre eigentliche Aktivität den sozialen Status quo entweder herausfordern oder aufrechterhalten können in einer Gesellschaft, die stark abhängig von der Autorität der Wissenschaft ist.

Eine Diskussion über die (Re-)Kolonialisierung der Wissenschaft durch die Lebenswelt mag dann in einem schlichten Sinne einfach nur darauf hinauslaufen, die Existenz von anderen als rein kognitiven Anliegen in der Wissenschaft zuzulassen oder zu zeigen, wie »Common-sense«-Argumentationsprozesse routinemäßig in den wissenschaftlichen Diskurs einfließen.[6] In einem entscheidenderen Sinne würde sie jedoch eine Untersuchung über die Rolle der Wissenschaft als Forum für praktische Diskurse bedeuten, d. h. als eine Arena, in der allgemeine Anliegen der Lebenswelt untersucht und bewertet werden. Die konkrete Frage hier beschäftigt sich mit den aktuellen Möglichkeiten der Wissenschaft, eine solche Rolle in der heutigen Gesellschaft zu spielen, und den Problemen, die damit verbunden sind.

Aber es kann noch in einer dritten Weise über die (Re-)Kolonialisierung der Wissenschaft durch die Lebenswelt gesprochen werden. Damit würde eine historische Dimension einbezogen. Ich denke dabei an die sozialen Bedingungen der eigentlichen Institutionalisierung der Wissenschaft als einen ausdifferenzierten Bereich der Kultur, der einen spezifischen Aktivitätstypus verfolgt, dem oft eine inhärente wissenschaftliche Rationalität zugeschrieben wird. Wenn man in Betracht zieht, daß die Charta der Royal Society im 17. Jahrhundert in England ausdrücklich garantierte, daß die Wissenschaftler sich der »Einmischung in Theologie, Metaphysik, Moral und Politik« enthalten, so scheint es, als habe Wissenschaft, wie wir sie kennen, ihre spezifischen Aufgaben per definitionem durch einen politischen Kompromiß erhalten. Davor waren die kognitive und die moralisch-politische Diskussion in der Praxis untrennbar (Mendelsohn 1977; van der Daele 1977; Shapin/Schaffer 1985).[7] Die (Re-)Kolonialisierung der Wissenschaft würde dann eine nochmalige Überprüfung dieses historischen Vertrages und die ausdrückliche Wiedereinführung des praktischen Diskurses als Teil des wissenschaftlichen Diskurses bedeuten.

2. Möglichkeiten und Probleme des praktischen Diskurses in der Naturwissenschaft

In diesem Essay werde ich ein offensichtlich wichtiges Problem außer acht lassen, welches sich dem heutigen wissenschaftlichen Unternehmen von »außen« stellt, nämlich die zunehmende Steuerung der Wissenschaft durch Systemgesichtspunkte. Statt dessen werde ich mich mit den Problemen innerhalb der Wissenschaft selbst, als Teil der Kultur, beschäftigen. Ich werde meine Untersuchung auf die Naturwissenschaft begrenzen, weil dieser Zweig der Wissenschaft, so wie es aussieht, der am wenigsten erwartete Kandidat für eine »Kolonialisierung durch die Lebenswelt« ist.

Ich denke, wir haben uns zu schnell von Habermas (1968b, 1971) überzeugen lassen und dem vorherrschenden »Bilderbuch-Image« vertraut, daß in der Naturwissenschaft nur ein instrumentelles Interesse vorherrschend ist. Tatsächlich ist es durchaus möglich zu zeigen, daß sich jede der berühmten drei Erkenntnisinteressen von Habermas innerhalb verschiedener Bereiche der Naturwissenschaft und schon in der Zusammensetzung der Interessen finden lassen, die die einzelnen Wissenschaftler leiten. Ich möchte behaupten, daß ein wichtiger Grund, warum die Naturwissenschaften vorherrschend als von einem instrumentellen Interesse angeleitet *erscheinen*, darin besteht, daß die hermeneutischen und kritischen Interessen in diesem Bereich durch Probleme, die ihren Ursprung innerhalb der Wissenschaft *selbst* haben – vor allen Dingen die gegenwärtige Zusammensetzung des wissenschaftlichen Belohnungssystems – am Entstehen gehindert worden sind. Weiterhin setzt sich die Naturwissenschaft aus einer Anzahl verschiedener Felder mit verschiedenen Kriterien für »gute Wissenschaft« zusammen, die abhängig sind etwa von der argumentativen Struktur des Feldes, die wiederum mit methodologischen Möglichkeiten und dem Gegenstandsbereich verbunden sind.

Die Evolutionsbiologie ist das Beispiel einer Wissenschaft, die sich traditionell von einem Interesse an Verständigung und Kommunikation hat leiten lassen. Gleichzeitig ist dieses Feld seit seiner Konzeption aber auch auf ein Potential von kritischem Interesse gestoßen, in dem Maße, in dem seine Ergebnisse als relevant für das Bild des Menschen von sich selbst, für sozialpolitische Entscheidungen etc. angesehen wurden. Zum gegenwärtigen Zeitpunkt, bei dem gewachsenen Vertrauen der Gesellschaft auf die Wissenschaft als Berater in sozialen Fragen verschiedener Art – ob wir dies mögen oder nicht – ist es erwähnenswert, daß einige kritische Bewegungen innerhalb der biologischen Forschergemeinschaft selbst entstanden sind. Zu deren proklamierten Zielen gehören die Aufklärung der Laienöffentlichkeit, die Kritik ideologischer Konzeptionen in der Wissenschaft und Warnungen vor sozialem Mißbrauch wissenschaftlichen Wissens. Aber diese Ambitionen sind, wie ich darlegen werde, durch das Vorherrschen eines anderen wichtigen Interesses von Wissenschaftlern kurzgeschlossen worden: den *Konkurrenzkampf um wissenschaftliche Autorität*.

Dies wird in den neueren »Nature-nurture«-[Anlage-Umwelt-]-Kontroversen in der Wissenschaft deutlich, wie z. B. in den Auseinandersetzungen um Soziobiologie und Intelligenzquotienten. Gleichzeitig möchte ich zeigen, daß diese Kontroversen in der gegenwärtigen Situation in der Wissenschaft in einer indirekten Weise als ein *notwendiges Forum für die metawissenschaftliche Diskussion* innerhalb der *scientific community* dienen können, d. h. als Diskussion über epistemologische und ethische Fragen und die Beziehung des wissenschaftlichen Experten zur Laiengemeinschaft. Später möchte ich diskutieren, in welchem Sinne dieser Diskurs auch als Forum für die Diskussion sozialer Normen und Werte betrachtet werden kann, d. h. als Forum für praktische Diskurse.

Auf jeden Fall läßt der »normale« wissenschaftliche Diskurs dem Wissenschaftler für die Diskussion derartiger metawissenschaftlicher Probleme keinen Raum. Aufsätze beziehen sich meistens auf vorangegangene Forschung innerhalb eines relativ engen Bereichs der Wissenschaft, und die Diskussion epistemologischer und ethischer Probleme wird traditionell den Philosophen überlassen. Außerdem werden im vorherrschenden Wissenschaftsmodell eigene Beiträge der Wissenschaftler zu einer kritischen Diskussion über die Natur der Wissenschaft auf einer metawissenschaftlichen

Ebene wahrscheinlich als außerwissenschaftlich oder illegitim angesehen. Auf jeden Fall wird solche Kritik weder besonders ermutigt noch belohnt. Das hängt damit zusammen, daß das Belohnungssystem auf der gegenseitigen Anerkennung »nützlicher« Informationen basiert. Diejenigen Wissenschaftler sind daher am »nützlichsten«, die den anderen Ideen für geeignete Lösungen von Rätseln [*puzzles*] innerhalb der etablierten Wissenschaft liefern.

So hat die Wissenschaft sich selbst ein Kommunikationssystem eingerichtet, das die Diskussion ihrer eigenen Grundlagen schwierig macht. Dies geht auf die soziopolitischen und epistemologischen Bedingungen der Institutionalisierung der Wissenschaft im 17. Jahrhundert zurück, die auf einen bewußten Bruch mit ihrem früheren Charakter als erkenntnistheoretisches und zugleich moralisches Unternehmen hinauslief.

Ich möchte nun zeigen, daß dieser Bruch nie wirklich vollständig war. Die Ausdifferenzierung der Wissenschaft als Bereich der Kultur ist nicht ein für allemal abgeschlossen. Tatsächlich sind wissenschaftliche Experten ständig in einen Kampf verwickelt, um ihren Expertenstatus gegen neue Erkenntnisansprüche zu verteidigen (vgl. Berger/Luckmann 1967; Gieryn 1985). Folglich könnte man auf einer sehr abstrakten Ebene sagen, dieser Essay handele von der Art, in welcher die *scientific community* ihr Verhältnis zur Gesellschaft über die Zeit regelt, d. h. von dem Prozeß, der die soziale Legitimation der Wissenschaft dauerhaft aufrechterhält, während die Wissenschaft auf sich verändernde soziale Anforderungen reagiert. In der *scientific community* kann man diesen Prozeß als *fortschreitende Verhandlung über die Grenzen der Wissenschaft* sehen, in welcher die Natur der Wissenschaft und die moralisch-soziale Rolle des Wissenschaftlers ständig verdeckt zur Diskussion gestellt sind.

Wie ich darlegen werde, tauchen diese Anliegen nun in den wissenschaftlichen Kontroversen selbst auf, besonders in solchen wie der über »Anlage und Umwelt«, d. h. mit Implikationen für das Bild des Menschen von sich selbst. Dies geschieht jedoch, wie wir sehen werden, auf eine stark modifizierte Weise. In diesen Kontroversen werden allgemeine Anliegen als Angriffe einzelner Wissenschaftler gegen einzelne andere formuliert.

Gleichzeitig schleichen sich Alltagskonzepte und -interessen in den wissenschaftlichen Diskurs ein, besonders durch die routinemäßig in der wissenschaftlichen Argumentation verwendeten *Plausibilitätsargumente*. In der Wissenschaft wird immer mit Wissen umgegangen, das mehr oder weniger unvollständig ist. In den »Anlage-Umwelt«-Kontroversen haben die Plausibilitätsargumente nun nicht nur mit wissenschaftlichen Erkenntnisansprüchen als solchen zu tun, sondern auch mit deren wahrgenommenen Implikationen für die Gesellschaft zu jedem spezifischen Zeitpunkt.

3. Meinungsverschiedenheiten zwischen wissenschaftlichen Experten: Eine Fallstudie

Im folgenden werde ich einen Fall von Meinungsverschiedenheit zwischen wissenschaftlichen Experten diskutieren. Dabei hoffe ich zeigen zu können, wie verschiedenartige »Lebenswelt«-Aspekte in der Argumentation deutlich werden und besonders wie diese unproblematisch und routinemäßig mit der Beurteilung von wissenschaftlichen Erkenntnisansprüchen verbunden werden. Weiterhin möchte ich zeigen, wie ein Zusammenspiel von kognitiven und strategischen Interessen von Gegnern in einer wissenschaftlichen Kontroverse dazu führt, der *gegenwärtigen Wissenschaft innewohnende Probleme* in *wissenschaftliche und moralische »Irrtümer« einzelner Wissenschaftler* umzuwandeln. Schließlich diskutiere ich die Rolle der »Anlage-Umwelt«-Kontroversen für die *scientific community* und für die breite Öffentlichkeit.

Wenn die Bedeutung wissenschaftlicher Erkenntnisansprüche und ihre soziale Relevanz interpretiert werden, finden sich sofort verschiedene Subuniversen innerhalb der Lebenswelt und ebenso innerhalb der Welt der Wissenschaft. Wie ich zeigen werde, gibt es zwei gegensätzliche, aber koexistierende Interpretationen der Realität, die sich auf *verschiedene* »Wissensbestände« stützen oder zumindest die gleichen »Tatsachen« verschieden interpretieren. Angehörige dieser Sinnsubgemeinschaften neigen aufgrund unterschiedlicher »angewandter Logiken« auch dazu, Informationen auf verschiedene Weise zu bearbeiten. Gleichzeitig teilen beide Subgemeinschaften eine umfassende gemeinsame Lebenswelt, welche gleichzeitig die Bedingung für die starke Meinungsverschiedenheit zwischen ihnen sowie für die moralisch-sozialen Implikationen bestimmter Erkenntnisansprüche ist.

Mein Hauptpunkt in diesem Essay ist eine neuere Kontroverse – die soziobiologische Debatte –, die in Harvard vor etwa einem Jahrzehnt rund um die Veröffentlichung von Edward O. Wilsons *Sociobiology: The New Synthesis* (1975a) begann. Meine Analyse betrifft aber auch die frühere IQ-Kontroverse, von der die Soziobiologie viele Kritiken und viele Kritiker geerbt hat. (Diese Debatte begann als Reaktion auf einen Aufsatz, in dem der Psychologe Arthur Jensen 1969 eine mögliche genetische Erklärung für den 15-Punkte-Unterschied in IQ-Testergebnissen zwischen weißen und schwarzen Amerikanern vorschlug.) Beide Debatten wurden allgemein als typisch politisch motivierte »Anlage-Umwelt«-Kontroversen zwischen konservativen Anhängern von Vererbungstheorien und progressiven Anhängern von Umwelttheorien aufgefaßt. Im folgenden möchte ich zeigen, daß dies tatsächlich eine Fehlkonstruktion ist, an der die Teilnehmer größtenteils selber schuld sind; daß gleichzeitig der eigentliche Diskussionsgegenstand von umfassenderer metawissenschaftlicher Tragweite ist und sowohl epistemologische wie ethische Fragen gegenwärtiger Wissenschaft ins Spiel bringt. Weiterhin werde ich zeigen, daß »Anlage-Umwelt«-Kontroversen wie die Soziobiologie- und die IQ-Kontroverse keineswegs Ausnahmen sind, sondern in Wirklichkeit verschiedene Aspekte der normalen Praxis in der Wissenschaft illustrieren. Schließlich diskutiere ich die Rolle der »Anlage-Umwelt«-Kontroversen für die *scientific community* und für die allgemeine Öffentlichkeit. Meine Schlußfolgerungen basieren auf meinen eigenen empirischen Studien, speziell auf ausführlichen Interviews mit Teilnehmern, Beobachtern und »Schiedsrichtern« in dieser Debatte (Segerstråle 1983, 1986).

Hier möchte ich zuerst kurz skizzieren, was im Verlauf der soziobiologischen Kontroverse geschah. Wilsons Buch erschien im Sommer 1975. Die ersten Besprechungen, hauptsächlich von Biologen, waren sehr anerkennend. Immerhin hatte Wilson fünf Jahre damit verbracht, die neuesten Theorien und empirischen Arbeiten über das Sozialverhalten der Tiere zusammenzutragen. Die Vorstellung der Soziobiologie als einer neuen Disziplin besteht darin, das Sozialverhalten der Tiere als eine durch natürliche Selektion hervorgerufene Eigenschaft zu behandeln, in der glei-

chen Weise, wie früher verschiedene morphologische Eigenschaften behandelt wurden. Was die Biologen an der Soziobiologie besonders spannend finden, ist die damit eröffnete Möglichkeit, sich mit altruistischem Verhalten bei Tieren zu beschäftigen. Altruismus bei Tieren war nämlich eines von Darwins großen ungelösten Problemen, als er versuchte, das Verhalten der Tiere auf der Grundlage individueller Selektion und des »Überlebens der Tauglichsten im Kampf ums Überleben« zu erklären. Die neueren soziobiologischen Modelle, die während der letzten Jahrzehnte in England entwickelt wurden, betrachten das Verhalten der Tiere nun vom Standpunkt des »Interesses« eines *Gens* aus, nicht des ganzen individuellen Organismus. Weil Tiere Gene mit ihren Verwandten gemeinsam haben, ist es möglich, mit Hilfe einer quasiökonomischen Analyse zu kalkulieren, in welchen Situationen es vom »Standpunkt des Gen's« vorteilhafter ist, das gentragende Einzelwesen um das eigene Überleben kämpfen zu lassen, und unter welchen Umständen es einen evolutionären Sinn für dieses Tier ergibt, sein eigenes Leben oder seine Reproduktionsfähigkeit für nahe Verwandte zu opfern (im letzteren Fall durch Sterilität wie bei einigen Bienen). Die hier neu eingeführten Konzepte sind »Sippenselektion« [*kin selection*] – anstelle von individueller Selektion – und »alles einschließende Tauglichkeit« [*inclusive fitness*] anstelle von individueller Tauglichkeit.
Unglücklicherweise präsentierte Wilson in seinem Buch nicht nur diese neuen Modelle und empirischen Studien, sondern fügte einige eigene Gedanken über die Anwendbarkeit der Soziobiologie auf den *Menschen* hinzu. So nahm er in sein Buch ein erstes und ein letztes Kapitel auf, in denen ausdrücklich menschliche Soziobiologie diskutiert wurde. Im letzten Kapitel spekulierte er über eine mögliche genetische Grundlage etwa für Geschlechtsrollenverhalten, Xenophobie und sogar grundlegende ethische Werte. Die Hauptgruppe, die er herausfordern wollte, waren die Sozialwissenschaftler, die er in ihrer Ablehnung, biologische Dimensionen in ihren Erklärungen zu berücksichtigen, für »unwissenschaftlich« hielt. Gleichzeitig unterstellte er, die Soziobiologie werde, zusammen mit der Neurobiologie, bald solche Fortschritte erzielen, daß die Menschheit fähig werde, ihre wahre evolutionäre Natur in den Griff zu bekommen. Damit würden wir teils in die Lage versetzt, uns selbst besser zu verstehen, zum Teil vielleicht aber auch fähig werden, jene Eigenschaften, die wir

wirklich behalten möchten, »sorgfältig auszuwählen« und so unsere eigene Zukunft zu planen.

Es ist offensichtlich, daß solch ein biologistischer Ansatz bald diejenigen unter der amerikanischen Intelligenz (einschließlich vieler Biologen) irritierte, die den Menschen als ein vorwiegend kulturelles Wesen ansahen. Im Herbst 1975 unternahm eine Gruppe von Wilsons eigenen Kollegen aus Harvard und anderen aus dem Bostoner Raum eine sehr feindselige Attacke gegen ihn, und zwar in Form eines Leserbriefes an die linksliberale Zeitschrift *The New York Review of Books* (Allen u.a. 1975). Sie bezeichneten Wilsons Ausweitung der Soziobiologie auf den Menschen als ein Beispiel eines alten Trends des »biologischen Determinismus«, den sie mit Sozialdarwinismus, Nazismus und Rassismus in Verbindung brachten. Sie sagten, es sei seine Absicht, soziale Reformen zu verhindern, indem er sich auf Beweise für eine festgelegte menschliche Natur berufe, die dem Status quo der gegenwärtigen amerikanischen Gesellschaft verdächtig ähnlich sei, und daß Wilsons ganzes soziobiologisches Theoretisieren auf diesen Punkt zugeschnitten sei. Was das Interesse der breiten Öffentlichkeit weckte, war die Tatsache, daß unter den Mitunterzeichnern dieses Briefes einige von Wilsons engsten Biologiekollegen von Harvard waren (eine Zusammenstellung der Polemiken findet sich bei Caplan 1978).

Die von den Briefschreibern, die sich »Soziobiologische Studiengruppe« nannten, eröffnete kritische Kampagne dauert trotz der Proteste von Wilson, seine wirklichen Motive zu beachten, bis heute an. Eine Veränderung besteht darin, daß sich die Kritik an Wilsons Soziobiologie allmählich etwas mehr auf die wissenschaftlichen Schwierigkeiten und weniger auf die politische Botschaft der Soziobiologie konzentriert. Aber die anfänglichen Positionen sind unverändert. Die Kritiker nennen Wilson auf verschiedene Weise (und in verschiedenen Büchern) einen »biologischen Deterministen«, während Wilson wiederum darauf beharrt, die Kritiker als »Anhänger eines voraussetzungslosen Environmentalismus« zu bezeichnen, den er mit Marxismus gleichsetzt.[8] Diese Etikettierungen haben sich trotz der Versuche von beiden Seiten, die Anschuldigungen zu widerlegen, fortgesetzt. Zur gleichen Zeit polarisierte sich die Akademikergemeinschaft in Pro- und Anti-Wilson-Positionen, und »Wilson« und »Soziobiologie« wurden bald für viele zu Schimpfwörtern.

Wie ist nun diese Kontroverse zu verstehen? Im folgenden werde ich zuerst eine kognitive Erklärung versuchen, indem ich die Durchlässigkeit des wissenschaftlichen Diskurses für Lebensweltkonzepte aufzeige. Danach werde ich vorführen, wie diese kognitiven Unterschiede mit den strategischen Interessen der beteiligten Wissenschaftler zusammenspielen.

4. Kognitive Unterschiede zwischen Wissenschaftlern und die Durchlässigkeit des wissenschaftlichen Diskurses für Lebensweltvorstellungen

Eine kognitive Erklärung wäre nun die folgende. Die verschiedenen Felder in der Wissenschaft haben ihre eigenen Standards für tolerierbare Plausibilitätsargumente, also für das, was als eine vernünftige Annahme zu betrachten ist. Sozialisation in ein Feld bedeutet gleichzeitig die Einübung, wie ein wissenschaftlicher Text in der »richtigen Einstellung« zu lesen ist (vgl. Bazerman 1981). Wenn nun in einer Situation Wissenschaftler aus *verschiedenen* Feldern in den *gleichen* wissenschaftlichen Diskurs eintreten – was genau in der Soziobiologie- und IQ-Kontroverse geschah –, dann werden diese Wissenschaftler sehr unterschiedliche Konzepte von einer Standardargumentation und einem Schreibstil haben und eine Erklärung für jede Abweichung erwarten. Wie Mulkay und Gilbert (1982) gezeigt haben, werden Überzeugungen und Praktiken, die sich von dem eigenen Konzept eines Wissenschaftlers von »guter Wissenschaft« unterscheiden, ihrerseits wieder routinemäßig als »außerwissenschaftlich« motivierte »Irrtümer« anderer Wissenschaftler wegerklärt.[9]
Dieser kognitive Mechanismus taucht nun in den Polemiken der laufenden Debatten auf. Weil Behauptungen über die biologische Grundlage menschlichen Verhaltens als soziopolitisch relevant erkannt werden, werden Behauptungen in solchen Debatten routinemäßig Gegenstand sowohl für wissenschaftliche wie auch moralisch-politische Überprüfung, die zu verschiedenen »eindeutigen« Schlußfolgerungen führen, je nachdem, was man als Wissenschaftler und als Mitglied der Gesamtgesellschaft für selbstverständlich hält.
In der amerikanischen IQ- und Soziobiologie-Kontroverse kann man nun eine Bündelung von Standpunkten wahrnehmen, die zu

einer Polarisierung der Konzepte innerhalb der *scientific community* geführt hat. Einerseits gibt es ein »Sinnuniversum«, das sich charakterisieren läßt durch einen voraussageorientierten, »operationalen« oder Modellbildungsansatz, verbunden mit einem positivistischen Glauben an eine der Wissenschaft innewohnende Moralität und mit einem »kommunikativen Interesse« daran, das gegenwärtige Wissen zum Wohle der Gesellschaft zu verbreiten. Andererseits gibt es ein davon völlig verschiedenes »Sinnuniversum«, dessen typische Kennzeichen in der Suche nach einer »zugrundeliegenden Realität« liegen, in einem Vertrauen darauf, daß die »härtesten« Daten die beste Wissenschaft repräsentieren, sowie in einer kritischen Einstellung gegenüber wissenschaftlicher Epistemologie und gegenüber wissenschaftlichen Aussagen, die für »versteckte Programme« gesucht werden.[10]

Diese beiden allgemeinen Sinnsubgemeinschaften innerhalb der Wissenschaft scheinen gleichzeitig die umfassenderen Überzeugungen von zwei Gruppen und ihre jeweilige wissenschaftliche und moralisch-politische Sozialisation zu reflektieren: die traditionalen »positivistischen« Wissenschaftler und die radikale Generation der sechziger Jahre. Beide Lager neigen insbesondere dazu, unterschiedliche Vorstellungen von ihrer eigenen Aufgabe als Wissenschaftler zu haben: nämlich vorläufiges Wissen auf Gebieten mit möglichen soziopolitischen Implikationen entweder »auszujäten« oder zu »pflanzen«. Dies ist jeweils bezogen auf ihre unterschiedlichen, für selbstverständlich gehaltenen Ansichten über den Zustand der Gesellschaft und das Potential für sozialen Wandel.[11]

In beiden Fällen operieren die Gruppen jedoch mit Standpunkten, die sowohl bei ihnen selbst wie auch innerhalb der Laiengemeinschaft als unproblematisch erfahren werden.

Aber es gibt einen zusätzlichen kognitiven Prozeß, der in beiden Fällen am Werk ist: eine unproblematische *Verkopplung von wissenschaftlichen und moralischen Interessen*. Für die erste Gemeinschaft von Wissenschaftlern ist wissenschaftliches Wissen objektiv und steht insofern mit seinem sozialen Ursprung oder seiner sozialen Anwendung in keiner Verbindung. Für die zweite Gemeinschaft ist »schlechte Wissenschaft« ideologisch motiviert und eignet sich deshalb für sozialen Mißbrauch, während »gute Wissenschaft« dies nicht ist bzw. tut. Die Logik dabei ist, daß,

falls *gefährliche Konsequenzen* aus einer Theorie gefolgert werden können, diese dann sowohl *ideologisch motiviert* wie auch *wissenschaftlich schlecht* oder überholt sein »muß«. Dies ist der Grund, warum in der soziobiologischen Kontroverse E. O. Wilsons Versuch, aus neuen Ergebnissen über das Sozialverhalten der Tiere Lehren für menschliches Verhalten zu ziehen, seine Verkündung wissenschaftlicher Überzeugungen, seine Spekulation über den Menschen im allgemeinen etc. sowohl wissenschaftlich falsch wie auch ideologisch durchschaubar sein »mußten«.[12]
Wir können nun anfangen zu verstehen, warum die wissenschaftliche Arbeit der Soziobiologen einer strengen »moralischen Lesart« durch die Kritiker unterzogen wurde. Nicht nur Wilson wurde attackiert, sondern auch andere, z. B. Richard Dawkins, der Autor von *The Selfish Gene* (1976), der in seinem letzten Kapitel die Menschen wegen ihres kulturellen Erbes ausdrücklich ausschließt. Die von den Soziobiologen präsentierten Plausibilitätsargumente »konnten« selbstverständlich »nicht« von einem kritischen »Harte-Daten«-Standpunkt aus als »seriöse Wissenschaft« intendiert worden sein und wurden daher statt dessen im Hinblick auf ihre sozialen Implikationen analysiert. Als Ursachen für diese »moralischen Irrtümer«, die von den Adressaten der Kritik begangen worden waren, wurden dann politische Motive angenommen. Trotzdem weisen einige extreme Fälle von Falschinterpretation und die Beharrlichkeit der Fehlkommunikation darauf hin, daß ein »aktives Falschlesen« dabei eine Rolle spielt. Das bedeutet, daß wir neben den kognitiven Prozessen, die innerhalb des wissenschaftlichen und moralischen Bereichs stattfinden, eine *strategische* Dimension in die Analyse einführen müssen.

5. Strategisches Handeln im wissenschaftlichen Diskurs

Wenn es in der Wissenschaft zu strategischen Interessen kommt, ist von Habermas keine Hilfe zu erwarten. In seiner Charakterisierung des wissenschaftlichen Diskurses verwendet er ein idealisiertes Modell, in dem Machtinteressen »ausgeklammert« sind. Für eine »reale« Situation müssen wir uns an jemanden wenden, der diese Interessen zur Kenntnis nimmt. Mir scheint Pierre Bourdieus (1975) Vorstellung eines Kampfes um wissenschaftliche Anerkennung als »symbolisches Kapital« am brauchbarsten zu sein. Ich möchte Bourdieus Gedanken weiterentwickeln und das Konzept des *moralischen Kapitals* als eine weitere Form des symbolischen Kapitals einführen, das es wert ist, in den Kontext des wissenschaftlichen Diskurses mit aufgenommen zu werden.

Der Kampf um moralische Anerkennung kann einige verwirrende Merkmale der neueren »Anlage-Umwelt«-Kontroversen erklären. Vom Standpunkt der Kapitalakkumulation scheint es so zu sein, daß jemandem, der die »Unmoral« eines anderen »enthüllt«, um so mehr symbolisches Kapital zuwächst, je größer die unterstellte Unmoral dieses anderen ist. Daher ergeben sich offenbar Chancen für Zuwachs an moralischem Kapital, wenn man jemandes Forschung mit Nazismus oder Rassismus in Zusammenhang bringt. Es ist deshalb kein Wunder, daß sich ein Maximum an moralischem Kapital vor allem aus Jensens Artikel von 1969 durch die »Radikalisierung« seiner Schlußfolgerungen oder aus der Feststellung ziehen ließ, er »behaupte« genetisch bedingte Rassenunterschiede im IQ. Ähnlich läßt sich erklären, warum es mühsame Versuche gab zu »beweisen«, daß Wilson »wirklich« ein Rassist[13] und ein IQ-Meritokrat sei.[14]

Die eigentliche Tatsache jedoch, daß moralische Anerkennung zugestanden wird und daß die Interpretationen und aktiven Fehlanalysen der Kritiker nicht auf einer breiteren Basis angezweifelt worden sind, zeigt zweierlei. Einmal gibt es in der zeitgenössischen Wissenschaft neben der wissenschaftlichen Autorität einen Raum für moralische Autorität. Zum anderen wird moralische Kritik von wissenschaftlichen Texten offensichtlich ohne detaillierte und kritische Prüfung der Grundlagen der Behauptungen für bare Münze genommen. Das ist nicht besonders überraschend, wenn wir die Tatsache akzeptieren, daß das Verhalten in dieser Kontroverse allgemeines wissenschaftliches Verhalten illustriert. Denn daß in diesem Fall die Kritik eines Textes nicht mit dem Originaltext verglichen wurde, kann man dann einfach zum Normalfall wissenschaftlicher Praxis im Umgang mit Originalquellen erklären – man traut einer Sekundärquelle zu, den Inhalt des Primärtextes »für alle praktischen Zwecke« angemessen wiederzugeben.

Wegen der Koexistenz verschiedener Ansichten über die Beziehung zwischen Moral und Wissenschaft sind verschiedene innerwissenschaftliche Subgemeinschaften nun willens, für verschiedenartige Leistungen moralische Anerkennung zu gewähren. Das bedeutet, daß moralisches Kapital *sowohl* für die Enthüllung von (unerwünschten) moralisch-politischen Überzeugungen zu erwarten ist, die (irrigen) wissenschaftlichen Standpunkten zugrunde liegen, *wie auch* für aktives Hochhalten der traditionellen Fahne der wissenschaftlichen Objektivität gegen jede Zumutung von »außerwissenschaftlichen« Einflüssen ideologischer oder anderer Art. Beispiele sind zahlreich vorhanden.[15]

So ist die Verkopplung des wissenschaftlichen und moralischen »Irrtums« nicht nur ein kognitiver Prozeß, sondern wird im strategischen Interesse eines Teilnehmers an einer Kontroverse unternommen. Wenn angenommen wird, daß wissenschaftlicher und moralischer Irrtum zusammen auftreten, dann wird jeder überzeugende Aufweis des Irrtums des Gegners in zwei Bereichen gleichzeitig zum Sieg führen. Es sind folglich nicht nur die »positiven« Beiträge in der Wissenschaft, die Gratifikationen gewähren: effiziente Kritik kann reichlich symbolisches Kapital einbringen (mehr als die möglicherweise spärliche wissenschaftliche Belohnung), wenn das Ziel sorgfältig ausgewählt wird.

Das Bemühen, ihr moralisches Kapital zu vergrößern, erklärt nun, warum die gegnerischen Lager in den neueren »Anlage-Umwelt«-Kontroversen beharrlich damit fortfahren, sich gegenseitig wissenschaftliche und politische Ansichten zuzuschreiben, obwohl die jeweils andere Partei betont, daß sie sie nicht haben. Ein anderer Weg zu moralischer Anerkennung durch andere Wissenschaftler sind die Massenmedien, die kontroversen Wissenschaftlern besondere Bekanntheit verschaffen.[16] In gewisser Hinsicht ist die wissenschaftliche Debatte über »wertrelevante« Probleme teilweise aus den Fachzeitschriften verschwunden und beansprucht zugleich die moralische Anerkennung verschiedener Gruppen der *Laiengemeinschaft*.[17] Da moralisches Kapital nach einem bestimmten Umrechnungsfaktor gegen wissenschaftliche Währung eingetauscht werden kann (und umgekehrt), sind Zeit und Aufwand, die für Aktivitäten im moralischen Bereich verwendet werden, vom Standpunkt der Kapitalakkumulation in der Wissenschaft nicht »verschwendet«.[18]

Eine andere Konsequenz der Auseinandersetzung um moralische Autorität neben der wissenschaftlichen Auseinandersetzung besteht darin, daß in diesem Bereich eine Grundlage für die kontinuierliche Akkumulation von moralischem Kapital und für die Absicherung früherer Investitionen vorhanden sein muß. In der Praxis bedeutet dies, daß neue Gelegenheiten für Kapitalgewinn gefunden werden müssen, und dies impliziert, daß ein Vorrat an neuen Zielen zum »Enthüllen« vorhanden sein muß. Die Kritiklinie muß zugleich stetig verlaufen, das heißt, die Ziele müssen sich als des »gleichen moralischen Fehlers« schuldig erweisen. Dies erklärt manche Eigenheiten in den jüngsten »Anlage-Umwelt«-Kontroversen, welche für viele Beobachter schwer zu verstehen waren[19]: die Schärfe der Kritik, das »Vernachlässigen des Kontextes« und das »unverhohlene Mißverstehen« der soziobiologischen Texte sowie die wissenschaftlich überraschende Gleichstellung der Forschung über menschliche Verhaltensgenetik mit »rassistischer« Forschung etc.[20] Es erklärt auch die interessante Tatsache, daß viele der Kritiker der IQ-Tests und der Soziobiologie in ihren Beiträgen entweder *allgemein* bekannte genetische Prinzipien vortragen oder für *allgemein* geteilte liberale meritokratische Standpunkte eintreten. Wie auch immer, um für solche »Common-sense«-Bemerkungen moralische Bestätigung zu bekommen, ist es erforderlich, zuerst das intendierte Ziel einer gründlichen »moralischen Lektüre« zu unterziehen, welche die »wahre Bedeutung« seines Textes herausarbeitet.[21]

Im Unterschied zu wissenschaftlichem Kapital ist moralisches Kapital sowohl ein individuelles als auch ein kollektives Gut. Es gibt daher umfassende moralische Subgemeinschaften in der Wissenschaft, die einen gemeinsamen Vorrat an wissenschaftlichen Tatsachen und Argumenten anhäufen, auf dem die Mitglieder aufbauen können.[22] Diese Tatsachen und Argumente werden dann als unproblematische Wahrheiten von den Mitgliedern anderer akademischer Felder und der Laiengemeinschaft übernommen und können sogar Gegenstand eines Exports in andere Länder werden.[23]

Aber das Anhäufen des symbolischen Moralkapitals kann auch auf andere Weise als durch Kritik an passenden Zielen wegen ihrer wissenschaftlichen und zugleich moralischen »Irrtümer« stattfinden. Das Zusammenkoppeln wissenschaftlicher und moralischer Interessen hat auch eine »positive« Seite. Das äußert sich darin, daß die Wissenschaftler mit einer solchen Kopplungstendenz auch in ihrer eigenen Forschung routinemäßig wissenschaftliche und moralische Anliegen kombinieren, was bedeutet, daß die Probleme, die sie wählen, eine Verbindung dessen widerspiegeln, was fachlich und moralisch für sie relevant ist. Dies geht sicher am leichtesten, wenn »wertrelevante« wissenschaftliche Probleme nachweisbar innerhalb des fachlichen Gebiets des Wissenschaftlers liegen.

Das Zusammenkoppeln wissenschaftlicher und moralischer Interessen ist somit nicht nur ein kognitiver, sondern auch ein strategischer Prozeß. Gleichzeitig glaube ich jedoch, daß es einfach einen normalerweise vorkommenden Prozeß in der Wissenschaft veranschaulicht: die *Optimierungsstrategie*, wie sie für höchst erfolgreiche Wissenschaftler typisch ist. Erfolgreiche Wissenschaftler tendieren dahin, Bereich und Richtung der Forschung so zu wählen, daß sie zu jedem gegebenen Zeitpunkt den größten Gewinn an symbolischem Kapital versprechen. Optimierer mit moralischen Interessen neben ihren wissenschaftlichen neigen dazu, solche Forschungsgegenstände auszuwählen, die nicht nur wissenschaftliche, sondern auch moralische Anerkennung einbringen. Einfacher ausgedrückt, sie konzentrieren sich auf »wertrelevante« Angelegenheiten oder machen umgekehrt ihre eigene wissenschaftliche Forschung »wertrelevant«. Eine der herausragendsten Optimierungsstrategien ist nun eine Kombination von wissenschaftlicher und gleichzeitig moralischer Kritik eines anderen Wissenschaftlers, die gleichzeitig dazu dient, der eigenen, offensichtlich »wertrelevanten« wissenschaftlichen Theorie Auftrieb zu geben.[24] Aber es ist nicht immer möglich zu optimieren, auch nicht für »Ankoppler«. Der Ausweg besteht dann darin, symbolisches Kapital in getrennten Bereichen zu akkumulieren und auf einen möglichen »Konvertibilitätsfaktor« zu hoffen, den man einsetzen kann.[25]

6. »Gekoppeltes Argumentieren« und die Vermeidung wahren kommunikativen Handelns

Der Einsatz dieser Optimierungsstrategien ist nicht ohne Konsequenzen für die *scientific community* im ganzen und für das Ansehen der Wissenschaft. An erster Stelle liegt es im Interesse von um die Moral besorgten Wissenschaftlern, ein »wertrelevantes« Thema als Anliegen der *Wissenschaft* zu diskutieren und nicht etwa als eines der Religion oder der Moralphilosophie. Dies verstärkt tendenziell die Überzeugung, daß wissenschaftliche Tatsachen für sozialpolitische Entscheidungen wichtig sein sollten. An zweiter Stelle werden sozial und moralisch relevante Probleme innerhalb der *scientific community* nicht auf im wesentlichen *moralischer* Grundlage diskutiert, sondern man neigt dazu, sich mit *technischen Einzelheiten* verschiedener Art zu beschäftigen. Trotz kritischer Anliegen ist die *scientific community* folglich nicht zu einem neuen Forum für eine moralphilosophische Diskussion geworden. Statt dessen gehen die Wissenschaftler ihren Geschäften nach, und nur auf Grundlage eines vorzeigbaren wissenschaftlichen Fehlers wird ein moralischer Punkt aufgegriffen.

Wie hoch ist im Lichte der Tendenz des starken Verkoppelns von wissenschaftlichen und moralischen Interessen in den »Anlage-Umwelt«-Kontroversen die Chance für die involvierten Themen, auf rein wissenschaftlicher oder metawissenschaftlicher Grundlage kritisiert zu werden? Es stellt sich heraus, daß »Anlage-Umwelt«-Kontroversen für viele Wissenschaftler eine Chance darstellen, auf andere aber abschreckend wirken. So nahmen im Falle der Soziobiologie seriöse wissenschaftliche Kritiker nach der Rundumattacke auf Wilson in dem Brief an die *New York Review of Books* davon Abstand, ihre Kritiken zu veröffentlichen, weil sie nicht moralisch oder politisch abgestempelt werden wollten.[26] Gleichzeitig gibt es ein paar Wissenschaftler, die zutiefst an »guter Wissenschaft« im allgemeinen interessiert sind und sich verpflichtet fühlen, jedes wissenschaftliche Bemühen, das sie als methodologisch fragwürdig ansehen, unabhängig von der moralischen oder politischen Position zu kritisieren, die ein solches Bemühen angeblich stützt. (Die Funktion dieser »Entkoppler« besteht eher darin, die Situation für die übrige *scientific community* zu entwirren, während die Teilnehmer der Kontroverse selbst solche neutralen Versuche tendenziell als parteiisch wahrnehmen.)[27]

Zu einer anderen Subgruppe von Wissenschaftlern zählen diejenigen, die zu zwei »Sinn-Universen« gleichzeitig gehören, einem kritischen und einem traditionellen, in einem epistemologischen wie auch ethischen Sinn, und von Mitgliedern beider Gruppen anerkannt werden. Diese »Vermittler« fühlen sich zu dem aktiven Versuch aufgerufen, die Kommunikation zwischen beiden Seiten in einer Kontroverse zu verstärken, die semantischen Mißverständnisse aufzuklären, die wissenschaftlichen Probleme von ihren wahrnehmbaren moralisch-politischen Implikationen zu unterscheiden, der einen Seite die »wahren Absichten« der anderen darzulegen und jede wissenschaftliche Unklarheit zu beseitigen.[28]

Zu Beginn einer Kontroverse ist der Einfluß der »Entkoppler« und »Vermittler« jedoch tendenziell minimal. Statt dessen führen die kognitiven und strategischen Prozesse dazu, daß eine Partei ihren eigenen Standpunkt als wissenschaftlich »richtig« und den Standpunkt des Opponenten als wissenschaftlich »irrig« präsentiert – unabhängig von der Tatsache, daß beide Seiten vielleicht letztlich mit Plausibilitätsargumenten operieren. »Richtig« und »falsch« hat dann wieder mit der wahrgenommenen Konformität oder Abweichung von der »normalen« wissenschaftlichen Praxis zu tun. Folglich gibt es einen echten Unterschied in der Konzeption von der Beschaffenheit der jeweiligen wissenschaftlichen Praxis, und dies mag sowohl epistemologische, methodologische, ontologische und »prozedurale« Aspekte mit sich bringen, deren sich die Wissenschaftler möglicherweise zum Teil selbst nicht bewußt sind.

Wegen der Identifizierung von *wissenschaftlicher Richtigkeit* mit *moralischer Tugend* halten es jene Wissenschaftler, die das gleiche moralische »Sinnuniversum« teilen, tendenziell nicht für nötig, das wissenschaftliche Werk eines anderen einer näheren Überprüfung zu unterziehen. Das bedeutet, daß Wissenschaftler, die die gleichen moralisch-politischen Überzeugungen teilen, als »Experten« betrachtet werden, während jene, die es nicht teilen, als »inkompetent« bezeichnet werden können. Man kann darin lediglich eine Spiegelung eines »normalen« Prozesses wissenschaftlicher Praxis sehen: die Tendenz, »Sekundärquellen« (hier: moralischer Glaubwürdigkeit) zu vertrauen, statt auf die Originalquelle zurückzugreifen und es selbst herauszufinden. Die Kritiker, die begierig allgemeine Probleme der wissenschaftlichen Standardpraxis in moralische Irrtümer von Individuen umwandeln, scheinen zur gleichen Zeit manchmal selbst eine sehr ähnliche Art von Irrtümern zu begehen.[29] Gibt es auf dieser Basis irgendeine Garantie, daß der wissenschaftliche Diskurs in »weichen« Feldern in der Wissenschaft nicht vollständig außer Kontrolle gerät und Forschung in diesen Feldern nicht einmal den elementarsten wissenschaftlichen Standards entspricht? Bedeutet dies, daß hier ein neuer »Verrat der Intellektuellen« droht (vgl. Benda 1978)?

7. Die Rolle moralischer Argumentation für den kognitiven Gehalt der Wissenschaft und der Kurzschluß des praktischen Diskurses

Die Antwort ist, daß dies in »weichen« Feldern in der Wissenschaft gut der Fall sein könnte, wenn die oben erwähnte Kopplungstendenz sich *nicht* auswirkte. Exakt wegen der Identifizierung von wissenschaftlichem mit moralischem Irrtum (und der Gelegenheiten zur Ansammlung einer doppelten Portion symbolischen Kapitals, falls wissenschaftliche Irrtümer gefunden werden können) kann das Anwachsen des Wissens in »weichen« Datenfeldern erreicht werden. Das erhöhte Interesse in Kontroversen, den Gegner auf jeden möglichen schwachen Punkt hin streng zu überprüfen (sowie das Interesse, an erster Stelle ein Ziel zu finden), führt nun zu einer wesentlich gründlicheren Suche nach Wegen als gewöhnlich, seine Behauptungen zu widerlegen. Es werden nicht nur die Originalverweise und -quellen untersucht, sondern allgemeinere wissenschaftliche Punkte angeführt, um die Kritik wirkungsvoller zu gestalten. (Jeder gefundene »Irrtum« wird auf den moralischen »Irrtum« des Gegners zurückgeführt.) Nur wegen eines intensiven *moralischen* Interesses wird Zeit und Anstrengung auf notwendige wissenschaftliche Kritik der Arbeit eines anderen Wissenschaftlers verwendet. Die Standardprozesse »normaler« wissenschaftlicher Praxis und die bekannte psychologische Neigung von Wissenschaftlern, ihr eigenes Werk nicht selbstkritisch genug zu sehen, hätten sonst höchstwahrscheinlich nicht zu grundlegenden Überprüfungen der Voraussetzungen, Methodologie etc. geführt.[30]

Gerade in Feldern, in denen die Daten noch nicht gesichert sind, kann also eine verdeckte oder offene metawissenschaftliche Diskussion lebendig erhalten werden, und gerade dort wachsen die Möglichkeiten für die Modifikation wissenschaftlicher Praxis als ganzer. Dies deshalb, weil die Argumente immer die vorherrschenden (unterschiedlichen) Ansichten über die Beschaffenheit »guter Wissenschaft« wiedergeben. Da nun gleichzeitig das Interesse besteht, die Debatte in einem »weichen« Feld zu gewinnen, wird mehr Forschung aufgewendet, diesmal mit besserer Methodologie; diese Forschung wird wieder streng von den Kritikern überprüft werden und so weiter, bis relativ »harte« Daten gewonnen worden sind. Offensichtlich akzeptieren beide Seiten in der Kontroverse wirklich reduktionistische Daten, wenn solche nur verfügbar sind; der Disput geht nicht um »harte« Daten, sondern um die wissenschaftliche und moralisch-politische Akzeptanz von verfügbarer vorläufiger Evidenz.[31]

So kommt es durch die Optimierungsstrategien der Wissenschaftler zur Akkumulation wissenschaftlichen »Wissens«: In »harten« Feldern geschieht dies durch feldspezifische Verfahren und in »weichen« Feldern mit Hilfe von zwei anderen Prozessen: 1. der Schaffung eines Pools von Argumenten und Beweisen aus einer großen Anzahl von wissenschaftlichen Feldern (durch die Errichtung eines moralischen Netzes von Vertrauen und Loyalität) und 2. der strengen Überprüfung der wissenschaftlichen Details jener, die aus moralischen Gründen als Widersacher eingestuft werden. Auf diese Weise kann ein *moralisches* Interesse *epistemologische* Konsequenzen haben. Andererseits ist es, wie oben diskutiert, nicht selbstverständlich, daß ein moralisches Interesse, das innerhalb der Wissenschaft ausgedrückt wird, soziale Konsequenzen für die Gesamtgesellschaft haben muß, wenigstens nicht auf kurze Sicht. Tatsächlich stützt die so weit analysierte Situation eher Bourdieus Vorstellung, daß die bestehende soziale Struktur auf der symbolischen Ebene dadurch reproduziert wird, daß die kulturellen Experten ihre eigenen fachlichen Interessen in verschiedenen Bereichen »symbolischer Macht« verfolgen (Bourdieu 1977).

Es gibt jedoch einen fundamentalen Unterschied zwischen Bourdieus Konzept und dem hier vorgestellten. Bourdieu zufolge reproduzieren Akademiker als kulturelle Experten die Sozialstruktur durch die strukturelle Isomorphie zwischen der Organisation der Gesellschaft und den Basisregeln für die Struktur von akzeptablen akademischen Argumenten, an die sie sich halten (ebd.). Diese Regeln legen unter anderem fest, daß es in einem akademischen Papier eine These und eine Antithese sowie eine Entscheidung zwischen diesen geben sollte. Für Bourdieu repräsentiert diese »erzwungene Neutralität« nichts anderes als eine Argumentationsstruktur, die den Zielen einer zunehmend bürokratischen Gesellschaft dient.

Nach der Auffassung des vorliegenden Essays dagegen gibt es eine tiefgehende moralisch-politische *Meinungsverschiedenheit* unter Akademikern darüber, was die korrekten Regeln der akademischen Praxis sind. Einige glauben an »objektive Sprache«, »faire Kritik« etc., andere nicht. Aber aufgrund der Tatsache, daß die wissenschaftliche Konkurrenz sich auch auf den moralischen Bereich ausgedehnt hat, *werden die kritischen Ambitionen, die Spielregeln der Forschungspraxis zu verändern, moralisch kurzschlüssig*, indem sie praktisch die traditionelle Autorität der Wissenschaft in der Gesellschaft verstärken.
Ob es jedoch tatsächlich eine Möglichkeit gibt, moralische Anerkennung innerhalb einer spezifischen *scientific community* zu erhalten, hängt mit der Zusammensetzung dieser Gemeinschaft zu einem bestimmten Zeitpunkt zusammen. So kann man zum Beispiel in erster Linie in den Vereinigten Staaten wegen der allgemeinen subjektivistischen Orientierung und der leicht auszulösenden sozialen Schuldgefühle in diesem Lande durch »Enthüllungen« von z. B. »rassistischer« oder »sexistischer« Voreingenommenheit moralische Vorteile für sich verbuchen. In einem Lande wie England zum Beispiel, mit einer stärkeren politischen Tradition und mit einer geringeren Neigung, Angelegenheiten zu personalisieren, tendiert man dazu, wissenschaftliche und moralische Themen getrennt zu betrachten (mit Ausnahme einiger Moralphilosophen).[32]
Die Kritiker der neueren Forschung in den Bereichen menschlicher Verhaltensgenetik und Soziobiologie haben wegen ihrer ständigen Beschäftigung mit moralischen Schuldgefühlen eine Gelegenheit versäumt, einen direkten Beitrag zum epistemologischen Wandel zu leisten. Insbesondere lag es nicht in ihrem unmittelbaren Interesse, in eher unvoreingenommener Weise die »objektiven« Wege zu untersuchen, auf denen wissenschaftliche Theorien *unabhängig* von den Intentionen ihres Schöpfers und der »Korrektheit« des Forschungsprozesses und der Daten zu soziopolitischen Konsequenzen führen können. Das Interesse am Gewinn symbolischen Kapitals hat die Kritiker von einer abstrakteren Ebene der Analyse abgehalten. Die Kritiker haben zum Beispiel nicht die Möglichkeit bedacht, daß Theorien in sensiblen Feldern als sich selbst erfüllende Prophezeiungen wirken können und somit zwar *technisch »richtig«* sind, *wenn auch soziopolitisch und moralisch unerwünscht*.[33] Annahmen über die

menschliche Natur und Gesellschaft wurden unproblematisch als »richtig« oder »falsch« angesehen und der moralischen und politischen Voreingenommenheit geziehen.
Es mag noch ein anderer fachlich-strategischer Grund für die Kritiker der Soziobiologie bestehen, sowohl innerhalb der Wissenschaft wie unter den Laien, sogar *ausgewogene* Ansichten über die Menschen als kulturelle und gleichzeitig biologische Wesen heftig zu bekämpfen. Zygmunt Bauman bringt in seinem Beitrag zu diesem Band vor, daß die heutigen Intellektuellen jeden wirklichen sozialen Einfluß verloren haben. Ihm zufolge haben sie ihre »Aufklärungsmission« schon erfüllt. Deshalb wird es für die Intellektuellen wichtig, sich einen sozialen Raum zu sichern, wo sie ihre professionellen Interessen schützen und legitimerweise ihr verblassendes Projekt weiterführen können. Der Bereich der Kultur dient nun genau diesem Zweck. Bauman führt aus, daß »Kultur« als solche ein künstliches Konstrukt ist und nur als ein Gegensatz zum Bereich der »Natur« aufrechterhalten werden kann. Für die Intellektuellen wird es deshalb zur absoluten Notwendigkeit, den Bereich der Kultur als eine gesonderte Sphäre beizubehalten. Das bedeutet dann, daß jede Vermischung dieses Bereichs mit »Natur« streng unterbunden werden muß.
In dem Ausmaß, in dem die Kritiker der Soziobiologie sich dann selbst als intellektuelle »Aufklärer« und gleichzeitig als Wissenschaftler sehen, müssen sie folglich entschieden dagegen vorgehen, biologischen Faktoren im menschlichen Verhalten auch nur einen bescheidenen Platz einzuräumen.
Auf indirekte Weise haben die IQ- und Soziobiologie-Kontroversen jedoch, gerade wegen ihres moralischen Untertons, dazu beigetragen, die Grundlage möglicher neuer Epistemologien für die Erforschung des Menschen zu entwerfen. Die Protagonisten dieser Kontroversen wurden in ihren symbolischen Rollen als Wortführer verschiedener wissenschaftlicher Interessen zu *Kristallisationspunkten* ebendieser Interessen, unabhängig von ihren aktuellen wissenschaftlichen oder moralisch-politischen Überzeugungen.[34] Auf diese Weise kommen Wissenschaftler aus verschiedenen Feldern in Berührung miteinander, und damit erweitern sich die Möglichkeiten für die notwendige Grundlagenarbeit, die getan werden muß, um ein fundamental neues Paradigma menschlichen Verhaltens zu schaffen, welches die einschlägigen philosophischen, methodologischen etc. Probleme, die bis jetzt

aufgetaucht sind, in Rechnung stellt. Dies ist also der Weg, auf dem wissenschaftliche Kontroversen eine Basis für praktische Diskurse hervorbringen können. Gleichzeitig zeigt dies wieder die Verwobenheit kognitiver mit moralisch-politischen Interessen bei der eigentlichen Produktion des Systems wissenschaftlichen Wissens.

Andererseits ist für die mühsame Arbeit, die geleistet werden muß, eine Veränderung des *wissenschaftlichen Belohnungssystems* erforderlich, und zwar in dem Sinne, daß die »schnelle und schmutzige« Forschung ihre gegenwärtige Prominenz verlieren sollte. Es gibt jedoch kein Anzeichen dafür, daß im Kontext der neueren »Anlage-Umwelt«-Kontroversen über eine solche Veränderung des Belohnungssystems verhandelt worden wäre. Statt dessen ist das Belohnungssystem ausgeweitet worden, um den moralischen Bereich ebenfalls einzuschließen. So gibt es einen grundlegenden Widerspruch zwischen dem Wunsch der Kritiker nach besserer Wissenschaft und ihrer eigenen Demonstration der Schwierigkeit, die Bedingungen für wissenschaftliche Anerkennung zu ändern.

Gleichzeitig können wissenschaftliche Kontroversen jedoch als Versuche gesehen werden, die »Spielregeln« der Wissenschaft zu verändern, um rückwirkend der Seite Anerkennung zu sichern, die entsprechend den »richtigen« Regeln gespielt hat. Die Stücke, deren sich die Spieler in der Wissenschaft bedienen, sind die *Plausibilitätsargumente*, die routinemäßig von beiden Seiten benutzt werden. Diese Stücke sind jedoch unsichtbar, sowohl für die Spieler selbst wie auch für die Zuschauer. Für Wissenschaftler in »weichen« Bereichen ist es wichtig, die Werte positivistischer Wissenschaft hervorzuheben, um im wesentlichen vorläufigen Behauptungen mehr Glaubwürdigkeit zu verleihen und zu versuchen, so quantitativ wie möglich zu klingen. Währenddessen sind kritisch eingestellte Wissenschaftler mißtrauisch gegenüber quantitativen Argumenten in »weichen« Feldern und betonen methodologische und logische Schwierigkeiten bei der Forschung. In beiden Fällen handeln die Wissenschaftler so, als basierten ihre eigenen und die Behauptungen ihrer Opponenten auf »harten« Daten, und das ist der Eindruck, den die allgemeine Öffentlichkeit von der Wissenschaft bekommt. Die Auswahl des »gutgläubigen Laien« und der öffentlichen Betreiber von Politik hängt dann davon ab, welchem Experten vertraut wird. Niemand er-

zählt ihnen von dem grundlegenden Vertrauen in der Wissenschaft auf Plausibilitätsargumente und von dem sehr unvollständigen Wissen, das wir z. B. über die biologischen Grundlagen menschlichen Verhaltens haben.
Somit ergibt sich eine Verstärkung der vorherrschenden Sicht wissenschaftlichen Wissens als zuverlässig. Die »Vorschnelligkeit« der Plausibilitätsargumente durch den Effekt des »moralischen Kurzschlusses«, der in dieser Studie diskutiert wurde, muß deswegen als konzertierte Aktion beider Seiten einer Kontroverse betrachtet werden, und zwar mit dem Ziel, ihre gemeinsamen professionellen Interessen zu fördern, d. h. *die Autorität der Wissenschaft gegenüber der Laiengemeinschaft aufrechtzuerhalten.* Wissenschaft verdient das Ansehen, das sie hat, sie muß nur »schlechte« Wissenschaft aussondern. Die Öffentlichkeit kann jedoch beruhigt sein, weil es einige sehr wachsame Gärtner gibt, die sich um das Aussondern kümmern. In gewisser Hinsicht könnte man sagen, daß die Ziele des moralischen Anschlags, wie Jensen und Wilson, Opfer der wissenschaftlichen Priesterschaft sind, um der Laiengemeinschaft die kontinuierliche Zuverlässigkeit wissenschaftlicher Expertise zu garantieren.
In dem Maße, wie Gesellschaft für soziale Entscheidungen auf wissenschaftliche Beratung angewiesen ist, hat dies tendenziell einen konservativen Effekt auf den gesellschaftlichen Status quo. Andererseits kann in dem Ausmaß, wie Gesetze den möglichen Mißbrauch wissenschaftlicher Entdeckungen regulieren, einem solchen Effekt entgegengewirkt werden (vgl. Engelhardt/Caplan 1987; Segerstråle 1987b).
Aber gleichzeitig könnte man behaupten, daß gerade wegen der oben erwähnten kognitiven und strategischen Prozesse, die in der Wissenschaft wirksam sind, wissenschaftliche Kontroversen von der Art der gegenwärtigen »Anlage-Umwelt«-Kontroverse eine Weise der *scientific community* sind, eine metawissenschaftliche Diskussion über die Beschaffenheit von »guter Wissenschaft« und die moralisch-soziale Rolle des Wissenschaftlers zu führen. Wegen des Interesses der Teilnehmer einer Kontroverse an wissenschaftlichem und symbolischem Moralkapital kann eine Kontroverse wirklich als *Verhandlung über die Basisregeln der Wissenschaft* betrachtet werden, sowohl auf epistemologischer wie auf ethischer Ebene. Der eigentliche Grund dafür ist, daß die Seite, die letzten Endes gewinnt, in der Lage sein wird, rückwir-

kend Anerkennung für ihre Leistungen zu beanspruchen. »Anlage-Umwelt«-Kontroversen können deswegen als wichtige Foren für wissenschaftliche Abgrenzungsverhandlungen betrachtet werden.
Deshalb ist das, was gerade jetzt in erster Linie (stillschweigend) verhandelt zu werden scheint, in der Tat die Frage, ob *eine neue Norm der Wissenschaft* eingeführt werden sollte: ob Wissenschaftler angehalten werden sollten, über die Möglichkeit des gesellschaftlichen Mißbrauchs von wissenschaftlichen Ergebnissen zu reflektieren. Tatsächlich war es diese Norm, die bei der Institutionalisierung der Wissenschaft im 17. Jahrhundert verlorenging.
Vielleicht stehen wir nun vor einer neuen Ära in der Wissenschaft, die die ethischen Aspekte wieder als legitim für die wissenschaftliche Diskussion einführt? Könnte man Weber und Habermas auf den Kopf stellen und im Falle der Naturwissenschaft eine (Re-)Kolonialisierung der Wissenschaft durch die Lebenswelt postulieren, die unter anderem eine Reintegration zweier »ausdifferenzierter« Bereiche der Kultur, nämlich Wissenschaft und Ethik oder Recht, bedeuten würde? Vielleicht hat nicht das Recht, wie Habermas in seinem Buch von 1981 meint, sondern die Wissenschaft den Schlüssel für praktische Diskurse in der heutigen Gesellschaft in der Hand, gerade wegen ihrer stark etablierten sozialen Position? (Gleichzeitig muß die Wissenschaft ihre Position in Anbetracht der zunehmenden Kolonialisierung durch die Systemwelt oder die Subsysteme Staat und Wirtschaft behaupten.)
Ein solcher Vorschlag müßte auf bestimmten Vorannahmen beruhen. Man müßte damit beginnen, Naturwissenschaftlern alle Habermasschen handlungsleitenden Interessen zuzugestehen und ihnen die Fähigkeit unterstellen, ihre moralische und soziale Rolle als Wissenschaftler in einer zunehmend komplexen Wechselbeziehung zwischen Wissenschaft und Staat und Wirtschaft zu reflektieren. Daß eine solche Reflexion zumindest möglich ist, hat sich in der oben diskutierten Kontroverse gezeigt. Weiterhin würde ein anderer Typus von Sozialisationsprozeß für Wissenschaftler benötigt, der sie für den sozialen Kontext ihrer Forschung sensibilisiert. Daß ein solches Vorgehen als möglich und wünschenswert gilt, zeigen die immer umfangreicheren Forschungsprojekte über Wissenschaft, Technologie und Gesell-

schaft an führenden technischen Instituten der USA, mit dem M.I.T. an der Spitze.

Schließlich müßte man auf die Möglichkeit eines Wandels im Belohnungssystem der Wissenschaft vertrauen, so daß abstrakte und zeitraubende reflexive Bemühungen von Wissenschaftlern in irgendeiner Weise belohnt würden, ohne sich in kurzsichtige Gewinn- oder Verlust-Überlegungen und billige Schüsse auf Kollegen zu stürzen, die eine andere Konzeption des Unternehmens Wissenschaft haben. Aber dies mag zugegebenermaßen wieder schwierig sein, eben wegen der relativen Durchlässigkeit der Wissenschaft für Lebensweltkonzepte und -anliegen.

Wie ich in diesem Beitrag zu zeigen versucht habe, lag der Grund dafür, daß die anspruchsvollen Bemühungen der Wissenschaftskritiker in dieser Runde enttäuscht wurden, in erster Linie in den dem wissenschaftlichen Unternehmen selbst innewohnenden Widersprüchen. Besonders habe ich die bedenkliche Beschaffenheit des wissenschaftlichen Belohnungssystems betont, welches das hermeneutische Interesse, die Welt zu verstehen, unterdrückt und einen *internen Macht-Kurzschluß* kritischer Ambitionen verursacht. Es ist eine ungeklärte Frage, worin die genaue Beziehung zwischen dem wissenschaftlichen Belohnungssystem, wie wir es heute kennen, und der Sozialstruktur westlicher Gesellschaften besteht. Ist wissenschaftliche Konkurrenz der gegenwärtigen Art zum Beispiel strukturell oder organisch mit der kapitalistischen Marktwirtschaft verbunden, und wenn ja, ist dies eine notwendige Beziehung? In dieser Angelegenheit mag es keine feststellbare »Wahrheit« geben, aber statt dessen kommen wir zu einer weiteren Metaebene des Diskurses: Was ist oder sollte die Beschaffenheit und Funktion der Wissenschaft in der Gesellschaft heute sein? Erwarten wir, daß Wissenschaft hauptsächlich »nützliches« Wissen in einer unverzüglich anwendbaren Weise produziert, oder wollen wir, daß es auf lange Sicht »nützlich« ist, um z.B. alternative Lösungen zu erarbeiten oder sogar als Denkreservoir für allgemeinere Probleme zu dienen, die die Menschheit betreffen?[35]

Anmerkungen

1 Übersetzung von Susanne Bartsch.

2 In seinem Buch unterscheidet Habermas zwischen drei Komponenten oder Strukturen der Lebenswelt: (1) *Kultur*, die ein Wissensvorrat ist, auf den sich die sozialen Akteure stützen; (2) *Gesellschaft* oder soziale Institutionen, die auf Normen gegründet sind; und (3) *Persönlichkeit*, die aus einem Set von Kompetenzen besteht, die für soziale Interaktion erforderlich sind.

3 Habermas hat in seinen Büchern durchgehend mit einer grundlegenden Unterscheidung zwischen den kognitiven Kategorien »Arbeit« und »Kommunikation« operiert.

4 Habermas sieht in dem Buch von 1981 einen solchen Diskurs innerhalb der »Gesellschaft« Platz greifen, der zweiten Struktur der Lebenswelt.

5 Oft ist unklar, ob Habermas mit idealtypischen Konstrukten arbeitet oder glaubt, daß er eine empirische Wirklichkeit beschreibt. Es ist nicht schwer, empirisch zu zeigen, daß eine solche Differenzierung letztlich unvollständig bleibt; eine andere Frage ist, ob man in irgendeiner Weise »beweisen« könnte, daß eine solche Differenzierung notwendigerweise immer eine Abstraktion bleiben muß.

6 Auf der Grundlage neuerer Studien in der Soziologie und Sozialpsychologie der Wissenschaft wird dies mehr und mehr offensichtlich. Ich denke an Studien wie Ian Mitroffs *The Subjective Side of Science* (1974), Michael Mahoneys *The Scientist as Subject* (1976), Bruno Latours und Steven Woolgars *Laboratory Life* (1979), Karin Knorr-Cetinas *Fabrikation von Erkenntnis* (1984) und Nigel Gilberts und Michael Mulkays *Opening Pandora's Box* (1984).

7 Zu jener Zeit waren ethische und politische Anliegen von epistemologischen ununterscheidbar. Zum Beispiel kann, wie Shapin und Schaffer (1985) kürzlich gezeigt haben, der Gegensatz zwischen den Experimentalisten und den Deduktivisten in bezug auf die Beschaffenheit der Naturwissenschaft (»Naturphilosophie«) teilweise mit den Besorgnissen über die wahrnehmbaren sozialen Konsequenzen der verschiedenen Epistemologien im England der Restauration in Verbindung gebracht werden (vgl. Segerstråle 1987a).

8 Einige der führenden Kritiker repräsentierten in der Tat einen Zweig des Marxismus, der die Menschen als Schöpfer ihres eigenen Schicksals betrachtet. Andere marxistische Spielarten betonen jedoch die politische Bedeutung der Annahme eines grundlegend menschlichen »Gattungswesens«. Interessanterweise hielt sich Noam Chomsky, ein prominenter linksstehender Akademiker, der die letztgenannte Ansicht vertritt, hauptsächlich aus diesem Grund aus der Soziobiologie-Debatte heraus (vgl. Segerstråle 1986).

9 Mulkay und Gilbert interviewten verschiedene Biochemiker über die wissenschaftlichen Verdienste konkurrierender gegenwärtiger Theorien in ihrem Feld. Obwohl es zumindest eine verdeckte Kontroverse gab, entstand in diesem Fall kein offener Konflikt wie in der Soziobiologie-Kontroverse.

10 Siehe Segerstråle (1986) zu der Frage, wie diese Suche typischerweise durchgeführt wird. Das herausragendste Beispiel in dieser Hinsicht ist Wilsons Hauptopponent Richard Lewontin, der schon 1970 diese allgemeine Strategie entwickelte und sich ausdrücklich darüber geäußert hat. Seine Zielscheibe war damals Arthur Jensen.

11 Während die Kritiker der Soziobiologie im allgemeinen von einer Theorie der »herrschenden Klasse« oder »Machtelite« geleitet werden, glauben Wilson und die »Traditionalisten« fest an den demokratischen Prozeß (Segerstråle 1983). Eine detaillierte Analyse der Konzeptionen der Neuen Linken in den sechziger Jahren – welche die gegenwärtigen Überzeugungen der meisten der radikalen Kritiker der Soziobiologie wiedergeben – findet sich bei Jacoby (1973).

12 Dies gehört zum akkumulierten »Wissensbestand« der Linken. Es ist enttäuschend zu entdecken, daß ein Teil dieses »Wissens« aus verdinglichten »Tatsachen« besteht, die ohne eine Überprüfung der jeweiligen Primärverweise immer wieder wiederholt worden sind (Segerstråle 1983, Kapitel 7). Stephen J. Gould ist einer von denen, die ständig die »Tatsache« wiederholen, daß Jensen einen genetischen Unterschied zwischen Rassengruppen »behauptet« (z. B. Gould 1977), während Lewontin (zu seiner Ehre) in seiner ursprünglichen Kritik von Jensen (1970) dachte, daß Jensens Formulierungen *zu* »umsichtig« und »vorsichtig« seien und deshalb reformuliert und »radikalisiert« werden müßten, um ihren eigentlichen Sinn klar zu machen. Das war genau die Aufgabe, die er in seiner Kritik durchführte. (Zu Details über Lewontins Strategie als Kritiker siehe Segerstråle 1986.)

13 Für einen eher »akademischen« Versuch siehe z. B. Joseph Alper (1978). Anläßlich von Wilsons öffentlichen Vorlesungen in Harvard verteilte das CAR (Komitee gegen Rassismus) weniger gemäßigte Pamphlete.

14 Stephen Chorover versucht dies in seinem Buch *From Genesis to Genocide* (1979). Meiner Meinung nach hat er eine ziemlich mühselige Arbeit übernommen. Dies ist kein Wunder, bedenkt man das Problem, das sich Chorover stellt: In seinem berüchtigten letzten Kapitel widmet Wilson dem IQ in der Tat einige Zeilen, um dessen Bedeutung *herunter*zuspielen! Das heißt, daß der Fall gegen Wilson auf der Basis indirekter »Beweise« konstruiert werden muß. Chorover greift auf ein paar offensichtliche Fehlinterpretationen zurück, um Wilson das sagen zu lassen, was er sagen »sollte« (vgl. Segerstråle 1983).

15 Repräsentative Arbeiten der ersten Gruppe sind unter anderen Le-

wontin (1970, 1981), Allen u. a. (1975), Alper (1978), Chorover (1979) und Gould (1983). Die Argumente der anderen Gruppe werden am besten von Jensen (1982), Davis (1985) und Wilson (1978b) repräsentiert. Bernard Davis ist der feurigste Sprecher der Gruppe wissenschaftlicher Traditionalisten und hat den Ausdruck »Neo-Lysenkoist« erfunden, um den Standort der Kritiker des »biologischen Determinismus« zu beschreiben (vgl. Segerstråle 1987a).

16 Siehe Goodell (1977, 1987) zu einer Analyse der »bekannten Wissenschaftler«.

17 Bemerkenswert ist, daß ein Großteil der neueren »Anlage-Umwelt«-Kontroverse in der Form von Buchbesprechungen in der *New York Review of Books* geführt wird.

18 Sowohl Salvador Luria, linker Aktivist und Molekularbiologe am M. I. T., wie auch Wilson kommentierten die Tatsache, daß wertvolle Zeit von der Forschung für die kritische Aktivität abgezogen werde. (Tatsächlich war Luria selbst nicht an der Soziobiologie-Kontroverse beteiligt, weil er meinte, sie sei kein »gutes« politisches Thema.) Während Wilson nicht der Ansicht war, durch Kritik könnten in der Wissenschaft irgendwelche wissenschaftliche Belohnungen erlangt werden, spekulierte Luria, daß Lewontin und andere schon »irgendetwas herausbekommen« würden bei all der Zeit und Energie, die sie in die Untersuchung von Wilsons Texten gesteckt hatten. Er gab jedoch keine Antwort darauf, worin diese Belohnung bestehen könnte. Die These, die hier unterbreitet wird, lautet, daß die Belohnung sowohl aus wissenschaftlichem *wie auch* aus moralischem »symbolischem Kapital« besteht (Segerstråle 1983).

19 Der Harvard-Biologe Ernst Mayr antwortete, als er gefragt wurde, ob scharfe Kontroversen in der Geschichte der Wissenschaft nicht allgemein üblich seien, daß nach seiner Erfahrung sowohl als Wissenschaftshistoriker wie auch als Evolutionsbiologe das Verhalten der Kritiker in diesem Fall zu den Ausnahmen an »Unredlichkeit« gehöre. Er wunderte sich darüber, daß die Kritiker politische Argumente benutzen mußten, wenn sie doch so »gute« wissenschaftliche hätten. Die Erklärung hierfür im Lichte meiner Studie lautet, daß zuerst eine »moralische Lektüre« von Wilson stattfinden mußte, um die Akkumulation von kritischem-moralischem *ebenso wie* von wissenschaftlichem Kapital zu gewährleisten (Segerstråle 1983).

20 Siehe Segerstråle (1986) zu einer detaillierten Untersuchung der »angewandten Logik«.

21 Siehe z. B. Lewontin (1970), Allen u. a. (1975), Alper (1978) und Chorover (1979).

22 Siehe die Anmerkungen 13, 14 und 29.

23 In dieser Form wurde die Soziobiologie-Kontroverse zumindest nach Finnland und Schweden importiert, den Polemiken in den Zeitungen

und dem allgemeinen Ansatz eines schwedischen Buches nach zu urteilen, das von der Gefahr der Soziobiologie handelt (von Heijne/Israel 1985).

24 Das wichtigste Beispiel hier ist vielleicht Stephen J. Gould, der seiner eigenen »Punctuated-equilibria«-Theorie indirekt Vorteile verschafft, indem er »das adaptationistische Programm« in der Evolutionsbiologie und speziell die Anwendung der letzteren auf den Menschen attakkiert. Goulds Wunsch, zwei (oder mehr) Fliegen mit einer Klappe zu schlagen, erklärt vielleicht, warum er daran festhält, jedem, der nicht mit ihm übereinstimmt, einen »Gradualisten«-Standpunkt zuzuschreiben (einschließlich Jensen; siehe Goulds Besprechung von 1980 und sein Buch von 1983). Dies hat andere Biologen verwirrt (z. B. Levinton 1982; Maynard Smith 1981), die darüber erstaunt sind, daß eine so große Kontroverse zwischen »Punktualisten« und »Gradualisten« unterstellt wird, wo ein solcher Konflikt doch gar nicht wirklich existiert.

25 Bourdieu (1975) glaubt an die jederzeitige Konvertibilität von symbolischem Kapital in akademische Positionen und Prestige, die wiederum in materielle Werte eingetauscht werden können. Ich diskutiere hier die mögliche Konvertibilität zwischen moralischem und wissenschaftlichem Kapital. Zum Beispiel: Wenn jemand »einen Rassisten enttarnt«, könnte ihm diese gute Tat in einer Weise gutgeschrieben werden, die seine wissenschaftliche Reputation erhöht.

26 Mayr zufolge war der Brief der Kritiker in der *New York Review of Books* ein Abschreckungsmittel für andere, höchst kritische wissenschaftliche Besprechungen, die noch in Arbeit waren. Er deutete an, daß die Rezensenten nicht mit der Nazi-Ideologie und dem Sozialdarwinismus in Verbindung gebracht werden wollten, die von den Kritikern als notwendige Korrelate jeder Verteidigung der Soziobiologie heraufbeschworen wurden (vgl. Segerstråle 1983, 1986). Diese Tendenz scheint sich durch die ganze Kontroverse hindurch fortgesetzt zu haben, denn Lewontin deutete 1981 an (persönliche Mitteilung), daß er zumindest zwei gutqualifizierte, gegenüber Lumsdens und Wilsons *Genes, Mind and Culture* (1981) äußerst kritische Wissenschaftler kenne, die ihre Ansicht nicht öffentlich verkündet hatten. Auch Lewin (1981) berichtet von dem gleichen Phänomen in seinem vorläufigen Überblick über Reaktionen auf dieses Buch. In gewisser Hinsicht mag die »moralische Übereiltheit« der Kritiken der Soziobiologie tatsächlich ermöglicht haben, das soziobiologische Programm relativ unbeschädigt fortzuführen. Das bedeutet, daß es in der Lage war, sich selbst gegen zukünftige *wissenschaftliche* Attacken abzusichern – vielleicht ein Beispiel einer zufällig erzeugten quasi-Feyerabendschen Situation? (Ich beziehe mich hier auf Feyerabends Idee von 1976, daß man die Finger von wissenschaftlichen Theorien oder Forschungspro-

grammen lassen sollte, bis sie ernsthaften Tests durch angemessene wissenschaftliche Methoden unterworfen werden können.)

27 Das ironischste Beispiel hierfür ist vielleicht die Rezeption meines eigenen Versuchs einer Analyse der Soziobiologie-Kontroverse (insbesondere Segerstråle 1986). Einige meiner Freunde auf der Linken haben den Eindruck, daß ich »die Sache verraten« habe, während einige wissenschaftliche Traditionalisten glauben, daß ich zu nachsichtig gegenüber den linksgerichteten Kritikern gewesen bin. Aus der Sicht der ersten Gruppe stellt jeder Versuch, Wilson zu »entlasten«, denjenigen, der diesen Versuch unternimmt, automatisch auf Wilsons Seite. Die andere Gruppe wiederum geht über jeden Hinweis hinweg, daß die Kritiker legitime fundamentale Meinungsverschiedenheiten über Wilsons Wissenschaftsansatz haben könnten. Die Reaktionen von Wilson und Lewontin selbst zu dem fraglichen Artikel sind in Campbell (1986) zitiert. Als interessierte Partei möchte ich vorbringen, daß eine Erklärung für Lewontins Reaktion vielleicht gefunden werden kann, wenn man diesen Artikel mit Maynard Smith (1986) vergleicht.

28 Zwei Biologen, die systematisch versucht haben, zwischen den linksgerichteten Kritikern und ihren soziobiologischen Zielscheiben (insbesondere Wilson und Dawkins) zu »vermitteln«, sind John Maynard Smith (z. B. 1978, 1982; Maynard Smith/Warren 1982) und Patrick Bateson (z. B. 1981, 1982).

29 Viel ist aus flüchtigen Verweisen gemacht worden (siehe z. B. Hirsch 1975 über Jensen; Lewontin 1981 über Lumsden und Wilson). Das amüsanteste Beispiel für die Tatsache, daß die Linken auch keine schneeweiße Weste haben, ist vielleicht das folgende. Leon Kamin bezieht sich in seinem Buch von 1974, das Jensen gegenüber sehr kritisch ist, auf den »falschen« Artikel von Henry Goddard, wenn er die berüchtigten frühen IQ-Testergebnisse des letzteren für amerikanische Einwanderer zitiert. Dieses Beispiel ist lehrreich, besonders weil *andere* linksgerichtete Akademiker routinemäßig Kamins (irrigen) Hinweis zitieren, d. h. Kamins Quellen nicht geprüft haben (z. B. Chorover 1979). (Diesen Hinweis verdanke ich Richard Herrnstein.)

30 Siehe Kamin (1974) über seine Entdeckung von Sir Cyril Burts »Zwillingsbetrug«. Kamin und andere hatten den Eindruck, daß Cyril Burt, der unbestrittene »Vater« von IQ-Tests für Aufnahmeprüfungen für die Schule in Großbritannien, zu einer auffallend konsistenten (und hohen) Vererbbarkeit des IQ gekommen war. Es stellte sich später heraus, daß Burt in seinen Untersuchungen falsche Daten über Zwillinge benutzt hatte. (Siehe Hearnshaw 1981 und Thoday 1981 für Einschätzungen dieses Betrugs und seiner Konsequenzen.)

31 Dies ist etwas, wogegen ironischerweise einige der heftigsten Kritiker nicht explizit als abstraktes Prinzip argumentieren. Statt dessen kehren

sie das Problem in einen Fall von zuverlässigem oder ausreichendem Wissen um (Segerstråle 1983).

32 Ich beziehe mich insbesondere auf die Polemiken zwischen der Philosophin Mary Midgley (1980) und dem Biologen Richard Dawkins (1981) wegen der Anwendung von einigen Ideen von Dawkins auf die Theorie der Ethik durch den Ethiker John Mackie.

33 Für eine Entwicklung dieser Idee siehe Joachim Israel (1972).

34 Vgl. David Hull (1978), der auf diesen Punkt im Hinblick auf den (sich ändernden) wissenschaftlichen Inhalt der soziobiologischen Theorie hinweist.

35 Nicholas Maxwell (1984) bringt in seinem Buch *From Knowledge to Wisdom* vor, daß die Wissenschaft, wenn sie wirklich nützlich sein will, ihren gegenwärtigen »erkenntnistheoretischen« Ansatz aufgeben sollte. Nach dieser Philosophie werden die sozialen Vorteile von Wissenschaft nur als glückliche Nebenprodukte des Hauptgeschäfts der *scientific community* angesehen: des Strebens nach Wissen. Aber wenn die Hauptaufgabe der Wissenschaft darin besteht, sozial nützlich zu sein, warum sollte sie sich dann nicht direkt auf die »Philosophie der Weisheit« richten? Dies würde bedeuten, daß Wissenschaft die dringende Notwendigkeit, die Probleme der Menschheit zu lösen, anerkennen und daher wissenschaftliche Kreativität und Ressourcen *direkt* auf diese intellektuell herausfordernde Aufgabe konzentrieren würde, anstatt sie auf Umwegen in Angriff zu nehmen.

Literatur

Allen, E. u. a., »Letter«, in: *The New York Review of Books*, Oktober 1975.

Albury, W. R., »Politics and Rhetoric in the Sociobiology Debate«, in: *Social Studies of Science* 10 (1980), S. 519-536.

Alper, J., »Ethical and Social Implications of Sociobiology«, in: M. S. Gregory/A. Silvers/D. Sutch (Hg.), *Sociobiology and Human Nature*, San Francisco 1978.

Bateson, P. P. G., »Sociobiology and Genetic Determinism«, in: *Theoria to Theory* 14 (1981), S. 291-300.

Bateson, P. P. G., »Synthesizing Views About the Origins of Behaviour«, in: S. Rose (Hg.) *Toward a Liberatory Biology*, Allison/Busby 1982.

Bazerman, C., »What Written Knowledge Does«, in: *Philosophy of the Social Sciences* 11 (1981), S. 361-387.

Beckwith, J., »The Political Use of Sociobiology in the United States and Europe«, in: *The Philosophical Forum* 13/2-3 (1981/82), S. 311-321.

Benda, J., *Der Verrat der Intellektuellen*, München 1978.
Berger, P./Th. Luckmann, *Die gesellschaftliche Konstruktion der Wirklichkeit*, 3. Auflage, Frankfurt 1972.
Bouchier, D., »Radical Ideologies and the Sociology of Knowledge«, in: *Sociology* 11 (1977), S. 29-46.
Bourdieu, P., »The Specificity of the Scientific Field and the Social Conditions of the Progress of Reason«, in: *International Social Science Information* 14/5-6 (1975), S. 19-47.
Bourdieu, P., »Symbolic Power«, in: *Critical Anthropology* 13 (1977).
Campbell, C., »Anatomy of a Fierce Academic Feud«, in: *The New York Times*, 9. November 1986, Sektion 12.
Caplan, A. L., *The Sociobiology Debate*, New York 1978.
Chorover, S., *From Genesis to Genocide*, Cambridge/London 1979.
Daele, W. van der, »The Social Construction of Science«, in: E. Mendelsohn/P. Weingart/R. Whitley (Hg.), *The Social Production of Scientific Knowledge*, Dordrecht 1977.
Davis, B. D., *Storm over Biology: Essays on Science, Sentiment, and Public Policy*, Buffalo 1985.
Dawkins, R., *The Selfish Gene*, New York 1976.
Dawkins, R., »In Defence of Selfish Genes«, in: *Philosophy* 56 (Oktober 1981), S. 562-579.
Engelhardt, H. T./A. L. Caplan (Hg.), *Scientific Controversies. Case Studies in the Resolution and Closure of Disputes in Science and Technology*, New York 1987.
Feyerabend, P. K., *Wider den Methodenzwang*, Frankfurt am Main 1976.
Gieryn, T., »Boundary Work and the Demarcation of Science from Non-Science«, in: *American Sociological Review* 48 (1985), S. 781-795.
Gilbert, G. N./M. Mulkay, *Opening Pandora's Box: A Sociological Analysis of Scientists' Discourses*, Cambridge/New York 1984.
Goodell, R., *The Visible Scientists*, Boston 1977.
Goodell, R., »The Role of Mass Media in Scientific Controversy«, in: H. T. Engelhardt/A. L. Caplan (Hg.), *Scientific Controversies*, New York 1987.
Gould, St. J., *Ever since Darwin*, New York 1977.
Gould, St. J., »Jensen's Last Stand«, in: *The New York Review of Books*, 1. Mai 1980.
Gould, St. J., *Der falsch vermessene Mensch*, Basel 1983.
Gould, St. J./R. D. Lewontin, »The Spandrels of San Marco and the Panglossian Paradigm: A Critique of the Adaptationist Programme«, in: *Proceedings of the Royal Society of London* B, 205 (1979), S. 581-598.
Habermas, J., *Technik und Wissenschaft als Ideologie*, Frankfurt am Main 1968a.
Habermas, J., *Erkenntnis und Interesse*, Frankfurt am Main 1968b.
Habermas, J., *Toward a Rational Society*, Boston 1970.

Habermas, J., *Theorie des kommunikativen Handelns*, 2 Bde., Frankfurt am Main 1981.

Hearnshaw, L. S., *Cyril Burt: Psychologist*, New York 1981.

Heijne, G. von/J. Israel, *Skapelsens herre eller genernas slav? En kritisk granskning av sociobiologin*, Stockholm 1985.

Hirsch, J., »Jensenism: The Bankruptcy of ›Science without Scholarship‹«, in: *Educational Theory* 25/1 (1975), S. 3-27.

Hull, D. L., »Sociobiology: Scientific Bandwagon or a Traveling Medicine Show?«, in: M. S. Gregory/A. Silvers/D. Sutch (Hg.), *Sociobiology and Human Nature*, San Francisco 1978.

Israel, J., »Stipulations and Construction in the Social Sciences«, in: J. Israel/H. Tajfel (Hg.), *The Context of Social Psychology: A Critical Assessment*, London/New York 1972.

Jacoby, R., »The Politics of Subjectivity: Slogans of the American New Left«, in: *New Left Review* 79 (1973), S. 37-49.

Jensen, A. R., »How Much Can We Boost IQ and Scholastic Achievement?«, in: *Harvard Educational Review* 39 (1969), S. 1-123.

Jensen, A. R., »The Debunking of Scientific Fossils and Straw Persons«, in: *Contemporary Education Reviews*, Frühjahr 1982.

Kamin, L. J., *The Science and Politic of IQ*, New York 1974.

Knorr-Cetina, K., *Die Fabrikation von Erkenntnis*, Frankfurt am Main 1984.

Latour, B./S. Woolgar, *Laboratory Life: The Social Construction of Scientific Facts*, Beverly Hills/London 1979.

Levins, R./R. C. Lewontin, *The Dialectical Biologist*, Cambridge 1985.

Levinton, J. S., »Charles Darwin and Darwinism«, in: *BioScience* 32 (1982), S. 495-500.

Lewin, R., »Cultural Diversity Tied to Genetic Differences«, in: *Science* 212 (1981), S. 908-909.

Lewontin, R. C., »Race and Intelligence«, in: *Bulletin of the Atomic Scientists*, März 1970, S. 2-8.

Lewontin, R. C., »Sociobiology – A Caricature of Darwinism«, in: F. Suppe/P. Asquith (Hg.), *Proceedings of the Philosophy of Science Association 1976*, 2, East Lansing, MI 1976.

Lewontin, R. C., »Sociobiology as an Adaptationist Program«, in: *Behavioral Science* 24 (1979), S. 5-14.

Lewontin, R. C., »Sleight of Hand«, in: *The Sciences*, Juli/August 1981, S. 23-26.

Lumsden, C. L./E. O. Wilson, *Genes, Mind and Culture: The Coevolutionary Process*, Cambridge/London 1981.

Mackie, J. L., »The Law of the Jungle«, in: *Philosophy* 53 (Oktober 1978), S. 455-465.

Mahoney, M. J., *The Scientist as Subject*, Cambridge 1976.

Maynard Smith, J., »Constraints on Human Behavior«, in: *Nature* 276 (1978), S. 120-121.
Maynard Smith, J., »Did Darwin Get it Right?«, in: *London Review of Books*, Juni 1981.
Maynard Smith, J., »Genes and Memes«, in: *London Review of Books*, Februar 1982, S. 4-17.
Maynard Smith, J./N. Warren, »Models of Cultural and Genetic Change«, in: *Evolution* 36 (1982), S. 620-627.
Maynard Smith, J., »Molecules Are Not Enough«, in: *The London Review of Books*, Februar 1986.
Maxwell, N., *From Knowledge to Wisdom*, Oxford 1984.
Mendelsohn, E., »The Social Construction of Scientific Knowledge«, in: E. Mendelsohn/P. Weingart/R. Whitley (Hg.), *The Social Production of Scientific Knowledge*, Dordrecht 1977.
Midgley, M., »Gene-Juggling«, in: A. Montagu (Hg.), *Sociobiology Examined*, Oxford/New York 1980.
Mitroff, I., *The Subjective Side of Science*, Amsterdam 1974.
Mulkay, M./G. N. Gilbert, »Accounting for Error«, in: *Sociology* 16 (1982), S. 165-183.
Popper, K. R., *Die offene Gesellschaft und ihre Feinde*, Bd. 2, Bern 1958.
Ravetz, J., *Scientific Knowledge and Its Social Problems*, Oxford 1971.
Segerstråle, U., »Whose Truth Shall Prevail? Moral and Scientific Interests in the Sociobiology Controversy«, unveröffentlichte Dissertationsschrift, Harvard University 1983.
Segerstråle, U., »Colleagues in Conflict: An ›In Vivo‹ Analysis of the Sociobiology Controversy«, in: *Biology and Philosophy* 1/1 (1986), S. 53-87.
Segerstråle, U., »Scientific Controversy as Moral/Political Discourse«, in: *Contemporary Sociology* 16/3 (Juli 1987a), S. 544-547.
Segerstråle, U., »Debates Involving Science«, in: *Science* 238 (1987b), S. 1296-1297.
Shapin, S./S. Schaffer, *Leviathan and the Air-Pump: Hobbes, Boyle and the Experimental Life*, Princeton 1985.
Thoday, J. M., »Probity in Science: The Case of Cyril Burt«, in: *Nature* 291 (1981), S. 517-518.
Wilson, E. O., *Sociobiology: The New Synthesis*, Cambridge 1975a.
Wilson, E. O., »For Sociobiology«, in: *New York Review of Books*, 11. Dezember 1975b.
Wilson, E. O., »Human Decency Is Animal«, in: *New York Magazine*, Oktober 1975c.
Wilson, E. O., *On Human Nature*, New York 1978a.
Wilson, E. O., »The Attempt to Suppress Human Behavioral Genetics«, in: *Journal of General Education* 29 (1978b), S. 277-287.

Raymond Boudon
Subjektive Rationalität und die Theorie der Ideologie[1]

I

Das Kapitel der Soziologie, das Ideologie behandelt, ist wahrscheinlich sowohl eines der ausführlichsten als auch eines der uneinheitlichsten. Die Definition des Ideologiebegriffs verändert sich offensichtlich, wenn man von einem Soziologen zum nächsten geht. Und es gibt wenig Übereinstimmung bei den Soziologen hinsichtlich der Natur der grundlegenden Mechanismen, die für das ideologische Phänomen verantwortlich sind.

Jenseits der Konfusion, die um die Definition des Begriffs herrscht, scheint es dennoch möglich, eine einfache Trennungslinie zu identifizieren. Einige Soziologen benutzen eine Definition von Ideologie, in der die Kategorien Wahrheit und Unwahrheit eine zentrale Rolle spielen. Andere, wie Clifford Geertz (1964) zum Beispiel, behaupten, daß dieses logische Kriterium nicht berücksichtigt werden sollte.

Im ersten Fall wird Ideologie als eine Karikatur von Wissenschaft angesehen. Ideologische Aussagen, ideologische Theorien werden definiert als Aussagen, die als wissenschaftlich erscheinen oder so interpretiert werden, die jedoch nicht wissenschaftlich sind. Eine solche Definition läßt sich z. B. im Werk von Marx finden. Nach Marx sind Ideologien pseudowissenschaftliche Theorien, die dem sozialen Akteur durch seine Klasseninteressen eingegeben und die einflußreich werden, weil sie Klasseninteressen dienen. Der gleiche Definitionstypus ist jedoch genausogut im Werk moderner Autoren zu finden, die wenig von Marx beeinflußt worden sind. So definiert Talcott Parsons (1959) ideologische Theorien als Theorien, die als wissenschaftlich erscheinen, obwohl sie es nicht sind. Und Karl R. Popper vertritt z. B. in seinem Buch über *Das Elend des Historizismus* eine ähnliche Ansicht. Für ihn ist Historizismus der gemeinsame Nenner ideologischer Theorien sozialen Wandels. Die Theorien, die sich in diese Kategorie einordnen lassen, werden als wissenschaftlich dargestellt und oft

auch so wahrgenommen, aber Popper zufolge benutzen sie Methoden der Argumentation, die Wissenschaftler in der Regel für inadäquat halten.
Gemäß der zweiten Kategorie von Autoren sollte Ideologie nicht mit Bezug auf das Wahrheits-/Unwahrheitskriterium definiert werden. Karl Mannheim z. B. gehört zu dieser Kategorie. Seine Theorie der Ideologie geht von der Beobachtung aus, daß viele Ideen den sozialen Akteuren so erscheinen, als ob sie eine Bedeutung für sie hätten, obwohl sie nicht als wahr oder unwahr angesehen werden können. In diesem Sinne, so erklärt er, hatte im frühen Mittelalter das Tabu gegen das Fordern von Zinsen auf Leihgelder eine Bedeutung für die meisten sozialen Akteure (Mannheim 1929). Denn es war dem damaligen Wirtschaftssystem gut angepaßt, einem System, in dem Gegenseitigkeit eine dominante Rolle spielte. Ein solcher Glaube ist weder wahr noch unwahr. Aber er hatte einen Sinn für die sozialen Akteure, denn in einem System, in dem ökonomische Tauschgeschäfte begrenzt sind und im wesentlichen zwischen Akteuren stattfinden, die sich kennen, kann Person A wohl erwarten, daß, wenn sie – sagen wir – Person B heute Geld leiht, sich B dann morgen in irgendeiner Weise revanchieren wird – auf jeden Fall eher als in einem System, das von unpersönlichen Wirtschaftsbeziehungen beherrscht wird.
Mannheims Auffassung von Ideologie haben sich moderne Autoren, insbesondere Clifford Geertz, angeschlossen. Für Geertz müssen Ideologien als Systeme von positiven und normativen Ideen angesehen werden, von denen sich die sozialen Akteure in einer komplexen sozialen Welt leiten lassen. Sie sind nützlich. Sie sind für das soziale Leben sogar unentbehrlich. Sie können jedoch weder als wahr noch als unwahr angesehen werden. So behauptet eine fast ununterbrochene Reihe von Autoren von Mannheim bis Geertz, daß der erste bemerkenswerte Punkt bei der Behandlung von Ideologie der ist, daß sie nicht mit Bezug auf Wissenschaft definiert werden sollte.
Welche Art von Definition ist besser?
Mannheim und Geertz haben offensichtlich recht, wenn sie sagen, daß viele Ideen eine Bedeutung für die sozialen Akteure haben, obwohl sie weder als wahr noch als unwahr angesehen werden können. Aber die Frage ist, ob Ideologie das richtige Etikett für diesen Typus von Ideen ist.

Es gibt offenbar immer ein Element von Willkür in jeder Entscheidung über Definitionen. Aber ich würde dahin tendieren, die traditionelle Definition zu bevorzugen, d. h. die beispielsweise von Marx, Popper oder Parsons vertretene Definition, gegenüber der modernen, also der von Mannheim oder Geertz vorgeschlagenen, und zwar aus den folgenden Gründen.

Erstens aus historischen Gründen. Ich will mich hier nicht mit der Geschichte des Wortes *Ideologie* befassen. Aber es ist für unsere Diskussion nützlich, sich in Erinnerung zu rufen, daß dieser Begriff im 19. Jahrhundert erscheint und nach und nach institutionalisiert wird, weil er als Beschreibung eines völlig neuen Phänomens wahrgenommen wird. Damit meine ich den von Locke und später von Montesquieu und den Denkern der Aufklärung inaugurierten Versuch, die soziale und politische Ordnung auf eine wissenschaftliche Basis zu gründen. In einer berühmten Textstelle drückte John Locke (1967, S. 179 f.) seine Hoffnung aus, daß ein Newton erscheinen und die Gesetze der sozialen Welt entdecken wird. Immer wieder spricht Adam Smith von der »natürlichen Ordnung« der menschlichen Welt. Und auf der ersten Seite von *L'Esprit des Lois* beschreibt Montesquieu sein Bestreben: die Gesetze zu entdecken, denen Menschen und soziale Systeme unterworfen sind.

Historisch gesehen, beschreibt also der Begriff Ideologie diese neue Ambition, die im 18. Jahrhundert zutage tritt und sich im 19. Jahrhundert konsolidiert: auf Wissenschaft eine soziale Ordnung zu gründen, die jahrhundertelang als auf Tradition gegründet gesehen wurde. Gleichzeitig deutete die negative und abfällige Nebenbedeutung, die sehr bald diesem neuen Wort gegeben wurde, möglicherweise an, daß diese Ambition als weitgehend exzessiv und illusorisch wahrgenommen wurde.

Ein erstes Argument für das, was ich die *traditionelle* Definition von Ideologie genannt habe, d. h. die Definition von Marx, Popper oder Parsons, würde also lauten, daß sie mit der historischen Bedeutung des Wortes übereinstimmt.

Ein zweites Argument besteht darin, daß sie auch mit der heutigen Bedeutung des Wortes übereinstimmt. Noch heute meinen wir, wenn wir von einer ideologischen Theorie sprechen, üblicherweise eine Theorie, die sich mit sozialen Fragen beschäftigt, als wissenschaftlich erscheint oder sich so darstellt, jedoch nicht wissenschaftlich ist.

Ein drittes Argument lautet, daß es der alternativen Definition, der *modernen* Definition, die z. B. von Mannheim oder Geertz benutzt wird, nicht gelungen ist, auf breiter Front akzeptiert zu werden, wahrscheinlich weil sie eine Kategorie bildet, deren Extension so weit reicht, daß man sich leicht fragen kann, ob sie überhaupt von Nutzen ist. In der Tat ist es schwer zu sehen, wie der Begriff von Ideologie im Sinne von Mannheim oder von Geertz überhaupt von einem anderen vertrauten Begriff unterschieden werden kann, von dem der Kultur. Ein anderer Mangel ihrer Definition ist offenbar, daß sie die historische Bedeutung des Wortes Ideologie außer acht läßt und daß sie einfach nicht sieht, daß dieses Konzept – so wie z. B. die Konzepte des Kapitalismus oder Absolutismus – den logischen Status eines, wie wir nach Max Weber sagen, Idealtypus hat, d. h. eines Konzeptes, das eine historische Einzigartigkeit beschreibt.
Mein viertes Argument für die traditionelle Definition lautet, daß alle Ideologien, auf die wir verweisen können – Liberalismus wie Marxismus oder, um bescheidenere moderne Ideologien zu nennen, Developmentalismus etwa oder die Ideologie, nach der der Handel zwischen der entwickelten Welt und der Dritten Welt die letztgenannte immer benachteiligt –, sich so darstellen, als basierten sie auf wissenschaftlichen Argumenten. Daher die Folgerung, daß sie unter die Zuständigkeit des Wahrheits-/Unwahrheitskriteriums fallen.
So haben wir gute Gründe – so scheint mir –, der von Marx, Popper oder Parsons vertretenen Tradition zu folgen und Ideologie als ein Set von Ideen, Aussagen und Theorien zu definieren, die soziale Fragen behandeln, die (a) als unsicher, zweifelhaft oder falsch angesehen werden können, obwohl sie (b) sich so darstellen, als beruhten sie auf wissenschaftlichen Argumenten.
Neben ihren intrinsischen Vorzügen hat diese Definition den Vorteil, daß sie eine Frage von größtem soziologischem Interesse stellt: Wie und warum werden solche falschen oder unsicheren Ideen und Theorien so leicht als wahr angesehen? Warum werden sie so unbekümmert für glaubwürdig gehalten?
Diese Frage wurde natürlich von all den Autoren gestellt, die die traditionelle Definition von Ideologie übernommen hatten. Die allgemeine Antwort von Marx auf diese Frage ist wohlbekannt: Die sozialen Akteure der herrschenden Klassen werden von ihren Klasseninteressen verblendet, und die beherrschten Klassen ste-

hen unter dem Einfluß der ersteren. Die Antworten von Parsons, Popper oder Raymond Aron (1968) auf die gleiche Frage unterscheiden sich natürlich davon. Im Grunde genommen sind sie unmittelbar von den klassischen philosophischen Überlegungen über die Ursachen menschlicher Irrtümer inspiriert: Die sozialen Akteure glauben an Ideologien, weil sie von ihren Leidenschaften, von ihrem Fanatismus, von ihren Gefühlen verblendet werden oder weil sie zu impulsiv urteilen. Dennoch, trotz ihrer offensichtlichen Unterschiede haben die Antworten, die von all diesen Autoren gegeben werden, eines gemeinsam: in allen Fällen vertreten die sozialen Akteure Überzeugungen – sprich Ideologien –, die fraglos falsch sind, weil sie *irrational* sind.

Wie ich bereits sagte, neige ich dazu, mit diesen klassischen Autoren übereinzustimmen, soweit es um die Definition des Ideologiebegriffs geht. Ich bin jedoch überhaupt nicht einverstanden mit ihrer Erklärung des ideologischen Phänomens. Mit anderen Worten, ich glaube nicht, daß es unerläßlich ist, den sozialen Akteur als irrational anzusehen, um zu erklären, warum Ideologien so leicht als glaubwürdig und einflußreich erscheinen. Im Gegenteil, ich halte es für möglich zu zeigen, daß der soziale Akteur sehr oft *gute Gründe* hat, warum er an diese falschen oder unsicheren Ideen glaubt, aus denen sich Ideologien im traditionellen Sinne des Wortes aufbauen. Ich möchte – mit anderen Worten – vorschlagen, daß, obwohl die dominante Theorie der Ideologie irrational ist, es möglich ist, eine rationale Theorie zu entwickeln, die mir akzeptabler und fruchtbarer scheint. Diese Theorie wurde bereits von einigen klassischen Soziologen, insbesondere von Max Weber und Vilfredo Pareto, vorgeschlagen.

Offensichtlich können die *guten Gründe*, die einen sozialen Akteur veranlassen, X für wahr zu halten, objektiv gut sein, oder sie können subjektiv gut sein, ohne daß sie objektiv gut sind. Doch selbst wenn sie nicht objektiv gut sind, können wir immer noch in vielen Fällen die Gründe des Akteurs akzeptieren. Um diesen Typus von Fällen zu beschreiben, werde ich den Begriff »subjektive Rationalität« benutzen.

Auch in einem zweiten wichtigen Punkt bin ich nicht mit der dominanten Theorie der Ideologie einverstanden, so wie sie von Marx, Popper, Aron oder Parsons vertreten wird: Es ist wahr, daß, so wie sie alle behaupten, falsche und/oder zweifelhafte Überzeugungen auf Theorien basieren *können*, die sich einer Argumentationsweise bedienen, die in der Regel aus wissenschaftlicher Sicht als nicht legitim angesehen wird. Dies sollte jedoch meiner Meinung nach eher als Sonderfall, denn als Normalfall angesehen werden. Denn diese zweifelhaften oder falschen Überzeugungen können, wie ich versuchen werde zu zeigen, auch auf Theorien beruhen, die zu dem zählen, was nach Kuhn allgemein als »normale Wissenschaft« bezeichnet wird.

II

Um zu zeigen, daß der *homo sociologicus*, der anonyme soziale Akteur, über den im soziologischen Denken nachgedacht wird, ganz allgemein und sehr aktuell *gute Gründe* haben kann, an falsche, zweifelhafte oder unsichere Ideen zu glauben, ist es nützlich, drei Typen von Wirkungen zu identifizieren und zu betrachten. In Verbindung miteinander können sie meiner Meinung nach ideologische Überzeugungen weitgehend erklären. *Weitgehend*, da offensichtlich ideologische Überzeugungen nicht immer mit guten Gründen erklärt werden können. Manchmal werden sie auch durch irrationale Faktoren hervorgerufen.

Ich werde diese Wirkungen – in dieser Reihenfolge – als *Positions-* und *Dispositions*wirkungen, *Kommunikations*wirkungen und *epistemologische* Wirkungen ansprechen.

Wir wollen uns zunächst mit den *Positionswirkungen* befassen. Mit diesem Ausdruck möchte ich die Idee vermitteln, daß ein sozialer Akteur aufgrund seiner sozialen Position manchmal gute Gründe haben kann, seine Umwelt in einer bestimmten Weise wahrzunehmen, und zwar in einer Weise, die sich vermutlich von der Anschauungsweise eines anderen Akteurs in einer anderen Position unterscheidet.

Ich werde einige Beispiele nennen, um diese Idee zu illustrieren. Das erste ist das folgende (vgl. Katona 1960, S. 45 ff.): Vor einigen Jahrzehnten wurde der Theorie von Keynes sehr viel Beachtung geschenkt, und sie fand viel Zustimmung. Hinsichtlich der Beziehung zwischen Besteuerung und Inflation behauptet diese Theorie, daß Steuern deflationistische Wirkungen haben: steigende Steuern werden voraussichtlich die Nachfrage nach Gütern und Dienstleistungen reduzieren und folglich auch die Preise der letztgenannten.

Nun führte in den späten vierziger Jahren der Sozialpsychologe Cantril eine Umfrage unter amerikanischen Geschäftsleuten durch, in der er ihre Meinung über eine Anzahl von ökonomischen Fragen untersuchte. Zu der Frage, ob steigende Steuern inflationistische oder deflationistische Wirkungen haben, hatte eine große Mehrheit von ihnen eine Meinung, die im Gegensatz zum Keynesschen Dogma stand. Für sie war die Wahrscheinlichkeit, daß Steuern eine Inflation bewirken, größer als die, daß sie eine Deflation nach sich ziehen.

Warum? Weil es wahrscheinlicher ist, daß ein Wirtschaftsführer innerhalb seines eigenen Wirkungskreises einen inflationistischen Effekt beobachtet. Wenn die Steuern, die sein Geschäft belasten, steigen, wird er normalerweise, wenn er den Eindruck hat, daß er dies ohne Risiko tun kann, mindestens einen Teil dieser Steigerung auf den Konsumenten in Form einer Preiserhöhung seiner Produkte übertragen. Darum, aufgrund seiner sozialen Position, wird er gute Gründe haben zu glauben, daß eine Erhöhung der Steuern normalerweise inflationistische Wirkungen hat. Und selbst wenn er entgegengesetzte Ansichten zur Kenntnis nimmt, wird er wohl Schwierigkeiten haben, sie widerstandslos zu akzeptieren.

Dieses Beispiel illustriert das, was ich hier *Positionswirkungen* nenne. Aufgrund seiner Position hat der Geschäftsmann gute Gründe, die kausale Beziehung zwischen Besteuerung und Inflation in der einen Weise wahrzunehmen, während gleichzeitig der Keynessche Ökonom gute Gründe hat, sie in der entgegengesetzten Weise wahrzunehmen. Selbstverständlich bin ich hier nicht an der Frage interessiert, wer recht hat, sondern nur an dem Faktum, daß soziale Akteure gute Gründe haben können, die Welt auf verschiedene Weise zu sehen, wenn sie sie von verschiedenen Standpunkten aus wahrnehmen.

Ich werde ein zweites Beispiel betrachten, welches sich seinem Wesen nach sehr von dem ersten Beispiel unterscheidet, jedoch zur gleichen Moral führt, nämlich das Beispiel der Ludditenbewegung in Großbritannien im 18. Jahrhundert.

Viele Historiker haben die Ludditenbewegung als irrational interpretiert: sie sahen das Verhalten der Ludditen eher als *expressiv* denn als *instrumental* an. Indem sie die Maschinen zerstörten, hätten die Arbeiter kein bestimmtes *Ziel* verfolgt; sie hätten vielmehr einen Protest gegen eine Neuheit geäußert, die ihre traditionelle Umwelt störte. Möglicherweise enthält diese übliche Interpretation einen Teil der Wahrheit. Sie ist jedoch in letzter Zeit sehr oft kritisiert worden. Besonders bekannt unter Soziologen ist die Arbeit von Lewis Coser (1972), in der er eine rein strategische Interpretation der Ludditenbewegung vorschlägt: die britischen Arbeiter hätten die Maschinen mit dem Ziel zerstört, den Arbeitgebern zu drohen und ihnen zu zeigen, daß die Arbeiter die Macht haben, den Arbeitgebern zu schaden – in der Hoffnung, aus dieser Drohung materielle Vorteile zu ziehen. So wie die erste könnte auch diese Interpretation einen Teil der Wahrheit enthalten.

Es kann aber auch angemerkt werden, daß die Arbeiter aufgrund ihrer *Position* gute Gründe hatten, die Einführung der neuen Maschinen als eine Hauptursache der Arbeitslosigkeit wahrzunehmen, denn sie konnten auf lokaler Ebene tatsächlich beobachten, daß wegen der Maschinen viele Arbeiter gefeuert wurden, während man andere gar nicht erst einstellte.

Daher hatten sie gute Gründe, diesen Gegenstand der kausalen Beziehung zwischen Mechanisierung und Beschäftigung genau im Gegensatz zu anderen sozialen Akteuren aufzufassen, für die es aus vielen Gründen offensichtlich war, daß mehr Maschinen mehr Arbeit erzeugen: hauptsächlich, weil Arbeiter gebraucht werden, um die neuen Maschinen zu konzipieren, zu bauen und zu warten.

Übrigens kann man hinzufügen, daß der Hauptgrund, warum viele Historiker eine irrationale Interpretation der Ludditenbewegung lieferten, wahrscheinlich in der Tatsache liegt, daß für sie die positive Wirkung der Mechanisierung auf die Beschäftigung *offensichtlich* war, weil ihnen die langfristig positive Korrelation zwischen den zwei Variablen außer Zweifel zu stehen schien. Dies blieb jahrzehntelang so, zumindest bis in die jüngste Zeit. Dadurch haben sie aus guten Gründen versäumt zu sehen, daß aus anderer Sicht die Korrelation nicht nur als negativ *wahrgenommen werden*, sondern auch negativ *sein* konnte. Folglich konnte es ihnen Schwierigkeiten bereiten, die Motive der Ludditen zu verstehen.

So wie im vorigen Fall will ich nicht die kausale Beziehung zwischen den zwei Variablen als solche diskutieren, sondern nur den Punkt betonen, daß aufgrund ihrer Position verschiedene soziale Akteure gute Gründe haben können, die Korrelation gegensätzlich zu interpretieren. Und ich darf hinzufügen, daß dies nicht nur in bezug auf die britische Geschichte zur Zeit der Ludditenbewegung gilt, sondern auch z. B. im Falle der französischen modernen Geschichte. Man kann das an der Tatsache ablesen, daß der französische Demograph und Ökonom Alfred Sauvy (1963) in einem Buch nach dem anderen jahrzehntelang eine Leserschaft zu überzeugen versuchte, die offensichtlich in dieser Frage auch überzeugt werden mußte, daß nämlich langfristig die Korrelation zwischen den zwei Variablen positiv ist. Es ist plausibel, daß der Widerstand gegenüber der Auffassung Sauvys darauf zurückzuführen ist, daß auf lokaler Ebene viele Leute eine negative Beziehung empirisch beobachten konnten.

Natürlich ließen sich noch viele andere Beispiele für Positionswirkungen anführen; einige davon sind gut bekannt. Deswegen ist es soziologisch trivial, daß ein Akteur je nach seiner sozialen Rolle oder seiner sozialen Position, in dem schichtungsbildenden Sinne dieses Ausdrucks, nicht nur deutliche Präferenzen entwikkeln kann, sondern auch ganz bestimmte kognitive Ansichten über diese und jene Frage. In der gleichen Weise ist es wohlbekannt, daß ein Beobachter entsprechend seinem sozialen und kulturellen Abstand von einem sozialen Objekt mit guten Gründen verschiedene Ansichten über dieses Objekt entwickeln kann. Um ein einfaches Beispiel zu nehmen: Ein Soziologe, der versucht, eine Interpretation des Verhaltens einer Kategorie von Menschen zu geben, die ihm nahestehen, wird nicht nur vorsichtiger sein müssen; er wird gleichzeitig gegen projektive Interpretationen geschützter sein, als wenn er das Verhalten von Menschen interpretiert, die ihm sozial fern stehen.

Diese letzte Bemerkung führt mich zu dem, was ich zuvor *Dispositionswirkungen* als einen weiteren Bestandteil einer rationalen Theorie der Ideologie genannt habe. Ich benutze hier das Wort *Disposition*, ein ehrwürdiges Wort in der philosophischen Tradition, in einem einfachen Sinne: in dem Sinne, in dem es der österreichische Philosoph Wittgenstein zu benutzen vorschlägt. Für Ludwig Wittgenstein (1964) ist eine Disposition einfach etwas, was ich weiß, weil ich es erfahren oder gelernt habe, was mir gegenwärtig nicht bewußt ist, sondern möglicherweise in einer halbbewußten Weise in passenden Umständen mobilisiert wird. Wenn daher jemand kommt und mir sagt, daß 2+2=6, werde ich sofort implizit alle Arten von Aussagen mobilisieren, die in mei-

nem Kopf präsent sind (2+2=4, »jeder weiß es« usw.), und auf der Basis dieser Aussagen diese oder jene plausible Interpretation seines Verhaltens konzipieren.
Warum ist die Idee der Disposition in diesem einfachen kognitiven Sinne bei der Analyse von falschen Überzeugungen wichtig? Einfach weil sie – so sehr diese kognitiven Dispositionen oft für eine korrekte Interpretation und Wahrnehmung der Welt wesentlich sind – den sozialen Akteur auch zu falschen Ansichten und inkorrekten Interpretationen führen können.
Um eines meiner oben erwähnten Beispiele wieder aufzugreifen, nehmen wir den Fall des Historikers im 19. Jahrhundert, der die Geschichte der Ludditenbewegung schreiben will. Er ist überzeugt, daß die Maschinen eine Hauptquelle des sozialen Fortschritts gewesen sind; er hält es für offensichtlich, daß sie dazu beigetragen haben, menschliche Aktivitäten zu vergrößern, zu vervielfältigen und aufzufächern. Daß sie die Tendenz haben, die Anzahl von offenen Stellen zu vergrößern, ist für ihn ein offensichtlicher Tatbestand. Aber diese *Disposition* hat die Wirkung, daß er mit guten Gründen das Verhalten der Ludditen als emotional, zum Scheitern verurteilt, im ganzen als absurd und irrational interpretiert. Wie wir zuvor gesehen haben, sind andere Interpretationen möglich, die plausibler sind und auch mit den historischen Daten besser übereinstimmen. Aber wegen ihrer kognitiven Dispositionen konnten sich diese frühen Historiker kaum vorstellen, die Ludditenbewegung in einer rationalen Weise zu interpretieren.
So einfach, wie es ist, zeigt dieses Beispiel, daß, wenn auch Wissen in vielen Fällen unser Verständnis von der Welt erleichtern kann, es ebenso in der Vorstellung des sozialen Akteurs und des Beobachters Dispositionen schaffen kann, die gelegentlich ihr Verständnis von der Welt eher hemmen als fördern. Nicht nur Vorurteile, d.h. falsches Wissen, können diese hemmende Wirkung haben, sondern auch wahres Wissen.
Ohne sie mit diesem Namen zu nennen, hat ein Soziologe sehr klar die Bedeutung dessen, was ich hier *Dispositionswirkungen* nenne, gesehen, nämlich Max Weber. Seine Theorie der Magie zeigt – so scheint mir – in einer genialen Art und Weise ihre Wichtigkeit.
Magie ist ein Phänomen, welches seit langer Zeit von westlichen Beobachtern als besonders rätselhaft angesehen wurde. Aus die-

sem Grunde ist sehr viel darüber geschrieben worden, wobei möglicherweise *zwei* Hauptinterpretationen mit vielen Variationen unterschieden werden können.

Nach der ersten Interpretation, die sich z. B. im Werk von Frazer oder in den frühen Arbeiten von Lévy-Bruhl finden läßt, scheint Magie anzuzeigen, daß der Geist von Primitiven nach logischen Regeln arbeitet, die anders sind als diejenigen, denen wir folgen (es ist klar, daß ich hier sehr vereinfache, doch ist diese Annahme wohl die Kernidee dieser Theorien).

Die zweite Interpretation, die etwa von Pareto (1962) und später von Wittgenstein (1964) oder von Beattie (1964) vertreten wurde, ist ein Vorschlag, Magie sozusagen zu exorzieren: Dieser zweite Typus von Theorien geht von der Idee aus, daß Primitive nicht *wirklich* an die Wirksamkeit ihrer magischen Rituale glauben. Sie glaubten beispielsweise nicht, daß ihre rituellen Gestikulationen die Wirkung haben, Regen zu bringen. Durch diese Rituale brächten sie vielmehr einen Wunsch zum Ausdruck: den Wunsch, daß Regen auf ihr Getreide fällt. Daher sollten magische Rituale eher als *expressiv* denn als *instrumental* interpretiert werden. Sie sollten, wenn man das Vokabular von Schütz benutzt, eher durch *Weil-Motive* als durch *Wozu-Motive* erklärt werden.

Diese Theorien der Magie sind für unseren Zweck aus einem ersten Grund interessant: Zweifellos spiegeln sie in den Gedanken ihrer Autoren die Anwesenheit von Dispositionen wider, allerdings von Dispositionen des *normativen* Typus. Denn Wittgensteins oder Beatties Aversion gegen Frazer ist offensichtlich, zumindest zum Teil, der Tatsache zuzuschreiben, daß Frazers oder Lévy-Bruhls Theorien sehr leicht so gesehen werden können, als ob sie Primitive in einer abfälligen Art und Weise behandelten. Indem sie magische Rituale als *expressiv* interpretierten, gaben Wittgenstein, Beattie und ihresgleichen ein Bild der sogenannten Primitiven, das eher mit ihren eigenen Werten und mit dem *Zeitgeist* übereinstimmte. Ebenso paßten, wie Horton ganz richtig gesehen hat, die Theorien von Frazer oder Lévy-Bruhl zu den Werten und Gefühlen, die zu ihrer Zeit vorherrschten.

Ich möchte jedoch eher *kognitive* als normative Dispositionen betonen, weil die Wirkungen der letzteren auf Überzeugungen wahrscheinlich in höherem Maße anerkannt sind.

In diesem Sinne werde ich jetzt auf eine dritte Theorie der Magie zu sprechen kommen, nämlich die Theorie von Weber (1922). Meiner Meinung nach ist die Bedeutung dieser Theorie nicht genügend anerkannt, wahrscheinlich weil sie in sehr kurzen Texten voller Anspielungen entwickelt wird. Der Kern der Weberschen Theorie besteht aus – wie ich sie hier nenne – *Dispositionswirkungen*. Der Eindruck von Verwirrung, der uns überkommt, wenn wir mit magischen Ritualen konfrontiert werden, ergibt sich Weber zufolge nicht aus der Tatsache, daß diese Rituale in der Tat rätselhaft *sind*, sondern daraus, daß wir, wenn wir sie beobachten, nur sehr schwer verhindern können, daß in uns eine Anzahl von Dispositionen mobilisiert wird, die wir unserer eigenen Kultur verdanken. Wegen der Erziehung, der er normalerweise ausgesetzt ist, hat jeder westliche Mensch eine vage Idee von den Gesetzen der Umwandlung von Energie. Eine lange philosophische Tradition hat ihm die Idee der Ursache vermittelt. Er weiß von der Beziehung zwischen den Ideen von Ursache und Häufigkeit etc. All diese Dispositionen erklären sehr leicht, daß er sich verwirrt fühlt von der Tatsache, daß der Primitive glaubt oder zumindest zu glauben scheint, daß die magischen Rituale des Regenmachers genauso wirksam sind wie die Gesten des Feuermachers. Ohne diese Dispositionen wäre der Begriff der Magie noch nicht einmal geschaffen worden, denn er bezeichnet genau all diese Handlungen, die auf nicht zutreffenden kausalen Beziehungen zu beruhen scheinen.

Nehmen wir jetzt an, daß wir dieses Bündel von Dispositionen, das wir besitzen, uns bewußt machen, anstatt es, wie wir es normalerweise tun, passiv zu mobilisieren, und daß wir das Argument ernst nehmen, daß der Primitive überhaupt keinen Grund hat, Ideen und Prinzipien als *natürlich* wahrzunehmen, die, wie das Prinzip von der Erhaltung der Energie, die Idee der Ursache, die Beziehung zwischen Ursache und Häufigkeit, westliches Denken nach Jahrhunderten identifiziert und geklärt hat. Sobald wir das tun, erscheinen magische Rituale sofort als weniger verwirrend. Der Primitive hat Dispositionen, die anders sind als unsere. Aus diesem Grunde, so die Ansicht von Weber, sind die Handlungen des Regenmachers *für ihn* – allerdings offensichtlich nicht *für uns* – genauso rational wie die Handlungen des Feuermachers.

Die Theorie von Weber ist einfach. Sie ist außerdem glaubhaft. Obwohl ich diesen Punkt hier nicht ausführen kann (vgl. Nisbett/Ross 1980), möchte ich doch festhalten, daß viele Ergebnisse der modernen kognitiven Psychologie die Tendenz zeigen, diese Theorie stark zu bestätigen. Diese Ergebnisse machen nämlich deutlich, daß gebildete Leute aus westlichen Ländern – wenn sie mit Situationen konfrontiert werden, in denen Probleme gelöst werden müssen – sehr leicht, trotz ihrer diffusen Vertrautheit mit experimentellen Prozeduren und mit statistischen Konzepten, zu Schlußfolgerungen kommen, die genauso rätselhaft und objektiv unbegründet sind wie die, welche die magischen Praktiken des Primitiven zu inspirieren scheinen.

So findet in einem Experiment (vgl. Nisbett/Ross 1980) die Mehrheit der Versuchspersonen auf der Basis einer unvollständigen Kontingenztabelle eine kausale Beziehung zwischen zwei Variablen heraus. Nun ist es nicht nur unmöglich, anhand der Tabelle irgendeine Korrelation zwischen den zwei Variablen zu ermitteln; sie verbietet es auch, aus den verfügbaren Daten irgendeinen Schluß darüber zu ziehen, ob die zwei Variablen miteinander korrelieren oder nicht.

Dieses Experiment und die vielen anderen, die zitiert werden könnten, deuten darauf hin, daß kausales Folgern und kurzschlüssiges Folgern sehr leicht von subjektiven Faktoren beeinflußt werden können, selbst im Falle der gebildeten westlichen Menschen. Es deutet a fortiori darauf hin, daß es nicht nur unfair, sondern auch absurd wäre, von Primitiven mehr Objektivität zu erwarten. In Anbetracht *ihrer* Dispositionen ist es, wie Weber mit Recht meint, nicht unverständlich, daß sie an die Wirksamkeit des Regenmachers ebenso wie an die Wirksamkeit des Feuermachers glauben. In Anbetracht *unserer* Dispositionen ist es nicht unverständlich, daß wir magische Rituale als rätselhaft ansehen.

Diese Beispiele illustrieren – denke ich – zur Genüge, was ich hier *Positions-* und *Dispositions*wirkungen nenne. Sie dürften auch ausreichen, um zu zeigen, daß wir wegen dieser Wirkungen in vielen Situationen aus guten Gründen an falsche Ideen glauben können. Wie die Beispiele der Theorien der Magie und der Ludditenbewegung andeuten, können diese Wirkungen sogar jene – nämlich die Wissenschaftler –, für die Objektivität ein zentraler Wert ist, zu falschen Ideen inspirieren. Man braucht jedoch nicht anzunehmen, daß die Wissenschaftler irrational sind, um zu verstehen, warum sie solche Ideen vertreten: sie haben gute Gründe für ihr Tun.

III

Ich komme nun zu dem, was ich *Kommunikationswirkungen* genannt habe. Sie lassen sich an einem sehr einfachen Fall illustrieren. Angenommen, ein Ökonom, ein Soziologe, ein Physiker oder ein Chemiker schlägt eine Theorie vor, und aus irgendeinem Grunde erweckt diese Theorie die Aufmerksamkeit vieler Leute, die selbst nicht Ökonomen, Soziologen usw. sind, etwa weil die Theorie einen Weg vorschlägt, ein Problem von allgemeinem Interesse zu lösen. Diese Leute werden an der Theorie ein Interesse haben, aber die meisten von ihnen werden nicht in der Lage sein, ohne Hilfe ihre Gültigkeit zu beurteilen. Sie werden die Theorie, wenn ich diese Metapher benutzen darf, als »black box« behandeln. Sie werden sie daher auf der Basis dessen, was man das *Autoritätsprinzip* nennen kann, akzeptieren. Nehmen wir beispielsweise den Fall einer ökonomischen Theorie. Wenn ihr Autor als jemand wahrgenommen wird, der in der ökonomischen Profession hohen Respekt genießt, und wenn die Theorie für einen Entscheidungsträger von Interesse ist, dann kann dieser Entscheidungsträger die Theorie unterstützen und sie als gültig behandeln, nicht so sehr, weil er sie selbst getestet hätte, sondern vielmehr aufgrund des wissenschaftlichen Status ihres Autors.

In den sogenannten »harten« Wissenschaften sind diese *Black-box-Wirkungen* von begrenzter Wichtigkeit. Und zwar aus zwei Gründen, die miteinander verbunden sind. Zum einen sind die Naturwissenschaften, wie Georg Simmel richtig bemerkt hat, *esoterisch* in dem Sinne, daß die breite Öffentlichkeit im allgemeinen wenig Interesse an ihren Erklärungen zeigt und eher an ihren Anwendungen interessiert ist. Der zweite Grund ist der, daß – sagen wir – eine physikalische Theorie erst dann die Aufmerksamkeit eines breiteren Publikums erregt, wenn sie von einer kompetenten *scientific community* sorgfältig geprüft worden ist.

Im Gegensatz dazu sind die Sozialwissenschaften tendenziell exoterisch: nicht nur ihre Anwendungen, sondern auch ihre Erklärungen sind oft von Interesse für ein größeres Publikum. Nehmen wir etwa den Fall von Webers *Protestantischer Ethik* oder der Imperialismustheorie Lenins. Die Ideen, die in solchen Werken enthalten sind, haben zweifellos ein breites Publikum über die beschränkten Kreise der Sozialwissenschaftler hinaus interessiert. Wie Simmel mit Recht gesagt hat, besitzt die allgemeine Öffentlichkeit wenig Interesse an physikalischen Theorien über die Struktur der Materie, wohingegen viele Menschen – und nicht nur die Sozialwissenschaftler – an den Ursachen von Kriminalität, von Ungleichheit, von Selbstmord oder des Aufstiegs des Kapitalismus interessiert sind.

Dieses sozusagen natürliche Interesse vieler sozialer Akteure für die Theorien, die von den Sozialwissenschaften entwickelt werden, in Verbindung mit der Tatsache, daß diese Akteure wegen ihrer Dispositionen diese Theorien als *black boxes* behandeln müssen, erklärt, daß eine Theorie sehr oft auch dann einflußreich wird, wenn ihre Gültigkeit schwach ist. Nehmen wir etwa an, daß eine Theorie großes Interesse in der Öffentlichkeit weckt und die *scientific community* einige Zeit benötigt, bevor sie sagen kann, ob die Theorie gültig ist oder nicht. In einem solchen Fall wird die Theorie wahrscheinlich von vielen Leuten akzeptiert werden, die nicht warten wollen, bis das Urteil der *scientific community* gefällt ist, bevor sie sie unterstützen.

Ein berühmtes Beispiel kann diesen ersten Typus der Kommunikationswirkung illustrieren, nämlich das Beispiel der Rezeption von Webers *Protestantischer Ethik*. Zunächst sollte festgehalten werden, daß die Theorie, die von Weber in seiner *Protestantischen Ethik* entwickelt wurde – eine Theorie, die ich natürlich nicht zusammenfassen muß –, ohne Zweifel eine echte wissenschaftliche Theorie ist. Weber geht von einer Anzahl von gut begründeten Tatsachen aus: daß seit dem 16. Jahrhundert die Puritaner in den europäischen ökonomischen Eliten überrepräsentiert sind, daß die Länder mit einer starken puritanischen Tradition ökonomisch dynamischer erscheinen etc. Um diese Phänomene zu erklären, führt er – so wie jeder Wissenschaftler es normalerweise tun würde – eine Hypothese ein: daß die protestantische Ethik eine positive Haltung gegenüber ökonomischer Leistung fördert. Und er versucht zu zeigen, daß seine Hypothese von den verfügbaren Daten gut gestützt wird.

Sehr bald ist diese Theorie an vielen Orten und in vielen Kreisen zu einer allgemein anerkannten Anschauung geworden. Wahrscheinlich aus zwei Gründen. Der erste ist, daß Webers Theorie sofort tiefes Interesse geweckt hat. Einmal wegen ihrer – wie ich es nennen würde – *philosophischen* Dimension: gegen den Materialismus bringt Weber vor, daß Ideen und Werte eher den logischen Status von unabhängigen als von abhängigen Variablen haben können. Zum anderen wegen ihrer großen Reichweite, denn Webers Theorie schlägt eine Erklärung für die wichtigste Umwandlung in der modernen Geschichte, nämlich den Aufstieg des Kapitalismus, vor. Darüber hinaus wurde seine Theorie, um das Vokubular von Jean Piaget zu benutzen, aus *soziozentrischen* Gründen natürlich als eine wahrgenommen, die vielen von denen zusagte, die in der puritanischen Tradition erzogen worden waren. Das *Interesse* der Theorie in Verbindung mit der Tatsache, daß die Theorie nicht nur als eine echte wissenschaftliche Theorie *wahrgenommen werden kann*, sondern auch zweifellos eine solche *ist*, führte dazu, daß sie leicht eine allgemein anerkannte Vorstellung wurde. Obwohl Webers *Ethik* wahrscheinlich nicht sein solidestes Werk ist, ist es bei weitem das populärste.

Diese Verwandlung einer wissenschaftlichen Hypothese in eine allgemein anerkannte Anschauung kann jedoch nur erklärt werden, wenn ein anderer Faktor berücksichtigt wird: daß nämlich für lange Zeit ihre *Gültigkeit* ungewiß blieb.

Ohne ins Detail zu gehen, möchte ich doch sagen, daß Webers *Ethik* eine endlose Diskussion in der *scientific community* angeregt hat und daß sich die Schlußfolgerungen aus dieser Diskussion erst in den fünfziger Jahren herausschälten. Aus dieser Diskussion ergab sich die Tatsache, daß die Korrelationen zwischen Puritanismus und Kapitalismus, die Webers Theorie zu erklären versuchte, weitgehend durch Faktoren erklärt werden können, die Weber nicht berücksichtigte. So hat der britische Historiker Trevor-Roper (1967) gezeigt, daß die katholische Kirche wegen ihrer Feindschaft gegenüber den *Bourgeois* die Geschäftsleute in die Arme von Erasmus und später von Calvin trieb. Auf der anderen Seite entschlossen sich, als die Gegenreformation aufkam, viele Geschäftsleute, in ein angenehmeres Klima zu emigrieren, und zogen aus den Gebieten, die unter katholischer Kontrolle standen, fort in die lutherischen oder calvinistischen Staaten: zum Teil weil sie dem Risiko ausgesetzt waren, wegen ihrer Sympathie für den Calvinismus verfolgt zu werden, aber auch weil das Geschäft in den protestantischen Ländern viel leichter war. Kurzum, die Diskussion schließt mit einer Umkehrung der kausalen Beziehung, die von Weber vorgeschlagen wurde. Die Geschäftsleute des 16. und 17. Jahrhunderts wurden vom Calvinismus angezogen und strömten in protestantische Länder, weil sie Geschäftsleute waren. Sie sind nicht Geschäftsleute geworden, weil sie Calvinisten waren.

So ist es heute klar, daß Webers Theorie, obwohl sie eine wissenschaftliche Theorie ist und einen Teil der Wahrheit enthält, nicht mehr für bare Münze genommen werden kann. Aber weil die *scientific community* ihre Schlüsse sehr spät zog und diese auf kleine wissenschaftliche Kreise beschränkt blieben, konnte die allgemein verbreitete Vorstellung, die daraus entstanden war, überleben.

Um das Vokabular, das ich vorher benutzt habe, zu vervollständigen, möchte ich sagen, daß diese Vorstellung durch die Kombination einer *Black-box-* und, wie ich es nennen würde, einer Kurzschlußwirkung hervorgebracht wurde: Viele Leute hatten gute Gründe, an der von Weber vorgeschlagenen Hypothese interessiert zu sein, und sie hatten auch gute Gründe, sie als *black box* zu behandeln, d. h. nicht zu versuchen, selbst ihre Gültigkeit zu überprüfen, denn dies war, wie die nachfolgende Diskussion der Theorie gezeigt hat, keine leichte Aufgabe. Weil die *scientific community* die Theorie für wissenschaftlich seriös hielt und jahrzehntelang keine wichtigen Einwände gegen sie erhob, hatten darüber hinaus diejenigen, die an der Theorie interessiert waren, keine Gründe, ihre Gültigkeit anzuzweifeln und auf ein endgültiges wissenschaftliches Urteil zu warten, bevor sie an ihre Wahrheit glaubten.

Dieses Beispiel ist insofern interessant, als es demonstriert, daß zweifelhafte Überzeugungen manchmal von genuin wissenschaftlichen Theorien hervorgebracht werden können. Außerdem zeigt es, daß Kommunikationswirkungen eine wichtige Rolle bei der Entwicklung von falschen oder zweifelhaften Überzeugungen spielen. Offensichtlich ist Webers Hypothese in der *Protestantischen Ethik* eine *Idee* und keine Ideologie. Aber der Einfluß von Kommunikationswirkungen, den ich an diesem Beispiel erläutert habe, läßt sich auch im Falle von Ideologien finden.

Um diesen Einfluß aufzuzeigen, werde ich jetzt das Beispiel einer Ideologie unserer Zeit betrachten, die in den fünfziger Jahren einen starken Einfluß besaß, nämlich den *Developmentalismus*. Die Kernidee dieser Ideologie ist – stark vereinfacht –, daß die Einfuhr von ausländischem Kapital und von ausländischer Hilfe die wirksamste, vielleicht die einzige Methode ist, ein armes Land aus seiner Unterentwicklung herauszuholen. Der Begriff *Deve-*

lopmentalismus wurde natürlich von denen geschaffen, die an dieser Idee Zweifel hatten. Diese Zweifel werden durch die Endung -ismus schön ausgedrückt. Heute hat diese Theorie viel weniger Anhänger als in der Vergangenheit. In den fünfziger Jahren und noch in den sechziger Jahren wurde sie jedoch in vielen Kreisen als eine Art Dogma angesehen, hauptsächlich wegen des Einflusses von *Kommunikationswirkungen*.

So wie in dem vorherigen Fall waren die zweifelhaften Überzeugungen, die unter dem Etikett *Developmentalismus* zusammengefaßt wurden, ursprünglich von einer genuin wissenschaftlichen Theorie hervorgebracht worden, genauer gesagt, von einem Set konvergenter wissenschaftlicher Theorien.

Ich werde kurz eine dieser Theorien, vielleicht eine der populärsten, betrachten: die Theorie des *Teufelskreises der Armut* (Nurkse 1953). Sie kann durch folgende Aussagen grob zusammengefaßt werden:

1. Wenn ein Land arm ist, hat dieses Land eine niedrige Sparkapazität;
2. wenn die Sparkapazität eines Landes niedrig ist, ist seine Investitionskapazität niedrig;
3. weil seine Investitionskapazität niedrig ist, wird wahrscheinlich seine Produktivität nicht steigen;
4. wenn seine Produktivität nicht steigt, wird sein Lebensstandard weiterhin stagnieren;
5. daraus folgt: in Ermangelung ausländischer Hilfe und ausländischen Kapitals wird ein armes Land arm bleiben.

Diese Theorie, wie die vielen anderen Theorien des gleichen Typus, die ich nennen könnte, hat sofort in vielen Kreisen starkes Interesse geweckt. Warum? Weil in den fünfziger und sechziger Jahren die Unterentwicklung der Dritten Welt als ein fundamentales politisches Problem angesehen wurde. Weil eine Anzahl von Leuten in der Dritten Welt, aber auch in den entwickelten Ländern, von diesem Problem direkt betroffen war oder sich direkt davon betroffen fühlte. Mit anderen Worten, es gab eine starke öffentliche *Nachfrage* nach Entwicklungstheorien. Eine Theorie wie die Theorie des Teufelskreises der Armut war interessant, weil sie die Ursachen der Unterentwicklung identifizierte und eine Richtlinie für Entwicklungspolitik lieferte. Außerdem wurden diese Theorien in der Regel von hochangesehenen Wissenschaftlern zur Diskussion gestellt.

Wie im vorangegangenen Fall ist der Einfluß dieser Theorien auf eine Anzahl von Kommunikationswirkungen zurückzuführen: *Black-box*-Wirkungen, Autoritätswirkungen und auch Kurzschlußwirkungen. Theorien wie die Theorie des Teufelskreises der Armut wurden nicht nur als interessant, sondern von vielen Leuten, die direkt von dem Problem der Entwicklung betroffen waren, auch als wahr und gültig angesehen. Und wenige von denen, die ein Interesse daran hatten, kümmerten sich sonderlich um die Grenzen ihrer Gültigkeit.

Diese Theorie ist allerdings alles andere als allgemeingültig. Im Gegenteil, sie ist nur unter sehr eingeschränkten Bedingungen wahr. Aus diesem Grunde kann ihre Schlußfolgerung, daß ausländische Hilfe eine notwendige und hinreichende Bedingung für Entwicklung sei, als ideologisch angesehen werden. Die Ideologie beruht hier auf einer falschen Darstellung der wahren Reichweite der Gültigkeit einer wissenschaftlichen Theorie.

Kehren wir für eine Weile zur ersten Aussage zurück. Sie sieht *analytisch* aus: Wenn man sagt, daß ein Land arm ist und daß es keine Sparkapazität hat, heißt das nicht, daß man die gleiche Sache zweimal sagt? Sie ist jedoch eher quasi-analytisch. Denn der Armutsbegriff kann entweder aussagen, daß alle Leute arm sind oder daß die meisten Leute arm sind, mit Ausnahme der Eliten. Mit anderen Worten bedeutet Armut niedrige mittlere [*median*] oder Durchschnittseinkommen. Aber dieser Begriff sagt nichts aus über die Standardabweichung des Einkommens. Ein Land kann arm und entweder von einer niedrigen oder von einer hohen Standardabweichung seiner Einkommensverteilung gekennzeichnet sein. Nun nimmt die Theorie des Teufelskreises der Armut implizit an, daß diese Standardabweichung gering ist, und führt somit eine erste Annahme ein, die ihre Allgemeingültigkeit einschränkt. Hier stellt sich die Frage, ob diese Annahme realistisch ist. Offensichtlich lautet die Antwort nein, denn die meisten unterentwickelten Länder sind durch eine starke Einkommensungleichheit gekennzeichnet.

Betrachten wir jetzt die dritte Aussage: Kostenintensive Investitionen sind die Bedingung für jeden bedeutenden Produktivitätsanstieg. Es ist wahr, daß zumindest in unseren Gesellschaften Produktivitätssteigerungen in der Regel kostenintensiv sind. Aber ist das der allgemeine Fall? Wieder lautet die Antwort nein, denn erhebliche Produktivitätsgewinne können erzielt werden und werden in der Tat oft ohne oder mit nur geringem Kostenaufwand erzielt, besonders in Gesellschaften mit einem niedrigen Entwicklungsniveau.

Die Theorie führt noch viele andere implizite Annahmen ein, die ich nicht im Detail besprechen kann. So nimmt sie auch an, daß die idealtypische Gesellschaft, die sie betrachtet, nicht im Austausch mit ihrer Umwelt steht. Sonst könnte sie beispielsweise von Produktivitätsgewinnen profitieren, die in ihrer Umwelt produziert werden.

Insgesamt ist diese Theorie nur unter einer ganzen Reihe von Annahmen gültig. Mit anderen Worten, sie zeigt überhaupt nicht, daß ausländische Hilfe eine notwendige und hinreichende Bedingung für Entwicklung ist. In der Tat wird nach kurzem Nachdenken klar, daß, wenn sie allgemein gelten würde, sich Großbritannien im 18. Jahrhundert und Japan im 20. Jahrhundert nie hätten entwickeln können.

Diese zwei Beispiele, das der *Protestantischen Ethik* und das der Theorie des Teufelskreises der Armut, zeigen, daß ideologische Überzeugungen nicht unbedingt, wie z. B. Marx und Popper geglaubt haben, auf sophistischen pseudowissenschaftlichen Theorien beruhen. Sie können auch auf genuin wissenschaftlichen Theorien beruhen. Webers Theorie in seiner *Ethik*, aber auch die Entwicklungstheorien wie diejenige, die ich betrachtet habe, sind ohne Zweifel wissenschaftlich. Sie gehören zu dem, was Kuhn die *normale Wissenschaft* genannt hat. Aber wegen des Einflusses von Kommunikationswirkungen haben sie falsche, zweifelhafte oder ideologische Überzeugungen hervorgebracht. Denn viele Leute hatten gute Gründe, an diesen Theorien interessiert zu sein, und keine Gründe, ihrer beschränkten Gültigkeit gewahr zu werden.

Es nützt wahrscheinlich nichts, die Tatsache zu betonen, daß diese zwei Beispiele einen typischen Prozeß illustrieren. Denn es geschieht sehr oft, daß eine Theorie, die etwa von einem Soziologen oder von einem Ökonomen vorgestellt wird, (a) in der einen oder anderen Gruppe ein tiefes Interesse weckt und daß (b) die Individuen in der Gruppe die Theorie als eine *black box* behandeln müssen. Wenn ich selbst kein Ökonom bin, kann ich sehr wohl daran interessiert sein, daß die Theorie beispielsweise eine einfache Lösung des Problems der Arbeitslosigkeit vorschlägt, und gleichzeitig erkennen, daß ich nicht in der Lage bin, ihre

Gültigkeit zu beurteilen. Nun, wenn die Theorie wenig beweiskräftig oder falsch ist, sind zwei Bedingungen notwendig, um ihren Einfluß zu stoppen: (a) ihre Bewertung durch die *scientific community* wird schnell und, wenn möglich, fair sein müssen, und (b) sie wird sichtbar sein müssen. Selbstredend geschieht es sehr oft, daß man diesen zwei Bedingungen nicht gerecht wird.

Möglicherweise genügen diese Bemerkungen, um zu zeigen, warum ich nicht mit den Prinzipien der anfangs von mir als dominant bezeichneten Theorie der Ideologie einverstanden bin. Über ihre Unterschiede hinaus haben die Theorien der Ideologie, die von Marx, Popper oder Aron entwickelt wurden, zwei Prinzipien gemeinsam: Sie nehmen an, daß ideologische Überzeugungen durch Theorien, die *nicht* wissenschaftlich sind, hervorgebracht werden und daß der soziale Akteur falsche Überzeugungen unterstützt, weil er irrational ist.

Im Gegensatz dazu habe ich versucht zu zeigen, daß falsche Überzeugungen durch wissenschaftliche Theorien hervorgebracht werden können. Auf der anderen Seite gibt es oft keinen Grund, den sozialen Akteur als irrational anzusehen, um zu erklären, warum er falsche Überzeugungen vertritt: In den fünfziger Jahren hatte der Politiker, der für die Formulierung einer Entwicklungspolitik verantwortlich war, gute Gründe zu glauben, daß die Theorie des Teufelskreises der Armut eine gültige Theorie und eine nützliche Richtlinie darstelle. Noch allgemeiner: Die Kommunikationswirkungen, die ich beschrieben habe, treten auf, nicht *obwohl*, sondern *weil* soziale Akteure rational sind: unser Politiker glaubte an die Schlußfolgerungen der Theorie des Teufelskreises der Armut, weil (a) sie respektabel erschien und (b) er durchaus sah, daß er selbst nicht die Möglichkeit hatte, ihre Gültigkeit zu beurteilen.

Hiermit meine ich nicht, daß diese beiden Prinzipien der herrschenden Theorie der Ideologie falsch wären, sondern nur, daß sie eher einen besonderen als einen allgemeinen Fall beschreiben. Denn offensichtlich können falsche Überzeugungen auch von sophistischen Theorien hervorgebracht werden. Aber selbst in diesem Fall braucht man nicht immer anzunehmen, der soziale Akteur sei irrational, um zu verstehen, warum er solche Theorien vertritt. Um diesen Fall zu illustrieren, werde ich das Beispiel des Einflusses der Theorie von Foucault in dem Buch *Überwachen und Strafen* heranziehen.

Ohne Zweifel beruht die Theorie auf einer Spitzfindigkeit. Foucault geht von der bekannten Idee aus, daß das Gefängnis etikettierende Wirkungen hervorbringen kann, daß ein Mensch, der einige Zeit im Gefängnis verbracht hat, es deshalb schwerer haben kann, Arbeit zu finden, und so rückfällig werden kann. Aus dieser Idee zieht er den falschen Schluß, daß das Gefängnis, da es die Rückfallquoten erhöht, auch die Kriminalitätsrate erhöht. An keiner Stelle in dem Buch stellt er die Frage, ob das Gefängnis nicht auch eine *abschreckende* Wirkung haben könnte. In seinen weiteren Ausführungen stellt er dann die folgende Frage: Wenn das Gefängnis die Kriminalitätsrate erhöht, während doch seine Funktion darin liegen sollte, sie zu reduzieren, warum schaffen wir es dann nicht ab? Und er spitzt die Frage zu, indem er sehr aufschlußreiche Passagen aus einer Reihe von Texten zitiert, die zeigen, daß vom 18. Jahrhundert bis zur heutigen Zeit alle Experten sich über die Auswirkungen des Gefängnisses auf die Rückfallwahrscheinlichkeit im klaren waren. Seine eigene Antwort auf seine seltsame Frage ist dem Vulgärmarxismus entnommen: aus verschiedenen Gründen dient das Gefängnis dem Interesse der herrschenden Klassen.

Einer meiner Studenten rezensierte die Artikel, die in der französischen Presse zu dem Buch von Foucault erschienen sind. Er fand heraus, daß das Buch im allgemeinen positiv aufgenommen wurde: die Gelehrsamkeit des Buches vom historiographischen Standpunkt aus wurde in der Regel betont. Die Theorie wurde als seriös dargestellt, denn sie ging von der wohlbekannten Idee aus, daß wegen der etikettierenden Wirkungen das Gefängnis die Tendenz hat, die Rückfallquote zu erhöhen. Niemand erwähnte die Tatsache, daß das Gefängnis die Rückfallquoten erhöhen und trotzdem im ganzen zu einer Reduktion der Kriminalitätsrate beitragen kann.

Wie kann ein solches Wohlwollen erklärt werden? Ich denke, durch eine Kombination von kognitiven und Kommunikationswirkungen. Erstens führte die äußerste Gelehrsamkeit des Buches dazu, daß es von Rezensenten sehr leicht als ernsthaft, als wissenschaftlich angesehen wurde. Zweitens erschien es zu einer Zeit, als die Arbeiten der *Labeling*-Theoretiker nicht nur unter Soziologen bekannt geworden waren, sondern auch unter den Experten, die direkt oder indirekt mit Kriminalpolitik zu tun hatten, und selbst in einem breiteren Interessentenkreis. Nun, da die

Labeling-Theoretiker große Anstrengungen unternommen haben, mit Hilfe mehr oder weniger hochentwickelter statistischer Methoden zu zeigen, daß, *wenn man andere Faktoren konstant hält*, das Gefängnis die Rückfälligkeit erhöht, erwähnen sie nie die Tatsache, daß das Gefängnis auch abschreckende Wirkungen haben kann, vielleicht teilweise aus ideologischen Gründen, aber auch, weil diese Wirkungen mit der *Labeling*-Theorie, die sie prüfen und propagieren wollen, nichts zu tun haben. Was die Arbeiten anbetrifft, die versuchten, diese abschreckenden Wirkungen zu messen, so haben sie wenig Interesse erregt und waren kaum bekannt. Diesem Sachverhalt sollte hinzugefügt werden, daß, *objektiv* gesehen, die abschreckenden Wirkungen nicht nur schwieriger zu messen sind als die etikettierenden Wirkungen, sondern daß sie auch sozusagen *abstrakter* sind, da sie sich auf potentielle Ereignisse beziehen, die *nicht* eintreten.
Im großen und ganzen hatten die Rezensenten gute Gründe, das Buch von Foucault als wissenschaftlich anzusehen – seine Gelehrsamkeit war auffallend –, als übereinstimmend mit dem, was sie von der modernen Kriminologie wußten, ganz besonders mit den Arbeiten, die sich von der *Labeling*-Theorie inspirieren ließen. So konnte ihre Gültigkeit als erwiesen angesehen werden. Und sie sind sich nicht des Sophismus bewußt geworden, auf dem die Theorie von Foucault beruht, denn niemand schien sich für die abschreckenden Wirkungen des Gefängnisses zu interessieren.

IV

Zum Schluß werde ich mich sehr kurz dem dritten Typus von Wirkungen zuwenden, den ich zuvor erwähnte: den *epistemologischen* Wirkungen. Sie leiten sich von der wohlbekannten Tatsache ab, daß jede wissenschaftliche Theorie notwendigerweise auf Prinzipien und Überzeugungen beruht, die nicht nur der Autor der Theorie, sondern ebenso sein Publikum als erwiesen ansehen. In letzter Zeit hat Kuhn diese Idee wieder populär gemacht. Dies ist jedoch eine alte philosophische Idee. Schon Aristoteles (1967, Buch 1, Kap. 4) hat die Tatsache betont, daß jede Theorie von *Prinzipien* ausgeht, die – wie das Wort Prinzip hinreichend zeigt – nicht aus einer Theorie abgeleitet werden können und somit als erwiesen angesehen werden müssen. *Cum grano salis* würde ich sagen, daß ich keinen großen Unterschied zwischen der Aristotelischen Idee des *Prinzips* und der Kuhnschen Idee des *Paradigmas* sehe.

Warum ist diese Idee wichtig bei der Erklärung von Ideologie? Weil oft, wenn ein Paradigma als wissenschaftlich fruchtbar erscheint, die Tendenz besteht, es nicht nur für ausgemacht zu halten, sondern auch als *wahr* zu betrachten. Dieser Umstand kann eine Haltung der Intoleranz gegenüber alternativen Paradigmen erzeugen oder einfach bewirken, daß die Grenzen der Gültigkeit des Paradigmas sowie das Interesse und die Gültigkeit von alternativen Paradigmen nicht wahrgenommen werden. Aus diesen Gründen, wegen seiner wissenschaftlichen Fruchtbarkeit, kann ein Paradigma dazu beitragen, falsche Überzeugungen und einseitige Weltanschauungen hervorzubringen.

Ich werde zunächst ein sehr einfaches Beispiel heranziehen. Ein Ökonom, dessen Spezialgebiet die Entwicklungsproblematik ist, wird normalerweise den Rahmen als selbstverständlich hinnehmen, der mit dem Ausdruck *Ökonomie der Entwicklung* festgelegt ist. Und häufig wird er nicht sehen, daß gerade dieser Ausdruck eine Anzahl von Überzeugungen beinhaltet. Erstens besagt der Ausdruck, daß der Begriff der Entwicklung klar und eindeutig ist. Zweitens beinhaltet der Begriff der Entwicklung selbst eine evolutionäre Perspektive sowie implizite normative Aussagen (Entwicklung ist normal, Unterentwicklung ist es nicht). Darüber hinaus legt, da Entwicklung ein Wort im Singular ist, der Ausdruck nahe, daß alle Entwicklungsprozesse etwas Gemeinsames haben und daß es die Hauptaufgabe einer Entwicklungstheorie ist, die allgemeinen Mechanismen der Entwicklung und die allgemeinen Ursachen der Unterentwicklung zu entdecken. Schließlich deutet der Rahmen, der mit dem Ausdruck *Ökonomie der Entwicklung* beschrieben wird, darauf hin, daß die Ursachen der Entwicklung und der Unterentwicklung hauptsächlich auf der Seite der ökonomischen Variablen gesucht werden müssen.

Selbstverständlich sind all diese Prinzipien umstritten und in der Tat in Frage gestellt worden. Teilweise wegen des Scheiterns der Entwicklungspolitik, die genau auf den Glauben gegründet war, daß einfache und allgemeine Mechanismen der Entwicklung problemlos identifiziert werden können, sind wir uns heute der Tatsache viel bewußter geworden, daß Entwicklung weitgehend von singulären und sehr oft kontingenten Faktoren abhängt. Folglich sind wir jetzt aufgerufen, mehr Aufmerksamkeit der Bedeutung dessen zu widmen, was ich das *historische* Paradigma oder den historischen Ansatz in Untersuchungen über Entwicklungsprozesse nennen möchte. Wir neigen dazu, viel eher an Fallstudien zu glauben als an allgemeine Theorien.

Aber vor zwanzig und noch vor zehn Jahren war das intellektuelle Klima ein ganz anderes. Das implizite Paradigma, welches in dem Ausdruck *Ökonomie der Entwicklung* enthalten ist, hatte zu diversen interessanten neuen Ideen geführt. Die Theorien, die innerhalb dieses Rahmens entwickelt wurden, hatten mit Erfolg eine Anzahl von Faktoren identifiziert, die in vielen tatsächlichen Fällen für Entwicklung und Unterentwicklung verantwortlich waren, so daß während eines oder zweier Jahrzehnte das Hauptprinzip, auf dem sie beruhten, als erwiesen angesehen wurde. Nicht nur die Entwicklungsökonomen, sondern auch viele Menschen außerhalb des Kreises der professionellen Ökonomen glaubten, daß es möglich sei, die einfachen allgemeinen Mechanismen zu identifizieren, die für Entwicklung und Unterentwicklung verantwortlich sind, und eine Entwicklungspolitik auf der Basis dieses Wissens zu entwerfen. Gleichzeitig fanden diejenigen wenig Beachtung, die innerhalb des Rahmens dessen gearbeitet hatten, was ich zuvor das *historische* Paradigma genannt habe, und die die *singulären* Aspekte der Entwicklungsprozesse nachdrücklich betonten. Im großen und ganzen hat die Fruchtbarkeit des Paradigmas der *Ökonomie der Entwicklung* nicht nur umstrittene Überzeugungen herbeigeführt und legitimiert, sondern auch eine philosophische Perspektive, die letzten Endes nicht weit entfernt ist von derjenigen Sichtweise, die Marx in seinem berühmten *de te fabula narratur* ausgedrückt hat. So wie Marx glaubten viele Leute von neuem, daß die Geschichte einfachen Gesetzen folgt.

So beinhalten selbst einfache Begriffe wie *Ökonomie der Entwicklung* eine Anzahl von Überzeugungen, die leicht als erwiesen angesehen werden. Sie legen nicht nur ein Feld, sondern auch einen Rahmen oder ein Bündel von Prinzipien fest, die nützlich und fruchtbar sind, die aber auch falsche Überzeugungen hervorbringen können, sobald ihr logischer Status als Prinzipien vergessen wird.

Viele Beispiele des gleichen Typus könnten entwickelt werden. Ich werde beispielhaft den Fall des *Funktionalismus* betrachten, eines beliebten Paradigmas in den Sozialwissenschaften. Es kann übrigens festgestellt werden, daß Paradigmen, als Ideologien, oft Bezeichnungen mit der Endung -ismus tragen.

Die Kernidee des Funktionalismus stellt ohne Zweifel eine äußerst wichtige wissenschaftliche Neuheit dar. Die dahinterstehende Idee ist, kurz zusammengefaßt, daß soziale Institutionen nicht nur erklärt werden können, wie Historiker es gewöhnlich tun, indem man ihre Entstehung nachvollzieht, sondern auch, indem man ihre Funktionen identifiziert. Um ein einfaches Beispiel zu geben: Demokratische Gesellschaften lösen sehr oft das Problem der Aggregierung von individuellen Präferenzen in eine kollektive Entscheidung, indem sie das Mehrheitsprinzip anwenden. Nun kann diese Institution auf zwei Arten und Weisen *erklärt* werden. Die erste Möglichkeit der Erklärung, die historische, würde darin bestehen zu analysieren, wann und wie die Institution entstanden ist und wie sie sich ausgebreitet hat.

Ein glänzendes Beispiel für diese Analyseform liefert das Werk des belgischen Historikers Léo Moulin, der gezeigt hat, daß die meisten Verfahren, deren wir uns bedienen, um dieses Aggregierungsproblem zu lösen, insbesondere das Mehrheitsprinzip, in den Klöstern der Benediktiner erdacht und institutionalisiert worden sind und sich dann auf andere Teile der mittelalterlichen Gesellschaft ausgebreitet haben.

Die zweite Möglichkeit, die funktionale, wird z. B. von dem Buch von Buchanan und Tullock, *The Calculus of Consent*, exemplifiziert, welches zeigt, daß unter allgemeinen Bedingungen das Mehrheitsprinzip die beste Lösung für das Aggregierungsproblem ist, da es die Summe zweier Kosten, die zwangsläufig in jeder Situation kollektiver Entscheidung entstehen, minimiert: *Entscheidungs*kosten und *externe* Kosten. Wenn man demnach die künftigen Bürger einer Gesellschaft fragen würde, welche Art von Prinzip sie wählen würden, um das Aggregierungsproblem zu lösen, würden sie wahrscheinlich einstimmig beschließen, in vielen Situationen das Mehrheitsprinzip anzuwenden. Dieses geistige Experiment hat den Vorteil, daß es eine Antwort auf die Frage bietet, warum das Mehrheitsprinzip zur Zeit akzeptiert und als legitim wahrgenommen wird.

Offensichtlich ist die funktionale Methode, für die das Werk von Buchanan/Tullock ein Beispiel gibt, von größter Bedeutung. Sie kann dazu beitragen, soziale Institutionen verständlich zu machen, selbst dort, wo wir keine Informationen über ihren Ursprung haben. Wenn wir ihre Ursprünge kennen, kann sie erklären, warum sie als legitim wahrgenommen werden und warum sie zur Routine gemacht wurden. Wie Durkheim sehr wohl gesehen hat, sollte man, um eine Institution zu erklären, immer – zumindest als Ideal – versuchen, ihre *Genese* und ihre *Funktion* zu erklären, d. h. zu erklären, warum die Menschen dazu neigen, sie nützlich und akzeptabel zu finden.

Es kann übrigens angemerkt werden, daß die Bedeutung der Idee der Funktion, in diesem Sinne des Wortes, für die Analyse sozialer Institutionen nicht nur von modernen Soziologen, sondern vor langer Zeit auch von Philosophen anerkannt wurde, denn der Kerngedanke des *Kontraktualismus* ist der gleiche wie der des Funktionalismus.

Aber die eigentliche Bedeutung und das wesentliche Interesse der Idee der Funktion haben auch dazu beigetragen, falsche Überzeugungen über Gesellschaften zu legitimieren. So vergaß eine Anzahl von Autoren, daß das Wort Funktion, so wie es in einem Ausdruck wie *funktionale Theorie* gebraucht wird, bloß eine Metapher ist, und sie entwickelten Bilder der Gesellschaft, in denen soziale Institutionen so analysiert wurden, als ob sie eine Funktion hätten, genau im gleichen Sinn, wie das Auge oder der Magen eine Funktion haben. Manchmal gingen sie von der Annahme aus, daß alle Institutionen so angesehen werden sollten, als ob sie eine Funktion hätten. Im großen und ganzen ist die mächtige und akzeptable methodologische Idee, die unter dem Begriff Funktion zusammengefaßt wird, zu einer zweifelhaften Weltanschauung geworden, nach der soziale Systeme in Analogie zu lebenden Systemen gesehen werden sollten. Und für eine Zeitlang, als diese Ansichten von der Autorität der Wissenschaft legitimiert schienen, wurden sie zu anerkannten Ideen.

Die gleiche Analyse ließe sich im Hinblick auf viele andere Paradigmen durchführen, auf den *Utilitarismus* zum Beispiel. Als Bentham vorschlug, menschliches Verhalten in – wie wir in unserer modernen Sprache sagen würden – Kosten-Nutzen-Begriffen zu analysieren, brachte er einen wichtigen und wissenschaftlich fruchtbaren Gedanken vor. Aber sobald die Idee nicht als Prinzip, sondern als wahres und realistisches Bild des menschlichen Wesens betrachtet wird, kann sie fragwürdige Überzeugungen und Weltanschauungen hervorrufen und hat dies in der Tat auch getan. Adam Smith wußte sehr genau, daß moralische Empfindungen nicht in Kosten-Nutzen-Begriffen verstanden werden können. Heute hat man manchmal das Gefühl, daß dieser wichtige Gedanke in Vergessenheit geraten ist. Daher werden, wahrscheinlich wegen der Autorität des utilitaristischen Paradigmas, die Gefühle der Empörung, welche die Leute normalerweise überkommen, wenn sie erfahren, daß ein Verbrechen nicht mit der richtigen Strafe geahndet worden ist, üblicherweise als *Angst*gefühle interpretiert, während sie, wie Durkheim zu Recht gemeint hat, nicht Gefühle der Angst, sondern durchaus der moralischen *Empörung* sind.

So *können* die *Begriffe* wie die *Paradigmen*, die von den Sozialwissenschaften benutzt werden, falsche Überzeugungen legitimieren, sobald sie als erwiesen angesehen werden, als realistische Bilder der Welt, deren Gültigkeit wissenschaftlich begründet ist. Das gleiche könnte man von *Modellen* sagen.

Hier brauche ich nur an das Modell des Teufelskreises der Armut erinnern. Es ist ein echt wissenschaftliches Modell. Wie jedes Modell ist es nur unter einer einschränkenden Reihe von Annahmen gültig. Diese einschränkenden Annahmen werden jedoch oft vergessen. Im Falle der Theorie des Teufelskreises der Armut wurden sie nicht beachtet, besonders nicht von den Konsumenten der Theorie: z. B. von denen, die ein Interesse an der Theorie hatten, weil sie ihnen eine politische Richtlinie lieferte. Denn in den meisten Fällen sahen die Konsumenten diese Theorie und andere ähnliche Theorien als erwiesen an. Aus offensichtlichen Gründen hatten sie Besseres zu tun als zu versuchen, selbst sorgfältig zu prüfen, bis zu welchem Grad die Theorie wahr oder unwahr ist.

Übrigens kann man in diesem Zusammenhang darauf hinweisen, daß der große deutsche Soziologe Georg Simmel (1922) den ideologischen Einfluß von Marx in derselben Richtung analysiert hat. Wenn die Theorien von Marx sophistisch gewesen wären, hätten sie, so behauptet Simmel, keinen anhaltenden Einfluß gehabt. In der Tat entwickelte Marx eine Anzahl von *Modellen* (dies ist nicht Simmels Vokabular, wohl aber seine Idee). Und Simmel macht deutlich, daß es in seinen Augen keinen Grund dafür gibt, viele dieser Modelle nicht als wissenschaftlich anzusehen. Doch gleichzeitig war Marx so genial, an seinem sogenannten *Materialismus* festzuhalten und dadurch seine Leser zu überzeugen, daß seine *idealisierten* Modelle als ein *realistisches* Bild der Welt angesehen werden sollten.

V

In Übereinstimmung mit der klassischen Theorie der Ideologie erkenne ich ohne weiteres an, daß ideologische Überzeugungen die Wirkungen von Fanatismus, Blindheit oder Leidenschaft sein können. Ich erkenne auch an, daß falsche Überzeugungen durch falsche Theorien, durch sophistische Theorien, durch pseudowissenschaftliche Theorien und natürlich auch von Theorien, die, wie religiöse oder philosophische Theorien, keinen Anspruch auf Wissenschaftlichkeit erheben, inspiriert werden können.

Was ich versucht habe zu zeigen, ist, daß in vielen Fällen zweifelhafte, falsche, ideologische Überzeugungen auch von der sogenannten *normalen Wissenschaft* hervorgebracht werden. Auf der anderen Seite braucht man den *homo sociologicus* nicht unbedingt als irrational zu beschreiben, um zu erklären, warum er oft so leicht falsche Überzeugungen vertritt. Im Gegenteil, er hat oft gute Gründe für sein Tun und Glauben.

Der Anthropologe, der magische Rituale beobachtet, mag aus guten Gründen vergessen, daß das, was ihm *natürlich* erscheint, das Ergebnis seiner Sozialisation ist und daß die Primitiven nicht die gleichen kognitiven Dispositionen haben wie er selbst. Der Ökonom, der eine Theorie der Entwicklung ausarbeitet, mag aus guten Gründen vergessen, daß er innerhalb eines bestimmten Rahmens arbeitet. Der Arbeiter, der gefeuert worden ist, weil er durch eine Maschine ersetzt worden ist, hat gute Gründe zu glauben, daß Mechanisierung eine Hauptursache der Arbeitslosigkeit ist. Der Geschäftsmann hat gute Gründe zu glauben, daß Besteuerung stets inflationäre Wirkungen hat. Der Politiker, der eine Theorie als Richtlinie für seine Handlungen benutzt, hat gute Gründe, sie in Anbetracht des professionellen Status ihres Autors zu unterstützen. Und diverse Leute in allen möglichen Situationen haben gute Gründe, an die Wahrheit von Ideen, von Theorien zu glauben, die sie selbst weder beurteilen können noch wollen. Wie der britische Philosoph Price es einmal ausgedrückt hat, würde ohne das, was er *natürliche Leichtgläubigkeit* nennt, kein soziales Leben möglich sein, denn wir können nicht hoffen, ohne Hilfe mehr als einen sehr kleinen Teil des großen Spektrums von Ideen zu prüfen, die wir als erwiesen hinnehmen müssen, wenn wir in einer komplexen Welt überleben wollen.

Ich schließe mit einer sehr allgemeinen Bemerkung: Ich habe zu zeigen versucht, daß es beim Thema Ideologie wie bei den anderen soziologischen Hauptthemen fruchtbar sein kann, den zwei grundlegenden Prinzipien des methodologischen Individualismus zu folgen: Betrachte jedes kollektive Phänomen als das Ergebnis von individuellen Handlungen, Verhaltensweisen oder Überzeugungen, und versuche, diese Handlungen oder Überzeugungen soweit wie möglich als rational zu interpretieren, d. h. als von guten Gründen inspiriert. Indem wir dies tun, können wir, so scheint mir, die Hauptschwierigkeiten ausschließen, die von der klassischen Theorie der Ideologie aufgeworfen worden sind. Betrachten wir z. B. die Interpretation des Einflusses von Marx, die von Simmel vorgeschlagen wurde: viele Leute haben gute Gründe, an seinen Ideen interessiert zu sein, und keine Gründe zu sehen, daß seine Modelle, ganz fern davon, ein realistisches Bild der Welt darzustellen, auf höchst idealisierten und restriktiven Annahmen basieren. Es scheint mir, daß eine solche Theorie wesentlich glaubhafter ist als, sagen wir, die Interpretation von Popper oder Aron, der zufolge die Marxschen Theorien, unwissenschaftlich wie sie sind, leichtfertig unterstützt worden seien, weil viele Leute nun einmal irrational *seien*.

Wie ich zuvor erwähnte, wurden die Schwächen dieser klassischen Theorie der Ideologie von Clifford Geertz richtig erkannt. Nach dem Vorbild von Mannheim betonte er zu Recht die Tatsache, daß soziale Akteure oft gute Gründe haben, an Ideen zu glauben, die weder als wahr noch als unwahr angesehen werden können (zum Beispiel, daß Leute im Mittelalter das Fordern von Zinsen auf Leihgelder als Tabu ansahen). Aber er ging, so scheint es mir, zu weit, als er im Namen axiologischer Neutralität vorschlug, Ideologie ohne jeglichen Bezug zum Wahrheits-/Unwahrheitskriterium zu definieren.

Ich habe hier versucht, einem dritten Vorbild zu folgen, Max Webers Beispiel, der, beispielsweise in seiner Theorie der Magie, gezeigt hat, daß Menschen gute Gründe dafür haben können, nicht nur an alle Arten von Ideen zu glauben, von denen man nicht sagen kann, ob sie wahr oder unwahr sind, sondern auch an *falsche* Ideen. Darüber hinaus muß – wie ich anregen wollte –

eingeräumt werden, daß in vielen Situationen diese falschen Ideen sehr wohl von der höchst *normalen* Wissenschaft inspiriert werden können.

Anmerkung

1 Übersetzung von Geoff Hunter und Angelika Schade.

Literatur

Aristoteles, *Nikomachische Ethik*, Darmstadt 1967.
Aron, R., *L'opium des intellectuels*, Paris 1968.
Beattie, J., *Other Cultures*, London 1964.
Coser, L. A., *Theorie sozialer Konflikte*, Neuwied 1972.
Geertz, C., »Ideology as a Cultural System«, in: D. E. Apter (Hg.), *Ideology and Discontent*, Glencoe 1964, S. 47-76.
Katona, G., *Das Verhalten der Verbraucher und Unternehmer. Über die Beziehungen zwischen Nationalökonomie, Psychologie und Sozialpsychologie*, Tübingen 1960.
Locke, J., *Einige Gedanken über die Erziehung*, Paderborn 1967.
Mannheim, K., *Ideologie und Utopie*, Bonn 1929.
Nisbett, R./L. Ross, *Human Inference*, Englewood Cliffs, N. J. 1980.
Nurkse, R., *Problems of Capital Formation in Underdeveloped Countries*, Oxford 1953.
Pareto, V., *System der allgemeinen Soziologie*, Stuttgart 1962.
Parsons, T., »An Approach to the Sociology of Knowledge«, in: *Transactions of the Fourth Congress of Sociology*, Mailand 1959, S. 25-49.
Sauvy, A., *Théorie générale de la population*, Paris 1963.
Simmel, G., *Die Probleme der Geschichtsphilosophie*, 5. Auflage, München 1922.
Trevor-Roper, H. R., *Religion, Reformation und sozialer Umbruch. Die Krise des 17. Jahrhunderts*, Berlin 1970.
Weber, M., *Wirtschaft und Gesellschaft*, Tübingen 1922.
Wittgenstein, L., *Philosophische Betrachtungen*, Frankfurt 1964.

Richard Kilminster
Soziologie und die professionelle Kultur der Philosophen[1]

Einleitung

Dieser Beitrag erforscht die Machtbalance zwischen zwei zeitgenössischen Kulturgruppen – Soziologen und Philosophen – mit Hilfe einer eingehenden Untersuchung der Kultur einer der beiden Gruppen, nämlich der der Philosophen. Ich verwende hier den Begriff der Kultur, um ein spezielles Problem in erster Annäherung zu untersuchen, und zwar in dem konventionellen und unstrittigen Sinne von Kultur als ein geordnetes Muster von Symbolen, Wissen, Glauben, Denk- und Handlungsweisen, die für eine bestimmte soziale Gruppe – in diesem Fall für die Gruppe der Philosophen – charakteristisch sind. Diese Definition folgt der seit langem etablierten Tradition von Edward Tylor und Talcott Parsons[2], aber ich führe die Untersuchung mit der dem Soziologen eigenen Betonung auf dem Nachweis der Verquickung von Kultur mit Gruppenstruktur und Macht. Demgemäß behandele ich das akademische Establishment der Philosophen soziologisch als eine strukturierte Berufsgruppe, die eine eigene charakteristische Kultur hat und die in den meisten Fällen an höherer Stelle in der Status- und Prestigehierarchie der Gruppen wissenschaftlicher oder anderer Spezialisten steht als die Soziologen.
Meine Beispiele beruhen hauptsächlich auf der britischen Erfahrung, obwohl meine Argumentation – wie wir sehen werden – die Einordnung dieses Falls in die weitere und längerfristige Entwicklung der Soziologie in europäischen Gesellschaften während der letzten zwei Jahrhunderte beinhaltet. Meiner Meinung nach hat der Aufstieg der Soziologie tiefgehende und unwiderrufliche Auswirkungen auf den Gegenstand der Philosophie gehabt und somit auf das Schicksal ihrer Praktiker als einer Gruppe. Leser werden ihre eigenen Korrekturen im Hinblick auf abweichende Muster in der Entwicklung anderer nationaler Soziologien und Philosophien vornehmen müssen, wo sich die Beziehung zwischen den beiden Gruppen in anderer Weise als in Großbritannien dargestellt haben mag.

Der eher kontroverse Aspekt dieses Beitrages leitet sich jedoch von dem Ausmaß ab, bis zu dem die Forschung in der Kultursoziologie – radikal gedacht – zwangsläufig übergeht in das, was gewöhnlich Wissenssoziologie genannt wird. Immer wieder bin ich durch den Charakter meiner Forschung gezwungen, vergleichende Urteile über den kognitiven Wert der Aussagen der Philosophen abzugeben. Die Untersuchung der Kultur der Philosophen und der historischen Beziehung zwischen ihnen und den Soziologen kann man nicht verstehen, ohne die plausible Hypothese im Blick zu haben, daß die Philosophen über eine lange Zeit als Gruppe defunktionalisiert worden sind – als Ergebnis einer Reihe miteinander verwobener sozialer Prozesse, zu denen der Aufstieg der Sozialwissenschaften und insbesondere der Soziologie zählt. Im Lichte dieses Befundes, der in diesem Beitrag nur vorläufig erhärtet wird, bin ich in der Lage, die Glaubwürdigkeit und Plausibilität der wechselnden Ansprüche der Philosophen auf disziplinäre Autonomie, die ich in ihrer eigenen Kultur verankert finde, zu beurteilen. Dieses Vorgehen hat dann unausweichlich Implikationen für unsere Vorstellung über die angemessene und wünschenswerte Beziehung der Soziologen zur Philosophie in der heutigen Zeit.

Die Kultur der Philosophen

Bekanntlich ist der Gegenstand der Philosophie schwer zu bestimmen, zum Teil wegen ihres rein diskursiven Charakters. Es ist wesentlich einfacher, das Wesen der Beziehung zwischen der Soziologie und anderen Sozialwissenschaften – wie z.B. den Wirtschaftswissenschaften, der Politik oder der Sozialpsychologie – zu erfassen, als die Beziehung zwischen Soziologie und Philosophie zu verstehen. In den ersten Fällen können wir uns auf die verschiedenen, aber zusammenhängenden Ebenen des gesamten sozialen Prozesses beziehen, auf die sich alle konzentrieren; die Philosophie kann man jedoch mit Soziologie auf diese Art und Weise nicht in Verbindung bringen, da die Philosophie kein Untersuchungs»objekt« in jenem Sinne hat. Und das Problem wird verstärkt durch die erhebliche Unbestimmtheit und Uneinigkeit innerhalb der Philosophie selbst über die Natur ihrer Aufgabe und ihrer Ziele. So bemerkte jüngst der Wissenschaftshistoriker Ernan McMullin:

»Bei dem Versuch zu definieren, was mit ›Philosophie‹ der Wissenschaft gemeint ist, ist das erste Problem, auf das man stößt, die notorische Unbestimmtheit des Terminus ›Philosophie‹ ... Philosophie kann praktisch alles sein, von einer verschwommenen, spekulativen Vorstellung bis hin zu einem Teil der formalen Logik. Der Terminus ist im modernen Sprachgebrauch fast hoffnungslos zweideutig geworden.«[3]

In der Tat haben Philosophen die Natur ihrer Untersuchungen in einer verwirrenden Vielfalt beschrieben: als Logik, als begriffliche Klärung, als Methode, als Semantik, als Reflexion über Reflexion oder sogar einfach als eine Aktivität.[4] Aber fast alle, die sie praktizieren, scheinen darin übereinzustimmen, daß reines logisches Denken die Basis der Philosophie bildet oder – anders ausgedrückt – daß ihre Disziplin einen nicht-empirischen oder möglicherweise »transzendentalen« Gegenstand hat.[5] Die Überlegungen der Philosophen sind demnach rein diskursiver Natur, während ihre Kultur großes Vertrauen in streng logisches Denken und logische Argumentation setzt. Nun sind alle wissenschaftlichen Spezialisten *teilweise* von ihrem professionellen *standing* abhängig, das die Quelle der Autorität ihres Wissens und ihres Sachverstandes darstellt. Aber der nicht-empirische Charakter der Philosophie hat in dieser Hinsicht eine wichtige Konsequenz, und zwar die, daß philosophische Aussagen (man kann sie eigentlich nicht zutreffend als Ergebnisse beschreiben) hinsichtlich ihrer Plausibilität oder Rechtfertigung nicht auf dieselbe Art und Weise der direkten Kontrolle durch Beweise nach Maßgabe der Struktur sozialer oder natürlicher Prozesse unterworfen sind wie die wissenschaftlichen Aussagen der Soziologen oder anderer Wissenschaftler.[6] Aber ohne diese äußere Kontrolle durch allgemein überprüfbare empirische Daten müssen die Autorität und Glaubwürdigkeit philosophischer Aussagen letzten Endes *allein* auf ihrem Ansehen als Philosophen beruhen, auf dem sozialen Gewicht ihres Status als eine professionelle Gruppe.
Natürlich gibt es andere Spezialistengruppen, deren Disziplinen ebenfalls kein Untersuchungs»objekt« in der Art und Weise wie die Wissenschaften haben. Aber der wesentliche Unterschied zwischen – sagen wir – Literaturkritik oder Geistesgeschichte und Philosophie besteht darin, daß jene Praktiker sich nicht wie die Philosophen als die maßgeblichen epistemologischen und konzeptuellen Gebieter über die Wissenschaften, einschließlich der Soziologie, aufspielen. Dies allein ist schon ein triftiger

Grund, die fachliche Berechtigung der Äußerungen der Philosophen systematisch zu untersuchen. Wahrscheinlich hatte Fustel de Coulanges sowohl die Unbestimmtheit und das Fehlen eines Konsenses innerhalb der Philosophie wie auch diese latente Willkürlichkeit im Blick, als er sagte: »Philosophieren bedeutet zu denken, was man will«.[7] Später, in den dreißiger Jahren unseres Jahrhunderts, sagte Paul Nizan fast das gleiche in seiner epischen Polemik *Die Wachhunde*, einem schonungslosen politischen Angriff auf die Philosophen an der Sorbonne zu der Zeit. Unter der Oberfläche von Nizans vernichtender Übertreibung und Voreingenommenheit findet sich jedoch eine zutreffende Einschätzung der Fragwürdigkeiten und Unbestimmtheit der Philosophie, denen wir in modernen Erziehungsinstitutionen begegnen. Er schrieb:

»Die Philosophie kann sagen, was sie will, sie hat keine ewige Berufung, sie ist niemals eindeutig und ist es auch nie gewesen, sie ist vielmehr die ausgeprägteste Form der Mehrdeutigkeit. Die Philosophie schlechthin ist das, was von den verschiedenen Philosophien überlebt, wenn sie von allem Stoff gereinigt worden sind, so daß nichts anderes übrigbleibt als ein bestimmter Familiengeruch, eine Atmosphäre, die von Traditionen, stillschweigenden Übereinkünften und Geheimnissen geschwängert ist. Sie ist eine Entität der Rede.«[8]

Es könnte eingewandt werden, daß, wenn auch in der Philosophie Unbestimmtheit und Fehlen von Konsens existieren mögen, es einen ähnlichen Mangel an Einheitlichkeit auch innerhalb der zersplitterten Disziplin der Soziologie gibt, der nahelegen würde, daß meine Kommentare in dieser Hinsicht dem Beispiel gleichen, daß ein Esel den anderen Langohr schilt. Ich bin mir bewußt, daß die Soziologie heute nicht in einer einheitlichen Phase ihrer Entwicklung steht. Sie enthält etliche interparadigmatische Konflikte, so daß viele Soziologen mit meinem gesamten Ansatz und der Grundthese dieses Beitrags nicht übereinstimmen werden. Aber hier muß man sofort zwei Einwände anführen: (1) Der Umfang der Uneinheitlichkeit innerhalb der Soziologie ist übertrieben dargestellt worden, Soziologen haben wesentlich mehr gemeinsame Grundlagen als es für Außenstehende scheint; und (2) gibt es in verschiedenen nationalen Kontexten eine längerfristige, über 200 Jahre zurückreichende Tradition in der Soziologie, die über einen Kern von theoretischen und empirischen Ergebnissen und Problemen verfügt und in der das derzeitige breite

Spektrum der Soziologie wahrscheinlich nur eine vorübergehende Phase darstellt, die sich teilweise durch die kulturellen und strukturellen Dynamiken erklären läßt, die ich in diesem Papier aufzeige. Mit anderen Worten, ein Teil der Uneinigkeit in der Soziologie rührt gerade von ihrer Unfähigkeit her, sich in ausreichendem Maße von der Philosophie zu emanzipieren, was Zweifel und Mutlosigkeit auf seiten der Soziologen erzeugt. Viele der konkurrierenden Schulen in der Soziologie sind philosophisch inspiriert (z. B. die phänomenologische Soziologie oder die Ethnomethodologie) oder auf philosophischen Abstraktionen Kantscher Prägung aufgebaut (z. B. Strukturalismus oder Althusserianismus).[9] Dieser Beitrag ist zum Teil als ein Beitrag zur Korrektur dieser Tendenz angelegt, indem er die Frage nach der Beziehung zwischen Soziologie und Philosophie vom ungewohnteren soziologischen Standpunkt aus neu stellt.

Um auf die Kultur der Philosophen zurückzukommen: zwei weitere Eigenschaften erweisen sich eindeutig als wichtig für das Verständnis ihres relativen Vorteils in der Hackordnung des akademischen Establishments:

1. Philosophie besitzt ein enormes Prestige. Dieses hat oft die Folge, daß ihre Unbestimmtheit und ihre Mehrdeutigkeit verschleiert werden: wir neigen dazu, im Zweifelsfall zugunsten der Philosophen zu entscheiden, gerade *weil* sie Philosophen sind. Das Prestige der Philosophie erklärt auch zum Teil, warum sich so viele Soziologen, die die rangniedrigere Disziplin repräsentieren, von der Philosophie angezogen fühlen und warum sie vor der Tradition allgemeine Hochachtung empfinden. Die Aura der Philosophie darf nicht unterschätzt werden. Philosophie hat ein Image der Tiefgründigkeit entwickelt und aktiv kultiviert: sie scheint sich mit den tieferen Wahrheiten des menschlichen Seins zu beschäftigen – mit grundsätzlichen Fragen über die Natur des Wissens, der Realität und der moralischen Wahl. Die Disziplin wird von Philosophen als eine altehrwürdige Disziplin präsentiert, als Quelle von Fragen über die Natur und Bedeutung der Existenz selbst. Der Reiz, mit einer Arbeit von so hohem Niveau und solchem Anspruch in Verbindung gebracht zu werden und mit ihr vertraut zu sein, ist offensichtlich.

2. Ihrem ureigensten Wesen nach ist Philosophie eine in hohem Maße verbale Betätigung. In der Tat hängen das Ansehen und die Reputation von Philosophen sehr stark von ihrer Fähigkeit ab,

mit Genauigkeit und Geschick logisch zu folgern, um andere – scheinbar allein durch das Gewicht des Arguments – verbal überzeugen zu können. Diese Kunstfertigkeit ist wesentlich für die Existenzberechtigung der Philosophen. Daher ist es nicht überraschend, daß sie sie gut beherrschen. Öffentliche Disputation mit Philosophen großer Intelligenz und verbaler Gewandtheit – insbesondere mit solchen, die der analytischen Schule zuzurechnen sind – kann eine einschüchternde Erfahrung für Menschen sein, die es nicht gewohnt sind, auf diese Weise aufzutreten. Eine Folge ist weiterhin, daß die fachliche Unangreifbarkeit der Philosophen wächst, weil nur wenige Außenstehende bereit oder in der Lage sind, sie auf ihrem eigenen verbalen Terrain herauszufordern. Wenn der philosophische Analysestil (mündlich oder schriftlich) auf soziologische Theorie und Forschung angewendet wird, geschieht das oft in der Form, daß eine Reihe feiner Unterscheidungen gemacht, fetischisierte »Behauptungen«, »Thesen« und »Positionen« bewertet und Unklarheiten oder Paradoxa in der Arbeit von Soziologen aufgespürt werden.[10] Die Gefahr besteht darin, daß diese Aktivität zum Selbstzweck werden kann und uns von der Betrachtung gegenstandsbezogener Fragen abhält. Ein desillusionierter Philosoph, Jerry M. Cohen, beschrieb in boshafter Weise einige dieser negativen Konsequenzen. Der professionelle Philosoph ist jemand, der

»immer auf der Suche nach einem kleinen Fehler ist in dem, was jemand anderes gesagt hat, indem er von der impliziten Idee oder generellen Konzeption abstrahiert; der das Kleinste aufspürt und kritisierend niederschreibt... Es ist charakteristisch für diesen Typus, daß sie denken, sie könnten ein komplexes theoretisches System wie den Marxismus oder die Psychoanalyse mit ein paar geschickten ›Zügen‹ oder wenigen klugen Fragen abtun, und daß sie allmählich allem mißtrauen, was nicht unter den fachlichen Jargon von ›Behauptungen‹, Enthüllungen, Folgen fällt und was nicht die glatte Professionalität und Gewandtheit hat, die üblicherweise für Brillanz und Genauigkeit gehalten wird.«[11]

Die massive institutionelle Expansion der Sozialwissenschaften und insbesondere der Soziologie in den fortgeschrittenen Gesellschaften in den sechziger und siebziger Jahren dieses Jahrhunderts bot den Philosophen reiche Ausbeute.[12] Sie konnten ihr logisches und konzeptuelles Geschick auf die Theorie und die Forschung der sich entfaltenden Disziplin der Soziologie anwenden. Und automatisch suchten die Soziologen bei den angesehenen Philosophen Anleitung und Aufklärung. Aber diese Reaktionen und Haltungen waren nichts Neues. In der Dritten Französischen Republik um die Jahrhundertwende gab es ein vergleichbares Interesse der Philosophen an den Aktivitäten der in Mode gekommenen und sich entfaltenden wissenschaftlichen Disziplin der Soziologie. Sie versuchten, das Feld der Disziplin einzugrenzen und die Exkurse ihrer ehrgeizigeren Praktiker in die Gebiete der Ethik und der Lösung sozialer Probleme zu bremsen. Anders als heute jedoch *lehnten* zu jener Zeit wesentlich mehr Soziologen die Aufmerksamkeiten der Philosophen *ab.* Gabriel Tarde z. B. mied die Philosophen mit einigem Sarkasmus:

»Wenn ein Kind geboren war – so erzählen die Märchen unserer Vorfahren –, versammelten sich alle Feen an seiner Wiege, und jede gab ihm einen Talisman, mit dem es Wunder vollbringen konnte. Wenn in unserer Zeit eine Wissenschaft geboren wird oder auch nur ihre Ankunft ankündigt, wird sie von etlichen Philosophen umgeben, von denen jeder seine eigene Methode für sie mitbringt mit der Zusicherung des größten Erfolges, wenn ihre Regeln genau und mit Beharrlichkeit befolgt werden; als ob es eine Methode oder ein Programm für Entdeckungen wäre, deren eine aufkommende Wissenschaft am meisten bedarf!«[13]

So sehr der Nominalist Tarde mit dem Realisten Durkheim im Hinblick auf die Natur des Objekts der Soziologie uneins war, so teilten sie doch den Glauben an die taktische Notwendigkeit für die Soziologie, sich von der Philosophie zu distanzieren. Durkheim erklärte dies so:

»Wenn die Soziologie weiterleben will, dann muß sie den philosophischen Charakter, dem sie ihre Entstehung verdankte, ablegen und an die konkrete Realität durch spezielle Forschung herangehen. Für die Öffentlichkeit ist es gut zu wissen, daß Soziologie nicht rein philosophisch ist und daß sie Präzision und Objektivität verlangt.«[14]

Der springende Punkt ist, daß die gegenwärtige Ausweitung der Soziologie eine längerfristige soziologische Tradition nur weiter fortsetzt, die auf die klassische Zeit der Jahrhundertwende und noch davor auf die Pioniere des frühen 19. Jahrhunderts zurückgeht, die alle – wie heute – auf die eine oder andere Weise ihr Verhältnis zur Philosophie klären mußten. Um die derzeitige Phase dieses Dialogs zu erhellen, wird es hilfreich sein, einen kurzen Exkurs zu den Anfängen der Soziologie zu unternehmen, um zu zeigen, wie – von Beginn an – die Soziologie Fragen über Mensch und Gesellschaft, die bislang das Gebiet der Philosophen waren, aufnahm und auf eine neue Ebene stellte. Dann werde ich – mit dieser Information – auf die heutige Rolle der philosophischen Kultur zurückkommen.

Die soziologische Revolution

Die Entstehung der beiden ersten Sozialwissenschaften – politische Ökonomie und Soziologie – im späten 18. und frühen 19. Jahrhundert war Teil der fundamentalen Veränderungen, die in der Struktur europäischer Gesellschaften stattfanden.[15]
Unter dem *Ancien régime* – also vor der Zeit, die gewöhnlich als Beginn der »Moderne« angesehen wird – haben politische Ökonomen wie die Physiokraten und Adam Smith bewiesen, daß in der Gesellschaft selbstregulierende Gesetzmäßigkeiten unabhängig von Königen und Ministern abliefen. Sie stellten fest, daß es einen Bereich sozialer Phänomene gab, wie z. B. die Verteilung des Einkommens zwischen den Klassen, die im Verhältnis zu den Handlungen von Individuen – wie mächtig sie auch sein mochten – ein bestimmtes Maß an Autonomie hatten. Später, bis ins 19. Jahrhundert hinein, wuchs die Macht der industriellen Bourgeoisie und der Arbeiterklasse, die wechselseitig stark voneinander abhängig waren, im Verhältnis zur Macht der Aristokraten erheblich. Dieser Prozeß ermöglichte die Ausweitung der Wissenschaft der politischen Ökonomie auf die autonomen sozialen Gesetzmäßigkeiten »der Ökonomie« als solche. Dieses Konzept bezog sich auf die unpersönlichen Gesetzmäßigkeiten nationaler und internationaler Märkte und Wirtschaftszyklen, die durch freie Konkurrenz und unabhängig vom Handeln der Regierungen entstanden. Es waren die politischen Ökonomen, die als erste – in Gabriel Tardes Worten – die Überlegenheit wissenschaftlicher Beobachtung gegenüber »juristischen, künstlerischen, moralischen, theologischen und metaphysischen Gesichtspunkten« im sozialen Bereich feststellten.[16]
Die Pioniere der Soziologie – wie z. B. de Bonald, de Maistre, Saint-Simon, Comte, Marx und Spencer – waren im wesentlichen ein Produkt des postrevolutionären Europas, obwohl natürlich nur Comte und Spencer das Etikett Soziologie akzeptiert hätten. Die anderen sahen sich als Vertreter sehr unterschiedlicher politi-

scher und wissenschaftlicher Ziele. Aber alle teilten die Überzeugung, daß es ein umfassenderes Feld selbstregulierender sozialer Kräfte gebe, die (obwohl sie sie einschlossen) weiter reichten als die autonomen Gesetzmäßigkeiten des Marktes, die von den politischen Ökonomen gefunden worden waren. Marx ist in dieser Hinsicht der doppeldeutigste der Autoren. Gelegentlich – wie in den *Grundrissen* – weist er in Durkheimscher Manier auf die »generelle Bindung und allumfassende Interdependenz«[17] zwischen den Menschen hin; aber größtenteils sieht er nur die spontanen, konkreten Bindungen zwischen interdependenten Menschen in ihrer ökonomischen Form beziehungsweise als Folge ökonomischer Abhängigkeit.[18] Alle die Autoren, die wir heute als Pioniere der Soziologie ansehen, waren symptomatisch für die zunehmende Wahrnehmung des Rätsels »Gesellschaft« in dieser Zeit. Die Menschen waren sich bewußt geworden (und waren deswegen oft desorientiert oder angstvoll), daß von Individuen geplante Handlungen auf komplizierte Weise ungeplante Folgen hatten, die sie nicht vorhersehen konnten und die nicht durch die benennbaren Pläne und Intentionen von Menschen zu erklären waren. Der Grund dafür lag in den ausgedehnten Interdependenzketten, in die die Menschen in immer größerem Maße eingebunden wurden. Die zunehmende Wahrnehmung der komplexen »moralischen Dichte« (Durkheim) der Gesellschaft, in der die Menschen lebten, hatte große Auswirkungen auf die Herangehensweise, mit der zeitgenössische und spätere Philosophen die Fragen der individuellen Freiheit und moralischen Verantwortung zu verstehen suchten. Nun gab es einen Wirbel sozialer Veränderungen, die eine ungeplante Ordnung besaßen und oft – obgleich nicht immer – darauf abzielten, die Wünsche von Individuen zu durchkreuzen, deren Handlungsfreiheit in ihrem Ausmaß wie auch in ihren Grenzen von der Interdependenz mit Personen abhängig war, die sie nicht einmal kannten.

Man könnte sagen, daß die Menschen im 17. und 18. Jahrhundert ihre soziale wechselseitige Verbundenheit nicht als »Gesellschaft« erfuhren, sondern die Erfahrung von Gesellschaft eher das Ergebnis der Handlungen führender Personen wie z. B. von Königen und Ministern war. Der Aufruhr der Französischen Revolution von 1789, die Revolutionskriege, die Restauration in Frankreich, die Reaktion, die konkurrierenden sozialen Bewegungen und die Unruhe der Periode – dies alles trug zu dieser Wahrnehmung bei.

Für den Versuch, die Gesamtsumme objektiver sozialer Beziehungen zu erfassen, die auf diese komplexe und unverstandene Weise selbstregulierend und unbeabsichtigt waren, wurde die Bedeutung des Wortes »Gesellschaft« spontan umgestaltet. Es wurde vom späten 18. Jahrhundert an der generelle Begriff für die Beschreibung dieser unpersönlichen Kräfte, wodurch sich seine speziellere Bedeutung einer aktiven Genossenschaft änderte, die er im 16. und 17. Jahrhundert gehabt hatte.[19]
Die Soziologen und die sich zunehmend professionalisierenden Ökonomen setzten unterschiedliche Akzente, obwohl beide sich auf die emergente soziale Realität *sui generis* konzentrierten. Die Ökonomen versuchten, die statischen Gesetzmäßigkeiten von Märkten, Preisen, Einkommen und Profit zu erhellen, während die Soziologen die umfassenderen und bedeutenderen Fragen über die längerfristige Entwicklung der Menschheit und ihr zukünftiges Schicksal im Auge hatten. Sie konnten auf der Basis und der Glaubwürdigkeit aufbauen, die schon von den politischen Ökonomen gelegt und etabliert worden waren. Ihr Handwerkszeug umfaßte die Konzepte der Entwicklung, des Fortschritts, der Tendenz und ähnliche, mit deren Hilfe sie versuchten, die treibenden Kräfte der Geschichte zu erfassen, die die traditionale Gesellschaft völlig auseinandergerissen zu haben schienen. Sie alle meinten, daß die Menschheit eine kritische Phase durchlaufe. Sie suchten nach der längerfristigen Bedeutung der sozialen Prozesse, an deren vorderster Linie sie zu leben glaubten, und versuchten, die Umrisse der Zukunft der allgemeinen Entwicklung zu erkennen. Obwohl kein Soziologe im eigentliche Sinne, zeigte François Chateaubriand ein beredtes Bewußtsein von der Tiefgründigkeit der Veränderungen, die eine Generation von Europäern, einschließlich vieler der soziologischen Pioniere, durchlebte. 1834 beschrieb er seine Vorahnungen:

»Ich weiß nicht, was die neue Gesellschaft sein wird; ich verstehe sie nicht besser, als die Alten die sklavenlose Gesellschaft verstehen konnten, die das Christentum hervorgebracht hat. Ich weiß nicht, wie Reichtum gleichmäßig verteilt wird, wie Löhne der Arbeit angeglichen werden, wie die Frauen vollständige Emanzipation erreichen werden. Vermutlich wird die *menschliche Spezies* größer an Statur, aber es ist zu befürchten, daß der einzelne Mensch verfällt, bestimmte herausragende Fähigkeiten der Genialität verlorengehen und Phantasie, Dichtung und die Künste untergehen in einer Bienenstock-Gesellschaft, in der jeder einzelne nicht mehr gilt als eine Biene, ein kleines Rädchen im Getriebe, ein Atom im organischen Stoff... Die moderne Gesellschaft hat zehn Jahrhunderte zu ihrer Entstehung gebraucht und befindet sich jetzt in einem Prozeß des Verfalls... Diese verfallende Welt wird ihre Energien nur wiedergewinnen, wenn dieser Prozeß seine Endphase erreicht hat, nach der die Gesellschaft beginnen wird, zu einer neuen Lebensstufe aufzusteigen.«[20]

Von Anfang an nahm die Soziologie das Spektrum der umfassenderen Fragen auf, die hier rhetorisch von Chateaubriand aufgeworfen wurden und die wir heute als »moralische«, »politische«, »evaluative« oder »existentielle« Themen bezeichnen würden. Ich möchte behaupten, daß diese Themen – natürlich in abgewandelter Form – *in der konzeptuellen Struktur* der sich entwickelnden Wissenschaft der Soziologie *fest verankert* wurden. Zu jener Zeit wurden sie als Arbeitsgebiet der Philosophen und Theologen betrachtet, oder sie wurden von der einen oder anderen großen Ideologie des 19. Jahrhunderts – Liberalismus, Konservatismus und Sozialismus – vereinnahmt und abgeschottet, wo sie nur in sehr einseitiger Weise angegangen werden konnten. Dieser – historisch gesehen – »philosophische« Charakter der Soziologie ist uns nicht immer augenfällig in der gegenwärtigen Periode, in der sowohl Soziologie wie Philosophie im Zuge ihrer zunehmenden Professionalisierung zu hochgradig spezialisierten, fragmentierten und methodologisch versierten Disziplinen geworden sind. Anders ausgedrückt, im 19. Jahrhundert richteten die Pionierarbeit leistenden Soziologen ihre Energien auf das Anhäufen sozialwissenschaftlicher Beweise, die ihnen helfen sollten, die verwirrenden und weitreichenden sozialen Veränderungen zu verstehen, die jeden betrafen, sie selbst eingeschlossen. Aber sie wollten auch zu einem Verständnis der Durchführbarkeit der Pläne und Zielsetzungen beitragen, die von den verschiedenen politischen Doktrinen und Parteien jener Zeit zur Lösung der entstandenen wichtigen sozialen Probleme angeboten wurden. Die zuweilen explizite, häufig jedoch implizite Intention lag darin, die sozialen Bedingungen für Reformprogramme und revolutionäre Manifeste, aber auch deren Grenzen aufzuzeigen, die in der herrschenden philosophisch-politischen Sprache dieser Zeit formuliert wurden: »Freiheit«, »Demokratie«, »Gleichheit«, »Tradition«, »Sozialismus«, »Emanzipation«, »Individualismus« usw. Eine umfassende und realistische Einschätzung dieser Pläne und Hoffnungen war nur durch die Soziologie möglich.

Der Fall Auguste Comtes ist lehrreich, weil hier die ernsthafte, weltverändernde, evaluative und, im weiteren Sinne, »politische« Absicht explizit gemacht wird. Wie allgemein bekannt ist, glaubte Comte, daß die Soziologie, wenn man ihr dazu verhelfen könnte, die positive Stufe der Entwicklung menschlichen Wissens zu erreichen, dann eine Form nicht-theologischen, nicht-metaphysischen Wissens umfassen würde, das der aufstrebenden weltlichen, industriellen Ordnung, in der die Macht der Kirche schwindet, angemessener wäre. Er begriff Positivismus (ein Terminus, der zu der Zeit noch nicht die negativen Konnotationen wie heute besaß) als die Fusion zweier Impulse, von denen der eine aus der Philosophie, der andere aus der Wissenschaft stammt. Einerseits gab es Condorcets emanzipatorische Theorie des Fortschritts, die jedoch die Menschen blind machte gegenüber den Leistungen des Mittelalters, die als archaisch abgetan wurden. Die Schriften von de Maistre andererseits – obwohl von einer reaktionären Philosophie beeinflußt – lieferten das wichtige und affirmative Korrektiv in bezug auf die früheren Jahrhunderte, die im revolutionären Überschwang der Zeit nach 1789 aus dem Blick geraten waren. In ambitiöser Weise meinte Comte, daß die Soziologie eine Versöhnung dieser beiden antagonistischen Einflüsse ermögliche:

»Die Versöhnung konnte nur in einem Bereich der Spekulation geleistet werden, der sowohl über dem Horizont der Revolutionäre als auch dem der Reaktionäre lag. Hier verbindet sich die philosophische Wurzel des Positivismus mit seiner wissenschaftlichen, welche allein die Inspiration liefern könnte, die dazu in der Lage ist, allgemeingültig zu werden.«[21]

Es wäre einfach, Comtes Formulierung als naiv abzutun. Aber der entscheidende Punkt ist, daß man erkennen kann, daß Comte sich hier mit einer wichtigen Frage abmüht, dies jedoch noch in einer schwerfälligen philosophischen Sprache tun muß: »Spekulation«, »Versöhnung«, »allgemeingültig werden«. Im nachhinein können wir sein Problem erkennen: Es geht darum, wie soziale Prozesse auf die soziologische Tagesordnung gesetzt werden können, deren Wirkungen den Aktionsradius und die Absichten spezifischer Interessengruppen innerhalb des gesamten sozialen Netzes übersteigen. Dies mag dann eine menschliche Einheit jenseits jener Perspektiven implizieren – vielleicht die beginnende weltweite Einigung der Menschheit im allgemeinen. Er repräsentiert eine frühe Phase in der Entwicklung einer *nicht-parteiischen* (aber nicht wertfreien) Soziologie, die bis heute als ihr Erbe eine ganze Forschungstradition über nationale Grenzen hinaus hat.

Viele der frühen Pioniere wie auch die Soziologen des »klassischen« Zeitalters der Soziologie um die Jahrhundertwende stießen auf Probleme, die mit der Konstruktion einer Gesellschaftswissenschaft in den Werken einflußreicher und angesehener Philosophen zusammenhingen, oder sie lernten sie in der Kultur der Philosophen kennen. Viele von ihnen waren philosophisch gebildet, und sie alle waren entweder inspiriert von ihren Lehrern, rebellierten gegen sie oder wurden zumindest von ihnen beeinflußt. Und damals wie heute sahen sie sich gezwungen, sich mit den Arbeiten einer Gruppe zu befassen, die eine ranghöhere Gruppe von Intellektuellen darstellte als die, der sie sich anschließen wollten – den Soziologen. Dies erklärt zum Teil die Energie und Leidenschaft, die sie investierten, um mit der philosophischen Tradition abzurechnen. Um nur kurz drei Beispiele zu nennen: Man kann erkennen, daß Hegel, Rickert und Renouvier hinter Marx, Weber und Durkheim standen und den Sozialwissenschaftlern bestimmte, philosophisch gestellte Probleme vorgaben, die sie dann auf verschiedenen Wegen und mit unterschiedlichem Erfolg *soziologisch* zu lösen versuchten. Ich werde drei Probleme aus einer ganzen Reihe auswählen, die in den Werken dieser Paare von Autoren enthalten sind, um mein Argument deutlich zu machen:

a) die Beziehung zwischen »Sein« und »Bewußtsein« (Hegel/Marx);
b) die normative Kraft subjektiver Werte in der Wissenschaft (Rickert/Weber);
c) die moralische Signifikanz des Gefühls des Individuums, von anderen abhängig zu sein (Renouvier/Durkheim).[22]

Die Antworten der Soziologen kreisten um

a) Marx' Versuch einer soziologischen Theorie des Wissens in seinem Basis/Überbau-Modell;
b) Webers Konzepte der Rationalisierung und der Verantwortungsethik in politischen Angelegenheiten; und
c) Durkheims Analyse des Individualismus unter den Bedingungen organischer Solidarität.

Ich kann auf diese Fragen hier nicht im Detail eingehen. Hervorzuheben ist aber, daß in allen drei Fällen und auf unterschiedlichem Wege jeder der drei Soziologen zu dem Schluß kam, daß die

Probleme möglicherweise einfacher zu lösen wären, wenn sie mit der Philosophie *brächen*. Es war kein scharfer Bruch, und sie alle waren auf verschiedene Weise noch mit den Spuren dessen behaftet, was sie zu überwinden versuchten, wie wir z. B. im Falle von Comte sahen. Ihre Vorhaben betrafen eher eine Übertragung der philosophisch gestellten Fragen auf eine höhere Ebene, die mit dem historischen Trend der Soziologie, deren Teil sie waren, im Einklang stand. Die heutige Kontroverse zwischen Soziologen und Philosophen wiederholt teilweise den Kern und die Struktur des früheren Austauschs, aber das geschieht in einer neuen Gestalt, anhand neuer Fragen, die unter anderem die sich verändernde Natur der Philosophie innerhalb dieser Periode reflektieren. Dieser Wandel bestand in einer Verlagerung in Richtung auf technische Probleme, in der sich eine Veränderung des Machtverhältnisses[23] zwischen den professionellen Philosophen und den wissenschaftlichen Spezialisten, einschließlich der Soziologen, niederschlug; eine Verlagerung, die sich leicht zugunsten der letzteren Gruppen ausgewirkt hat.

Im Lichte der Interpretation der oben aufgezeigten historischen Entwicklung der Soziologie werde ich in den nächsten beiden Abschnitten zu dem Einfluß der philosophischen Kultur auf die Soziologen in der heutigen Zeit zurückkehren. Im Verlauf dieser Darlegungen werden einige der hier angeführten Punkte weiter ausgeführt werden.

Soziologie und Philosophie heute

Wenn wir zur heutigen Soziologie zurückkehren, stellen wir jedoch fest, daß – mit wenigen Ausnahmen – die Soziologen viel weniger ehrgeizig sind und wesentlich mehr Achtung vor der Philosophie haben als ihre Vorgänger. Während der jüngsten Ausdehnung der Soziologie waren es die Soziologen, nicht die britischen Philosophen, die in erster Linie die Werke kontinentaler Philosophen wie z. B. Hegel, Nietzsche, Heidegger, Husserl, Merleau-Ponty und westlicher Marxisten, einschließlich der Frankfurter Schule, in die intellektuelle Debatte in Großbritannien einbrachten. Viele der anerkannten Autoritäten auf dem Gebiet der Werke dieser Philosophen sind Soziologen oder lehren Soziologie. Britische soziologische Theorie ist durchdrungen von philosophischer Terminologie und von Annahmen über die Reichweite von im engeren Sinne philosophischen gegenüber soziologischen Themen, die aus diesen Traditionen stammen. Diese Annahmen (wie in der Tabelle unten dargestellt) verstärkten die bereits einflußreiche Vorstellung vom Kompetenzbereich der Philosophie als Analyse »zweiter Ordnung«, die von der einheimischen analytischen Tradition in Oxford geltend gemacht wird.

Das Ergebnis dieser philosophischen Überflutung war, daß Soziologen dazu gekommen sind, eine Reihe von Prinzipien als Selbstverständlichkeiten zu akzeptieren:

a) daß Soziologie philosophische Fragen aufwirft oder zur Voraussetzung hat;

b) daß Soziologie Wahrheitsansprüche geltend macht und folglich Philosophie braucht, um sie zu klären;

c) daß soziologische Kontroversen (insbesondere begriffliche) zum Teil philosophisch sind und deshalb nur von der Philosophie entschieden werden können; und

d) daß Soziologen die philosophischen Grundlagen ihrer Forschung gesondert klären müssen, bevor sie empirische Untersuchungen beginnen oder fortsetzen.

Anthony Giddens geht so weit, eine Unterscheidung zwischen soziologischer Theorie und »Sozial-« beziehungsweise »Gesellschaftstheorie« vorzunehmen (oder vielmehr diese Unterscheidung aus den dreißiger Jahren wieder aufleben zu lassen), teils um die Tür offenzuhalten für philosophische Fragen, in der stillschweigenden Annahme – ohne irgendeine Begründung –, diese seien autonom. Er schreibt:

»Ich möchte ... betonen, daß meine Verwendungsweise des Begriffes ›Sozialtheorie‹ Problemfelder umgreift, die ich für das Anliegen aller Sozialwissenschaften halte. Bei diesen Problemen geht es um das Wesen menschlichen Handelns und der handelnden Person; um die Frage der Konzeptualisierung von Interaktion und ihrer Beziehung zu Institutionen; und schließlich um die praktische Bedeutung sozialwissenschaftlicher Analysen ... Der Begriff ›Sozialtheorie‹ ... umfaßt ... die Analyse von Problemfeldern, die in die Philosophie ausgreifen; trotzdem ist sie kein primär philosophisches Unterfangen. Wenn die Sozialwissenschaften sich nicht in Beziehung zur Philosophie setzen, sind sie verloren.«[24]

Viele soziologische Werke enthalten auch das übliche Dementi, daß es nicht reduzierbare philosophische Fragen gibt, die stets außerhalb der Reichweite der Soziologie bleiben und offensichtlich von deren Ergebnissen nicht berührt werden. Zum Beispiel schreiben Berger/Luckmann:

»Der Philosoph muß natürlich nach der absoluten Bedeutung von Wirklichkeit und Wissen fragen: Was heißt ›wirklich‹? Wieso kann man ›wissen‹? Diese Fragen gehören zu den ältesten nicht nur der Philosophie, sondern des menschlichen Denkens überhaupt ... Wir Soziologen müssen also von vornherein klarstellen, in welchem Sinne wir Wirklichkeit und Wissen für die Soziologie beanspruchen, und jedem Ehrgeiz abschwören, etwa als Soziologen für die alten Probleme der Philosophie Lösungen gefunden zu haben.«[25]

Indem sie voller Bescheidenheit jene »philosophischen« Fragen aus dem Aufgabenbereich der Soziologie ausklammern, folgen diese Autoren einer konventionellen Arbeitsteilung zwischen Soziologie und Philosophie. Diese weist – allgemein gesagt – den Soziologen empirische Untersuchungen und den Philosophen ein Spektrum abstrakter Reflexionen zu, die aus dieser Arbeit entstehen. Aber man beachte, daß die jeweiligen Verantwortlichkeiten *von den Philosophen definiert worden sind.* Soziologen haben diese Verteilung als selbstverständlich angesehen und sich somit gefügt, zum größten Teil aus Achtung vor der Tradition der Philosophie, während tatsächlich der gesamte Tenor der soziologischen Revolution des Wissens in der modernen Periode (wie wir im letzten Abschnitt sahen) in die entgegengesetzte Richtung weist – in Richtung auf eine Verdrängung der Philosophie als solcher und die Reformulierung der Probleme, die dort einmal gestellt wurden, auf einer höheren Ebene durch die Soziologie.
Ein großer Teil der gesamten zeitgenössischen Diskussion innerhalb der Soziologie (und ihrer para-soziologischen Anhängsel wie z. B. Sozialtheorie und Sozialphilosophie) beinhaltet implizit die konventionelle Arbeitsteilung in den aufgestellten Annahmen und verwendeten Kategorien. Im folgenden habe ich in einer Tabelle die Dichotomien erfaßt, die von Philosophen entwickelt wurden (von verschiedenen Traditionen innerhalb der Kultur der Philosophen), um die Kompetenzbereiche beider Disziplinen darzustellen und somit zu *legitimieren.* Wie es für viele philosophische Unterscheidungen charakteristisch ist, sind die Gegensätze formalistisch, wie auf der nächsten Seite aufgeführt.

	Soziologie		Philosophie
1. Neu-Kantianer	historische Untersuchung	↔	systematische Untersuchung
	empirische Beobachtung	↔	transzendentale (nicht-empirische) Reflexion
	Tatsachen	↔	Werte[26]
2. Logische Empiristen	Entdeckungszusammenhang	↔	Rechtfertigungszusammenhang
	empirische Fragen	↔	kognitive Fragen
	Genesis	↔	Geltung[27]
3. Analytische Schule	Fragen »erster Ordnung«	↔	Fragen »zweiter Ordnung«
	deskriptiv (ist)	↔	normativ (soll)
	tatsächlich	↔	begrifflich[28]
4. Phänomenologen und Existentialisten	konkrete historische Prozesse	↔	universale subjektive Strukturen
	historisch-kausale Hypothesen	↔	*Apriori*-Voraussetzungen
	ontische Untersuchung (Seiendes)	↔	ontologische Untersuchung (Sein)[29]

Zum größten Teil ist die Genauigkeit und Legitimität dieser Gegensätze unbezweifelt und unbestritten gewesen.[30] Aber einige Anmerkungen in dieser Richtung sind im begrenzten Rahmen dieses Beitrags angebracht.

1. Man kann sehen, wie diese Paarungen einen typischen philosophischen Standpunkt über das Wesen der Soziologie und der menschlichen Gesellschaften repräsentieren. Allen Gegensatzgruppen ist gemeinsam, daß der Fokus der Philosophie immer auf dem liegt, was als zeitlos, statisch, unveränderlich, transzenden-

tal, vielleicht ewig, angesehen wird. Dieses trifft sogar für die anscheinend rein technische Konzeption der Philosophie in der analytischen Schule als Reflexion über eine Reihe von hauptsächlich begrifflichen Fragen zu, die aus der Arbeit der Wissenschaften, einschließlich der Soziologie, heraus entstehen. Wie Lawrence C. Becker[31] hervorhebt, kommen begriffliche, d. h. nichtempirische Fragen in der Mathematik vor, aber was diese von philosophischen Fragen unterscheidet, ist, daß letztere dem Wesen nach »offen« sind und somit üblicherweise nicht gelöst werden können. Mit anderen Worten, dieser Bereich von Fragen soll deshalb immer wieder erneuerter Überprüfung zugänglich sein und damit den Philosophen eine ewige Existenzberechtigung liefern. Er schreibt:

»Die Tatsache, daß eine Frage nicht abschließend lösbar ist, bedeutet nicht, daß Versuche, sie zu beantworten, sinnlos wären. Fortschritt in solchen Fragen bedeutet eher wachsende Differenziertheit als das Erzielen von Lösungen. Lösungen nähert man sich durch Eingrenzungen.«[32]

Ich denke, daß diese Standortbestimmung eines einheitlichen Blickwinkels innerhalb der verschiedenen Segmente der philosophischen Kultur uns berechtigt zu sagen, daß Philosophie einen »Denkstil« in dem von Karl Mannheim entwickelten Sinne darstellt.[33]

2. Im Rahmen dieser begrifflichen Gegensätze ergeben sich einige interessante Konsequenzen, falls man zeigen kann, daß es in Gesellschaften (unter dem Gesichtspunkt einer längerfristigen dynamischen Entwicklung) und/oder in der laufenden Forschungspraxis eine erhebliche Interpenetration der jeweiligen Seiten dieser Paarungen gibt. Signifikante Wechselwirkung zwischen ihnen würde bedeuten, daß ihr wechselseitig exklusiver Status, der autonome Bereiche disziplinärer Kompetenz definiert, nicht so sehr auf der Realität beruht als vielmehr auf dem analytischen Dekret der Profession der Philosophen. Dieser Beweis könnte ein neues Licht auf das Problem der Autonomie »philosophischer« Fragen in bezug auf die Soziologie werfen.

Es bedarf noch vieler Forschungsanstrengungen zur Frage der Anwendbarkeit und Nützlichkeit dieser Gegensätze, und ich kann dieses Thema hier nicht sehr weit ausführen. Aber zwei Beispiele dürften von Interesse sein und zeigen, wie anders das Problem vom soziologischen Standpunkt aus erscheint.

(a) Die empirischen Verfahren der Soziologie können die Reichweite und die Grenzen der Aussagen der Philosophen neu definieren – z. B. über die zentrale Stellung des individuellen Erkenntnissubjekts in der Erkenntnistheorie –, wenn man die Ursprünge dieses Begriffs in der Selbsterfahrung der Menschen (insbesondere aristokratischer und bürgerlicher Intellektueller) innerhalb spezifischer Phasen der Entwicklung westlicher Gesellschaften historisch beleuchtet.[34] Diese weitere Verschiebung des Problems wirkt sich auf das Wesen des epistemologischen Problems aus, wie es ursprünglich von den Philosophen gestellt wurde. Auf diesem Wege können wir zeigen, wie »Genese« sich auf »Validität« auswirkt, vorausgesetzt, wir arbeiten künftig mit einer breiteren und differenzierteren Vorstellung von der Natur menschlichen Wissens, um ein Spektrum von Wissen jenseits der einfacheren, formalen logischen Typen einzubeziehen, die das Argument des »genetischen Trugschlusses« plausibel machten.

(b) Ich denke, es ist ebenso möglich, jene Fragen, die man üblicherweise als ethische oder »Sollens«-Fragen bezeichnet, in die soziologische Terminologie zu übertragen. Auch hier geht man einen empirischen, soziologischen Umweg, um z. B. eine Behauptung über die offenen Möglichkeiten menschlicher »Freiheit« so neu zu bestimmen, als implizierte sie eine unhaltbare romantische Vorstellung, wonach Menschen ohne irgendeinen Grad sozialen und selbstauferlegten Zwangs leben können, während alle Beweise aus einer Vielzahl von Gesellschaften auf das Gegenteil weisen. Wenn man die Parteilichkeit der Behauptung und ihre Voraussetzungen ausfindig gemacht hat, ist man in der Lage, in einer neuen Form zum ursprünglichen Problem zurückzukehren.[35]

Schlußfolgerung: Philosophie als eine Kultur der Abwehr

Wir wollen die Grundgedanken der vorhergehenden Abschnitte noch einmal zusammenfassen. Ich habe behauptet, daß die Tendenz der soziologischen Wissensrevolution in der Moderne in Richtung auf eine Überwindung (Transzendenz) der Philosophie durch die Soziologie ging. Mit dem Aufkommen der Sozialwissenschaften, insbesondere der Soziologie, war die Philosophie nicht länger die Disziplin, der es zukam, diejenigen sozialen Pro-

zesse zu analysieren und zu erklären, die man dann als »Gesellschaft« bezeichnete. Schritt für Schritt, über eine lange Zeit hinweg, wurden die epistemologischen und ethischen Überlegungen der Philosophie von der Soziologie auf einer neuen Ebene übernommen.[36] Die epistemologischen Fragen wurden zum Gebiet der *Wissenssoziologie* und die Fragen, die von der Philosophie unter dem Leitwort Weisheit gestellt wurden – d. h. Dinge, die das gute Leben, menschliches Glück und Erfüllung, Demokratie, Freiheit, Moral usw. betreffen –, wurden in das umfassendere Unternehmen der *sozialen Diagnose* aus einer soziologischen Perspektive transformiert. Es ist lediglich unsere Erfahrung der hochtechnischen Disziplinen Soziologie und Philosophie unserer Zeit, die uns den Blick für den weiterreichenden und tiefergehenden Charakter verstellt, den die Soziologie historisch besitzt. Der Trend der Philosophie ging dahin, daß sie immer technischer wurde, sich zunehmend auf Methodenfragen konzentrierte und sich immer weniger mit den größeren Fragen nach menschlichem Glück und menschlicher Erfüllung beschäftigte. Die Philosophen wurden historisch allmählich immer weiter defunktionalisiert; sie zogen sich auf konzeptuelle Arbeit, begriffliche Klärung, Logik und technische Einzelheiten als Kennzeichen der Profession im Zeitalter der Sozialwissenschaften zurück. Statt ihre Beziehung zur Philosophie von einem historischen und vor allem soziologischen Standpunkt aus zu sehen, haben sich die zeitgenössischen Soziologen aus Achtung vor der Profession der Philosophen, nach deren Prestige sie streben, den Definitionen der Philosophen gefügt – wie ich oben tabellarisch dargestellt habe.
Nur weil sie die Bedingungen der Philosophen hinsichtlich der jeweiligen Kompetenzbereiche der beiden Disziplinen akzeptierten, sahen es die Soziologen allmählich als Selbstverständlichkeit an, daß es »philosophische« Probleme in den Sozialwissenschaften und insbesondere in der Soziologie gibt, wohingegen die historische Tendenz soziologischer Forschung in die entgegengesetzte Richtung weist: Sie legt nahe – um die gewohnte Formulierung umzukehren –, daß es soziologische Probleme in der Philosophie gibt. Sie deutet außerdem darauf hin, daß es soziologische Probleme *für* die Philosophie gibt, weil die Ansprüche der Philosophen auf disziplinäre Autonomie, wenn die radikale Natur der soziologischen Revolution einmal erkannt ist, sich als fragwürdig, wenn nicht als gefährlich erweisen.

Man darf sich den Bruch mit der Philosophie, von dem ich gesprochen habe, nicht als scharf, sauber oder abrupt vorstellen. Ich spreche vielmehr über einen längerfristigen Prozeß – der erst noch zu vollenden ist –, durch den die Soziologie die Belange der Philosophie übernommen, transformiert und in einer neuformulierten Fassung beibehalten hat, sowohl auf der Ebene der Epistemologie als auch auf der Ebene der Ethik. Diesem synthetischen Trend liegen außertheoretische Gruppenkonfliktprozesse zugrunde, in denen soziologische und philosophische Spezialisten um die Autonomie der Interpretation und Diagnose der Struktur und Tendenz des gesamten sozialen Prozesses gekämpft haben. Die Arbeit der Soziologen trägt – wie wir zuvor bei Comte gesehen haben – oft noch die Spuren der philosophischen Ausdrucksweise, über die hinauszugehen sie sich bemühen. Dies wird z. B. in den Schriften von Marx deutlich.[37] Er versucht, die Kategorie der Praxis nutzbar zu machen, um die traditionelle dualistische Epistemologie der Rationalisten und Empiristen, die ihm vorangingen, zu transzendieren. In den *Feuerbach-Thesen* gibt es für Marx keinen Grund, Erkenntnis entweder auf ihren materiellen oder auf ihren ideellen Pol zu reduzieren, weil beide Seiten in der menschlichen praktischen Tätigkeit in einer aktiven Beziehung stehen und immer gestanden haben. Aber Marx ist nicht in der Lage, diesen Rückzug vom ontologischen Reduktionismus durchzuhalten, insofern die alten Dualismen der traditionellen Metaphysik in seinem Versuch einer soziologischen Wissenstheorie wieder auftauchen. Die Theorie von Basis und Überbau oder die Determination gesellschaftlichen Bewußtseins durch das »gesellschaftliche Sein«[38] fällt in den alten statischen Dualismus zurück, indem er implizit davon ausgeht, daß die verdinglichte ökonomische Basis und der Überbau der Ideologie zwei separate Einheiten sind.[39]
Vergleichbare Spannungen und Mehrdeutigkeiten kann man im Werk Durkheims entdecken. Bekanntlich versuchte Durkheim in den *Elementaren Formen des religiösen Lebens* unter anderem, eine soziologische Theorie des Wissens zu entwickeln, die kollektive Vorstellungen mit der Struktur des Gruppenlebens in Verbindung brachte. Sein Bestreben (von dem Philosophen Steven Lukes als »prahlerisches Bestreben« beschrieben[40]) war es, die alte philosophische Debatte zwischen *Apriorismus* und Empirismus auf soziologische Weise zu lösen. Er war in der Lage, die

Herkunft der kollektiven und zwingenden Kantschen Kategorien zu erklären, von denen er meinte, daß die Philosophen sie unklar gelassen hatten. Gleichzeitig stellte er die wissenschaftlichen Aspirationen der Soziologie zufrieden, indem er empirisch, aber ohne die individualistischen Implikationen des traditionellen Empirismus vorging.[41] Die neue Theorie ist in Wirklichkeit jedoch eine statische soziologische Version der beiden gleichermaßen statischen philosophischen Doktrinen, über die er hinauszugehen versuchte. Er hat den Übergang zur Soziologie begonnen, aber sein Denken war noch einer zutiefst philosophischen Form verhaftet, von der er sich nicht freimachen konnte. Damit setzte er sich den Angriffen der nachfolgenden kantianischen Kritik von Charles E. Gehlke und später von Lukes aus[42], die ihm vorwarf, er habe die soziale Bedingtheit der spezifischen Kategorien mit dem bereits vorausgesetzten und apriorischen *Vermögen* oder der *Fähigkeit* verwechselt, räumlich, zeitlich oder wie auch immer zu denken.

Wenn meine generelle Einschätzung der historischen Verdrängung der Philosophie durch die Soziologie richtig ist, wie können wir dann die fortdauernde Existenz der Disziplin und die andauernde Akzeptanz der Autonomie philosophischer Fragen innerhalb der Soziologie erklären? Die Antwort auf diese Frage lautet *nicht*, daß es akademische Abteilungen für ewige Wahrheiten in den Universitäten gibt, *weil* es ewige Wahrheiten in der *humana conditio* gibt, die immerwährend der Reflexion zugänglich sind (*philosophische* Version). Vielmehr liegt die Antwort in den Dynamiken der Status- und Machtunterschiede zwischen den soziologischen und philosophischen akademischen Establishments (*soziologische* Version). Über längere Zeit betrachtet, war die Philosophie die höherrangige und relativ mächtigere Disziplin. (Obwohl dieses Machtverhältnis – gegenüber anderen wissenschaftlichen und politischen Establishments in der Gesellschaft als Ganzes – Schwankungen in beiden Richtungen unterworfen war.) Daher hatte sie die Tendenz, ihre Denkkategorien und -modelle den Disziplinen niedrigeren Ranges, z. B. der Soziologie, aufzuzwingen.[43] Wie ich oben gezeigt habe, haben die Soziologen allmählich akzeptiert, was sich bei der Untersuchung als ein zweifelhaftes, von den Philosophen geschaffenes Gegensatzpaar herausstellt, das den Gegenstand der beiden Disziplinen abgrenzt, das aber bei näherer Prüfung miteinander verschmilzt und sich verwischt. (Aus Platzgründen konnte ich nur kurz zwei Gegensatzpaare – Genesis/Geltung und deskriptiv/normativ – erwähnen und auf die ähnliche Denkstruktur hinweisen, der sie alle unterliegen. Aber das Wechselspiel zwischen jedem der anderen Dualismen könnte detaillierter bewiesen werden.)

Diese Dichotomien legitimieren eine Arbeitsteilung zwischen den beiden Disziplinen und formen einen Teil einer Kultur professioneller Abschließung, um die Besonderheit und Spezifizität des Sachgebietes zu schützen, auf die das philosophische Establishment Ansprüche erhebt, das zunehmend bedroht wurde durch das Aufkommen der Sozialwissenschaften und der Soziologie im besonderen. Philosophie ist jedoch keineswegs eine monolithische Disziplin, und es gibt wenig Konsens innerhalb der Philosophie, was ihre Ziele und ihren Kompetenzbereich betrifft. Ihr rein verbaler Charakter macht sie anfällig für den Vorwurf, daß ihre Aussagen generell nicht nachprüfbar und willkürlich sind und daß ihre Plausibilität nur vom sozialen Prestige – und somit der Glaubwürdigkeit – der Philosophen als einer Profession abhängt. Als Außenstehende sind wir auch allein auf diesen Status angewiesen, um die Behauptung zu akzeptieren, es gebe überhaupt autonome philosophische Fragen. Wie sich aus meinen Bemerkungen bisher erkennen läßt, denke ich nicht, daß man dies für selbstverständlich halten kann. Trotzdem habe ich gar keine Zweifel an der Integrität und Ernsthaftigkeit der Philosophen bei der Durchführung ihrer Untersuchungen, die für sie den höchsten Wert und die größte Wichtigkeit haben.

In Ergänzung zu der Tabelle der disziplinären Verantwortlichkeiten, welche ich oben zusammengestellt habe, hat die Kultur der Philosophen auch eine Reihe spezifischer Selbstdefinitionen des Kompetenzbereiches der Philosophie hervorgebracht, die in engem Zusammenhang mit der rechten Seite der Tabelle stehen und sich bis zu einem gewissen Grade mit ihr überschneiden. Bei einer kurzen Diskussion einiger dieser Selbstdefinitionen wird meine Strategie dieselbe sein wie zuvor: die Plausibilität dieser Rechtfertigungen des philosophischen Unternehmens in einer Weise zu untergraben, die die Anatomie des akademischen philosophischen Establishments freilegt, die ihnen zugrunde liegt; Rechtfertigungen, für die sie eine Kultur der Abwehr aufbauen. (Meine Ausführungen werden aus Platzgründen kurz sein müssen, daher kann ich nicht allen Verästelungen der präsentierten Definitionen und Argumente noch der Fülle von Traditionen, aus denen sie hervorgehen, gerecht werden.)

1. Es gibt eine Vielfalt von Konzeptionen des Gegenstandes der Philosophie, der sich auf das Kennzeichen *Technik* konzentriert. Diese sehen den zentralen Gegenstand der Philosophie entweder in der Logik, in der Methode (die manchmal nur als eine Aktivität betrachtet wird) oder in der begrifflichen Klärung. Diese Ideen leiten sich ab von den einflußreichen analytischen und linguistischen Schulen der Philosophie, die mit Bertrand Russell, G. E. Moore und Ludwig Wittgenstein und ihren Nachfolgern verbunden sind. Die Konzeption der Philosophie als Entwicklung von Theorien »zweiter Ordnung« wird ebenfalls mit dieser Tendenz verknüpft.[44] Logik ist das Studium des Schlußfolgerns und seiner Regeln und ist eine Disziplin, die sich mit reinen Relationen zwischen Symbolen befaßt. Sie steht in enger Beziehung zur Mathematik, und einige ihrer Bestandteile werden allgemein als Teil der Mathematik angesehen (z. B. Mengenlehre). Daher ist es kein sehr überzeugendes Argument, die Philosophie mit Logik gleichzusetzen, weil diese eine unabhängige Disziplin ist. Ein solches Vorgehen untergräbt die Autonomie der Philosophie eher, als daß es sie festigt. Aber auch die Betrachtung der Philosophie als Methode oder Aktivität liefert der Disziplin keineswegs einen Gegenstand, der unbestreitbar nur ihr zukäme, es sei denn in einem trivialen oder zirkulären Sinn. Manchmal sagen Philosophen, die dieser Sicht folgen, daß Philosophie eine Weise sei, Dinge zu betrachten, oder vielleicht eine »rätsellösende« Tätigkeit. Das Problem ist hier jedoch, daß Rätsel in vielerlei Gestalt auftreten und in vielen Bereichen und bei vielen menschlichen Aktivitäten vorkommen und in bestimmten Fällen wirklich gelöst werden. Astronomische Rätsel werden von Astronomen gelöst, chemische von Chemikern, soziologische von Soziologen usw. In vielen Fällen wären Philosophen gar nicht dazu qualifiziert, bestimmte Rätsel zu lösen, obwohl sie möglicherweise in der Lage wären, andere zu lösen. Es ist kein hoher Anspruch an disziplinäre Autonomie, wenn man sagt, daß Philosophie eine generalisierte Auffassung des Nachdenkens über alles Rätselhafte innerhalb der Kompetenz der Philosophen ist. Diese Sichtweise kommt dem leeren Zirkelschluß gefährlich nahe, daß Philosophie ist, was Philosophen tun, so daß das, was sie tun, Philosophie sein muß.

Die Selbstdefinition der Philosophie als begriffliche Analyse präsentiert ein Bild der Philosophen als begriffliche Entstörungstechniker, die vor der Tür der Wissenschaften, einschließlich der Soziologie, mit einem begrifflichen Werkzeugkasten erscheinen, um deren Theorien wieder in Gang zu bringen. Von der Soziologie schmarotzend, liefern die Philosophen eine strenge Begriffsdiagnose im Interesse der Klärung. Ein Soziologe, der mit dieser Konzeption sympathisiert, drückte das kürzlich folgendermaßen aus:

»Hier kann uns die Philosophie der Wissenschaft helfen. Sie kann nicht die Arbeit für uns tun; sie ist nicht der Stein der Weisen, den die Soziologen so lange gesucht haben. Aber sie kann uns helfen, ganz zu klären, was empirische Forschung beinhaltet und welche Grenzen den Ansprüchen, die wir erheben, gesetzt werden müssen. Indem sie uns eine Art Plan anbietet, einen Rahmen, innerhalb dessen unsere Aktivitäten zu konzeptualisieren sind, kann sie uns zu den Stellen führen, an denen wir neue Verbindungen schaffen müssen; allerdings auch nicht mehr als das.«[45]

Das Anliegen dieses Beitrags ist es, gegen die hier ausgedrückte Sichtweise zu argumentieren. Soziologie ist eine empirische Disziplin und hat als solche sowohl eine theoretische wie eine empirische Ebene, die zueinander in Beziehung stehen. Die theoretische Seite besteht aus Begriffen, und natürlich müssen Soziologen auf diesem Gebiet rigoros, systematisch, präzise und klar in ihren Formulierungen sein. Aber es gibt keinen Grund, warum Soziologen diese Fertigkeiten nicht lernen könnten, und in der Tat beherrschen viele sie schon. Die Philosophen könnten auch so gewandt sein, und dies ist tatsächlich in vielen Fällen ihre Daseinsberechtigung, aber soweit es die Soziologie betrifft, ist begriffliche Klarheit Teil der soziologischen Theorie. Eine gesonderte Profession begrifflicher Klärer ist überflüssig.[46] Zudem ist eine schädliche Folge der Art der philosophischen Ratschläge – wie in dem vorangegangenen Zitat erwähnt –, daß sie dazu führen könnten, daß der soziologischen Forschung rigide, statische philosophische Kategorien und Denkweisen heimlich aufgezwungen werden, die die Entwicklung neuer Einsichten blockieren könnten. Weiterhin sind die philosophischen Schulen, auf die ich mich hier bezogen habe, berühmt dafür gewesen, daß sie im Gegensatz zu allen Formen der Metaphysik dafür eintreten, daß Philosophie kleine, maßvolle und zu bewältigende Themen Stück für Stück aufgreifen sollte. Diese vorsichtige Haltung ist vermutlich bereits in die Soziologie eingedrungen und hat eine einengende Wirkung auf die ehrgeizigen Bestrebungen der Soziologen gehabt, indem sie sie auf eine vorsichtige Wahl engerer Fragestellungen und Problembereiche lenkt.

2. Viele Philosophen haben ihr Gebiet als Untersuchungen *transzendentaler* (nicht-empirischer) Art beschrieben. Dieses Programm stammt hauptsächlich aus der einflußreichen kantianischen Tradition, obgleich sich Variationen derselben Idee in der Phänomenologie und in »fundamentalontologischen« Untersuchungen finden lassen. (Die Gegensätze in der vierten Gruppe der obigen Tabelle veranschaulichen den Unterschied zwischen empirischer und transzendentaler Forschung im Hinblick auf Erkenntnis und Ontologie.)[47] Was bei Kant transzendental hieß, war der logische Apparat der Begriffe und Prinzipien, die allen vernunftbegabten Wesen gemeinsam sind (die Kategorien des Verstandes). In dem »neuen *Apriorismus*« heutiger Philosophen wie z. B. Karl-Otto Apel und Jürgen Habermas wurde die Reichweite transzendentaler Forschung vom »Bewußtsein an sich« auf die transzendentale Bedeutung von Sprache und der Sprachgemeinschaften verschoben.[48] Aber die Struktur dieser Denkrichtung bleibt dieselbe: Transzendentale Forschung, so heißt es, sei eine eigenständige Ebene der Reflexion, die nach den »Existenzbedingungen« (die verschiedentlich auch als »Präsuppositionen«, »Vorbedingungen« oder als »das, was X oder Y ermöglicht« bezeichnet werden) von Gesellschaft, Wissenschaft, besonders der Humanwissenschaften, und menschlichen Sprechakten als Teil der Kommunikation sucht. Gerade auf diesem Forschungsgebiet haben viele Philosophen ihre Ansprüche auf Autonomie angemeldet.

Das bekannteste zeitgenössische Produkt transzendentaler Forschung, das von Soziologen aufgegriffen wurde, ist die Vorstellung der »idealen Sprechsituation«, die Habermas postuliert hat. In allen individuellen Sprechakten, so sagt er, sei die Annahme enthalten, daß man von potentiellen Gesprächspartnern als gleichwertigen Diskursteilnehmern verstanden werden kann. Dies ist eine transzendentale Voraussetzung jeder Kommunikation.[49] In ähnlicher Weise behauptet Apel, daß die *reale* Kommunikationsgemeinschaft, die sich sozial und historisch entwickelt hat, eine *ideale* Kommunikationsgemeinschaft voraussetzt, in der die Menschen in der Lage sind, die Argumente der anderen hinreichend zu verstehen und ihre Wahrheit zu beurteilen.[50] Für

Apel ist eine ideale »unbegrenzte Interpretationsgemeinschaft«[51] eine transzendentale Voraussetzung aller Diskussion. Apel macht dann eine ganze Reihe von moralischen und politischen Prinzipien und Festlegungen von der Plausibilität »regulativer Prinzipien« abhängig, die sich von diesen Behauptungen herleiten.[52] Aber ich habe das Gefühl, daß man von dieser intellektuellen Saat nur eine sehr geringe Ernte erwarten kann. Was kommt bei dieser Untersuchung heraus, wenn man der Sache auf den Grund geht? Sie produziert hochabstrakte, transzendentale Generalisierungen, die von geringem kognitiven Wert sind. Es wäre verlockend, Habermas' und Apels Arbeit zur idealen Sprachgemeinschaft als eine hochtrabende Art und Weise abzutun, die Banalität auszudrükken, daß Menschen, wenn sie miteinander sprechen, erwarten, verstanden zu werden. Aber wenn man solche transzendentalen Untersuchungen ernst nimmt, ist es sicher legitim zu fragen, worin die Signifikanz und der kognitive Ertrag der abstrakten Behauptungen über die Existenzbedingungen von Sprechakten bestehen. Produziert nicht diese Art von Forschung lediglich leere Abstraktionen?

3. Oft verabsolutieren Philosophen ihre Tätigkeit, indem sie behaupten, daß das, was sie tun – Philosophie –, eben gerade die zeitgenössische Fortführung dessen sei, was die Beziehung zwischen Mensch und Welt unveränderlich charakterisiere. Auf diese Weise halte die Philosophie das menschliche Erstaunen wach und bewahre damit die für alle Epochen typischen philosophischen Probleme: die Beschäftigung mit dem Wissen, dem Wirklichen und dem Guten.[53] (Die beharrliche Behauptung der *Permanenz* philosophischer Probleme und somit die beständige Erneuerung der Disziplin ist selbst eine defensive Haltung, eine Reaktion in der Moderne auf das Aufkommen der Soziologie und die Herausforderung des Historismus.) Maurice Merleau-Ponty, der eine phänomenologische Version dieses Konzepts von Philosophie vertrat, konnte Soziologie und Philosophie deshalb miteinander vereinbaren, weil er sie als verschiedene Wissensformen betrachtete, die beide letztlich auf intersubjektiver gelebter Erfahrung basieren:

»Philosophie definiert sich also nicht als ein besonderer Bereich, der nur ihr gehörte: alles, worüber sie spricht, sind die Welt, die Menschen und der Geist, und darin unterscheidet sie sich nicht von der Soziologie. Was sie unterscheidet, ist vielmehr eine bestimmte *Art* von Bewußtsein, das wir von anderen, der Natur oder uns selbst haben: ... Wir müssen nicht nur sagen, daß Philosophie mit Soziologie vereinbar ist, wir müssen auch sagen, daß sie für sie notwendig ist als beständige Erinnerung an ihre Aufgaben und daß jedesmal, wenn der Soziologe auf die lebendige Quelle seiner Wissenschaft zurückkommt – auf das, was in ihm es ihm ermöglicht, auch die entferntesten Kulturformationen zu verstehen –, er bereits spontan Philosophie treibt... Philosophie ist keine besondere Wissenschaft, sie ist die Wachsamkeit, die uns den Ursprung aller Wissenschaft nicht vergessen läßt.«[54]

Für Merleau-Ponty folgt daraus, daß »der Soziologe Philosophie betreibt, insofern er es sich zur Aufgabe macht, nicht nur einfach Fakten zu registrieren, sondern sie auch zu verstehen.«[55] Das ist so, weil er oder sie beim »Verstehen« automatisch gezwungen ist, ein Beispiel zu geben für das, woran letztlich alle Menschen intersubjektiv teilhaben: und dies ist eine universale Voraussetzung aller Untersuchung, die die Philosophie als eine Disziplin lediglich zum Ausdruck bringt.

Alle Selbstdefinitionen, die in diesem Unterabschnitt diskutiert wurden, sind Varianten des Themas der Autonomie der Philosophie. Danach ist die Philosophie eine eigenständige Disziplin, weil sie eine nicht zu eliminierende Dimension der menschlichen Erfahrung der Natur und der anderen Menschen zum Ausdruck bringe. Sie verstrickt sich in den merkwürdigen Zirkel, daß, wenn Leute erstaunen oder verstehen, sie philosophieren und daß Philosophieren bedeutet, zu erstaunen und zu verstehen. Mit diesem Standpunkt können die Philosophen einen Platz neben den Wissenschaften einnehmen, selbst wenn ihr Untersuchungsobjekt (dies gilt auch für die oben erwähnte ideale Kommunikationsgemeinschaft) ausschließlich ihre eigene Schöpfung ist. Diese Konzeption der Philosophie steht schließlich auch hinter der üblichen philosophischen Entgegnung auf waghalsige Soziologen und andere, die »das Ende der Philosophie«[56] proklamiert haben, und sie wird auch gegen den vorliegenden Artikel vorgebracht werden. Der Einwand wird lauten, daß der Soziologe oder Kritiker eine philosophische Widerlegung der Philosophie formuliert hat. Daß er bei dem Versuch, die Philosophie zu beseitigen, ein Beispiel für das geliefert hat, was er zu überwinden trachtete. (Dies ist ein Sonderfall eines transzendentalen Arguments.) Aber bei näherer Prüfung kann man erkennen, daß diese Erwiderung wenig Gewicht hat: sie ist geistreiche argumentative List, die hinsichtlich ihrer Wirkung von einem geschickt ausgedrückten Paradoxon abhängt. Abgesehen davon beweist sie überhaupt nichts, weil sie sich in der Tat auf die unwiderlegbare Behauptung stützt, Philosophieren sei ein Wesenszug menschlicher Existenz. Die Funktion des Arguments ist jedoch klar: es liefert als letzten Ausweg eine Waffe, mit der sich das philosophische Establishment gegen jedweden Angriff verteidigen kann.

Anmerkungen

1 Ich danke Roy Boyne, Norbert Elias, Ian Varcoe und Terry Wassall für viele anregende Diskussionen über die Themen dieses Artikels und Hans Haferkamp, Jerry Ravetz und Alan Scott für ihre hilfreichen Kommentare zu einer früheren Fassung. Viele Diskussionsteilnehmer des Symposiums in Bremen im Juni 1987 halfen mir, meine Argumentation zu verdeutlichen und besonders dankbar bin ich Bernhard Giesen, Richard Münch und Richard Pieper für weitere Gespräche. – Übersetzung von Gitta Stender.

2 Talcott Parsons, *The Social System*, Glencoe 1951, S. 327 ff. Es ist darauf hingewiesen worden, daß Parsons' erste Vierteilung des kulturellen Systems (in eine kognitive, moralisch-evaluative, expressive und symbolische Dimension) faktisch der Gliederung von Merkmalen in Edward Tylors oft zitierter anthropologischer Definition von Kultur (1891) folgen, wenngleich in veränderter Formulierung. Vgl. Louis Schneider, »The Idea of Culture in the Social Sciences: Critical and Supplementary Observations«, in: Louis Schneider/Charles M. Bonjean (Hg.), *The Idea of Culture in the Social Sciences*, Cambridge 1973, S. 120. Parsons erkannte auch klar das Wesen der modernen Philosophie. Für ihn ist sie ein Glaubenssystem, das »nicht-empirische« Referenz und »existentielle« Signifikanz oder Relevanz mit dem Handlungssystem kombiniert. Für Glaubenssysteme dieser Art, die unterhalb eines bestimmten Grades von Deutlichkeit und logischer Artikulation liegen, verwandte Parsons den Begriff »Proto-Philosophie«; a.a.O., S. 331 und S. 359 ff.

3 Ernan McMullin, »The History and Philosophy of Science«, in: *Minnesota Studies in the Philosophy of Science*, Bd. v, Minneapolis 1970, S. 23.

4 Lawrence C. Becker vertritt eine Definition von Philosophie, die diesen Gedanken – wonach Philosophie eine Tätigkeit ist – beinhaltet; »Das Wesen der Philosophie als ein fortschreitendes Unternehmen – eher als ein Lebensweg als ein fester Bestand an Doktrinen – wird von

der Definition ebenso angedeutet. Sie ist zutiefst der diskursiven Wahrheit verpflichtet, die durch begründete Argumente erreicht werden soll; ihr Charakter als eine Lebensweise (so folgt daraus) muß diszipliniert, intellektuell sein und ein Verhalten einschließen, das in Übereinstimmung mit dem durch Vernunft erlangten Wissen steht«: »A Definition of Philosophy«, in: *Metaphilosophy* 8/2-3 (1977), S. 251. Diese Konzeption von Philosophie wird ironisiert von Jim Hankinson in *Bluff Your Way in Philosophy*, London 1985.

5 Der transzendentale Charakter eines großen Teils der europäischen Philosophie in der modernen Zeit wurde scharfsinnig von Klaus Hartmann in »On Taking the Transcendental Turn«, in: *Review of Metaphysics* 20/2 (1966), diskutiert.

6 Diese einfache Tatsache wird mit charakteristischer philosophischer Unverständlichkeit von Roy Bhaskar zum Ausdruck gebracht: »... der synkategorematische Charakter (oder, so wie die Dinge liegen, nur proxireferentielle) des dennoch irreduziblen philosophischen Diskurses ... muß dem direkt referentiellen Charakter des sozialwissenschaftlichen Diskurses gegenübergestellt werden« (*The Possibility of Naturalism: A Philosophical Critique of the Contemporary Human Sciences*, Brighton 1979, S. 64). Ich bin mir der ›konstruktivistischen‹ Tendenz in der Soziologie des wissenschaftlichen Wissens in den letzten Jahren, die den Schwerpunkt der Erklärung auf den künstlichen oder konstruierten Charakter wissenschaftlicher Objekte als entscheidendes Merkmal in der Entwicklung wissenschaftlichen Wissens verlagert hat, durchaus bewußt. Diese Bewegung eliminiert tatsächlich die Kontrollwirkung der Struktur des Objektes selbst auf die wissenschaftlichen Begriffe, auf die sich meine Erörterung über die Autonomie der Soziologie im Text stützt. Einige Bemerkungen über diesen Ansatz sind daher erforderlich.

Angeregt wurde dieses Programm von der Phänomenologie, der Ethnomethodologie, vom Kantianismus und der philosophischen These der Unterdetermination der Theorie durch die Tatsachen; eine These, die sich von Willard Quine, Pierre Duhem und Henri Poincaré herleitet. Für die konstruktivistische Schule sind die Objekte der Wissenschaft »kulturelle Objekte«, die von den Wissenschaftlern im Rahmen ihrer Tätigkeit beständig diskursiv geschaffen und neu geschaffen werden und als Mittel dazu dienen, die Objekte in der Welt zu erkennen. Gemäß ihrem latenten Kantianismus nimmt diese Wissenschaftsauffassung stillschweigend an, daß die strukturierten Ebenen der realen Welt unstrukturiert sind. Die begrifflichen Konstruktionen der Wissenschaft sind einfach Bestandteile von Diskursen, die für soziales Leben konstitutiv sind und uns befähigen, uns zu orientieren. Karin D. Knorr-Cetina sagt, daß ihre konstruktivistische Epistemologie »*die von der Wissenschaft erzeugte Ordnung* als (materiellen) Prozeß der

Verkörperung und Inkorporation von Objekten in unserer Sprache und unseren Handlungsweisen vorstellt« (»Towards a Constructivist Interpretation of Science«, in: Karin D. Knorr-Cetina/Michael Mulkay (Hg.), *Science Observed: Perspectives on the Social Study of Science*, London 1983, S. 136; Hervorhebung von R. K.). Wenn man vor allem die institutionelle Komplexität der modernen Wissenschaft, ihre extreme Spezialisierung und den hochgradig technischen Charakter vieler Zweige der Physik und der Biologie in Betracht zieht, kann der scheinbar völlig esoterische, selbstreferentielle und konstruierte Charakter wissenschaftlicher Objekte im allgemeinen evident erscheinen. Dieser Eindruck verstärkt sich noch, wenn man sein Untersuchungsgebiet, wie es viele Vertreter dieses Ansatzes tun, auf die aktuelle Laborsituation oder auf eine kurze Episode in der Geschichte einer bestimmten Wissenschaft begrenzt. Als relativ autonomes menschliches Wissen hat wissenschaftliche Erkenntnis in der Tat kulturellen Charakter für ihre ursprünglichen Produzenten, aber sie ist ihrem Wesen nach nicht willkürlich, sondern in einem nicht unbedeutenden Ausmaß von der Struktur ihres Objektes determiniert, dem sie langfristig immer adäquater werden kann. Diese Dimension hilft uns, die wissenschaftliche von anderen Formen des Diskurses zu unterscheiden. Überdies würde es schwerfallen zu erklären, wie es möglich war, Naturereignisse und -prozesse durch ihre Nutzung für menschliche Zwecke zu beherrschen, wenn wissenschaftliches Wissen in vielen Bereichen nicht in hohem Grade Adäquation mit der Natur ihres Objekts erreicht hätte.

7 Zitiert nach Steven Lukes, *Émile Durkheim: His Life and Work*, Harmondsworth 1974, S. 61.

8 Paul Nizan, *Die Wachhunde. Zwei Pamphlete*, hg. von Traugott König, Reinbek bei Hamburg 1969, S. 128.

9 Ich habe die Frage des Kantianismus in der Soziologie in meinem Artikel »From the Standpoint of Eternity«, in: *Theory, Culture & Society* 2/1 (1983) ausführlich untersucht.

10 Ich habe die schädlichen Folgen des philosophischen Analysestils ausführlicher aufgezeigt anläßlich der Rezension einer Sammlung philosophischer Artikel über den Marxschen Beitrag zur Soziologie – Terence Ball/James Farr (Hg.), *After Marx*, Cambridge 1984 –, in: *Sociology* 19/4 (1985), S. 628-630.

11 Jerry M. Cohen, »Philosophy in the Academy«, in: *Radical Philosophy* (1972), S. 8.

12 Vgl. Philip Abrams u. a. (Hg.), *Practice and Progress: British Sociology 1950-1980*, London 1981.

13 Gabriel Tarde, »La sociologie« (1898), in: ders., *On Communication and Social Influence. Selected Papers*, hg. von Terry N. Clark, Chicago/London 1969, S. 73 f.

14 Aus einer Diskussion zwischen Tarde und Durkheim (1904), siehe ebd., S. 137.

15 Die soziologische Darstellung der Entstehung der Soziologie im Text folgt einer Reihe von maßgebenden Darstellungen, bezieht sich aber insbesondere auf die Untersuchung von Norbert Elias in »The Break With Traditionalism and the Origins of Sociology«, in: *Transactions of the Fifth World Congress of Sociology*, Bd. 3, Washington, D.C. 1962, S. 51–53. Eine längere Fassung erschien als »On the Sociogenesis of Sociology«, in: *Sociologisch Tijdschrift* 11/1 (1984).

16 Tarde, »La sociologie«, a.a.O., S. 75.

17 Karl Marx, *Grundrisse der Kritik der Politischen Ökonomie*, Frankfurt 1970, S. 176. Die Vereinbarkeit der Sichtweisen Marx' und Durkheims über die den Individuen eigene Sozialität entgegen der Annahme isolierter Individuen der Theorien des Gesellschaftsvertrags wird auch dargelegt in: David Frisby/Derek Sayer, *Society*, London 1986, S. 92 ff.

18 Man beachte z.B. die folgende Aussage von Marx: »Die Produktion des Lebens, sowohl des eignen in der Arbeit wie des fremden in der Zeugung, erscheint nun schon sogleich als ein doppeltes Verhältnis – einerseits als natürliches, andererseits als gesellschaftliches Verhältnis –, gesellschaftlich in dem Sinne, als hierunter das Zusammenwirken mehrerer Individuen, gleichviel unter welchen Bedingungen, auf welche Weise und zu welchem Zweck, verstanden wird. Hieraus geht hervor, daß eine bestimmte Produktionsweise oder industrielle Stufe stets mit einer bestimmten Weise des Zusammenwirkens oder gesellschaftlichen Stufe vereinigt ist, und diese Weise des Zusammenwirkens ist selbst eine ›Produktivkraft‹«. *Die deutsche Ideologie*, in: *MEW*, Bd. 3, Berlin 1958, S. 29 f.

19 Raymond Williams, *Keywords: A Vocabulary of Culture and Society*, London 1976, S. 246.

20 Zitiert nach: David Evans, *Social Romanticism in France 1830-48*, Oxford 1951, S. 9.

21 Auguste Comte, *Système de politique positive (1848-54)*, zitiert nach: Kenneth Thompson, *Auguste Comte: The Foundation of Sociology*, London 1976, S. 11 f.

22 Ich bin mir darüber im klaren, daß die Sozialwissenschaftler gleichzeitig an mehreren Fronten kämpfen, sowohl theoretisch wie politisch, und daß sie im Gegensatz zu Marx, Durkheim und Weber in Universitätsinstitutionen unter Bedingungen arbeiten, die sich sehr von denen des exilierten Marx unterscheiden, der in London lebte und seinen Lebensunterhalt vom Journalismus bestritt. Es ist auch offensichtlich, daß die Entwicklung der Marxschen Ideen zum Marxismus als kritischer Ausgangspunkt die Voraussetzung für Weber und Durkheim bildete. Ich habe aber im Text der besseren Überprüfbarkeit des Argu-

ments halber den philosophischen Strang aus dieser komplexen Entwicklung herausgelöst.

23 Ich habe dieses Konzept dem Artikel »Die Fischer im Mahlstrom« von Norbert Elias in *Engagement und Distanzierung*, Frankfurt 1986, S. 73 ff., entnommen.

24 Anthony Giddens, *Die Konstitution der Gesellschaft*, Frankfurt/New York 1988, S. 30 f.

25 Peter L. Berger/Thomas Luckmann, *Die gesellschaftliche Konstruktion der Wirklichkeit*, 3. Auflage, Frankfurt 1972.

26 Diese kantianischen Begriffspaare liegen beispielsweise der Kritik zugrunde, die die Philosophen Ernst Grünwald und Alexander von Schelting in den frühen dreißiger Jahren an Karl Mannheims Wissenssoziologie übten; vgl. Grünwalds Artikel »Systematic Analysis« und »The Sociology of Knowledge and Epistemology«, in: James E. Curtis/John W. Petras (Hg.), *The Sociology of Knowledge: A Reader*, London 1970, und von Scheltings Besprechung von *Ideology and Utopia*, in: *American Sociological Review* 1, 1936.

27 Den Einfluß der Logischen Empiristen auf die Wissenschaftssoziologie erläutert R. G. A. Dolby, »The Sociology of Knowledge in Natural Science«, in: Barry Barnes (Hg.), *Sociology of Science*, London 1972.

28 Vgl. die Einführung zu Ted Benton, *Philosophical Foundations of the Three Sociologies*, London 1977, und Lawrence C. Becker, a.a.O.

29 Vgl. Alfred Schütz/Thomas Luckmann, *Die Strukturen der Lebenswelt*, Bd. 1, Frankfurt 1979, S. 314, 344, 361, 370 f., 386 f.; Thomas Luckmann, *Lebenswelt und Gesellschaft*, Paderborn 1980, S. 37 ff.; und Martin Heidegger, *Sein und Zeit* (1927), 11. Auflage, Tübingen 1967, S. 11 ff.

30 Einige Ausnahmen sind: Ted Benton, a.a.O., hinsichtlich der Unterscheidung zwischen Tatsachen und Begriffen sowie zwischen »erster« und »zweiter« Ordnung (S. 4 ff.); Karl Mannheim, »Wissenssoziologie«, in: Alfred Vierkandt (Hg.), *Handwörterbuch der Soziologie*, Stuttgart 1959, hinsichtlich der Opposition zwischen Genesis und Geltung (S. 670 ff.); und Norbert Elias, »Scientific Establishment«, in: Norbert Elias/Herminio Martins/Richard Whitley (Hg.), *Scientific Establishments and Hierarchies*, Dordrecht 1982, in bezug auf den Gegensatz zwischen historischen und systematischen Analysen (S. 32).

31 Becker, a.a.O., S. 250.

32 Ebd.

33 Mannheim, *Essays on Sociology and Social Psychology*, London 1969, S. 76-77; und »Wissenssoziologie«, a.a.O.

34 Vgl. Norbert Elias, *Über den Prozeß der Zivilisation*, 2 Bde., Frankfurt 1976.

35 Solange ein neuer und umfassenderer soziologischer Rahmen sich

noch in der Entwicklung befindet, ist man in gewissem Maße bei der Formulierung epistemologischer, ethischer und existentieller Fragen unvermeidlich an die Sprache älterer Methoden gebunden. (Wie wir im Text sahen, gilt das auch und in noch höherem Grade für Marx, Comte und andere Pioniere des 19. Jahrhunderts.) So arbeitet man in diesem Stadium bei dem Versuch, über die konventionelle Arbeitsteilung zwischen Soziologie und Philosophie und die damit verbundenen Annahmen und Terminologien hinauszugehen, am Rande sowohl der Verständlichkeit als auch der Glaubwürdigkeit. Eine solche Untersuchung setzt sich gewöhnlich dem Vorwurf aus, die philosophischen Fragen, so wie sie tatsächlich gestellt worden sind, verfehlt zu haben. Dieser Einwand folgt jedoch aus der überlegenen Machtposition der Philosophen, und es besteht kein Grund, ihn ohne weiteres für kognitiv zwingend zu halten. In der Tat ist man nach einer soziologischen Reformulierung der Frage besser dafür gerüstet, die Parteilichkeit der philosophischen Formulierung zu sehen, wie sie in einen weiteren erklärenden Rahmen eingegangen ist. Die ausschließlich philosophische Behandlung wird dann einfach unhaltbar, was Ängste bei denen weckt, für die ein bedeutender Teil ihrer Identität von der Gewißheit einer philosophischen Denk- und Handlungsweise abhängt, die, wie sie glauben, von dieser Entwicklung der Soziologie bedroht wird. Der Vorwurf des »Verfehlens der Frage« ist eine ebenso emotionale wie begriffliche Angelegenheit.

36 Aus Platzgründen habe ich in diesem Beitrag weniger Gewicht auf das Schicksal der Existenzphilosophien und der »Fundamentalontologie« des 20. Jahrhunderts vor dem Hintergrund des Aufstiegs der Soziologie und im Zusammenhang der dargestellten Prozesse gelegt. Ich denke jedoch, daß Fundamentalontologie auf dem Gebiet der Gesellschaft (z. B. in den Werken Heideggers) nichts weiter ist als eine verschwommene Art und Weise, über ein Standardthema der soziologischen Tradition zu sprechen: das »Soziale« als eine strukturierte Menge von unpersönlichen sozialen Gesetzmäßigkeiten *sui generis*. Der fortgeschrittenste Punkt, der innerhalb der Fundamentalontologie möglich ist, ist die sehr unbestimmte Feststellung, daß die »Seinsweise« der Menschen immer ein »Sein-mit-anderen« ist – oder eine ähnliche Bindestrich-Formulierung, die versucht, die sozialen Realitäten in einer nicht-individualistischen Weise zu fassen. Vgl. meinen Artikel »The Sociology of Philosophy«, eine ausführliche Rezension von Susan Hekman, *Hermeneutics and the Sociology of Knowledge*, in: *Contemporary Sociology*, Frühjahr 1988.

37 Ich habe die Spannungen in Marx' Gedanken ausführlicher in meinem Buch *Praxis and Method*, London 1979, Teil 1, und in »Theory and Practice in Marx and Marxism«, in: G. H. R. Parkinson (Hg.), *Marx and Marxism*, Cambridge 1982, untersucht.

38 Karl Marx, »Vorwort zur Kritik der Politischen Ökonomie« (1859), in: *MEW*, Bd. 13, Berlin 1958, S. 8 f.

39 Der dualistische Charakter der Marxschen Basis/Überbau-Theorie wurde schon vor langer Zeit von Karl Mannheim aufgezeigt in *Wissenssoziologie*, hg. von Kurt H. Wolff, 2. Auflage, Neuwied/Berlin 1970, S. 392 f.; und in jüngerer Zeit von Heideggerianern, vgl. Kostas Axelos, *Alienation, Praxis and Techne in the Thought of Karl Marx*, Austin/London 1976, S. 145 ff.

40 Steven Lukes, *Émile Durkheim*, a.a.O., S. 446.

41 Émile Durkheim, *Die elementaren Formen des religiösen Lebens* (1915), Frankfurt 1981, S. 40.

42 Steven Lukes, a.a.O., S. 447 f. Gehlkes Kritik findet man in seinem Buch *Émile Durkheim's Contributions to Sociological Theory*, New York 1915.

43 Es gab einige Perioden in der Entwicklung fortgeschrittener Gesellschaften, in denen eine institutionell gewichtige Disziplin der Soziologie in einem speziellen Land einen – im Vergleich zu anderen – hinreichend hohen Grad an Prestige erreicht hatte, der es gewissen Philosophen ermöglichte, unter ihre Fittiche zu kriechen. Julien Freund führt – mißbilligend – den Fall der Fankfurter Schule im Exil in den USA in den vierziger Jahren als Beispiel an: »Selbst wenn diese Schule, insbesondere während ihrer amerikanischen Periode (d. h. im Exil) zum Fortschritt der soziologischen Forschung beigetragen hat, so hat sie doch die wissenschaftliche Soziologie in eine Sackgasse geführt. Ihre Mitglieder zogen Vorteil aus dem Ansehen der Soziologie, um eine in erster Linie philosophische Botschaft zu verbreiten«. »German Sociology in the Time of Max Weber«, in: Tom Bottomore/Robert Nisbet (Hg.), *History of Sociological Analysis*, London 1978, S. 184.

Die Argumentation im Text läßt an dieser Stelle die Frage aufkommen, was passieren würde, wenn die Soziologie mächtiger als die Philosophie würde – würde sie sich dann nicht selbst mit Mitteln der Macht verteidigen? Vielleicht wider besseres Wissen? Ich denke, daß sich dieser Einwand auf eine hypothetische Situation richtet, deren Eintreten auf keinen Fall allein in den Händen der Soziologen liegt, ungeachtet dessen, wie hart sie ihren Kampf um ihre Unabhängigkeit von der Philosophie führen. Das Schicksal der Soziologie hängt in bestimmten Fällen von den Folgen eines ganzen Netzes rivalisierender Machtgruppen ab – wissenschaftlicher, politischer, philosophischer, nationaler wie auch internationaler Machtgruppen. Im übrigen läßt sich aus den Beziehungen zwischen Gruppen, einschließlich der zwischen Soziologen und Philosophen, Macht niemals ausschließen. Die Soziologen können sich nicht aussuchen, ob sie sie ausüben wollen oder nicht, wie es der Einwand impliziert. Das Problem wird dann darin bestehen, wie ihre Machtchancen liegen werden und ob sie daraus Vorteile ziehen können.

44 Die Unterscheidung zwischen Fragen »erster« und »zweiter« Ordnung ist in leicht abgewandelter Form auch im Werk von Alfred Schütz zu finden.

45 Andrew Tudor, *Beyond Empiricism: Philosophy of Science in Sociology,* London 1982, S. 182.

46 Über die imperialistische Tendenz jener Bereiche in den Wissenschaften, die »Instrumente« liefern, vgl. Jerome Ravetz, *Die Krise der Wissenschaft,* Neuwied 1973.

47 Wie Klaus Hartmann (a.a.O.) zeigt, fallen auf dem europäischen Kontinent viele Philosophen und Schulen – von Fichte, Hegel und Husserl bis zu Heidegger, Sartre und der hermeneutischen Philosophie in den Bereich der »Transzendentalphilosophie« im weitesten Sinne (S. 224).

48 Die Arbeit von Roy Bhaskar (a.a.O.) über die realistische Wissenschaftstheorie weist ebenfalls diese transzendentale Tendenz auf. Er schreibt: »Wenn Philosophie möglich sein soll ... dann muß sie dem Kantschen Weg folgen« (S. 6).

49 Jürgen Habermas, »On Systematically Distorted Communication«, in: *Inquiry* 13 (1970), S. 205-218.

50 Karl-Otto Apel, *Transformation der Philosophie,* Bd. 2, Frankfurt 1973, S. 424 f.

51 Ebd., S. 426 ff.

52 Ebd., S. 220. Eine umfassende Kritik der widersprüchlichen Konsequenzen von Apels transzendentalem Philosophieren, wenn es sich in Spekulationen über die Bedingungen für die Realisierung utopischer Gesellschaften ergeht, findet sich in meinem Artikel »Zur Utopiediskussion aus soziologischer Sicht«, in: Wilhelm Vosskamp (Hg.), *Utopieforschung: Interdisziplinäre Studien zur neuzeitlichen Utopie,* Bd. 1, Stuttgart 1982.

53 Diese allgemeine Vorstellung, daß Philosophie ein Bestandteil der *conditio humana* sei, ist von vielen Philosophen ausgedrückt worden. Eine typische Darstellung kann man in Nathan Rotenstreich, *Philosophy: The Concept and Its Manifestations,* Dordrecht 1972, insbesondere S. 183-185, finden.

54 Maurice Merleau-Ponty, »The Philosopher and Sociology« (1960), in: Thomas Luckmann (Hg.), *Phenomenology and Sociology,* Harmondsworth 1978, S. 157.

55 Ebd., S. 146.

56 Der Philosoph A. R. Manser ist fasziniert von dieser Frage. Er findet Parallelen zwischen Marx und Wittgenstein, die beide auf unterschiedlichem Wege die Auflösung der Philosophie verkündeten (»The End of Philosophy: Marx and Wittgenstein«, Antrittsvorlesung, University of Southampton 1973). Doch statt von diesem Vergleich aus in die

lockende soziologische Richtung zu gehen, verfällt er auf den üblichen Trick der Philosophen: »Die beiden Programme für das Ende der Philosophie bringen also selbst ein weiteres philosophisches Problem hervor, nämlich das der Entscheidung zwischen ihnen beiden« (S. 13).

Zygmunt Bauman
Gesetzgeber und Interpreten: Kultur als Ideologie von Intellektuellen[1]

Antonio Gramsci reservierte das Kennzeichen »organisch« für jene Intellektuellen, die das Weltbild, die Interessen, die Absichten und das historisch festgelegte Potential einer bestimmten Klasse artikulieren; die die Werte herausarbeiten, die gefördert werden müssen, damit sich ein solches Potential voll entwickeln kann; und die die historische Rolle einer bestimmten Klasse, ihren Machtanspruch und ihren Anspruch auf die Steuerung des sozialen Prozesses im Sinne dieser Werte legitimieren.

Ideologien sind demnach das Ergebnis solcher Artikulation, Ausarbeitung und Legitimation. Ihre Produktion, diskursive Verteidigung und Verbreitung sind das Werk von organischen Intellektuellen: die Aktivität, die gleichzeitig die spezifisch intellektuelle Praxis sowie die Funktion der Intellektuellen in der Reproduktion des sozialen Systems bestimmt.

»Organische« Intellektuelle bleiben als Autoren von ideologischen Erzählungen jedoch unsichtbar. Die Bilder der Gesellschaft oder Geschichte, die sie malen, schließen selten eine Darstellung von sich selbst ein. In der Regel verstecken sich die organischen Intellektuellen hinter den breiten Schultern ihrer vorgeschobenen Helden. In klassenbezogenen Ideologien wird die Rolle der historischen Akteure normalerweise den Klassen zugeschrieben, die durch andere Aktivitäten definiert werden als jene, die ihre intellektuellen Autoren auszeichnen.

Eine gründlichere Untersuchung würde jedoch die Tarnung durchschauen. Sie würde die unheimliche Ähnlichkeit zwischen den Bühnenakteuren in ideologischen Szenarien und den intellektuellen Drehbuchautoren aufdecken. Ganz gleich, wer als Modell in einer bestimmten Portraitsitzung genannt wird, das Ergebnis zeigt ausnahmslos ein leicht verschleiertes Abbild des Malers. In organischen Ideologien malen die Intellektuellen ihre Selbstbildnisse, auch wenn sie dies nur selten zugeben.

Wie andere Autoren von Erzählungen sind organische Intellektuelle kaum in der Lage, ihre Anwesenheit in den Produkten ihrer

Arbeit auszumerzen oder unsichtbar zu machen. Soviel ist in bezug auf fast alle Arten der Autorschaft schon zugegeben worden, obwohl paradoxerweise auf dem Gebiet der ideologischen Erzählungen die Objektivitätsansprüche tendenziell mit größerem Eifer verteidigt werden als anderswo. Doch in organischen Ideologien hinterläßt die intellektuelle Autorschaft einen besonders deutlichen Abdruck – und dies vor allem in zweierlei Hinsicht.

Erstens dient die Praxis der Intellektuellen selbst als die natürliche Standlinie, von der aus die Züge des angeblichen Modells entworfen werden. Die Eigenschaften des Modells werden tendenziell zurechtgestutzt, heruntergespielt oder domestiziert, während die Erfahrung des Malers auf die fertige Arbeit projiziert wird. So stellen die Portraits ausnahmslos Helden dar, denen Wißbegierde, unvoreingenommene Wahrheitssuche, moralischer Bekehrungseifer und andere Charakterzüge zugeschrieben werden, die mit der Selbstinterpretation der intellektuellen Lebensweise untrennbar verknüpft sind.

Zweitens wird den angeblichen Helden organischer Ideologien die Rolle »historischer Agenten« zugeschrieben, insofern angenommen wird, daß sie eine Art von Gesellschaft fördern, in der die ungehinderte Fortsetzung der intellektuellen Lebensweise garantiert und ihr eine beachtliche, wenn nicht die zentrale Bedeutung für das Funktionieren des sozialen Systems beigemessen wird. Mit anderen Worten, die »gute Gesellschaft«, als deren Schöpfer man die Helden ansieht, ist eine Projektion der intellektuellen Lebensweise auf die Gesellschaft als Ganzes. Auf der anderen Seite ist sie ein Modell, dem zugetraut wird, optimale Bedingungen für die Ausbreitung einer solchen Lebensweise zu bieten.

Es gibt allerdings eine Ideologie, in der die intellektuellen Autoren der Erzählung buchstäblich ungetarnt erscheinen, wo sie sozusagen einen Teil des Entwurfs ausmachen. Die Intellektuellen erscheinen in dieser Ideologie – um noch einmal die Begriffe Gramscis zu benutzen – als die »organischen Intellektuellen ihrer selbst«. Diese einzigartige Ideologie ist eine der Kultur: jene Erzählung, die die Welt als von Menschenhand geschaffen darstellt – als eine Welt, die von Menschen geschaffenen Werten und Normen folgt und die sich in einem fortlaufenden Prozeß des Lernens und Lehrens reproduziert.

Die notorische Vielzahl von Definitionen der Kultur, die in der soziologischen, anthropologischen und nicht-akademischen Literatur in Umlauf sind – ja, selbst der diskursiven Kontexte, in denen dem Begriff der Kultur sein Platz und seine Bedeutung zugewiesen wird –, sollten nicht die gemeinsame Grundlage verbergen, aus der sich alle derartigen Definitionen und Ansätze herleiten. Wie auch immer das Phänomen Kultur definiert wird, die Möglichkeit der Definition, der Artikulation von Kultur als Phänomen der Welt, ist in einem bestimmten Weltbild verwurzelt, welches das Potential der Intellektuellen ausdrückt, ihre Werte entfaltet und ihre Rolle legitimiert.

Die hier angesprochene Auffassung wird von drei stillschweigend, jedoch axiomatisch akzeptierten Prämissen bestimmt.

Erstens sind die Menschen in hohem Maße unvollkommen und auf fremde Hilfe angewiesen. Ihre »Menschwerdung« ist ein Prozeß, der nach der Geburt stattfindet, in der Gesellschaft mit anderen Menschen. Der Unterschied zwischen der vererbten Unvollkommenheit und der erworbenen Vollkommenheit wird als der Gegensatz zwischen »biologischen« und »sozialen« Aspekten des »homo duplex« oder zwischen »Natur« und »Erziehung« konzeptualisiert.

Zweitens ist Menschwerdung im wesentlichen ein Lernprozeß, der sich aufspaltet in die Aneignung von Wissen und in das Zähmen oder Unterdrücken von tierischen (und fast ausschließlich antisozialen) Neigungen. Der Unterschied zwischen dem Wissen, das die natürlichen Neigungen ersetzen soll, und den Neigungen, die es zu ersetzen hat, wird oft als Gegensatz zwischen »Vernunft« und »Leidenschaften« oder zwischen »sozialen Normen« und »Instinkten« oder »Trieben« konzeptualisiert.

Drittens ist das Lernen nur eine Seite der Beziehung, deren andere Seite das Lehren ist. Die Vollendung des Menschwerdungsprozesses benötigt daher Lehrer und ein System von – formeller oder informeller – Erziehung. Die Erzieher besitzen den Schlüssel für die fortlaufende Reproduktion des Zusammenlebens als menschliche Gesellschaft.

Dank der Vielzahl historischer Studien (für die Lucien Fèbvre den Grundstein legte) können wir mit ziemlicher Genauigkeit die Geburt dieses äußerst modernen Weltbilds bestimmen. Sie fand gegen Ende des 17. Jahrhunderts und in der ersten Hälfte des 18. Jahrhunderts statt und fiel mit der Geburt und Institutionalisierung der modernen Intellektuellen zusammen.

Die Ideologie der Kultur stellt die Welt als ein Gebilde von Menschen dar, die das sind, was ihnen gelehrt wurde. Daher rückt sie die erzeugte Vielfalt menschlicher Lebensweisen in den Vordergrund; sie ermöglicht die Artikulation einer Vielzahl von »Arten und Weisen, ein Mensch zu sein«. Dieses Merkmal der Ideologie der Kultur verleiht der Annahme Glaubwürdigkeit, daß die Geburt des »kulturellen« Weltbilds ursprünglich mit der neu erworbenen modernen Sensibilität gegenüber kulturellen Unterschieden verbunden war. Die Geschichte, die man oft in soziologischen und anthropologischen Texten findet, erzählt, wie Europa plötzlich die Augen aufgehen für die Vielfalt kultureller Lebensweisen, die es bis dahin nicht bemerkt oder für uninteressant gehalten hatte. Diese Geschichte geht jedoch an dem springenden Punkt vorbei, der für die Geburt der Ideologie der Kultur entscheidend ist: die Wahrnehmung der Vielfalt *als* kulturell erzeugter Vielfalt, der Verschiedenheiten *als* kultureller Verschiedenheiten, der Mannigfaltigkeit *als* von Menschenhand geschaffener und durch den Erziehungs- bzw. Lernprozeß erzeugter Mannigfaltigkeit. Es war eine besondere Artikulation der Vielfalt und nicht neu geweckte Sensibilität gegenüber Verschiedenheiten, mit der sich die Ideologie der Kultur konstituierte.

Europäer waren begeisterte Reisende; Pilger auf dem Weg ins Heilige Land, spätmittelalterliche Matrosen bemerkten zwangsläufig fremde Lebensweisen sowie unbekannte Wohnformen oder den ungewöhnlichen Körperbau der Menschen, die sie unterwegs trafen. Sie beschrieben das, was sie sahen, gleichermaßen als ein Nebeneinander auf der Fläche eines Tableaus. Alle wahrgenommenen Unterschiede schienen auf der gleichen Ebene zu liegen; die Vielfalt der Hautfarben gehörten zur Ordnung der Dinge in derselben Weise wie die Vielfalt der Sitten und der verehrten Idole. Modische Reiseliteratur hatte ihr Vergnügen daran, von echten und phantastischen Funden als ebensovielen Kuriositäten zu berichten – in der gleichen Weise, wie die frühmoderne *Kunstkamera* sie sammelte, wenn sie zweiköpfige Kälber mit fremdartigen, von Menschenhand geschaffenen Werkzeugen, deren Zweckbestimmung unbekannt war, in einer Fotomontage zusammenbrachte. Der Begründer der modernen Taxonomie, Linné, hielt die Unterschiede zwischen glattem und lockigem Haar für genauso symptomatisch zur Differenzierung der menschlichen Spezies wie die Vielfalt der Regierungsformen.

Die nachdenkliche Stimmung, in der europäische Reisende den Reichtum der menschlichen Formen betrachteten, die sie in den fremden Ländern fanden, war eine Haltung, die zu Hause eingeübt worden war. Die vormoderne Gesellschaft war in Stände eingeteilt, die in sich geschlossen waren, und jeder Stand führte ein Leben, das ausschließlich für ihn und keinen anderen als angemessen betrachtet wurde. Man erhielt den Rat, »unter sich zu bleiben«, oder wurde getadelt, wenn man über die Grenzen seiner eigenen Stellung hinausblickte. Stände waren ein Glied in der »großen Kette des Daseins«, ein Beweis für die vorherbestimmte Ordnung der Dinge; sie existierten nebeneinander, gleich alt und unveränderlich, geschützt vor gegenseitiger Verschmelzung. Wetteifer über die eigenen Grenzen hinaus war verpönt und wurde für moralisch krank gehalten – ein Herumspielen mit der göttlichen Ordnung. Man kann nicht sagen, daß die Idee der Selbsterziehung völlig unbekannt war; einzelne Mitglieder der Stände wurden in der Tat ermutigt, nach Vollkommenheit zu streben. Aber die Ideale der Vollkommenheit waren so zahlreich wie die Stände selbst und genauso undurchdringlich, getrennt und – in der Theorie – immun gegen Wandel. »Selbstvervollkommnung« bedeutete, dem Modell ähnlicher zu werden, das dem jeweiligen Stand zugewiesen war, und vermied die Verschmelzung mit anderen Modellen.
Eine solche Koexistenz von Lebensformen, von denen sich keine für ein universelles, nachahmenswertes Modell hielt und sich keine auf die Unterdrückung oder das Ausradieren von anderen konzentrierte, ließ keinen Platz für die Unterscheidung »Natur/Kultur« oder »Natur/Erziehung«. Erst nach dem Auseinanderbrechen dieser Koexistenz konnte das »Kulturweltbild« als eine besondere moderne intellektuelle Ideologie entstehen.
Die Voraussetzung für die Ideologie der Kultur wurde geschaffen, als die scheinbar friedliche Koexistenz zwischen den Lebensformen unhaltbar wurde; entweder durch das Versagen ihres Reproduktionsmechanismus oder weil sie für die neue Form sozialer Herrschaft unpassend war – oder aus beiden Gründen. Die Realität, die die Ideologie der Kultur bei ihrer Geburt widerspiegelte, war eine von abrupt wechselnden Beziehungen zwischen den spezifischen Lebensformen eines jeweiligen Standes, wobei einige Lebensformen zu *Problemen* für andere wurden, Problemen, die angegangen werden mußten. Lebensformen (oder ihre

ausgewählten Aspekte) wurden im Laufe der Zeit als »kulturell erzeugt« angesehen, nachdem sie zu Objekten der Praxis geworden waren; sie wurden zu Dingen, mit denen man »etwas tun mußte«, um sie zu bewahren, zu ändern oder zu ersetzen. Es waren die Absicht, ihre Existenz zu beenden, und die zugrundeliegende Praxis der erzwungenen Vereinheitlichung, die die Vielfalt der Lebensformen als ein künstliches, kontingentes, »nur von Menschenhand geschaffenes« Phänomen erscheinen ließen. Ein »historischer Ursprung« von Lebensformen wurde erst postuliert, als ihr »historisches Ende« als praktikable und wünschenswerte Möglichkeit ins Auge gefaßt worden war.

Es war das Ausmaß der Ambitionen, in die Lebensformen einzugreifen, und der Ressourcen, die für die Unterstützung solcher Ambitionen zur Verfügung standen, das die neu entdeckte Grenze zwischen »Natur« und »Kultur« und die darauffolgenden Änderungen bestimmte. Aus der bislang einheitlich vorherbestimmten Welt war eine Enklave herausgehauen worden, die menschliche Pläne herausforderte (und somit in der Theorie als von Menschenhand geschaffen behandelt wurde). Ihr Wachstum, auf Kosten der schrumpfenden »Natur«, folgte eng der Expansion von Bekehrungseifer, systemischen Bedürfnissen, die solche Ambitionen notwendig machten, und der Mobilisierung von sozialer Macht, die sie realistisch werden ließen.

Das Aufkommen von Bekehrungspraktiken und -ambitionen war im frühmodernen Europa mit einigen weitreichenden strukturellen Verschiebungen verbunden; unter den letzteren müssen an erster Stelle der Zusammenbruch der traditionellen Mechanismen sozialer Kontrolle und gesellschaftlicher Reproduktion und der Reifeprozeß des modernen Staates erwähnt werden.

Auf Überwachung beruhende disziplinäre Macht war das Hauptwerkzeug sozialer Kontrolle während der gesamten Geschichte des vormodernen Europas (eine Tatsache, die in Foucaults ansonsten zukunftsweisender Analyse verschleiert wird). Dieses besondere Werkzeug wurde jedoch nicht vom Staat benutzt, der ja auf die »souveräne« Macht des Landesherrn beschränkt war und fast ausschließlich darauf zielte, dem König und der Aristokratie ihren Anteil am ökonomischen Surplus zu sichern. Vielmehr entfaltete sich die disziplinäre Macht innerhalb von Gemeinschaften und Korporationen, die klein genug waren, eine gegenseitige, allgegenwärtige und umfassende Überwachung zu ermöglichen. So-

ziale Ordnung auf der Ebene des täglichen Lebens reproduzierte sich durch die pedantische und unterdrückende Überwachung, die faktisch vermittels der permanenten physischen Nähe ihrer Subjekte ausgeübt wurde, die gleichzeitig ihre Objekte waren.
Es waren der Zusammenbruch der in sich geschlossenen Gemeinschaften und das darauffolgende Auftauchen der »herrenlosen Menschen« – Vagabunden, Landstreicher, eine umherziehende Bevölkerung, nirgends zu Hause, keiner spezifischen Gemeinschaft oder Korporation zugehörig, an keinem Ort einer andauernden und allumfassenden Überwachung unterworfen –, die die Fragen der sozialen Kontrolle und der Reproduktion der sozialen Ordnung problematisch machten. Der bisher unsichtbare, »natürliche« Strom der Dinge hatte sich abrupt als »Mechanismus« erwiesen – als etwas, das entworfen, verwaltet und beaufsichtigt werden mußte, etwas, das nicht funktioniert oder zumindest nicht richtig funktioniert, wenn es nicht sorgfältig bedient und betätigt wird. Die anhaltende, doch nie zuvor problematisierte Kontrolle-durch-Überwachung, die Reproduktion der Ordnung durch disziplinierenden körperlichen Drill, hatte sich zu einem Gegenstand systematischer Forschung, spezialisierter Fähigkeiten und zu einer Funktion von Experten gewandelt. Die ungeordnete Aktivität der Gemeinschaft hatte sich in eine asymmetrische Beziehung zwischen den Subjekten und den Objekten der Überwachung umgewandelt. Als solche brauchte sie Rückendeckung durch eine übergemeinschaftliche Autorität. Ressourcen wurden benötigt, die keine Gemeinschaft bieten konnte. Diese asymmetrische Beziehung verlangte den Einsatz des Staates; sie machte den Staat zu einer systemischen Voraussetzung für die Reproduktion der sozialen Ordnung und zur Hauptstütze für den Bestand sozialer Herrschaft. Auf diese Weise leitete die Krise der traditionellen Träger sozialer Kontrolle den modernen Staat ein.
Letzteres bedeutete zuallererst die Zentralisierung von sozialen Mächten, die bislang örtlich beschränkt waren. Dies hieß jedoch nicht einfach, daß Macht von einem Ort zu einem anderen überwechselte; vielmehr änderte sich das Wesen der Macht in diesem Prozeß von Grund auf. Die Zerstörung der *pouvoirs intermédiaires,* um die es bei der Verwurzelung des modernen absolutistischen Staates ging, lief auf die Vernichtung des einzigen institutionellen Rahmens hinaus, in dem Kontrolle auf »traditionale« Art und Weise ausgeübt werden konnte, d. h. unreflektiert, ohne

daß der Zweck der Ausübung klar geäußert und die Ausübung selbst in eine spezialisierte Funktion umgewandelt worden wäre. Daher kam die Entstehung des absolutistischen Staates einer Umwandlung der Kontrolle in eine bewußt verwaltete, zielgerichtete Aktivität gleich, die von speziell ausgebildeten Experten durchgeführt wurde. Der Staat mußte sich jetzt darum kümmern, die Bedingungen zu schaffen, unter denen Überwachung und körperlicher Drill effektiv eingesetzt werden konnten.

Während soziale Kontrolle auf der Ebene der Gemeinschaft auf die Sicherung und Verstärkung der lokalen Unterschiede in den Lebensformen hinauslief, konnte die Kontrolle auf Staatsebene nur übergemeinschaftliche Vereinheitlichung fördern. Universalität als Ideal und als Maßstab für soziale Verbesserungen wurde aus diesem Bedürfnis des modernen Staates geboren und auch aus einer praktischen Fähigkeit, diesem Bedürfnis entsprechend zu handeln.

Auf Vereinheitlichung ausgerichtet, mußte die beispiellose Praxis des frühmodernen Staates zwangsläufig mit den noch tief verwurzelten Reproduktionsmechanismen kollidieren, die die Substanz der kommunalen Autonomie ausmachten. Die Konzentration der Macht konnte nie total werden, ohne daß diese Autonomie zerschlagen – geschwächt oder, noch besser, entwurzelt – wurde. Ein unverzichtbarer Teil des Versuchs des absolutistischen Staates, nach umfassender Macht zu greifen, war daher der berüchtigte Kulturkreuzzug, der im 17. Jahrhundert begann und bis in das 19. Jahrhundert hinein dauerte. Der Kreuzzug bestimmte die Beziehungen zwischen verschiedenen Lebensformen neu; bloße Überlegenheit wurde zur Hegemonie.

Stände waren »niedriger« oder »höher«, lange bevor die Moderne einsetzte, und ebenso ihre Lebensweisen. Doch wurden sie als getrennte Gebilde angesehen, die man besser auseinanderhielt, anstatt direkte Kontakte miteinander zu fördern – jedes sollte für sich lebensfähig und für seine eigene Reproduktion nur auf sich selbst angewiesen sein. »Überlegenheit« eines Standes über einen anderen (und auch die Ungleichheit der entsprechenden Lebensweisen) war daher eine Vergleichskategorie und nicht ein Begriff, der für eine bestimmte Aufgabe stand, die dem »überlegenen« Stand im Verhältnis zu anderen Lebensweisen zukam. Eine solche Aufgabe ist auf der anderen Seite der Kern der äußerst modernen Idee der »Hegemonie«: die Rolle der »überlegenen« Lebensweise und ihrer Träger als moralischer Mentor, Missionar und Muster, dem alle anderen folgen sollten.

Die universalistischen Ambitionen des modernen Staates führten unausweichlich zur weiteren Schwächung der lokalen Mechanismen der Reproduktion von zuvor autonomen Lebensweisen; solche Mechanismen erschienen der zentralen Macht als ebensoviele Hindernisse auf dem Weg zu der Art von Gesellschaft, die sie – in dem Bestreben, ihre Verwaltungsprinzipien zu vereinheitlichen – anzielte. Unterschiede zwischen den Lebensweisen wurden entsprechend neu definiert als Beziehungen aktiver gegenseitiger Verpflichtungen. Weitverbreitete, lokal verwaltete Lebensweisen wurden jetzt aus der Perspektive universalistischer Ambitionen als rückständig und fortschrittsfeindlich dargestellt, als Überbleibsel einer anderen sozialen Ordnung, das man hinter sich lassen sollte; als unvollkommene, unreife Stadien innerhalb eines allgemeinen Entwicklungstrends in Richtung auf eine »wahre« und universelle Lebensweise nach dem Vorbild der hegemonialen Elite; als Lebensformen, die – auf Aberglauben oder Irrglauben gegründet, von Leidenschaften geprägt und von animalischen Trieben überschwemmt – sich dem erhebenden Einfluß der wirklich menschlichen – bald als »aufgeklärt« bezeichneten – Ordnung widersetzten. Eine solche Neudefinition stellte die Elite zum ersten Mal in die Position eines kollektiven Lehrers, neben ihrer traditionellen Rolle als kollektiver Herrscher. Vielfalt in den Lebensformen wurde jetzt ein vergängliches Phänomen, eine vorübergehende Phase, die man hinter sich lassen sollte bei dem Bemühen, die universelle Menschlichkeit zu erreichen.

Der neue Charakter der Beziehungen zwischen Lebensformen innerhalb der Gesellschaft, der jetzt vom absolutistischen Staat geltend gemacht wurde, diente als Muster für die Betrachtung der Beziehungen zwischen Lebensweisen im allgemeinen. Die gleiche aktive, bekehrende Haltung – einmal über die Grenzen der eigenen Gesellschaft ausgeweitet – stellte fremde Lebensformen als versteinerte Relikte der Vergangenheit oder auch als künstlich blockierte Stadien der Menschheitsentwicklung dar. Solche Aspekte des menschlichen Lebens, die die aufkommende absolute Macht neu formieren wollte, neu formieren mußte, waren als Träger eines besonderen Status ausgewählt worden: Menschen machten sich daran, sie neu zu gestalten, und deswegen mußte man sie sich in erster Linie als von Menschen geschaffen vorstellen. Was jene Aspekte nunmehr auszeichnen sollte, waren ihre Plastizität, ihre begrenzte Dauer, ihre Vergänglichkeit – und vor allem ihre Zugänglichkeit für gezielte Regulierung. Die relative Minderwertigkeit der fremden Lebensformen wurde deswegen als das Resultat falscher Regulierung interpretiert, und die lokalen Äquivalente für die urteilenden Mächte mußten die Verantwortung für das Übel tragen. Im großen und ganzen waren die Minderwertigkeit anderer Lebensformen und die Reichweite derjenigen Aspekte von ihnen, über die das Urteil der Minderwertigkeit ausgesprochen wurde, eine Funktion der Ambitionen der urteilenden Macht – ihrer Reichweite und ihrer verwalterischen Fähigkeiten, sie zu untermauern.

Die Aspekte des menschlichen Lebens, die jetzt für bewußte Regulierung ausgesucht wurden, wurden im Laufe der Zeit als »Kultur« bezeichnet. Die Historiker sind sich darüber einig, daß fast ein Jahrhundert lang, bis zum letzten Viertel des 18. Jahrhunderts, »Kultur« (ihre französische Form »civilisation«, ihre deutsche »Bildung«, ihre englische »refinement«) im öffentlichen Diskurs als Bezeichnung einer Tätigkeit gebraucht wurde, für etwas, das einige Leute anderen gegenüber taten oder tun sollten – ungefähr so, wie ein Bauer seine Pflanzen pflegt, um die Saat zu veredeln und die Ernte zu steigern. Das unmittelbare Interesse, welches dazu führte, der Idee der »Kultur« solche Aspekte des menschlichen Lebens einzuprägen, die bewußt reguliert und gestaltet werden können (im Gegensatz zu anderen Aspekten, über die der Mensch noch keine Macht hatte oder haben wollte), war ein praktisches Interesse an der Veränderung von Lebensweisen, die als Symptom und als Quelle des zähen und morbiden Widerstands der lokalen Autonomie angesehen wurde, die sich mit den universalistischen Ambitionen des modernen Staates maß. Kultur, Zivilisierung, Verfeinerung waren einige der Namen, die man dem Kreuzzug beilegte, der gegen die »ordinären«, »animalischen«, »abergläubischen« Sitten und Gewohnheiten und die Mächte antrat, die angeblich über ihre Fortdauer bestimmten.

Die Namensgeber waren die ersten modernen Intellektuellen – die Mitglieder der *république des lettres*, der *sociétés de pensée*, Männer, die von allen institutionellen Fesseln und Loyalitäten frei waren. Was sie vereinte, war allein ihre freiwillige Beteiligung an der Diskussion von Themen, die schließlich, dank der öffentlichen Natur der Diskussion, als »öffentlich« definiert wurden. Es war die Aktivität dieser neuen Klasse einer gebildeten Elite (glänzend analysiert von François Furet, unter Bezug auf das gedankenreiche literarische Vermächtnis Alexis de Tocquevilles und die bislang kaum bekannten Studien Augustin Cochins), die den Erfahrungsschatz für die neue Sicht der sozialen Welt lieferte, wie sie sich durch die Tätigkeit des Lernens und Lehrens herausbildete (vgl. die ausführliche Beschreibung dieses Prozesses in Bauman [1987]).

Als Antwort auf die Nachfrage, die latent in den sich ausdehnenden Ambitionen des absolutistischen Staates präsent war, bot die *république des lettres* den idealen Entwurf einer politischen Ordnung, welche die Gesetzgeber anstreben sollten, die Methode, wie diese Ordnung zu erreichen wäre – den Prozeß der Aufklärung durch die Verbreitung der richtigen Ideen –, und ihre eigenen Fertigkeiten als Garantie dafür an, daß die Methode effektiv angewandt würde. Die allgemeine Wirkung dieses dreifachen Angebots war die Begründung von Wissen als Macht sowie die Schaffung eines privilegierten, narrensicheren Zugangs zu richtigem Wissen als Legitimation für das Recht, den anderen, denen dieser Zugang verwehrt war, zu sagen, was sie tun sollten, wie sie sich zu verhalten hätten, welche Ziele sie verfolgen sollten – und auf welche Weise.

Die kognitive Perspektive, die auf der Praxis von der *république des lettres* gründete, formierte die Vision von der Vielfalt der Lebensformen, die jetzt zuallererst als eine kulturelle Vielfalt angesehen wurde, neu. Andere Lebensformen wurden jetzt als Produkte einer falschen Erziehung, von Bosheit oder Irrtum, bestenfalls von Unwissen angesehen. Hinter der Erziehung wurden Erzieher vermutet, nach dem Bilde der bewußten Erzieher jener Tage. Als die Lehrer, die für den beklagenswerten Zustand der Volksgewohnheiten verantwortlich waren, benannten die *philosophes* Priester, alte Weiber und populäre Sprichwörter. In der neuen Vision der sozialen Welt duldete die Natur kein Vakuum – für jede Lebensweise mußte es einen Lehrer geben, der für deren Gestaltung verantwortlich war. Die Wahl bestand nicht mehr zwischen einer gelenkten und reglementierten Erziehung einerseits und der autonomen Selbstentwicklung von Lebensformen andererseits, sondern zwischen guter und schlechter Erziehung. Nicht nur war Wissen Macht; alle Macht war Wissen. Alle effiziente Macht war für ihre Wirksamkeit auf gutes Wissen angewiesen.

Das Macht/Wissen-Syndrom war von Anfang an ein zweischneidiges Phänomen und von daher für innere Widersprüche anfällig. Auf der einen Seite enthielt es das, was später den Namen »vernünftige Regierung« erhalten sollte – eine umfassende Verwaltung der Gesellschaft als Ganzes mit dem Ziel, Bedingungen zu schaffen und zu erhalten, die »gutes« Verhalten erzeugen und »schlechtes« eliminieren oder verhindern sollten. Auf der anderen Seite brachte es eine unmittelbare Manipulation der kognitiven Muster, Werte und Motive der einzelnen Mitglieder der Gesellschaft mit sich, um das herbeizuführen, was später »rationales Verhalten« genannt wurde. In der kulturellen Ideologie der Aufklärung wurde angenommen, daß sich eine vernünftige Gesellschaft und vernünftige Individuen gegenseitig in harmonischer Weise bestärken, obwohl es einige Zeit brauchte (und ein gewisses Maß an Versagung nötig war), bis sie sich zu gesonderten Phänomenen ausdifferenziert hatten, die von relativ autonomen Bündeln von Bestimmungsfaktoren abhängig waren.
Die Idee der vernünftigen Regierung stellte eine echte Neuheit dar. Sie hatte nicht nur mit der Ersetzung einer schlechteren durch eine bessere Politik und schlechter durch gute Gesetze zu tun. Sie brachte ein völlig neues Konzept der Regierung, ihrer Reichweite und Zuständigkeiten mit sich. Die Regierung wurde jetzt als die Macht angesehen, die – absichtlich oder durch Unterlassen – den äußeren Rahmen des menschlichen Lebens gestaltet; die Idee, daß die Gesellschaft »von Menschen geschaffen« sei, stellte den beispiellosen Ehrgeiz des modernen Staates dar, die Gesellschaft wirklich *erschaffen* zu wollen, und ebenso eine beispiellose Mobilisierung von Ressourcen, die ein solches Vorhaben realisierbar werden ließen. Das Konzept der Rechtsordnung des Staates war ebenfalls neu; die Idee ihrer postulierten »Rationalität« stellte eine neue Absicht dar, mit Hilfe der Gesetzgebung die soziale Realität nach den Geboten der Vernunft zu modellieren. Alles in allem bedeutete vernünftige Regierung die neu wahrgenommene Formbarkeit des sozialen Lebens, die Notwendigkeit, es zu formen, seine Zugänglichkeit für eine Neugestaltung nach den Plänen, die im Handeln äußerer Akteure verkörpert sind – wobei Macht der Effektivität solchen Handelns gleichkommt.
Auch die Idee des rationalen Individuums war auf revolutionäre Art und Weise neu. Der Kern der Idee war nicht ein bloßes Ersetzen einer Sache durch eine andere; fehlerhaften oder aber-

gläubischen Denkens durch vernünftiges und zuverlässiges – sondern ein ganz neues Konzept des Menschen, dessen Verhalten durch sein Wissen und dessen Wissen von Wissensvermittlern geformt wird, von jenen, die, wirklich oder anscheinend, »Bescheid wissen«. Um es noch einmal zu wiederholen, die wahre Neuheit besteht in der Auffassung des Individuums, seiner Gedanken und seines Verhaltens als flexible und formbare Wesenheiten, als Objekte der Praxis, der zweckmäßigen Neuausrichtung. Die Vorstellung des Individuums, das sein Verhalten bestimmt, indem es die Motive, die es auswählt, in sein kognitives Weltbild einschreibt, war etwas, das nur aus der Perspektive der neuen aktiven Einstellung zu dem Aspekt der Welt hatte erreicht werden können, der als »Kultur« definiert wurde, d. h. als etwas von Menschen Geschaffenes (insofern Menschen entschlossen waren, sie neu zu schaffen). Die letztgenannten konnten ihre Absicht verfolgen, indem sie die Individuen mit den Bestimmungsgründen ihres Verhaltens ausstatteten und so indirekt jenes Verhalten für sie bestimmten.

Metaphorisch könnte die Art von Autorität, mittels deren eine solche Vorstellung von der Welt Wissende erzeugt, als »gesetzgebend« beschrieben werden. Die Autorität bezog das Recht ein, die Regeln, denen die soziale Welt gehorchen sollte, zu bestimmen; und sie legitimierte sich, indem sie sich auf ein besseres Urteil, ein überlegenes Wissen berief, welches durch die richtige Methode seiner Erzeugung garantiert sein sollte. Dadurch, daß sowohl die Gesellschaft als auch ihre Mitglieder für mangelhaft befunden wurden (d. h. formbar, jedoch bislang verformt), begründete die neue gesetzgebende Autorität von Wissenden ihre eigene Notwendigkeit und ihre eigene Berechtigung.

Es ist nach so vielen Jahren nur zu leicht, die »Kulturalisation« der Welt fälschlich als etwas zu interpretieren, das notwendigerweise mit dem »kulturellen Relativismus« zu tun hat, mit dem die Idee der Kultur heute unauflöslich verbunden zu sein scheint. Die intellektuelle Ideologie der Kultur wurde als ein militantes, kompromißloses und selbstbewußtes Manifest von universell bindenden Prinzipien sozialer Organisation und individuellen Verhaltens lanciert. Sie drückte nicht nur die übersprudelnde Verwaltungswut dieser Zeit, sondern auch eine volltönende Sicherheit hinsichtlich der Richtung des zu erwartenden sozialen Wandels aus. In der Tat waren diejenigen Lebensformen, die als Hindernisse für den Wandel betrachtet und somit zur Zerstörung verurteilt wurden, relativiert worden; die Lebensform, die sie ersetzen sollte, wurde jedoch als universell angesehen, unwandelbar dem Wesen und der Bestimmung der menschlichen Gattung als Ganzem einbeschrieben.

Die ursprüngliche, gesetzgebende Fassung der kulturellen Ideologie gedieh unter Bedingungen von Gewißheit. Sie wurde als Lösung für eine verschleppte »pyrrhonische Krise« der westlichen Philosophie gefördert, als entschiedene Ablehnung von halbherzigen protopragmatischen Kompromissen, wie sie Mercenne oder Gassendi vorgeschlagen hatten (vgl. Popkin 1979), und als eine Weigerung, eine Haltung der Bescheidenheit zu akzeptieren (und im allgemeinen die zeitlich und räumlich »lokale« Natur der europäischen Lebensform zuzugestehen), für die die skeptischen Betrachtungen Montaignes das beste Beispiel geben. Die intellektuellen Gesetzgeber hatten keine Zweifel, daß sie Geschichte und Vernunft repräsentieren; und die Autorität sowohl der Geschichte als auch der Vernunft entstammte der Tatsache, daß sie – anders als die engstirnigen Irrtümer, die sie zwangsläufig hinter sich lassen mußten – auf universelle Merkmale der menschlichen Gattung gegründet waren und somit keine Konkurrenz duldeten.

Es ist faszinierend, diesen bemerkenswerten Aufschwung der Gewißheit, der im Gefolge der frühmodernen Krise des Selbstbewußtseins stand, mit den gewaltigen Fortschritten des absolutistischen Staates bei der Neutralisierung und Unterordnung der »traditionalen« Stützpunkte der Macht in Verbindung zu bringen; mit der spektakulären Durchdringung der Bereiche des sozialen und individuellen Lebens, die vorher ihrem eigenen »natürlichen« Fluß überlassen waren, mit zweckmäßig handelnden Verwaltern; mit den mächtigen Schritten der Staatsmacht weg von der Funktion des »Wildhüters« in Richtung auf die Funktion des »Fürsorgenden« bei der Machtausübung; nicht zuletzt mit dem schnellen Wachstum der westeuropäischen wirtschaftlichen und militärischen Überlegenheit über den Rest der Welt. Grenzen waren für die neuen, modernen Mächte nur insoweit von Bedeutung, als sie überschritten werden konnten; die Fähigkeit solcher Mächte, ein ausgesuchtes Muster über alles und jeden zu stülpen, schien in der Tat nur eine Frage von Zeit, Willen und Technik zu sein. Solange die praktische Leistungsfähigkeit der weltumfassenden Herrschaft für grenzenlos gehalten wurde, gab es keinen klaren Grund dafür, den absoluten Charakter des Wissens, das solche Praxis stützte, in Frage zu stellen.

Zweifellos sollte diese intellektuelle Reflexion der scheinbaren Unendlichkeit der Macht das Hauptmerkmal dieses spezifisch westeuropäischen geistigen Klimas werden, das als »Moderne« bekannt ist. Der Begriff der »Moderne« steht hier eher für eine Weltauffassung und nicht (wie man ihn fälschlich hat verstehen wollen) für die Welt selbst; für eine Vorstellung, die lokal verankert ist, in einer Weise, die ihre Universalität impliziert und ihren Partikularismus verdeckt. Es war das entscheidende Merkmal dieser so verstandenen Auffassung der Moderne, daß sie ihre (ehemaligen und gegenwärtigen) Widersacher relativierte und dadurch Relativität selbst als ihren Widersacher verstand; als einen Knüppel zwischen den Beinen des Fortschritts, als einen Teufel, der exorziert, als eine Krankheit, die geheilt werden muß.

Der Geist der Moderne inspirierte immer wieder neue, jedoch nie endgültige Versuche, die universell bindenden, apodiktisch korrekten Lösungen der Fragen der Wahrheit, der Urteilskraft und des Geschmacks genau festzulegen. Es ist nur allzu leicht, im nachhinein das Mißlingen oder gar die Verfehltheit solcher Versuche zu behaupten. Das, was die gestaltenden Merkmale der kulturellen Ideologie während ihrer »gesetzgebenden« optimistischen und kühnen, modernen Phase ausmachte, war jedoch nicht so sehr der Erfolg des Unternehmens als vielmehr die Möglichkeit seiner Fortführung und der Absorption immer wieder auftretender Beeinträchtigungen ohne irreparablen Schaden für den fortlaufenden Diskurs. Die bemerkenswerte Zielstrebigkeit, die so typisch für die moderne Mentalität ist, war in dem unerschütterlichen Glauben gegründet, daß ihre Anstrengungen die Geschichte und die unbesiegbare Vernunft auf ihrer Seite haben und daß der endgültige Erfolg nicht nur prinzipiell erreichbar war, sondern von vornherein feststand. Diese Überzeugung wiederum wurde uneingeschränkt von den sozialen, ökonomischen und politischen Realitäten bestärkt. Obwohl die Moderne gegen den pragmatistischen Kompromiß antrat, war es letzten Endes paradoxerweise das pragmatische Argument der immer deutlicher werdenden Überlegenheit der westlichen Lebens- und Denkweise, das immer wieder den Hoffnungen Glaubwürdigkeit verlieh, daß man den entscheidenden Beweis für die Allgemeingültigkeit der abendländischen Wissenschaft, Moral und Ästhetik oder für die Form, in die sie begrifflich sublimiert worden waren, finden würde.

Die andere Seite der philosophischen Sicherheit war kulturelles Selbstvertrauen. Es war diese Selbstgewißheit, die dem missionarischen Eifer Europas, für den die koloniale Episode der Moderne so berüchtigt war, seine unreflektierte und unbeugsame Entschlossenheit gab. Die ganze Geschichte der schonungslosen Unterdrückung lokaler und klassenbezogener Lebensformen im eigenen Lande bleibt noch zu schreiben, obwohl in den letzten Jahren viele lange vergessene alternative Erzählungen ans Tageslicht gebracht worden sind. Die Ausrottung der lokalen und Klassenautonomie wurde im Namen objektiv überlegener Kulturwerte hartnäckig und unbeirrbar gegen nicht wirklich menschliche, fehlerhafte, zurückgebliebene oder abergläubische Lebens- und Denkweisen geführt. Wieder war es die scheinbare Unumkehrbarkeit der frühmodernen Machtkämpfe, die angebliche Endgültigkeit der etablierten Struktur gesellschaftlicher und weltweiter Herrschaft, die der unerschütterlichen Entschlossenheit der kulturellen Kreuzritter eine echte suprakulturelle, quasi-natürliche Sanktionierung lieferte. Kein Platz blieb übrig für reifliche Überlegungen, Zaudern oder Skrupel.

Die Überzeugung der objektiven Überlegenheit der sozialen Ordnung, die sich an der nordwestlichen Spitze der europäischen Halbinsel bildete, war in bezug auf europäische Politik nicht parteiisch. Sie vereinte die Intellektuellen unabhängig von ihrer Parteizugehörigkeit oder ihrer erklärten Klassenloyalität. Die kulturelle Ideologie wurde von ihnen ebenso geteilt wie die ihr zugrundeliegende Prämisse, daß die menschliche Welt immer von Menschen geschaffen wurde, daß die Zeit gekommen ist, dies in einer bewußten, vernünftigen Weise zu tun, und daß die Art und Weise, in der die zeitgenössische Gesellschaft organisiert worden ist, den Weg dorthin bahnt. Um es ganz offen zu sagen, die Selbstidentifikation der Intellektuellen mit dem, was sie als »westliche Werte« ausgaben, konnte unerschütterlich bleiben (und blieb es auch), solange die Erwartung als plausibel gelten konnte, daß das westliche soziopolitische System für soziopolitische Entwürfe, die sich auf Wissen gründen (d. h. »rational« sind), aufgeschlossen sein würde. Diese Erwartung erlitt viele Rückschläge und gab schließlich dem aufgestauten Druck gegenteiliger Beweise nach; ihr langsames und schmerzhaftes Ableben wurde nur teilweise von einem gelegentlichen, auf jeden Fall kurzlebigen Wiederaufleben verdeckt.

Die schwerwiegendste Ursache der allmählichen Auflösung des modernen Selbstvertrauens läßt sich wohl auf das langsame, jedoch stetige Auseinanderrücken zwischen den Intellektuellen, als den kollektiven Wächtern der gesellschaftlichen Werte, und dem modernen Staat zurückführen. Fast genauso, wie Marx den letzten verzweifelten Versuch der ehemals freien Produzenten, die industrielle Dampfwalze zu stoppen, als Vorzeichen des künftigen antikapitalistischen Kampfgeists des Industrieproletariats begriff, so verstanden die *philosophes* der optimistischen und erwartungsvollen Ära der Aufklärung das Verlangen des jungen modernen Staates nach Lenkung und Legitimation als Versprechen eines nahe bevorstehenden Reiches der Vernunft. Beide Mißverständnisse haben sich als frustrationsträchtig erwiesen. Sozialisten nach Marx sowie Intellektuelle der Nachaufklärung taumeln immer noch angesichts der Weigerung der Welt, sich dem Modell anzupassen, nach dem sie ursprünglich ihre Rolle und Funktion definierten. Statt ihren Irrtum zuzugeben, würden sie die Kluft lieber wegerklären mit dem Hinweis darauf, daß die Welt ihr Versprechen nicht hielt, daß sie den falschen Weg einschlug oder daß es ihr sonst mißlang, ihren Möglichkeiten gerecht zu werden.

Die Offenheit des frühmodernen Staates für intellektuelle Führung war durchaus aufrichtig. Das Territorium, in das der Staat eindringen sollte, war in jeder Hinsicht jungfräuliches Land, unerforscht, auf keiner Karte verzeichnet. In einer Situation akuter Unsicherheit mußte man sich auf die Treue der Mannschaft verlassen. Um die Mannschaft aus ihren alten Bindungen loszulösen und an neue zu fesseln, war Mobilisierung notwendig: die Verbreitung von Ideen, die den alten Glauben diskreditierten und zugleich den neuen in würdigem Licht zeigten. Ebenso war eine neue Art von Expertentum für die Mammutaufgabe eines totalen Umbaus erfordert. Da die Intellektuellen bereit waren, beide Bedürfnisse zu befriedigen, schien das Überleben des Staats von ihnen abzuhängen. Wegen dieser Abhängigkeit erschien er auch als formbarer und dankbarer Gegenstand für intellektuelle Gesetzgebung.

Die Abhängigkeit erwies sich jedoch als kurzlebig. Die politische

Technologie, die von dem modernen Staat entwickelt wurde, sollte die legitimatorischen Dienste der Intellektuellen bald mehr und mehr überflüssig machen oder sie auf eine untergeordnete Rolle reduzieren, so daß eine Umkehrung der ursprünglichen Abhängigkeit deutlich wurde.

Mehr und mehr wurde die Leitung der Reproduktion der sozialen Ordnung den Doppeltechniken von panoptischer Macht und Verführung übertragen (wobei sich das Gleichgewicht zwischen den beiden allmählich zugunsten der letztgenannten verschob). In dem Maße, wie ihre Effizienz und Wirksamkeit wuchsen, schrumpfte die Rolle der Legitimation. In einem vollentwickelten modernen Staat kann die Wirksamkeit der Staatsmacht und ihre tatsächliche Leistung bei der systemischen Reproduktion ohne Rücksicht auf die Reichweite und Intensität der sozialen Verpflichtung auf »herrschende Werte« – oder anderer dafür geeigneter Werte – aufrechterhalten und perfektioniert werden. Die »Gesetzesrationalität«, die Weber zu den historischen Legitimationsformen zählte, läutete in der Tat die Totenglocke des Zeitalters der Legitimation ein und kündigte – indem sie den Begriff der »Wertrationalität« gleichsam zur Bekräftigung dieser Tatsache als Gegenbegriff wählte – die moderne Freiheit des Staates von Ideologie, genaugenommen von den Ideologieschreibern, an. Die letzteren versuchten sich später damit zu trösten, daß sie den Bedeutungsverlust von Legitimation als »Legitimationskrise« darstellten, und hofften verzweifelt, daß der Staat nur auf eigene Gefahr ohne Legitimation weiterexistieren könne.

Will man jedoch die Konsequenzen der neuen politischen Technologie als die Enteignung der Intellektuellen beschreiben, muß man zwei wichtige Einschränkungen machen.

Erstens war das Schwinden der ›gesetzgebenden‹ Rolle nicht mit materiellen Verlusten verknüpft. Wenn es überhaupt eine Verbindung gab, so war das Gegenteil der Fall. Die vormals »nichtspezialisierten Intellektuellen« haben zahlreiche, sich noch verzweigende und größer werdende Bildungsberufe hervorgebracht, die ein hohes Einkommen erzielen und über einen – nach allen Maßstäben – privilegierten Sozialstatus verfügen. Der Mißerfolg bei dem Griff nach der Macht ist sozusagen in einer anderen Währung – der des materiellen Gewinns – kompensiert worden. Während er den »legislativen« Ambitionen der Intellektuellen abweisend (und gelegentlich feindlich) gegenüberstand, herrschte der moderne Staat indes über eine beispiellose Vielzahl von »Experten« – dieses durch und durch moderne Phänomen, welches im großen Umfang das esoterische Wissen einer Minderheit in bürokratische Macht verwandelte. In der Tat wurden die Experten zu einem unentbehrlichen Teil des Reproduktionsmechanismus des Systems, auch wenn sich ihre Rolle stark von der unterschied, die die *philosophes* ins Auge gefaßt und auf die sie hingearbeitet hatten. Technologien panoptischer Kontrolle und Verführung erwiesen sich als besonders fruchtbar, als ein Brutplatz für die immer wieder neuen, immer zahlreicheren Reihen von Experten und Spezialgebieten. Unter den expertenintensiven Techniken findet man unmittelbar jene, die für panoptische Kontrolle, wie Überwachung, »Besserung«, Beaufsichtigung durch Wohlfahrtsinstitutionen, »Medikalisierung« oder »Psychiatrisierung« sowie die Pflege des allgemeinen Rechts- und Strafsystems zentral sind; oder die vielen Professionen, die wegen der wachsenden Wichtigkeit von Bedürfnisweckung und Unterhaltung als ein übergeordnetes Netz sozialer Kontrolle geschaffen wurden und Bedeutung erlangten. Man kann jedoch annehmen, daß noch viele weitere Gebiete, die für Experten offenstehen, letztlich vor dem Hintergrund der modernen Machttechniken zu sehen sind, obgleich in einer weniger auffälligen Weise. Um nur ein Beispiel zu nennen: die modernen Waffen, die angeblich in einer vage definierten Zukunft für einen äußeren Feind bestimmt sind, während sie gegenwärtig als äußerst mächtiges Instrument dazu dienen, den Staat einer effektiven politischen Kontrolle zu entziehen (und somit seine Unabhängigkeit vom Legitimationsdiskurs zu verstärken).

Zweitens mangelte es dem modernen Staat, während er die »legislative« Funktion der Intellektuellen bedeutungslos machte, nicht an Rechtfertigungen dafür, warum der intellektuelle Diskurs politischer Kontrolle unterworfen oder anderweitig extern beschränkt oder reguliert werden sollte. Jetzt, wo sie den Tiefpunkt ihrer politischen Relevanz erreicht haben, genießen moderne Intellektuelle eine Gedanken- und Ausdrucksfreiheit, von der sie zu der Zeit, als ihre Äußerungen politisches Gewicht hatten, nicht einmal träumen konnten. Dies ist eine Autonomie, die keine praktische Auswirkung außerhalb der in sich geschlossenen Welt des intellektuellen Diskurses hat; und trotz allem ist es eine Autonomie, ein höchst kostbarer und willkommener Trost für die

Ausquartierung aus dem Haus der Macht. Das Haus Salomons steht jetzt – weit weg von Verwaltungsgebäuden und militärischen Hauptquartieren – in einem wohlhabenden Vorort, wo das vornehme und schöne Leben des Geistes mit einem nicht unerheblichen materiellen Komfort ungestört und in Frieden zu genießen ist. Intellektuelle Freiheit ist nicht etwas, das als unbedeutend erachtet werden sollte. Sie bietet eine einmalige Chance, die Verfolgung von intellektuellen Interessen zu einer totalen, eigenverantwortlichen und unabhängigen Lebensform zu machen; und sie bietet denen, die ein solches Leben führen, das befriedigende Gefühl, daß sie den Lebensprozeß und seine Produkte – Wahrheit, Urteilsfähigkeit und Geschmack – voll und ganz kontrollieren. In Anbetracht der Erinnerung an die enge Verbindung zwischen politischem Engagement und intellektueller Unfreiheit wird die Autonomie des intellektuellen Diskurses zu einem aus eigenem Recht höchst attraktiven Wert; zu einer Errungenschaft, auf die man stolz sein kann, die man voll auskosten und standhaft verteidigen soll – verteidigen gegen die Regierungen, die von Zeit zu Zeit halbherzige Versuche unternehmen, das, was sie als nutzlose Ausgaben ansehen, zu kürzen, und gegen die Rebellen aus den eigenen Reihen, die den Komfort der Freiheit gefährden, indem sie das verstaubte Skelett des politischen Engagements aus dem alten Familienschrank herausholen.

Die politische Enteignung der Intellektuellen war deswegen nicht bloß ein Desaster. In ihrem Kielwasser brachte sie unerwartete Vergünstigungen mit sich, einige davon zweifellos reizvoll und alle mit der Eigenschaft ausgestattet, sich begehrenswert und durch anhaltende Nutzung und Gewöhnung unentbehrlich zu machen. Aus diesem Grund erzeugt sie nicht unbedingt Unzufriedenheit. Allerdings belebt sie auf der anderen Seite keinesfalls die alten legislativen Ambitionen wieder. Um weiterhin ein Anrecht auf die Vergünstigungen zu haben, müssen sich die zeitgenössischen Intellektuellen an Webers ausdrücklichen Befehl halten, die Poesie der Werte von der Prosa bürokratisch nützlicher Sachkenntnis fernzuhalten.

Unter den Bereichen des sozialen Lebens, die ihre Bedeutung für die Reproduktion der sozialen Ordnung verloren haben und die dadurch von der direkten Überwachung des Staates befreit worden sind, war einer, den die Intellektuellen als ihr eigentliches Gebiet ansahen; sie hofften, direkte und alleinige Nutznießer zu sein, wenn die politische Kontrolle zurückgenommen und das neue Desinteresse des Staates deutlich würde. Dieses besondere Gebiet war natürlich das der Kultur – die jetzt auf Dinge reduziert worden war, welche die politischen Mächte nicht betrafen. Hier wie anderswo sind die überdehnten umfassenden Ambitionen, die die ursprünglichen Konzepte mit sich brachten, realistisch eingeengt worden, so daß sie nie auf das Territorium übergreifen konnten, das für den verwalterischen Eingriff des Staates reserviert war. In ihren neuen, eher bescheidenen Grenzen schien Kultur jedoch das selbstverständliche Gebiet der direkten und ungeteilten Herrschaft des Geistes zu sein. Demzufolge haben auf diesem Gebiet die legislativen Ambitionen der Intellektuellen den endgültigen und entscheidenden Schlag erlitten.

So, wie das Interesse des Staates für Kultur allmählich schwand (d. h. die Relevanz von Kultur für die Reproduktion politischer Macht abnahm), kam die Kultur langsam in die Umlaufbahn einer anderen Macht, mit der die Intellektuellen sich nicht messen konnten – der des Marktes. Literatur, die darstellenden Künste, Musik – in der Tat das ganze Spektrum der Geisteswissenschaften – wurden allmählich von der Last befreit, eine ideologische Botschaft tragen zu müssen, und gingen immer fester als Unterhaltung in den vom Markt gelenkten Konsum ein. Mehr und mehr wurde die Kultur der Konsumgesellschaft der Funktion unterstellt, eher talentierte und enthusiastische Verbraucher anstelle von gehorsamen und willigen Staatsbürgern zu produzieren und zu reproduzieren. In ihrer neuen Rolle mußte sie sich den Bedürfnissen und Regeln anpassen, die in der Praxis, wenn nicht in der Theorie, vom Verbrauchermarkt definiert worden waren.

Verleger, Kunstgalerien, Schallplattenfirmen, Manager der Massenkommunikationsmedien kämpften um die von Philosophen, Literaturtheoretikern, Musikwissenschaftlern, Ästhetikern erhoffte kulturelle Herrschaft. Beleidigt und empört antworteten letztere mit Anklagen, typisch für die Sprache, die seit eh und je von den rechtmäßigen Wildhütern gegen Wilderer (d. h. falschen Wildhütern) benutzt wurde. Den neuen Herrschern auf kulturellem Gebiet wurde vorgeworfen, sie senkten die Qualität der »Kulturgegenstände«, indem sie unbesonnen, unkritisch, ungehobelt und im großen und ganzen der Aufgabe nicht gewachsen seien, die einen Grad von Kultiviertheit erfordere, den sie nicht besäßen, und einen Grad an Sorgfalt, zu dem sie nicht fähig seien.

Am interessantesten war, daß den neuen Managern genau die Aktivität vorgeworfen wurde, die die Ankläger zu der Zeit, als sie die politische Aufgabe kultureller Führung übernommen zu haben schienen, für ihre eigene kulturelle Hauptmission hielten: das Ausmerzen der autonomen Kulturstätten, der »natürlichen«, »spontanen« kulturellen Prozesse und überhaupt der Vielfalt der Kulturen, die solche natürlichen Prozesse zu unterstützen vermögen. Den neuen Managern wurde vorgeworfen, dem ursprünglichen Reichtum der vielfältigen kulturellen Traditionen eine homogenisierte Norm »geistiger Mittelmäßigkeit« aufzustülpen; eine auf die Gemeinschaft gestützte »Volks«kultur durch eine fabrikmäßig hergestellte »populäre« Kultur zu ersetzen. Kulturelle Einheit verlor ihre Attraktivität, als erst einmal klar geworden war, daß andere – Mächte außerhalb der Kontrolle der Intellektuellen – ihre Standards setzen und über deren Ausführung wachen sollten.

Es ist fraglich, ob die Herrschaft des Marktes über die Kultur tatsächlich kulturelle Gleichmacherei, Mittelmäßigkeit, Minder- oder sonstige Wertigkeit fördert. Es gibt genug Beweise für die Behauptung des Gegenteils. Der Markt scheint bei kultureller Vielfalt zu gedeihen; es gibt kaum eine kulturelle Eigenart, die der Markt nicht für sich einspannen und seiner Macht dienlich machen könnte. Es ist auch nicht klar, daß kulturelle Vereinheitlichung »im Interesse« der Marktkräfte läge; auch hier scheint das Gegenteil der Fall zu sein. Es ist plausibel, daß Kultur unter der neuen Herrschaft der Marktkräfte einen Mechanismus der Reproduktion der Vielfalt wiedererlangt hat, der einst in autonomen Gemeinschaften zu finden und später, in der Ära von politisch geförderten Kulturkreuzzügen und aufgeklärtem Bekehrungseifer, für einige Zeit verlorengegangen schien.

Wie dem auch sei und was immer die Gründe für eine solche bemerkenswerte Kehrtwendung sein mögen, die Intellektuellen unserer Tage zeigen die Tendenz, die »kulturelle Vision« der Welt in einer Art und Weise einzusetzen, die fast völlig im Gegensatz zu dem Kontext steht, in dem diese Vision zuerst Gestalt angenommen hatte. Die überragende Tendenz besteht heute darin, Kultur als den Boden für andauernde, nicht reduzierbare (und in den meisten Fällen erwünschter und bewußter Erhaltung werte) Vielfalt der Menschengattung anzusehen. Kultur wird so wie bisher als der Prozeß der »Menschwerdung«

verstanden; es wird nun jedoch betont, daß unzählige Wege zur Menschwerdung führen können und führen; und es wird heftig bestritten, daß ein Weg an sich besser als ein anderer ist oder daß man seine Überlegenheit über einen anderen beweisen kann oder daß einer durch einen anderen ersetzt werden sollte. Vielfalt und Koexistenz sind »kulturelle Werte« geworden – Werte, zu deren höchst beflissener Verteidigung die Intellektuellen verpflichtet sind.

Es gibt zahlreiche Symptome für diese Tendenz, die tatsächlich einen gewaltigen Einfluß auf die Richtung ausübt, die die zeitgenössische Gesellschaftstheorie einschlägt. Unter den Symptomen ist der Übergang vom »negativen« zum »positiven« Ideologiebegriff derjenige, den man mit gutem Grund für den bedeutendsten halten kann, da er den früheren Anspruch auf eine »legislative« Rolle der Philosophen und der über allen Gemeinschaften stehenden, extraterritorialen Intellektuellen generell in Fragen der Wahrheit, Urteilsfähigkeit und des Geschmacks entschieden ablehnt; wenn die »legislative« Rolle von der neuen Vision beibehalten wird, ist sie auf das intrakommunale Territorium beschränkt, auf eine Gesetzgebung »innerhalb« einer Tradition, die sich immer der Grenzen ihrer Anwendung und des Relativismus ihrer Gültigkeitsansprüche sehr bewußt ist. Im interkommunalen Raum bleibt für »legislativen« Ehrgeiz kein Platz übrig. Entweder wird die bloße Möglichkeit eines extraterritorialen Bodens der Vernunft geleugnet, oder es wird die Ohnmacht der Vernunft angesichts machtgestützter Traditionen erkannt; in beiden Fällen ist der Versuch, alternative Traditionen, Lebensformen, positive Ideologien, Kulturen etc. für falsch, parteiisch oder sonst minderwertig und damit für ungültig zu erklären, fast ganz aufgegeben worden.

Die gleiche Tendenz der intellektuellen Wahrnehmung der Welt und der Art, in der die Stellung der Intellektuellen innerhalb der so wahrgenommenen Welt definiert wird, kann zu einer Vielfalt von Strategien führen – und tut es auch. Diese Vielfalt hindert die Beobachter der zeitgenössischen intellektuellen Szene oft daran, die gemeinsame Auffassung aufzudecken, der alle Strategien, egal wie vielfältig sie sein mögen, entstammen und aus der sie ihre Bedeutung beziehen.

Läßt man die akademische Philosophie als eine technische Disziplin außer acht, welche ihren eigenen institutionellen Diskurs –

mehr oder weniger unbeeinflußt von der sich verändernden Welt in Abwesenheit jeglicher Nahtstelle mit der sozialen Praxis – möglicherweise endlos zu reproduzieren vermag, kann man versuchen, ein paar Grundtypen zu synthetisieren, auf die sich schließlich alle Strategien reduzieren lassen.

Eine Strategie ist vielleicht am besten in dem melancholischen Eingeständnis Wittgensteins zusammengefaßt: Die Philosophie läßt alles, wie es ist. Praktische Ohnmacht in Diskursen über Werte, Wahrheit oder Urteilskraft wird nicht einfach übersehen und stillschweigend akzeptiert oder als unangenehme Möglichkeit angesehen, als eine Eventualität, die man gern meiden oder zumindest nicht direkt ins Auge fassen möchte (an einer solchen Auffassung wäre nichts besonders Neues), sondern in den Mittelpunkt der Reflexion gebracht; mehr noch, sie wird zu einer neuen Quelle von philosophischem Mut und philosophischer Entschlossenheit. Von Adorno (oder vielleicht Nietzsche?) bis Rorty haben Philosophen wegen der Bedeutung, die der Beschäftigung mit Vernunft, ethischen Normen und ästhetischen Standards eigentümlich ist, das Festhalten an der Gesetzgebungsfunktion gefordert; diese Bedeutung wird ihrer Meinung nach nicht geringer – im Gegenteil, sie erreicht besondere Ausmaße aufgrund der Tatsache, daß es niemanden gibt, dem man Gesetze gibt, und daß die legislative Debatte aller Wahrscheinlichkeit nach eine in sich geschlossene, private Angelegenheit der Gesetzgeber bleiben wird. Diese Strategie läßt die Absicht der Bekehrung fallen; sie zerschlägt die Hoffnung der Aufklärer, daß die Wahrheit, wenn sie nur entdeckt wird, zutage tritt und Unwissen und Irrtum besiegt. Dennoch hält die Resignation in keiner Weise von dem Entschluß ab, die Aufgabe fortzuführen, die in der jahrhundertelangen Tradition des abendländischen Geistes Wirklichkeit geworden ist.

Es gibt natürlich eine innere Differenzierung zwischen den Anhängern dieser Strategie, so wie es einen bedeutenden Unterschied zwischen Adorno und Rorty gibt. An einem Ende gibt es ein echtes Gefühl der Niederlage, von Verzweiflung und Hoffnungslosigkeit; die Tatsache, daß sich die Hoffnungen der *philosophes* zerschlagen haben, wird bedauert und beklagt, und die Übeltäter werden gesucht; abwechselnd werden die kapitalistische Herrschaft, das bürgerliche Philistertum oder die rücksichtslosen Kräfte des Marktes dafür haftbar gemacht und als Schurken des traurigen Stückes verurteilt. Schritt für Schritt wird die soziale Realität selbst als dem Untergang geweiht angesehen und gebührend verurteilt. Als folgte man dem Gebot August Bebels – »Hütet Euch vor dem Lob eurer Feinde« – wird jeder praktische Erfolg philosophischer Kritik vorweg als Zeichen eines Fehltritts oder eines Mangels an Stärke verunglimpft, den man auf alle Fälle vermeiden sollte. Selbst in ihrer Kapitulation (besonders in ihrer Kapitulation?) bleiben sich Philosophen pausenlos und schmerzhaft des praktischen Zusammenhangs des kulturellen Ideals bewußt. Dessen Ohnmacht ist ein ebenso grundlegender Faktor ihres Diskurses, wie es seine vermeintliche Allmacht im Aufklärungsdiskurs ihrer Vorfahren war. Ohnmacht wird jetzt selbst Macht; das kulturelle Ideal bleibt rein und wahrhaft würdig, solange es nicht von unreiner Realität kontaminiert wird; es bleibt rein und würdig, weil es praktischem Erfolg aus dem Weg geht. Und doch, in einer kuriosen geistigen Wendung, glaubt man, daß dieses reine, ätherische kulturelle Ideal das Beste ist, das die Realität erhoffen kann.

Am anderen Ende – das beste Beispiel dafür sind zahlreiche »protreptische« Aussagen Rortys (vgl. Bernstein 1985) – werden Pein und Qual – wie sie für Adorno typisch waren – durch ein einfaches »na und?« ersetzt. In der Tat war die Hoffnung, die Welt zu besseren Standards der Wahrheit, der Urteilskraft und des Geschmacks zu bekehren, bestenfalls naiv; in der Tat wäre es extrem naiv, diese Hoffnung heute noch zu hegen. Doch die größte Naivität lag in der Annahme, daß die Gültigkeit des »zivilisierenden« Unternehmens des kulturellen Diskurses zu irgendeiner Zeit vom Realismus oder Irrealismus dieser Hoffnung oder von der Leichtigkeit des Bekehrungserfolges abhängig war. Jetzt, wo wir wissen, daß die gewaltige Bekehrung der Welt nach unseren Standards einfach nicht funktioniert, können wir uns besser auf die Lösung der Aufgabe, die in Reichweite liegt, konzentrieren. Und diese Aufgabe besteht darin, die einmaligen Werte der westlichen Zivilisation am Leben zu erhalten, wenn auch nur als Inhalt und Pragmatik des philosophischen Diskurses; eine kulturelle Tradition fortzusetzen, aus Überzeugung von ihrem intrinsischen Wert, mit um so größerem Eifer wegen der Einsicht, daß sie in der Tat eine »lokale« Tradition ist und aller Wahrscheinlichkeit nach auch bestenfalls bleiben wird. Als Insider brauchen wir nicht bescheiden oder zynisch zu werden, wenn wir die »Regionalität« der Tradition, die wir hüten, zugestehen. Es ist eben nicht nur irgendeine, es ist *unsere* regionale Tradition, und wir werden weiterhin ihre Tugenden loben, selbst wenn der Rest der Welt es ablehnt, die Lobeshymne mitzusingen.

Wiederum, wie in dem oben diskutierten Fall, beruht diese Strategie unterschwellig immer noch auf einem Verständnis von Kultur als einer grundlegend bekehrenden, missionarischen Tätigkeit. Angesichts der Unwahrscheinlichkeit praktischer Bekehrung verlagert sich die Betonung jedoch auf das Evangelium selbst: doch gerade das Beharren auf seiner Überlegenheit über andere evangelische Traditionen erhält seinen Sinn und seine Bedeutung nur aus dem ursprünglichen missionarischen Kontext des kulturellen Diskurses.

Das, was die beiden Endpunkte zu Punkten auf einem Kontinuum von Auffassungen macht, ist ihre Weigerung, die legislativen Ansprüche des intellektuellen Diskurses aufzugeben. Der Gesetzgebung fehlt jetzt ein Medium der Vollstreckung, da die alten entweder ausrangiert oder von Mächten, die taub, wenn nicht ganz und gar feindlich gegenüber intellektuellem Rat sind, gefangengenommen wurden; diesem Umstand wird jedoch die Kraft eines Arguments zugunsten des Verzichts auf die legislative Mission abgesprochen. Man könnte sagen, daß die legislativen Ansprüche der neuen Strategie sich von der älteren zuallererst durch die Art unterscheiden, wie sie begründet und legitimiert sind (oder besser, durch die Art, wie das Gebot der Legitimation für überflüssig erklärt wird).

Eine andere Strategie ist in gewissem Sinn radikaler: Sie beinhaltet eine ernstzunehmende Neudefinition der intellektuellen Rolle und gesellschaftlichen Stellung bis zu einem Punkt, an dem die Metapher des »Gesetzgebers« keine adäquate Beschreibung dieser Rolle und dieser Stellung mehr liefert. Man braucht eine andere Metapher – jene des »Interpreten«.

Die empirisch offensichtliche Relativität des Wissens, die Abhängigkeit der Wahrheit, der Urteilsfähigkeit und des Geschmacks von offenen oder stillschweigenden Annahmen, die in Traditionen begrenzter Gemeinschaften eingebettet sind, waren für den legislativ orientierten kulturellen Diskurs ein ärgerliches Problem; eine Schwierigkeit, die theoretisch gelöst *und* praktisch aus dem Weg geräumt werden sollte. Für die »interpretative« Strategie ist Relativität nicht nur ein vorübergehender Zustand, sondern eine apodiktisch gegebene existentielle Bedingung von Wissen. Etwas, das man nicht mißbilligen oder beanstanden sollte, sondern woraus Folgerungen gezogen werden müssen und dem man sich anzupassen hat. Die »interpretative« Strategie trägt eine Ontologie in sich, die sie vom Standpunkt ihrer intellektuellen Ansprüche her legitimiert: eine Ontologie, innerhalb deren nur der Sprache das Attribut Realität zugeschrieben wird. Die Welt innerhalb dieser Ontologie ist eine intersubjektive Welt der Kommunikation, in der »Arbeit«, wie bei Schütz, darin besteht, Änderungen in den jeweiligen kognitiven Mustern, Wissensvorräten oder Relevanzverteilungen der Sprechenden unwiderruflich zu machen. Innerhalb einer solchen Welt besitzt Wissen keine außersprachlichen Standards von Korrektheit und kann nur innerhalb des kommunikativ gestützten, gemeinsamen Wissensvorrats der Mitglieder begriffen werden. Pluralismus ist ein nicht wegzudenkender Aspekt einer solchen Welt. Das herausragende praktische Problem in einer solchen Welt – eines, mit dem die gewöhnliche Kompetenz sonst kenntnisreicher Mitglieder nicht ohne Hilfe zurechtkommt – ist Kommunikation zwischen Wissenssystemen, die in ihre jeweiligen Wissensvorräte und kommunalen Relevanzsysteme eingeschlossen sind. Hier setzt Interpretation, die in anderen Situationen von den Mitgliedern sachlich und im ganzen adäquat geleistet wird, besondere Fähigkeiten voraus, die sonst im täglichen Leben nicht verfügbar sind.

Interpretation zwischen Wissenssystemen wird daher als die Aufgabe von Experten anerkannt, die mit Spezialwissen ausgestattet sind, die jedoch auch aus dem einen oder anderen Grund mit der einmaligen Fähigkeit begabt sind, sich über die kommunikativen Netze, innerhalb deren die jeweiligen Systeme plaziert sind, hinwegzuheben, ohne Kontakt mit dem »Inneren« der Systeme zu verlieren, wo Wissen unproblematisch existiert und eine »offenkundige« Bedeutung genießt. Interpretation muß interpretiertes Wissen für die, die nicht »Insider« sind, verständlich machen. Da sie jedoch über keine extraterritorialen Bezugspunkte verfügt, auf die sie sich berufen kann, muß sie auf das »Innere« selbst als ihre einzige Ressource zurückgreifen.

Sozialwissenschaftliche und philosophische Ansätze zur Kultur haben sich im Laufe einiger Jahrzehnte und aus verschiedenen Richtungen einer solchen atemberaubend paradoxen Strategie angenähert. Man kann auf viele Nebenströmungen aufmerksam machen, die in die Hauptströmung einmünden. Simmels Begriff des Intellektuellen als ein im wesentlichen Fremder; Mannheims (vgl. Bauman 1978) Verknüpfung von wahrem Wissen und Heimatlosigkeit, dem Zustand des »Freischwebens«; Kroebers, Kluckhohns, Sapirs oder Benedicts (vgl. Bauman 1973) Ideen von »Ethos«, »Stil«, »Muster«, welche die Einmaligkeit jeder Kultur ausmachen und die einzigen akzeptablen Kriterien für ihr Verständnis bieten, während sie gleichzeitig ihre ontologische Gleichheit herstellen; Frank Cushings persönliche Erforschung der Möglichkeit, Zuni den Nicht-Zuni verständlich zu machen, nur indem man *plus Zuni que les Zunis* wird; Clifford Geertz' Maxime der »dichten Beschreibung« [*thick description*] – einer intellektuellen Versenkung in immer tiefere Schichten lokal angehäufter Bedeutungen, die für die Einheimischen zu sehr zur Routine geworden sind, um zur Sprache gebracht zu werden. Die Themen des »Außenseitertums«, von der kulturellen Anthropologie übertragen und hauptsächlich gefördert, konvergieren mit dem Bündel aktueller hermeneutischer Strategien, das seine diskursive Heimat im wesentlichen in philosophischen Quellen (Heidegger, dem späten Wittgenstein, Gadamer) findet.

Die Neudefinition des Studiums der Kultur als ein hauptsächlich hermeneutisches Unternehmen erkennt nicht nur die Relativität allen Wissens und die Fortdauer des kulturellen Pluralismus an. Einmal in Gang gekommen, revidiert sie auch die Idee der Kultur. Die auffallendste aller Revisionen ist die neue »Unpersönlichkeit« der Kultur, die Entfernung von dem Kulturmodell des »Autors« – sei er Gesetzgeber oder Erzieher. Die Vision von Kultur als im wesentlichen eine Aktivität, die von einem Teil der Bevölkerung ausgeführt wird und sich auf einen anderen Teil richtet, wird ersetzt durch die Vision eines spontanen Prozesses, der frei ist von administrativen oder leitenden Zentren, ohne einen Gesamtentwurf auskommt und von diffus verteilten Mächten getragen wird. Die herausragendste und schöpferischste Verkörperung dieser Spontaneität und Unpersönlichkeit von Kultur ist die Sprache. Neben ihr ersetzen »Traditionen«, »Bedeutungsuniversen« oder Sinn beziehungsweise »Lebensformen« die Erzieher und die Erzogenen als Hauptkategorien des kulturellen Diskurses.

Es gibt ein Argument dafür, daß das totale Verschwinden der Themen Politik und Herrschaft aus der Vision, wie sie in der

»interpretativen« Strategie impliziert ist, mehr als nur zufällig mit den gegenwärtig erfahrbaren Verschiebungen in der sozialen Funktion der Intellektuellen und besonders in ihrer Beziehung zu den maßgeblichen Mächten verbunden ist; aus der Perspektive der heutigen Intellektuellen erscheint Kultur nicht als etwas, das »gemacht« oder »neu gemacht« werden soll, als ein Gegenstand der Praxis; sie ist in der Tat eine Realität für sich, jenseits von Kontrolle, ein Forschungsgegenstand, etwas, das nur kognitiv erfaßt werden kann, als eine Bedeutung, und nicht praktisch, als eine Aufgabe.

Wenn sie prozessual aufeinander bezogen anstatt nur nebeneinander gestellt werden, können die »legislative« und die »interpretative« Strategie als »modern« beziehungsweise »postmodern« charakterisiert werden. In der Tat läßt sich der Gegensatz zwischen »Postmoderne« und »Moderne«, der in letzter Zeit in Mode gekommen ist, am besten so verstehen, daß man ihn als Versuch ansieht, die historische Tendenz der letzten Jahrhunderte und die entscheidendsten Brüche der neueren Geschichte aus der Perspektive der sich ändernden sozialen Stellung und Funktion der Intellektuellen zu erfassen (wegen dieses spezifischen Ausgangspunktes ist dieser Gegensatz nicht bloß eine Neuformulierung der Behauptungen, die in anderen, scheinbar ähnlichen Gegensätzen enthalten sind). Der Gegensatz zwischen »Postmoderne« und »Moderne« richtet sich auf das Schwinden der Sicherheit und Objektivität, die in einer unbestrittenen Werthierarchie und letztlich in einer unbestreitbaren Herrschaftsstruktur gründen; und er zielt auf den Übergang hin zu einer Situation, die durch eine Koexistenz oder einen Waffenstillstand zwischen Werten und durch das Fehlen einer allgemeinen Herrschaftsstruktur gekennzeichnet ist; einer Situation, die die Fragen nach objektiven Standards unpassend und somit theoretisch unbedeutend werden läßt. In diesem Gegensatz wird die »Moderne« neu gesehen und rückwirkend neu definiert durch die neue Erfahrung, die in der Idee der »Postmoderne« eingeschlossen ist. Die Moderne wird ex post facto neu konstruiert als eine Ära, die genau die Züge besitzt, die man heute dem Gefühl nach am meisten vermißt, nämlich die universellen Kriterien der Wahrheit, der Urteilsfähigkeit und des Geschmacks, die scheinbar von den Intellektuellen kontrolliert und eingesetzt werden. So wie alle Rekonstruktionen sagt diese mehr über die Rekonstrukteure als über die rekonstruierte Epoche aus, und in dieser Hinsicht ist sie sehr erhellend.

Das Vorherrschen der interpretativen Strategie, manchmal als das Aufkommen der Postmoderne problematisiert, zeigt einen höchst radikalen neuen Weg im kulturellen Diskurs seit der Einführung des Begriffs der Kultur und der Entstehung der kulturorientierten Vision der Gesellschaft an. In der Tat hat die Radikalität des Wandels einige Analytiker, vor allem George Steiner, dazu verleitet, von einer »Nachkultur« zu sprechen, unter der Annahme, daß die kulturelle Situation unentwirrbar mit einer deutlichen Idee von Überlegenheit und Minderwertigkeit im Reich der Werte verbunden ist und daß die gegenwärtige Situation im Westen, in der eine solche Idee in Frage gestellt oder lächerlich gemacht wird, nicht als »kulturell« beschrieben werden kann und uns dadurch in bislang unerforschte Gewässer führt.

Es ist die zentrale These dieses Aufsatzes, daß sich die gegenwärtige Neuorientierung des kulturellen Diskurses am besten als Reflexion über die veränderte Erfahrung der Intellektuellen verstehen läßt bei ihrem Versuch, ihre soziale Funktion in einer Welt, die ihrer traditionellen Rolle nicht mehr entspricht, auf eine neue Grundlage zu stellen.

Anmerkung

1 Übersetzung von Geoff Hunter und Angelika Schade.

Literatur

Bauman, Zygmunt, *Culture as Praxis,* London 1973.

Bauman, Zygmunt, *Hermeneutics and Social Science. Approaches to Understanding,* London 1978.

Bauman, Zygmunt, *Legislators and Interpreters: On Modernity, Postmodernity, and the Intellectuals,* Oxford 1987.

Bernstein, Richard, *Philosophical Profiles. Essays in Pragmatic Mode,* Oxford 1985.

Cochin, Augustin, *Les sociétés de pensée et la democratie moderne,* Paris 1978.

Febvre, Lucien u. a., *Civilisation, le mot et l'idée*, Paris 1930.
Foucault, Michel, *Power/Knowledge*, Brighton 1980.
Furet, François, *Penser la Revolution Française*, Paris 1978.
Gramsci, Antonio, *The Modern Prince and Other Writings*, London 1957.
Habermas, Jürgen, *Theorie und Praxis. Sozialphilosophische Studien*, Neuwied 1963.
Popkin, Richard H., *The History of Scepticism from Erasmus to Spinoza*, Berkeley 1979.
Schütz, Alfred/Thomas Luckmann, *Strukturen der Lebenswelt*, Bd. 1, Frankfurt 1979, Bd. 2, Frankfurt 1984.
Simmel, Georg, *The Conflict in Modern Culture and Other Essays*, New York 1968.
Weber, Max, *From Max Weber*, hg. von H. H. Gerth und C. Wright Mills, London 1948.

Hinweise zu den Autoren

Zygmunt *Bauman* lehrte an den Universitäten Warschau und Tel Aviv und ist zur Zeit Professor für Soziologie an der University of Leeds. Neuere Veröffentlichungen: *Hermeneutics and Social Science* (1978); *Memories of Class* (1982); *Legislators and Interpreters* (1987); *Freedom* (1988).

Josef *Bleicher*, Ph. D. an der University of Leeds 1981; seit 1978 Lehrbeauftragter für Soziologie am Glasgow College of Technology, seit 1985 Dozent für Soziologie ebenda. Forschungsschwerpunkt: Soziale Identität. Publikationen: *Contemporary Hermeneutics* (1980); *The Hermeneutic Imagination* (1982).

Raymond *Boudon* ist Professor an der Universität Paris-Sorbonne und Direktor der Groupe d'Étude des Méthodes de l'Analyse Sociologique. Er ist Mitglied der American Academy of Arts and Sciences, der International Academy of Education und der Academia Europaea. Er war Fellow am Center for Advanced Study in the Behavioral Sciences at Stanford und Gastprofessor in Harvard, Chicago, Genf und Stockholm. Er war 1981 Hobhouse-Dozent an der London School of Economics, 1982 Lazarsfeld-Dozent an der Columbia Universität, 1984 Fulvio-Guerrini-Dozent an der Universität Turin, 1985 Patten-Dozent an der Indiana Universität, 1986 Lurcy-Dozent an der Universität Chicago. Er ist Autor von *Education, Opportunity and Social Inequality; The Unintended Consequences of Social Action; The Logic of Social Action; Theories of Social Change; The Analysis of Ideology; Dictionary of Sociology* (im Erscheinen). Er ist Herausgeber der *Année Sociologique* und der Reihe *Sociologies.*

Klaus *Eder*, geboren 1946, Dr. rer. soc., Projektleiter in der Münchner Projektgruppe für Sozialforschung e. V. und Privatdozent für Soziologie an der Universität Düsseldorf. Wichtige Veröffentlichungen: *Die Entstehung staatlich organisierter Gesellschaften. Ein Beitrag zu einer Theorie sozialer Evolution* (1976); *Geschichte als Lernprozeß? Zur Pathogenese politischer Modernität in Deutschland* (1985); *Die Vergesellschaftung der Natur. Studien zur sozialen Evolution der praktischen Vernunft* (1988). Darüber hinaus Aufsätze zur Rechtssoziologie und zur Soziologie sozialer Bewegungen.

Shmuel N. *Eisenstadt*, geboren 1923 in Warschau, M. A. 1944 an der Hebräischen Universität Jerusalem; Ph. D. 1947 ebenda; 1949-1957 Dozent an der Hebräischen Universität Jerusalem; 1957-1959 Associate Professor ebenda; 1959 Professor der Soziologie ebenda; seit 1958 mehrere Gastprofessuren in Europa und USA. Wichtige Publikationen: *The Absorption of Immigrants* (1955, 1978); *The Political Systems of Empires* (1963, 1969); *Essays on Comparative Institutions* (1965); *Modernization: Protest and Change* (1966); *Von Generation zu Generation* (1966); *Social Differentiation and Stratification* (1971); *Die israelische Gesellschaft* (1973); (zusammen mit M. Curelaru) *The Form of Sociology: Paradigms and Crises* (1976); *Tradition, Wandel und Modernität* (1979); *Revolution und die Transformation von Gesellschaften* (1982); *Transformation der israelischen Gesellschaft* (1987).

Mike *Featherstone* lehrt Soziologie an der Teesside Polytechnic, ist Mitherausgeber von *Theory, Culture & Society* und Vorsitzender des Centre for the Study of Adult Life. Er hat Artikel über soziologische Theorie, Soziologie der Kultur und Soziologie des Alters publiziert und ist Ko-Autor von *Surviving Middle Age* (1982).

Luciano *Gallino* ist Professor am Dipartimento di Scienze Sociali, Università degli Studi di Torino. Neuere Publikationen: *La società. Un'introduzione sistemica alla sociologia* (1981); *L'attore sociale. Biologia, cultura e intelligenza artificiale* (1987); *Della ingovernabilità* (1987).

Bernhard *Giesen,* geboren 1948, studierte Soziologie, Geschichte und Philosophie, 1974 Dr. rer. pol. und Wiss. Assistent am wirtschafts- und sozialwissenschaftlichen Fachbereich der Universität Augsburg; 1976 Dozent an der Westfälischen Wilhelms-Universität Münster; 1979 Habilitation, gegenwärtig Professor für Soziologie in Gießen. Wichtigste Veröffentlichungen: *Probleme einer Theorie struktureller Inkonsistenz* (1974); (zusammen mit M. Schmid) *Wissenschaftstheorie* (1976); *Makrosoziologie* (1980); (zusammen mit J. Alexander, R. Münch, N. Smelser) *The Micro-Macro Link* (1987). Hauptarbeitsgebiete: Theorie sozialen Wandels und der Modernität; Nationalismus; Soziologie der Kultur.

Hans *Haferkamp,* Studium der Soziologie, Wirtschaftswissenschaft, Statistik, Sozialpädagogik und Sozialarbeit, Promotion 1972 in Bielefeld; von 1974 bis 1987 Professor für Soziologie in Bremen. Neuere wichtige Publikationen: *Herrschaft und Strafrecht* (1980); *Soziologie der Herrschaft* (1983); *Soziales Handeln. Theorie sozialen Verhaltens und sinnhaften Handelns, geplanter Handlungszusammenhänge und sozialer Strukturen* (im Druck); (zusammen mit N. Smelser) *Social Change and Modernity* (im Druck).

Richard *Kilminster,* 1970 B. A. University of Essex; 1971 M. A. University of Leicester; 1976 Ph. D. an der University of Leeds. Zur Zeit Dozent für Soziologie an der University of Leeds. Autor von: *Praxis and Method* (1979) und zahlreicher Artikel zur Wissenssoziologie und zu Norbert Elias. Zur Zeit Forschung für ein Buch über moderne soziologische Theorie in historischer Perspektive.

Siegwart *Lindenberg*, Ordinarius für theoretische Soziologie an der Rijksuniversiteit Groningen, Niederlande, seit 1973. Hauptarbeitsgebiete: Methodologie der strukturell-individualistischen Soziologie, Bildung und empirische Überprüfung einer Theorie zielgerichteten Verhaltens, Bildung und empirische Überprüfung von Theorien über Entstehung und Veränderung von Solidaritäts- und Autoritätsstrukturen. Seine Arbeiten sind in deutschen, holländischen und amerikanischen Büchern und Zeitschriften erschienen. 1989 erschien: *Zur neuen Soziologie. Methodologische Essays.*

Carlo *Mongardini* ist Professor für Soziologie an der Fakultät für Politische Wissenschaften der Universität Rom. Arbeitsgebiete: Geschichte der Soziologie, Soziologische Theorie, Politische Soziologie. Wichtige Veröffentlichungen: *Ideologia e società* (1969); *L'epoca della società* (1970); *Tradizione e innovazione nel Sud* (1976); *Studi sull'ideologia* (1978); *Le condizioni del consenso* (1980); *Epistemologia e sociologia* (1985).

Richard *Münch*, geboren 1945, ist Professor für Soziologie an der Universität Düsseldorf. Wichtige Veröffentlichungen: *Gesellschaftstheorie und Ideologiekritik* (1973); *Legitimität und politische Macht* (1976); *Theorie des Handelns* (1982); *Die Struktur der Moderne* (1984); *Die Kultur der Moderne* (1986).

Michael *Schmid*, geboren 1943, Habilitation 1977 in Augsburg, lehrt in Augsburg Soziologie und Wissenschaftsphilosophie, seit 1980 als Professor für Soziologie. Wichtige Veröffentlichungen: *Leerformeln und Ideologiekritik* (1972); (zusammen mit B. Giesen) *Wissenschaftstheorie* (1976); *Handlungsrationalität. Kritik einer dogmatischen Handlungswissenschaft* (1979); *Theorie sozialen Wandels* (1982). Hauptarbeitsgebiete: Entwicklung einer soziologischen Theorie dynamischer Systeme und Philosophie der Sozialwissenschaften.

Ullica *Segerstråle*, Studium der Organischen Chemie, Soziologie und Kommunikation, M. S. in organischer Chemie; Ph. D. in Soziologie an der Harvard-Universität; Assistenzprofessorin für Soziologie am Smith College; anschließend Professorin an der Åbo Akademi in Finnland, seit 1988 Professorin für Soziologie am Illinois Institute of Technology, Chicago. Publikationen: verschiedene Artikel in Zeitschriften und Anthologien über Wissenssoziologie, soziale Theorie und Meta-Theorie mit besonderer Berücksichtigung moralischer und wissenschaftlicher Streitfragen im akademischen Konflikt. Sie arbeitet zur Zeit an einem Buch über die Soziobiologie-Kontroverse.

Friedrich *Tenbruck*, geboren 1919, Studium der Philosophie, Geschichte und Germanistik an verschiedenen deutschen Universitäten; postdoktorale Studien in den Sozialwissenschaften in den USA; 1963 Ordinarius für Soziologie an der Universität Frankfurt am Main; Gastprofessor in verschiedenen Ländern und Theodor-Heuss-Professor an der Graduate Faculty of the New School for Social Research, N. Y.; seit 1967 Ordinarius für Soziologie an der Universität Tübingen. Wichtige Veröffentlichungen: *Jugend und Gesellschaft* (1962); *Zur Kritik der planenden Vernunft* (1972); *Die unbewältigten Sozialwissenschaften oder Die Abschaffung des Menschen* (1984); *Geschichte und Gesellschaft* (1986); *Die kulturellen Grundlagen der Gesellschaft. Der Fall der Moderne* (1989).

Johannes *Weiß*, geboren 1941, zur Zeit Professor im Studiengang Gesellschaftswissenschaften der Universität Kassel, hat sich auf soziologische Theorie und Philosophie der Sozialwissenschaften spezialisiert; Mitherausgeber der *Soziologischen Revue*. Wichtigste Veröffentlichungen: *Weltverlust und Subjektivität. Zur Kritik der Institutionenlehre Arnold Gehlens* (1971); *Max Webers Grundlegung der Soziologie* (1975); *Das Werk Max Webers in der marxistischen Rezeption und Kritik* (1981). Weitere Interessengebiete sind Kultursoziologie und Sozialphilosophie. Zur Zeit arbeitet er in Forschungsprojekten über Repräsentation und Stellvertreterschaft und über soziale Kausalität.

suhrkamp taschenbücher wissenschaft
Wissenschaftsforschung

Ashby: Einführung in die Kybernetik. stw 34
Bachelard: Die Bildung des wissenschaftlichen Geistes. stw 668
– Die Philosophie des Nein. stw 325
Becker: Grundlagen der Mathematik. stw 114
Böhme/Daele/Krohn: Experimentelle Philosophie. stw 205
Böhme, G.: Alternativen der Wissenschaft. stw 334
Böhme, G./Engelhardt (Hg.): Entfremdete Wissenschaft. stw 278
Canguilhelm: Wissenschaftsgeschichte und Epistemologie. stw 286
Cicourel: Methode und Messung in der Soziologie. stw 99
Daele/Krohn/Weingart (Hg.): Geplante Forschung. stw 229
Dubiel: Wissenschaftsorganisation und politische Erfahrung. stw 258
Feyerabend: Wider den Methodenzwang. stw 597
Fleck: Entstehung und Entwicklung einer wissenschaftlichen Tatsache. stw 312
– Erfahrung und Tatsache. stw 404
Foucault: Archäologie des Wissens. stw 356
– Die Ordnung der Dinge. stw 96
– Sexualität und Wahrheit. 1. Der Wille zum Wissen. stw 716
– Sexualität und Wahrheit 2. Der Gebrauch der Lüste. stw 717
– Sexualität und Wahrheit 3. Die Sorge um sich. stw 718
– Überwachen und Strafen. stw 184
– Wahnsinn und Gesellschaft. stw 39
Foucault (Hg.): Der Fall Rivière. stw 128
Frank, Ph.: Das Kausalgesetz und seine Grenzen. stw 734
Galilei: Sidereus Nuncius. stw 337
Geuter: Die Professionalisierung der deutschen Psychologie im Nationalsozialismus. stw 701
Gould: Der Daumen des Panda. stw 789
– Der falsch vermessene Mensch. stw 583
Hausen/Nowotny (Hg.): Wie männlich ist die Wissenschaft? stw 590
Holton: Thematische Analyse der Wissenschaft. stw 293
Jokisch (Hg.): Techniksoziologie. stw 379
Kocka (Hg.): Interdisziplinarität. stw 671
Koyré: Von der geschlossenen Welt zum unendlichen Universum. stw 320
Krohn/Küppers: Die Selbstorganisation der Wissenschaft. stw 776
Küppers/Lundgreen/Weingart: Umweltforschung – die gesteuerte Wissenschaft? stw 215
Kuhn: Die Entstehung des Neuen. stw 236
– Die Struktur wissenschaftlicher Revolutionen. stw 25

202/1/4.89

202/2/4.89